AF525724

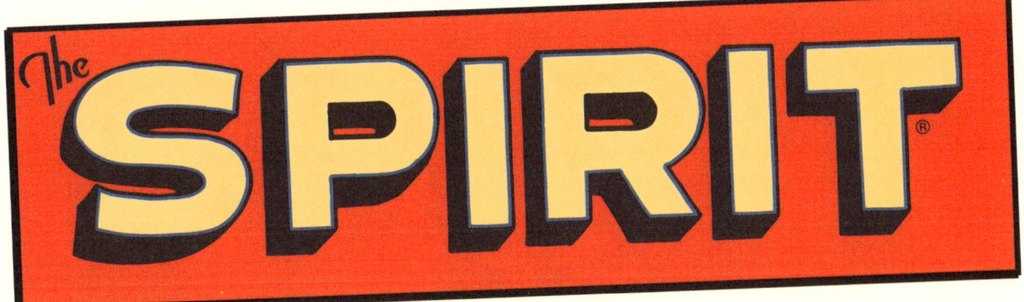

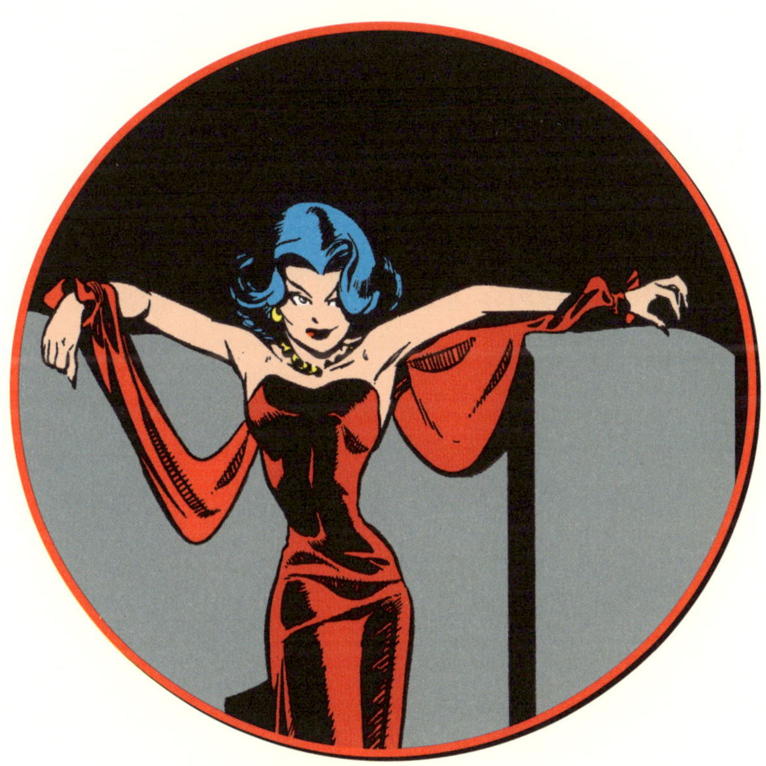

SALLECK PUBLICATIONS
ECKART SCHOTT VERLAG

BAND
-14-

5. JANUAR BIS 29. JUNI 1947

Denny Colt, ein junger Kriminologe, von dem man annimmt, dass er sein Leben im Kampf gegen das Verbrechen verloren hat, wurde in einem Zustand des Scheintods begraben.

Eines Tages wachte er auf und führt seitdem seinen Kampf vom Wildwood Friedhof aus fort... Nur Police Commissioner Dolan kennt seine wahre Identität.

Alle Verbrecher, egal welcher Couleur, fürchten ihn als den SPIRIT!

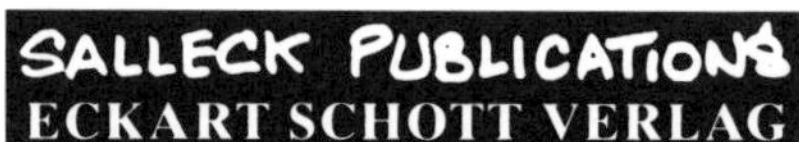

WILL EISNERS

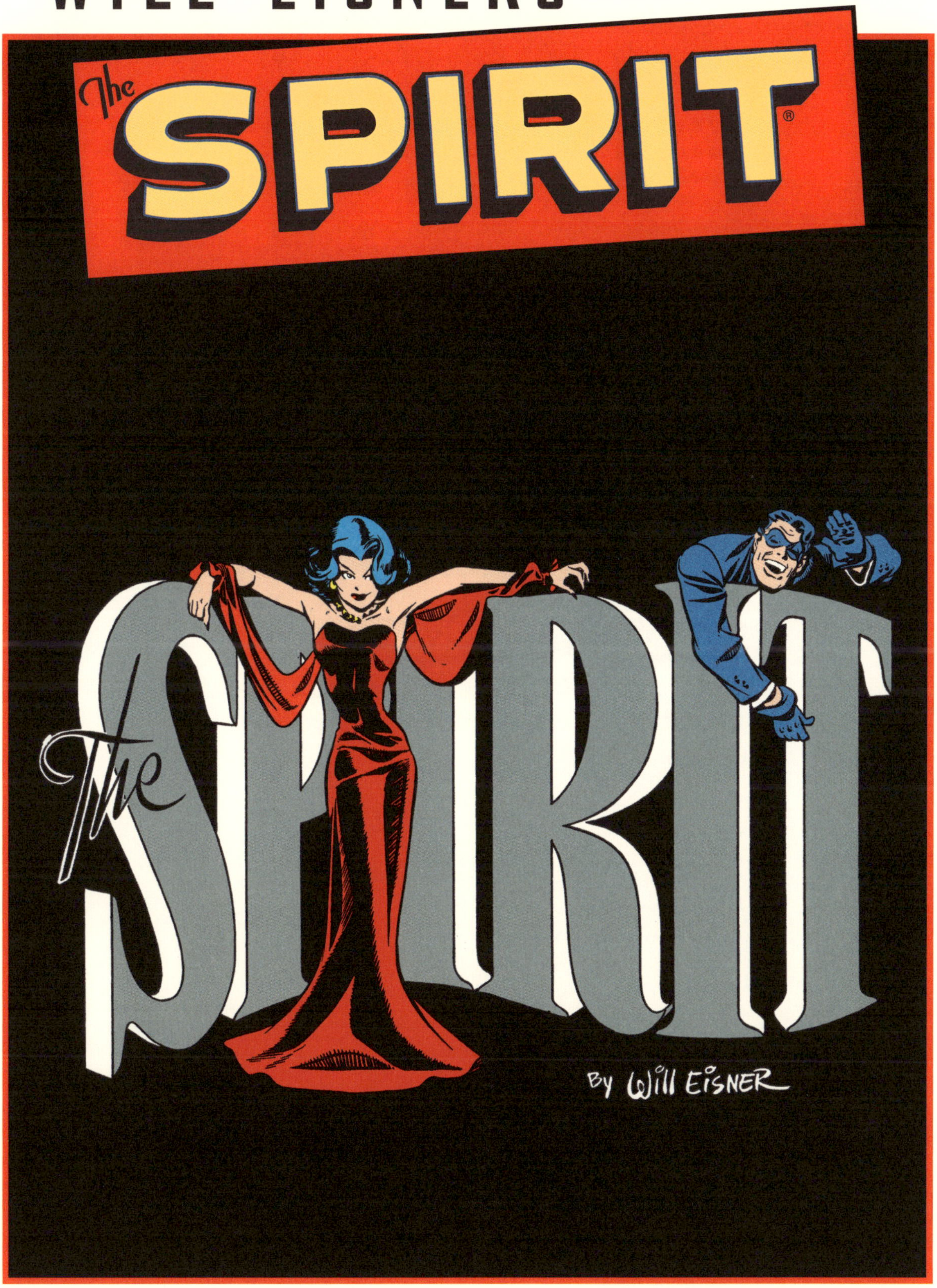

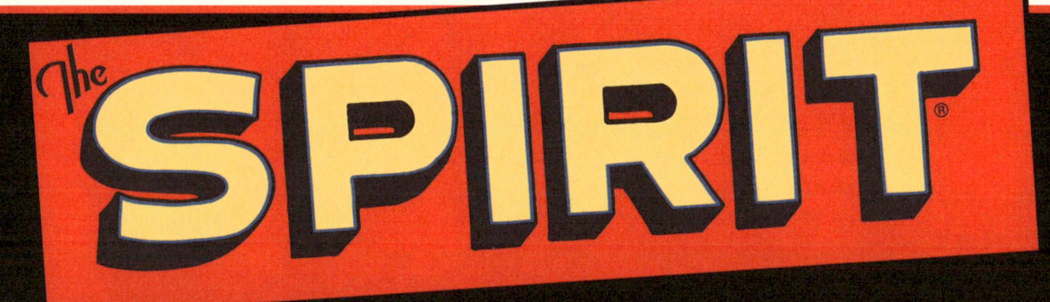

The SPIRIT

By Will Eisner

ARCHIVE

Will Eisner wurde während der Jahre seiner Arbeit an „The Spirit" von vielen talentierten Künstlern unterstützt. Autor und Herausgeber danken an dieser Stelle:
John Belfi, Phillip (Tex) Blaisdell,
Chris Christiansen, Jack Cole, Martin DeMuth,
Jim Dixon, Jules Feiffer, Dick French, Lou Fine,
Jerry Grandenetti, Abe Kaenegson, Jack Keller,
Robin King, Alex Kotzky, Joe Kubert, Andre LeBlanc,
Marilyn Mercer, Klaus Nordling, Ben Oda, Bob Palmer,
Don Perlin, Bob Powell, Sam Rosen, Aldo Rubano,
Sam Schwartz, John Spranger, Manny Stallman,
Manley Wade Wellman, Al Wenzel, Wallace Wood,
und Bill Woolfolk.

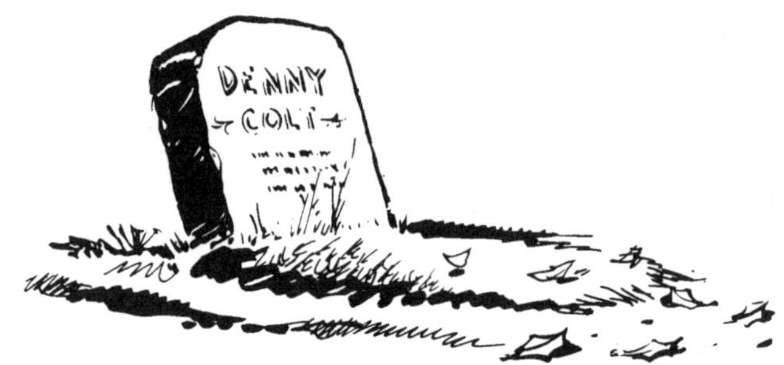

Salleck Publications

Eckart Schott Verlag
Carlsberger Str. 19
67319 Wattenheim

Titelbildillustration von Will Eisner

Kolorierung des Titelbildes von Jamison

Besonderer Dank an Bill Blackbeard, Direktor der San Francisco Academy of Comic Art und die Diamond International Galleries für die Bereitstellung des Archivmaterials und an Denis Kitchen.

Übersetzung: Eckart Schott

Korrektur gelesen von Jochen Bergmann

Lettering und Layout: Sibylle Juraschek, Berlin.

Originaltitel: Will Eisner's Spirit Archives Volume 14.

1. Auflage: 600 Exemplare, dazu eine Vorzugsausgabe mit signiertem Druck in einer Auflage von 280 nummerierten Exemplaren sowie 30 Künstlerexemplaren.

Druck und buchbinderische Verarbeitung: Norma Serveis Gràfics, Barcelona, Spain.

Printed in Europe.

ISBN: 978-3-89908-251-7 (Normalausgabe)
ISBN: 978-3-89908-252-4 (Vorzugsausgabe)

WILL EISNERS SPIRIT ARCHIVE

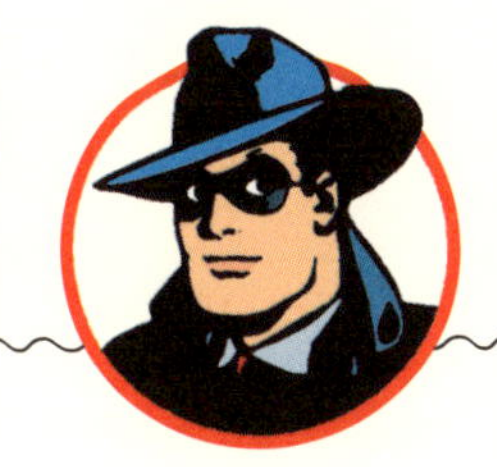

Band vierzehn

VORWORT

Es war etwas mehr als ein Jahr her, dass Will Eisner ins zivile Leben und zum Spirit zurückgekehrt war, und er war bereit, voller Elan seine Arbeit wieder aufzunehmen. 1946 verbrachte er die meiste Zeit damit, sein Kind wieder aufzupäppeln. Dieses war in einem eher traurigen Zustand, verkommen zu einer normalen Detektivserie, obwohl es von einem eigentlich sehr talentierten Team betreut wurde, das aber die speziellen Ansprüche einfach nicht verstanden hatte. Die Rehabilitation hatte ihm eine Unmenge an Inspiration und Schweiß abverlangt, aber am Anfang des Jahres 1947 konnte er diese Arbeit als einen Erfolg verbuchen. Jetzt war es an der Zeit, sich noch mehr ins Zeug zu legen.

Das Register and Tribune Syndicate hatte verlangt, dass der Schwerpunkt im ersten Nachkriegsjahr auf der Komödie liegen sollte, und von wenigen Ausnahmen abgesehen hatte Eisner diese Vorgabe erfüllt. Aber genug war genug. Er schlug eine neue Richtung ein und begann die Spirit-Folgen von 1947 buchstäblich mit einem Knall und leitete so die Jahre der wahren Hochphase seines Helden ein.

Diese erste Geschichte „Das perfekte Verbrechen" ist die Neubearbeitung einer Folge von 1941 namens „Croaky Andrews perfektes Verbrechen" und zeigt, wie ein Gauner nur aus Angst vor dem Spirit sich selbst zerstört. Aber ein Vergleich der beiden Geschichten zeigt, welche Fortschritte Eisner als Texter gemacht hatte. Die neuere Version ist psychologisch komplexer und bietet eine realistischere und härtere Darstellung von der Kehrseite des Lebens des Kriminellen. Sie nimmt die Sichtweise der „True Crime"-Comichefte vorweg, die später in diesem Jahr en vogue sein sollten. Noch nicht einmal die ungelenken Bleistiftvorzeichnungen eines unbekannten Assistenten können die Kraft der Geschichte mindern; Eisners Tusche verdeckt eine Unzahl an Sünden, aber die Texte verleihen dieser Episode ihre Kraft.

Zum Glück übernahm Eisners regulärer Assistent John Spranger die Vorzeichnungen der Geschichten des folgenden Monats, und danach bürdete sich Eisner selbst diese Arbeit zusätzlich zu seinem wöchentlichem Pensum auf... und der visuelle Aspekt des Spirit wurde so hervorragend und dynamisch wie die neue Richtung, die er von den Geschichten her einschlug.

Als „Einzelkämpfer" bewegte sich Eisner weg von den steifen Aktionsposen, die Sprangers Vorzeichnungen charakterisiert hatten, und begann mit der Entwicklung der mehr schrulligen Darstellung der Gewalt, die ein Markenzeichnen des Spirit werden sollte. Ohne diese komischere Darstellung wären einige der kommenden Showdowns schlicht unmöglich anzuschauen. Das Schicksal des Spirit würde es auch weiterhin sein, dass er regelmäßig Prügel bezog, aber diese Momente würden jetzt eingestreut in Episoden wie „The Whiffenpoof Song", in der er zwei Gauner gleichzeitig erledigt, während er einen Apfel isst.

Je mehr Eisner sich auf seine eigene Genialität verließ, desto besser waren die Ergebnisse. Episoden wie „Das Vermögen" mit ihrem experimentellen Layout und der im Haus spielenden Geschichte, oder „Heute gibt's keine Spirit-Geschichte", in der er selbst die Hauptrolle übernimmt, sind erfolgreich, weil sie so gewagt sind. Nur wenn er sich an der populären Kultur orientierte, wurde er manchmal schwächer.

Manchmal war es nicht Eisner, sondern die populäre Kultur, die versagte. Saree (eingeführt in „Die Schule für höhere Töchter") übernimmt die gleiche gelangweilte Einstellung zur Welt wie die Gören in den Seifenopern im Radio – ein Übermaß

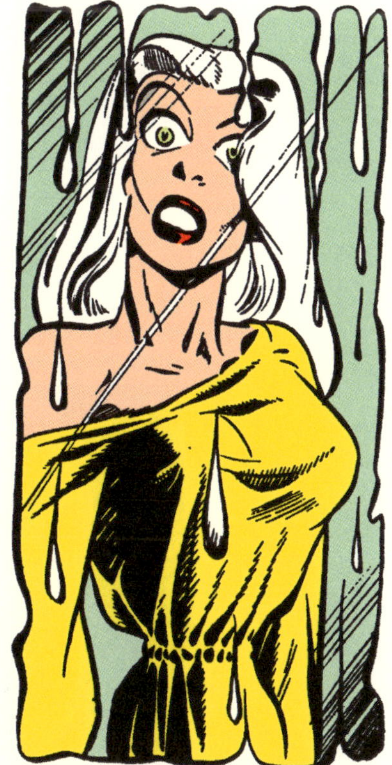

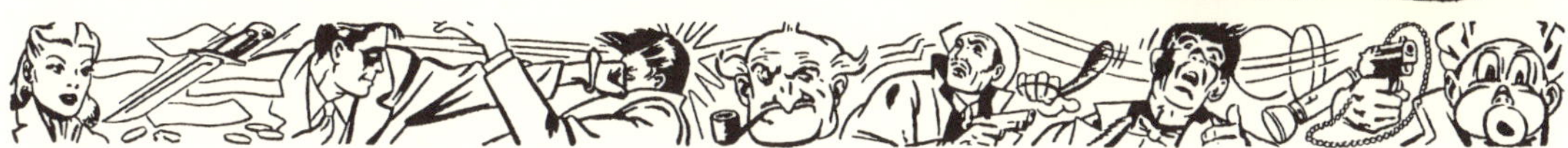

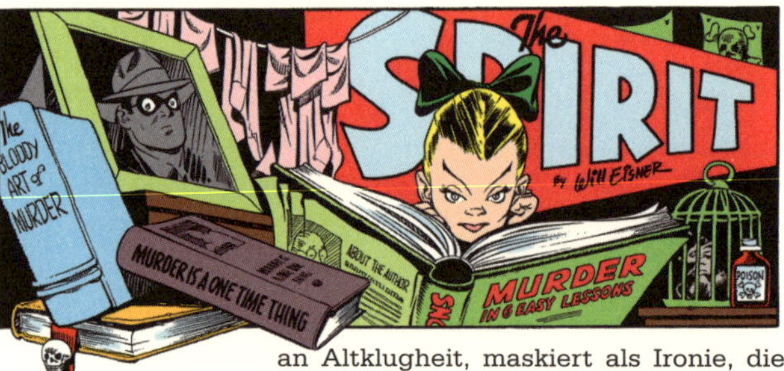

an Altklugheit, maskiert als Ironie, die diesen Folgen ein zeitgebundenes Flair verleiht, die in anderen Spirit-Folgen aus dem gleichen Jahr fehlt. Die Tatsache, dass Saree als Figur Erfolg hat, ist fast nur darauf zurückzuführen, dass sie so wunderbar gezeichnet ist.

Bei der Folge „Bebop" liegt das Problem tiefer. Sie ist eine humoristische Sicht auf die afroamerikanischen Plattenstars nach dem Krieg und verlässt sich auf ethnische Stereotypen, die Eisner heute erschrecken. Ihr Star ist Ebony White, eine Figur, die niemals das Stigma der rassistischen Karikatur loswerden konnte, was immer sein Schöpfer sie auch erleben ließ. Ebony war ein wertvolles Mitglied der Truppe und der beliebteste unter den drei Assistenten des Spirit - und bei weitem auch der menschlichste. Aber sein Aussehen und sein Dialekt waren reine Show. Das ist ein Dilemma, mit dem Eisner jahrelang kämpfte, indem er unstereotypische schwarze Figuren einführte, die als Gegengewicht dienen sollten (insbesondere der aufrechte Police Detective Lt. Grey in „Hoagy the Yogi"); aber Ebony war erschaffen worden in einer Welt, die „Amos and Andy" (Erfolgreiche US-Radio- und Fernsehshow um zwei ungebildete Afroamerikaner aus den Südstaaten. Wurde nach heftigen Protesten abgesetzt. Anm. des Übers.) liebte, und in deren Schatten würde er immer stehen.

Einer von Eisners bemerkenswertesten Kniffen dieser Zeit war, dass er immer öfter miteinander verbundene Folgen einsetzte, die eine Kontinuität erzeugten, ohne aber die Wirkung der einzelnen Episoden zu schmälern. Dieser Trick wurde zu einem wahren Kraftakt in einer bemerkenswerten Serie, die sich über sechs Wochen hinzog, und in der Eisner eine Menge von neuen Figuren einführte, um die einzelnen Folgen zu überbrücken. Es überrascht nicht, dass die eindrucksvollsten die dunkelhaarigen Frauen waren; der Spirit wird zu Recht für seine Frauenfiguren verehrt, und die beliebtesten waren die Brünetten. Diesen Abenteurerinnen, Mörderinnen, Betrügerinnen und Diebinnen mit ihrem üppigen, kastanienbraunem oder einfach braunem Haar wurde von ihrem Schöpfer ein Hauch des Exotischen und mehr als eine Prise Sexappeal mitgegeben. Dagegen wirken die blutrünstigsten bösen Blondinen Eisners wie harmlose Milchmädchen aus Wisconsin.

Dr. Silken Floss ist keine Böse, aber sie ist wie alle aus dieser Clique der Brünetten eine formidable Gefahr für unseren Helden. Mit ihrer ausgefallenen Brille und ihrer überragenden Intelligenz ist sie eine so faszinierende „Neue" in der Besetzungsliste des Spirit, dass man sich wundert, warum Eisner sie nicht öfter einsetzte. Floss, eingeführt als Nebenfigur in „Ein Staubkorn in der Unendlichkeit", reißt bereits in der nächsten Folge die Hauptrolle an sich und manipuliert den Spirit in ein Abenteuer, das ihn nicht nur fast das Leben, sondern beinahe auch seinen Junggesellenstatus kostet. Am Ende der Geschichte hat sie die Hormone des Spirit – wenn nicht sogar sein Herz – erobert und ihr gutes Herz unter ihrer schroffen Art enthüllt... Und obwohl der Spirit seine

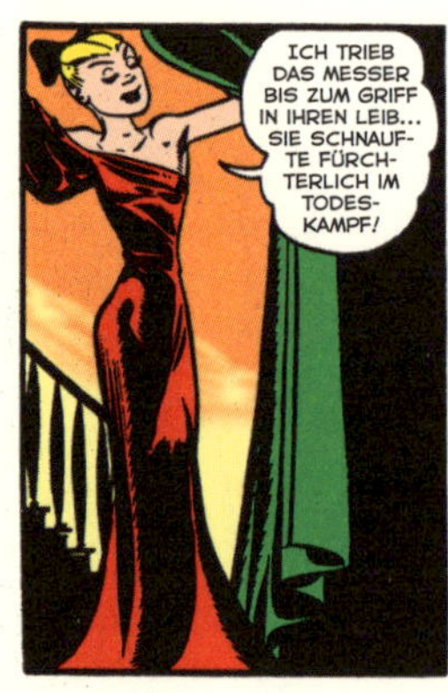

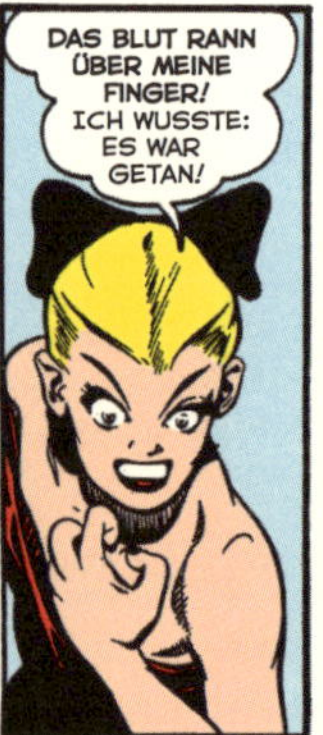

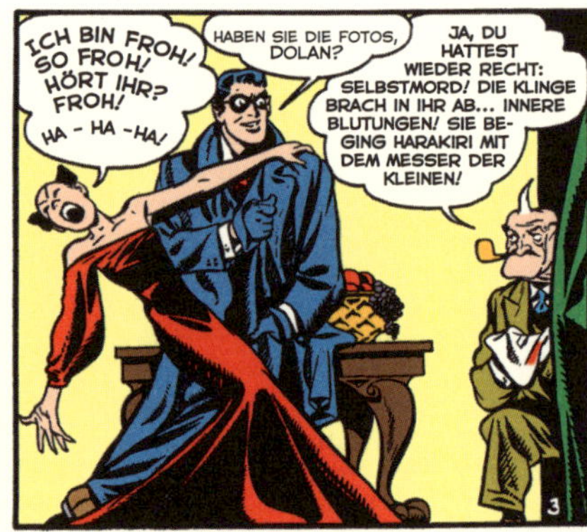

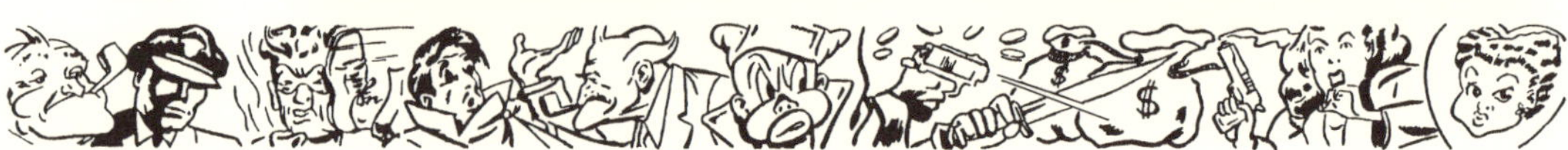

Freiheit behält, hat ihn Flosses Trickserei doch seinen Assistenten gekostet.

Damit kommen wir zu der nächsten Doppelfolge, in der ein Ebony mit gebrochenem Herzen ausreißt und mit einem Scharlatan loszieht, der schnelles Geld machen will. Unmittelbar nach der so starken Einführung von „Dr. med. Silken Floss" bietet uns Eisner hier eine Hauptfigur und eine Schelmenerzählung, die ungewöhnlich schlecht ausgearbeitet sind. Deshalb empfindet man diese Episode als besonders dünn. Aber wenn auch die Texte nicht Eisners beste sind, so sind die visuellen Kniffe in der Doppelfolge um „Hoagy the Yogi" zweifellos eine Augenweide.

Das ganze erste Halbjahr 1947 hindurch konnten die Leser beobachten, wie die künstlerische Gestaltung lockerer wurde, die Charakterisierung der Figuren dichter, die Ausarbeitung in Tusche flüssiger und klarer. Es gab ab und zu noch Passagen, in denen der realistisch gezeichnete Spirit sich unwohl in der karikierten Umgebung zu fühlen schien... aber bei „Hoagy the Yogi" fügte sich alles zusammen und bot eine Welt, die sowohl Eisners Komödianten als auch einem flexibler gestalteten Helden Platz bot. Zu diesem Zeitpunkt begann Eisners neu eingestellter Assistent Jerry Grandenetti sich seine Brötchen zu verdienen, indem er die Hintergründe für Hoagys und Ebonys slapstickhaftes Abenteuer in China beisteuerte. Sie sind so dynamisch gezeichnet, dass es dem Leser zuerst gar nicht auffällt, dass sich Eisner dafür entschieden hatte, den zweiten Teil der Story als Pantomimenstrip zu gestalten.

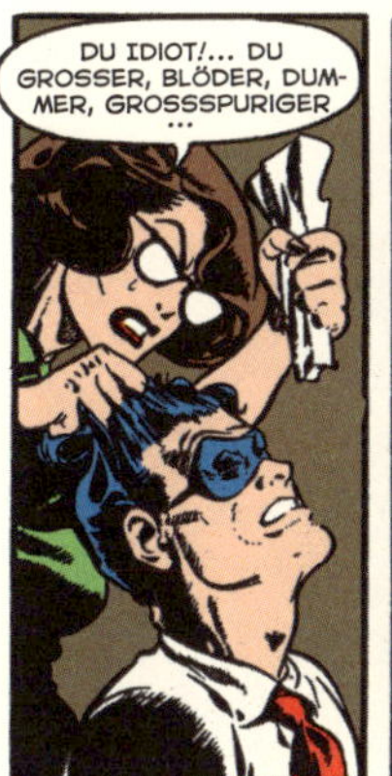

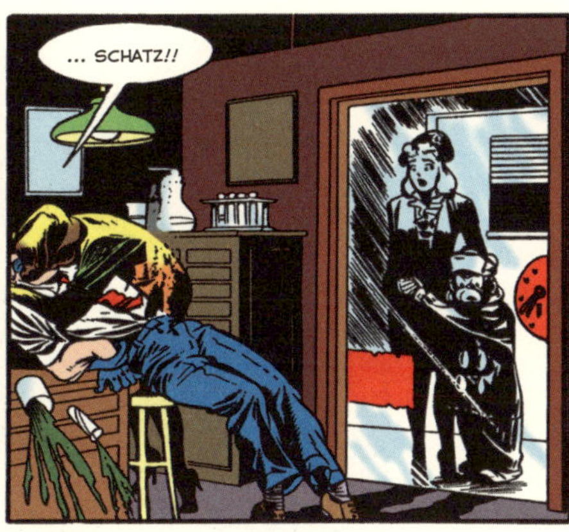

Der gleiche Witz scheint die nächste Folge zu beherrschen, aber wir sind die Opfer. Die ersten zwei Seiten von „April, April" sind in Eisners lockerstem Stil gezeichnet und dem unverantwortlichen Gag eines albernen Reporters gewidmet. Dann aber wendet sich Eisner den unbeabsichtigten Opfern des Witzes zu und wir beginnen zu spüren, dass wir hereingelegt worden sind. Dabei handelt es sich um zwei Direktoren mit den verspielten Namen Vault und Deficit, und bei ihrem ersten Auftreten werden sie in einem lockeren Comicstil dargestellt. Aber ab dem vielsagenden Close-up von Mrs. Vault auf Seite 3 gibt es keinen Zweifel, dass sich die Geschichte zum Bösen wenden wird.

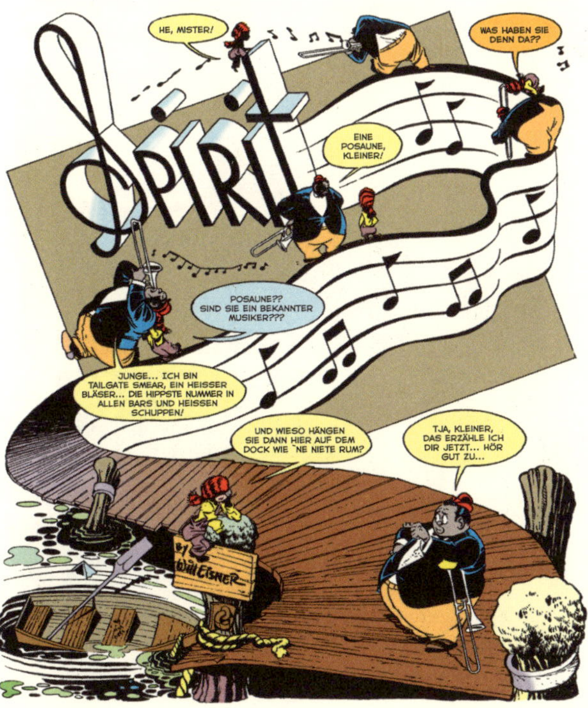

Sylvie Vault, eine weitere skrupellose Brünette, verschwendet keine Zeit damit, ihre wahren Absichten zu verheimlichen. Als sie damit beginnt, mit den Gefühlen der anderen Figuren zu spielen, stellt Eisner eine beeindruckende Vielfalt an gefühlvoller Mimik auf den Gesichtern dar, die noch einige Panels vorher so komisch aussahen. Das alles führt zu einer Konfrontation, die er mit viel schwarzer Tusche darstellt und während der seine Figuren mit den Schatten verschmelzen. „April, April" ist eine beeindruckende Geschichte um Ehebruch und Schlimmeres, die mühelos hinübergleitet von einer witzigen Eröffnungssequenz

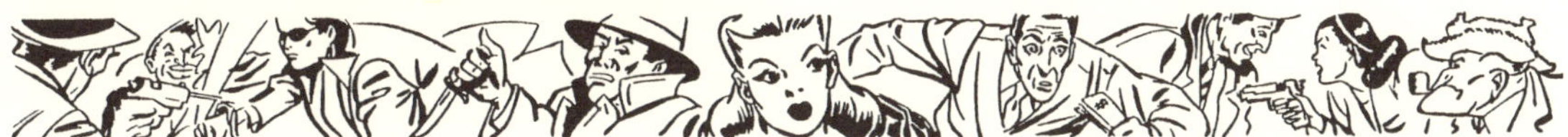

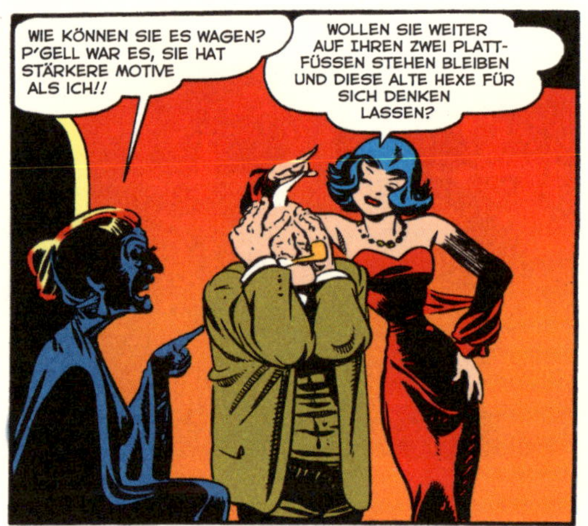

in die Darstellung von sinnlos zerstörten Leben. Und zusätzlich zu seiner bemerkenswerten künstlerischen Gestaltung bietet diese Geschichte in Sylvie Vault eine „Böse", die so faszinierend ist, dass sie in der bizarren schwarzen Komödie „Pinhead" wieder auftauchen darf, die diese lange Aneinanderreihung von miteinander verbundenen Folgen abschließt.

Aber Sylvie ist ein kleines Licht verglichen mit P'Gell, dieser grotesken, verführerischen Intrigantin, die den Weg des Spirit zum ersten Mal in einem überseeischen Abenteuer im Jahr zuvor gekreuzt hatte. Eisner erkannte sehr schnell das reiche Potential dieser Figur und schmückte seine Geschichten immer wieder mit ihr. Anfang 1947 versetzte er P'Gell aus ihrem Harem in die Heimat des Spirit. Das sollte sich in der Tat als ein cleverer Schachzug herausstellen.

Zwei der beeindruckendsten Seiten in diesem Band finden sich in P'Gell-Geschichten – der ganzseitige Schnitt in „Die Schule für höhere Töchter", die auf brillante Art und Weise dramaturgisches Können mit den Comics paart, und die Einleitungsseite von „Das Medaillon des Duce", eine Pose, die genauso effektiv ist wie die berühmtere Einleitungsseite von 1946, auf der P'Gell vorgestellt wird... und die heute noch die Phantasie von nur minimal gealterten Jungs beflügelt.

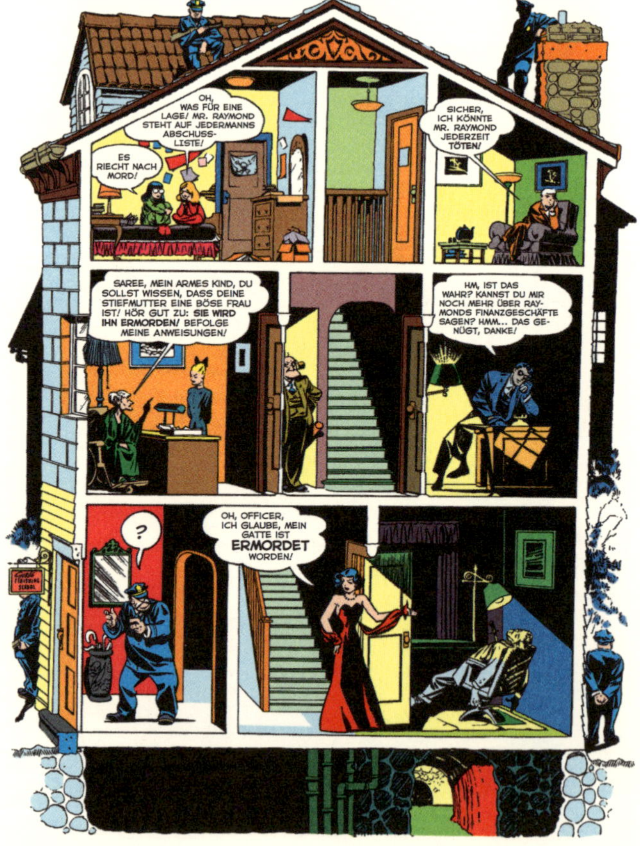

Aber Dank Will Eisners Genialität gibt es in diesem Band Phantasien für praktisch jeden – denn diese Geschichten aus der ersten Hälfte des Jahres 1947 markieren den Punkt, an dem der Spirit den Sprung von einer spannenden Unterhaltungsserie zu etwas von wahrer Größe schaffte.

Jim Vance

Jim Vance ist der Texter der Serie *Kings in Disguise* (ausgezeichnet mit dem Eisner- und dem Harvey-Award) und von Neil Gaimans *Mr. Hero*. Zudem hat er an den *Legends of the Dark Knight* und Serien wie *Aliens, Predator* und *Johnny Quest* mitgearbeitet. Zusammen mit seiner Frau Kate Worley schreibt er eine Reihe von Kriminalromanen basierend auf Will Eisners Spirit.

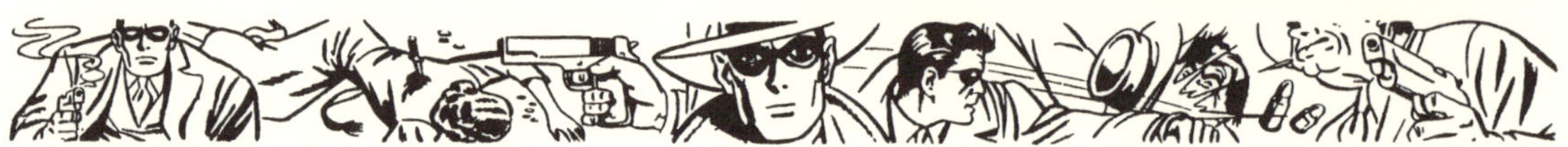

DAS PERFEKTE VERBRECHEN

5. Januar 1947

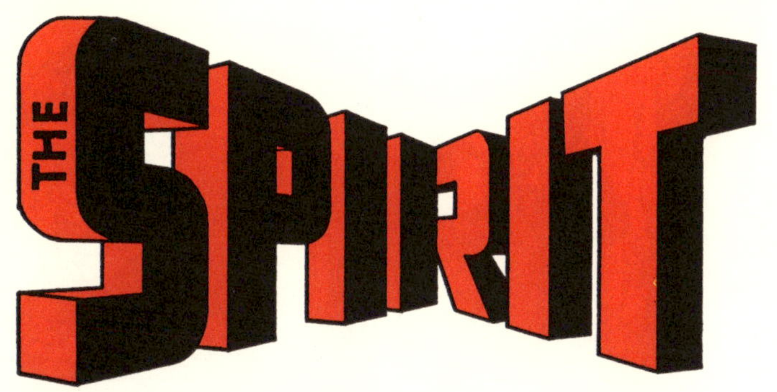

IN DEN TIEFSTEN WINKELN UNSERER PHANTASIE... IN DEN UNENDLICHEN KATAKOMBEN DES MENSCHLICHEN GEHIRNS GIBT ES VIELE FALLEN... DIESE KÄMPFEN OFT AUF DER SEITE VON RECHT UND GESETZ... DESHALB GIBT ES FAST NIE DAS „PERFEKTE VERBRECHEN"!!

BY Will Eisner

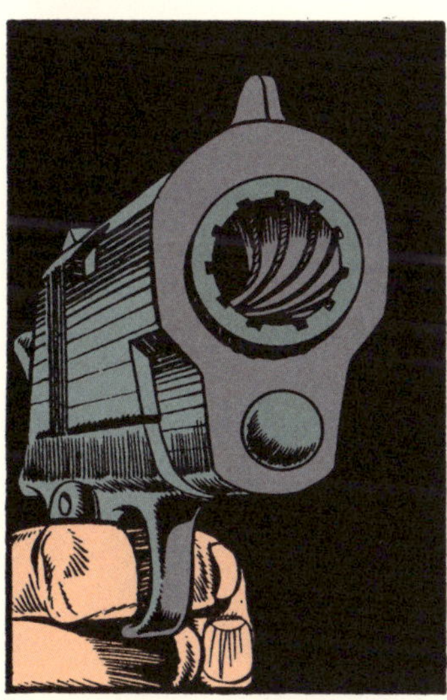

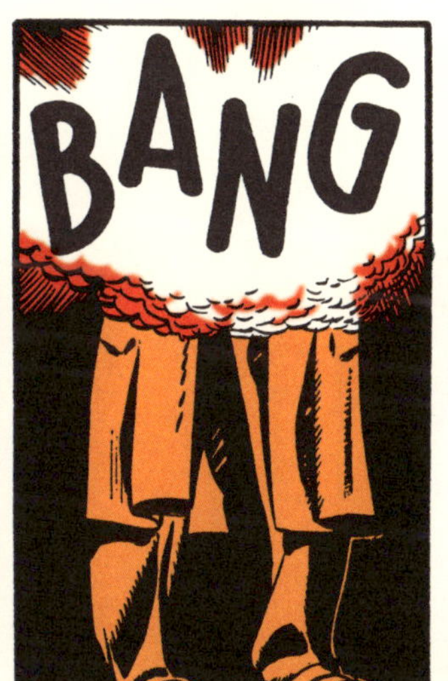

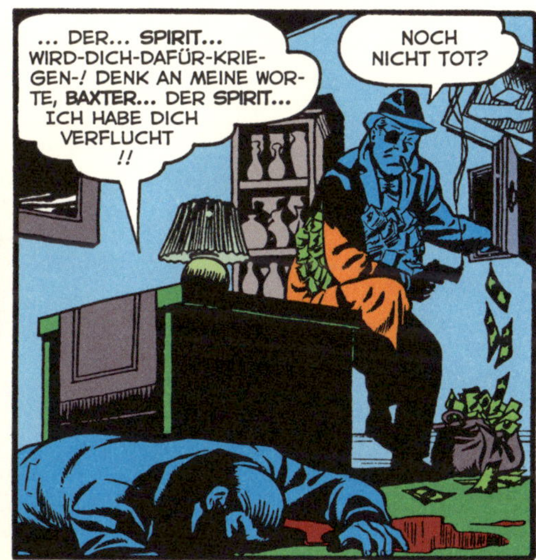

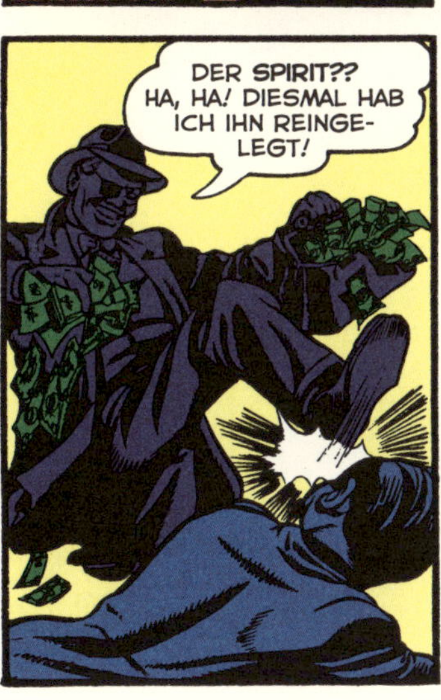

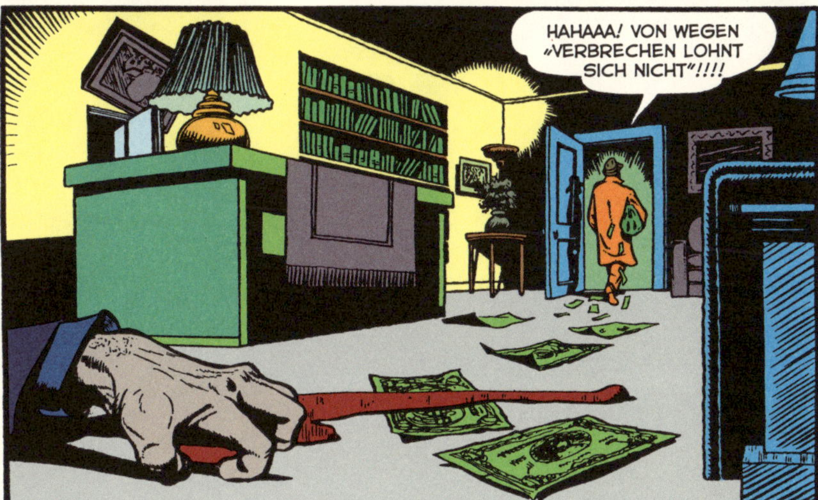

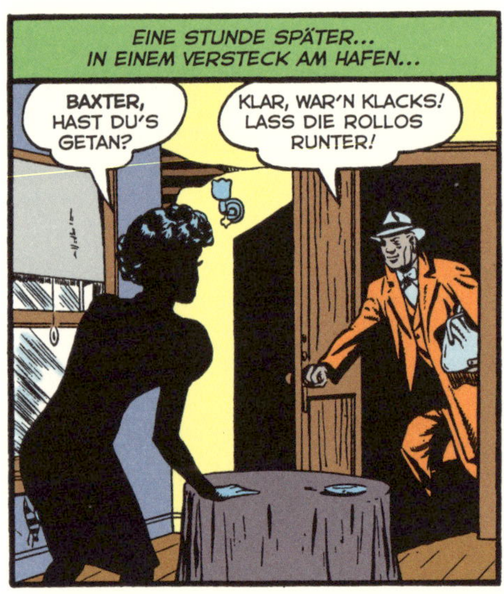
EINE STUNDE SPÄTER...
IN EINEM VERSTECK AM HAFEN...
BAXTER, HAST DU'S GETAN?
KLAR, WAR'N KLACKS! LASS DIE ROLLOS RUNTER!

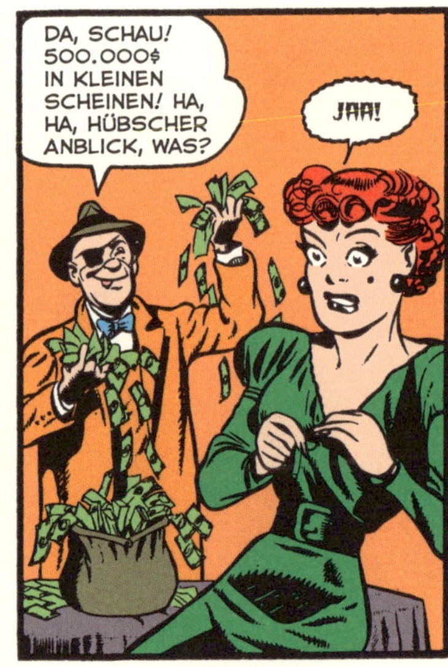
DA, SCHAU! 500.000$ IN KLEINEN SCHEINEN! HA, HA, HÜBSCHER ANBLICK, WAS?
JAA!

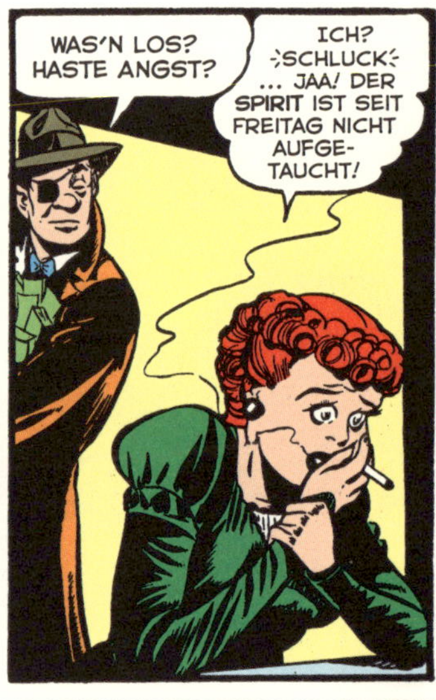
WAS'N LOS? HASTE ANGST?
ICH? -SCHLUCK- ... JAA! DER SPIRIT IST SEIT FREITAG NICHT AUFGE-TAUCHT!

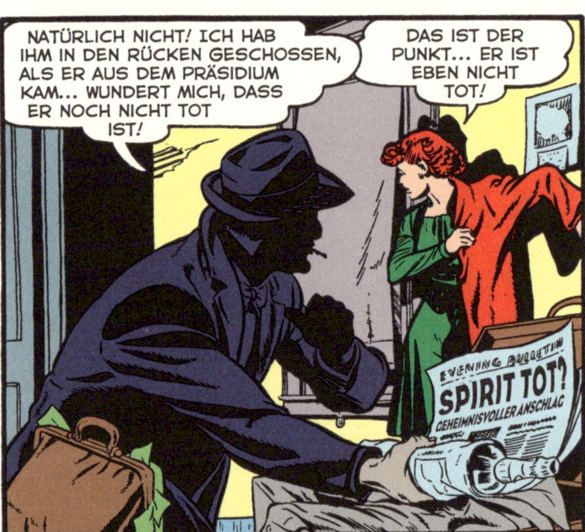
NATÜRLICH NICHT! ICH HAB IHM IN DEN RÜCKEN GESCHOSSEN, ALS ER AUS DEM PRÄSIDIUM KAM... WUNDERT MICH, DASS ER NOCH NICHT TOT IST!
DAS IST DER PUNKT... ER IST EBEN NICHT TOT!
EVENING BULLETIN
SPIRIT TOT?
GEHEIMNISVOLLER ANSCHLAG

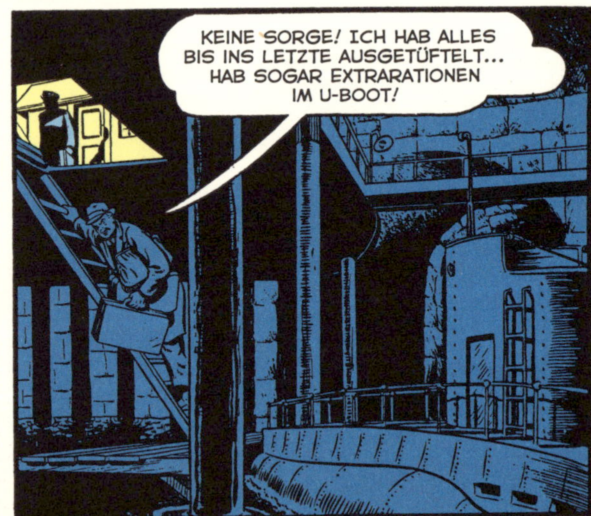
KEINE SORGE! ICH HAB ALLES BIS INS LETZTE AUSGETÜFTELT... HAB SOGAR EXTRARATIONEN IM U-BOOT!

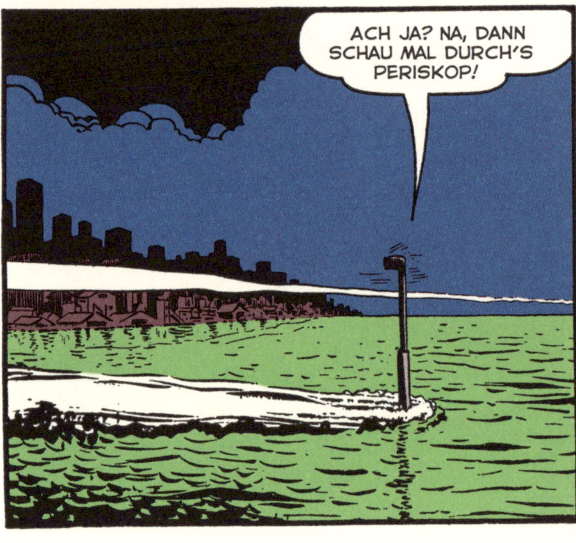
ACH JA? NA, DANN SCHAU MAL DURCH'S PERISKOP!

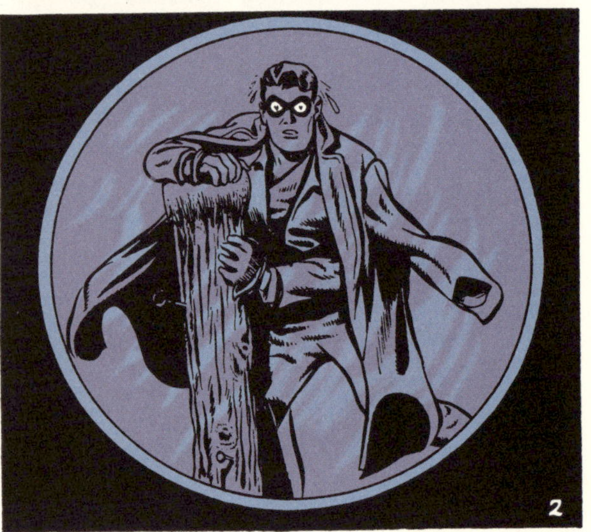
2

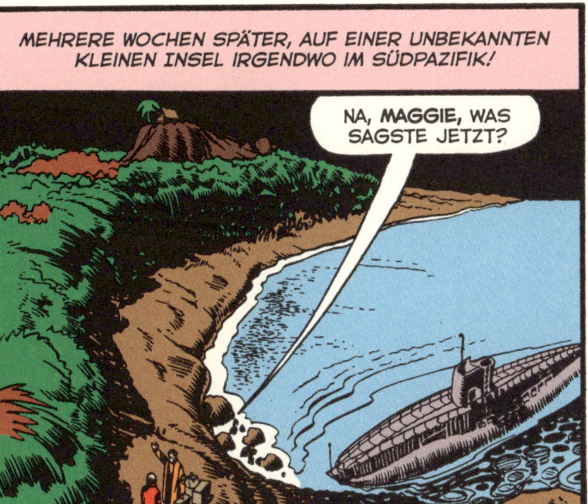
MEHRERE WOCHEN SPÄTER, AUF EINER UNBEKANNTEN KLEINEN INSEL IRGENDWO IM SÜDPAZIFIK!
NA, MAGGIE, WAS SAGSTE JETZT?

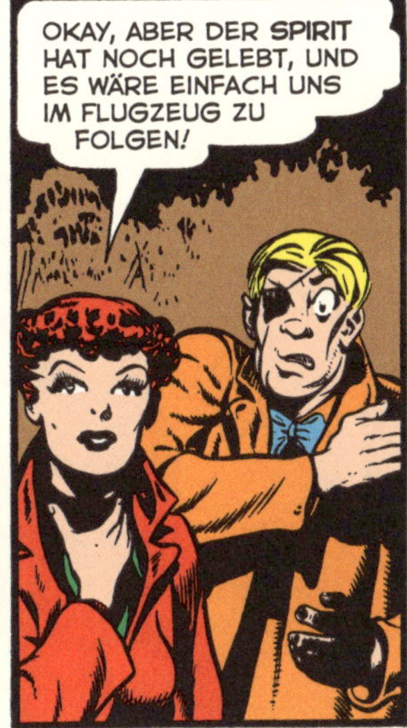
OKAY, ABER DER SPIRIT HAT NOCH GELEBT, UND ES WÄRE EINFACH UNS IM FLUGZEUG ZU FOLGEN!

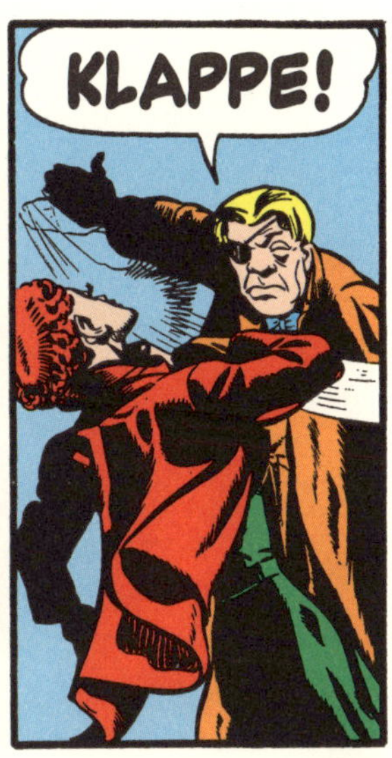
KLAPPE!

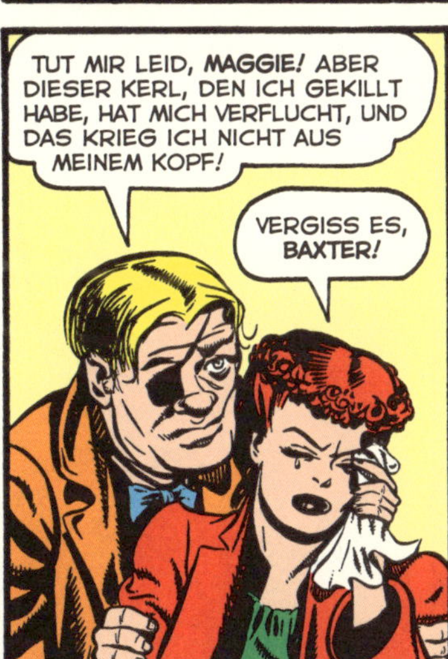
TUT MIR LEID, MAGGIE! ABER DIESER KERL, DEN ICH GEKILLT HABE, HAT MICH VERFLUCHT, UND DAS KRIEG ICH NICHT AUS MEINEM KOPF!
VERGISS ES, BAXTER!

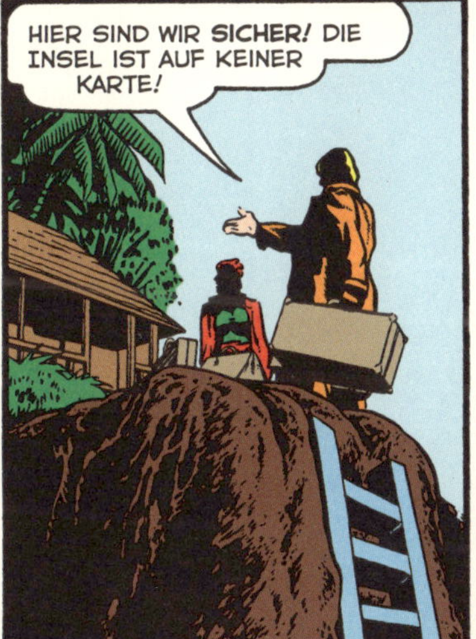
HIER SIND WIR SICHER! DIE INSEL IST AUF KEINER KARTE!

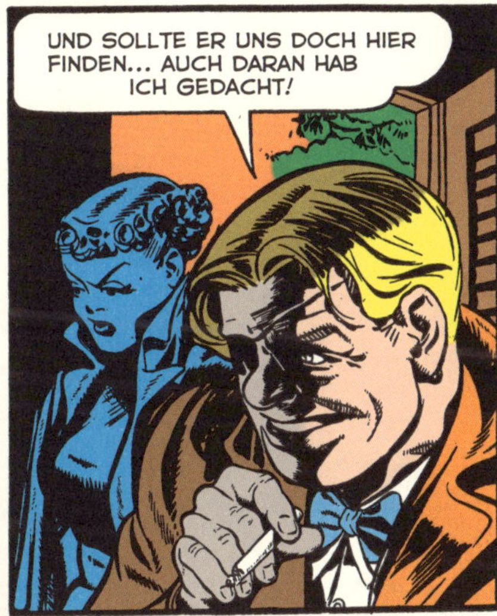
UND SOLLTE ER UNS DOCH HIER FINDEN... AUCH DARAN HAB ICH GEDACHT!

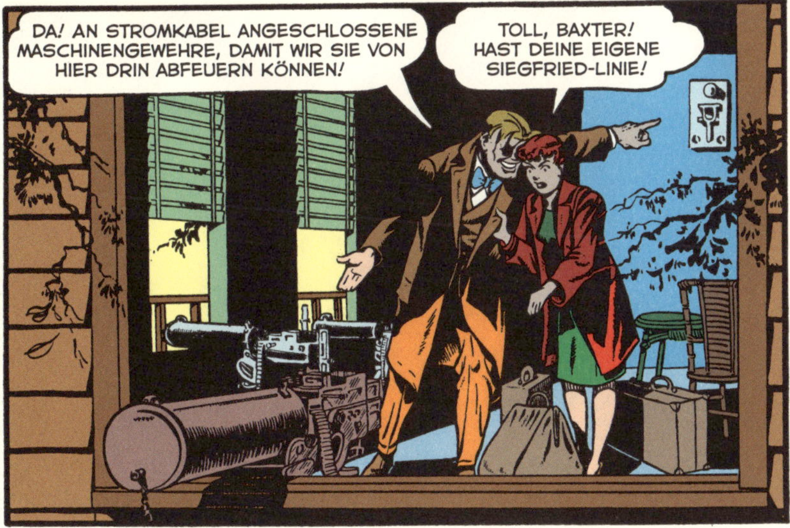
DA! AN STROMKABEL ANGESCHLOSSENE MASCHINENGEWEHRE, DAMIT WIR SIE VON HIER DRIN ABFEUERN KÖNNEN!
TOLL, BAXTER! HAST DEINE EIGENE SIEGFRIED-LINIE!

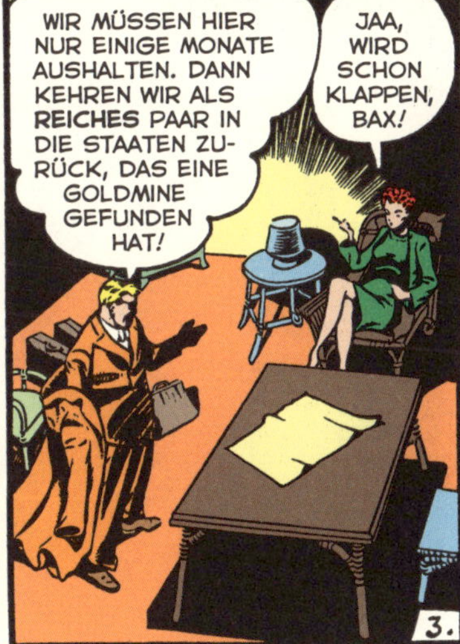
WIR MÜSSEN HIER NUR EINIGE MONATE AUSHALTEN. DANN KEHREN WIR ALS REICHES PAAR IN DIE STAATEN ZURÜCK, DAS EINE GOLDMINE GEFUNDEN HAT!
JAA, WIRD SCHON KLAPPEN, BAX!
3.

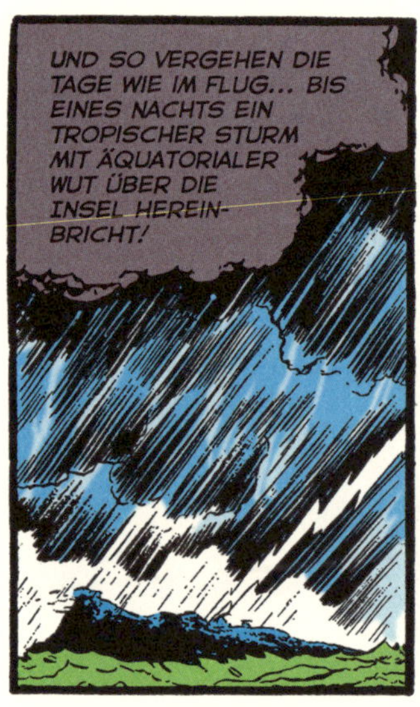
UND SO VERGEHEN DIE TAGE WIE IM FLUG... BIS EINES NACHTS EIN TROPISCHER STURM MIT ÄQUATORIALER WUT ÜBER DIE INSEL HEREINBRICHT!

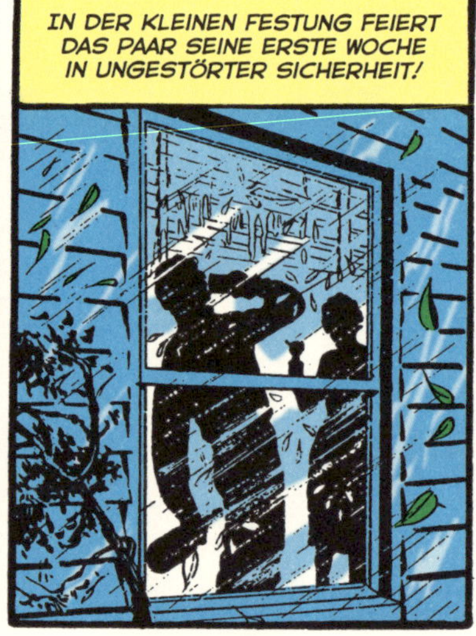
IN DER KLEINEN FESTUNG FEIERT DAS PAAR SEINE ERSTE WOCHE IN UNGESTÖRTER SICHERHEIT!

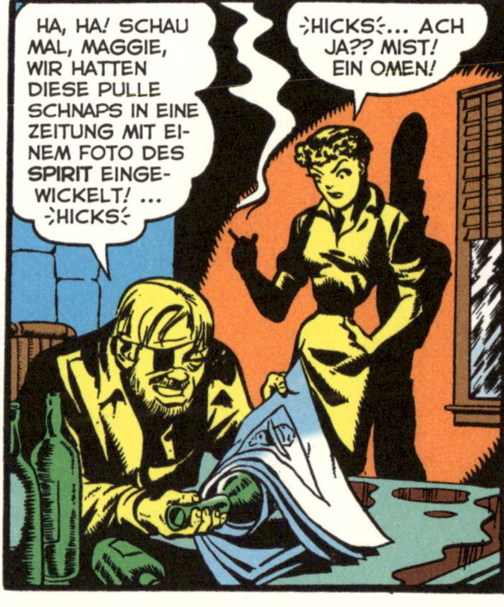
HA, HA! SCHAU MAL, MAGGIE, WIR HATTEN DIESE PULLE SCHNAPS IN EINE ZEITUNG MIT EINEM FOTO DES SPIRIT EINGEWICKELT! ... HICKS
HICKS... ACH JA?? MIST! EIN OMEN!

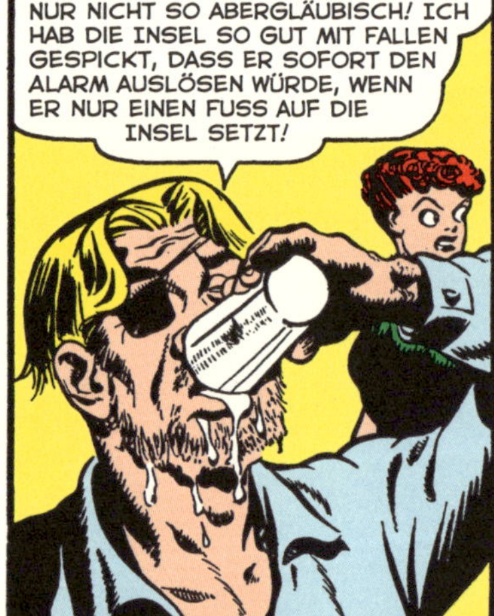
NUR NICHT SO ABERGLÄUBISCH! ICH HAB DIE INSEL SO GUT MIT FALLEN GESPICKT, DASS ER SOFORT DEN ALARM AUSLÖSEN WÜRDE, WENN ER NUR EINEN FUSS AUF DIE INSEL SETZT!

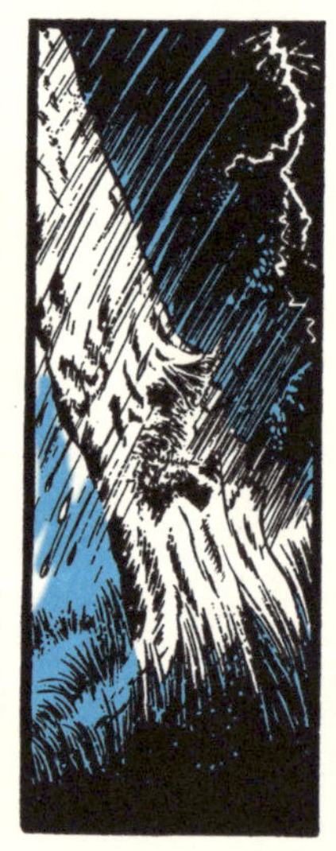

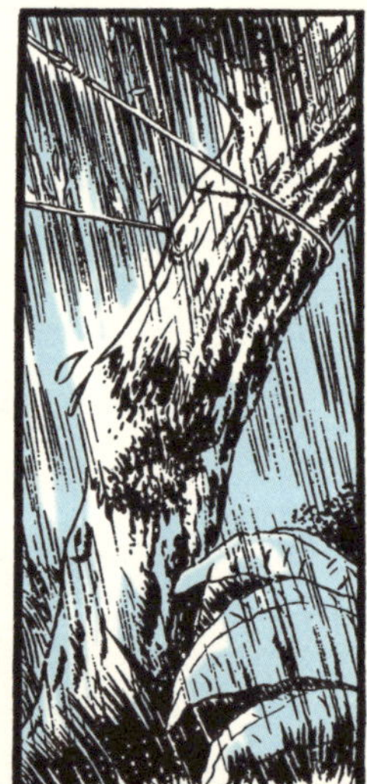

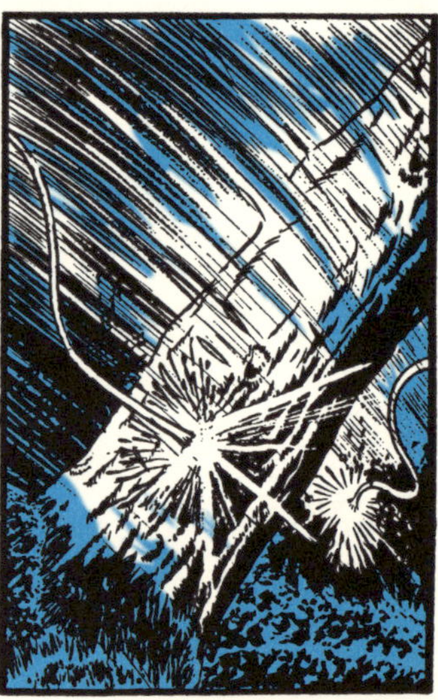

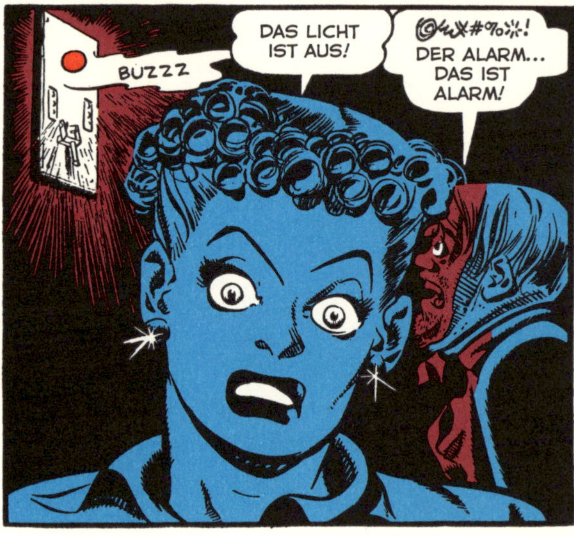
BUZZZ
DAS LICHT IST AUS!
DER ALARM... DAS IST ALARM!

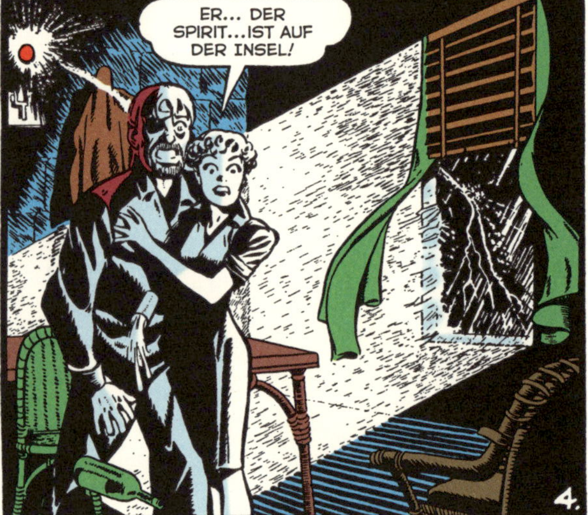
ER... DER SPIRIT...IST AUF DER INSEL!
4.

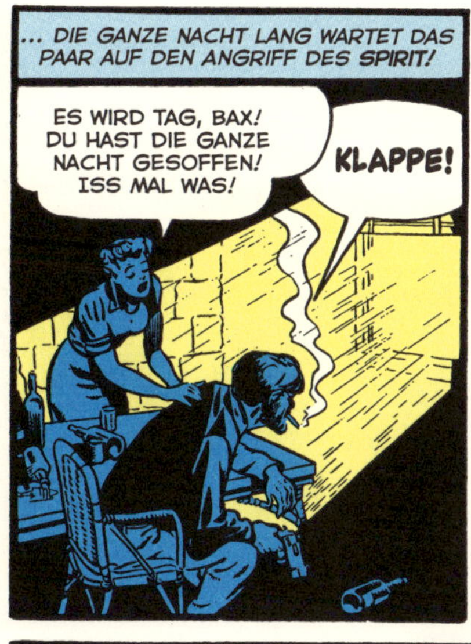
... DIE GANZE NACHT LANG WARTET DAS PAAR AUF DEN ANGRIFF DES SPIRIT!
ES WIRD TAG, BAX! DU HAST DIE GANZE NACHT GESOFFEN! ISS MAL WAS!
KLAPPE!

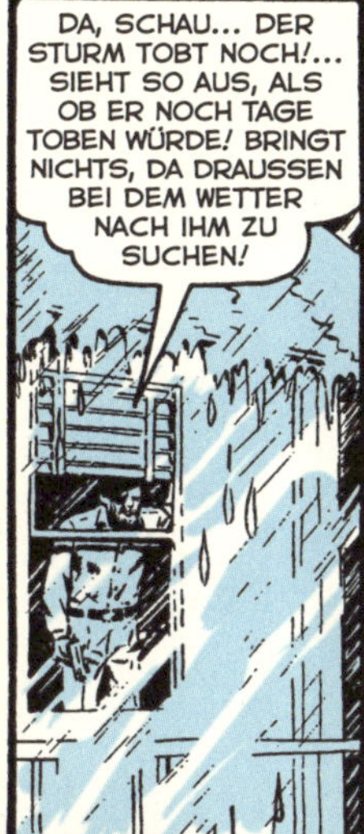
DA, SCHAU... DER STURM TOBT NOCH!... SIEHT SO AUS, ALS OB ER NOCH TAGE TOBEN WÜRDE! BRINGT NICHTS, DA DRAUSSEN BEI DEM WETTER NACH IHM ZU SUCHEN!

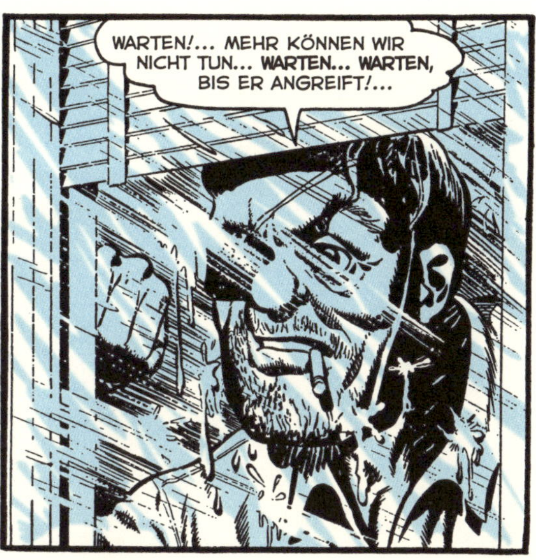
WARTEN!... MEHR KÖNNEN WIR NICHT TUN... WARTEN... WARTEN, BIS ER ANGREIFT!...

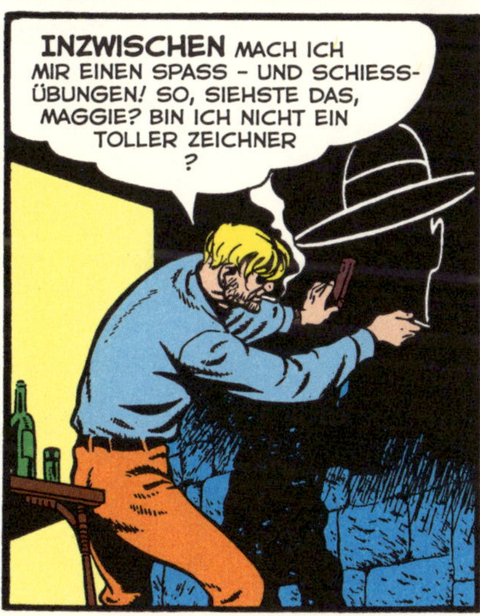
INZWISCHEN MACH ICH MIR EINEN SPASS – UND SCHIESS-ÜBUNGEN! SO, SIEHSTE DAS, MAGGIE? BIN ICH NICHT EIN TOLLER ZEICHNER ?

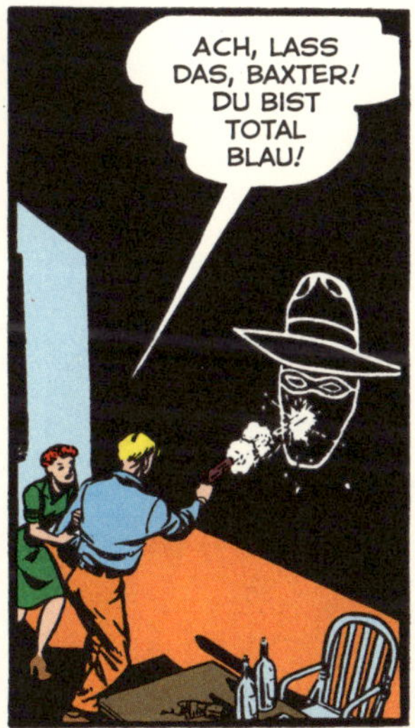
ACH, LASS DAS, BAXTER! DU BIST TOTAL BLAU!

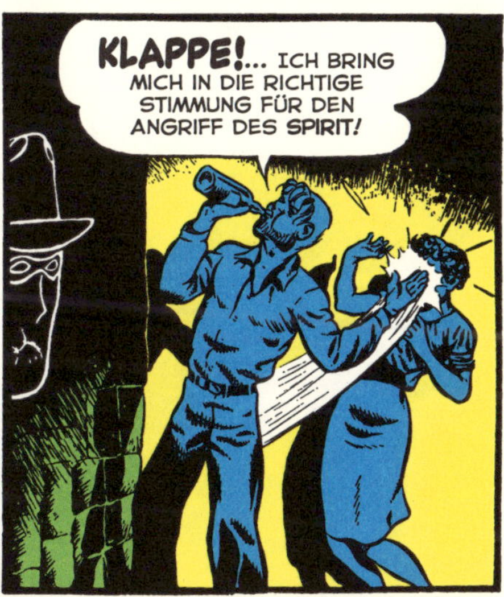
KLAPPE!... ICH BRING MICH IN DIE RICHTIGE STIMMUNG FÜR DEN ANGRIFF DES SPIRIT!

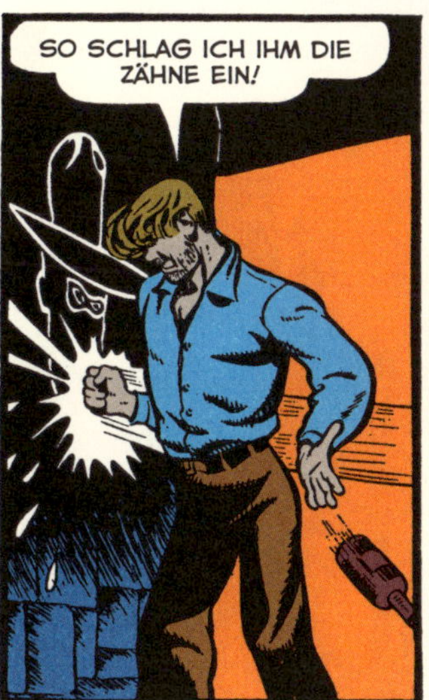
SO SCHLAG ICH IHM DIE ZÄHNE EIN!

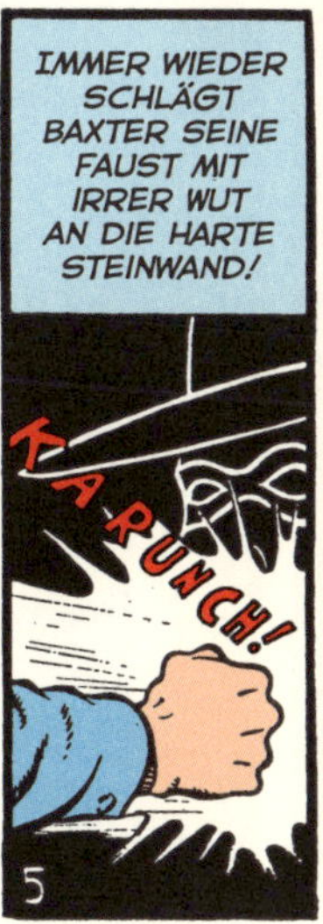
IMMER WIEDER SCHLÄGT BAXTER SEINE FAUST MIT IRRER WUT AN DIE HARTE STEINWAND!
KA-RUNCH!
5

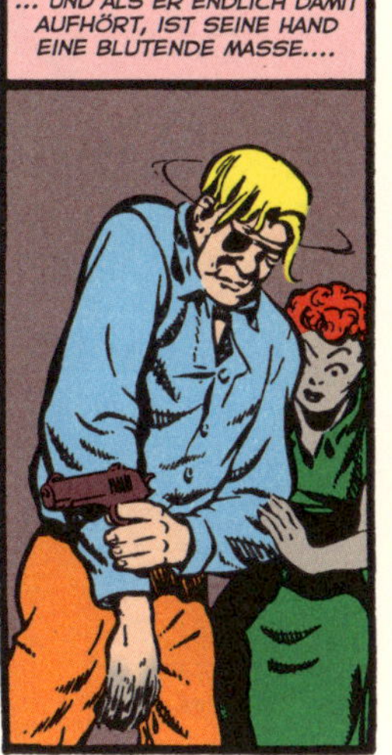
... UND ALS ER ENDLICH DAMIT AUFHÖRT, IST SEINE HAND EINE BLUTENDE MASSE....

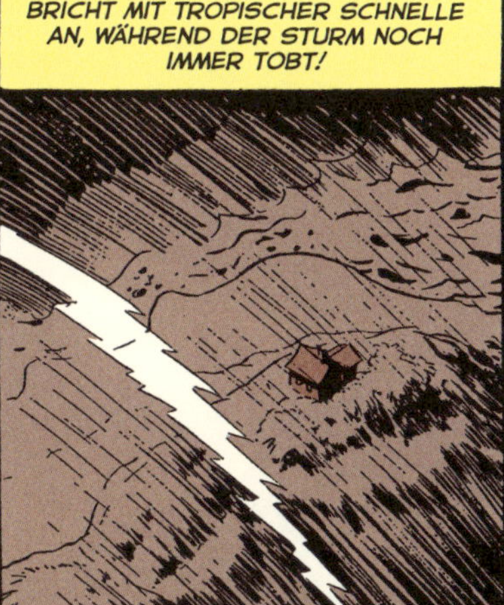
... DER TAG VERGEHT UND DIE NACHT BRICHT MIT TROPISCHER SCHNELLE AN, WÄHREND DER STURM NOCH IMMER TOBT!

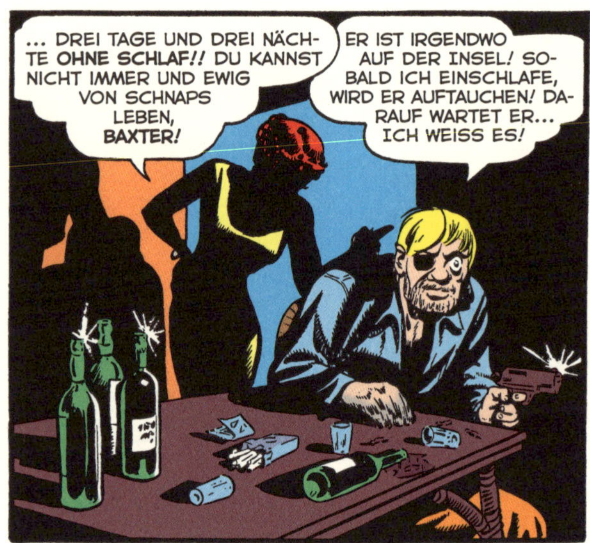
... DREI TAGE UND DREI NÄCHTE OHNE SCHLAF!! DU KANNST NICHT IMMER UND EWIG VON SCHNAPS LEBEN, BAXTER!
ER IST IRGENDWO AUF DER INSEL! SOBALD ICH EINSCHLAFE, WIRD ER AUFTAUCHEN! DARAUF WARTET ER... ICH WEISS ES!

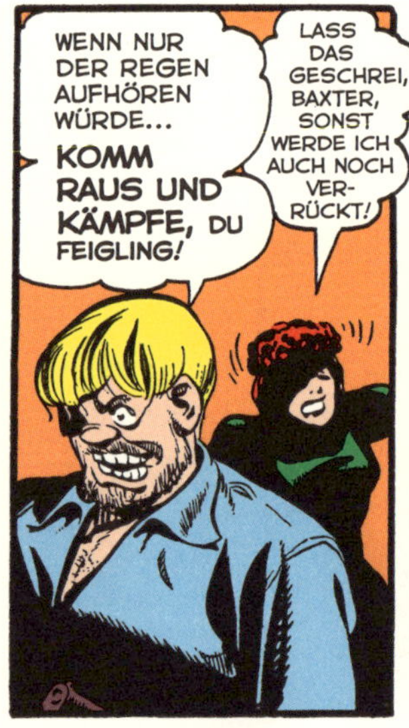
WENN NUR DER REGEN AUFHÖREN WÜRDE... KOMM RAUS UND KÄMPFE, DU FEIGLING!
LASS DAS GESCHREI, BAXTER, SONST WERDE ICH AUCH NOCH VERRÜCKT!

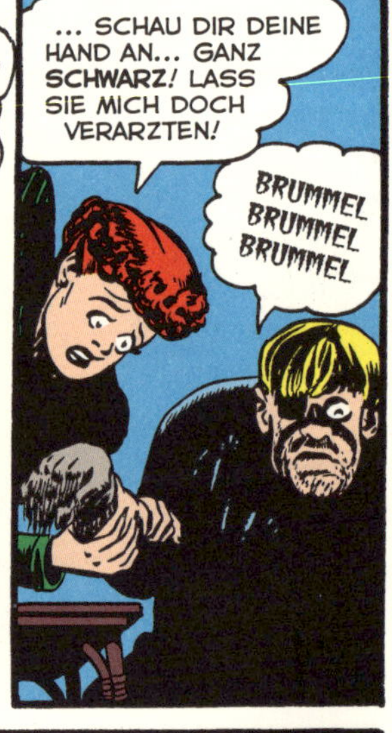
... SCHAU DIR DEINE HAND AN... GANZ SCHWARZ! LASS SIE MICH DOCH VERARZTEN!
BRUMMEL BRUMMEL BRUMMEL

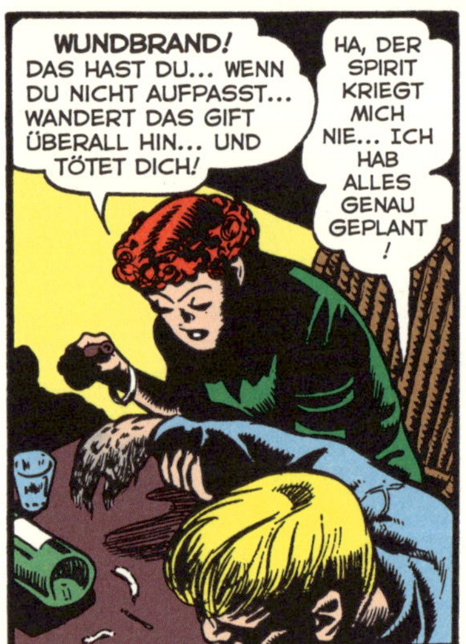
WUNDBRAND! DAS HAST DU... WENN DU NICHT AUFPASST... WANDERT DAS GIFT ÜBERALL HIN... UND TÖTET DICH!
HA, DER SPIRIT KRIEGT MICH NIE... ICH HAB ALLES GENAU GEPLANT!

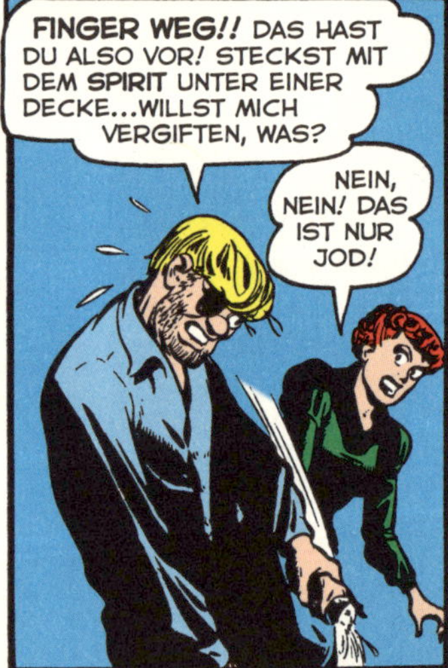
FINGER WEG!! DAS HAST DU ALSO VOR! STECKST MIT DEM SPIRIT UNTER EINER DECKE...WILLST MICH VERGIFTEN, WAS?
NEIN, NEIN! DAS IST NUR JOD!

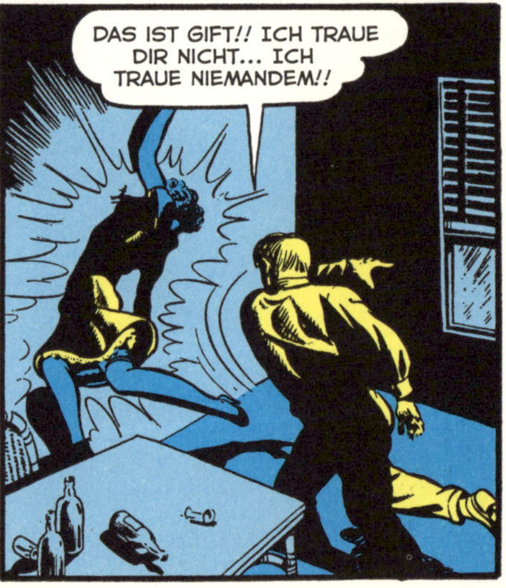
DAS IST GIFT!! ICH TRAUE DIR NICHT... ICH TRAUE NIEMANDEM!!

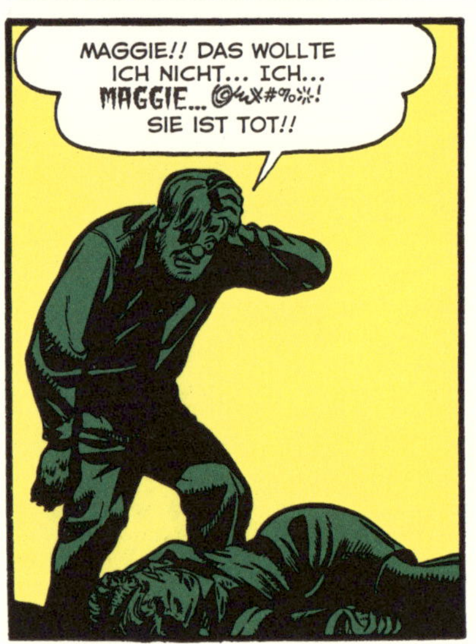
MAGGIE!! DAS WOLLTE ICH NICHT... ICH... MAGGIE... @¼X#%☆! SIE IST TOT!!

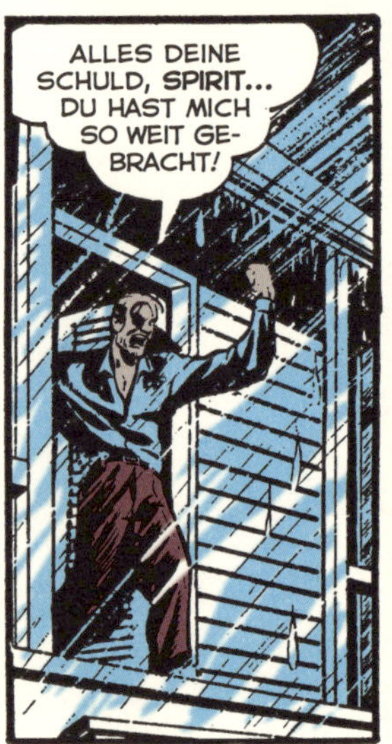
ALLES DEINE SCHULD, SPIRIT... DU HAST MICH SO WEIT GEBRACHT!

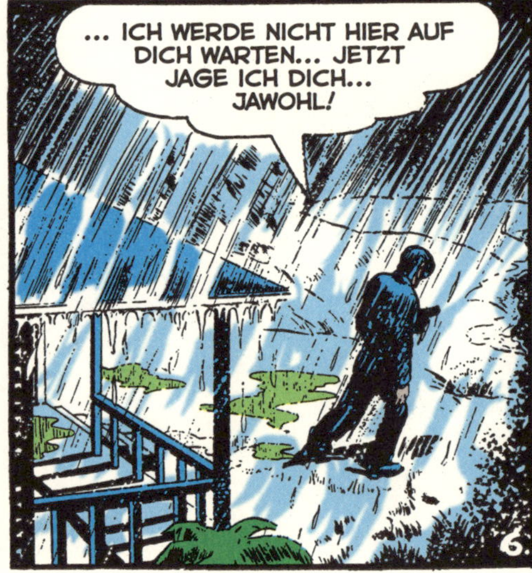
... ICH WERDE NICHT HIER AUF DICH WARTEN... JETZT JAGE ICH DICH... JAWOHL!
6.

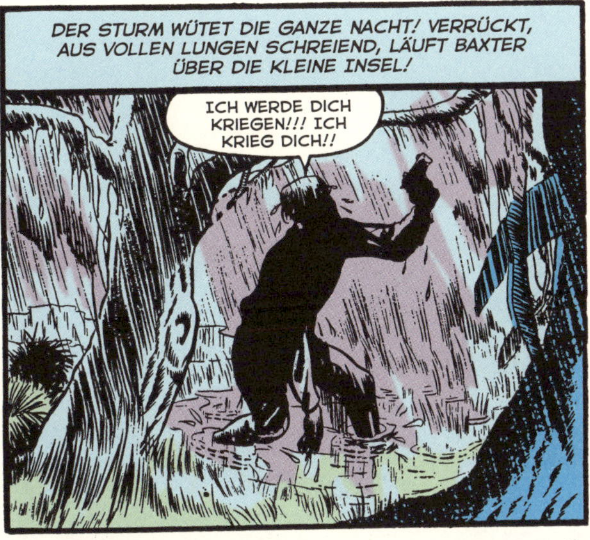
DER STURM WÜTET DIE GANZE NACHT! VERRÜCKT, AUS VOLLEN LUNGEN SCHREIEND, LÄUFT BAXTER ÜBER DIE KLEINE INSEL!
ICH WERDE DICH KRIEGEN!!! ICH KRIEG DICH!!

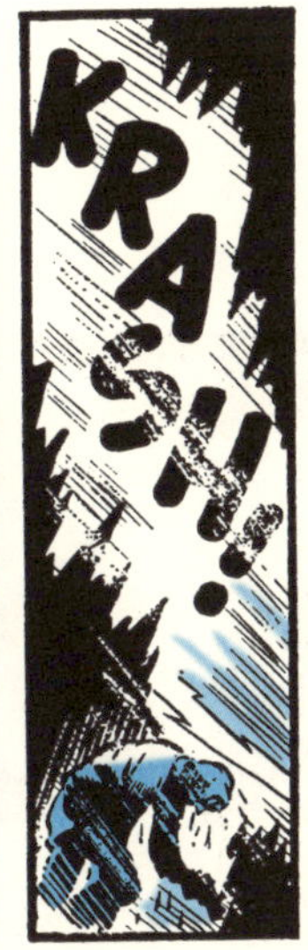
KRASH!!

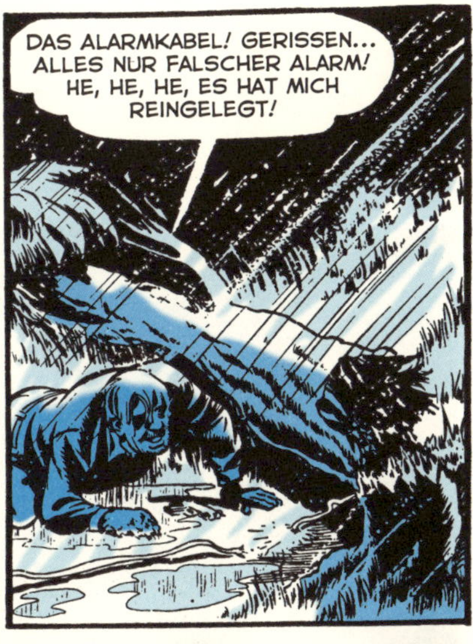
DAS ALARMKABEL! GERISSEN... ALLES NUR FALSCHER ALARM! HE, HE, HE, ES HAT MICH REINGELEGT!

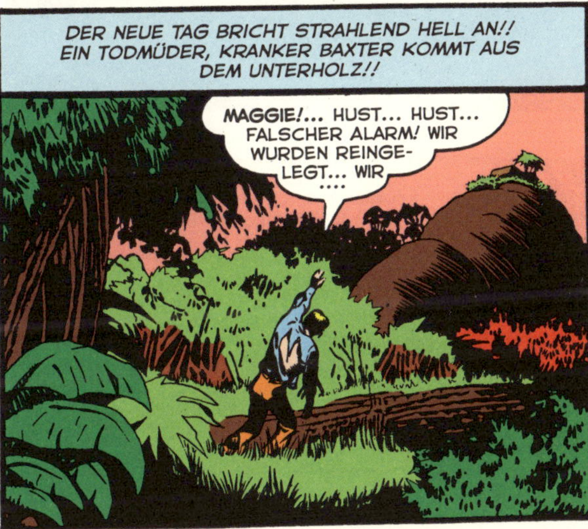
DER NEUE TAG BRICHT STRAHLEND HELL AN!! EIN TODMÜDER, KRANKER BAXTER KOMMT AUS DEM UNTERHOLZ!!
MAGGIE!... HUST... HUST... FALSCHER ALARM! WIR WURDEN REINGE- LEGT... WIR ....

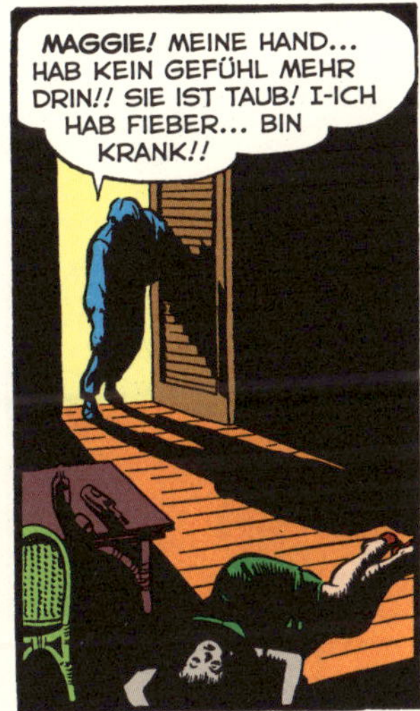
MAGGIE! MEINE HAND... HAB KEIN GEFÜHL MEHR DRIN!! SIE IST TAUB! I-ICH HAB FIEBER... BIN KRANK!!

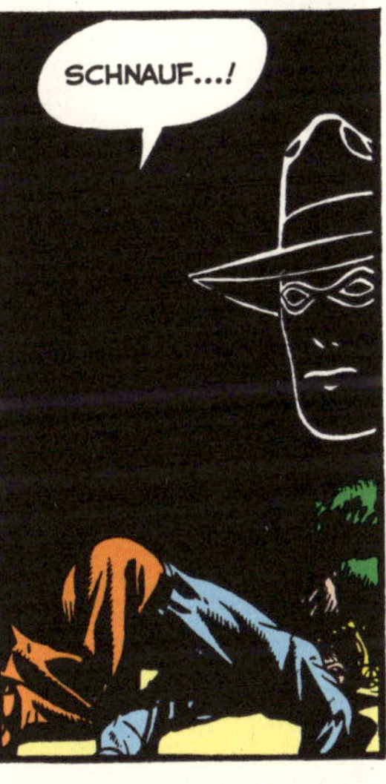
SCHNAUF...!

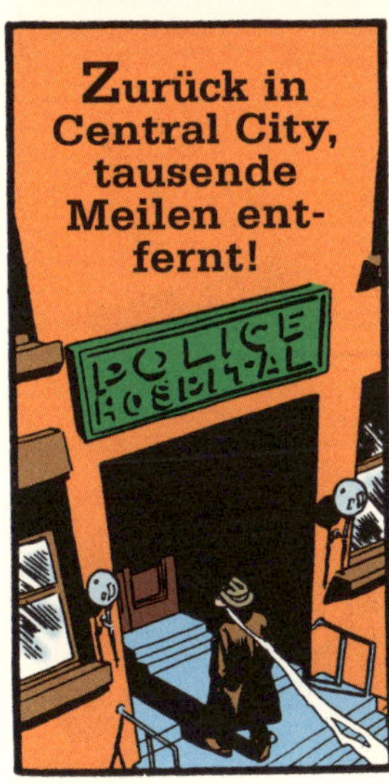
Zurück in Central City, tausende Meilen ent- fernt!
POLICE HOSPITAL

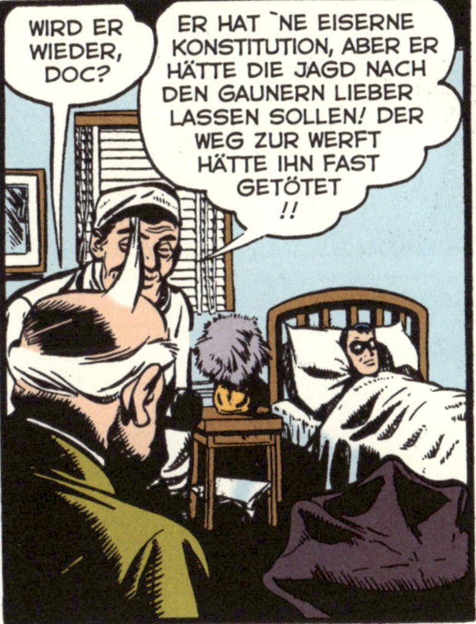
WIRD ER WIEDER, DOC?
ER HAT 'NE EISERNE KONSTITUTION, ABER ER HÄTTE DIE JAGD NACH DEN GAUNERN LIEBER LASSEN SOLLEN! DER WEG ZUR WERFT HÄTTE IHN FAST GETÖTET !!

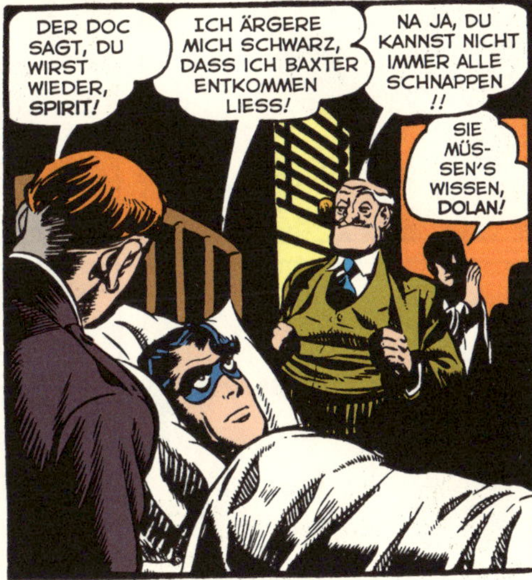
DER DOC SAGT, DU WIRST WIEDER, SPIRIT!
ICH ÄRGERE MICH SCHWARZ, DASS ICH BAXTER ENTKOMMEN LIESS!
NA JA, DU KANNST NICHT IMMER ALLE SCHNAPPEN !!
SIE MÜS- SEN'S WISSEN, DOLAN!

SAREE

12. Januar 1947

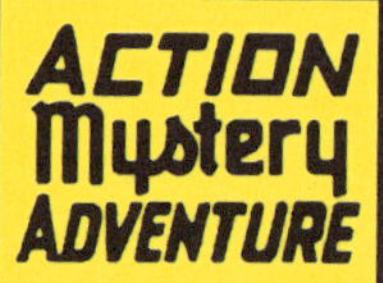

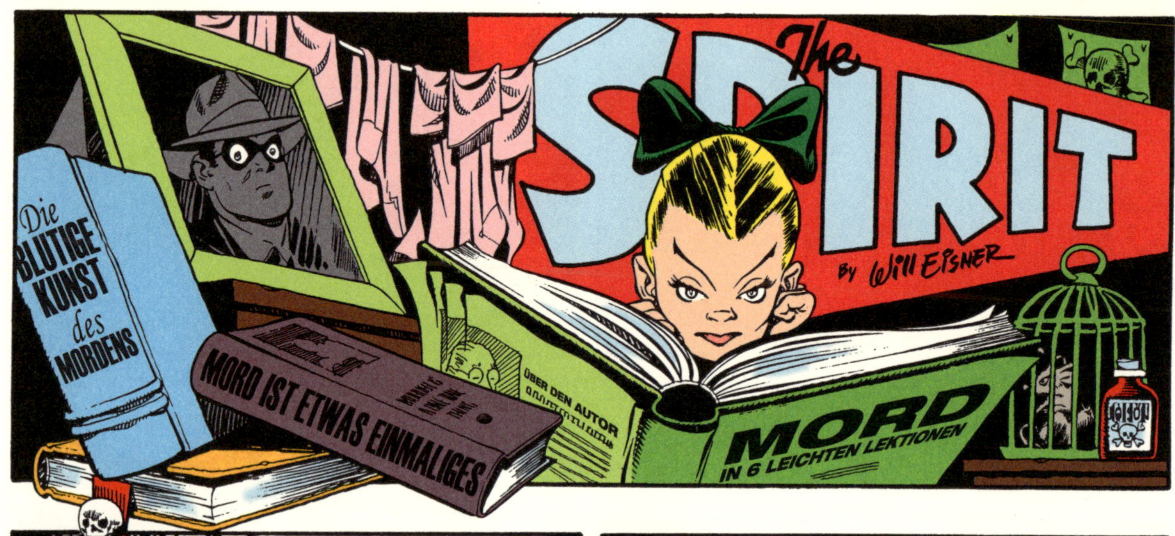

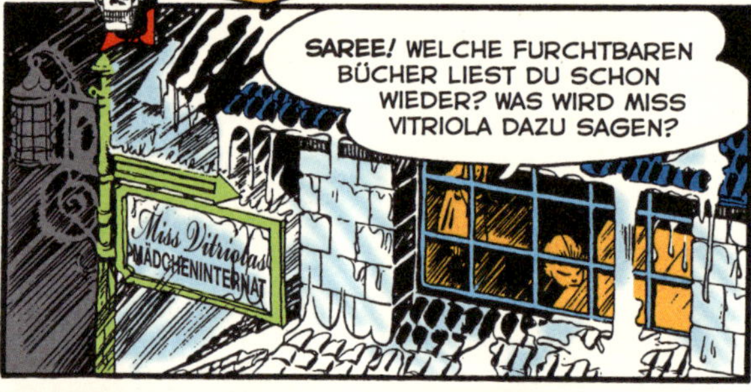

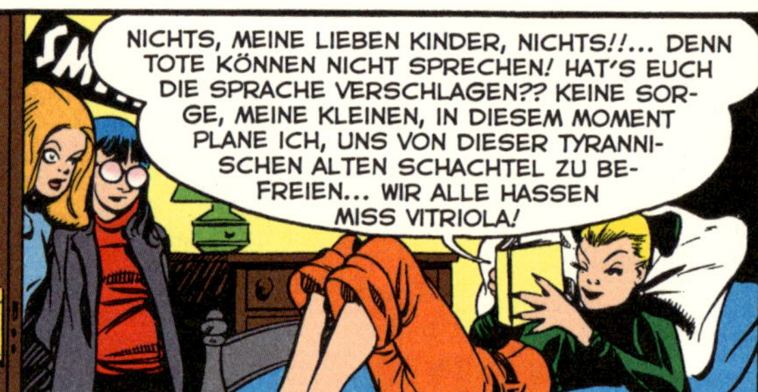

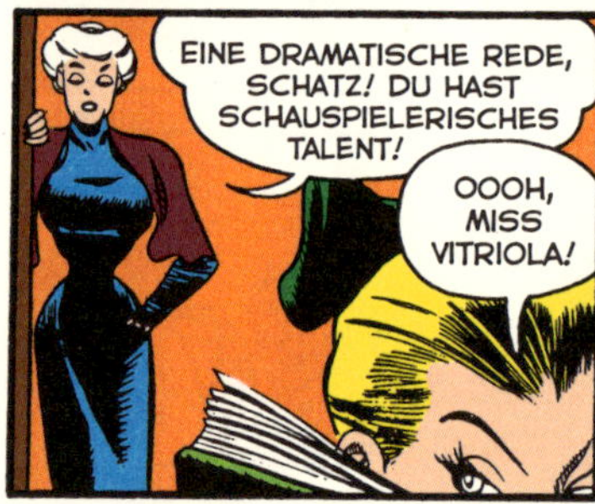

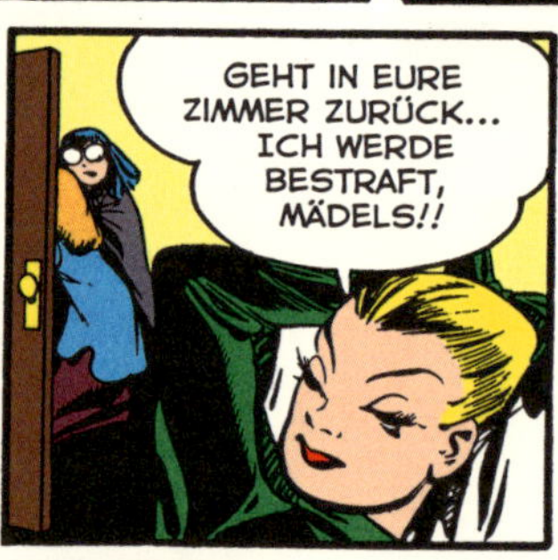

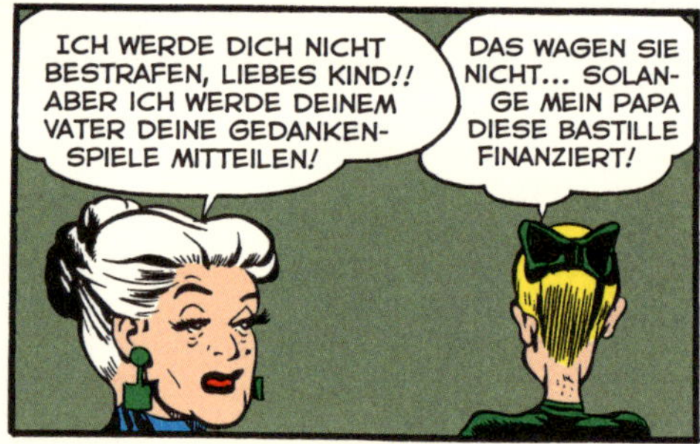

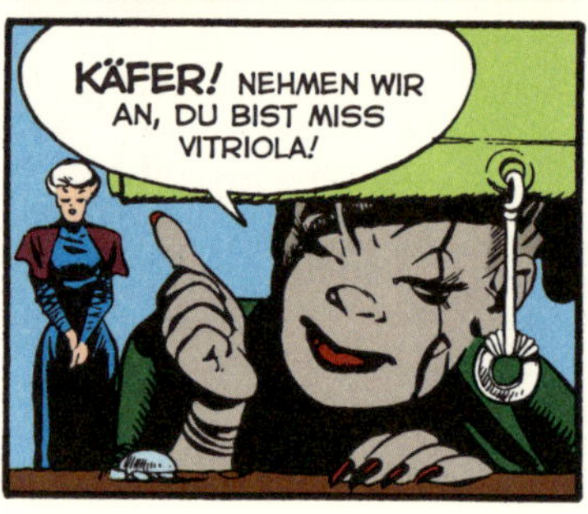

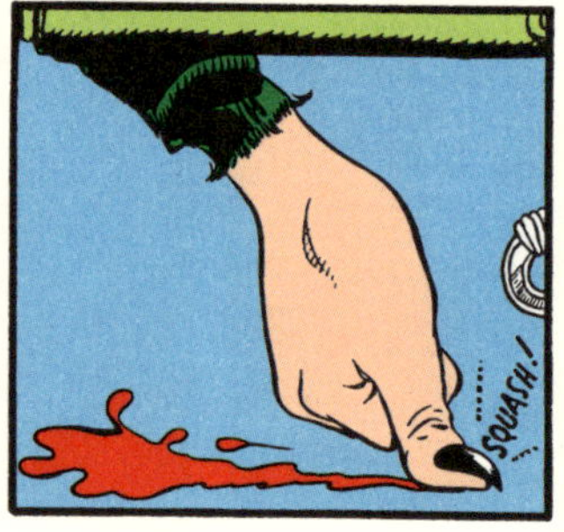

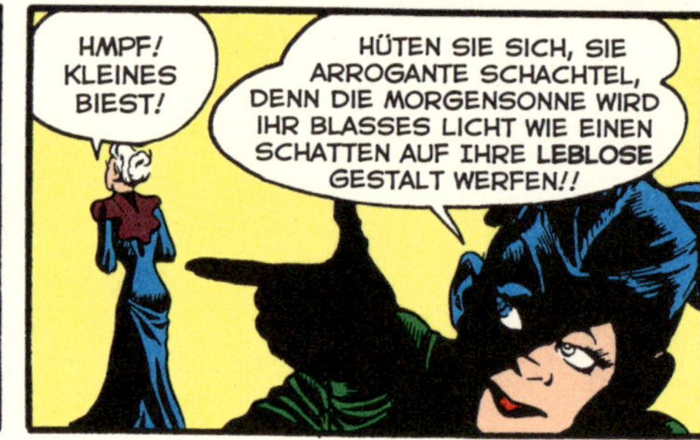

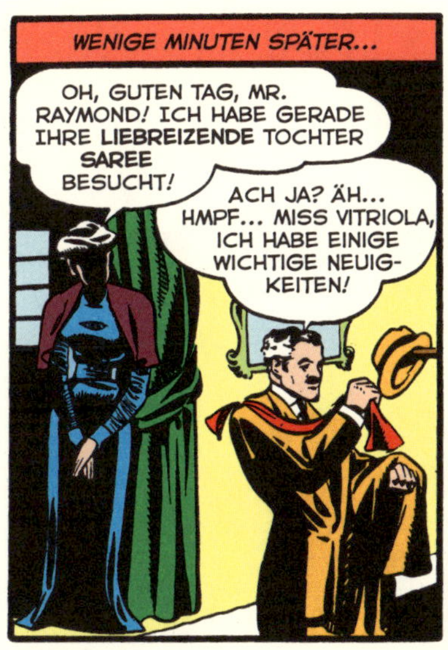
WENIGE MINUTEN SPÄTER...
OH, GUTEN TAG, MR. RAYMOND! ICH HABE GERADE IHRE **LIEBREIZENDE** TOCHTER **SAREE** BESUCHT!
ACH JA? ÄH... HMPF... MISS VITRIOLA, ICH HABE EINIGE WICHTIGE NEUIGKEITEN!

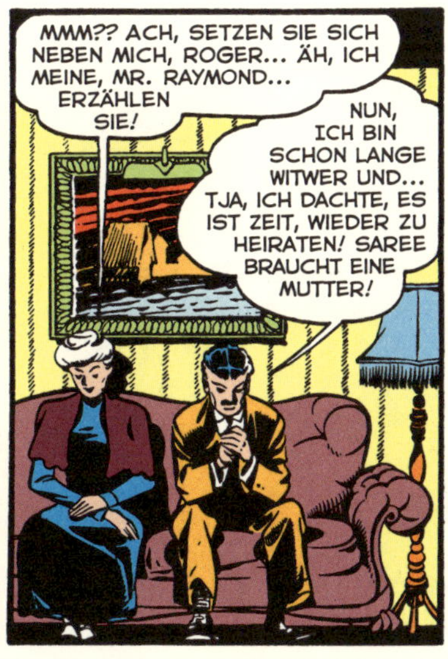
MMM?? ACH, SETZEN SIE SICH NEBEN MICH, ROGER... ÄH, ICH MEINE, MR. RAYMOND... ERZÄHLEN SIE!
NUN, ICH BIN SCHON LANGE WITWER UND... TJA, ICH DACHTE, ES IST ZEIT, WIEDER ZU HEIRATEN! SAREE BRAUCHT EINE MUTTER!

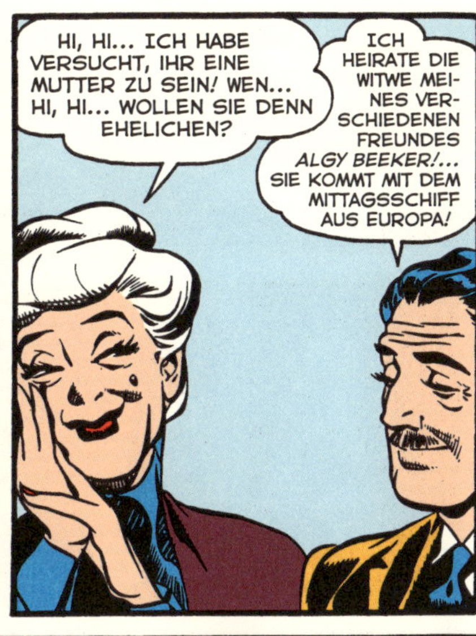
HI, HI... ICH HABE VERSUCHT, IHR EINE MUTTER ZU SEIN! WEN... HI, HI... WOLLEN SIE DENN EHELICHEN?
ICH HEIRATE DIE WITWE MEINES VERSCHIEDENEN FREUNDES *ALGY BEEKER!*... SIE KOMMT MIT DEM MITTAGSSCHIFF AUS EUROPA!

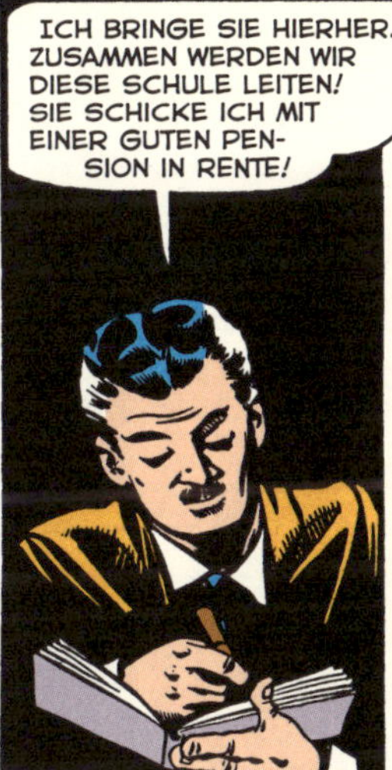
ICH BRINGE SIE HIERHER. ZUSAMMEN WERDEN WIR DIESE SCHULE LEITEN! SIE SCHICKE ICH MIT EINER GUTEN PENSION IN RENTE!

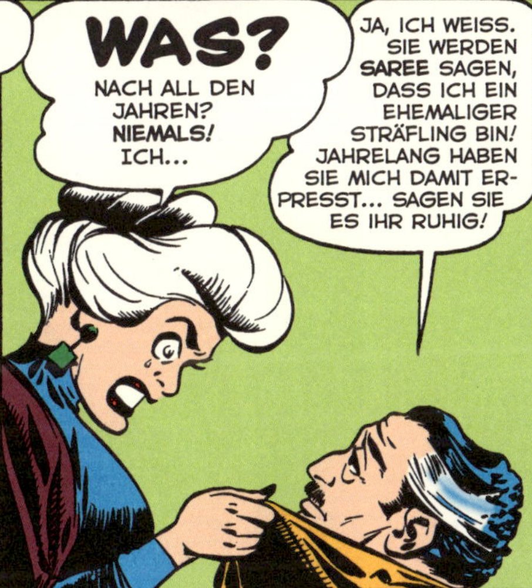
WAS? NACH ALL DEN JAHREN? **NIEMALS!** ICH...
JA, ICH WEISS. SIE WERDEN **SAREE** SAGEN, DASS ICH EIN EHEMALIGER STRÄFLING BIN! JAHRELANG HABEN SIE MICH DAMIT ERPRESST... SAGEN SIE ES IHR RUHIG!

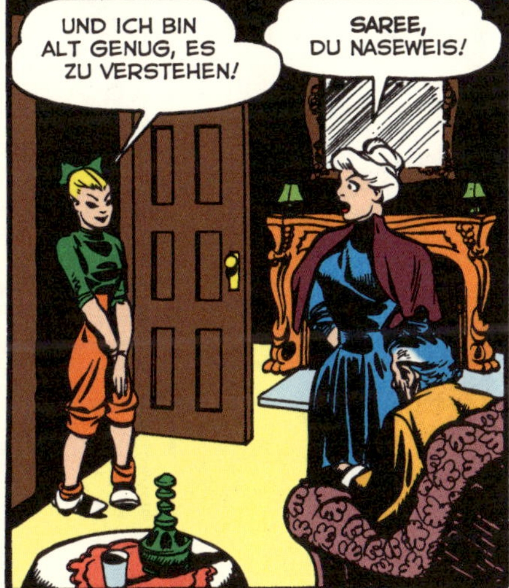
UND ICH BIN ALT GENUG, ES ZU VERSTEHEN!
SAREE, DU NASEWEIS!

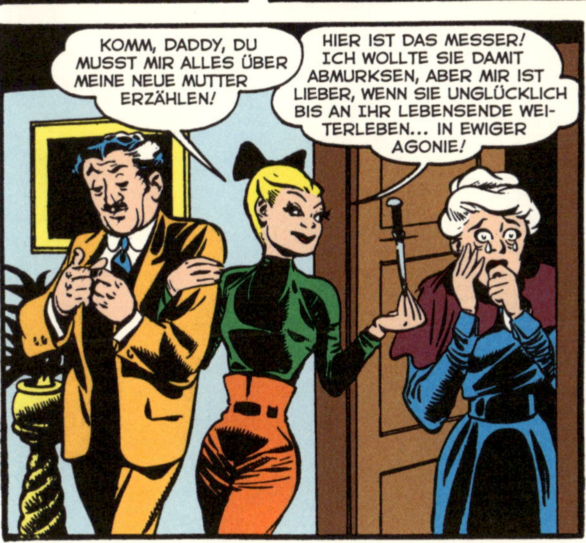
KOMM, DADDY, DU MUSST MIR ALLES ÜBER MEINE NEUE MUTTER ERZÄHLEN!
HIER IST DAS MESSER! ICH WOLLTE SIE DAMIT ABMURKSEN, ABER MIR IST LIEBER, WENN SIE UNGLÜCKLICH BIS AN IHR LEBENSENDE WEITERLEBEN... IN EWIGER AGONIE!

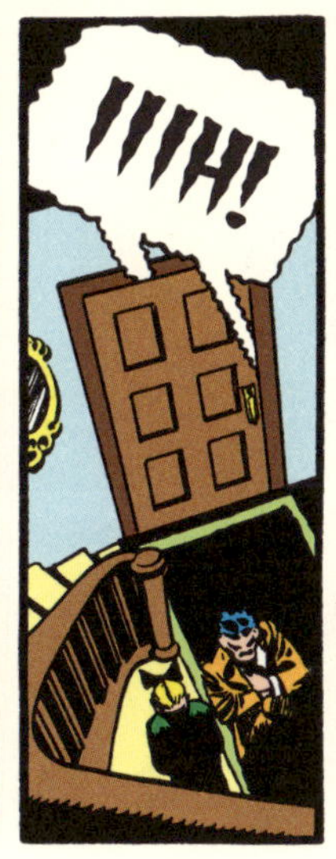
IIIH!

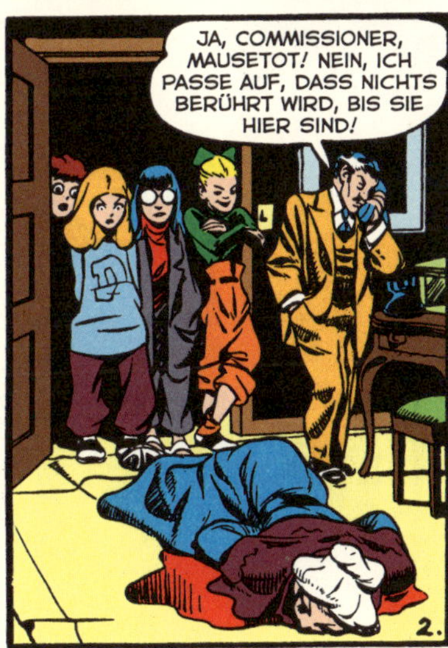
JA, COMMISSIONER, MAUSETOT! NEIN, ICH PASSE AUF, DASS NICHTS BERÜHRT WIRD, BIS SIE HIER SIND!
2.

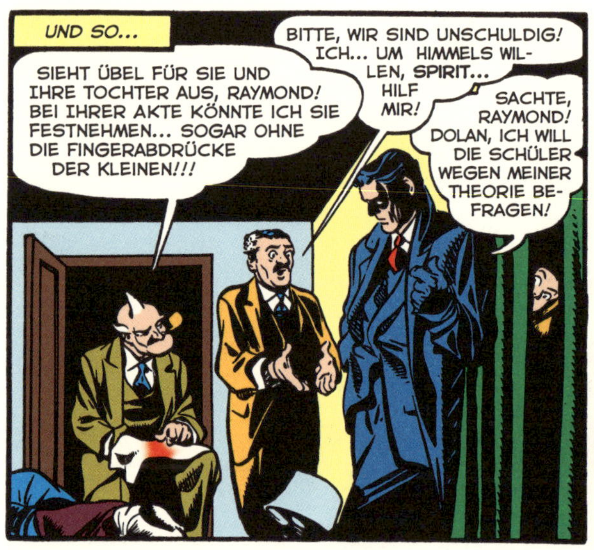
UND SO...
SIEHT ÜBEL FÜR SIE UND IHRE TOCHTER AUS, RAYMOND! BEI IHRER AKTE KÖNNTE ICH SIE FESTNEHMEN... SOGAR OHNE DIE FINGERABDRÜCKE DER KLEINEN!!!
BITTE, WIR SIND UNSCHULDIG! ICH... UM HIMMELS WILLEN, SPIRIT... HILF MIR!
SACHTE, RAYMOND! DOLAN, ICH WILL DIE SCHÜLER WEGEN MEINER THEORIE BEFRAGEN!

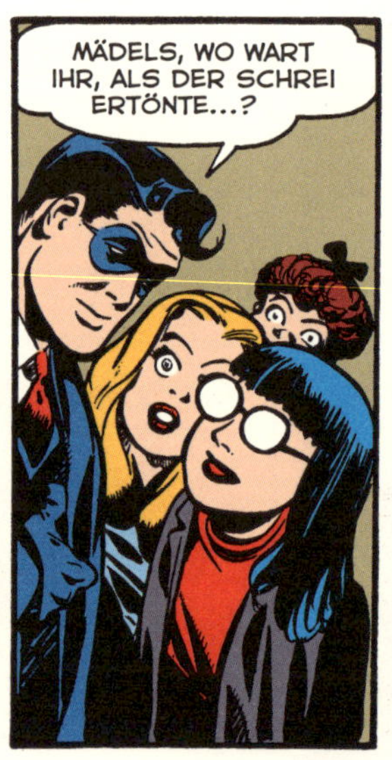
MÄDELS, WO WART IHR, ALS DER SCHREI ERTÖNTE...?

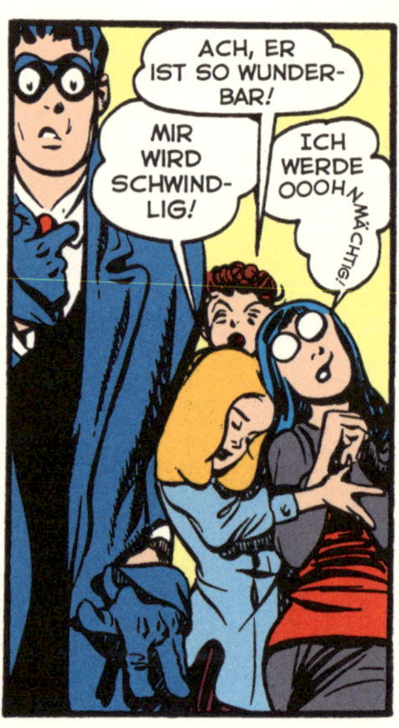
ACH, ER IST SO WUNDERBAR!
MIR WIRD SCHWINDLIG!
ICH WERDE OOOHNMÄCHTIG!

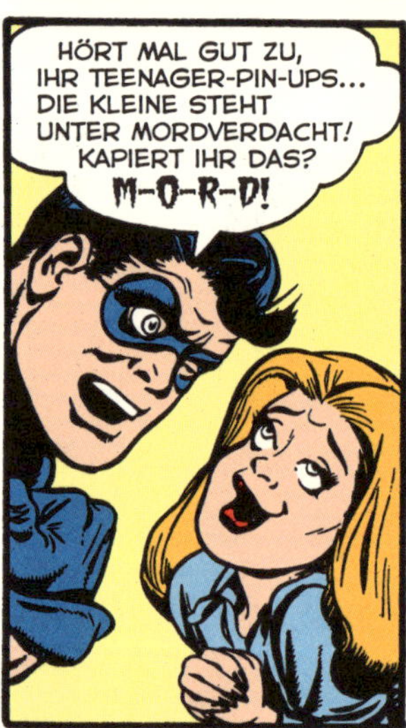
HÖRT MAL GUT ZU, IHR TEENAGER-PIN-UPS... DIE KLEINE STEHT UNTER MORDVERDACHT! KAPIERT IHR DAS? M-O-R-D!

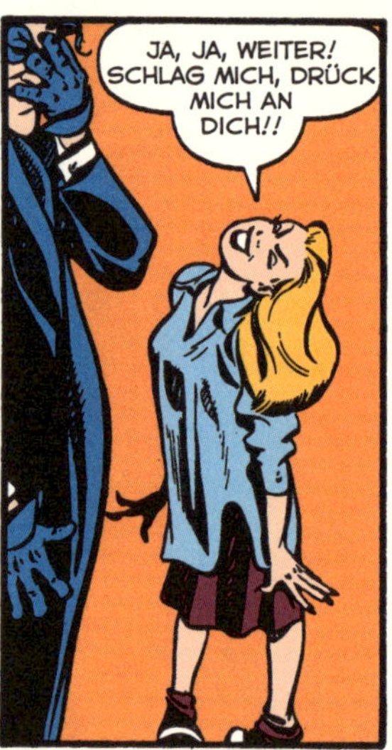
JA, JA, WEITER! SCHLAG MICH, DRÜCK MICH AN DICH!!

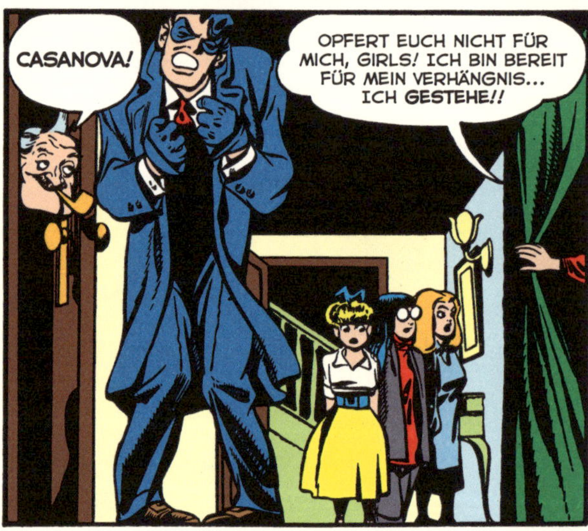
CASANOVA!
OPFERT EUCH NICHT FÜR MICH, GIRLS! ICH BIN BEREIT FÜR MEIN VERHÄNGNIS... ICH GESTEHE!!

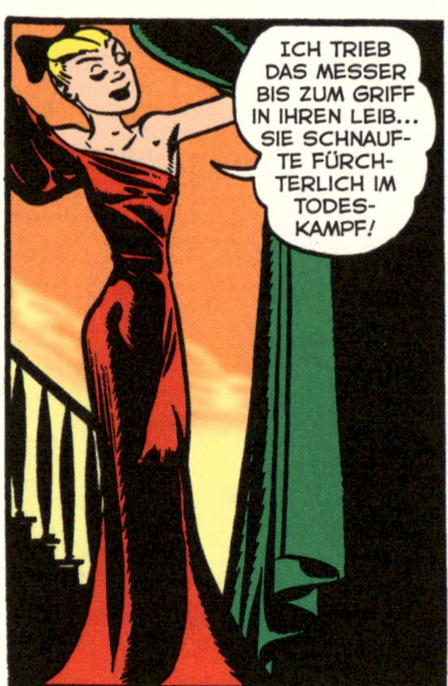
ICH TRIEB DAS MESSER BIS ZUM GRIFF IN IHREN LEIB... SIE SCHNAUFTE FÜRCHTERLICH IM TODESKAMPF!

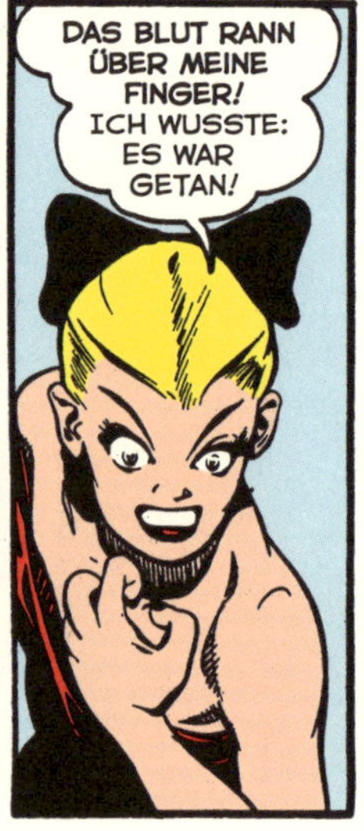
DAS BLUT RANN ÜBER MEINE FINGER! ICH WUSSTE: ES WAR GETAN!

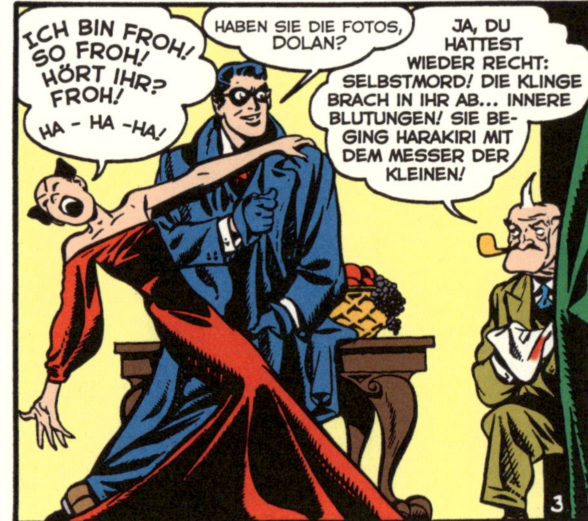
ICH BIN FROH! SO FROH! HÖRT IHR? FROH! HA - HA -HA!
HABEN SIE DIE FOTOS, DOLAN?
JA, DU HATTEST WIEDER RECHT: SELBSTMORD! DIE KLINGE BRACH IN IHR AB... INNERE BLUTUNGEN! SIE BEGING HARAKIRI MIT DEM MESSER DER KLEINEN!
3

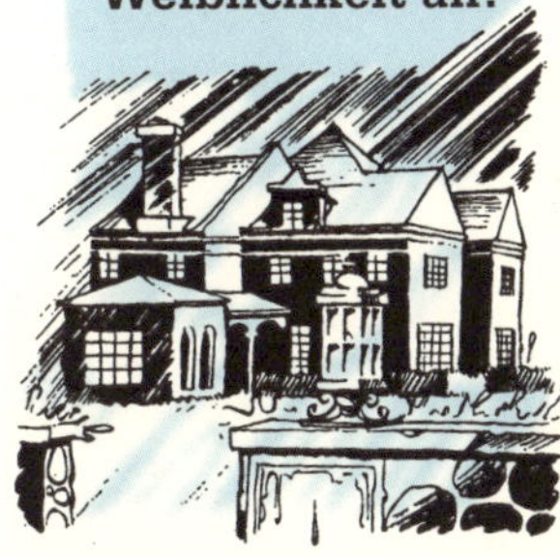
Und so bricht die Nacht über Miss Vitriolas Institution für die Erziehung und Entwicklung der erblühenden amerikanischen Weiblichkeit an!

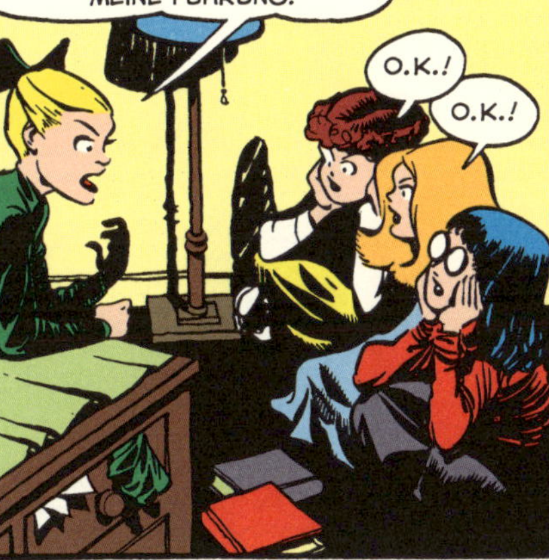
ICH SAGE EUCH, MÄDELS, WIR STEHEN AM SCHEIDEWEG... WIR STARREN IN DIE GLÜHENDEN, VIOLETTEN AUGEN DES SCHICKSALS... ERHEBT EUCH AUS EURER SKLAVEREI UND AKZEPTIERT MEINE FÜHRUNG!
O.K.!
O.K.!

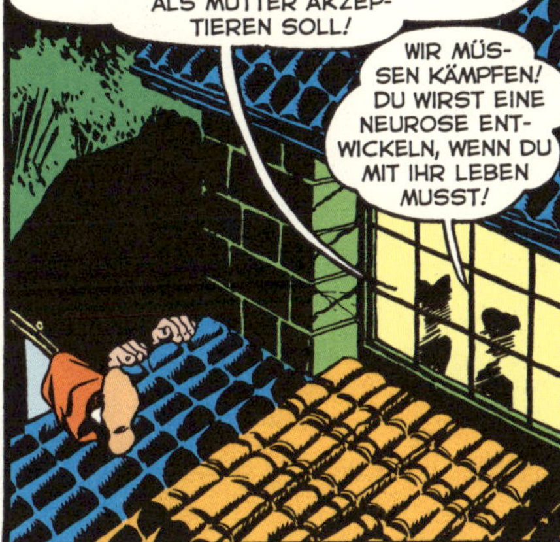
UNTEN – JUST IN DIESEM MOMENT – ERWARTET MEIN VATER DIE ANKUNFT MEINER STIEFMUTTER... UM MIR EINE ALTE, VERTROCKNETE WITWE VORZUSETZEN, DIE ICH NIE GESEHEN HABE... UND DIE ICH JETZT ALS MUTTER AKZEPTIEREN SOLL!
WIR MÜSSEN KÄMPFEN! DU WIRST EINE NEUROSE ENTWICKELN, WENN DU MIT IHR LEBEN MUSST!

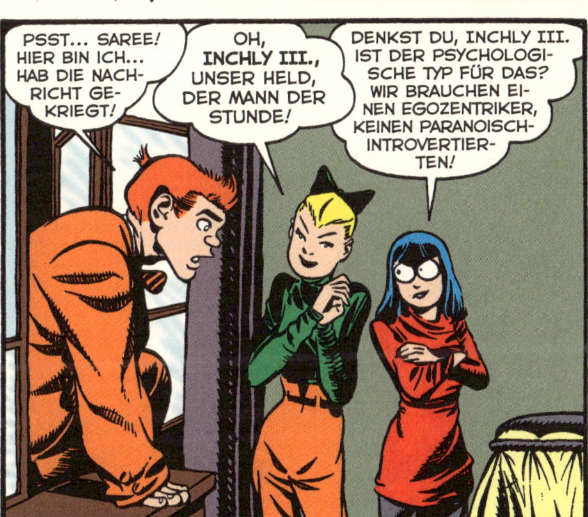
PSST... SAREE! HIER BIN ICH... HAB DIE NACHRICHT GEKRIEGT!
OH, INCHLY III., UNSER HELD, DER MANN DER STUNDE!
DENKST DU, INCHLY III. IST DER PSYCHOLOGISCHE TYP FÜR DAS? WIR BRAUCHEN EINEN EGOZENTRIKER, KEINEN PARANOISCH-INTROVERTIERTEN!

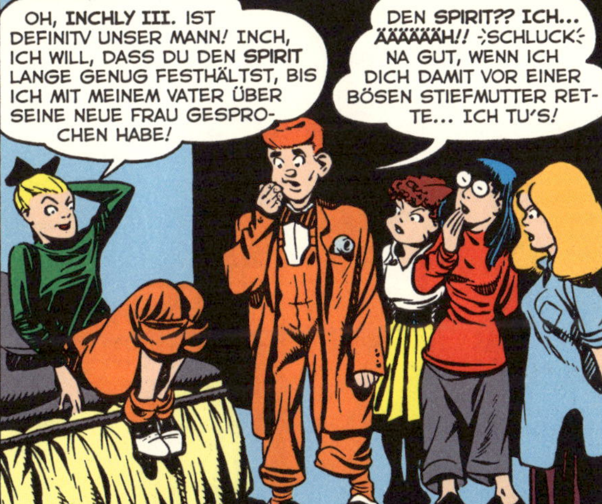
OH, INCHLY III. IST DEFINITV UNSER MANN! INCH, ICH WILL, DASS DU DEN SPIRIT LANGE GENUG FESTHÄLTST, BIS ICH MIT MEINEM VATER ÜBER SEINE NEUE FRAU GESPROCHEN HABE!
DEN SPIRIT?? ICH... ÄÄÄÄÄÄH!! -SCHLUCK- NA GUT, WENN ICH DICH DAMIT VOR EINER BÖSEN STIEFMUTTER RETTE... ICH TU'S!

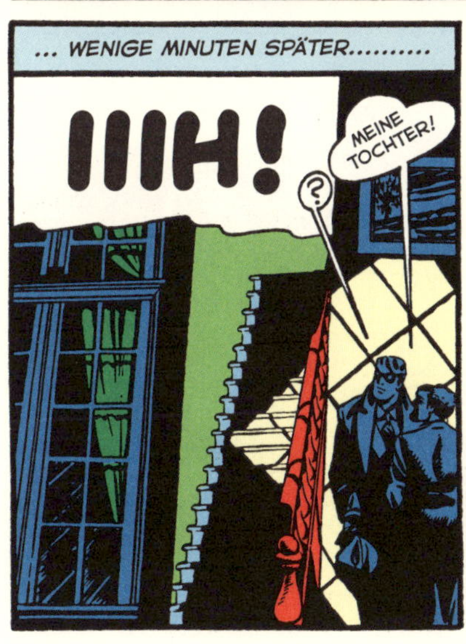
... WENIGE MINUTEN SPÄTER..........
IIIH!
?
MEINE TOCHTER!

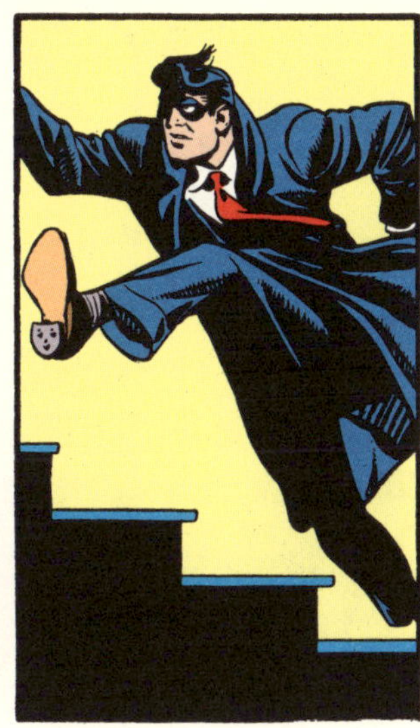

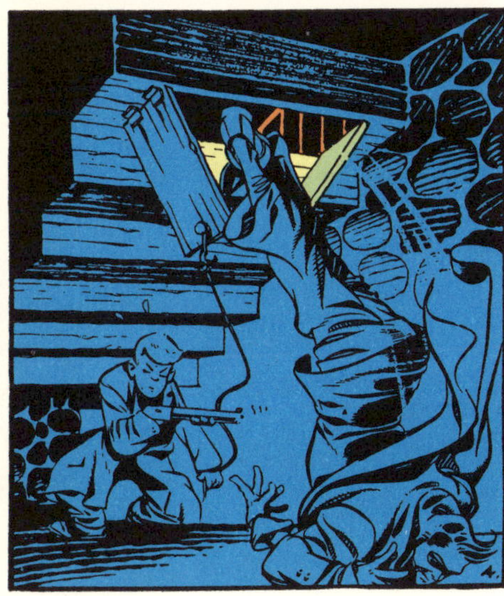

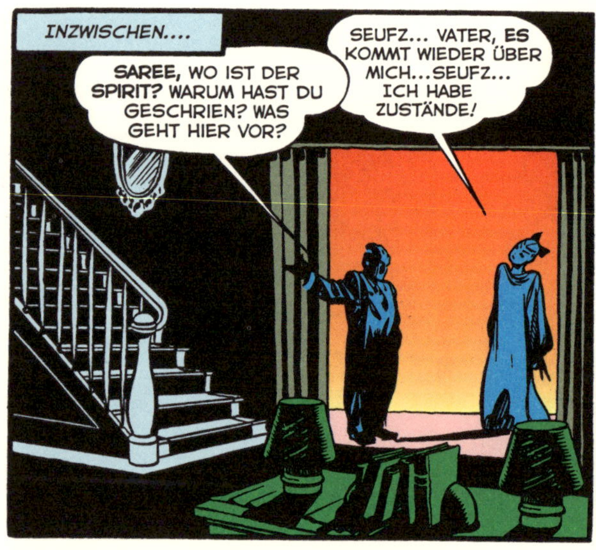

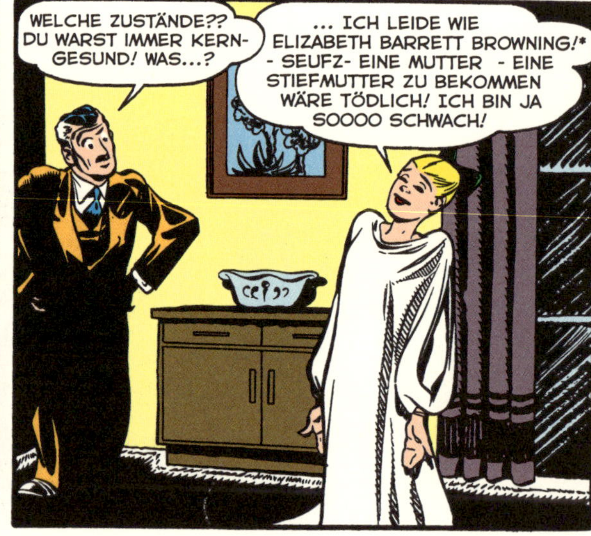

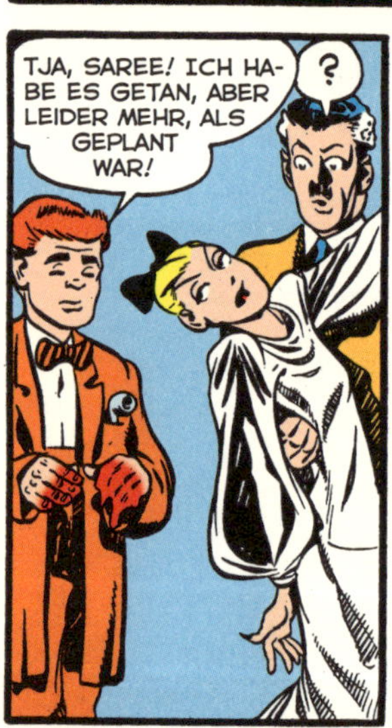

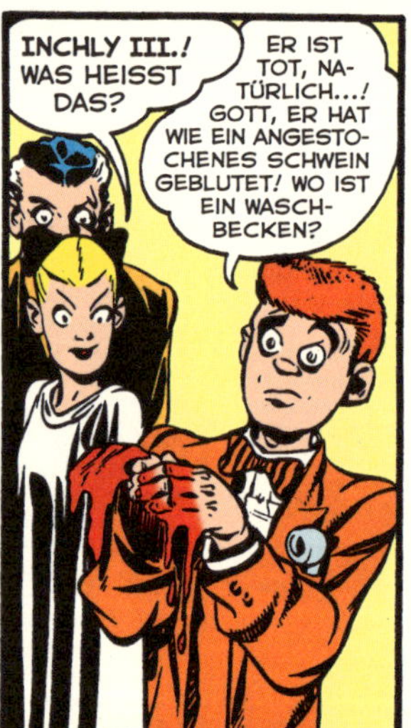

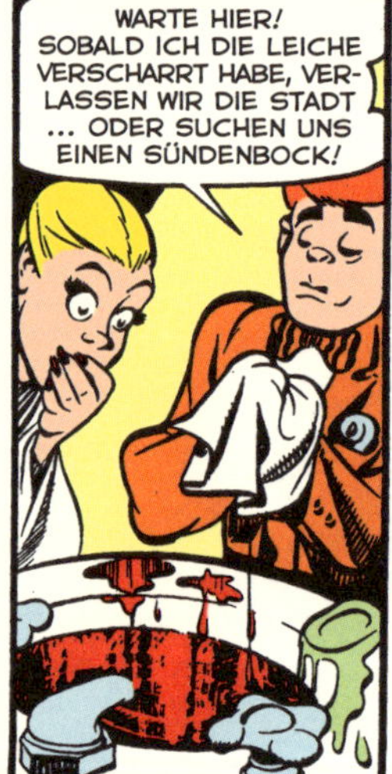

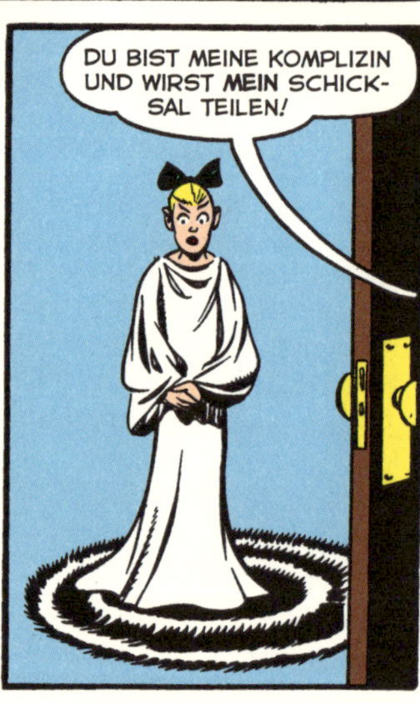

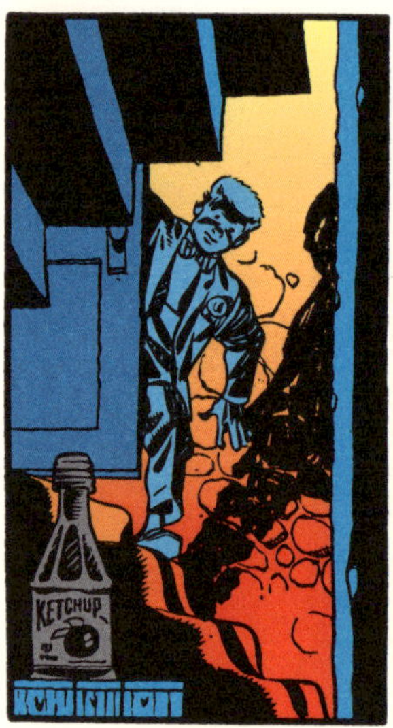

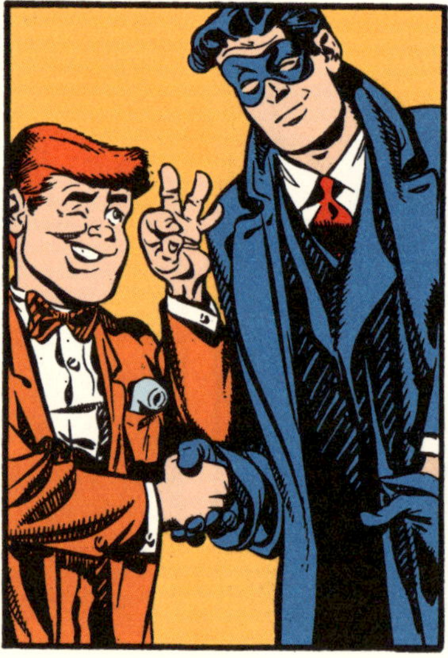

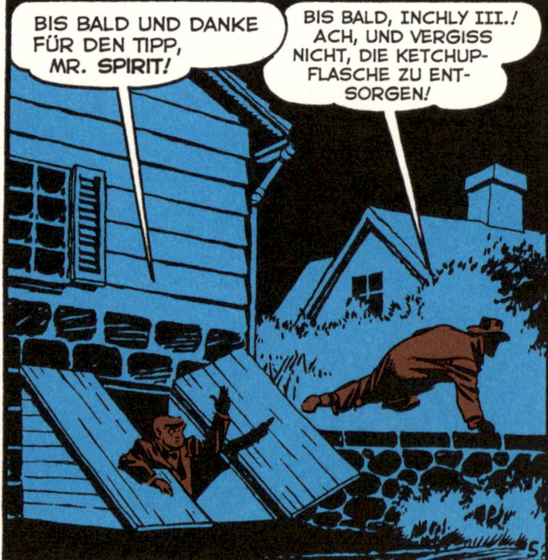

*ENGL. DICHTERIN, *1806, +1861. ANM. DES ÜBERS.

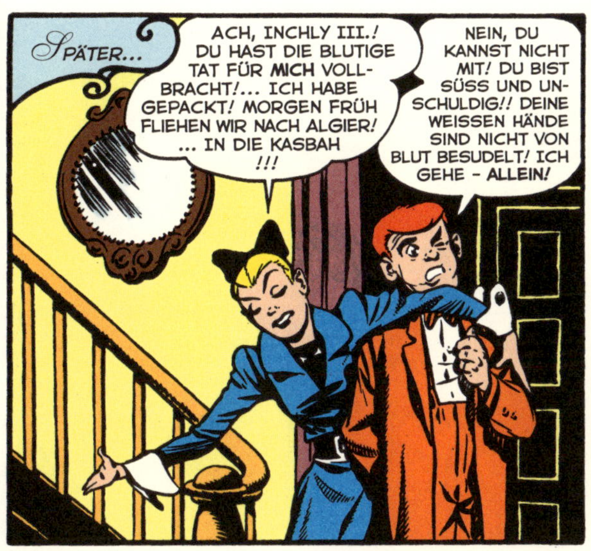
SPÄTER...
ACH, INCHLY III.! DU HAST DIE BLUTIGE TAT FÜR MICH VOLLBRACHT!... ICH HABE GEPACKT! MORGEN FRÜH FLIEHEN WIR NACH ALGIER! ... IN DIE KASBAH !!!
NEIN, DU KANNST NICHT MIT! DU BIST SÜSS UND UNSCHULDIG!! DEINE WEISSEN HÄNDE SIND NICHT VON BLUT BESUDELT! ICH GEHE - ALLEIN!

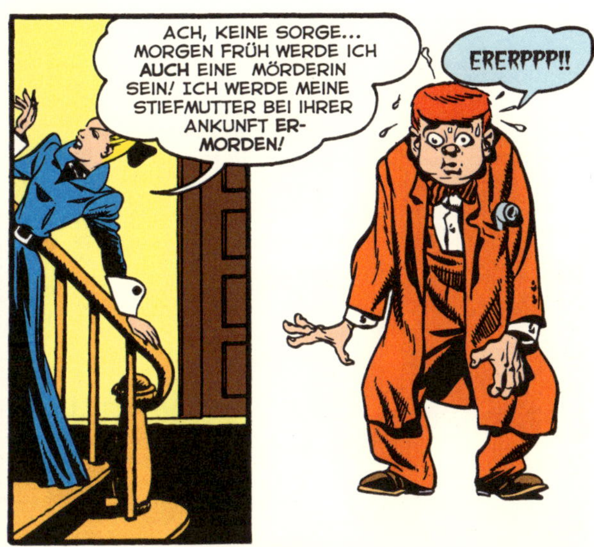
ACH, KEINE SORGE... MORGEN FRÜH WERDE ICH AUCH EINE MÖRDERIN SEIN! ICH WERDE MEINE STIEFMUTTER BEI IHRER ANKUNFT ERMORDEN!
ERERPPP!!

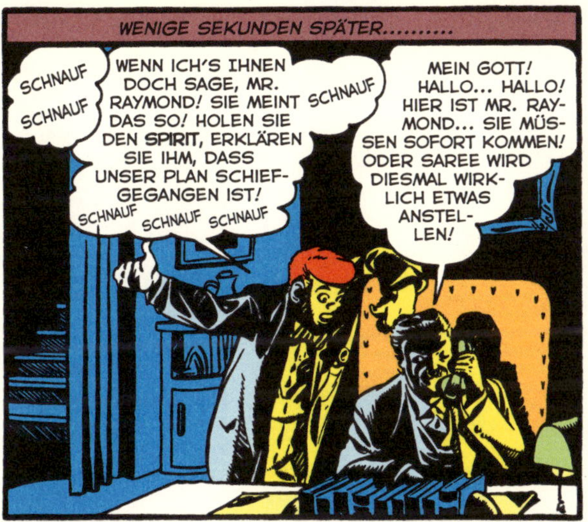
WENIGE SEKUNDEN SPÄTER..........
SCHNAUF SCHNAUF
WENN ICH'S IHNEN DOCH SAGE, MR. RAYMOND! SIE MEINT DAS SO! HOLEN SIE DEN SPIRIT, ERKLÄREN SIE IHM, DASS UNSER PLAN SCHIEFGEGANGEN IST!
SCHNAUF
SCHNAUF SCHNAUF SCHNAUF
MEIN GOTT! HALLO... HALLO! HIER IST MR. RAYMOND... SIE MÜSSEN SOFORT KOMMEN! ODER SAREE WIRD DIESMAL WIRKLICH ETWAS ANSTELLEN!

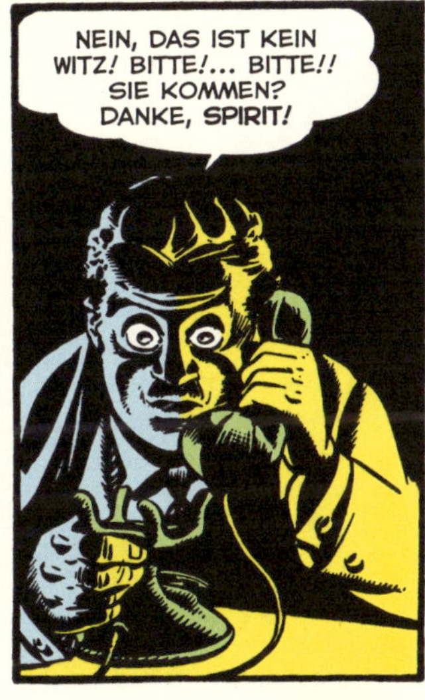
NEIN, DAS IST KEIN WITZ! BITTE!... BITTE!! SIE KOMMEN? DANKE, SPIRIT!

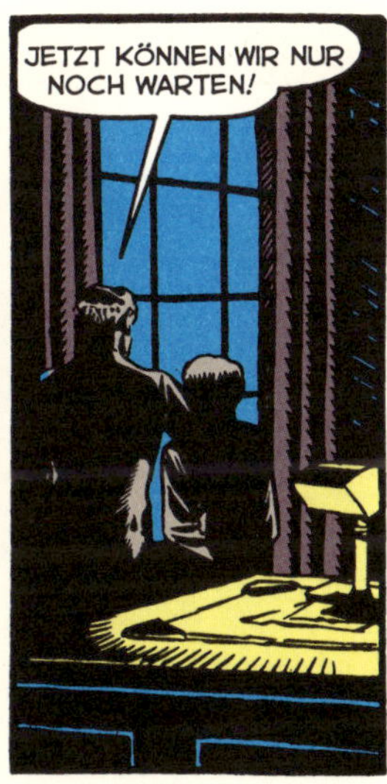
JETZT KÖNNEN WIR NUR NOCH WARTEN!

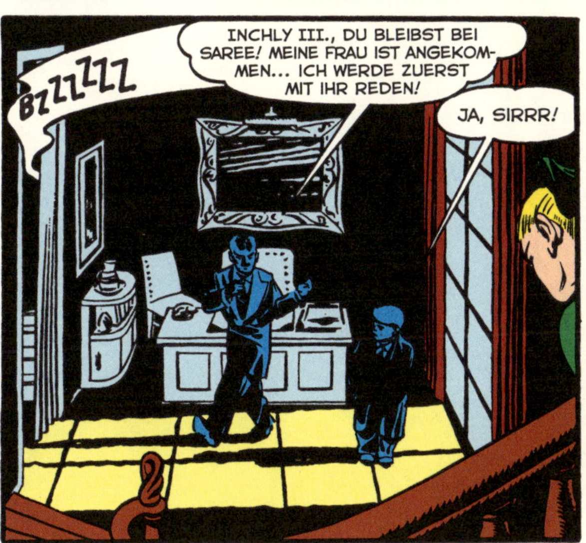
BZZZZZZ
INCHLY III., DU BLEIBST BEI SAREE! MEINE FRAU IST ANGEKOMMEN... ICH WERDE ZUERST MIT IHR REDEN!
JA, SIRRR!

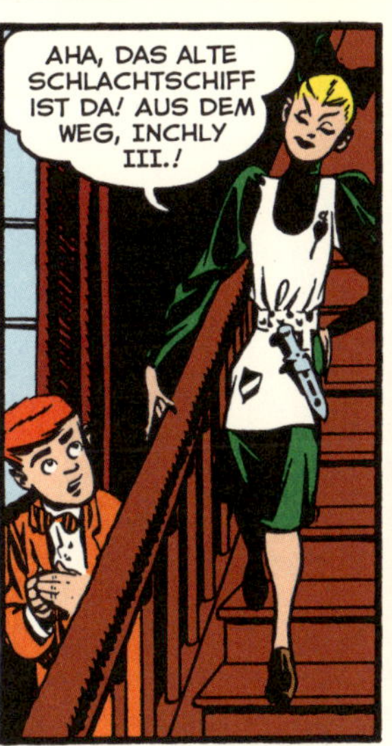
AHA, DAS ALTE SCHLACHTSCHIFF IST DA! AUS DEM WEG, INCHLY III.!

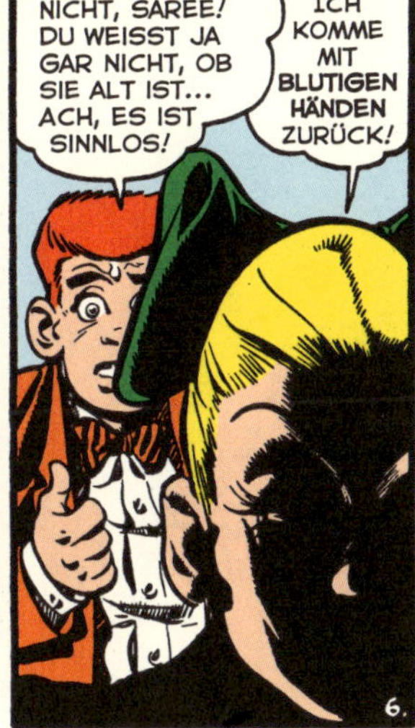
NICHT, SAREE! DU WEISST JA GAR NICHT, OB SIE ALT IST... ACH, ES IST SINNLOS!
ICH KOMME MIT BLUTIGEN HÄNDEN ZURÜCK!
6.

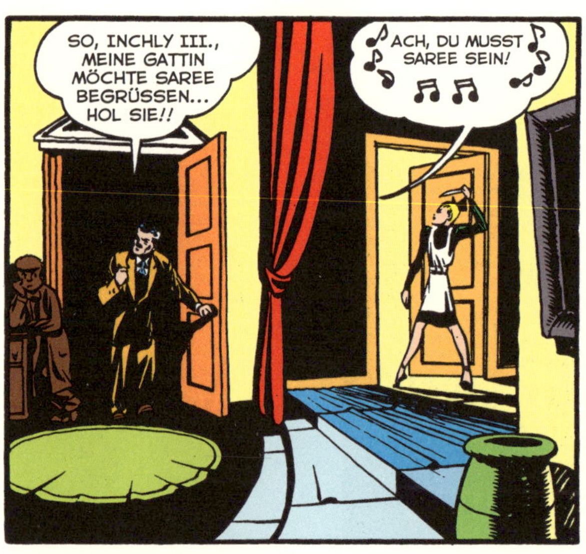
SO, INCHLY III., MEINE GATTIN MÖCHTE SAREE BEGRÜSSEN... HOL SIE!!
ACH, DU MUSST SAREE SEIN!

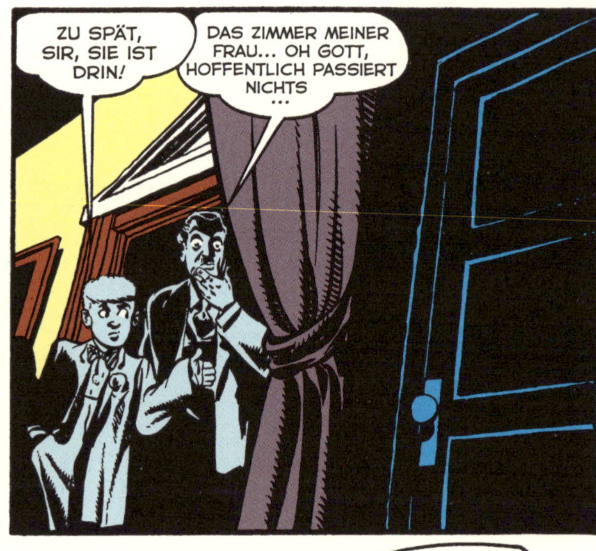
ZU SPÄT, SIR, SIE IST DRIN!
DAS ZIMMER MEINER FRAU... OH GOTT, HOFFENTLICH PASSIERT NICHTS ...

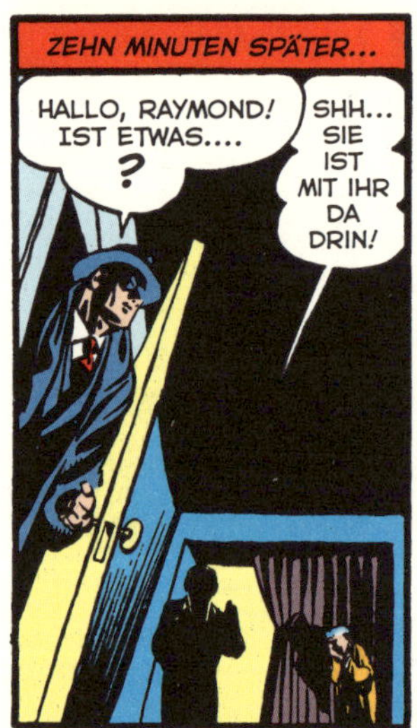
ZEHN MINUTEN SPÄTER...
HALLO, RAYMOND! IST ETWAS.... ?
SHH... SIE IST MIT IHR DA DRIN!

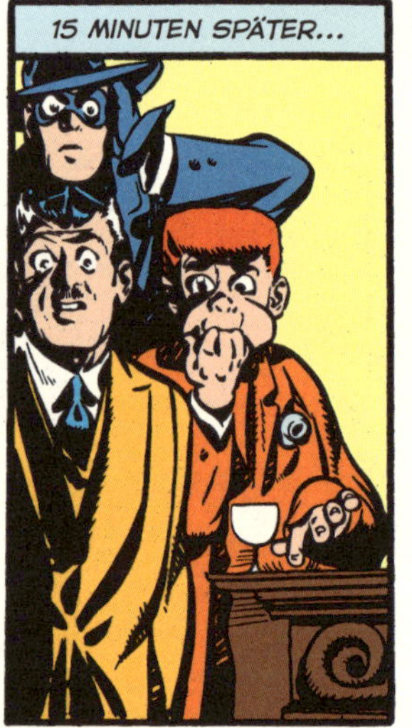
15 MINUTEN SPÄTER...

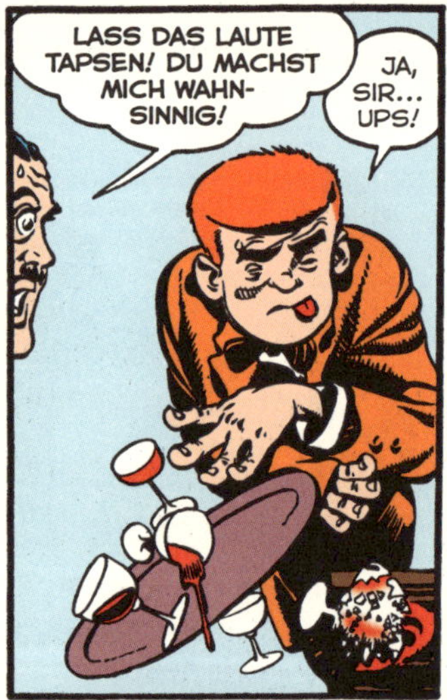
LASS DAS LAUTE TAPSEN! DU MACHST MICH WAHNSINNIG!
JA, SIR... UPS!

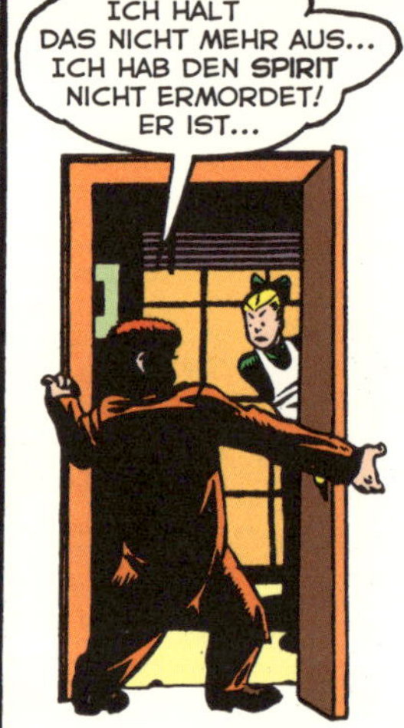
ICH HALT DAS NICHT MEHR AUS... ICH HAB DEN SPIRIT NICHT ERMORDET! ER IST...

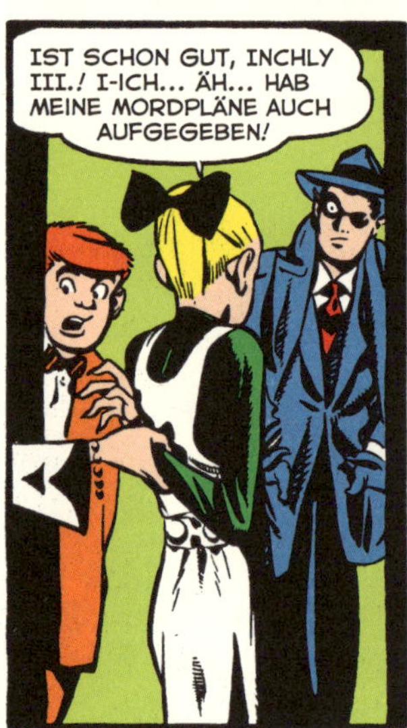
IST SCHON GUT, INCHLY III.! I-ICH... ÄH... HAB MEINE MORDPLÄNE AUCH AUFGEGEBEN!

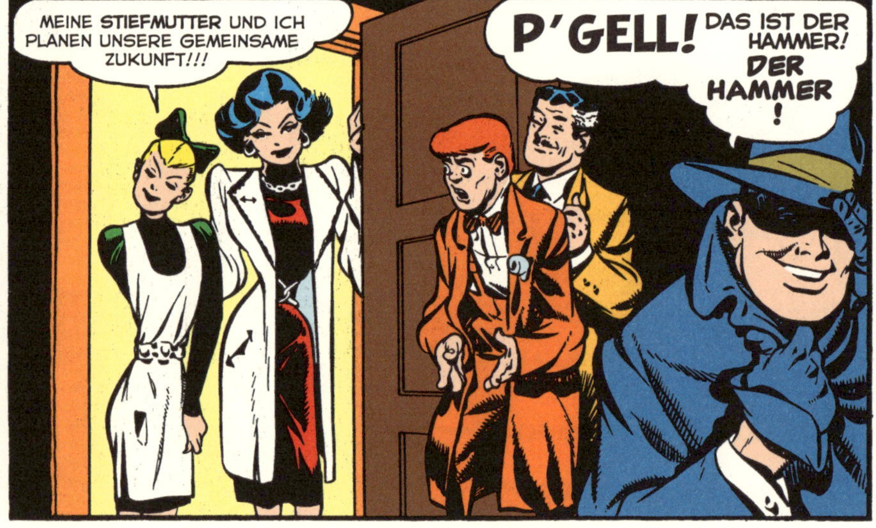
MEINE STIEFMUTTER UND ICH PLANEN UNSERE GEMEINSAME ZUKUNFT!!!
P'GELL! DAS IST DER HAMMER! DER HAMMER !

DIE SCHULE FÜR HÖHERE TÖCHTER

19. Januar 1947

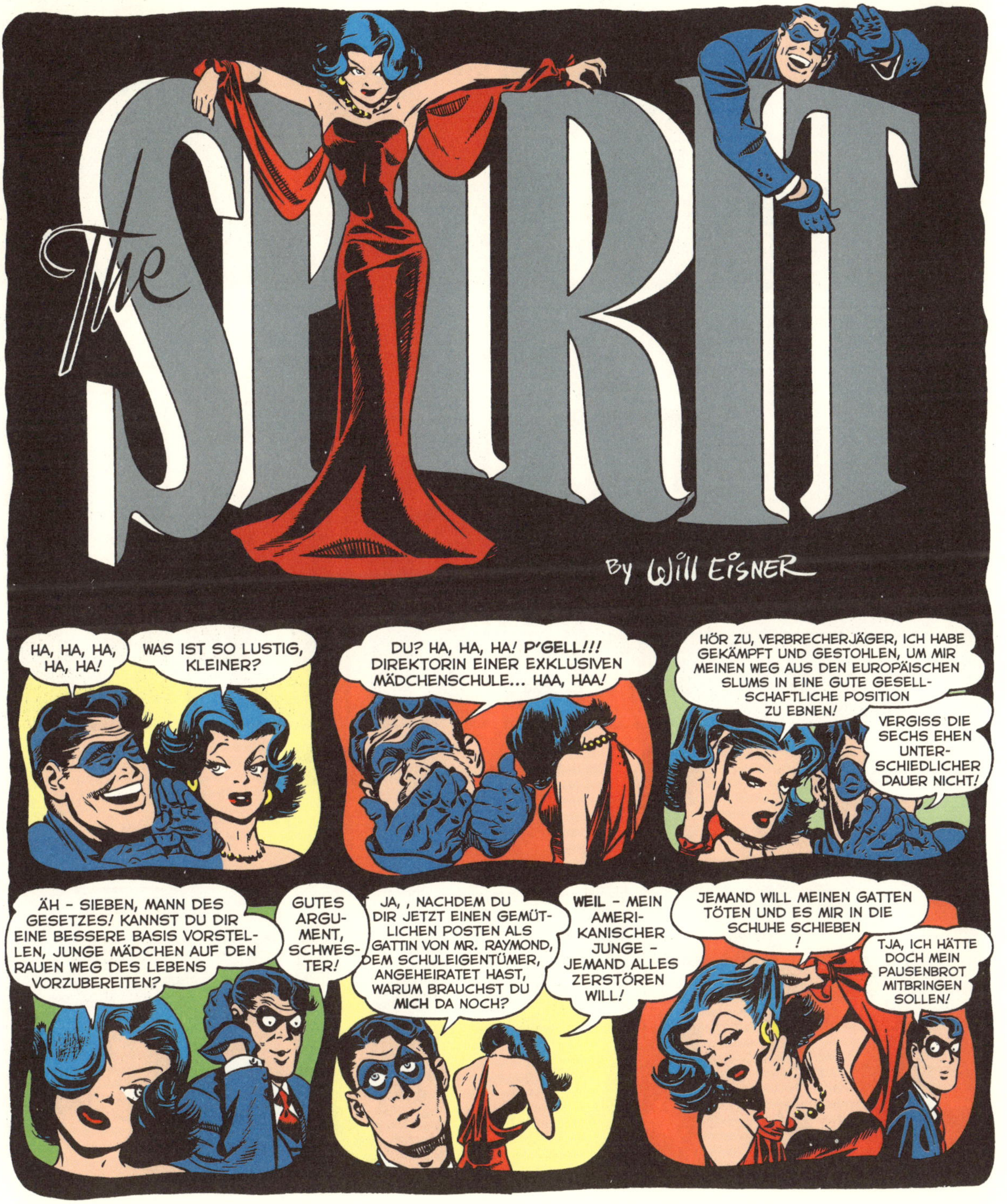

The SPIRIT

By Will Eisner

HA, HA, HA, HA, HA!

WAS IST SO LUSTIG, KLEINER?

DU? HA, HA, HA! **P'GELL!!!** DIREKTORIN EINER EXKLUSIVEN MÄDCHENSCHULE... HAA, HAA!

HÖR ZU, VERBRECHERJÄGER, ICH HABE GEKÄMPFT UND GESTOHLEN, UM MIR MEINEN WEG AUS DEN EUROPÄISCHEN SLUMS IN EINE GUTE GESELLSCHAFTLICHE POSITION ZU EBNEN!

VERGISS DIE SECHS EHEN UNTERSCHIEDLICHER DAUER NICHT!

ÄH – SIEBEN, MANN DES GESETZES! KANNST DU DIR EINE BESSERE BASIS VORSTELLEN, JUNGE MÄDCHEN AUF DEN RAUEN WEG DES LEBENS VORZUBEREITEN?

GUTES ARGUMENT, SCHWESTER!

JA, , NACHDEM DU DIR JETZT EINEN GEMÜTLICHEN POSTEN ALS GATTIN VON MR. RAYMOND, DEM SCHULEIGENTÜMER, ANGEHEIRATET HAST, WARUM BRAUCHST DU **MICH** DA NOCH?

WEIL – MEIN AMERIKANISCHER JUNGE – JEMAND ALLES ZERSTÖREN WILL!

JEMAND WILL MEINEN GATTEN TÖTEN UND ES MIR IN DIE SCHUHE SCHIEBEN!

TJA, ICH HÄTTE DOCH MEIN PAUSENBROT MITBRINGEN SOLLEN!

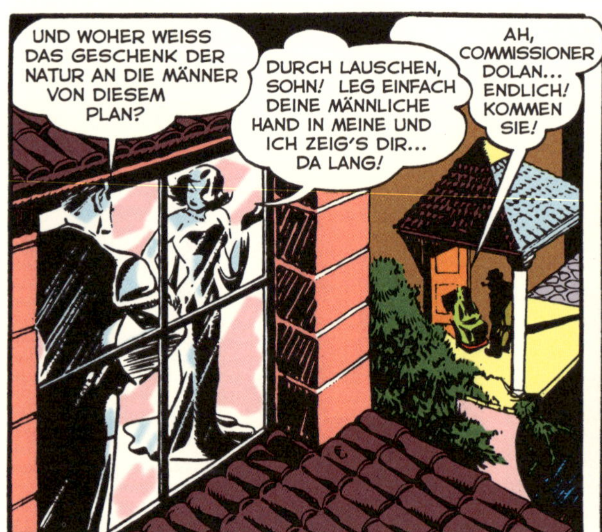

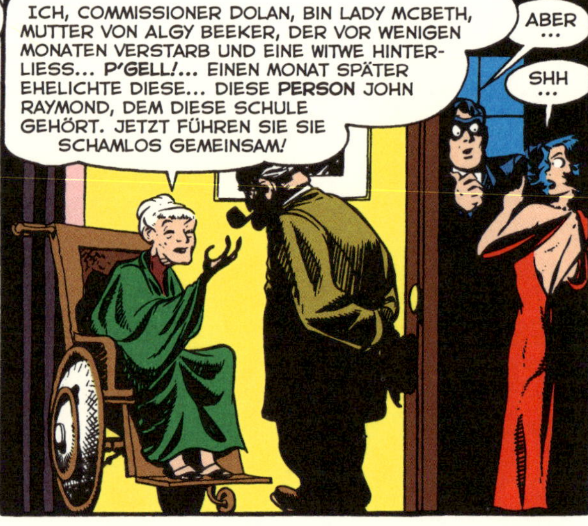

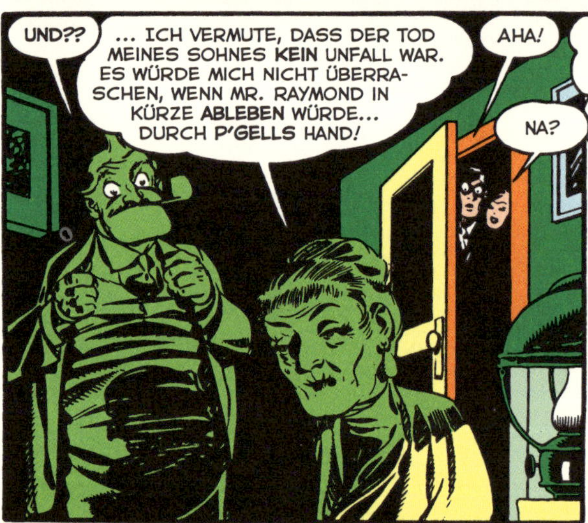

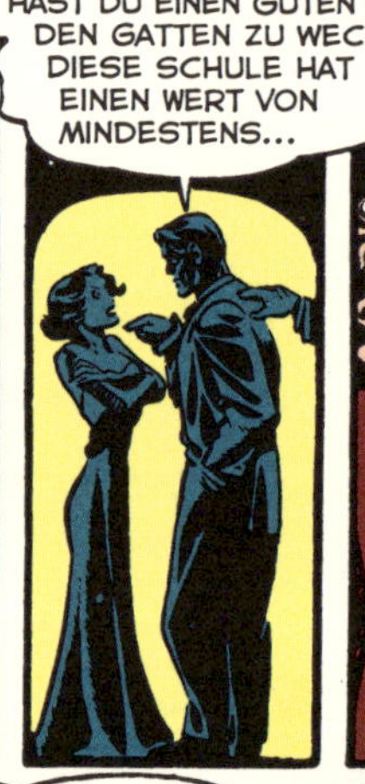

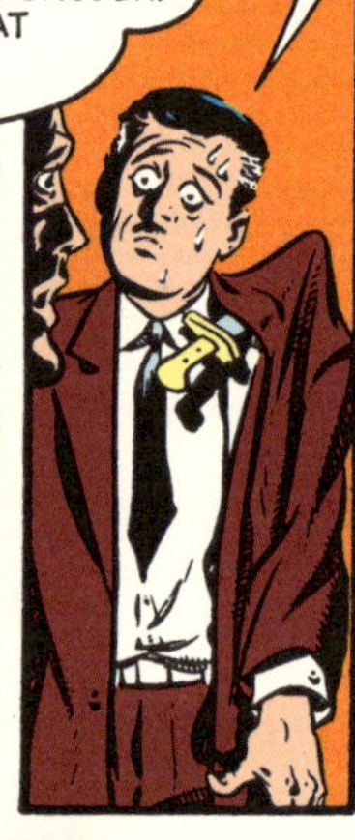

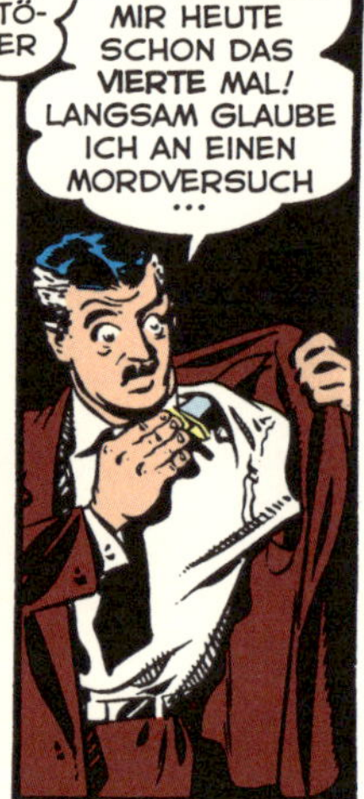

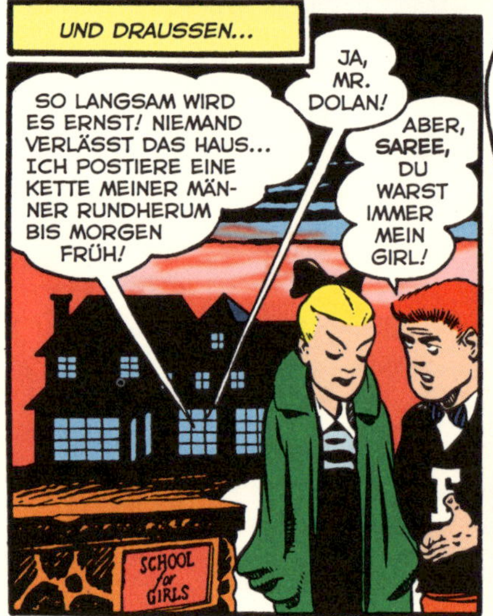

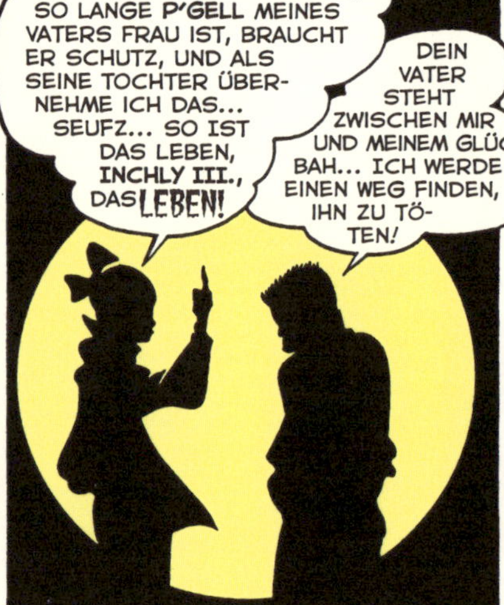

... UND SO BRICHT DIE NACHT HEREIN ÜBER P'GELLS KLEINE, STILLE MÄDCHENSCHULE... EINE BRUTSTÄTTE DES HASSES... EIN HORT DER GEFÜHLE... EINE VILLA DES GIFTES... EINE... (NA JA, SIE WISSEN JA, WAS WIR MEINEN)!!

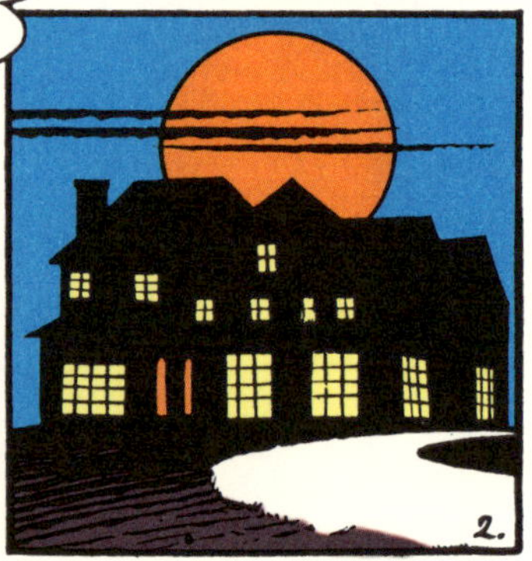

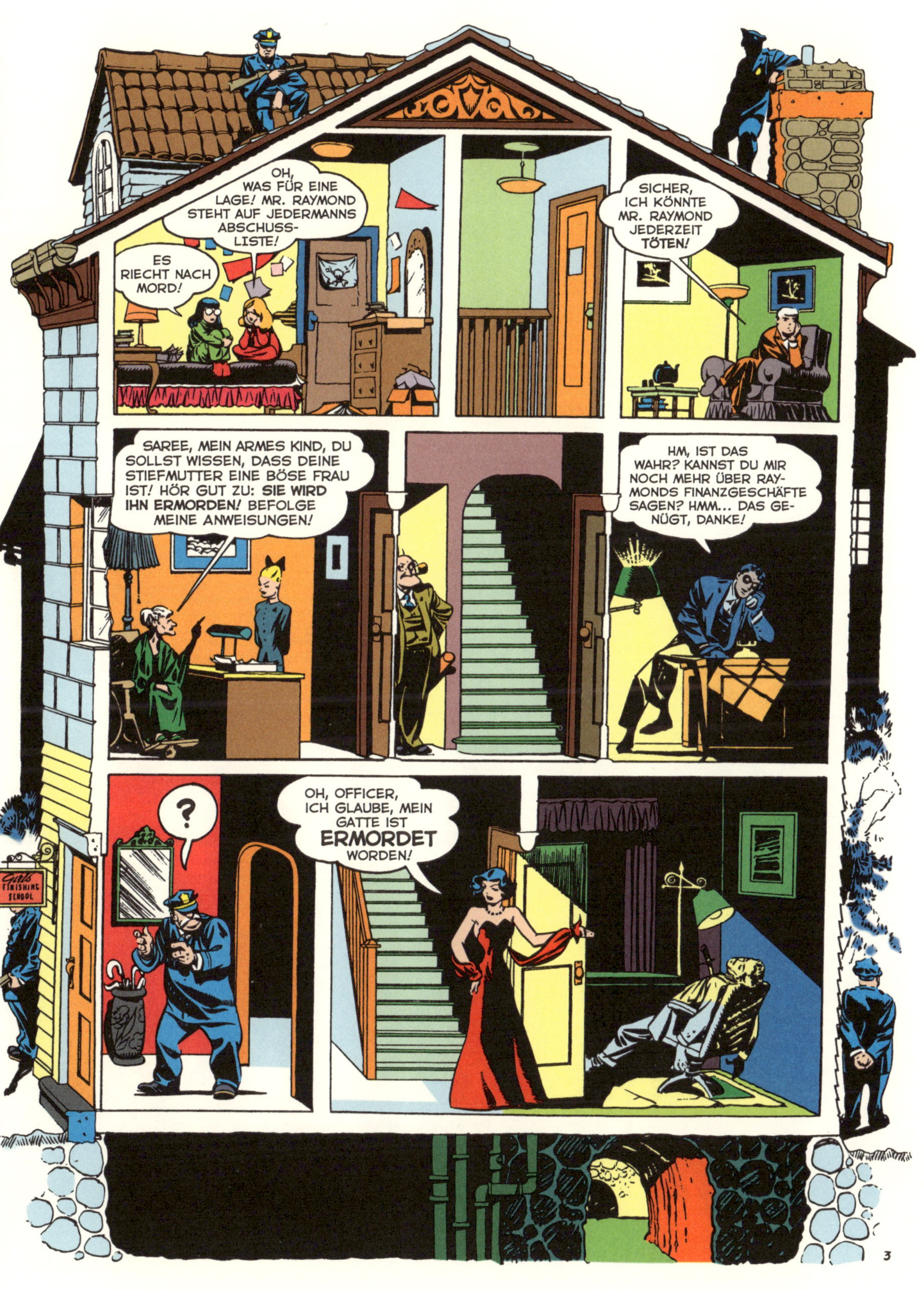
OH, WAS FÜR EINE LAGE! MR. RAYMOND STEHT AUF JEDERMANNS ABSCHUSS-LISTE!
ES RIECHT NACH MORD!
SICHER, ICH KÖNNTE MR. RAYMOND JEDERZEIT TÖTEN!
SAREE, MEIN ARMES KIND, DU SOLLST WISSEN, DASS DEINE STIEFMUTTER EINE BÖSE FRAU IST! HÖR GUT ZU: SIE WIRD IHN ERMORDEN! BEFOLGE MEINE ANWEISUNGEN!
HM, IST DAS WAHR? KANNST DU MIR NOCH MEHR ÜBER RAYMONDS FINANZGESCHÄFTE SAGEN? HMM... DAS GENÜGT, DANKE!
?
OH, OFFICER, ICH GLAUBE, MEIN GATTE IST ERMORDET WORDEN!
GIRLS FINISHING SCHOOL
3

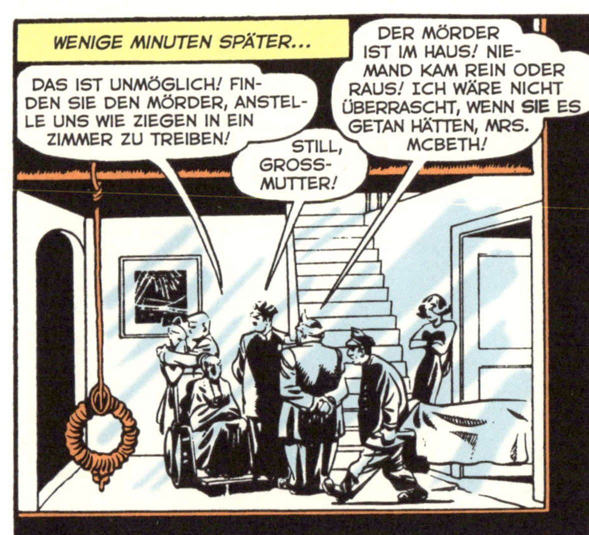
WENIGE MINUTEN SPÄTER...
DAS IST UNMÖGLICH! FINDEN SIE DEN MÖRDER, ANSTELLE UNS WIE ZIEGEN IN EIN ZIMMER ZU TREIBEN!
STILL, GROSSMUTTER!
DER MÖRDER IST IM HAUS! NIEMAND KAM REIN ODER RAUS! ICH WÄRE NICHT ÜBERRASCHT, WENN SIE ES GETAN HÄTTEN, MRS. MCBETH!

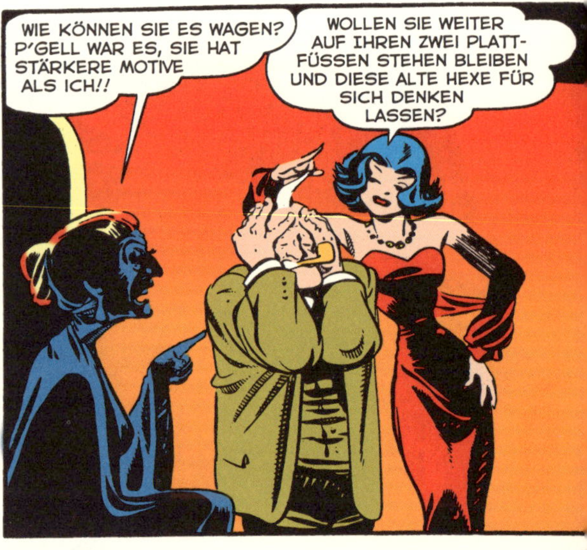
WIE KÖNNEN SIE ES WAGEN? P'GELL WAR ES, SIE HAT STÄRKERE MOTIVE ALS ICH!!
WOLLEN SIE WEITER AUF IHREN ZWEI PLATTFÜSSEN STEHEN BLEIBEN UND DIESE ALTE HEXE FÜR SICH DENKEN LASSEN?

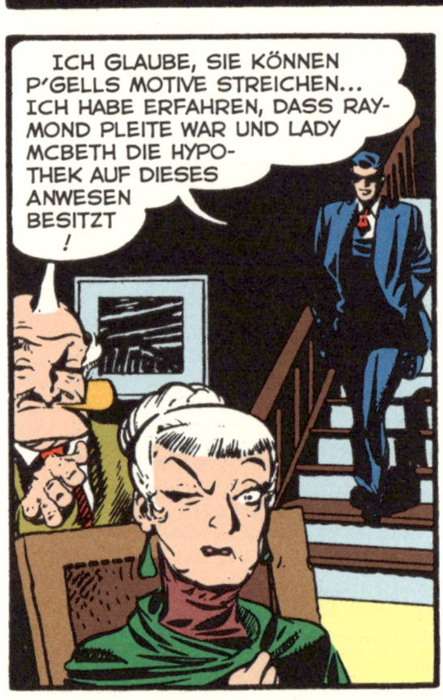
ICH GLAUBE, SIE KÖNNEN P'GELLS MOTIVE STREICHEN... ICH HABE ERFAHREN, DASS RAYMOND PLEITE WAR UND LADY MCBETH DIE HYPOTHEK AUF DIESES ANWESEN BESITZT!

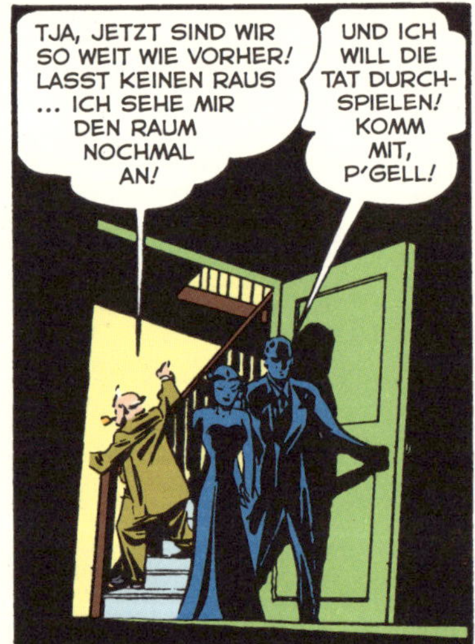
TJA, JETZT SIND WIR SO WEIT WIE VORHER! LASST KEINEN RAUS ... ICH SEHE MIR DEN RAUM NOCHMAL AN!
UND ICH WILL DIE TAT DURCHSPIELEN! KOMM MIT, P'GELL!

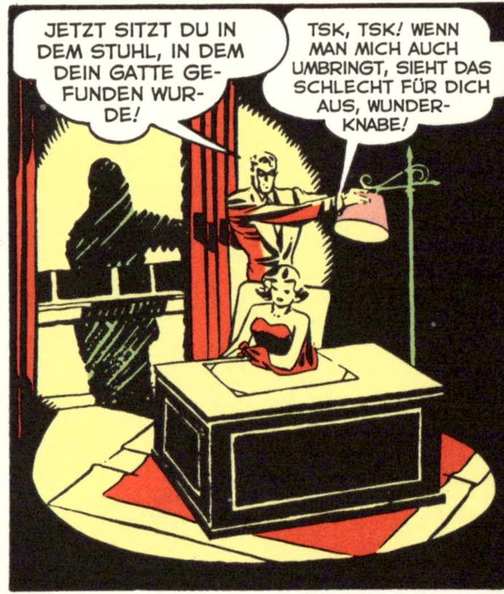
JETZT SITZT DU IN DEM STUHL, IN DEM DEIN GATTE GEFUNDEN WURDE!
TSK, TSK! WENN MAN MICH AUCH UMBRINGT, SIEHT DAS SCHLECHT FÜR DICH AUS, WUNDERKNABE!

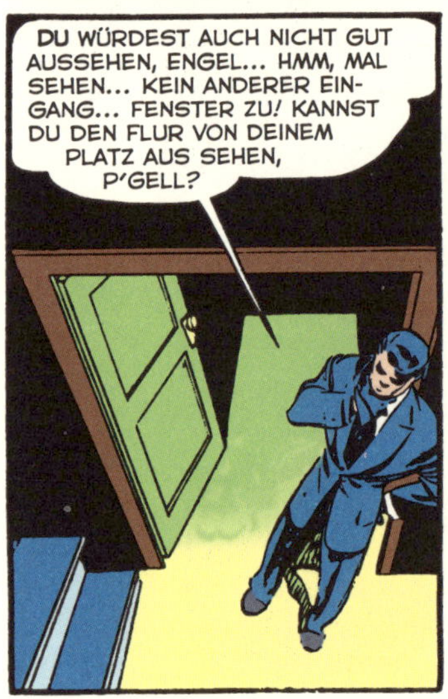
DU WÜRDEST AUCH NICHT GUT AUSSEHEN, ENGEL... HMM, MAL SEHEN... KEIN ANDERER EINGANG... FENSTER ZU! KANNST DU DEN FLUR VON DEINEM PLATZ AUS SEHEN, P'GELL?

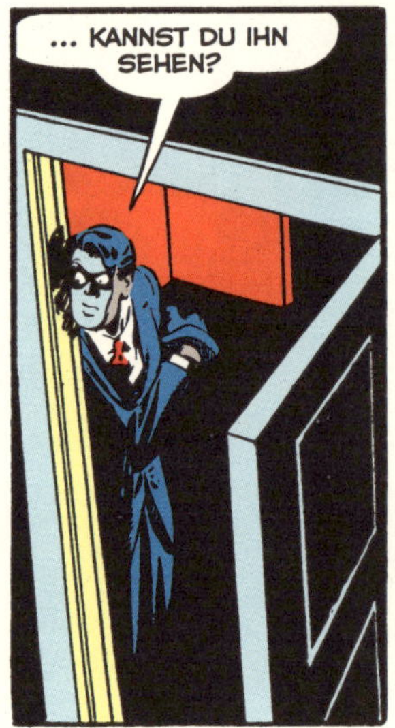
... KANNST DU IHN SEHEN?

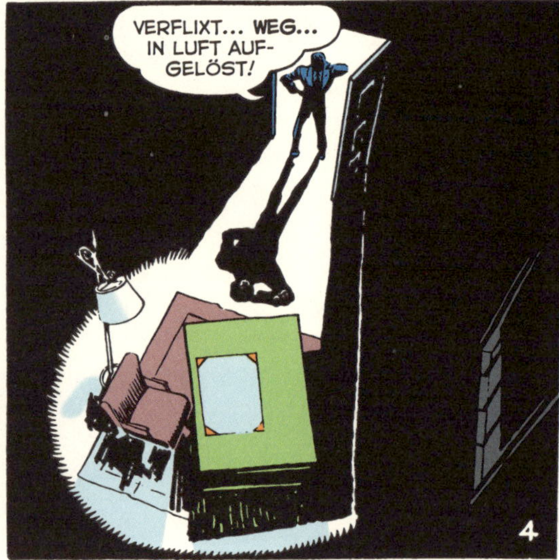
VERFLIXT... WEG... IN LUFT AUFGELÖST!
4

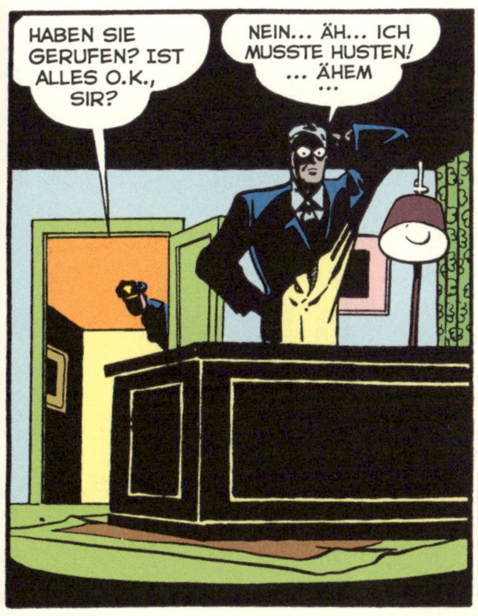
HABEN SIE GERUFEN? IST ALLES O.K., SIR?
NEIN... ÄH... ICH MUSSTE HUSTEN! ... ÄHEM ...

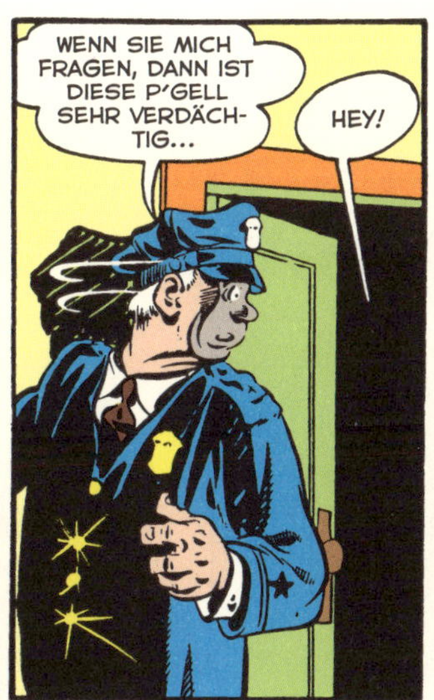
WENN SIE MICH FRAGEN, DANN IST DIESE P'GELL SEHR VERDÄCHTIG...
HEY!

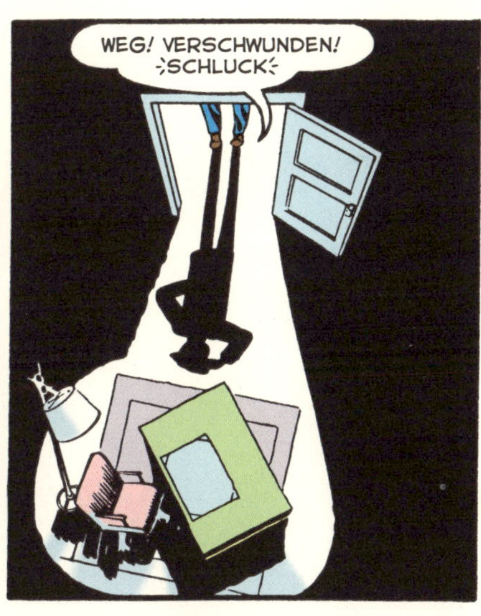
WEG! VERSCHWUNDEN! SCHLUCK

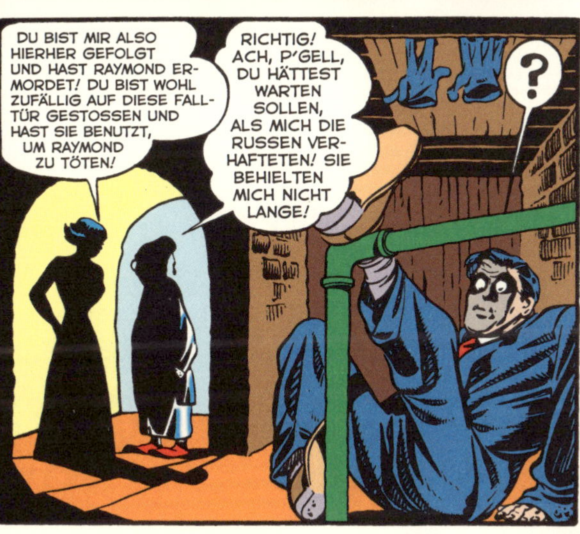
DU BIST MIR ALSO HIERHER GEFOLGT UND HAST RAYMOND ERMORDET! DU BIST WOHL ZUFÄLLIG AUF DIESE FALLTÜR GESTOSSEN UND HAST SIE BENUTZT, UM RAYMOND ZU TÖTEN!
RICHTIG! ACH, P'GELL, DU HÄTTEST WARTEN SOLLEN, ALS MICH DIE RUSSEN VERHAFTETEN! SIE BEHIELTEN MICH NICHT LANGE!
?

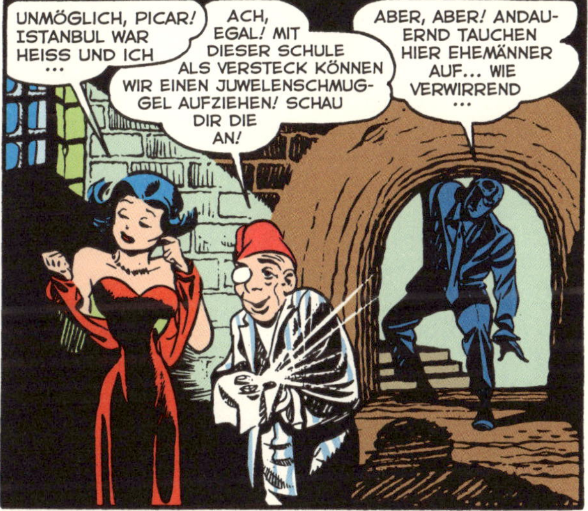
UNMÖGLICH, PICAR! ISTANBUL WAR HEISS UND ICH ...
ACH, EGAL! MIT DIESER SCHULE ALS VERSTECK KÖNNEN WIR EINEN JUWELENSCHMUGGEL AUFZIEHEN! SCHAU DIR DIE AN!
ABER, ABER! ANDAUERND TAUCHEN HIER EHEMÄNNER AUF... WIE VERWIRREND ...

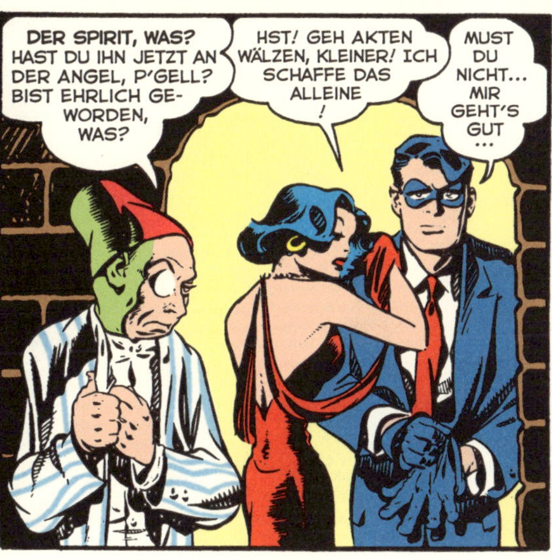
DER SPIRIT, WAS? HAST DU IHN JETZT AN DER ANGEL, P'GELL? BIST EHRLICH GEWORDEN, WAS?
HST! GEH AKTEN WÄLZEN, KLEINER! ICH SCHAFFE DAS ALLEINE!
MUST DU NICHT... MIR GEHT'S GUT ...

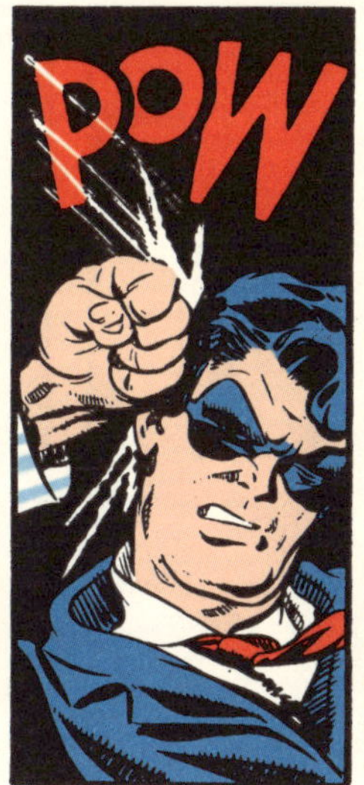
POW

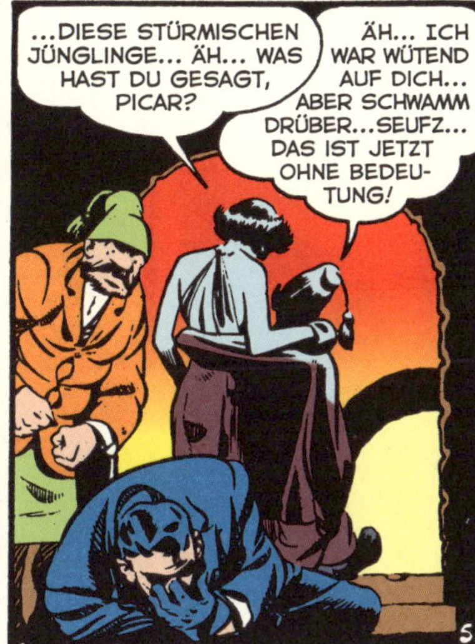
...DIESE STÜRMISCHEN JÜNGLINGE... ÄH... WAS HAST DU GESAGT, PICAR?
ÄH... ICH WAR WÜTEND AUF DICH... ABER SCHWAMM DRÜBER...SEUFZ... DAS IST JETZT OHNE BEDEUTUNG!
5.

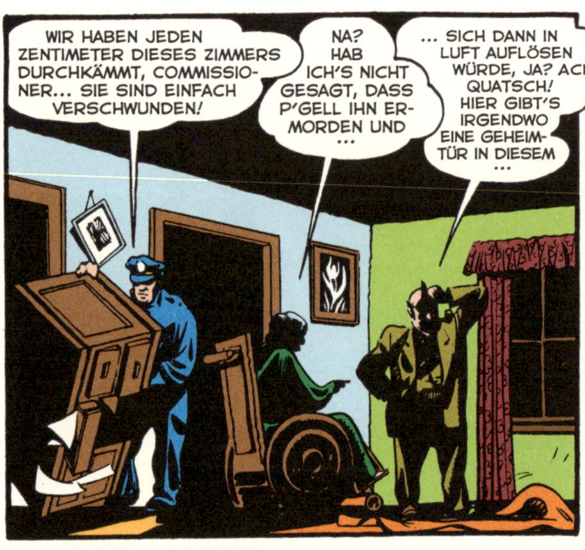

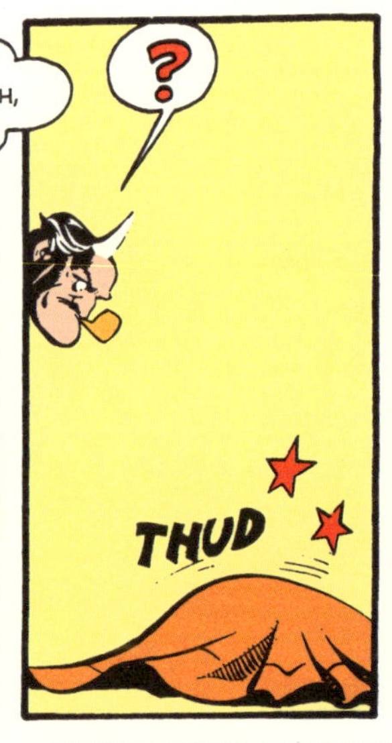

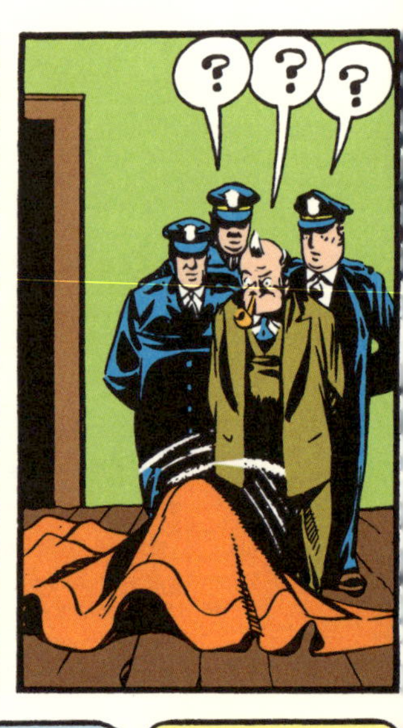

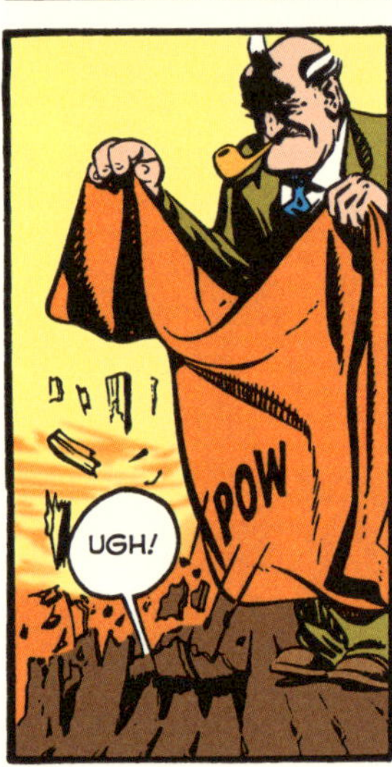

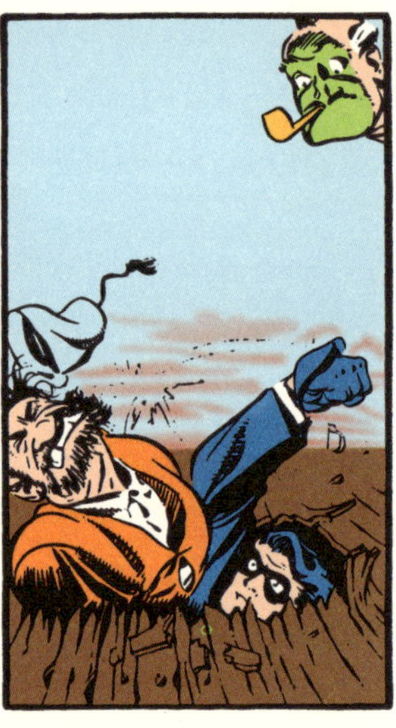

HM... DU SIEHST AUS, ALS HÄTTEST DU VERSUCHT, DEN SCHNÜRSENKEL IN EINER DREHTÜR ZU BINDEN!

DA BRAT MIR EINER... EINE FALLTÜR GENAU UNTER RAYMONDS STUHL... SO HAT'S RAYMOND ERWISCHT!

GENAU, SHERLOCK! WENN WIR JETZT PICAR FINDEN, HABEN WIR DEN MÖRDER!

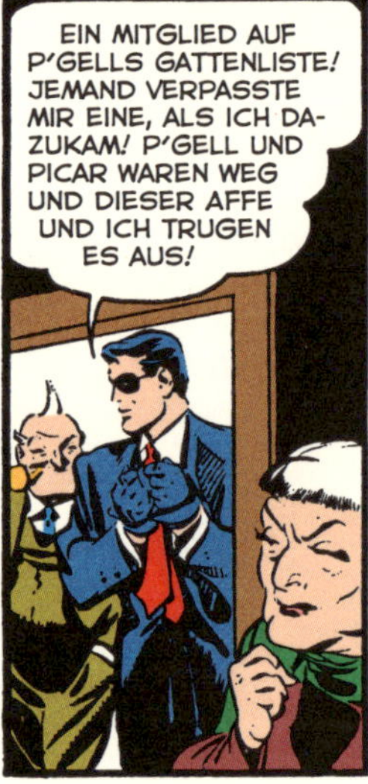

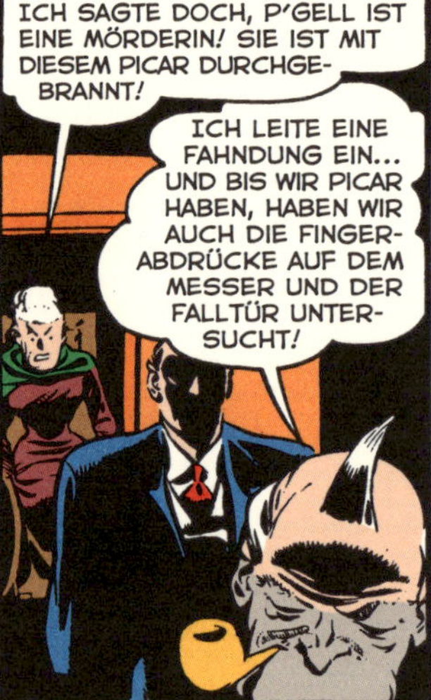

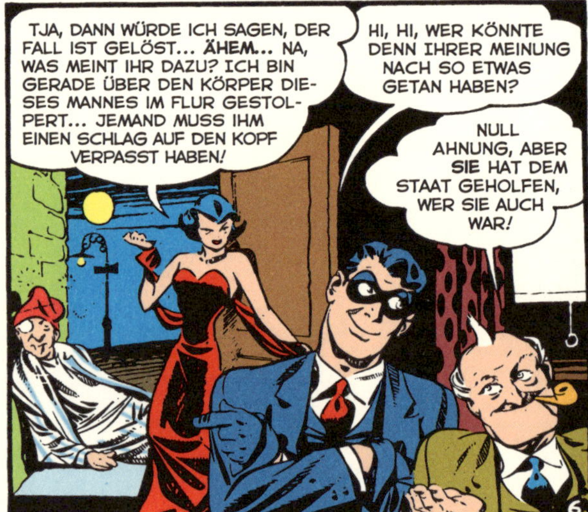

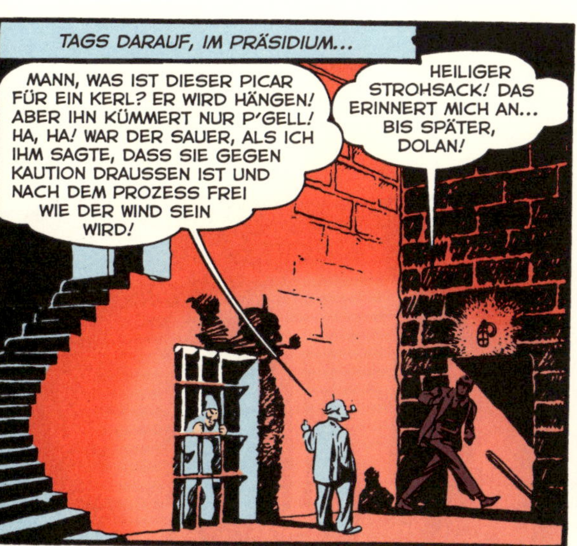
TAGS DARAUF, IM PRÄSIDIUM...
MANN, WAS IST DIESER PICAR FÜR EIN KERL? ER WIRD HÄNGEN! ABER IHN KÜMMERT NUR P'GELL! HA, HA! WAR DER SAUER, ALS ICH IHM SAGTE, DASS SIE GEGEN KAUTION DRAUSSEN IST UND NACH DEM PROZESS FREI WIE DER WIND SEIN WIRD!
HEILIGER STROHSACK! DAS ERINNERT MICH AN... BIS SPÄTER, DOLAN!

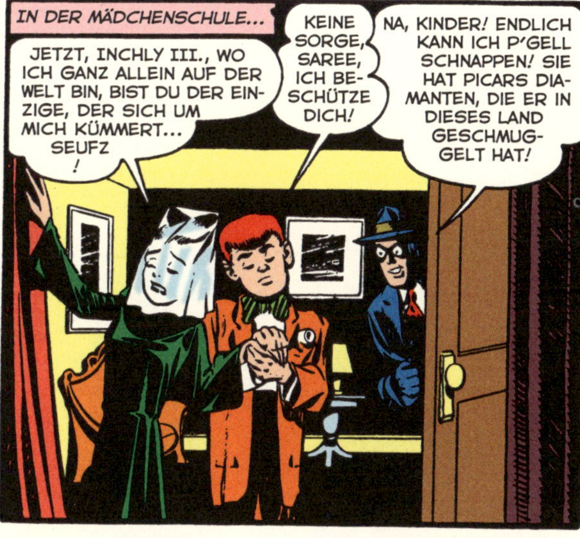
IN DER MÄDCHENSCHULE...
JETZT, INCHLY III., WO ICH GANZ ALLEIN AUF DER WELT BIN, BIST DU DER EINZIGE, DER SICH UM MICH KÜMMERT... SEUFZ!
KEINE SORGE, SAREE, ICH BESCHÜTZE DICH!
NA, KINDER! ENDLICH KANN ICH P'GELL SCHNAPPEN! SIE HAT PICARS DIAMANTEN, DIE ER IN DIESES LAND GESCHMUGGELT HAT!

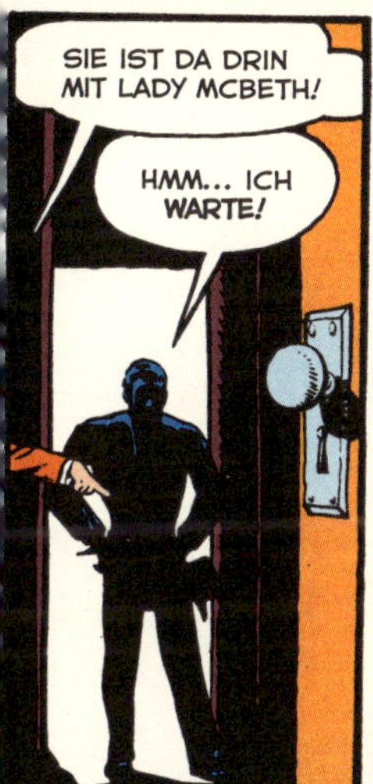
SIE IST DA DRIN MIT LADY MCBETH!
HMM... ICH WARTE!

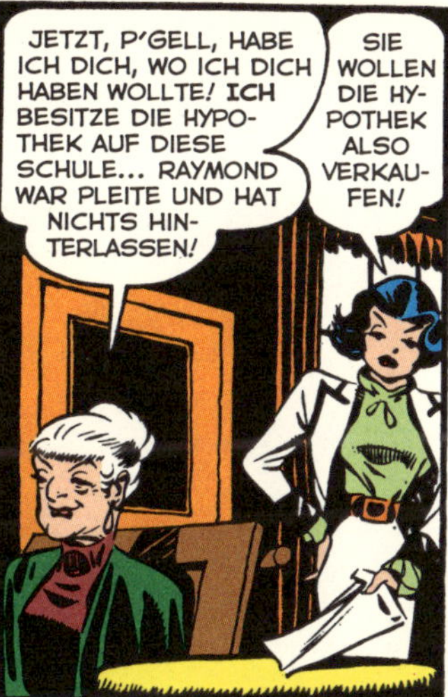
JETZT, P'GELL, HABE ICH DICH, WO ICH DICH HABEN WOLLTE! ICH BESITZE DIE HYPOTHEK AUF DIESE SCHULE... RAYMOND WAR PLEITE UND HAT NICHTS HINTERLASSEN!
SIE WOLLEN DIE HYPOTHEK ALSO VERKAUFEN!

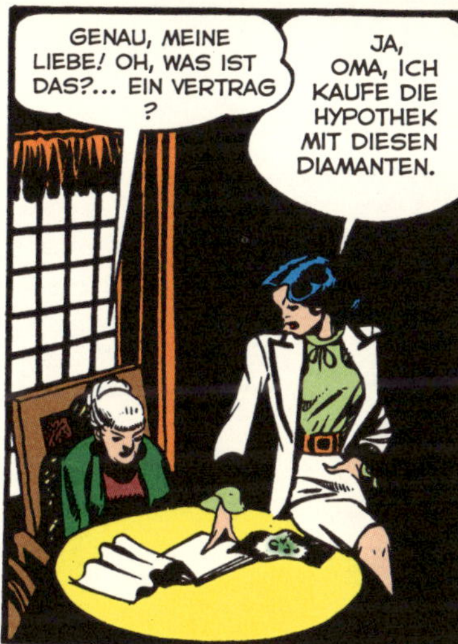
GENAU, MEINE LIEBE! OH, WAS IST DAS?... EIN VERTRAG?
JA, OMA, ICH KAUFE DIE HYPOTHEK MIT DIESEN DIAMANTEN.

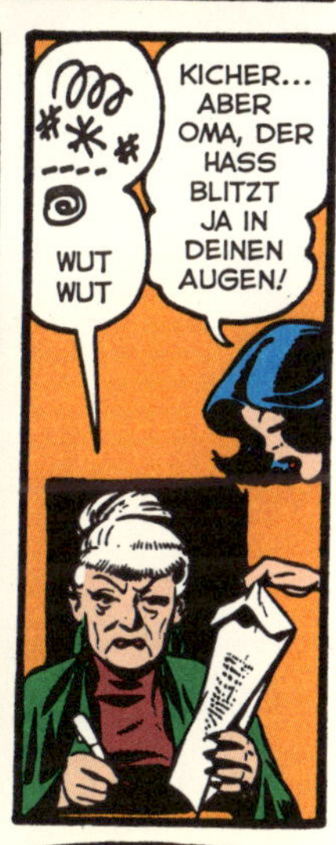
WUT WUT
KICHER... ABER OMA, DER HASS BLITZT JA IN DEINEN AUGEN!

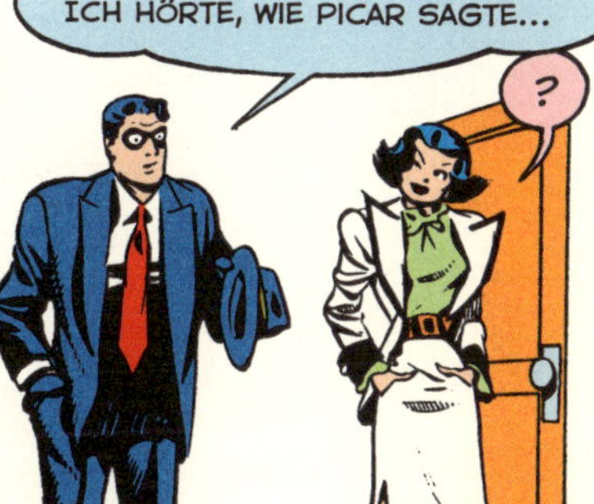
AH, P'GELL, ALTES MÄDCHEN... EINEN MOMENT! DIESE DIAMANTEN... ICH HÖRTE, WIE PICAR SAGTE...
?

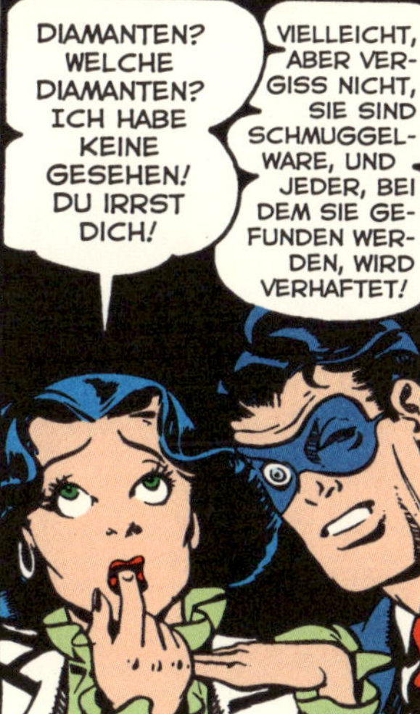
DIAMANTEN? WELCHE DIAMANTEN? ICH HABE KEINE GESEHEN! DU IRRST DICH!
VIELLEICHT, ABER VERGISS NICHT, SIE SIND SCHMUGGELWARE, UND JEDER, BEI DEM SIE GEFUNDEN WERDEN, WIRD VERHAFTET!

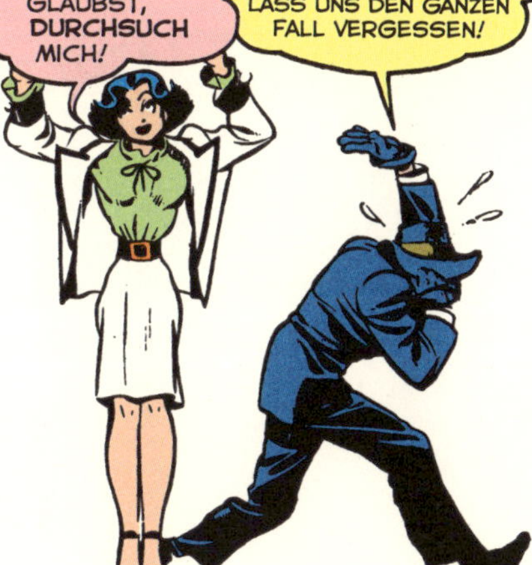
NA, WENN DU MIR NICHT GLAUBST, DURCHSUCH MICH!
SCHNAUF... SCHNAUF ... OKAY, VERGISS ES! LASS UNS DEN GANZEN FALL VERGESSEN!

DER PARTNER

26. Januar 1947

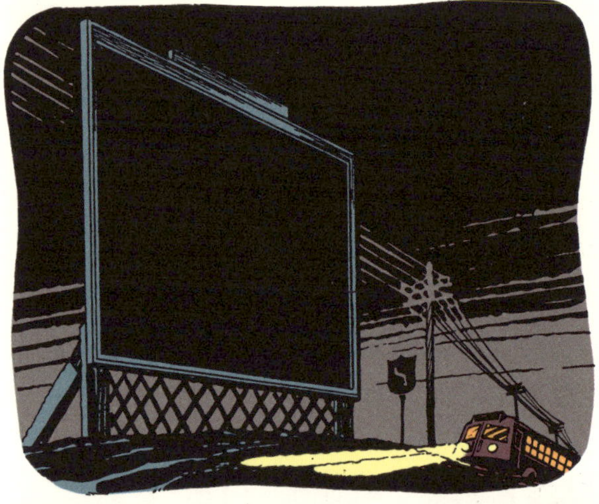

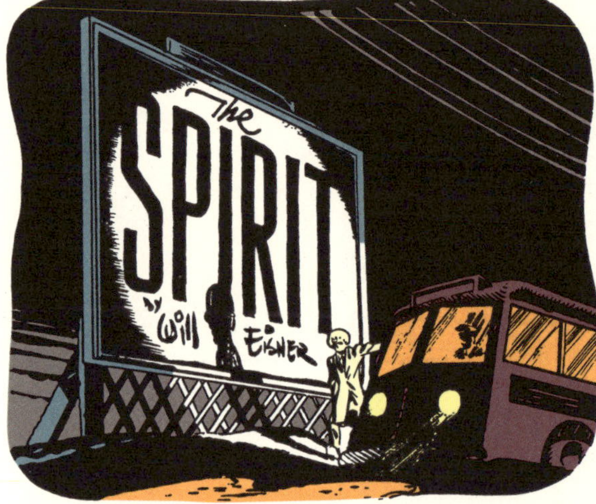

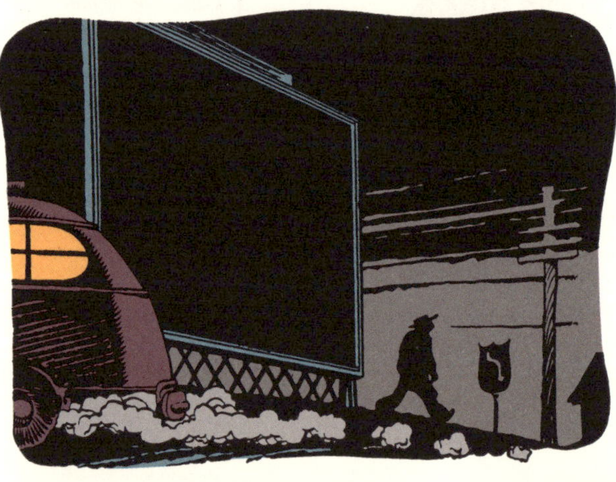

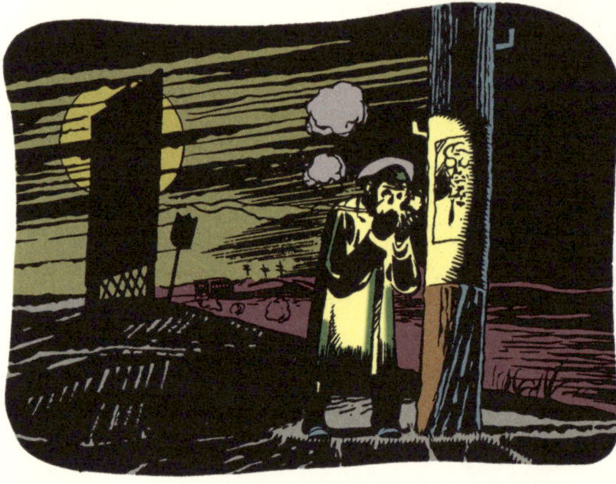

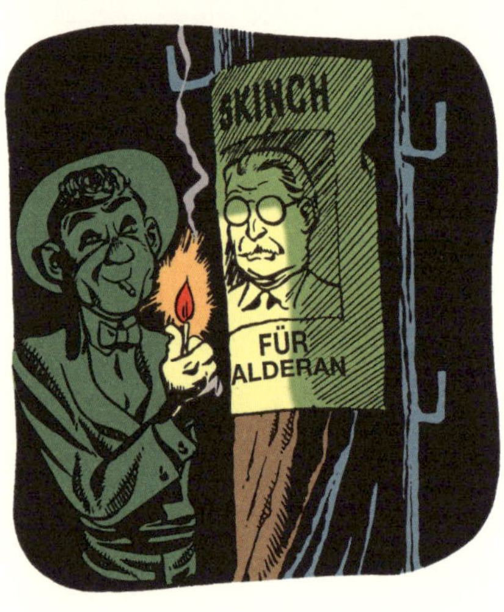

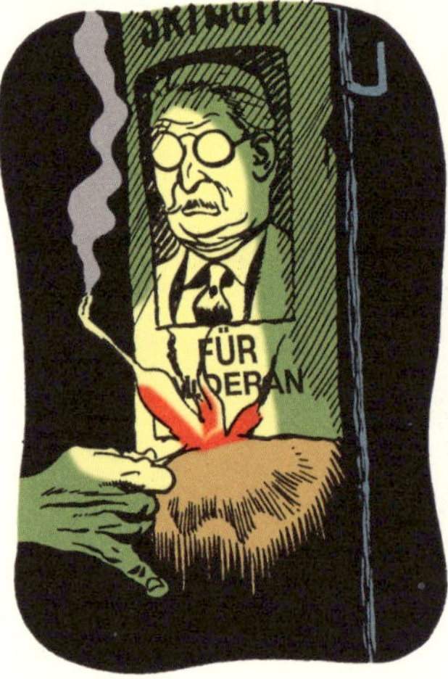

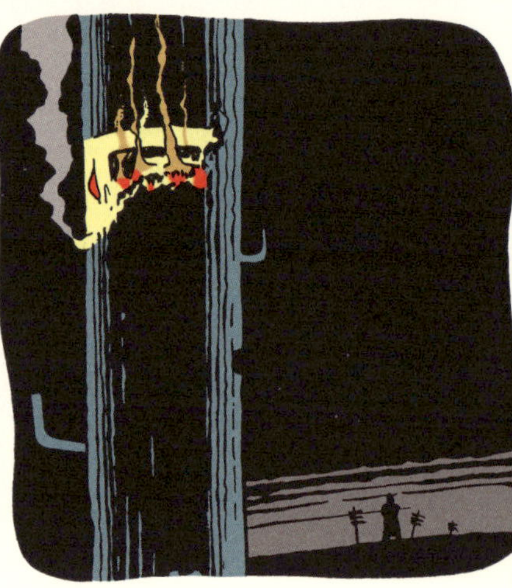

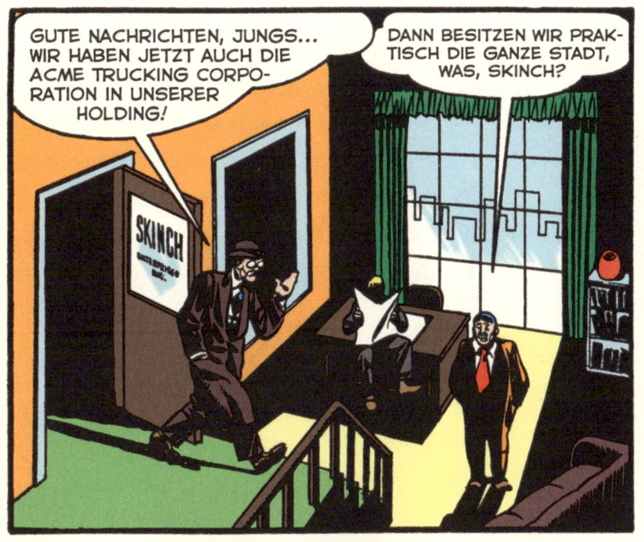
GUTE NACHRICHTEN, JUNGS... WIR HABEN JETZT AUCH DIE ACME TRUCKING CORPORATION IN UNSERER HOLDING!
DANN BESITZEN WIR PRAKTISCH DIE GANZE STADT, WAS, SKINCH?
SKINCH
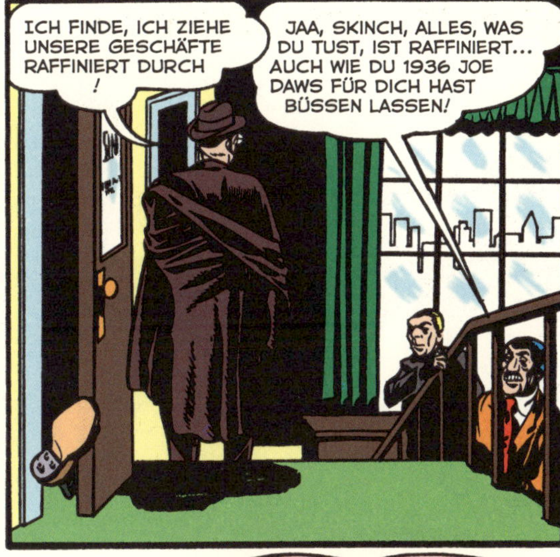
ICH FINDE, ICH ZIEHE UNSERE GESCHÄFTE RAFFINIERT DURCH!
JAA, SKINCH, ALLES, WAS DU TUST, IST RAFFINIERT... AUCH WIE DU 1936 JOE DAWS FÜR DICH HAST BÜSSEN LASSEN!
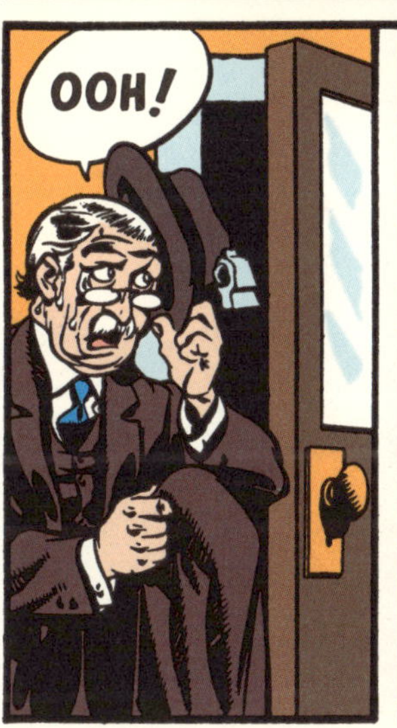
OOH!
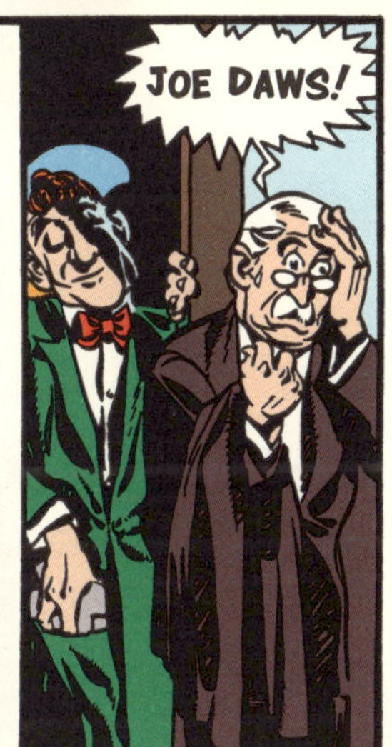
JOE DAWS!
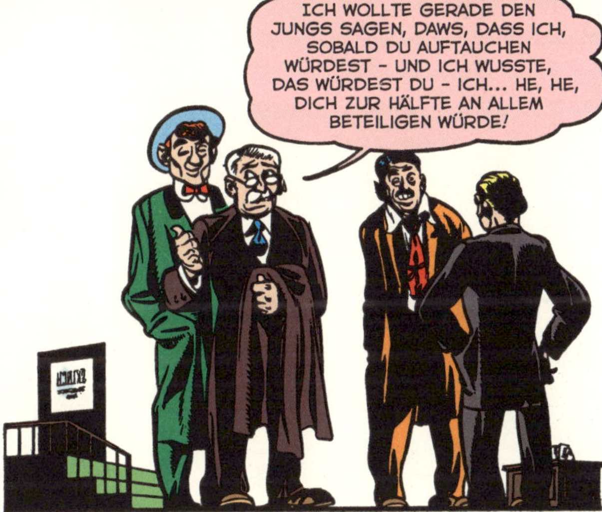
ICH WOLLTE GERADE DEN JUNGS SAGEN, DAWS, DASS ICH, SOBALD DU AUFTAUCHEN WÜRDEST - UND ICH WUSSTE, DAS WÜRDEST DU - ICH... HE, HE, DICH ZUR HÄLFTE AN ALLEM BETEILIGEN WÜRDE!
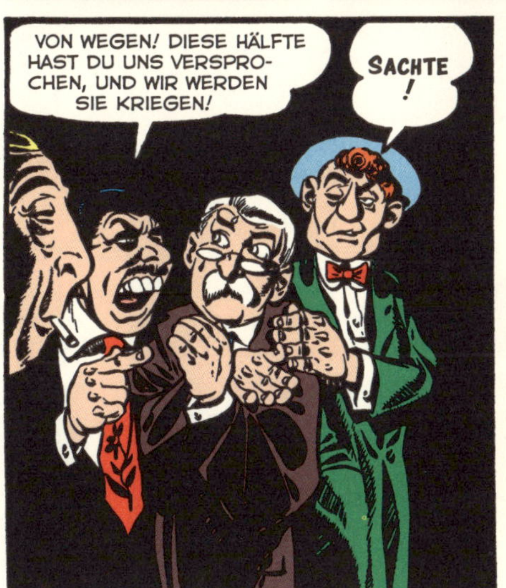
VON WEGEN! DIESE HÄLFTE HAST DU UNS VERSPROCHEN, UND WIR WERDEN SIE KRIEGEN!
SACHTE!
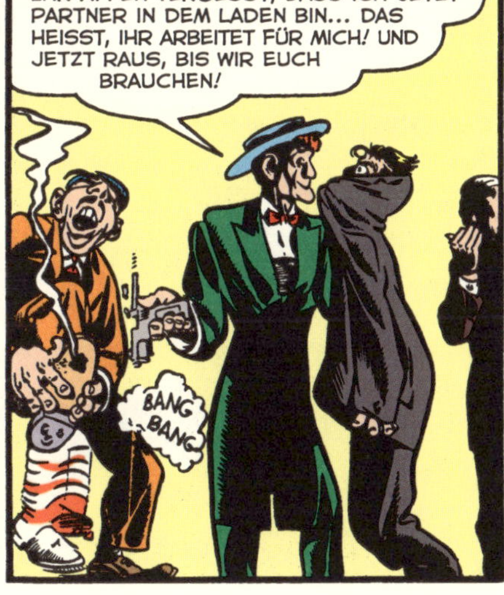
IHR AFFEN VERGESST, DASS ICH JETZT PARTNER IN DEM LADEN BIN... DAS HEISST, IHR ARBEITET FÜR MICH! UND JETZT RAUS, BIS WIR EUCH BRAUCHEN!
BANG BANG
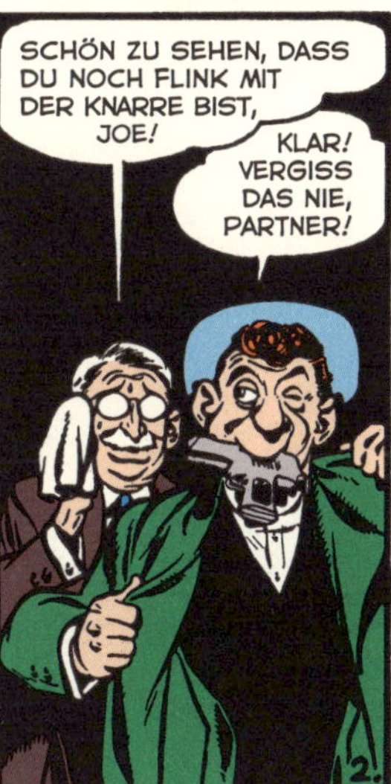
SCHÖN ZU SEHEN, DASS DU NOCH FLINK MIT DER KNARRE BIST, JOE!
KLAR! VERGISS DAS NIE, PARTNER!
2.

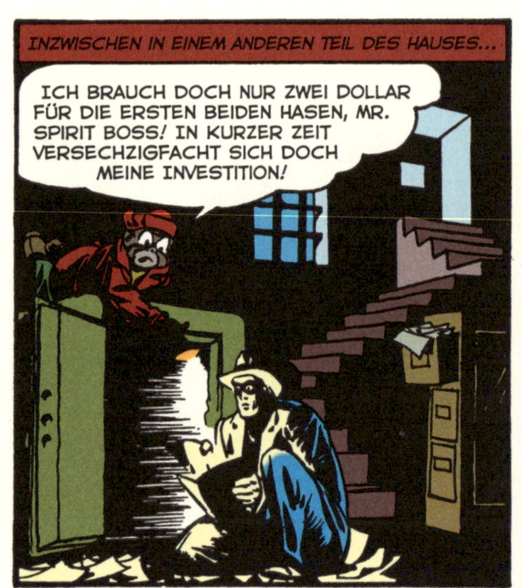
INZWISCHEN IN EINEM ANDEREN TEIL DES HAUSES...
ICH BRAUCH DOCH NUR ZWEI DOLLAR FÜR DIE ERSTEN BEIDEN HASEN, MR. SPIRIT BOSS! IN KURZER ZEIT VERSECHZIGFACHT SICH DOCH MEINE INVESTITION!

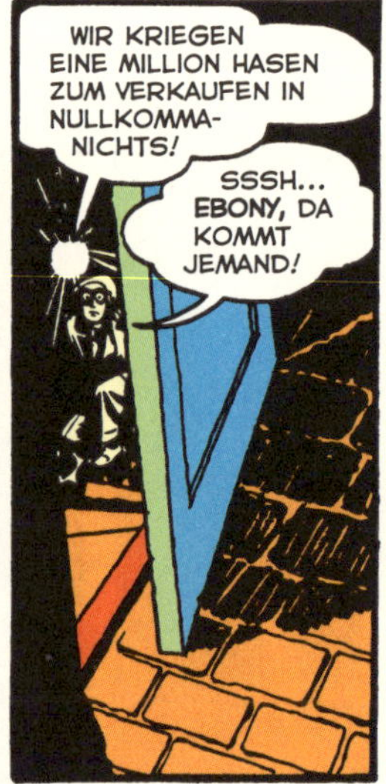
WIR KRIEGEN EINE MILLION HASEN ZUM VERKAUFEN IN NULLKOMMA-NICHTS!
SSSH... EBONY, DA KOMMT JEMAND!

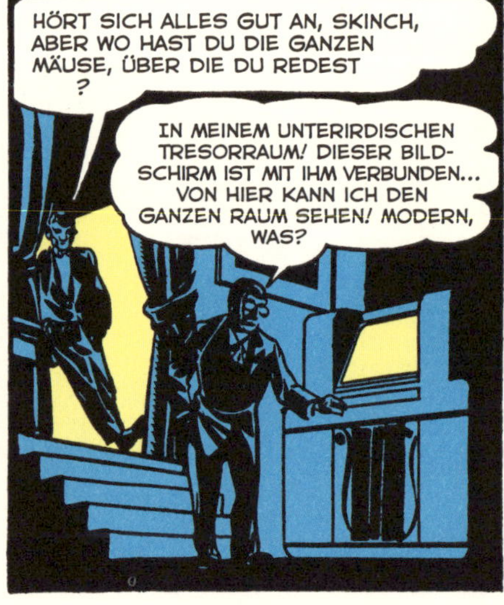
HÖRT SICH ALLES GUT AN, SKINCH, ABER WO HAST DU DIE GANZEN MÄUSE, ÜBER DIE DU REDEST ?
IN MEINEM UNTERIRDISCHEN TRESORRAUM! DIESER BILDSCHIRM IST MIT IHM VERBUNDEN... VON HIER KANN ICH DEN GANZEN RAUM SEHEN! MODERN, WAS?

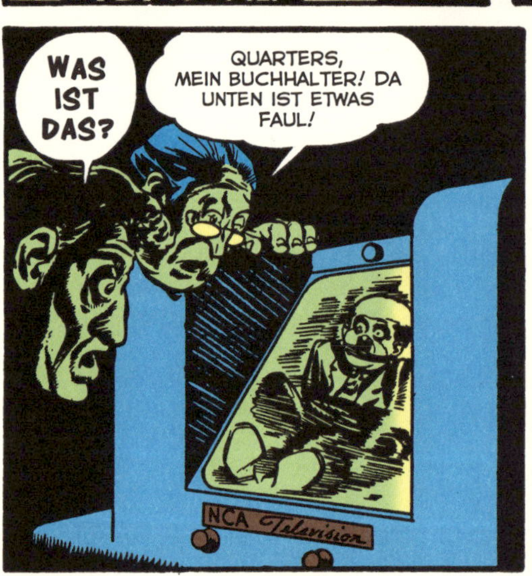
WAS IST DAS?
QUARTERS, MEIN BUCHHALTER! DA UNTEN IST ETWAS FAUL!
NCA Television

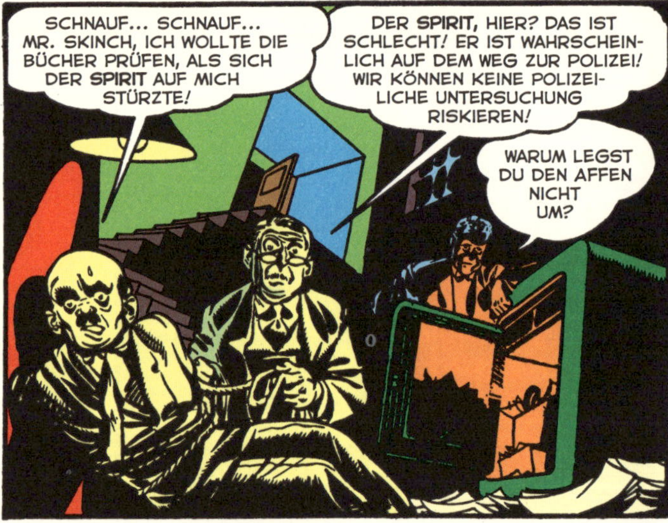
SCHNAUF... SCHNAUF... MR. SKINCH, ICH WOLLTE DIE BÜCHER PRÜFEN, ALS SICH DER SPIRIT AUF MICH STÜRZTE!
DER SPIRIT, HIER? DAS IST SCHLECHT! ER IST WAHRSCHEINLICH AUF DEM WEG ZUR POLIZEI! WIR KÖNNEN KEINE POLIZEILICHE UNTERSUCHUNG RISKIEREN!
WARUM LEGST DU DEN AFFEN NICHT UM?

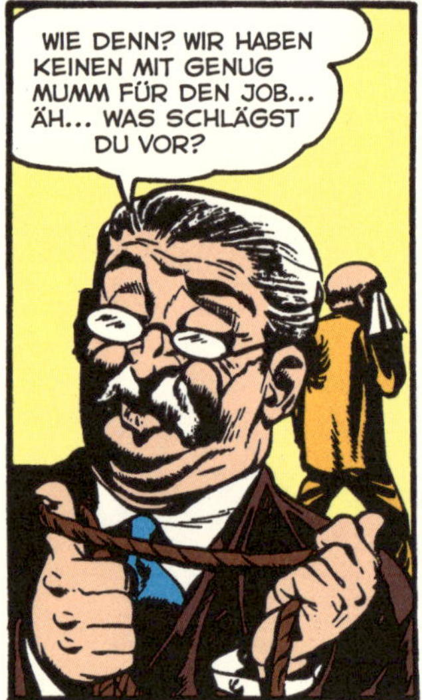
WIE DENN? WIR HABEN KEINEN MIT GENUG MUMM FÜR DEN JOB... ÄH... WAS SCHLÄGST DU VOR?

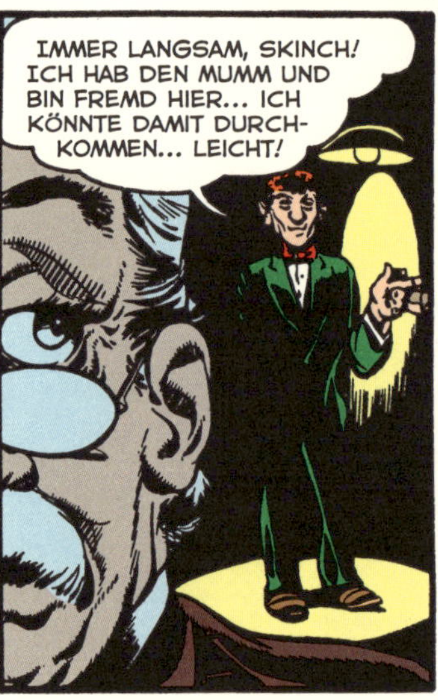
IMMER LANGSAM, SKINCH! ICH HAB DEN MUMM UND BIN FREMD HIER... ICH KÖNNTE DAMIT DURCHKOMMEN... LEICHT!

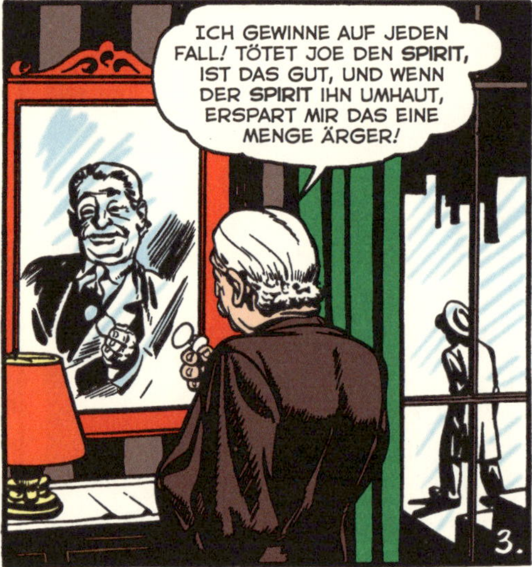
ICH GEWINNE AUF JEDEN FALL! TÖTET JOE DEN SPIRIT, IST DAS GUT, UND WENN DER SPIRIT IHN UMHAUT, ERSPART MIR DAS EINE MENGE ÄRGER!
3.

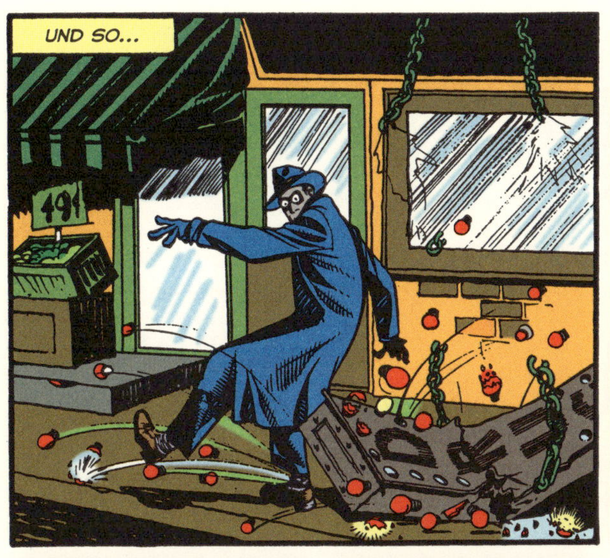
UND SO...
49¢

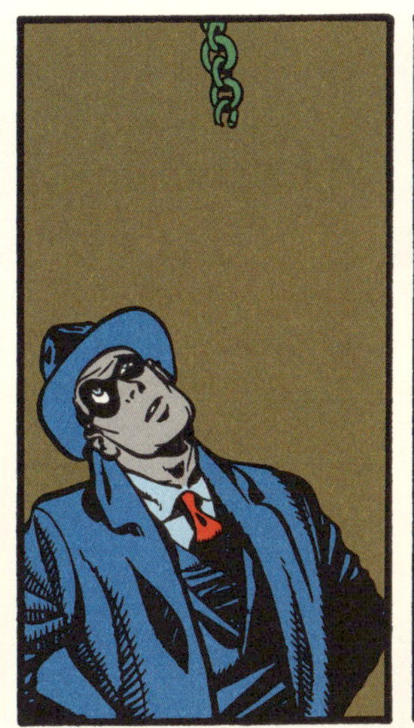

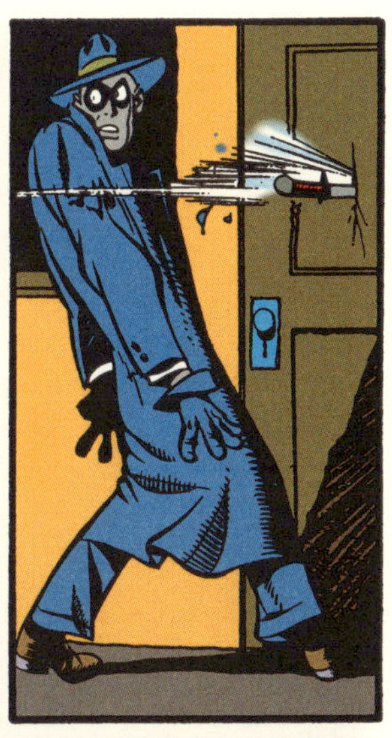

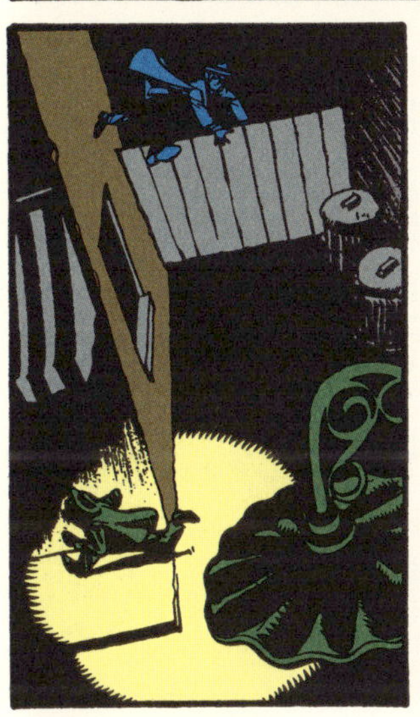

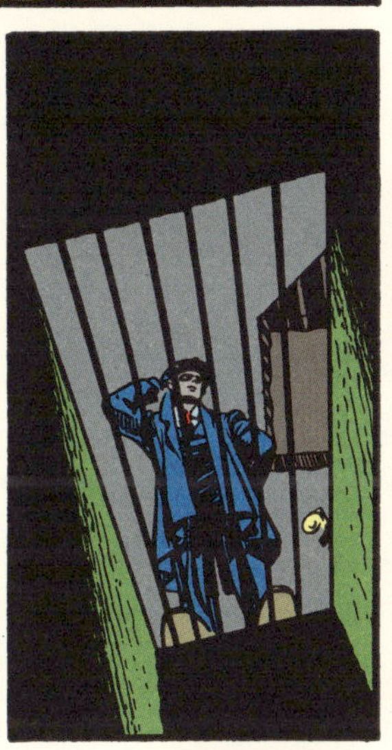

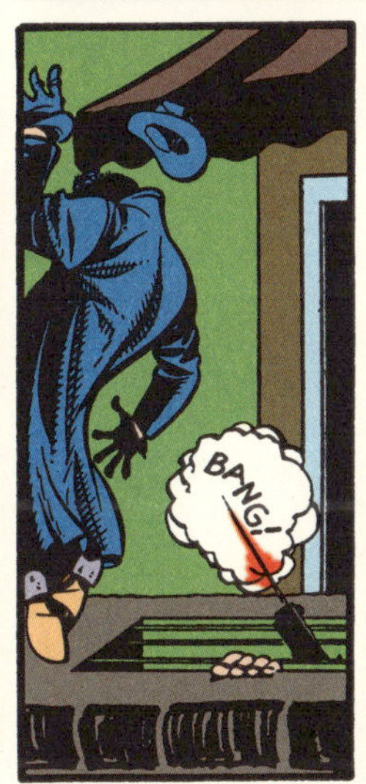
BANG!

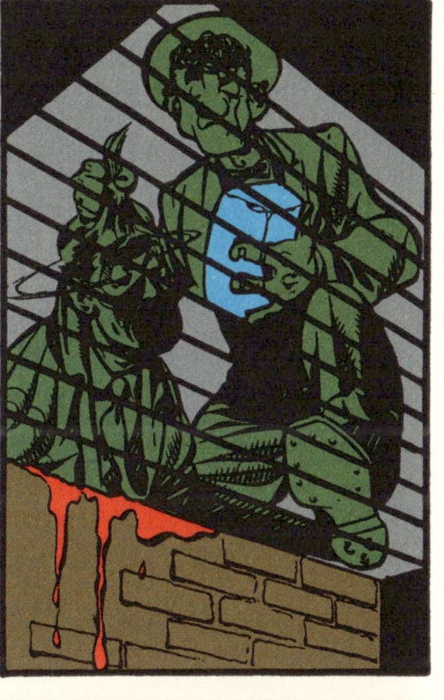

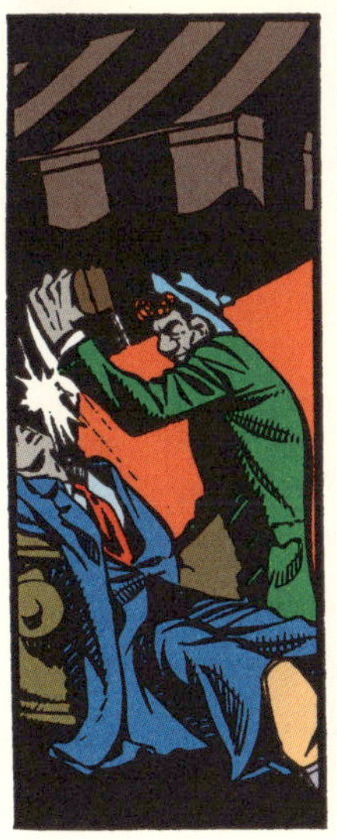

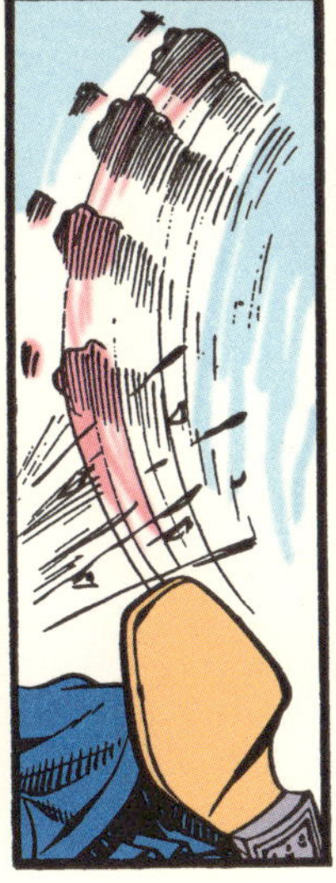

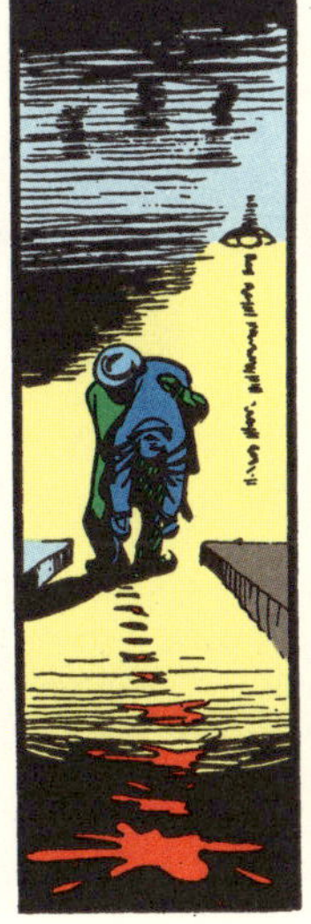

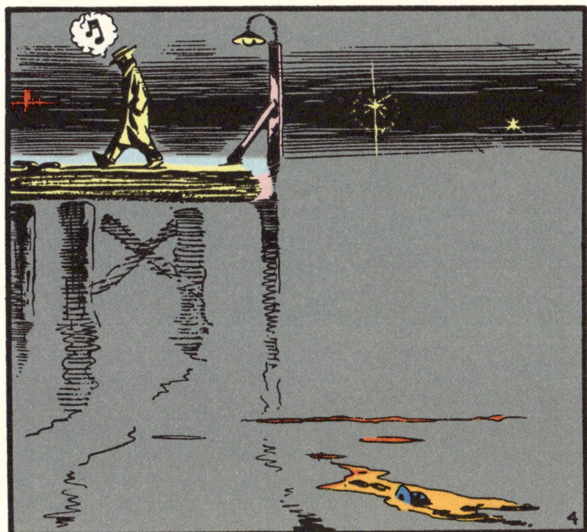
4

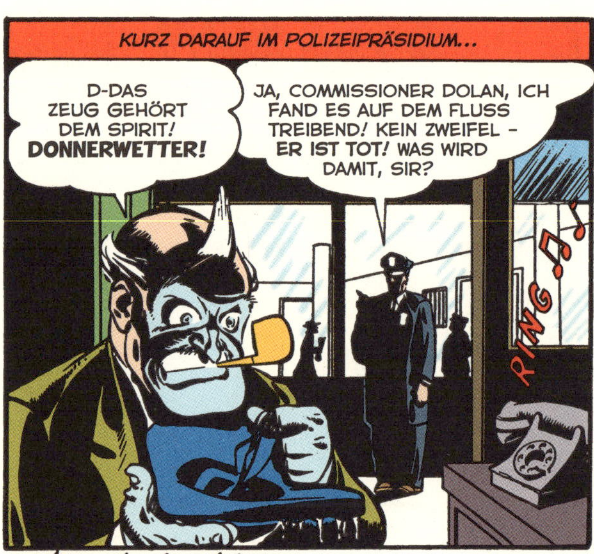

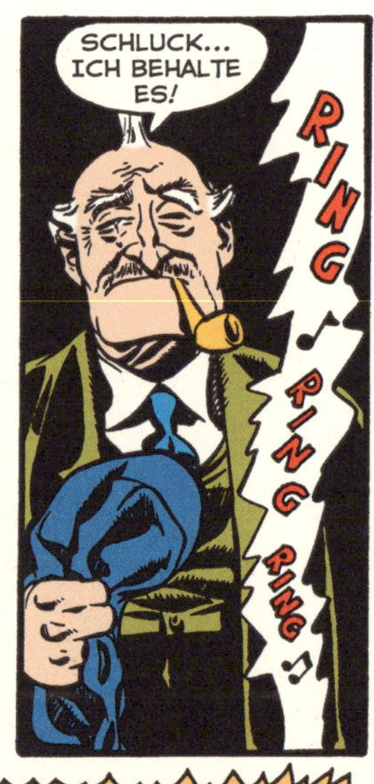

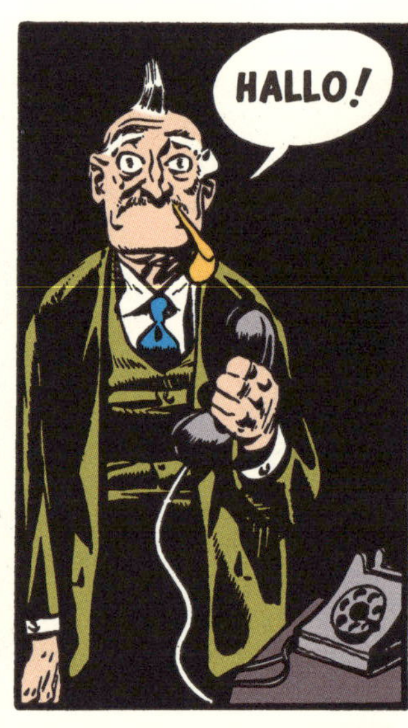

COMMISSIONER DOLAN, HIER JOSHUA SKINCH! ICH HABE GERADE ERFAHREN, DASS EIN MÖRDER HINTER DEM SPIRIT UND MIR HER IST! JOE DAWS, EIN NEUANKÖMMLING IN DER STADT!

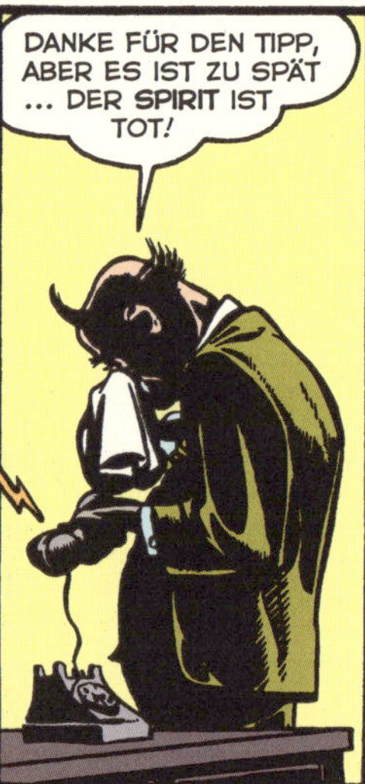

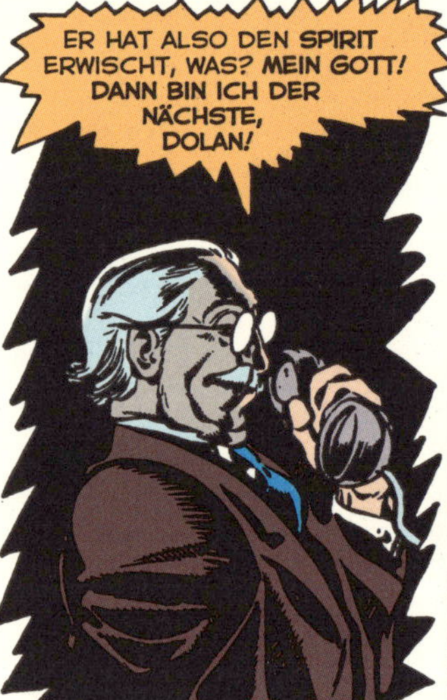

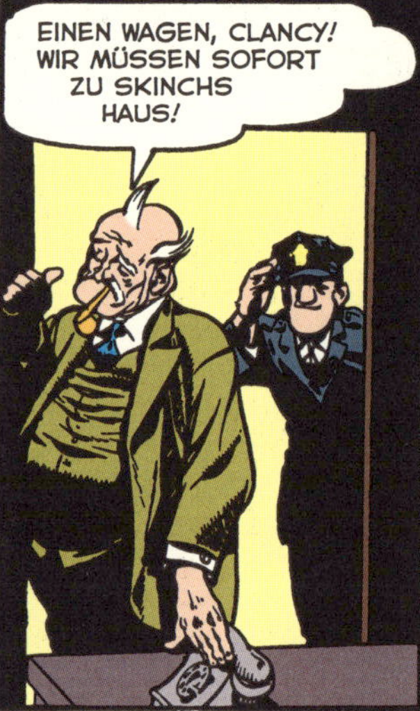

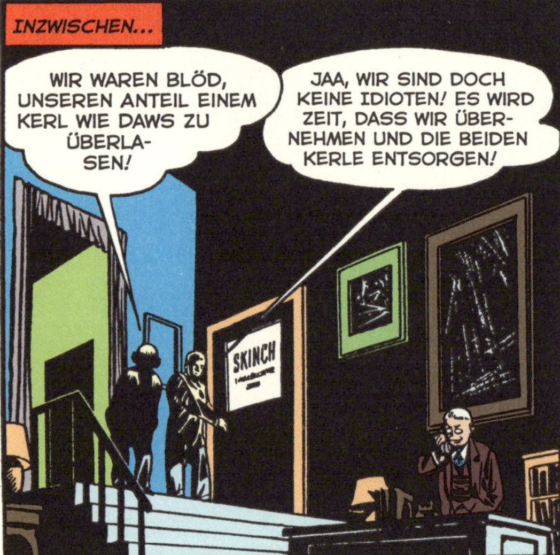

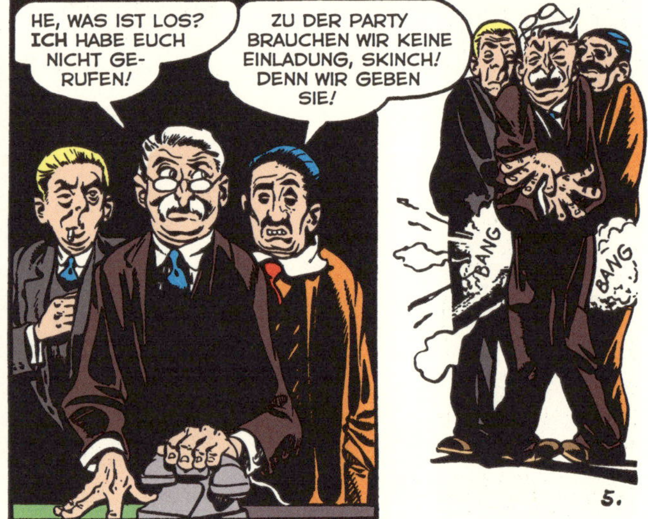

5.

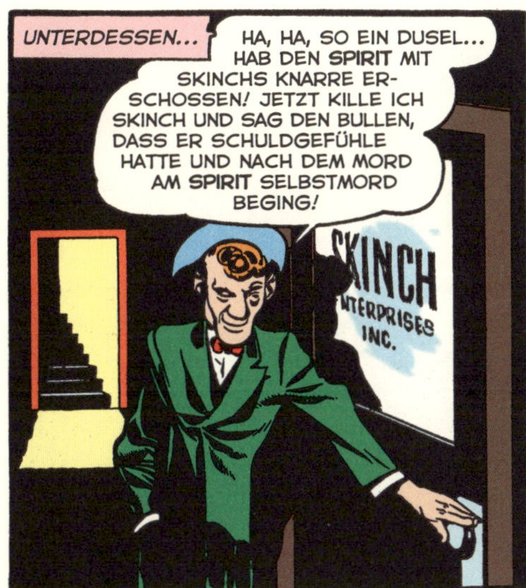
UNTERDESSEN...
HA, HA, SO EIN DUSEL... HAB DEN SPIRIT MIT SKINCHS KNARRE ERSCHOSSEN! JETZT KILLE ICH SKINCH UND SAG DEN BULLEN, DASS ER SCHULDGEFÜHLE HATTE UND NACH DEM MORD AM SPIRIT SELBSTMORD BEGING!
SKINCH ENTERPRISES INC.

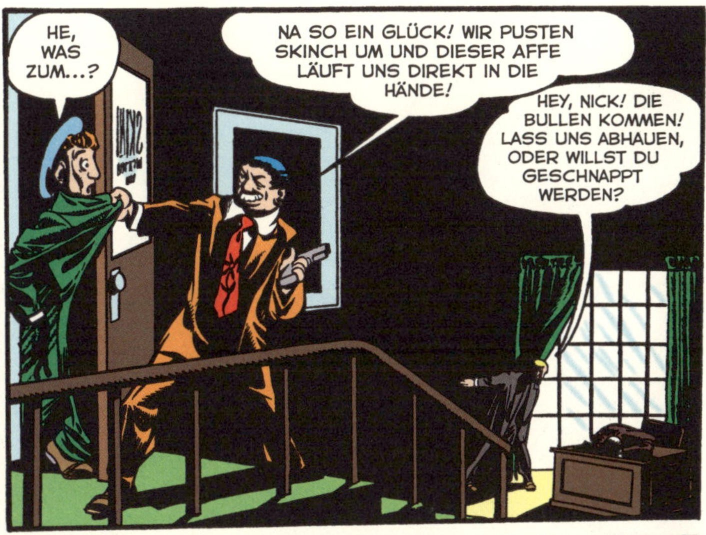
HE, WAS ZUM...?
NA SO EIN GLÜCK! WIR PUSTEN SKINCH UM UND DIESER AFFE LÄUFT UNS DIREKT IN DIE HÄNDE!
HEY, NICK! DIE BULLEN KOMMEN! LASS UNS ABHAUEN, ODER WILLST DU GESCHNAPPT WERDEN?

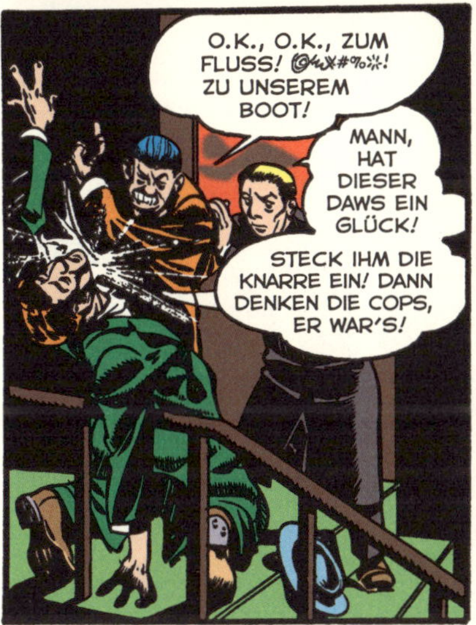
O.K., O.K., ZUM FLUSS! @¼※#%☼! ZU UNSEREM BOOT!
MANN, HAT DIESER DAWS EIN GLÜCK!
STECK IHM DIE KNARRE EIN! DANN DENKEN DIE COPS, ER WAR'S!

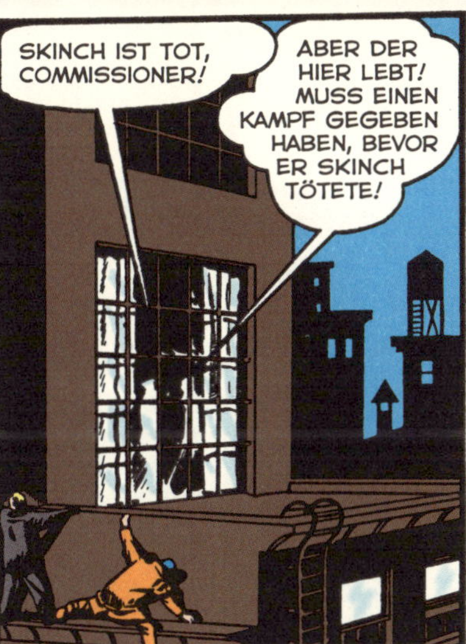
SKINCH IST TOT, COMMISSIONER!
ABER DER HIER LEBT! MUSS EINEN KAMPF GEGEBEN HABEN, BEVOR ER SKINCH TÖTETE!

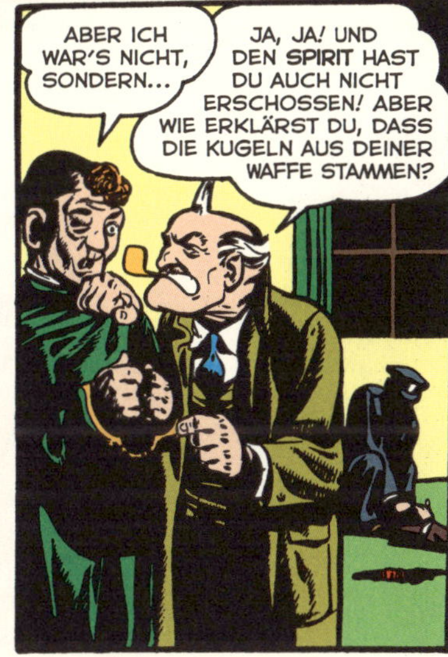
ABER ICH WAR'S NICHT, SONDERN...
JA, JA! UND DEN SPIRIT HAST DU AUCH NICHT ERSCHOSSEN! ABER WIE ERKLÄRST DU, DASS DIE KUGELN AUS DEINER WAFFE STAMMEN?

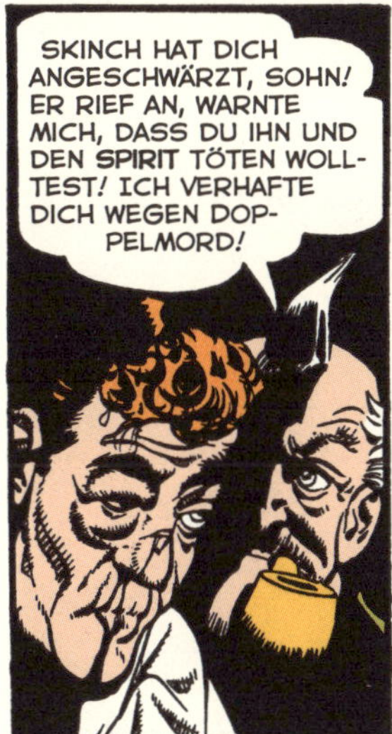
SKINCH HAT DICH ANGESCHWÄRZT, SOHN! ER RIEF AN, WARNTE MICH, DASS DU IHN UND DEN SPIRIT TÖTEN WOLLTEST! ICH VERHAFTE DICH WEGEN DOPPELMORD!

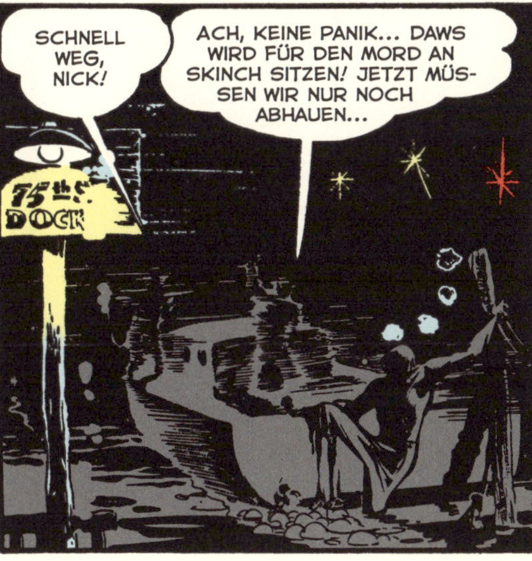
SCHNELL WEG, NICK!
ACH, KEINE PANIK... DAWS WIRD FÜR DEN MORD AN SKINCH SITZEN! JETZT MÜSSEN WIR NUR NOCH ABHAUEN...
75th St. DOCK

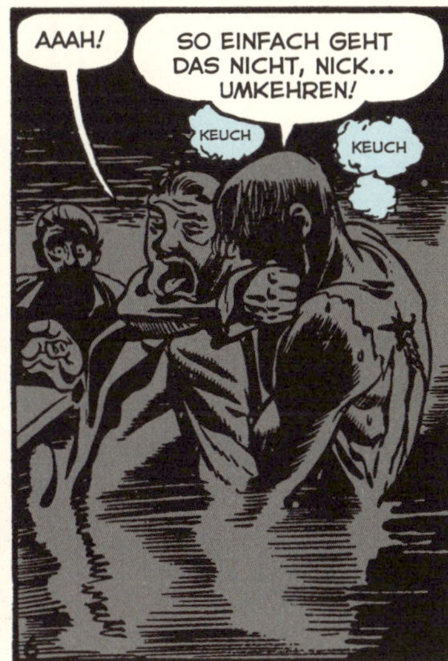
AAAH!
SO EINFACH GEHT DAS NICHT, NICK... UMKEHREN!
KEUCH
KEUCH

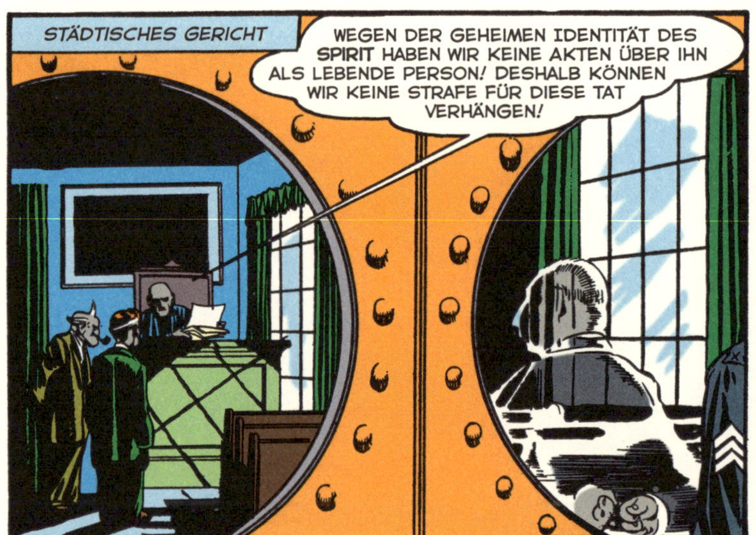
STÄDTISCHES GERICHT
WEGEN DER GEHEIMEN IDENTITÄT DES SPIRIT HABEN WIR KEINE AKTEN ÜBER IHN ALS LEBENDE PERSON! DESHALB KÖNNEN WIR KEINE STRAFE FÜR DIESE TAT VERHÄNGEN!

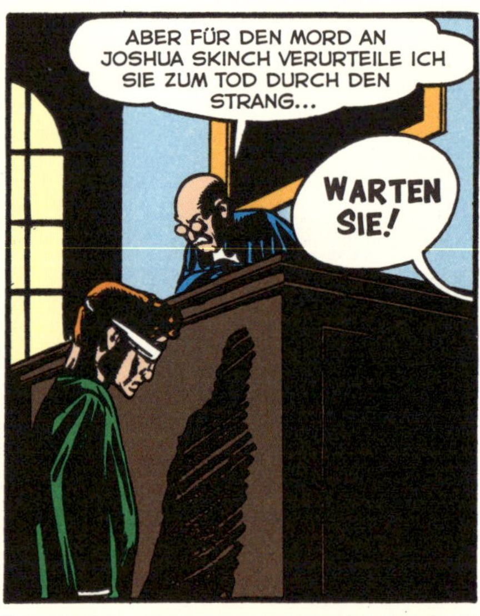
ABER FÜR DEN MORD AN JOSHUA SKINCH VERURTEILE ICH SIE ZUM TOD DURCH DEN STRANG...
WARTEN SIE!

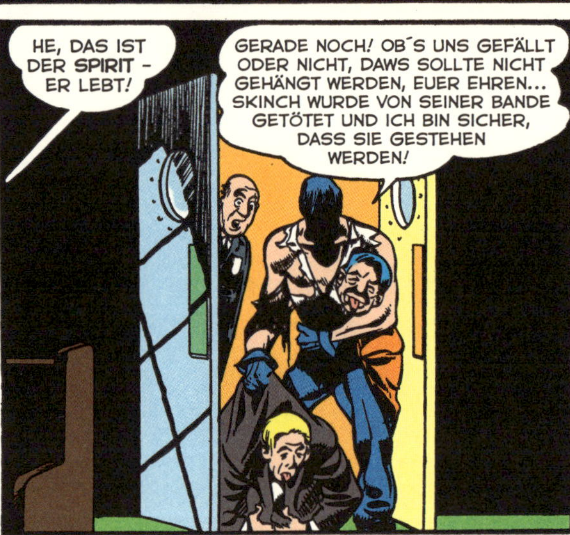
HE, DAS IST DER SPIRIT – ER LEBT!
GERADE NOCH! OB´S UNS GEFÄLLT ODER NICHT, DAWS SOLLTE NICHT GEHÄNGT WERDEN, EUER EHREN... SKINCH WURDE VON SEINER BANDE GETÖTET UND ICH BIN SICHER, DASS SIE GESTEHEN WERDEN!

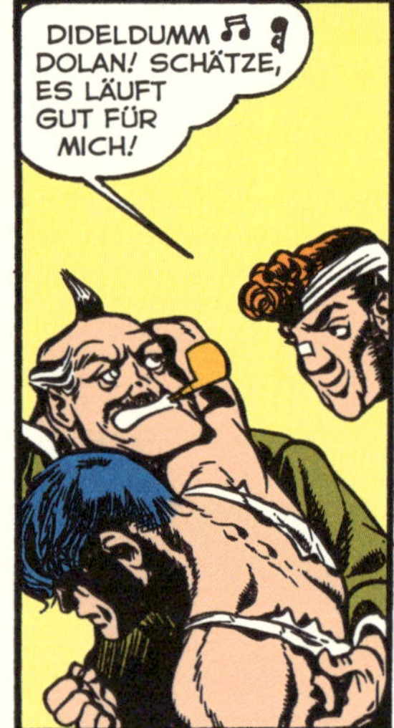
DIDELDUMM DOLAN! SCHÄTZE, ES LÄUFT GUT FÜR MICH!

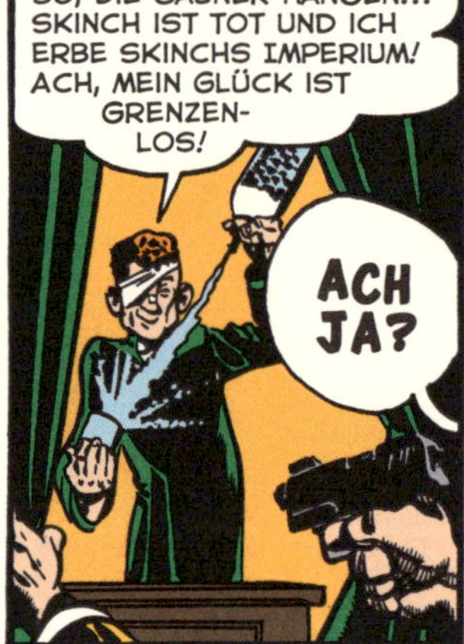
EINE STUNDE SPÄTER IN SKINCHS BÜRO...
SO, DIE GAUNER HÄNGEN... SKINCH IST TOT UND ICH ERBE SKINCHS IMPERIUM! ACH, MEIN GLÜCK IST GRENZENLOS!
ACH JA?

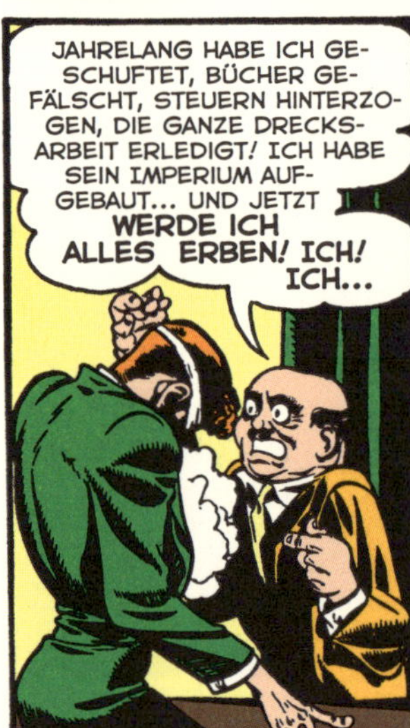
JAHRELANG HABE ICH GESCHUFTET, BÜCHER GEFÄLSCHT, STEUERN HINTERZOGEN, DIE GANZE DRECKSARBEIT ERLEDIGT! ICH HABE SEIN IMPERIUM AUFGEBAUT... UND JETZT WERDE ICH ALLES ERBEN! ICH! ICH...

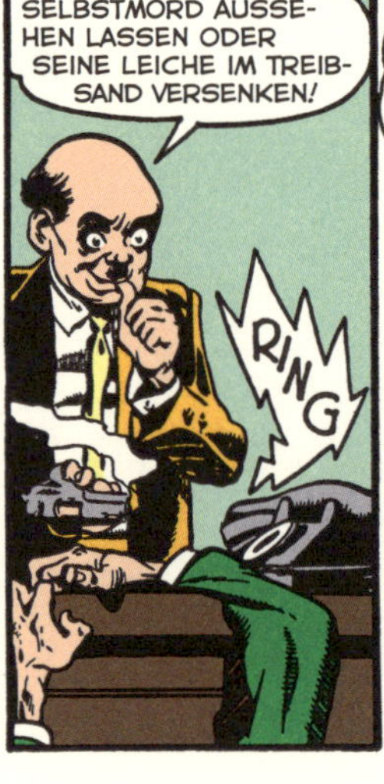
ICH KANN ES WIE SELBSTMORD AUSSEHEN LASSEN ODER SEINE LEICHE IM TREIBSAND VERSENKEN!
RING

HALLO, JA, HIER IST DEBIT P. QUARTERS! ICH BIN SKINCHS BUCHHALTER! WIE? SIE VERHAFTEN MICH WEGEN EINKOMMENSTEUERBETRUG? NEIN, SIE MÜSSEN NICHT DAS FBI VORBEISCHICKEN!

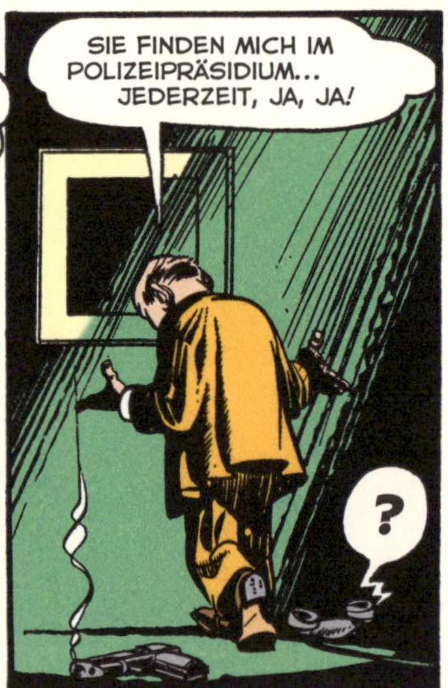
SIE FINDEN MICH IM POLIZEIPRÄSIDIUM... JEDERZEIT, JA, JA!
?

DIE KOSMISCHE ANTWORT

2. Februar 1947

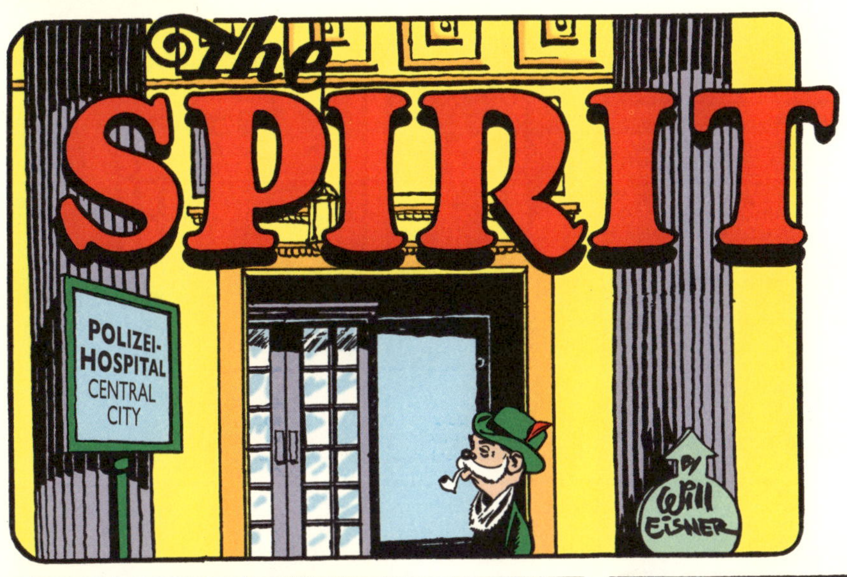

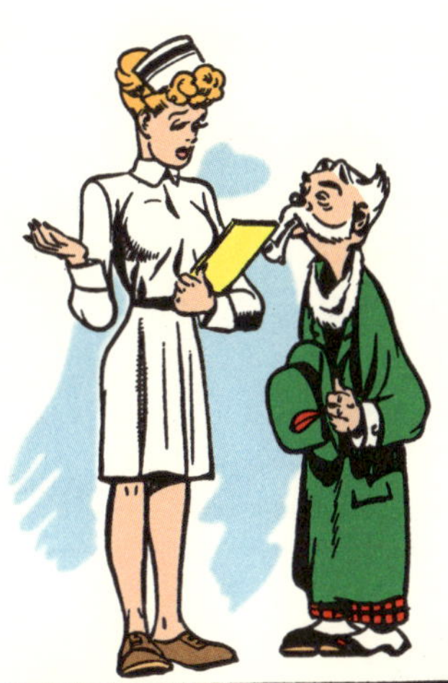

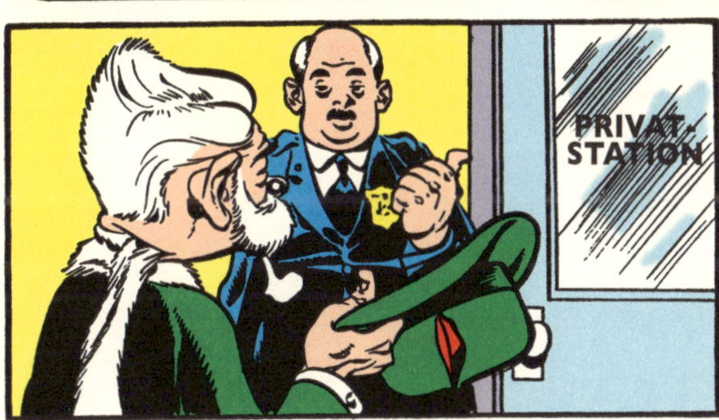

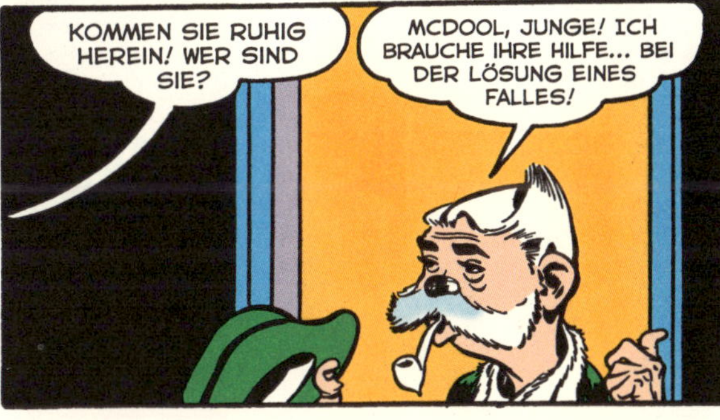

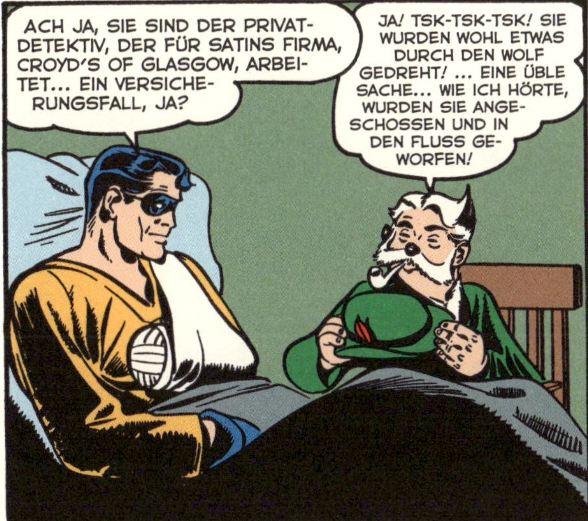

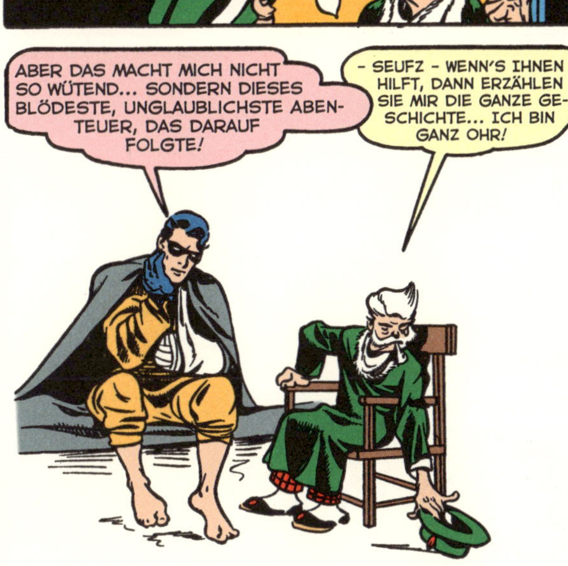

Zuerst erfuhr ich davon durch einen kleinen Artikel auf der Auslandsseite des CENTRAL CITY DAILY... Eine kleine BALKANPROVINZ, PAZVANY oder GRAVANY oder so ähnlich, verkündete, dass sie bereit wäre, die Formel für die Antwort auf DIE ATOMBOMBE zu verkaufen! Ihr Vertreter in CENTRAL CITY verkündete sogar, dass er sie dem Unterkomitee der VEREINTEN NATIONEN geben würde, das gerade wegen eines Grundstückskaufs in der Stadt war!

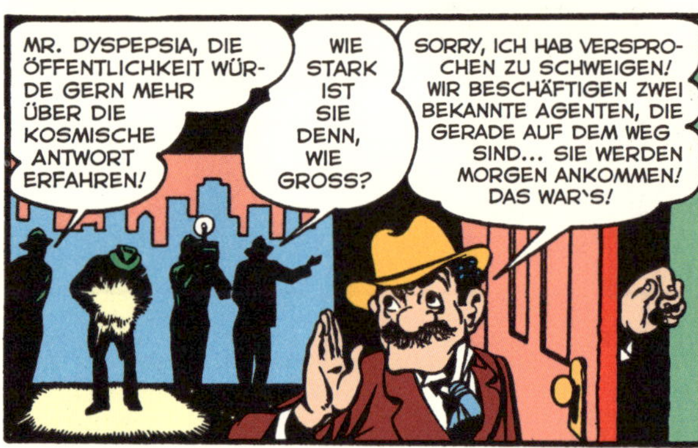

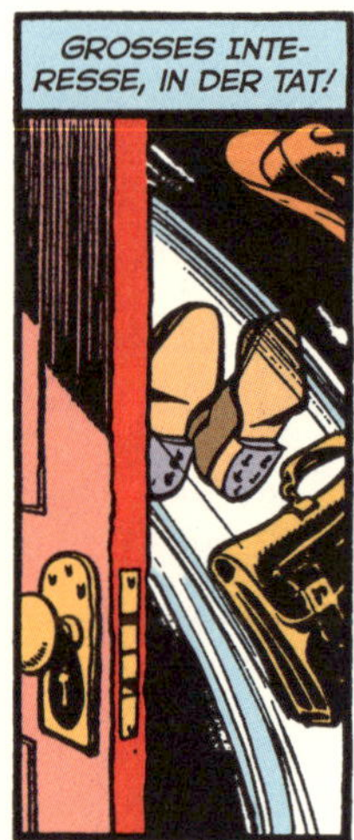

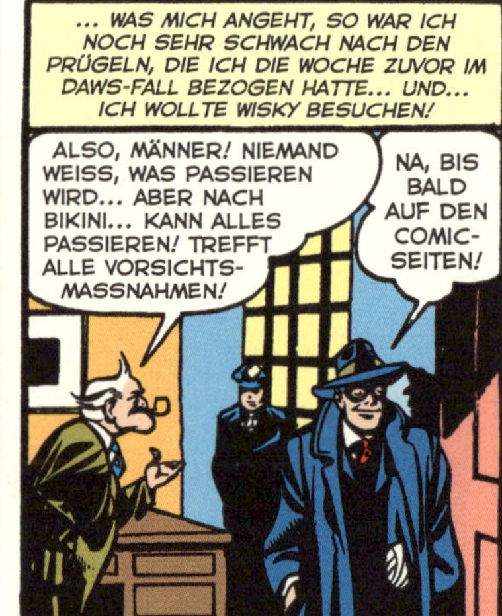

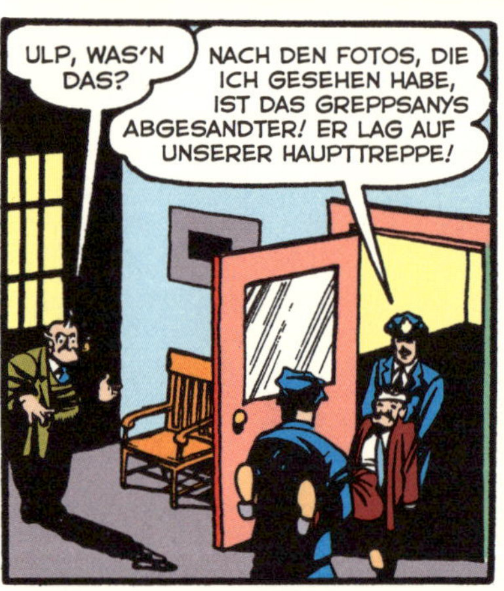

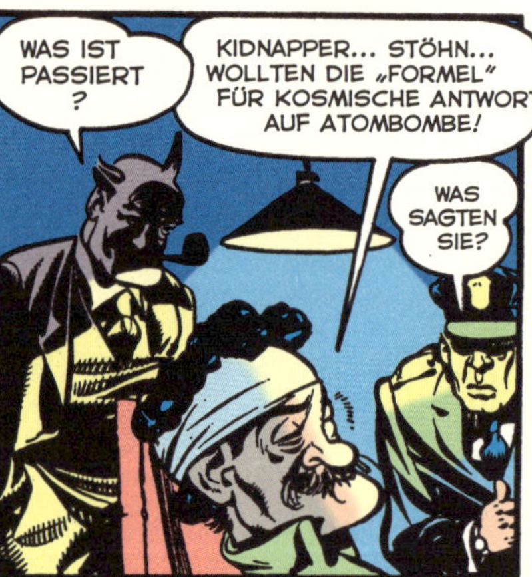

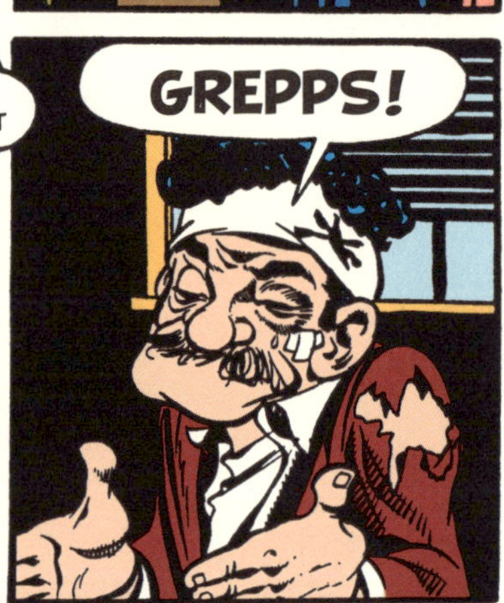

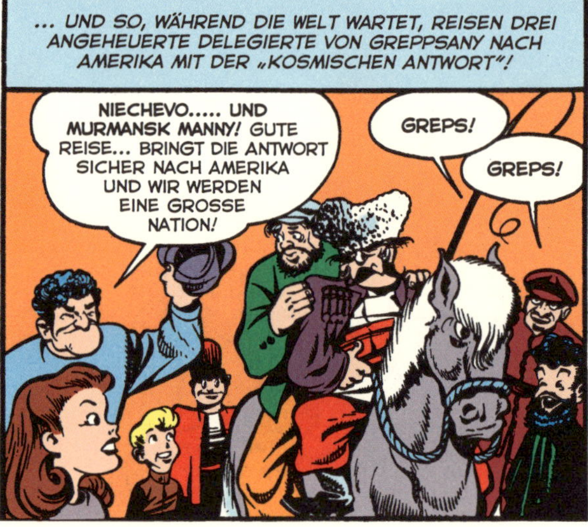

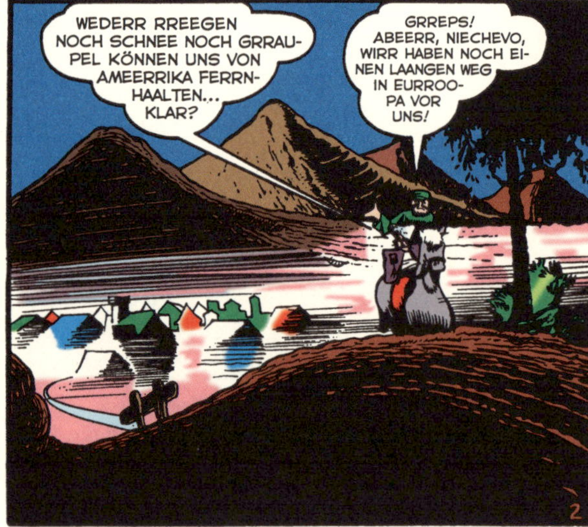

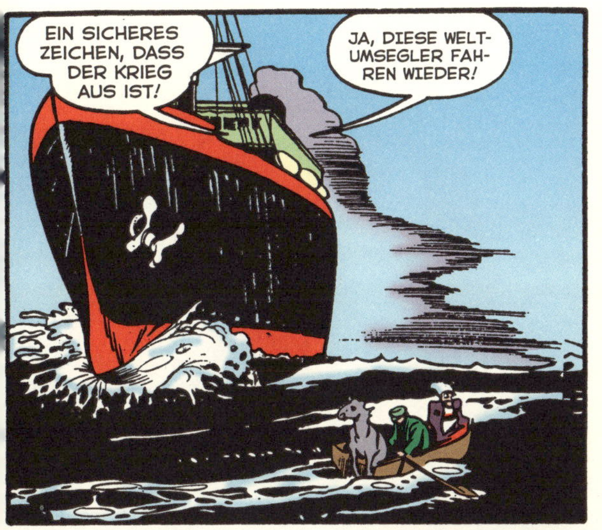
EIN SICHERES ZEICHEN, DASS DER KRIEG AUS IST!
JA, DIESE WELT-UMSEGLER FAHREN WIEDER!

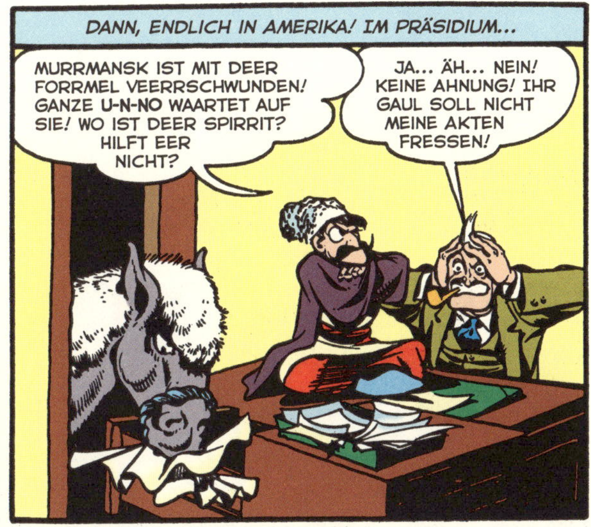
DANN, ENDLICH IN AMERIKA! IM PRÄSIDIUM...
MURRMANSK IST MIT DEER FORRMEL VEERRSCHWUNDEN! GANZE U-N-NO WAARTET AUF SIE! WO IST DEER SPIRRIT? HILFT EER NICHT?
JA... ÄH... NEIN! KEINE AHNUNG! IHR GAUL SOLL NICHT MEINE AKTEN FRESSEN!

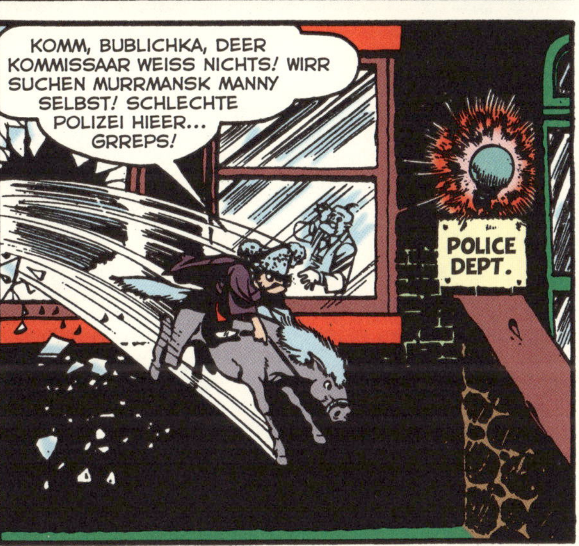
KOMM, BUBLICHKA, DEER KOMMISSAAR WEISS NICHTS! WIRR SUCHEN MURRMANSK MANNY SELBST! SCHLECHTE POLIZEI HIEER... GRREPS!
POLICE DEPT.

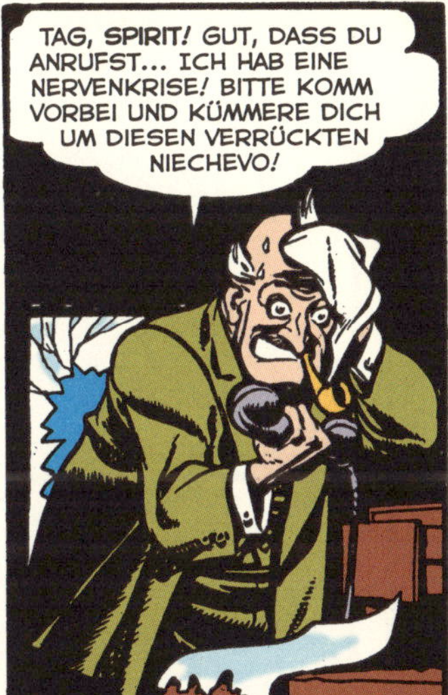
TAG, SPIRIT! GUT, DASS DU ANRUFST... ICH HAB EINE NERVENKRISE! BITTE KOMM VORBEI UND KÜMMERE DICH UM DIESEN VERRÜCKTEN NIECHEVO!

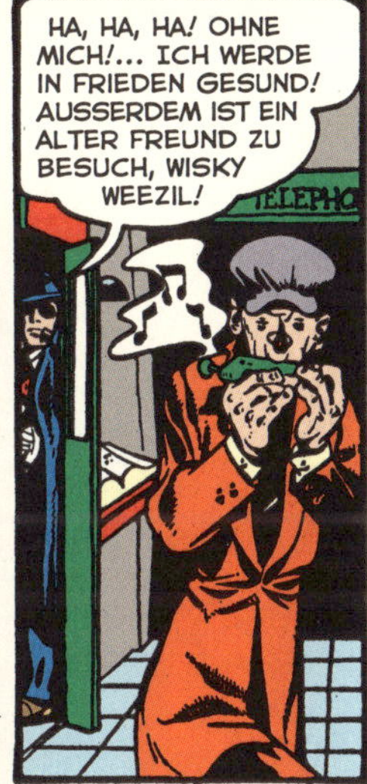
HA, HA, HA! OHNE MICH!... ICH WERDE IN FRIEDEN GESUND! AUSSERDEM IST EIN ALTER FREUND ZU BESUCH, WISKY WEEZIL!

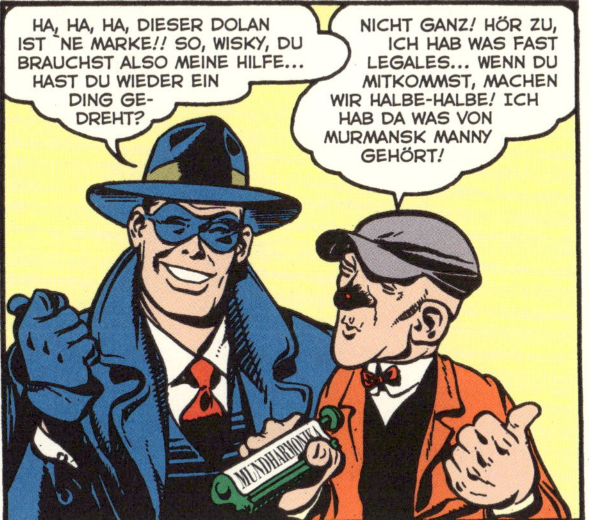
HA, HA, HA, DIESER DOLAN IST 'NE MARKE!! SO, WISKY, DU BRAUCHST ALSO MEINE HILFE... HAST DU WIEDER EIN DING GEDREHT?
NICHT GANZ! HÖR ZU, ICH HAB WAS FAST LEGALES... WENN DU MITKOMMST, MACHEN WIR HALBE-HALBE! ICH HAB DA WAS VON MURMANSK MANNY GEHÖRT!
MUNDHARMONIKA

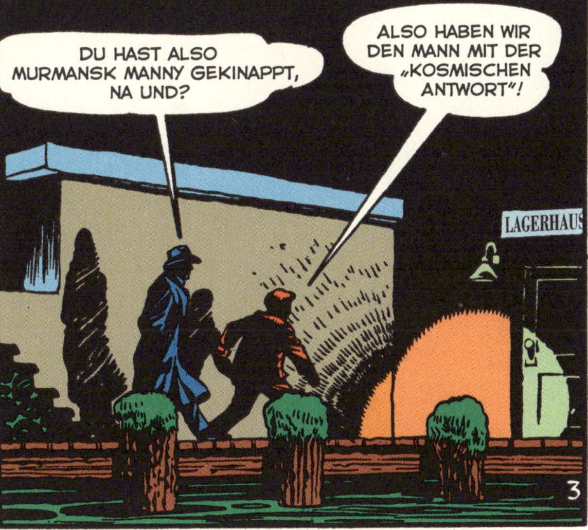
DU HAST ALSO MURMANSK MANNY GEKINAPPT, NA UND?
ALSO HABEN WIR DEN MANN MIT DER „KOSMISCHEN ANTWORT"!
LAGERHAUS
3

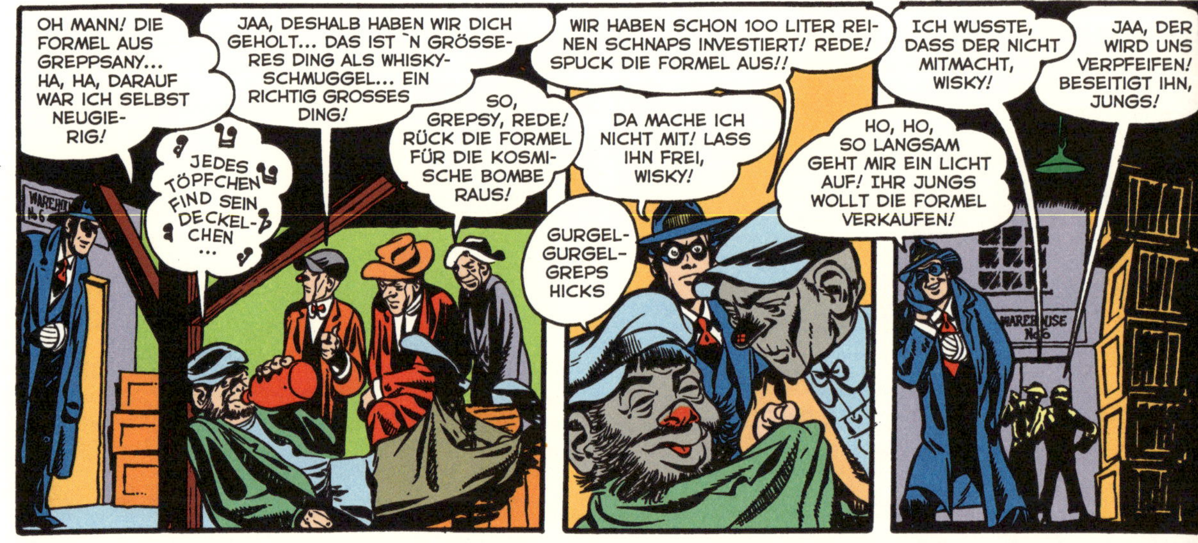
OH MANN! DIE FORMEL AUS GREPPSANY... HA, HA, DARAUF WAR ICH SELBST NEUGIE-RIG!
JEDES TÖPFCHEN FIND SEIN DECKEL-CHEN ...
JAA, DESHALB HABEN WIR DICH GEHOLT... DAS IST 'N GRÖSSE-RES DING ALS WHISKY-SCHMUGGEL... EIN RICHTIG GROSSES DING!
SO, GREPSY, REDE! RÜCK DIE FORMEL FÜR DIE KOSMI-SCHE BOMBE RAUS!
WIR HABEN SCHON 100 LITER REI-NEN SCHNAPS INVESTIERT! REDE! SPUCK DIE FORMEL AUS!!
DA MACHE ICH NICHT MIT! LASS IHN FREI, WISKY!
GURGEL-GURGEL-GREPS HICKS
HO, HO, SO LANGSAM GEHT MIR EIN LICHT AUF! IHR JUNGS WOLLT DIE FORMEL VERKAUFEN!
ICH WUSSTE, DASS DER NICHT MITMACHT, WISKY!
JAA, DER WIRD UNS VERPFEIFEN! BESEITIGT IHN, JUNGS!
WAREHOUSE No 6

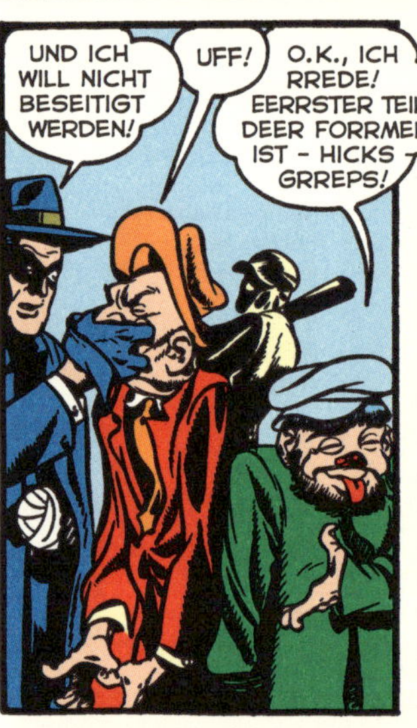
UND ICH WILL NICHT BESEITIGT WERDEN!
UFF!
O.K., ICH RREDE! EERRSTER TEIL DEER FORRMEL IST - HICKS GRREPS!

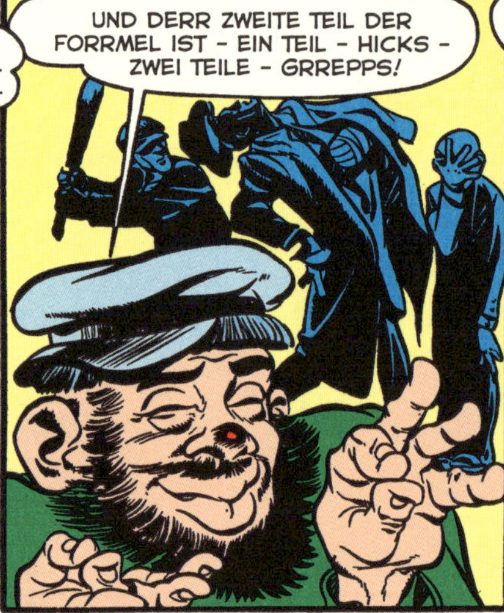
UND DERR ZWEITE TEIL DER FORRMEL IST - EIN TEIL - HICKS - ZWEI TEILE - GRREPPS!

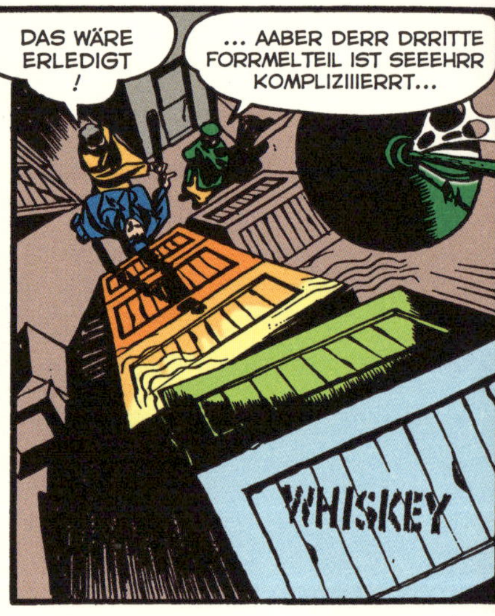
DAS WÄRE ERLEDIGT !
... AABER DERR DRRITTE FORRMELTEIL IST SEEEHRR KOMPLIZIIIERRT...
WHISKEY

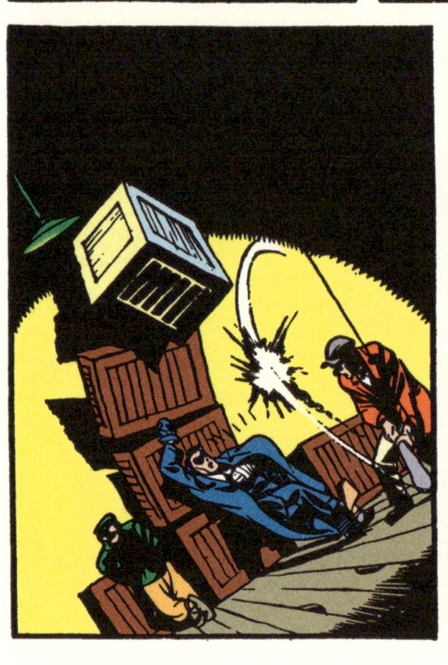

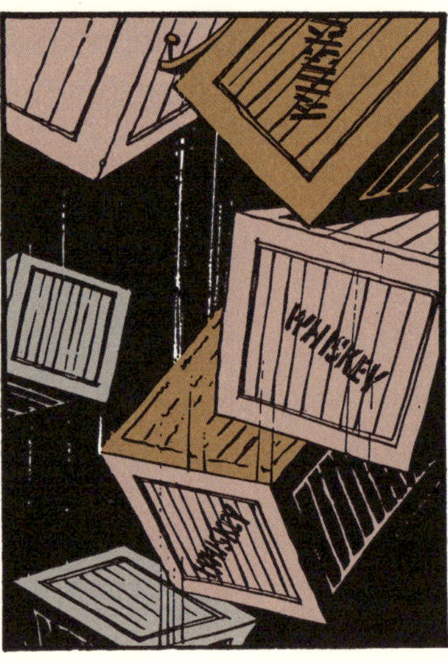
WHISKEY

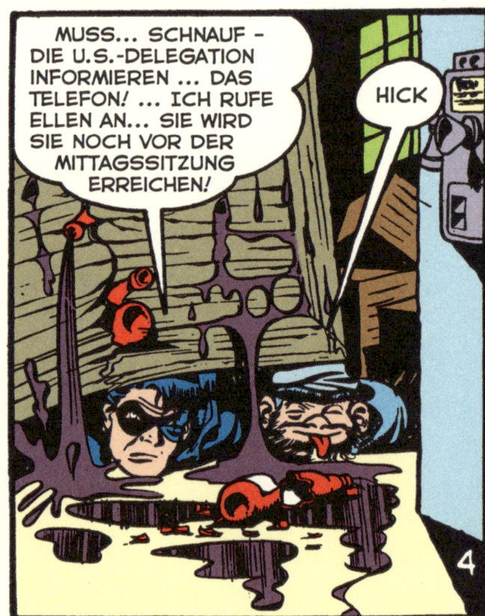
MUSS... SCHNAUF - DIE U.S.-DELEGATION INFORMIEREN ... DAS TELEFON! ... ICH RUFE ELLEN AN... SIE WIRD SIE NOCH VOR DER MITTAGSSITZUNG ERREICHEN!
HICK
4

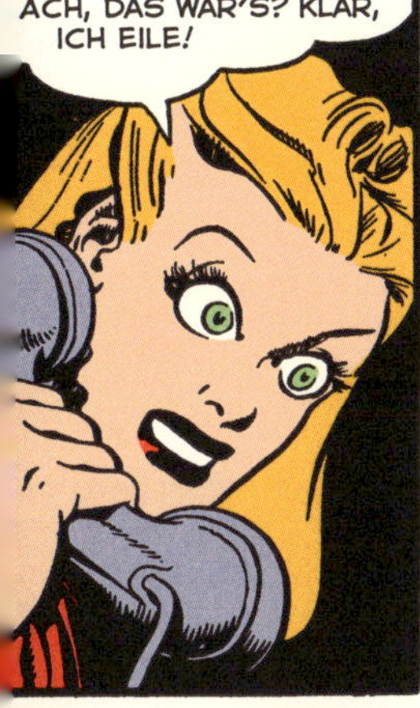
SPIRIT, DARLING, HALLO! NATÜRLICH GEHE ICH ZUM U.N.-SICHERHEITS-RAT UND SAG'S DENEN... ACH, DAS WAR'S? KLAR, ICH EILE!

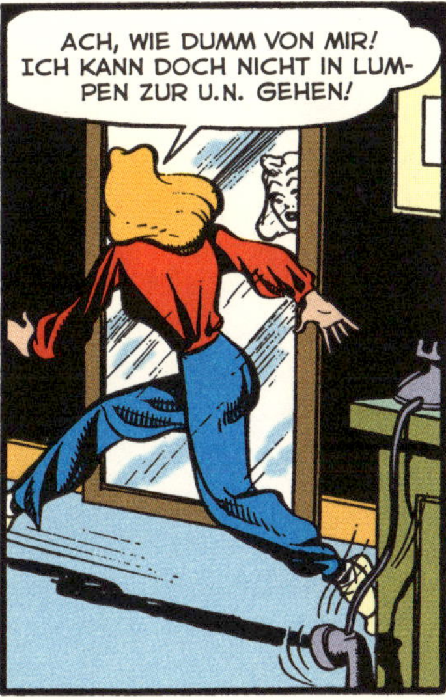
ACH, WIE DUMM VON MIR! ICH KANN DOCH NICHT IN LUMPEN ZUR U.N. GEHEN!

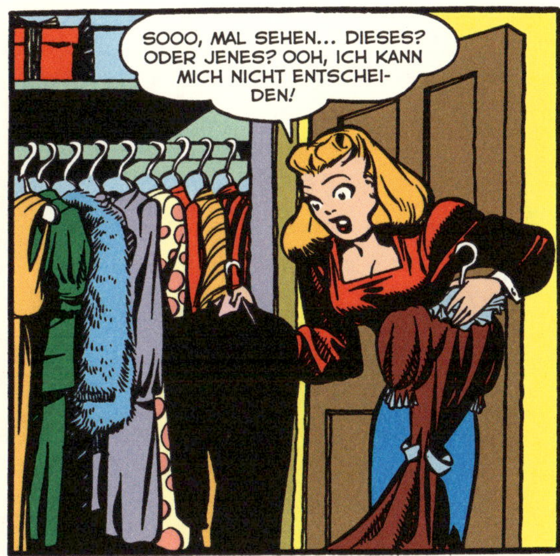
SOOO, MAL SEHEN... DIESES? ODER JENES? OOH, ICH KANN MICH NICHT ENTSCHEIDEN!

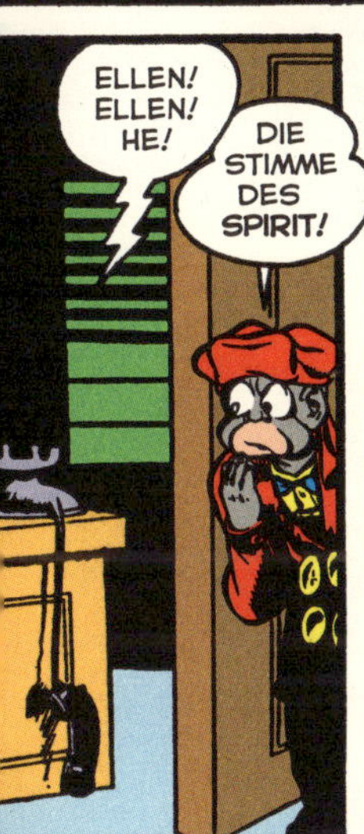
ELLEN! ELLEN! HE!
DIE STIMME DES SPIRIT!

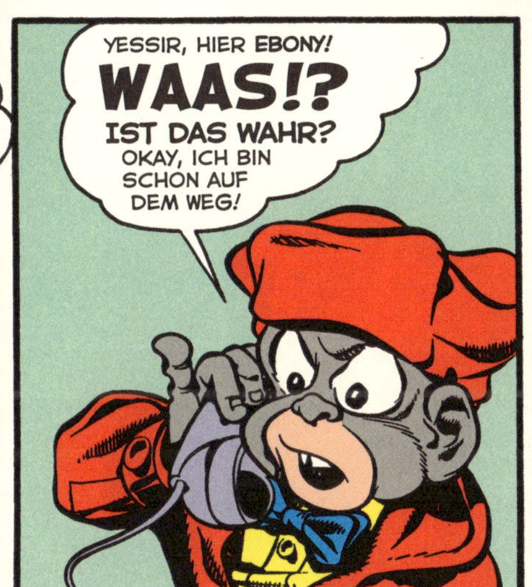
YESSIR, HIER EBONY! WAAS!? IST DAS WAHR? OKAY, ICH BIN SCHON AUF DEM WEG!

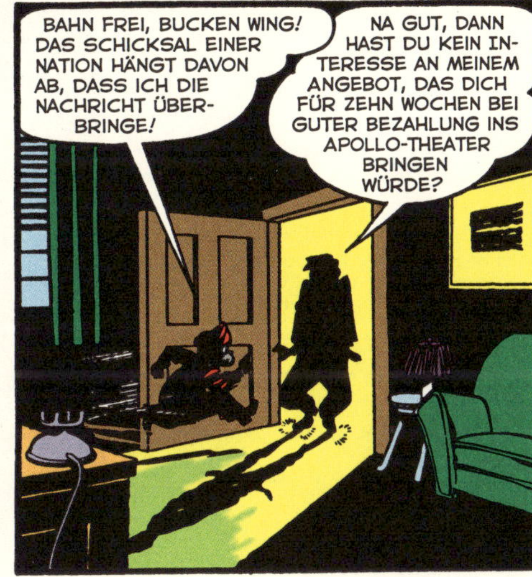
BAHN FREI, BUCKEN WING! DAS SCHICKSAL EINER NATION HÄNGT DAVON AB, DASS ICH DIE NACHRICHT ÜBERBRINGE!
NA GUT, DANN HAST DU KEIN INTERESSE AN MEINEM ANGEBOT, DAS DICH FÜR ZEHN WOCHEN BEI GUTER BEZAHLUNG INS APOLLO-THEATER BRINGEN WÜRDE?

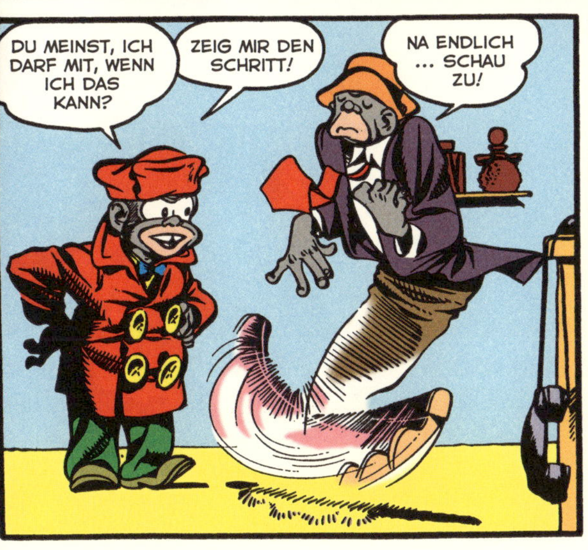
DU MEINST, ICH DARF MIT, WENN ICH DAS KANN?
ZEIG MIR DEN SCHRITT!
NA ENDLICH ... SCHAU ZU!

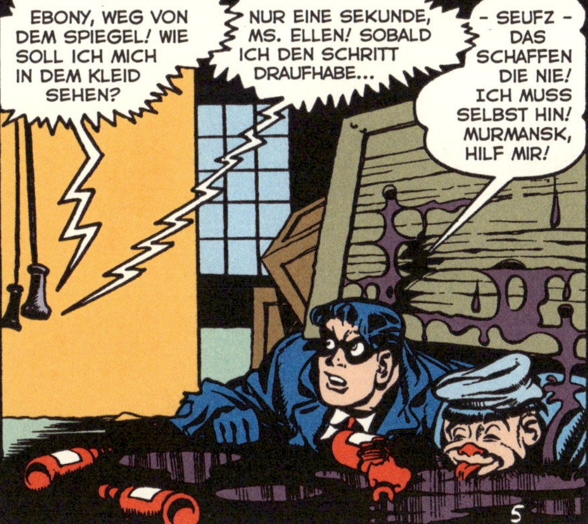
EBONY, WEG VON DEM SPIEGEL! WIE SOLL ICH MICH IN DEM KLEID SEHEN?
NUR EINE SEKUNDE, MS. ELLEN! SOBALD ICH DEN SCHRITT DRAUFHABE...
- SEUFZ - DAS SCHAFFEN DIE NIE! ICH MUSS SELBST HIN! MURMANSK, HILF MIR!
5

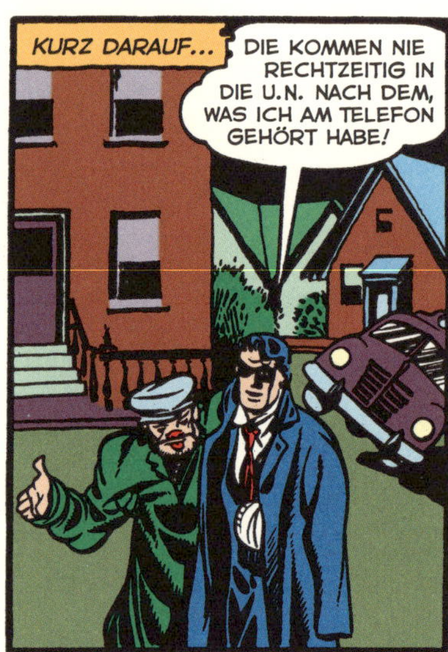
KURZ DARAUF...
DIE KOMMEN NIE RECHTZEITIG IN DIE U.N. NACH DEM, WAS ICH AM TELEFON GEHÖRT HABE!

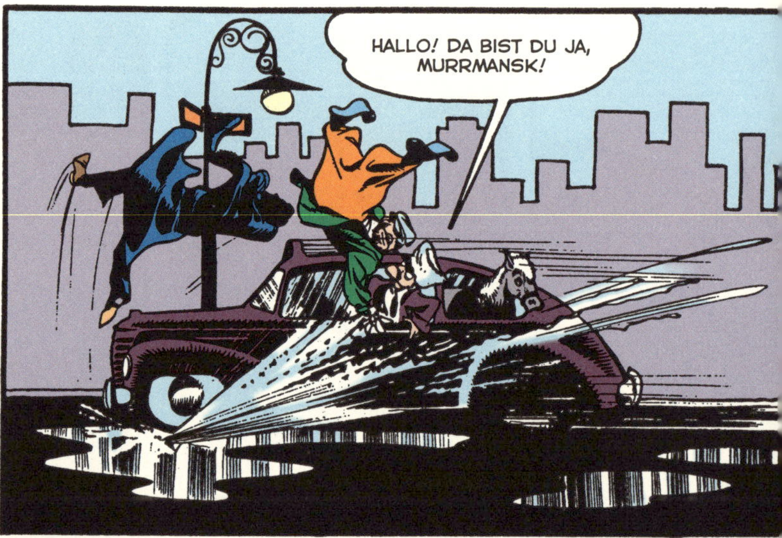
HALLO! DA BIST DU JA, MURRMANSK!

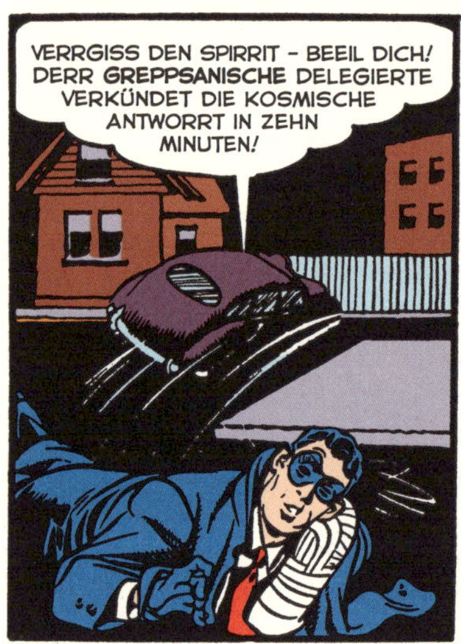
VERRGISS DEN SPIRRIT – BEEIL DICH! DERR GREPPSANISCHE DELEGIERTE VERKÜNDET DIE KOSMISCHE ANTWORRT IN ZEHN MINUTEN!

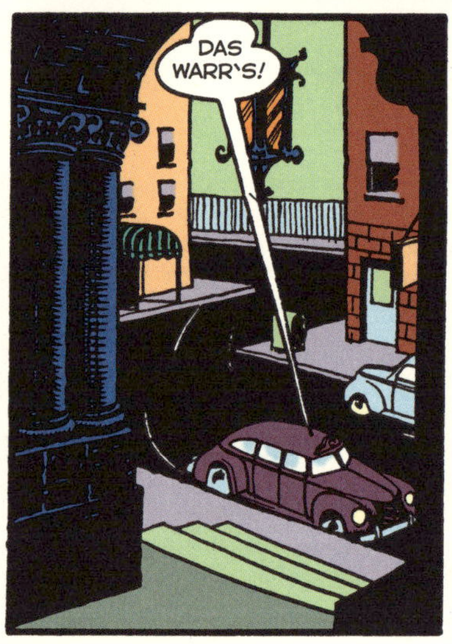
DAS WARR'S!

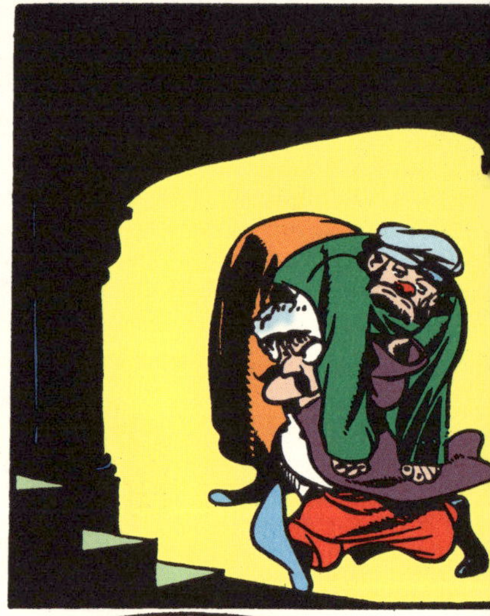

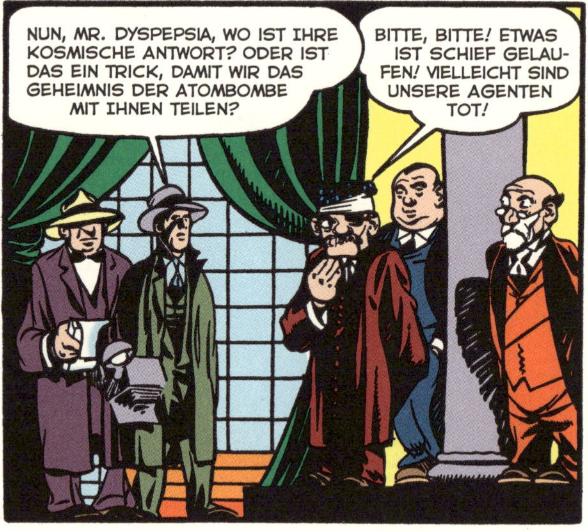
NUN, MR. DYSPEPSIA, WO IST IHRE KOSMISCHE ANTWORT? ODER IST DAS EIN TRICK, DAMIT WIR DAS GEHEIMNIS DER ATOMBOMBE MIT IHNEN TEILEN?
BITTE, BITTE! ETWAS IST SCHIEF GELAUFEN! VIELLEICHT SIND UNSERE AGENTEN TOT!

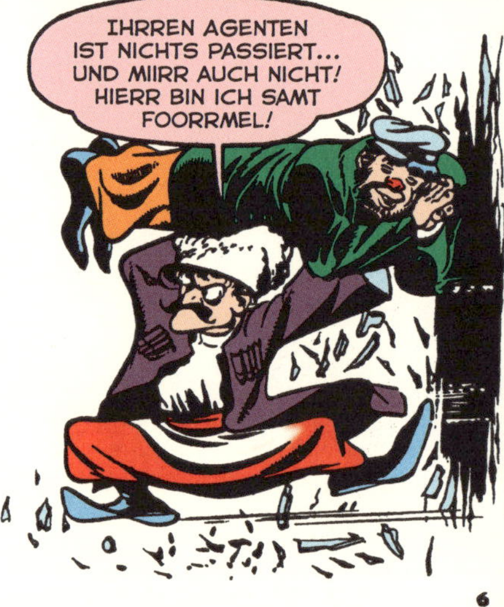
IHRREN AGENTEN IST NICHTS PASSIERT... UND MIIRR AUCH NICHT! HIERR BIN ICH SAMT FOORRMEL!

6

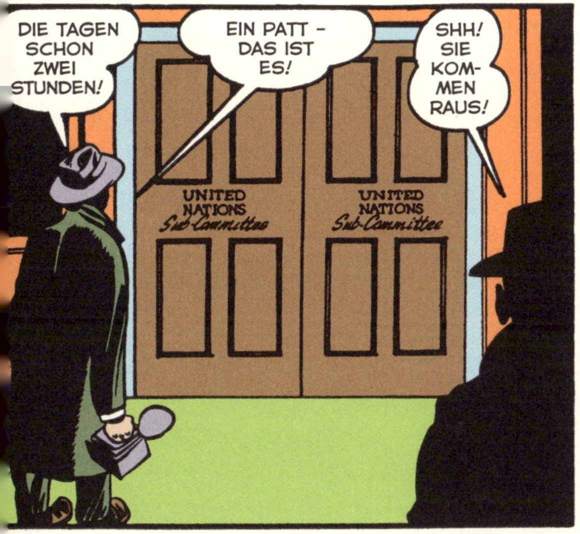
DIE TAGEN SCHON ZWEI STUNDEN!
EIN PATT – DAS IST ES!
SHH! SIE KOMMEN RAUS!
UNITED NATIONS Sub-Committee
UNITED NATIONS Sub-Committee

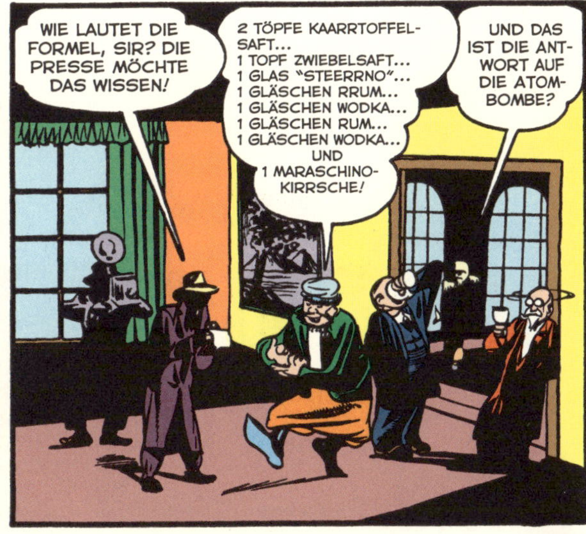
WIE LAUTET DIE FORMEL, SIR? DIE PRESSE MÖCHTE DAS WISSEN!
2 TÖPFE KAARRTOFFELSAFT...
1 TOPF ZWIEBELSAFT...
1 GLAS "STEERRNO"...
1 GLÄSCHEN RRUM...
1 GLÄSCHEN WODKA...
1 GLÄSCHEN RUM...
1 GLÄSCHEN WODKA...
UND
1 MARASCHINOKIRRSCHE!
UND DAS IST DIE ANTWORT AUF DIE ATOMBOMBE?

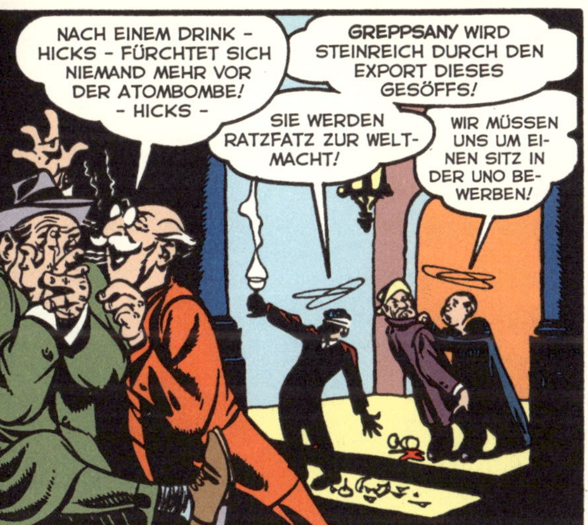
NACH EINEM DRINK – HICKS – FÜRCHTET SICH NIEMAND MEHR VOR DER ATOMBOMBE! - HICKS -
GREPPSANY WIRD STEINREICH DURCH DEN EXPORT DIESES GESÖFFS!
SIE WERDEN RATZFATZ ZUR WELTMACHT!
WIR MÜSSEN UNS UM EINEN SITZ IN DER UNO BEWERBEN!

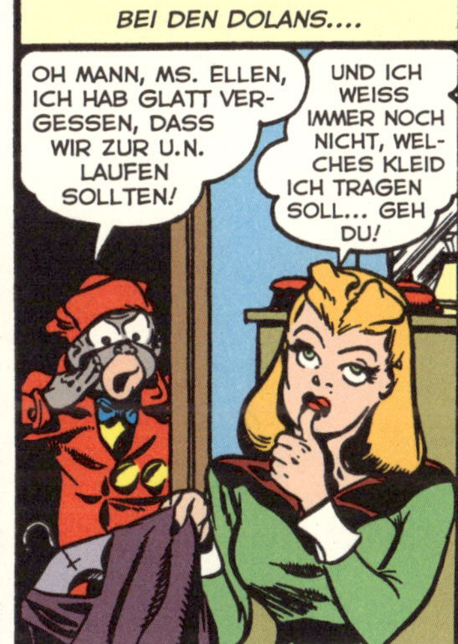
BEI DEN DOLANS....
OH MANN, MS. ELLEN, ICH HAB GLATT VERGESSEN, DASS WIR ZUR U.N. LAUFEN SOLLTEN!
UND ICH WEISS IMMER NOCH NICHT, WELCHES KLEID ICH TRAGEN SOLL... GEH DU!

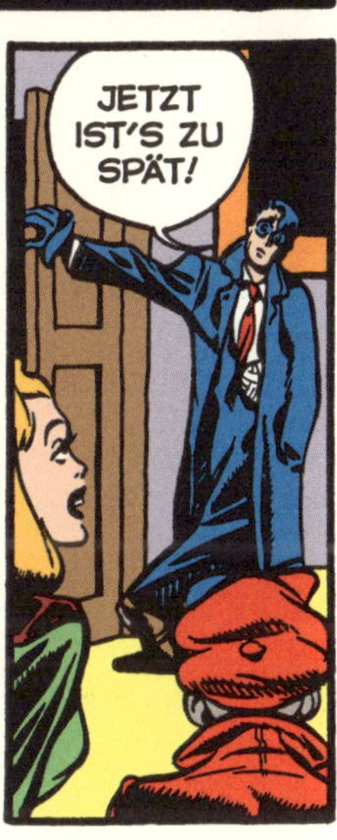
JETZT IST'S ZU SPÄT!

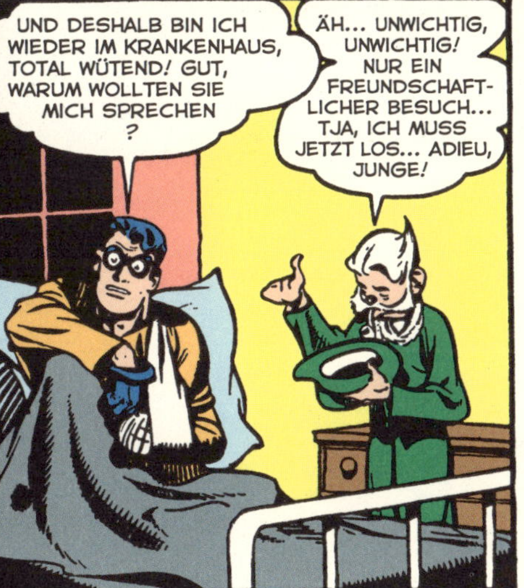
UND DESHALB BIN ICH WIEDER IM KRANKENHAUS, TOTAL WÜTEND! GUT, WARUM WOLLTEN SIE MICH SPRECHEN ?
ÄH... UNWICHTIG, UNWICHTIG! NUR EIN FREUNDSCHAFTLICHER BESUCH... TJA, ICH MUSS JETZT LOS... ADIEU, JUNGE!

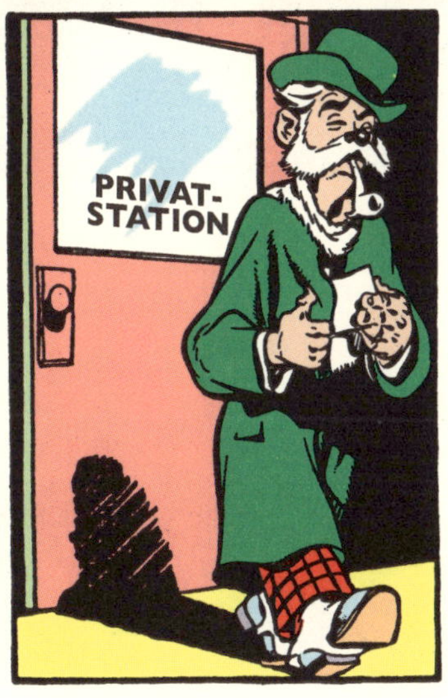
PRIVATSTATION

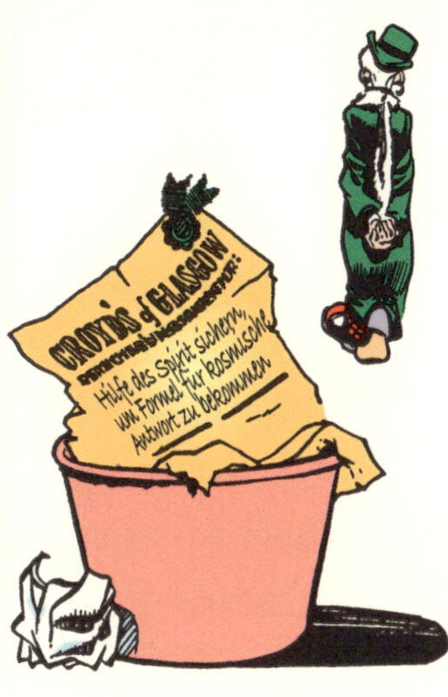
CROYD'S of GLASGOW
Hilfe des Spirit sichern, um Formel für Kosmische Antwort zu bekommen

MAD MOES

9. Februar 1947

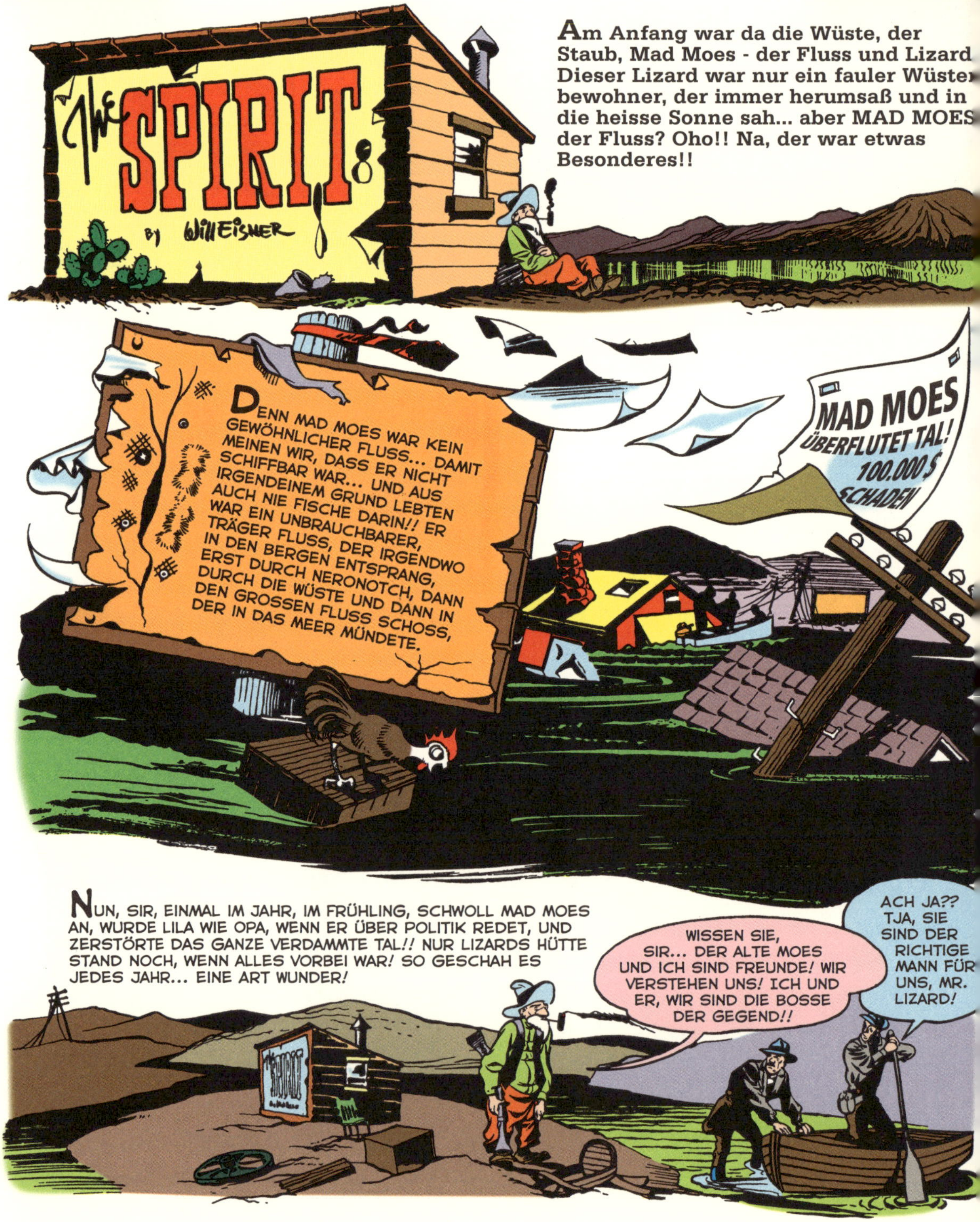

ACTION Mystery ADVENTURE

Am Anfang war da die Wüste, der Staub, Mad Moes - der Fluss und Lizard. Dieser Lizard war nur ein fauler Wüstenbewohner, der immer herumsaß und in die heisse Sonne sah... aber MAD MOES, der Fluss? Oho!! Na, der war etwas Besonderes!!

THE SPIRIT BY WILL EISNER

DENN MAD MOES WAR KEIN GEWÖHNLICHER FLUSS... DAMIT MEINEN WIR, DASS ER NICHT SCHIFFBAR WAR... UND AUS IRGENDEINEM GRUND LEBTEN AUCH NIE FISCHE DARIN!! ER WAR EIN UNBRAUCHBARER, TRÄGER FLUSS, DER IRGENDWO IN DEN BERGEN ENTSPRANG, ERST DURCH NERONOTCH, DANN DURCH DIE WÜSTE UND DANN IN DEN GROSSEN FLUSS SCHOSS, DER IN DAS MEER MÜNDETE.

MAD MOES ÜBERFLUTET TAL! 100.000 $ SCHADEN

NUN, SIR, EINMAL IM JAHR, IM FRÜHLING, SCHWOLL MAD MOES AN, WURDE LILA WIE OPA, WENN ER ÜBER POLITIK REDET, UND ZERSTÖRTE DAS GANZE VERDAMMTE TAL!! NUR LIZARDS HÜTTE STAND NOCH, WENN ALLES VORBEI WAR! SO GESCHAH ES JEDES JAHR... EINE ART WUNDER!

WISSEN SIE, SIR... DER ALTE MOES UND ICH SIND FREUNDE! WIR VERSTEHEN UNS! ICH UND ER, WIR SIND DIE BOSSE DER GEGEND!!

ACH JA?? TJA, SIE SIND DER RICHTIGE MANN FÜR UNS, MR. LIZARD!

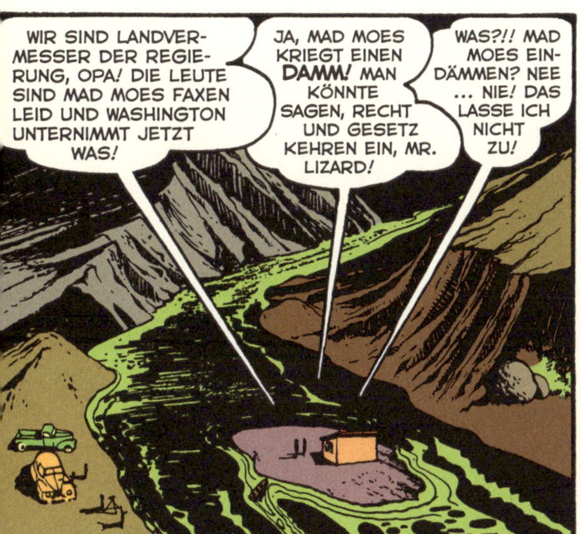
WIR SIND LANDVERMESSER DER REGIERUNG, OPA! DIE LEUTE SIND MAD MOES FAXEN LEID UND WASHINGTON UNTERNIMMT JETZT WAS!
JA, MAD MOES KRIEGT EINEN DAMM! MAN KÖNNTE SAGEN, RECHT UND GESETZ KEHREN EIN, MR. LIZARD!
WAS?!! MAD MOES EINDÄMMEN? NEE ... NIE! DAS LASSE ICH NICHT ZU!

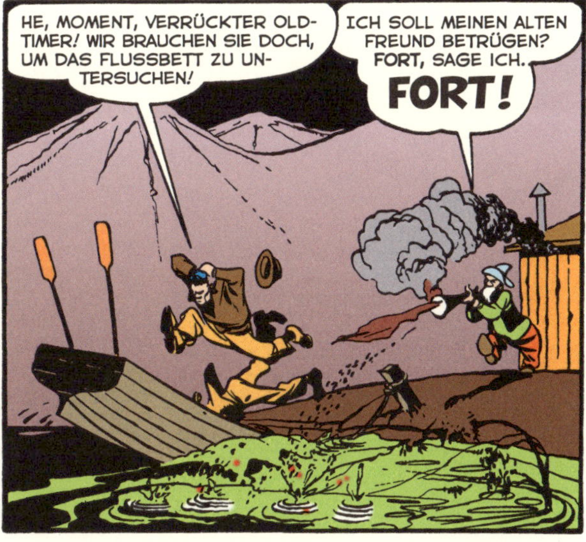
HE, MOMENT, VERRÜCKTER OLDTIMER! WIR BRAUCHEN SIE DOCH, UM DAS FLUSSBETT ZU UNTERSUCHEN!
ICH SOLL MEINEN ALTEN FREUND BETRÜGEN? FORT, SAGE ICH. FORT!

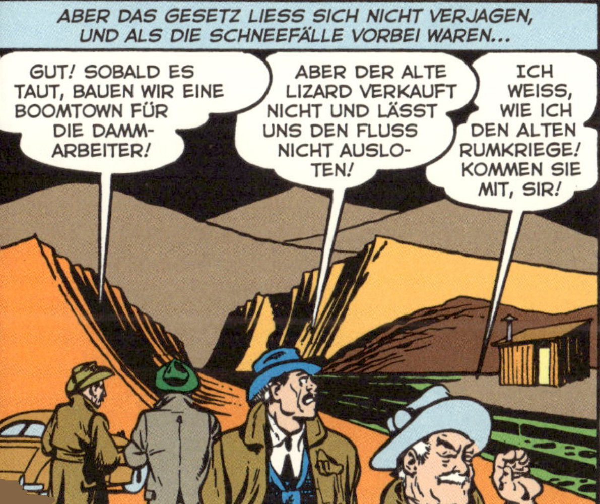
ABER DAS GESETZ LIESS SICH NICHT VERJAGEN, UND ALS DIE SCHNEEFÄLLE VORBEI WAREN...
GUT! SOBALD ES TAUT, BAUEN WIR EINE BOOMTOWN FÜR DIE DAMMARBEITER!
ABER DER ALTE LIZARD VERKAUFT NICHT UND LÄSST UNS DEN FLUSS NICHT AUSLOTEN!
ICH WEISS, WIE ICH DEN ALTEN RUMKRIEGE! KOMMEN SIE MIT, SIR!

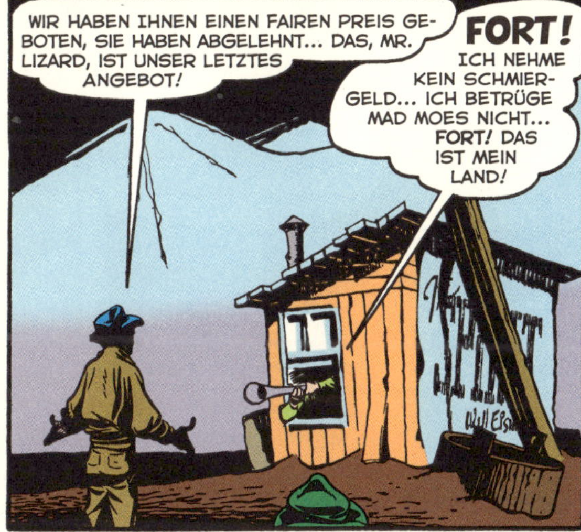
WIR HABEN IHNEN EINEN FAIREN PREIS GEBOTEN, SIE HABEN ABGELEHNT... DAS, MR. LIZARD, IST UNSER LETZTES ANGEBOT!
FORT! ICH NEHME KEIN SCHMIERGELD... ICH BETRÜGE MAD MOES NICHT... FORT! DAS IST MEIN LAND!

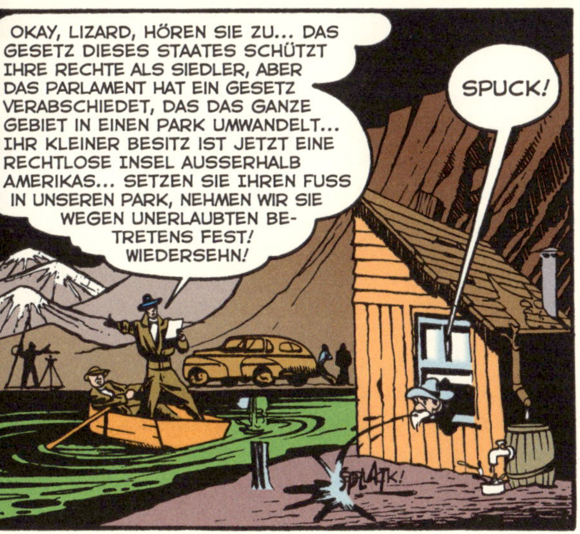
OKAY, LIZARD, HÖREN SIE ZU... DAS GESETZ DIESES STAATES SCHÜTZT IHRE RECHTE ALS SIEDLER, ABER DAS PARLAMENT HAT EIN GESETZ VERABSCHIEDET, DAS DAS GANZE GEBIET IN EINEN PARK UMWANDELT... IHR KLEINER BESITZ IST JETZT EINE RECHTLOSE INSEL AUSSERHALB AMERIKAS... SETZEN SIE IHREN FUSS IN UNSEREN PARK, NEHMEN WIR SIE WEGEN UNERLAUBTEN BETRETENS FEST! WIEDERSEHN!
SPUCK!

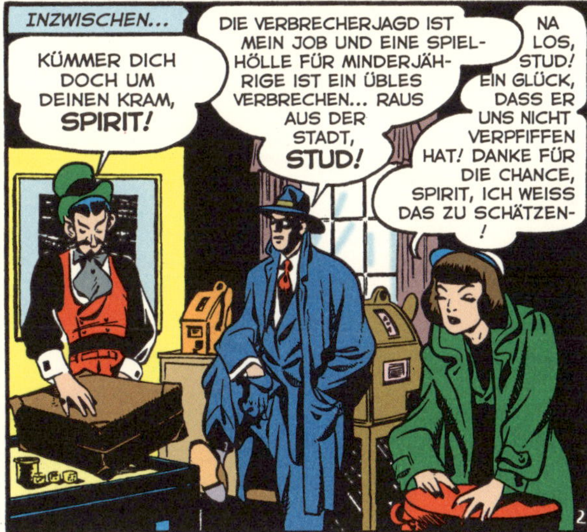
INZWISCHEN...
KÜMMER DICH DOCH UM DEINEN KRAM, SPIRIT!
DIE VERBRECHERJAGD IST MEIN JOB UND EINE SPIELHÖLLE FÜR MINDERJÄHRIGE IST EIN ÜBLES VERBRECHEN... RAUS AUS DER STADT, STUD!
NA LOS, STUD! EIN GLÜCK, DASS ER UNS NICHT VERPFIFFEN HAT! DANKE FÜR DIE CHANCE, SPIRIT, ICH WEISS DAS ZU SCHÄTZEN-!
2

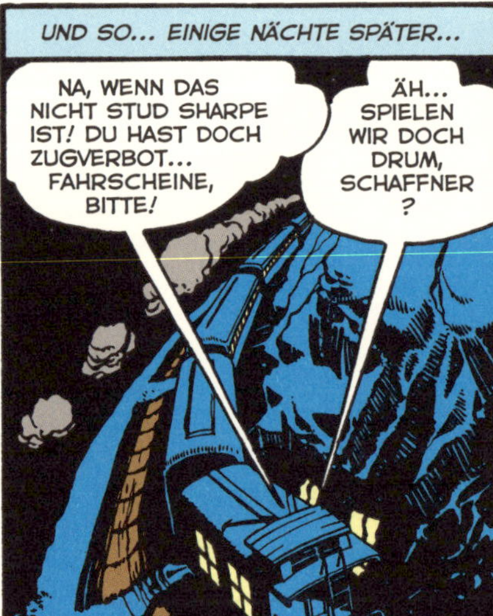
UND SO... EINIGE NÄCHTE SPÄTER...
NA, WENN DAS NICHT STUD SHARPE IST! DU HAST DOCH ZUGVERBOT... FAHRSCHEINE, BITTE!
ÄH... SPIELEN WIR DOCH DRUM, SCHAFFNER?

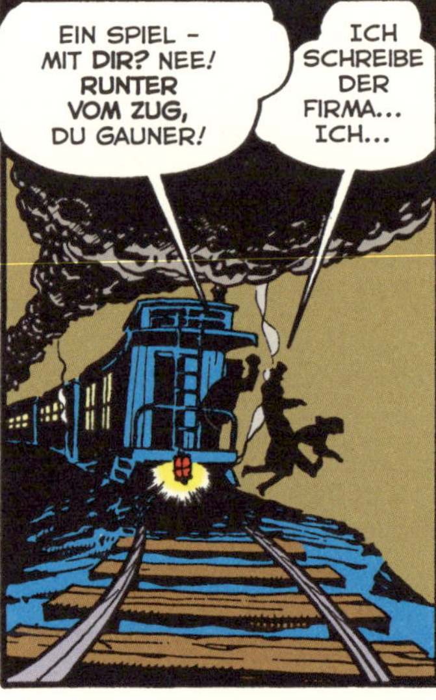
EIN SPIEL – MIT DIR? NEE! RUNTER VOM ZUG, DU GAUNER!
ICH SCHREIBE DER FIRMA... ICH...

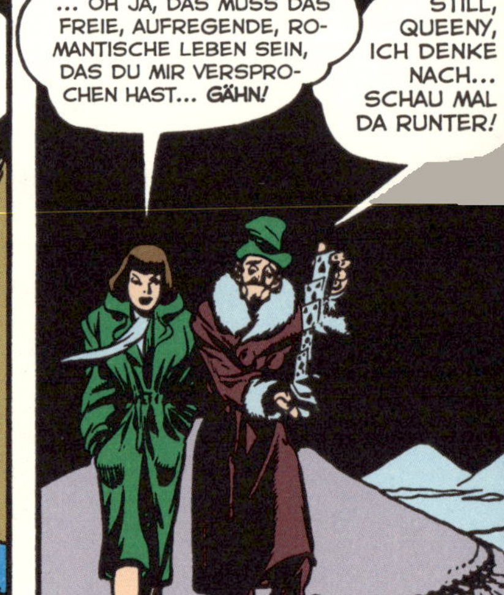
... OH JA, DAS MUSS DAS FREIE, AUFREGENDE, ROMANTISCHE LEBEN SEIN, DAS DU MIR VERSPROCHEN HAST... GÄHN!
STILL, QUEENY, ICH DENKE NACH... SCHAU MAL DA RUNTER!

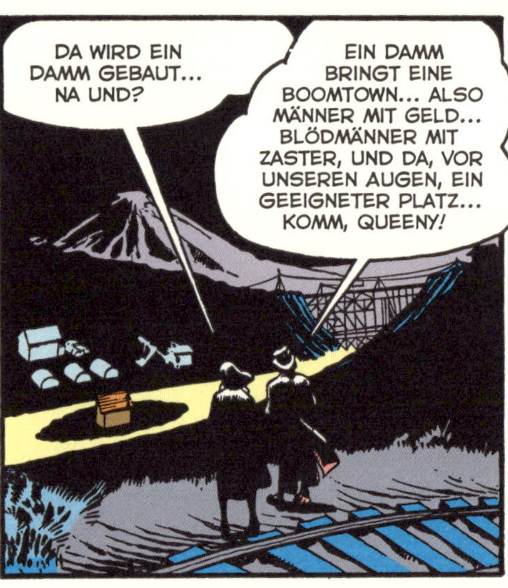
DA WIRD EIN DAMM GEBAUT... NA UND?
EIN DAMM BRINGT EINE BOOMTOWN... ALSO MÄNNER MIT GELD... BLÖDMÄNNER MIT ZASTER, UND DA, VOR UNSEREN AUGEN, EIN GEEIGNETER PLATZ... KOMM, QUEENY!

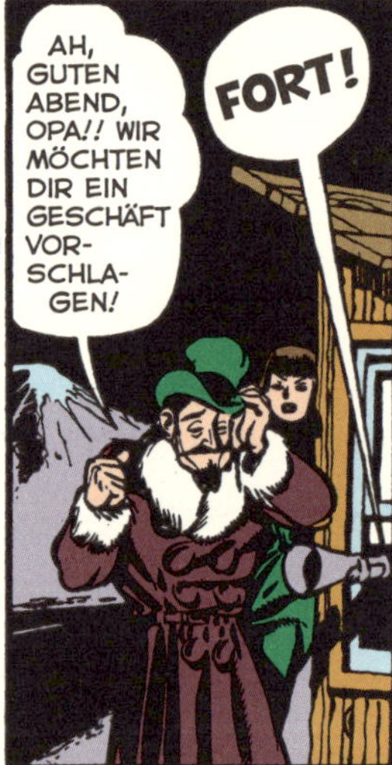
AH, GUTEN ABEND, OPA!! WIR MÖCHTEN DIR EIN GESCHÄFT VORSCHLAGEN!
FORT!

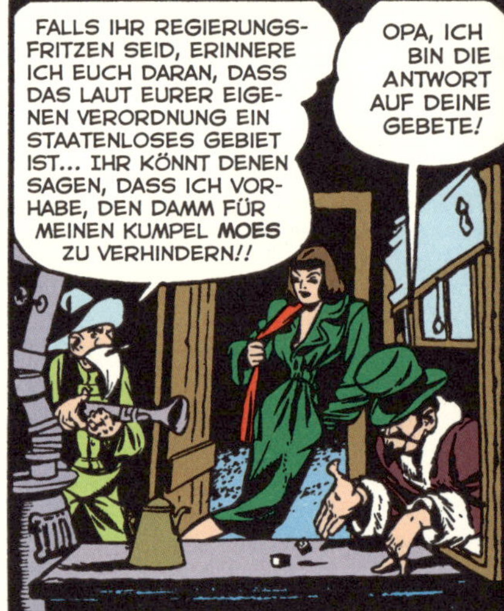
FALLS IHR REGIERUNGSFRITZEN SEID, ERINNERE ICH EUCH DARAN, DASS DAS LAUT EURER EIGENEN VERORDNUNG EIN STAATENLOSES GEBIET IST... IHR KÖNNT DENEN SAGEN, DASS ICH VORHABE, DEN DAMM FÜR MEINEN KUMPEL MOES ZU VERHINDERN!!
OPA, ICH BIN DIE ANTWORT AUF DEINE GEBETE!

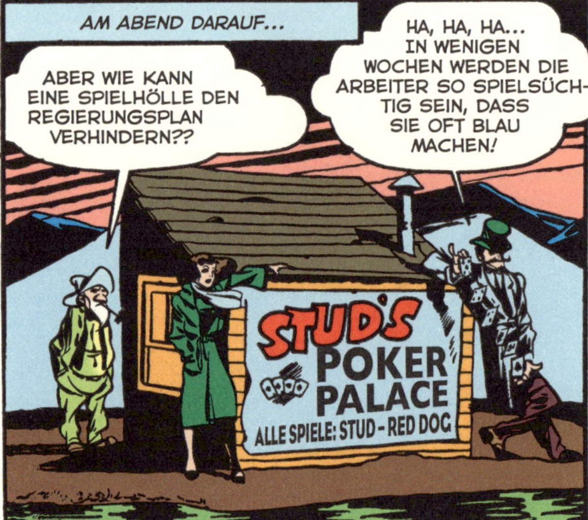
AM ABEND DARAUF...
ABER WIE KANN EINE SPIELHÖLLE DEN REGIERUNGSPLAN VERHINDERN??
HA, HA, HA... IN WENIGEN WOCHEN WERDEN DIE ARBEITER SO SPIELSÜCHTIG SEIN, DASS SIE OFT BLAU MACHEN!
STUD'S POKER PALACE
ALLE SPIELE: STUD - RED DOG

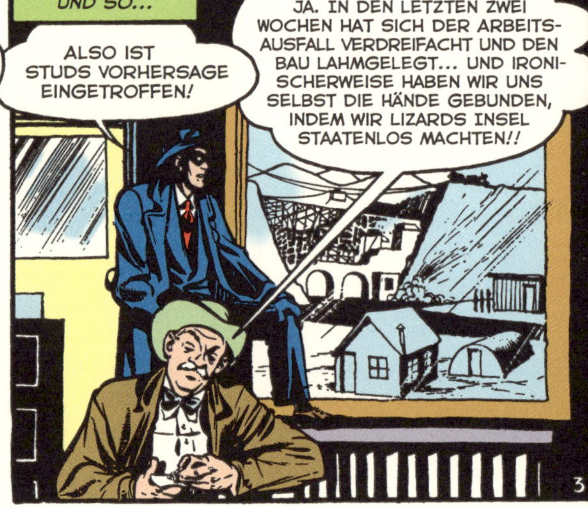
UND SO...
ALSO IST STUDS VORHERSAGE EINGETROFFEN!
JA. IN DEN LETZTEN ZWEI WOCHEN HAT SICH DER ARBEITSAUSFALL VERDREIFACHT UND DEN BAU LAHMGELEGT... UND IRONISCHERWEISE HABEN WIR UNS SELBST DIE HÄNDE GEBUNDEN, INDEM WIR LIZARDS INSEL STAATENLOS MACHTEN!!
3

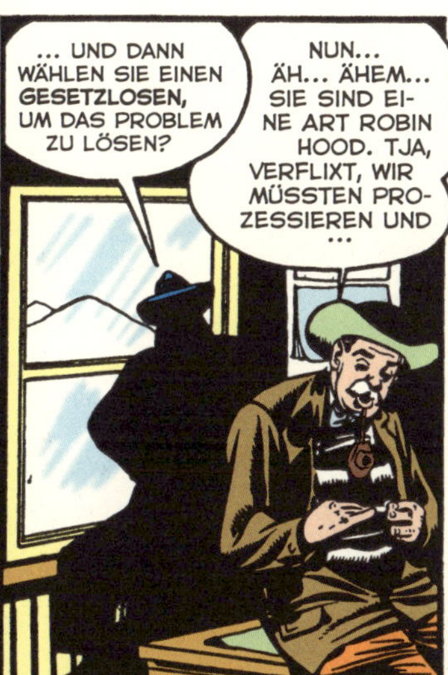
... UND DANN WÄHLEN SIE EINEN **GESETZLOSEN**, UM DAS PROBLEM ZU LÖSEN?
NUN... ÄH... ÄHEM... SIE SIND EINE ART ROBIN HOOD. TJA, VERFLIXT, WIR MÜSSTEN PROZESSIEREN UND ...

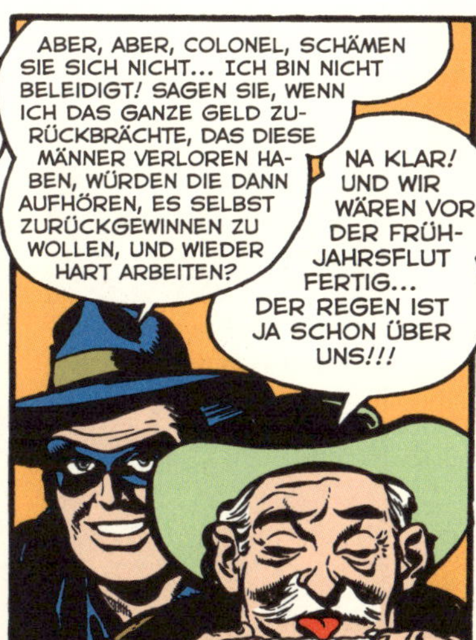
ABER, ABER, COLONEL, SCHÄMEN SIE SICH NICHT... ICH BIN NICHT BELEIDIGT! SAGEN SIE, WENN ICH DAS GANZE GELD ZURÜCKBRÄCHTE, DAS DIESE MÄNNER VERLOREN HABEN, WÜRDEN DIE DANN AUFHÖREN, ES SELBST ZURÜCKGEWINNEN ZU WOLLEN, UND WIEDER HART ARBEITEN?
NA KLAR! UND WIR WÄREN VOR DER FRÜHJAHRSFLUT FERTIG... DER REGEN IST JA SCHON ÜBER UNS!!!

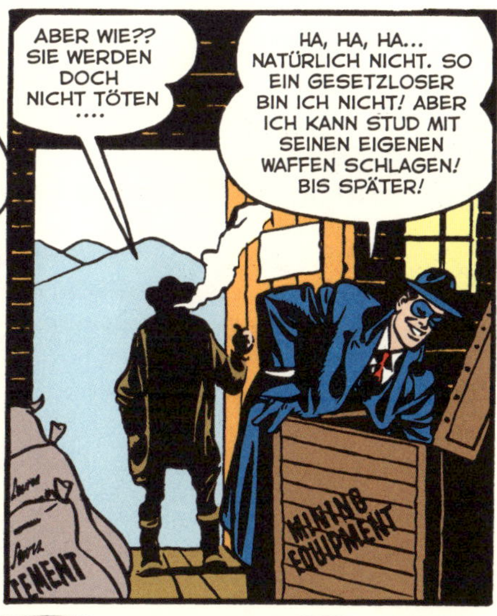
ABER WIE?? SIE WERDEN DOCH NICHT TÖTEN ....
HA, HA, HA... NATÜRLICH NICHT. SO EIN GESETZLOSER BIN ICH NICHT! ABER ICH KANN STUD MIT SEINEN EIGENEN WAFFEN SCHLAGEN! BIS SPÄTER!
CEMENT
MINING EQUIPMENT

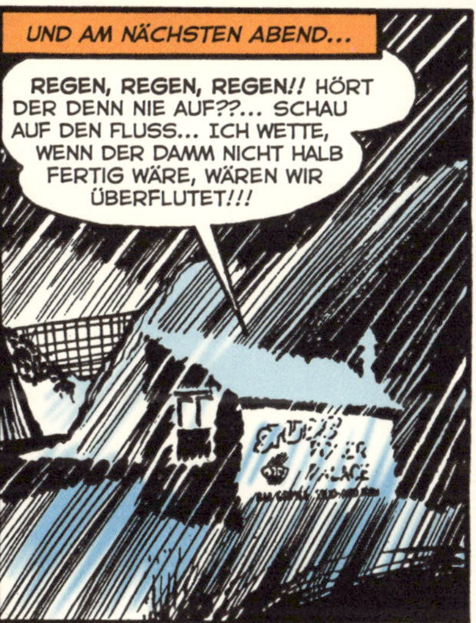
UND AM NÄCHSTEN ABEND...
REGEN, REGEN, REGEN!! HÖRT DER DENN NIE AUF??... SCHAU AUF DEN FLUSS... ICH WETTE, WENN DER DAMM NICHT HALB FERTIG WÄRE, WÄREN WIR ÜBERFLUTET!!!

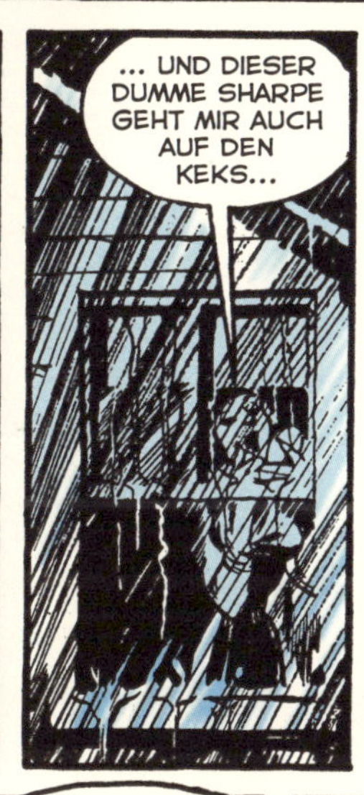
... UND DIESER DUMME SHARPE GEHT MIR AUCH AUF DEN KEKS...

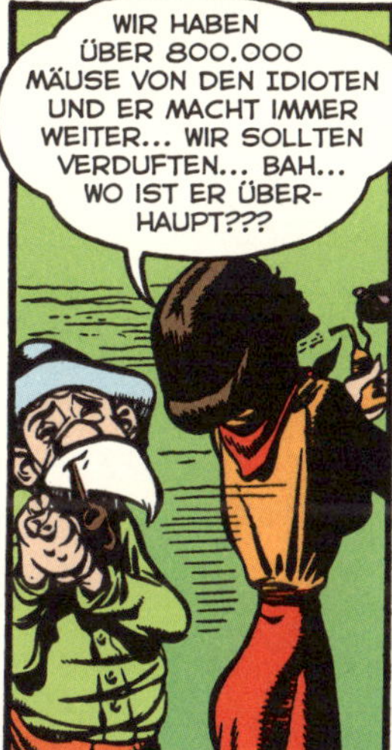
WIR HABEN ÜBER 800.000 MÄUSE VON DEN IDIOTEN UND ER MACHT IMMER WEITER... WIR SOLLTEN VERDUFTEN... BAH... WO IST ER ÜBERHAUPT???

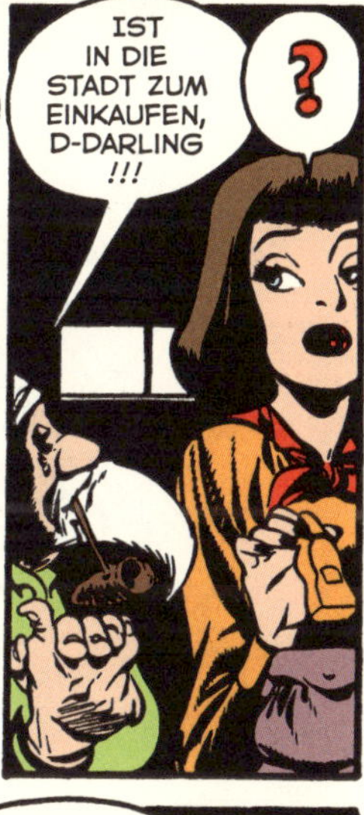
IST IN DIE STADT ZUM EINKAUFEN, D-DARLING !!!
?

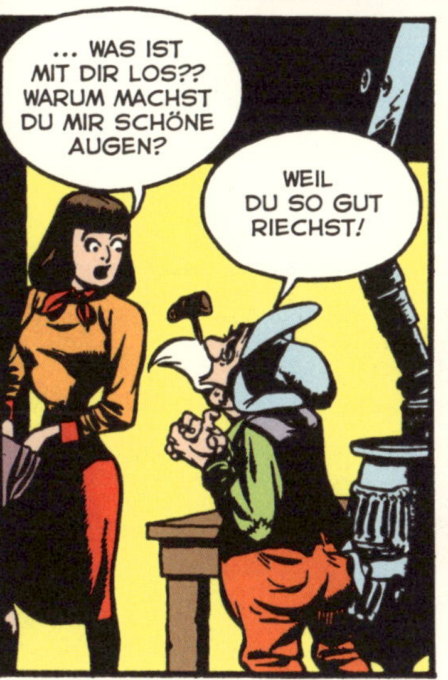
... WAS IST MIT DIR LOS?? WARUM MACHST DU MIR SCHÖNE AUGEN?
WEIL DU SO GUT RIECHST!

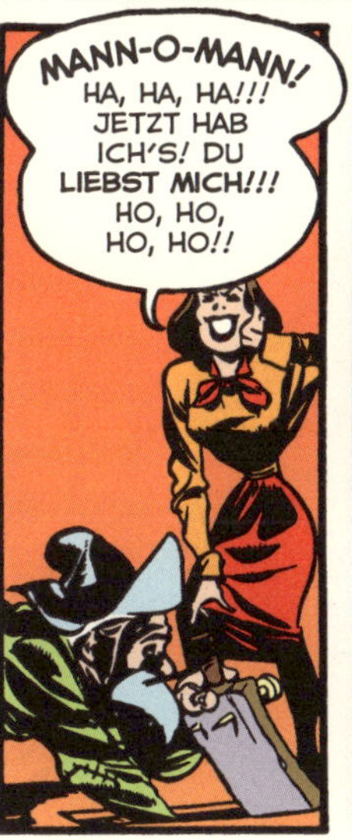
MANN-O-MANN! HA, HA, HA!!! JETZT HAB ICH'S! DU **LIEBST MICH!!!** HO, HO, HO, HO!!

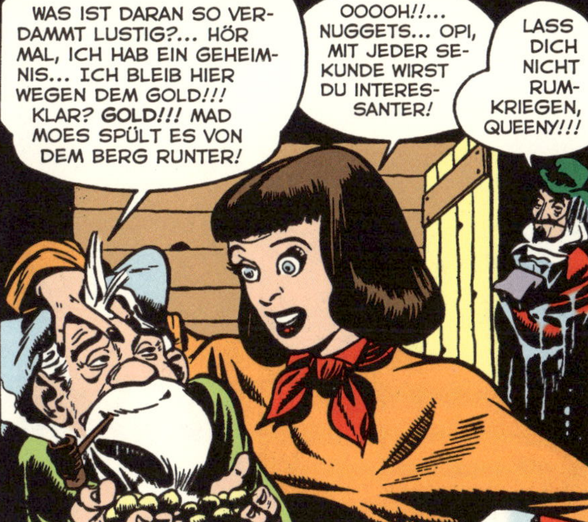
WAS IST DARAN SO VERDAMMT LUSTIG?... HÖR MAL, ICH HAB EIN GEHEIMNIS... ICH BLEIB HIER WEGEN DEM GOLD!!! KLAR? **GOLD!!!** MAD MOES SPÜLT ES VON DEM BERG RUNTER!
OOOOH!!... NUGGETS... OPI, MIT JEDER SEKUNDE WIRST DU INTERESSANTER!
LASS DICH NICHT RUMKRIEGEN, QUEENY!!!

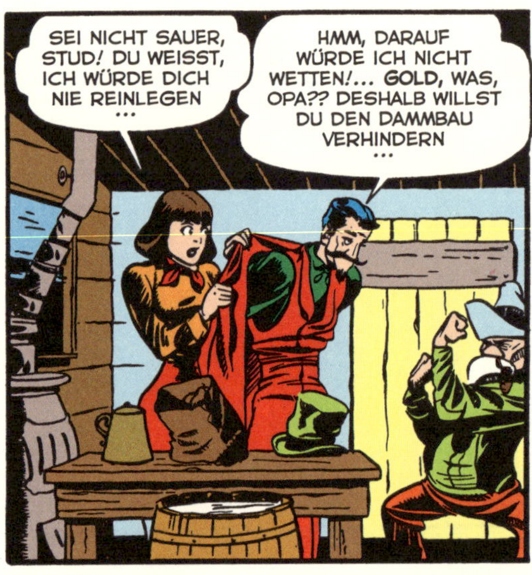
SEI NICHT SAUER, STUD! DU WEISST, ICH WÜRDE DICH NIE REINLEGEN ...
HMM, DARAUF WÜRDE ICH NICHT WETTEN!... **GOLD**, WAS, OPA?? DESHALB WILLST DU DEN DAMMBAU VERHINDERN ...

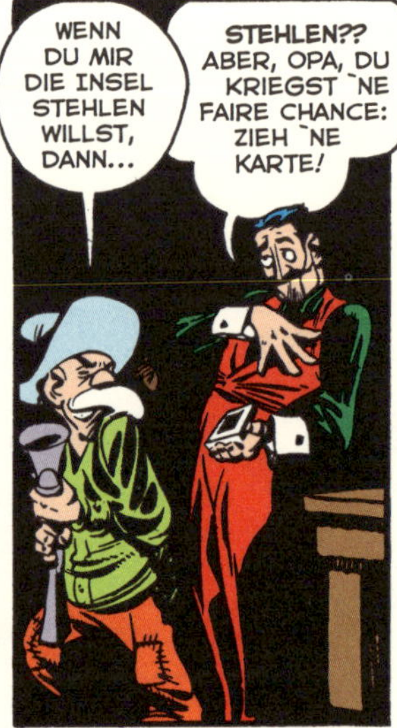
WENN DU MIR DIE INSEL STEHLEN WILLST, DANN...
STEHLEN?? ABER, OPA, DU KRIEGST 'NE FAIRE CHANCE: ZIEH 'NE KARTE!

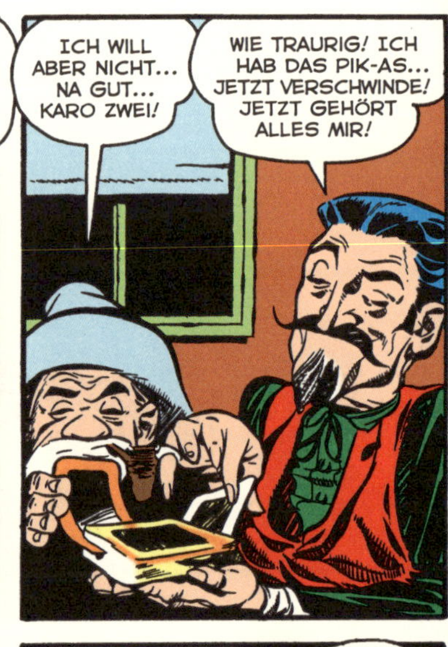
ICH WILL ABER NICHT... NA GUT... KARO ZWEI!
WIE TRAURIG! ICH HAB DAS PIK-AS... JETZT VERSCHWINDE! JETZT GEHÖRT ALLES MIR!

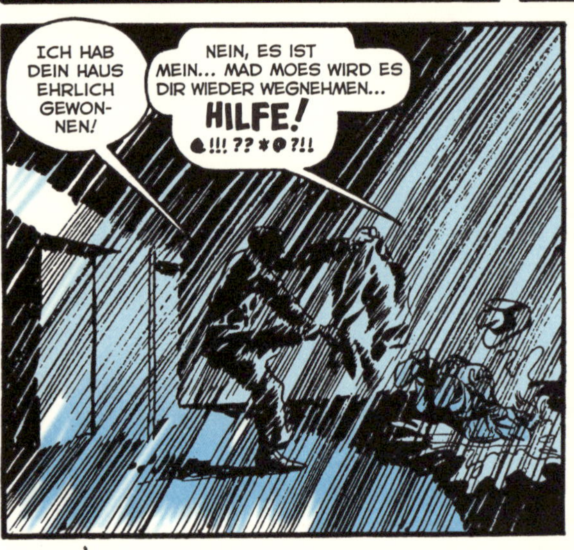
ICH HAB DEIN HAUS EHRLICH GEWONNEN!
NEIN, ES IST MEIN... MAD MOES WIRD ES DIR WIEDER WEGNEHMEN... **HILFE!** @!!! ?? * @ ?!!

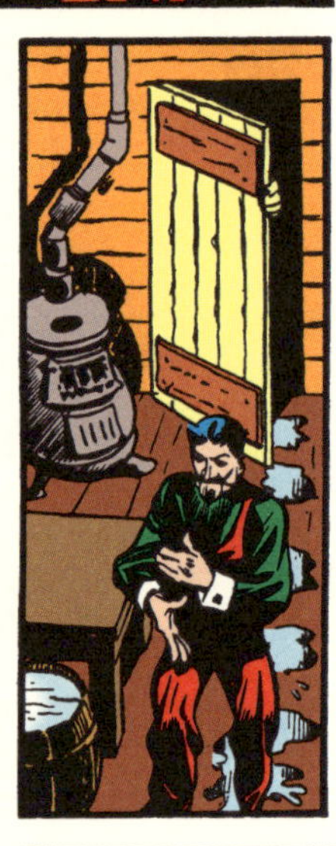

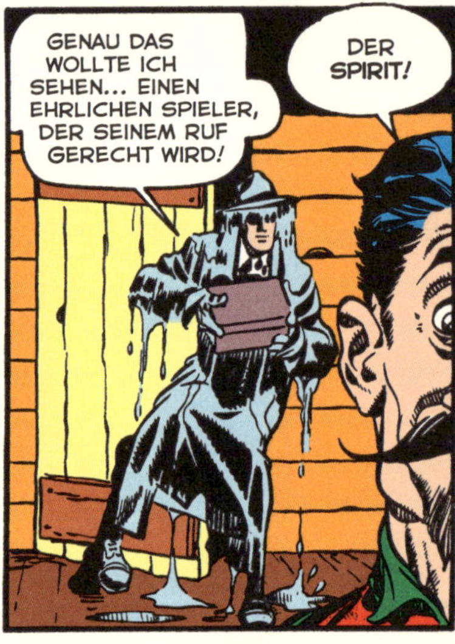
GENAU DAS WOLLTE ICH SEHEN... EINEN EHRLICHEN SPIELER, DER SEINEM RUF GERECHT WIRD!
DER **SPIRIT!**

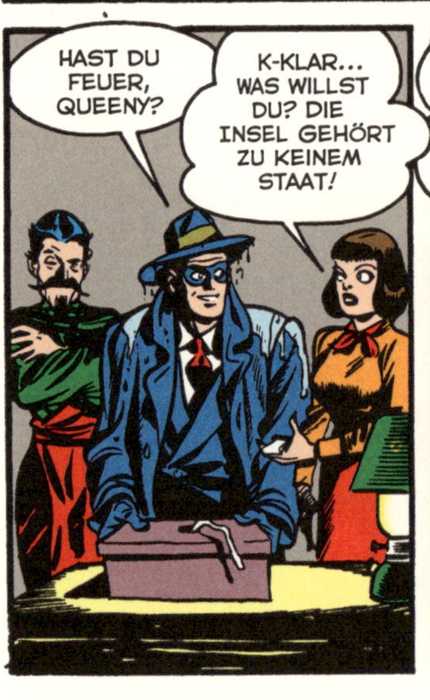
HAST DU FEUER, QUEENY?
K-KLAR... WAS WILLST DU? DIE INSEL GEHÖRT ZU KEINEM STAAT!

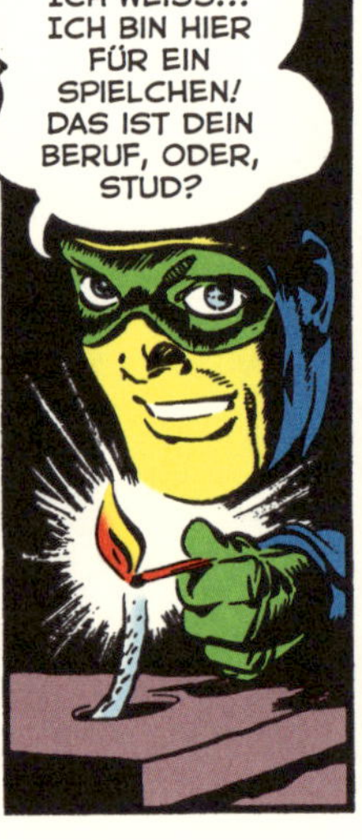
ICH WEISS... ICH BIN HIER FÜR EIN SPIELCHEN! DAS IST DEIN BERUF, ODER, STUD?

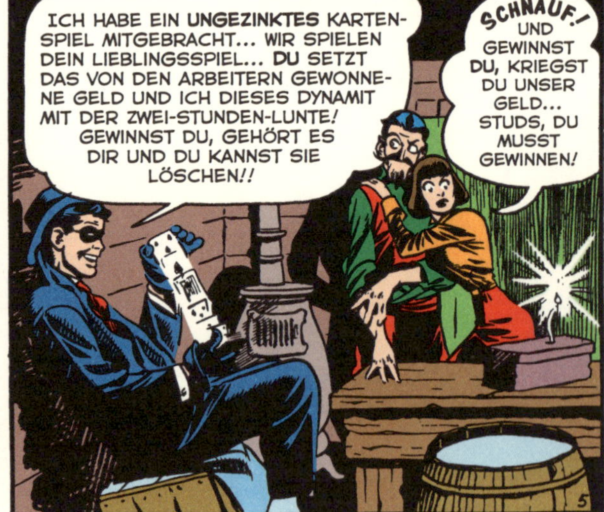
ICH HABE EIN **UNGEZINKTES** KARTENSPIEL MITGEBRACHT... WIR SPIELEN DEIN LIEBLINGSSPIEL... **DU** SETZT DAS VON DEN ARBEITERN GEWONNENE GELD UND ICH DIESES DYNAMIT MIT DER ZWEI-STUNDEN-LUNTE! GEWINNST DU, GEHÖRT ES DIR UND DU KANNST SIE LÖSCHEN!!
SCHNAUF! UND GEWINNST **DU**, KRIEGST DU UNSER GELD... STUDS, DU MUSST GEWINNEN!
5

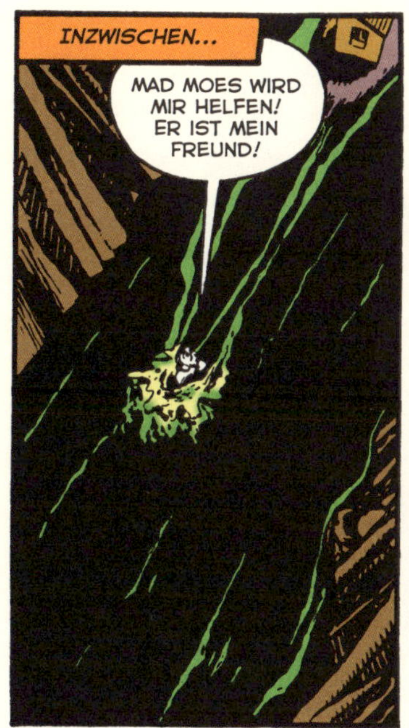
INZWISCHEN...
MAD MOES WIRD MIR HELFEN! ER IST MEIN FREUND!

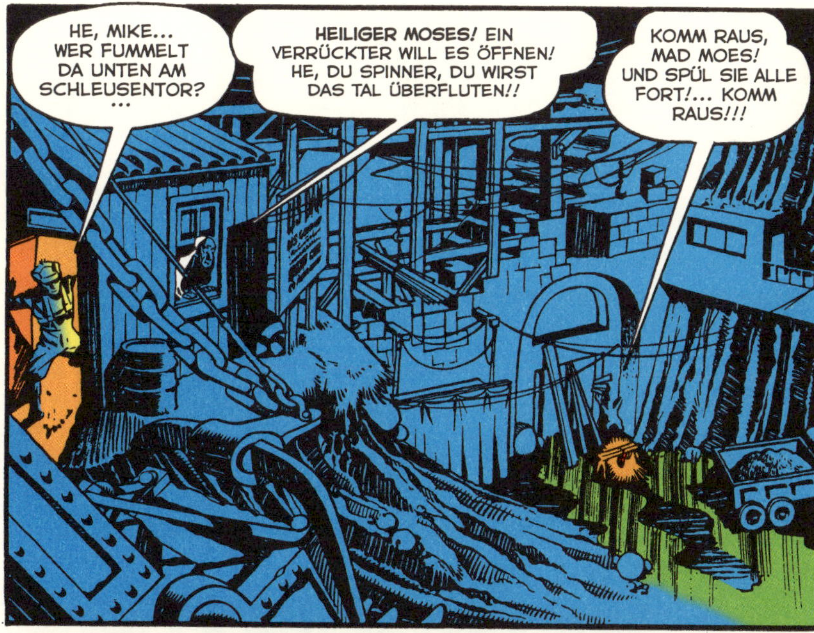
HE, MIKE... WER FUMMELT DA UNTEN AM SCHLEUSENTOR? ...
HEILIGER MOSES! EIN VERRÜCKTER WILL ES ÖFFNEN! HE, DU SPINNER, DU WIRST DAS TAL ÜBERFLUTEN!!
KOMM RAUS, MAD MOES! UND SPÜL SIE ALLE FORT!... KOMM RAUS!!!

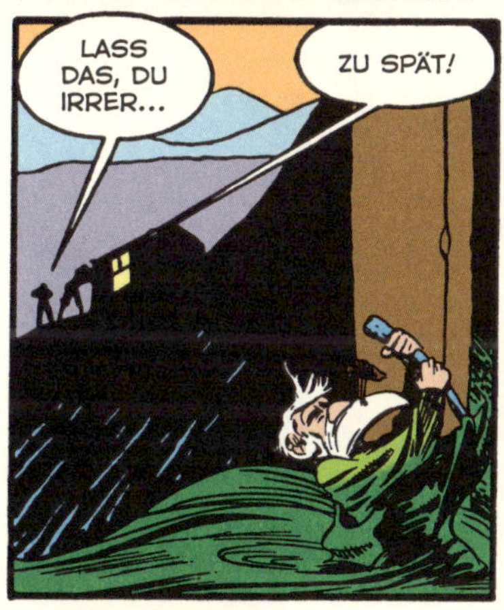
LASS DAS, DU IRRER...
ZU SPÄT!

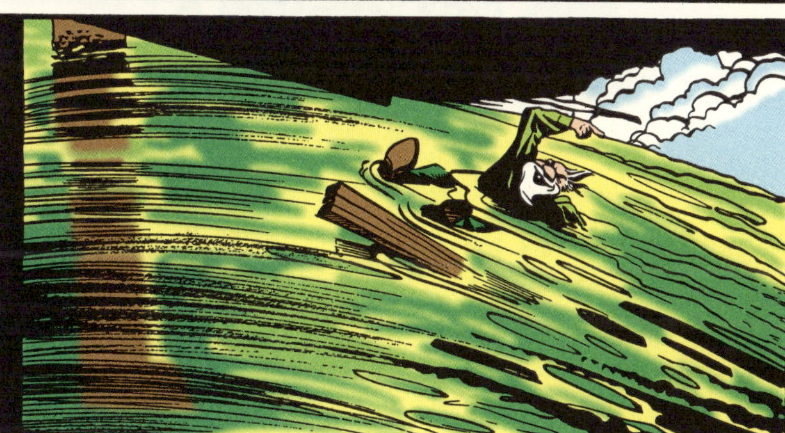

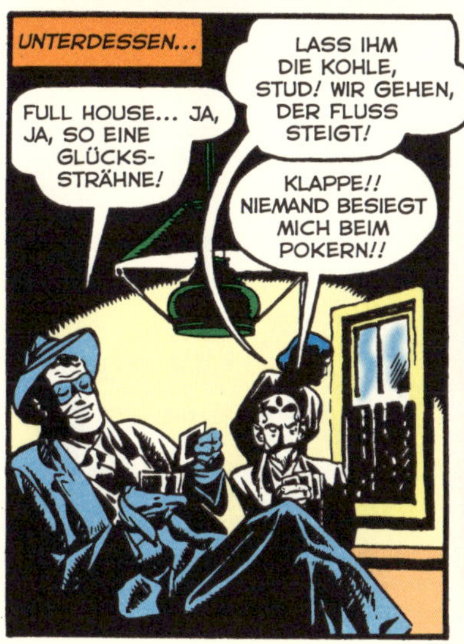
UNTERDESSEN...
FULL HOUSE... JA, JA, SO EINE GLÜCKSSTRÄHNE!
LASS IHM DIE KOHLE, STUD! WIR GEHEN, DER FLUSS STEIGT!
KLAPPE!! NIEMAND BESIEGT MICH BEIM POKERN!!

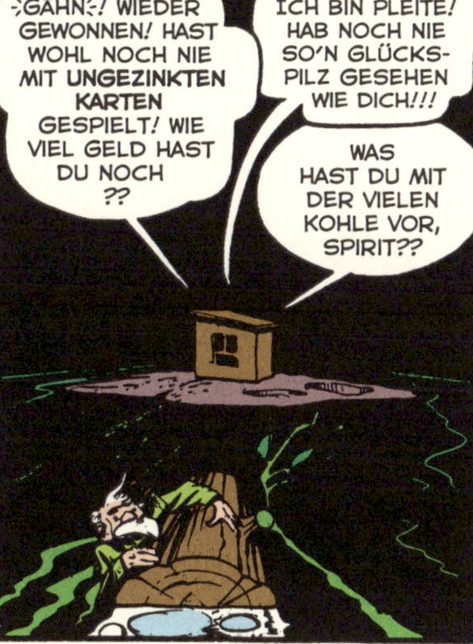
GÄHN! WIEDER GEWONNEN! HAST WOHL NOCH NIE MIT UNGEZINKTEN KARTEN GESPIELT! WIE VIEL GELD HAST DU NOCH ??
ICH BIN PLEITE! HAB NOCH NIE SO'N GLÜCKSPILZ GESEHEN WIE DICH!!!
WAS HAST DU MIT DER VIELEN KOHLE VOR, SPIRIT??

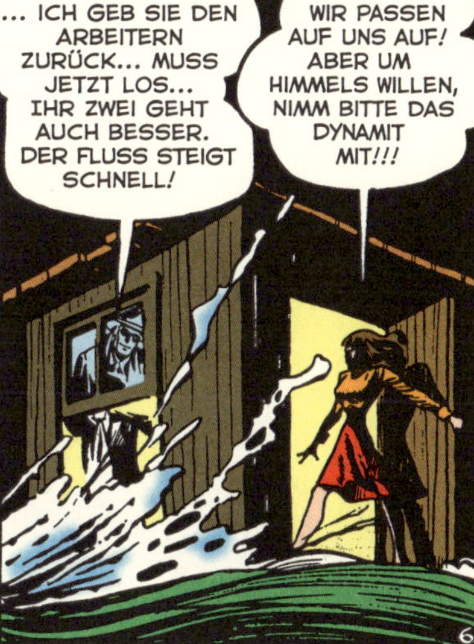
... ICH GEB SIE DEN ARBEITERN ZURÜCK... MUSS JETZT LOS... IHR ZWEI GEHT AUCH BESSER. DER FLUSS STEIGT SCHNELL!
WIR PASSEN AUF UNS AUF! ABER UM HIMMELS WILLEN, NIMM BITTE DAS DYNAMIT MIT!!!
6

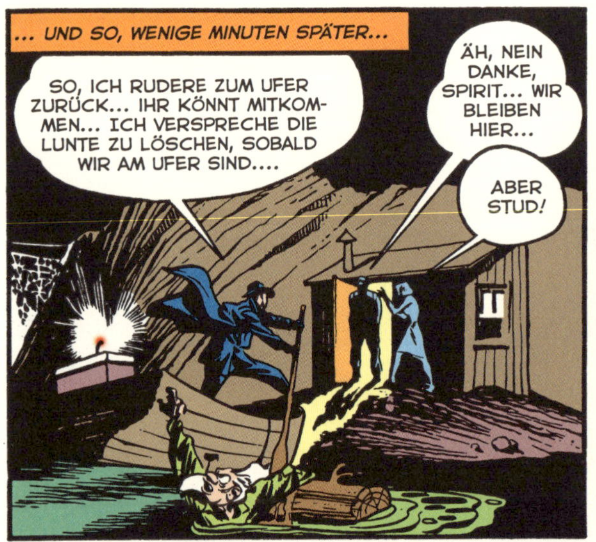

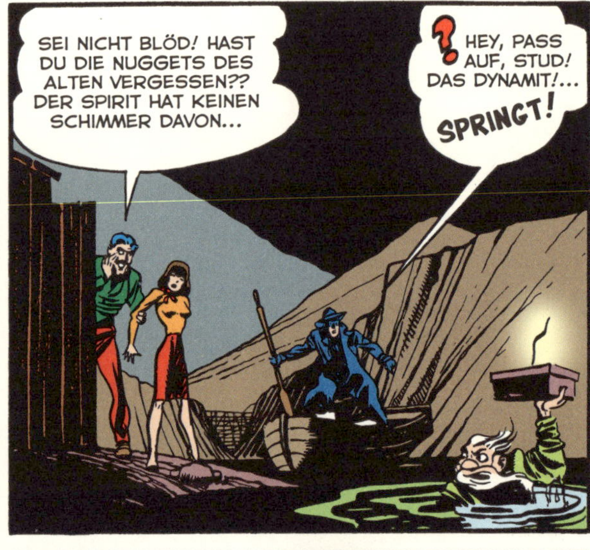

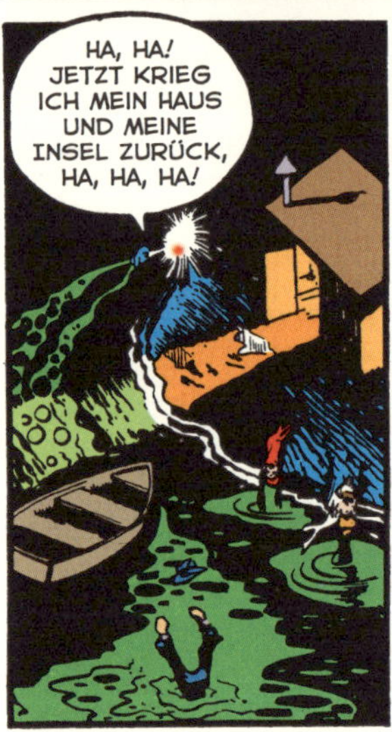

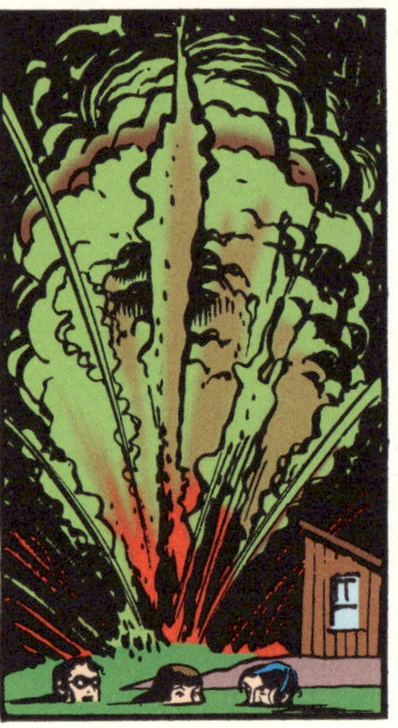

Und so, wie Sie sehen können, gingen die Ausfallzeiten drastisch zurück. Der Damm wurde gebaut und zwängte MAD MOES hinter eine dicke Mauer aus Beton. Und der grosse reissende Fluss namens MAD MOES wurde ganz zahm...

... Aber was wurde aus Lizard? Tja, als der Fluss austrocknete, wurde die Insel wieder zu einem Teil des Staates und im alten Flussbett verläuft jetzt der Highway 103... Halten Sie an Lizards Tankstelle und fragen Sie ihn selbst, wenn Sie uns nicht glauben!

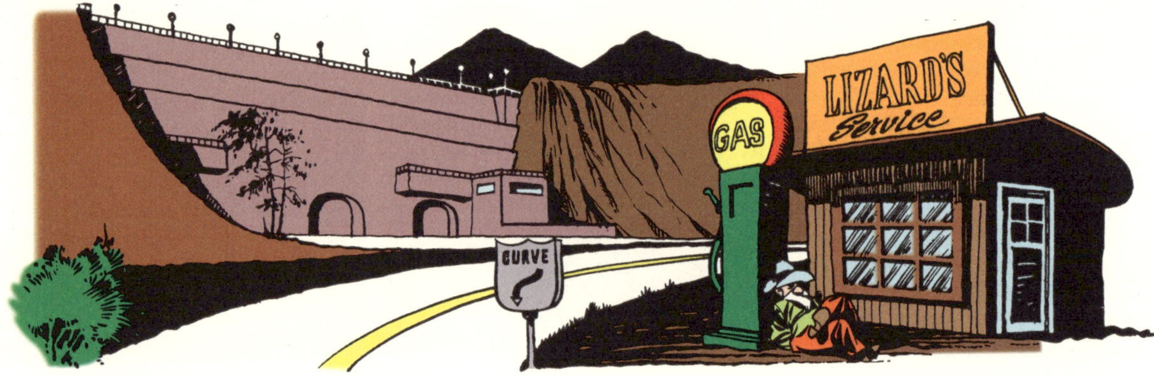

FAT LOOEY

16. Februar 1947

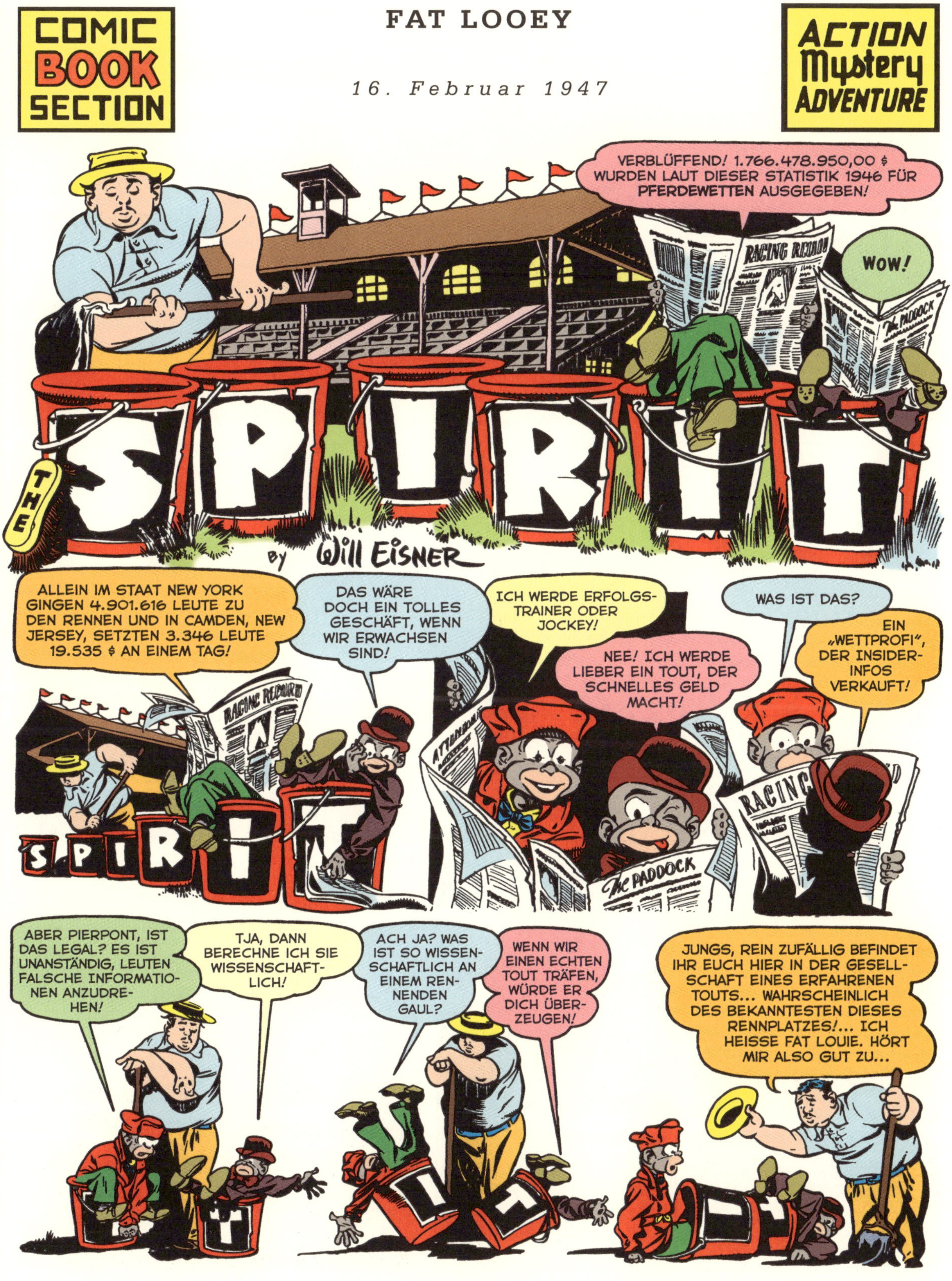

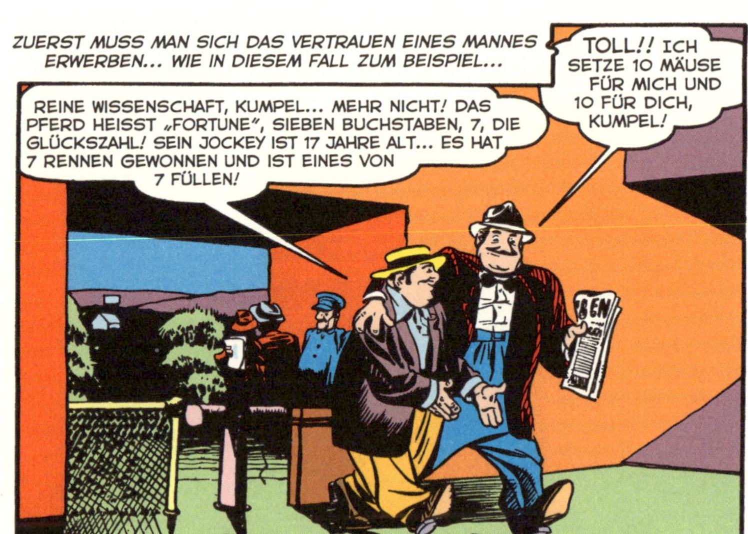
ZUERST MUSS MAN SICH DAS VERTRAUEN EINES MANNES ERWERBEN... WIE IN DIESEM FALL ZUM BEISPIEL...
REINE WISSENSCHAFT, KUMPEL... MEHR NICHT! DAS PFERD HEISST „FORTUNE“, SIEBEN BUCHSTABEN, 7, DIE GLÜCKSZAHL! SEIN JOCKEY IST 17 JAHRE ALT... ES HAT 7 RENNEN GEWONNEN UND IST EINES VON 7 FÜLLEN!
TOLL!! ICH SETZE 10 MÄUSE FÜR MICH UND 10 FÜR DICH, KUMPEL!

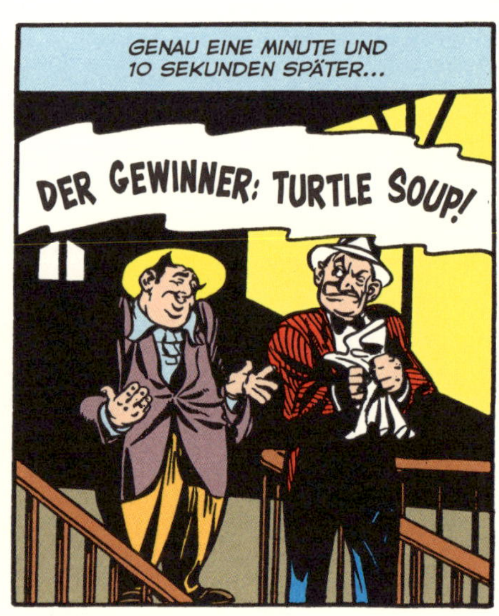
GENAU EINE MINUTE UND 10 SEKUNDEN SPÄTER...
DER GEWINNER: TURTLE SOUP!

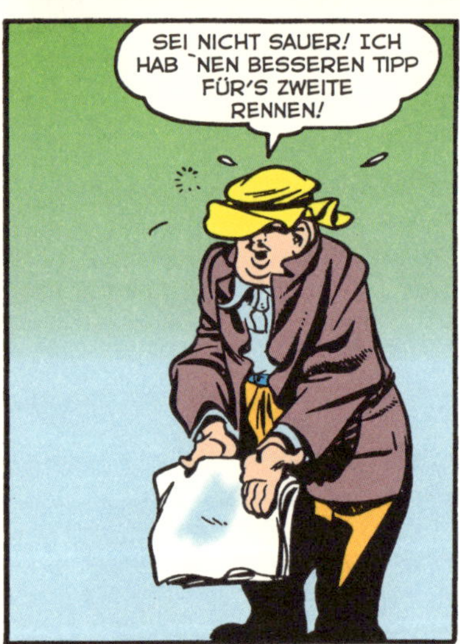
SEI NICHT SAUER! ICH HAB `NEN BESSEREN TIPP FÜR'S ZWEITE RENNEN!

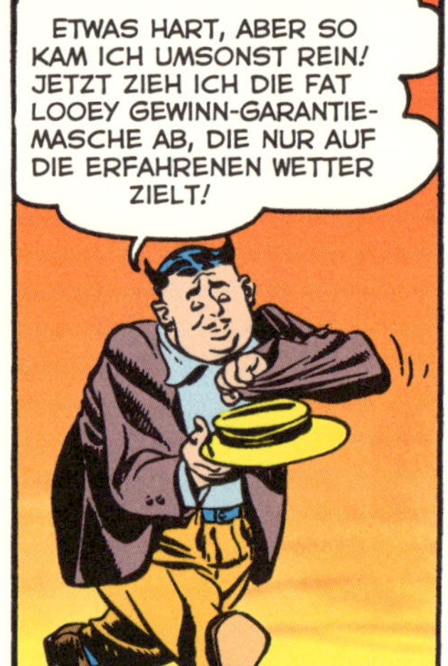
ETWAS HART, ABER SO KAM ICH UMSONST REIN! JETZT ZIEH ICH DIE FAT LOOEY GEWINN-GARANTIE-MASCHE AB, DIE NUR AUF DIE ERFAHRENEN WETTER ZIELT!

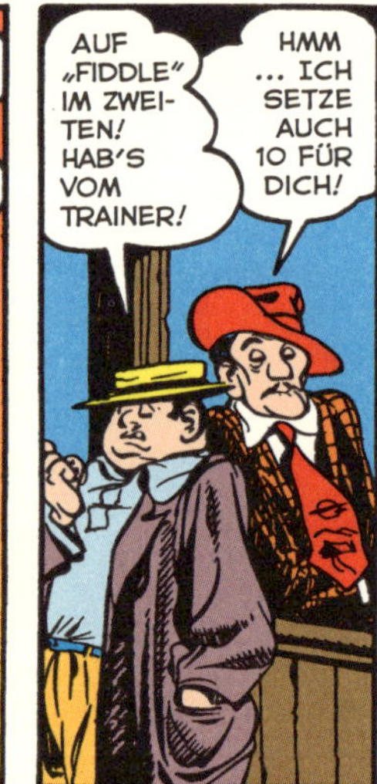
AUF „FIDDLE“ IM ZWEITEN! HAB'S VOM TRAINER!
HMM ... ICH SETZE AUCH 10 FÜR DICH!

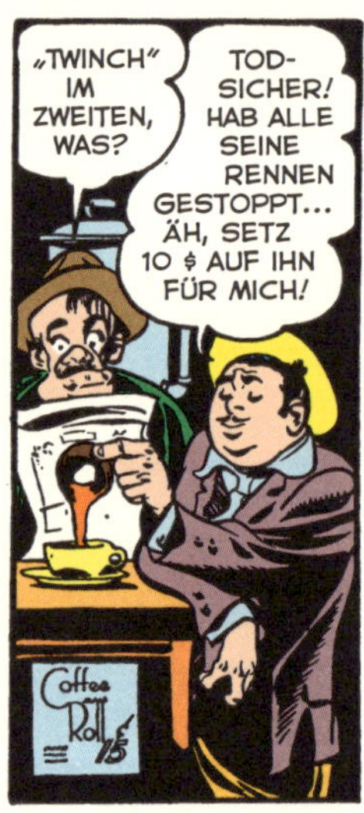
„TWINCH“ IM ZWEITEN, WAS?
TODSICHER! HAB ALLE SEINE RENNEN GESTOPPT... ÄH, SETZ 10 $ AUF IHN FÜR MICH!

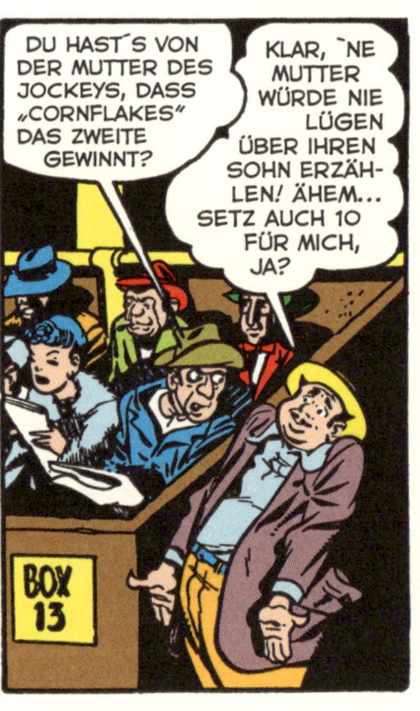
DU HAST´S VON DER MUTTER DES JOCKEYS, DASS „CORNFLAKES“ DAS ZWEITE GEWINNT?
KLAR, `NE MUTTER WÜRDE NIE LÜGEN ÜBER IHREN SOHN ERZÄHLEN! ÄHEM... SETZ AUCH 10 FÜR MICH, JA?
BOX 13

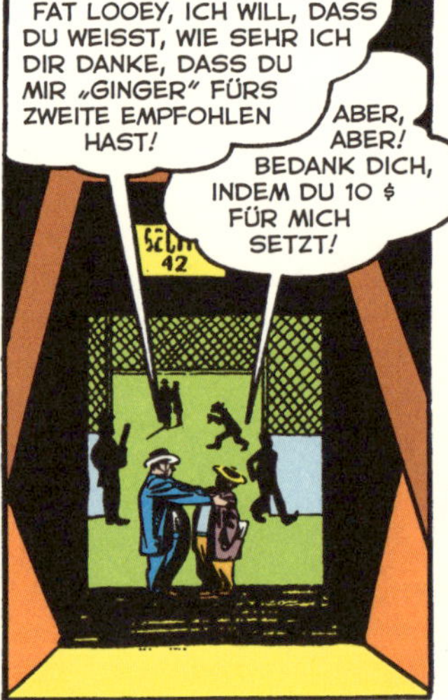
FAT LOOEY, ICH WILL, DASS DU WEISST, WIE SEHR ICH DIR DANKE, DASS DU MIR „GINGER“ FÜRS ZWEITE EMPFOHLEN HAST!
ABER, ABER! BEDANK DICH, INDEM DU 10 $ FÜR MICH SETZT!

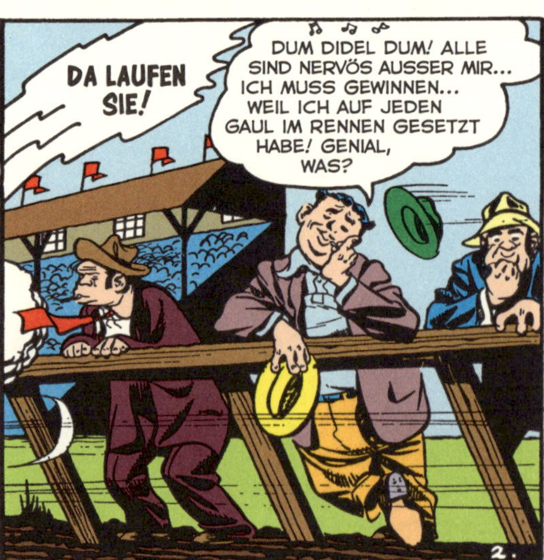
DA LAUFEN SIE!
DUM DIDEL DUM! ALLE SIND NERVÖS AUSSER MIR... ICH MUSS GEWINNEN... WEIL ICH AUF JEDEN GAUL IM RENNEN GESETZT HABE! GENIAL, WAS?
2.

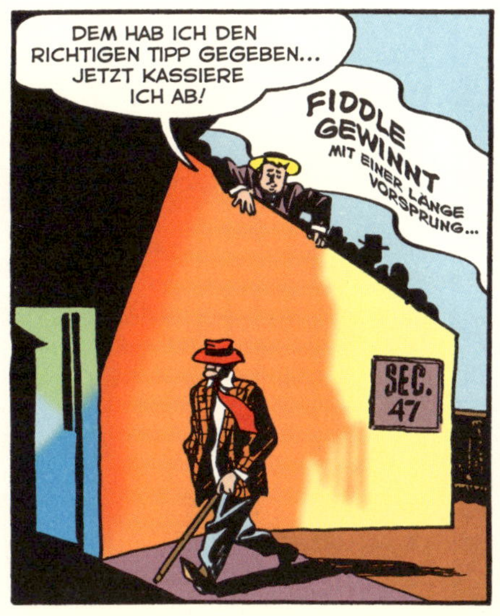
DEM HAB ICH DEN RICHTIGEN TIPP GEGEBEN... JETZT KASSIERE ICH AB!
FIDDLE GEWINNT MIT EINER LÄNGE VORSPRUNG...
SEC. 47

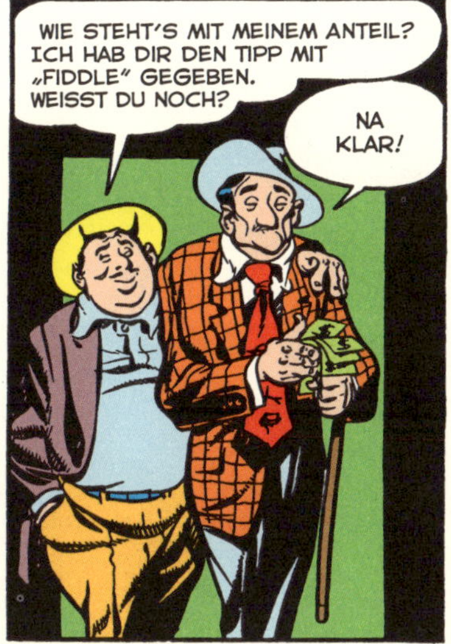
WIE STEHT'S MIT MEINEM ANTEIL? ICH HAB DIR DEN TIPP MIT „FIDDLE" GEGEBEN. WEISST DU NOCH?
NA KLAR!

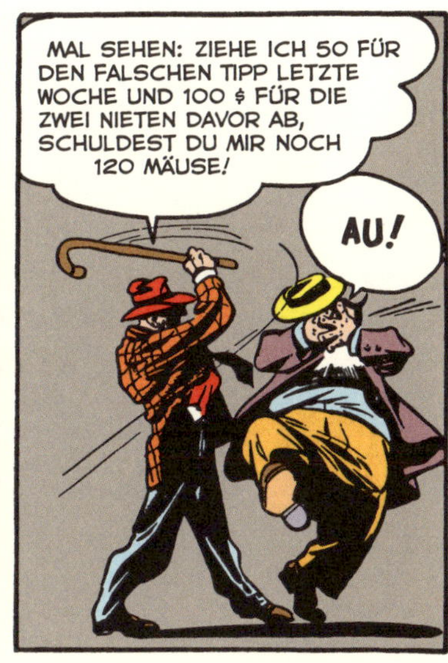
MAL SEHEN: ZIEHE ICH 50 FÜR DEN FALSCHEN TIPP LETZTE WOCHE UND 100 $ FÜR DIE ZWEI NIETEN DAVOR AB, SCHULDEST DU MIR NOCH 120 MÄUSE!
AU!

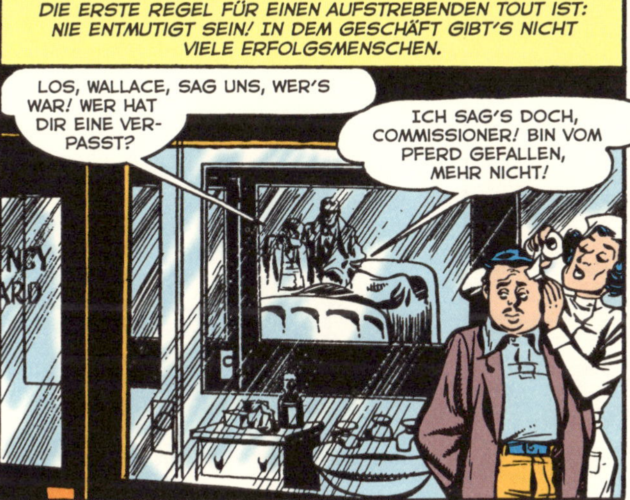
DIE ERSTE REGEL FÜR EINEN AUFSTREBENDEN TOUT IST: NIE ENTMUTIGT SEIN! IN DEM GESCHÄFT GIBT'S NICHT VIELE ERFOLGSMENSCHEN.
LOS, WALLACE, SAG UNS, WER'S WAR! WER HAT DIR EINE VERPASST?
ICH SAG'S DOCH, COMMISSIONER! BIN VOM PFERD GEFALLEN, MEHR NICHT!

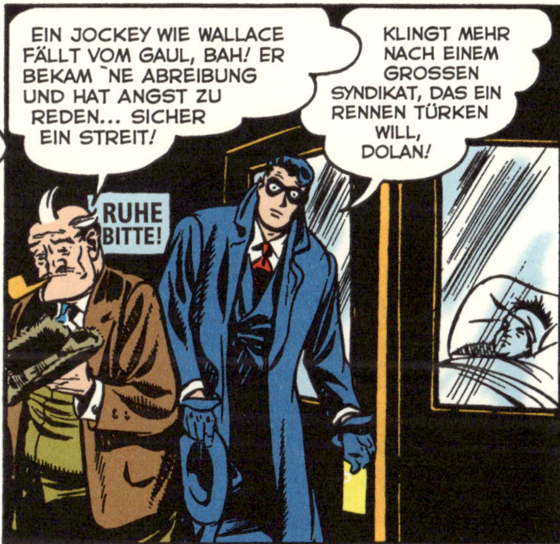
EIN JOCKEY WIE WALLACE FÄLLT VOM GAUL, BAH! ER BEKAM 'NE ABREIBUNG UND HAT ANGST ZU REDEN... SICHER EIN STREIT!
KLINGT MEHR NACH EINEM GROSSEN SYNDIKAT, DAS EIN RENNEN TÜRKEN WILL, DOLAN!
RUHE BITTE!

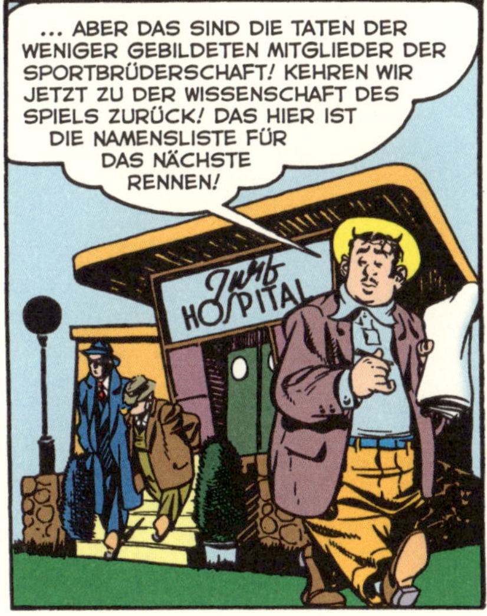
... ABER DAS SIND DIE TATEN DER WENIGER GEBILDETEN MITGLIEDER DER SPORTBRÜDERSCHAFT! KEHREN WIR JETZT ZU DER WISSENSCHAFT DES SPIELS ZURÜCK! DAS HIER IST DIE NAMENSLISTE FÜR DAS NÄCHSTE RENNEN!
Turf HOSPITAL

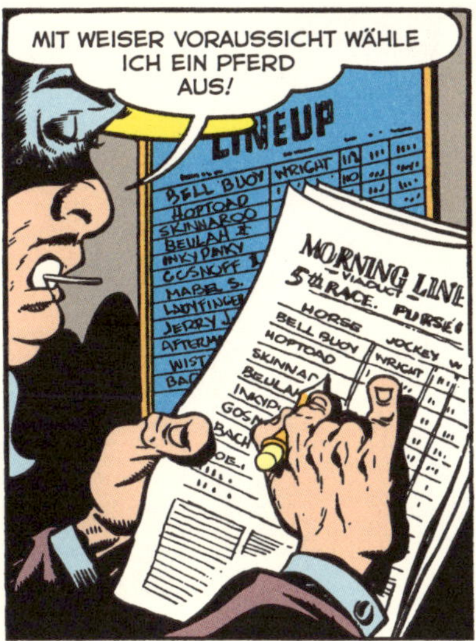
MIT WEISER VORAUSSICHT WÄHLE ICH EIN PFERD AUS!
LINEUP
MORNING LINE
5th RACE. PURSE

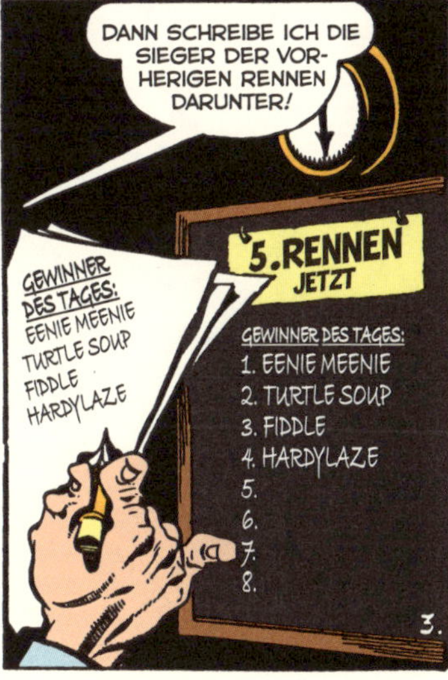
DANN SCHREIBE ICH DIE SIEGER DER VORHERIGEN RENNEN DARUNTER!
GEWINNER DES TAGES:
EENIE MEENIE
TURTLE SOUP
FIDDLE
HARDYLAZE
5. RENNEN JETZT
GEWINNER DES TAGES:
1. EENIE MEENIE
2. TURTLE SOUP
3. FIDDLE
4. HARDYLAZE
5.
6.
7.
8.
3.

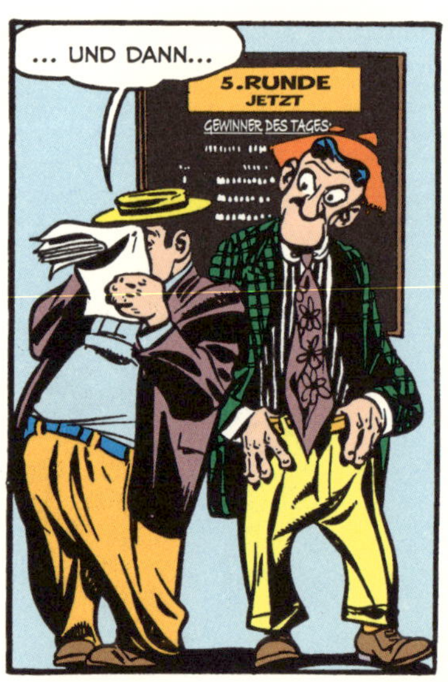
... UND DANN...
5. RUNDE
JETZT
GEWINNER DES TAGES:

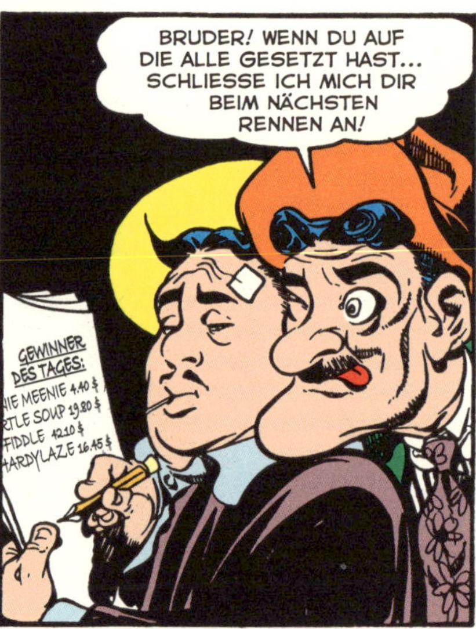
BRUDER! WENN DU AUF DIE ALLE GESETZT HAST... SCHLIESSE ICH MICH DIR BEIM NÄCHSTEN RENNEN AN!
GEWINNER DES TAGES:

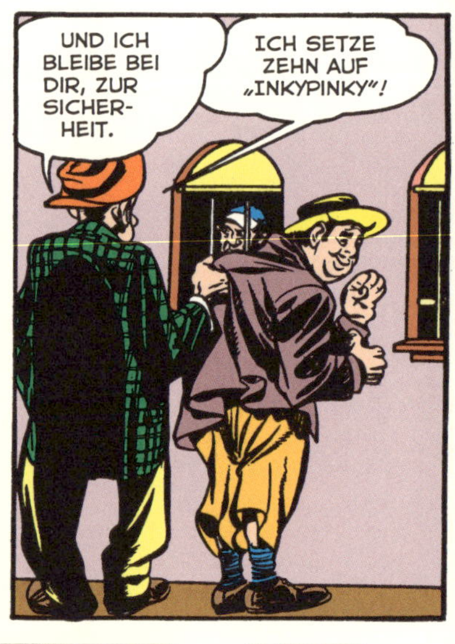
UND ICH BLEIBE BEI DIR, ZUR SICHERHEIT.
ICH SETZE ZEHN AUF „INKYPINKY"!

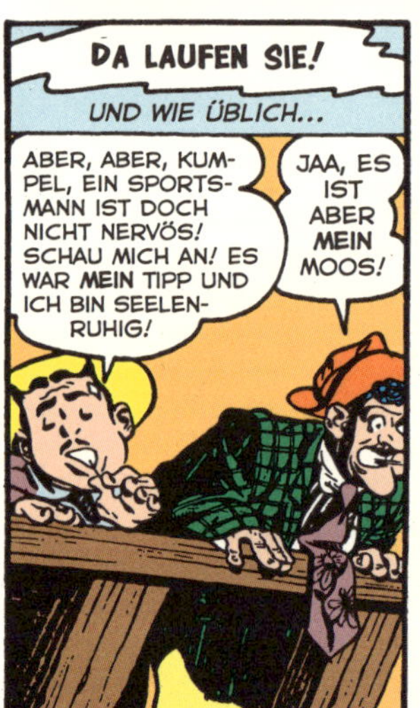
DA LAUFEN SIE!
UND WIE ÜBLICH...
ABER, ABER, KUMPEL, EIN SPORTSMANN IST DOCH NICHT NERVÖS! SCHAU MICH AN! ES WAR MEIN TIPP UND ICH BIN SEELENRUHIG!
JAA, ES IST ABER MEIN MOOS!

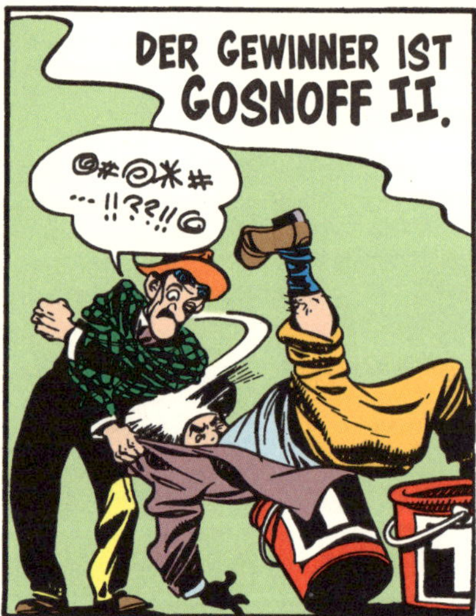
DER GEWINNER IST GOSNOFF II.
@#@*#
...!!??!!@

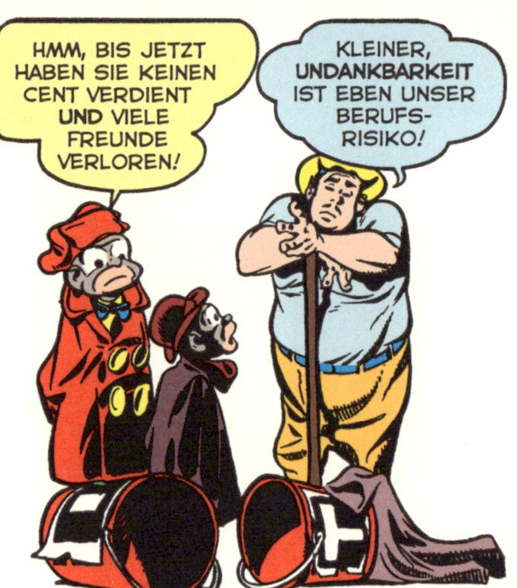
HMM, BIS JETZT HABEN SIE KEINEN CENT VERDIENT UND VIELE FREUNDE VERLOREN!
KLEINER, UNDANKBARKEIT IST EBEN UNSER BERUFSRISIKO!

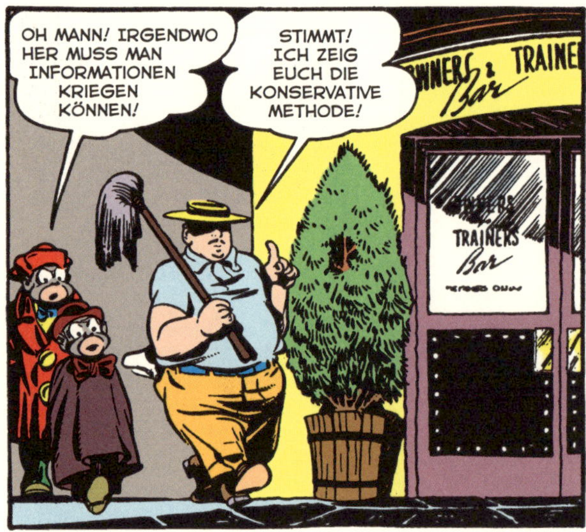
OH MANN! IRGENDWO HER MUSS MAN INFORMATIONEN KRIEGEN KÖNNEN!
STIMMT! ICH ZEIG EUCH DIE KONSERVATIVE METHODE!
TRAINERS
Bar

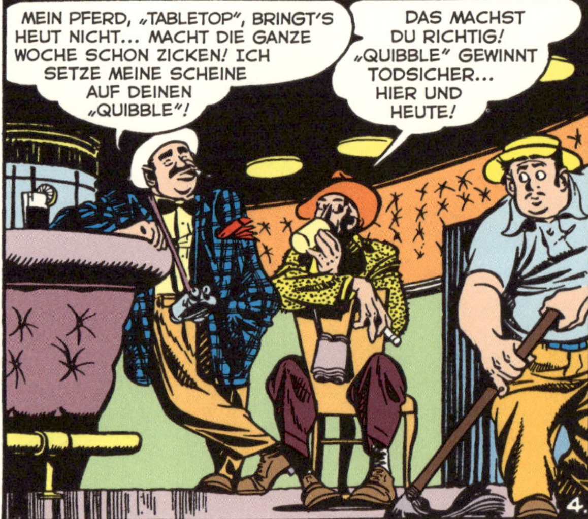
MEIN PFERD, „TABLETOP", BRINGT'S HEUT NICHT... MACHT DIE GANZE WOCHE SCHON ZICKEN! ICH SETZE MEINE SCHEINE AUF DEINEN „QUIBBLE"!
DAS MACHST DU RICHTIG! „QUIBBLE" GEWINNT TODSICHER... HIER UND HEUTE!
4.

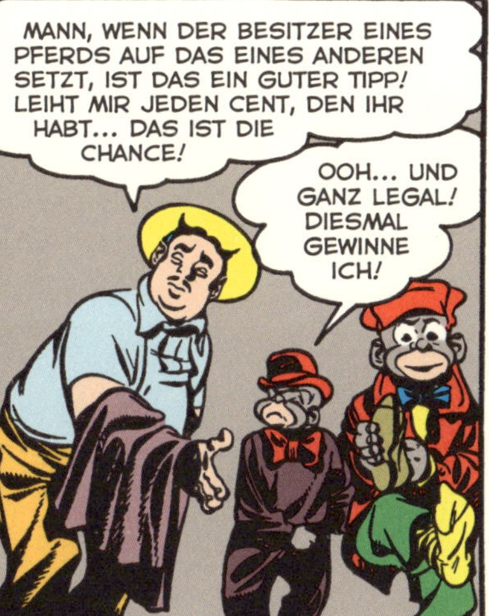
MANN, WENN DER BESITZER EINES PFERDS AUF DAS EINES ANDEREN SETZT, IST DAS EIN GUTER TIPP! LEIHT MIR JEDEN CENT, DEN IHR HABT... DAS IST DIE CHANCE!
OOH... UND GANZ LEGAL! DIESMAL GEWINNE ICH!

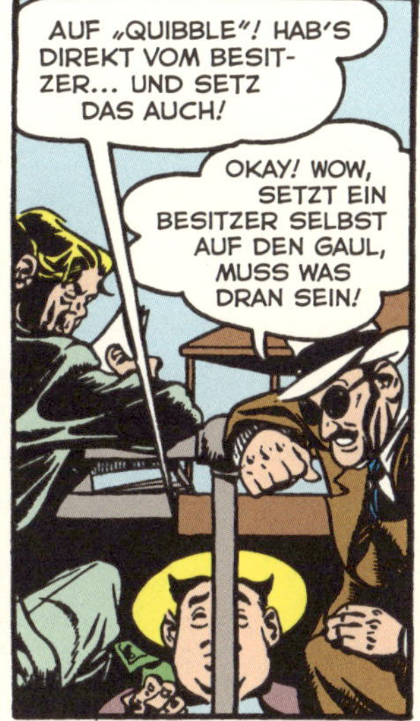
AUF „QUIBBLE"! HAB'S DIREKT VOM BESITZER... UND SETZ DAS AUCH!
OKAY! WOW, SETZT EIN BESITZER SELBST AUF DEN GAUL, MUSS WAS DRAN SEIN!

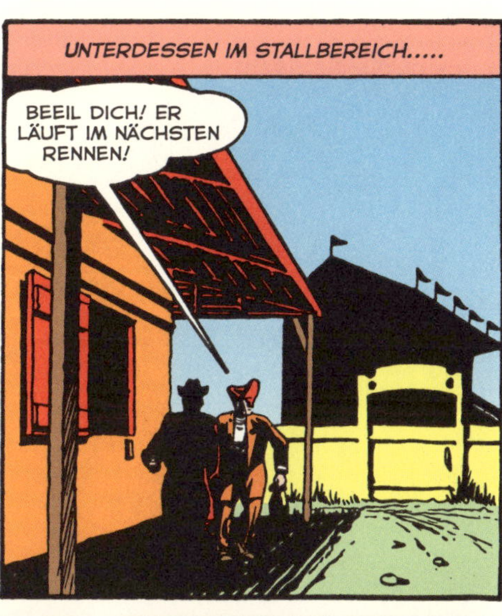
UNTERDESSEN IM STALLBEREICH.....
BEEIL DICH! ER LÄUFT IM NÄCHSTEN RENNEN!

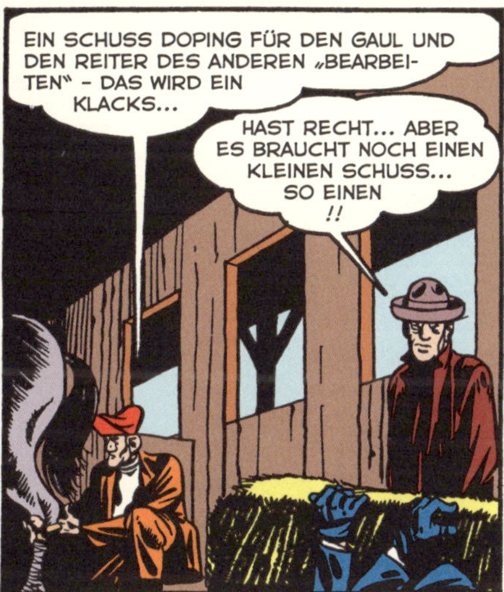
EIN SCHUSS DOPING FÜR DEN GAUL UND DEN REITER DES ANDEREN „BEARBEITEN" – DAS WIRD EIN KLACKS...
HAST RECHT... ABER ES BRAUCHT NOCH EINEN KLEINEN SCHUSS... SO EINEN !!

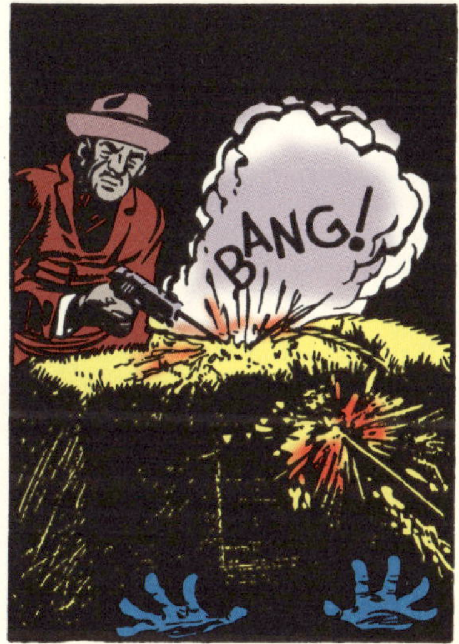
BANG!

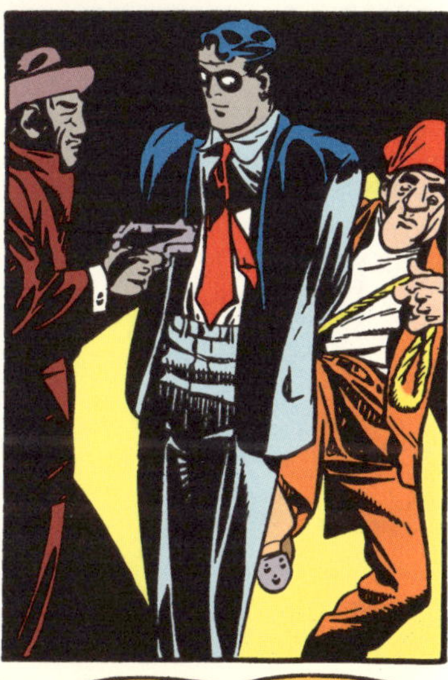

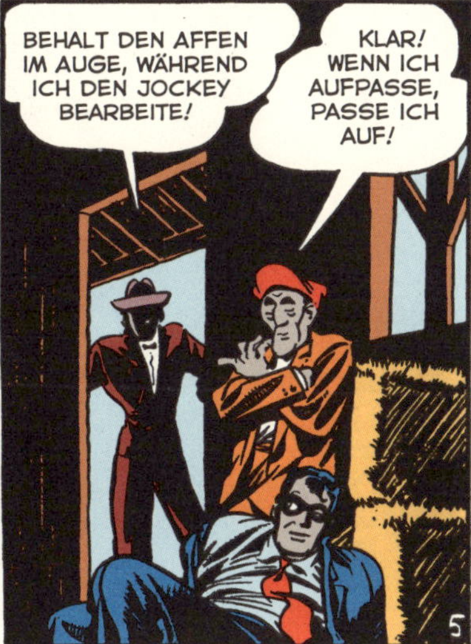
BEHALT DEN AFFEN IM AUGE, WÄHREND ICH DEN JOCKEY BEARBEITE!
KLAR! WENN ICH AUFPASSE, PASSE ICH AUF!
5

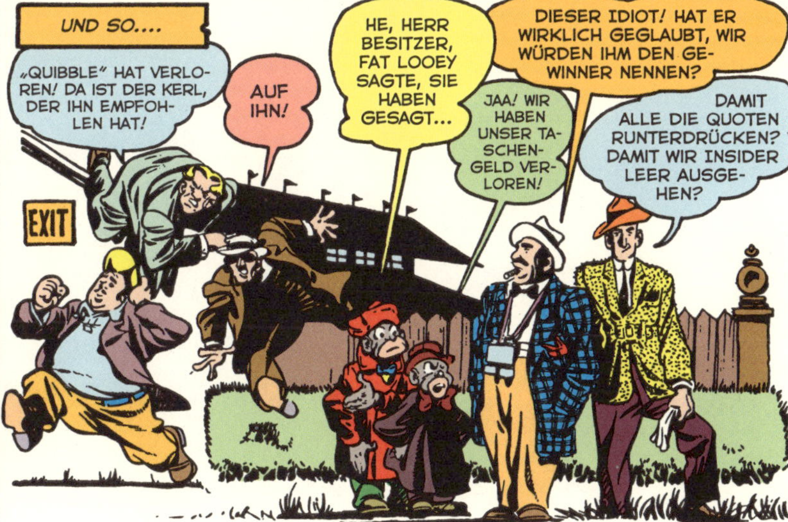
UND SO....
„QUIBBLE" HAT VERLOREN! DA IST DER KERL, DER IHN EMPFOHLEN HAT!
AUF IHN!
HE, HERR BESITZER, FAT LOOEY SAGTE, SIE HABEN GESAGT...
JAA! WIR HABEN UNSER TASCHENGELD VERLOREN!
DIESER IDIOT! HAT ER WIRKLICH GEGLAUBT, WIR WÜRDEN IHM DEN GEWINNER NENNEN?
DAMIT ALLE DIE QUOTEN RUNTERDRÜCKEN? DAMIT WIR INSIDER LEER AUSGEHEN?
EXIT

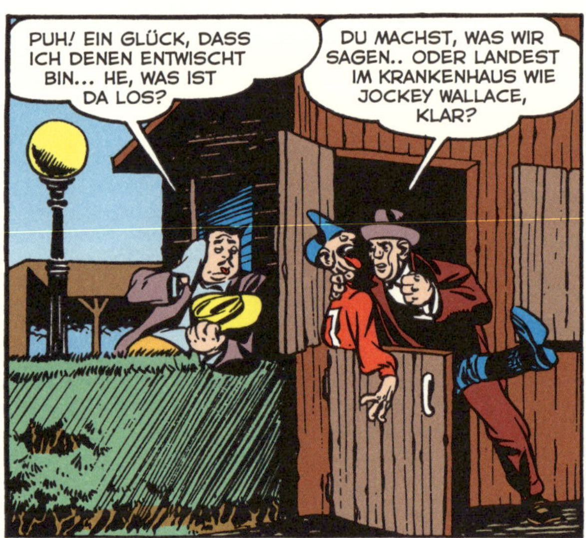
PUH! EIN GLÜCK, DASS ICH DENEN ENTWISCHT BIN... HE, WAS IST DA LOS?
DU MACHST, WAS WIR SAGEN.. ODER LANDEST IM KRANKENHAUS WIE JOCKEY WALLACE, KLAR?

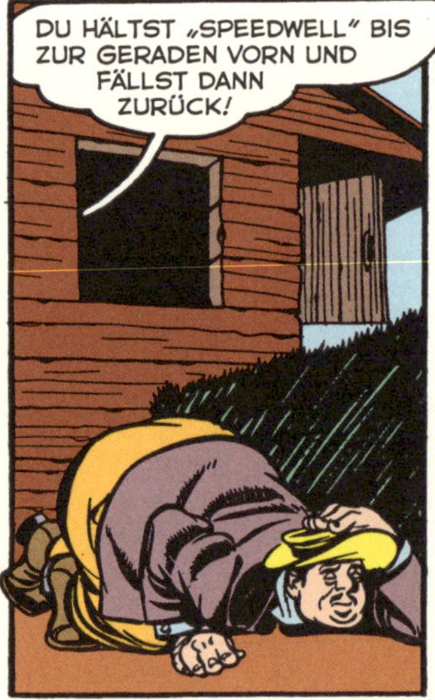
DU HÄLTST „SPEEDWELL" BIS ZUR GERADEN VORN UND FÄLLST DANN ZURÜCK!

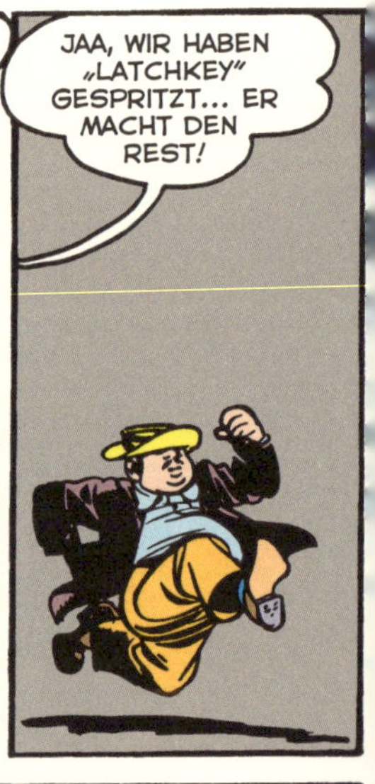
JAA, WIR HABEN „LATCHKEY" GESPRITZT... ER MACHT DEN REST!

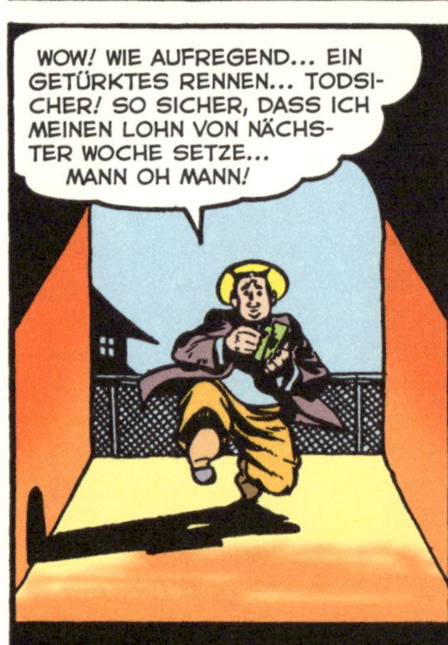
WOW! WIE AUFREGEND... EIN GETÜRKTES RENNEN... TODSICHER! SO SICHER, DASS ICH MEINEN LOHN VON NÄCHSTER WOCHE SETZE... MANN OH MANN!

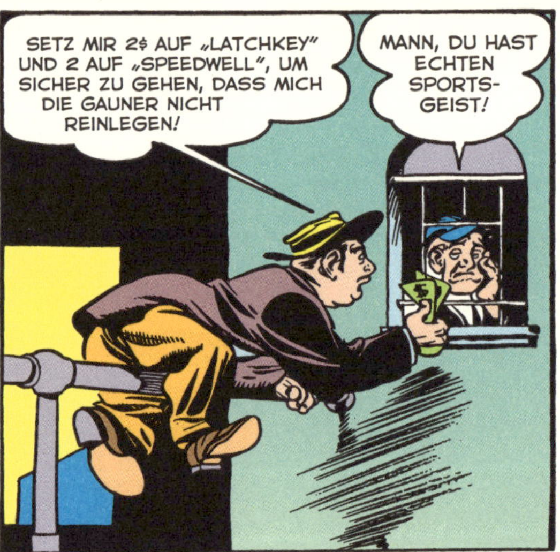
SETZ MIR 2$ AUF „LATCHKEY" UND 2 AUF „SPEEDWELL", UM SICHER ZU GEHEN, DASS MICH DIE GAUNER NICHT REINLEGEN!
MANN, DU HAST ECHTEN SPORTSGEIST!

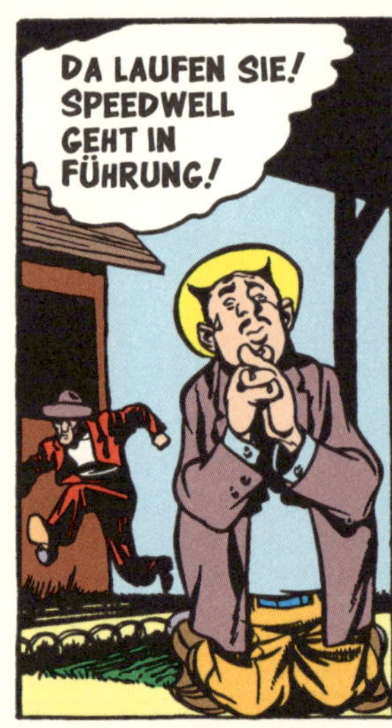
DA LAUFEN SIE! SPEEDWELL GEHT IN FÜHRUNG!

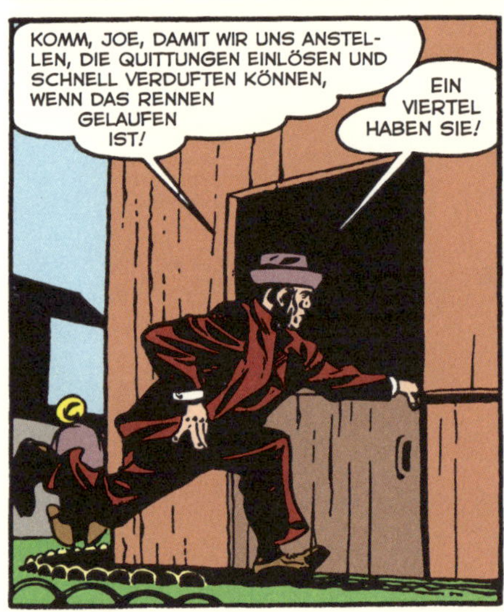
KOMM, JOE, DAMIT WIR UNS ANSTELLEN, DIE QUITTUNGEN EINLÖSEN UND SCHNELL VERDUFTEN KÖNNEN, WENN DAS RENNEN GELAUFEN IST!
EIN VIERTEL HABEN SIE!

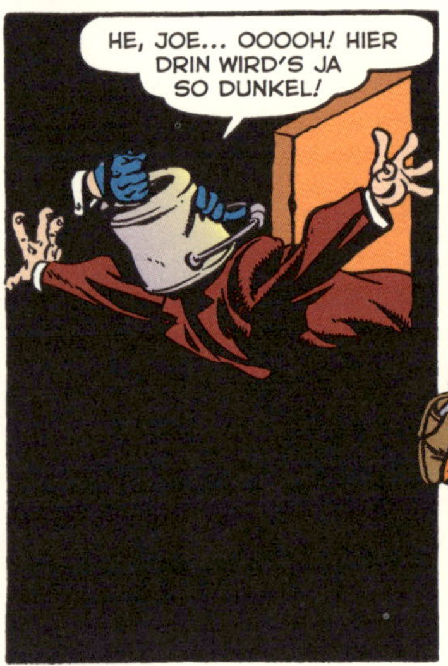
HE, JOE... OOOOH! HIER DRIN WIRD'S JA SO DUNKEL!

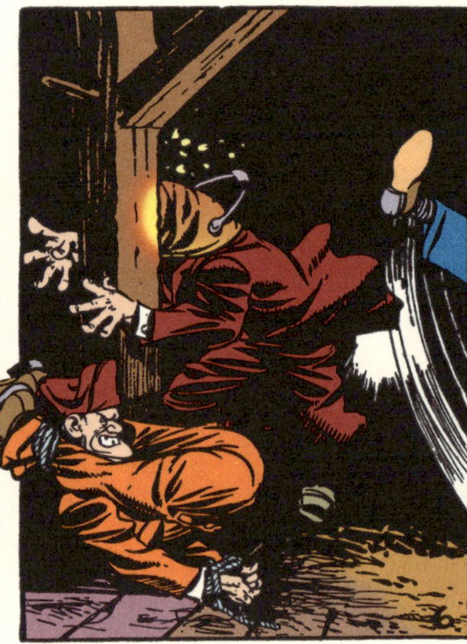

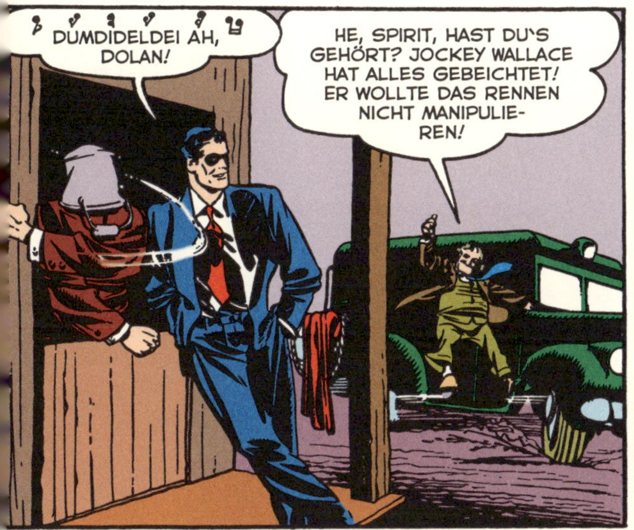

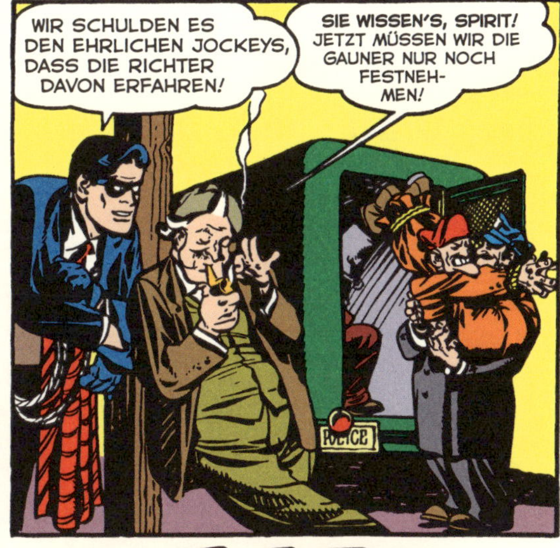

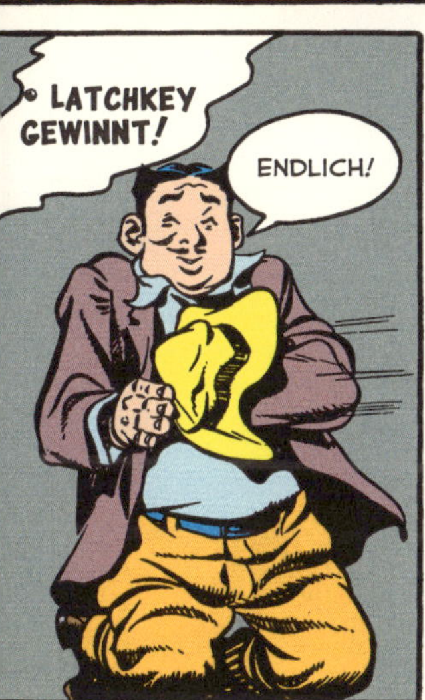

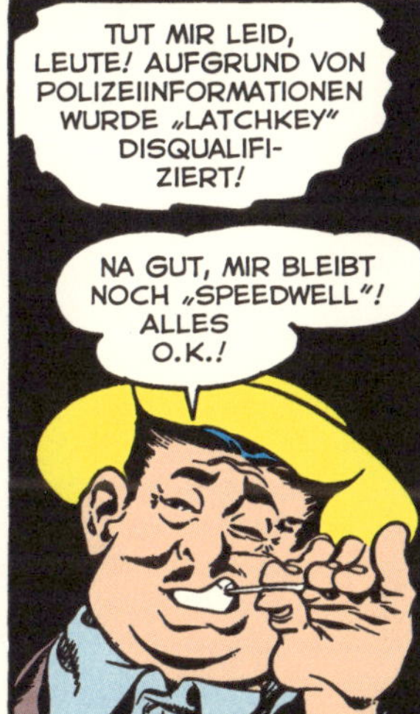

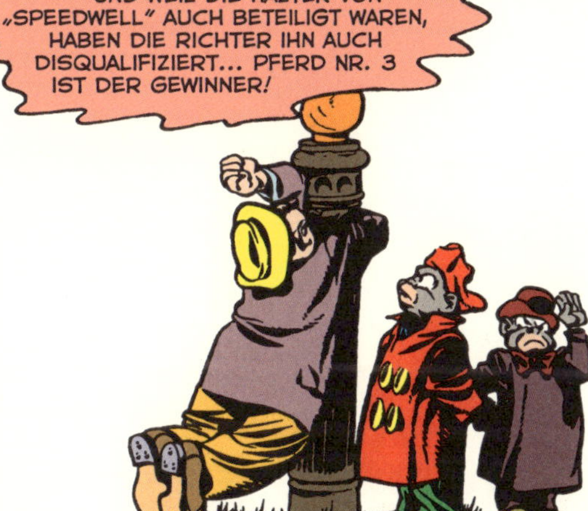

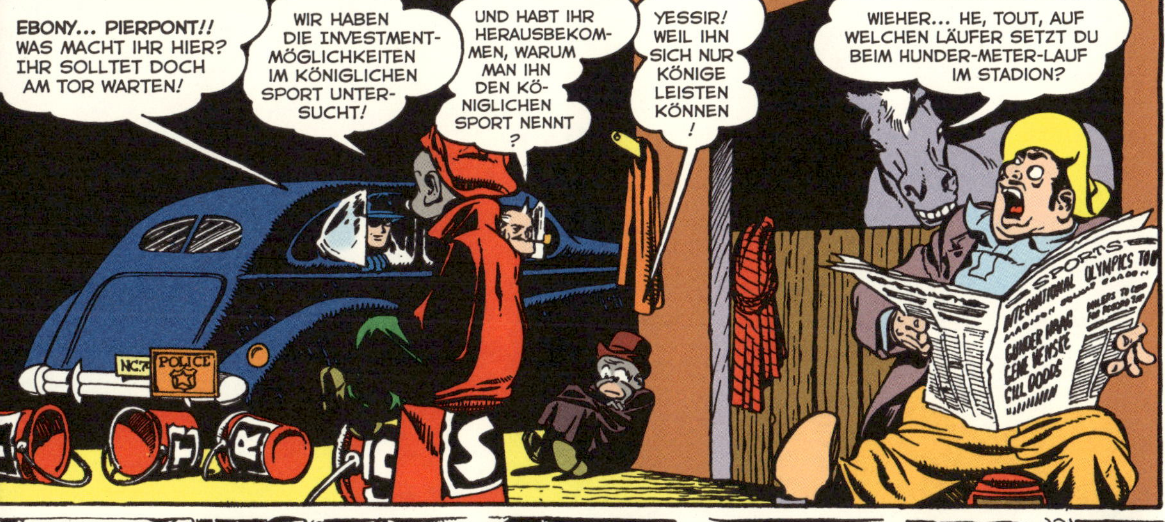

NÄCHSTE WOCHE: „EINE STIMME FÜR SCALLOPPINI"

EINE STIMME FÜR SCALLOPPINI

23. Februar 1947

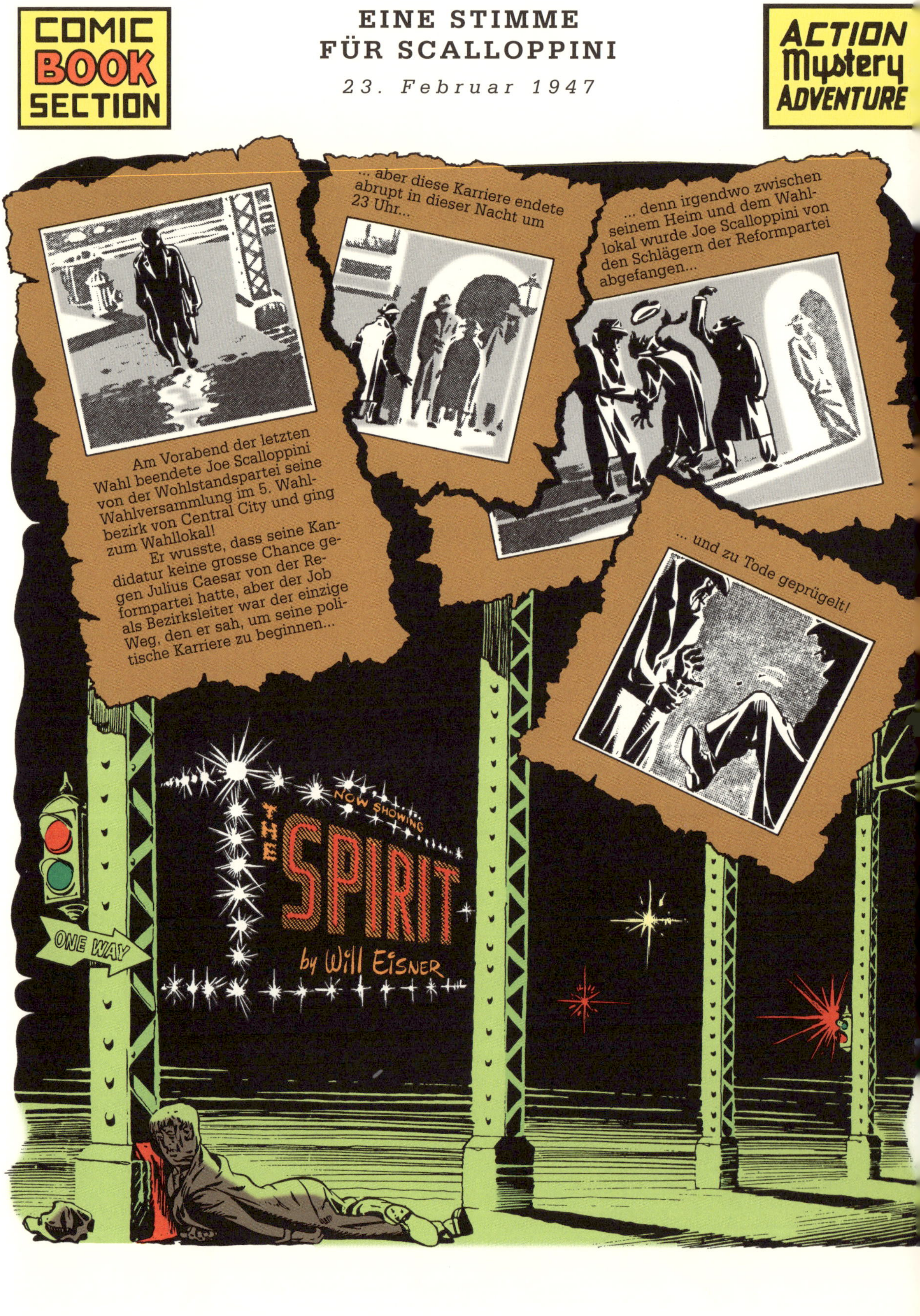

Am Vorabend der letzten Wahl beendete Joe Scalloppini von der Wohlstandspartei seine Wahlversammlung im 5. Wahlbezirk von Central City und ging zum Wahllokal!

Er wusste, dass seine Kandidatur keine grosse Chance gegen Julius Caesar von der Reformpartei hatte, aber der Job als Bezirksleiter war der einzige Weg, den er sah, um seine politische Karriere zu beginnen...

... aber diese Karriere endete abrupt in dieser Nacht um 23 Uhr...

... denn irgendwo zwischen seinem Heim und dem Wahllokal wurde Joe Scalloppini von den Schlägern der Reformpartei abgefangen...

... und zu Tode geprügelt!

NOW SHOWING

THE SPIRIT

by Will Eisner

ONE WAY

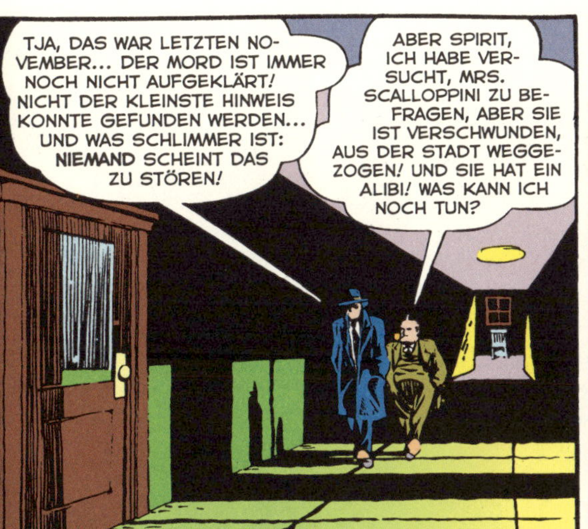
TJA, DAS WAR LETZTEN NOVEMBER... DER MORD IST IMMER NOCH NICHT AUFGEKLÄRT! NICHT DER KLEINSTE HINWEIS KONNTE GEFUNDEN WERDEN... UND WAS SCHLIMMER IST: **NIEMAND** SCHEINT DAS ZU STÖREN!
ABER SPIRIT, ICH HABE VERSUCHT, MRS. SCALLOPPINI ZU BEFRAGEN, ABER SIE IST VERSCHWUNDEN, AUS DER STADT WEGGEZOGEN! UND SIE HAT EIN ALIBI! WAS KANN ICH NOCH TUN?

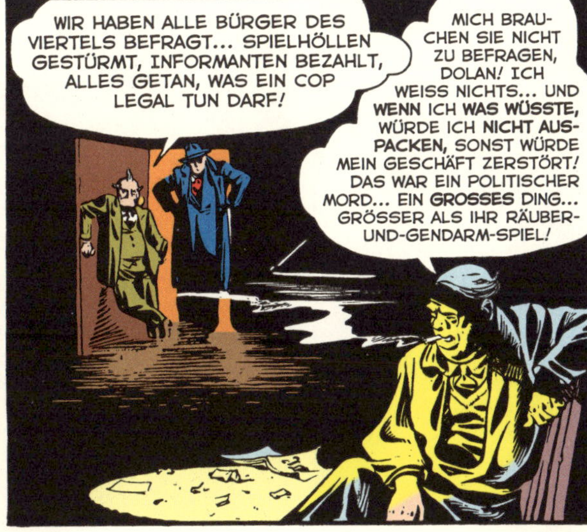
WIR HABEN ALLE BÜRGER DES VIERTELS BEFRAGT... SPIELHÖLLEN GESTÜRMT, INFORMANTEN BEZAHLT, ALLES GETAN, WAS EIN COP LEGAL TUN DARF!
MICH BRAUCHEN SIE NICHT ZU BEFRAGEN, DOLAN! ICH WEISS NICHTS... UND **WENN** ICH **WAS WÜSSTE,** WÜRDE ICH **NICHT AUSPACKEN,** SONST WÜRDE MEIN GESCHÄFT ZERSTÖRT! DAS WAR EIN POLITISCHER MORD... EIN **GROSSES** DING... GRÖSSER ALS IHR RÄUBER-UND-GENDARM-SPIEL!

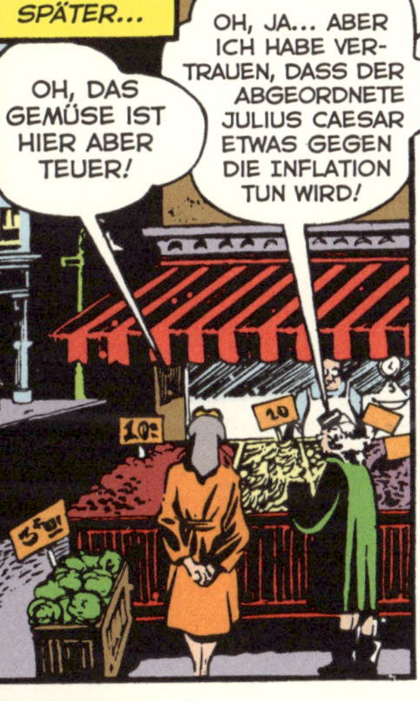
SPÄTER...
OH, DAS GEMÜSE IST HIER ABER TEUER!
OH, JA... ABER ICH HABE VERTRAUEN, DASS DER ABGEORDNETE JULIUS CAESAR ETWAS GEGEN DIE INFLATION TUN WIRD!

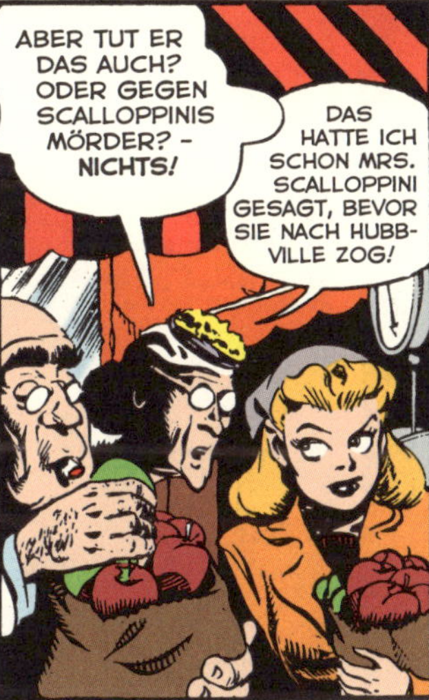
ABER TUT ER DAS AUCH? ODER GEGEN SCALLOPPINIS MÖRDER? – **NICHTS!**
DAS HATTE ICH SCHON MRS. SCALLOPPINI GESAGT, BEVOR SIE NACH HUBBVILLE ZOG!

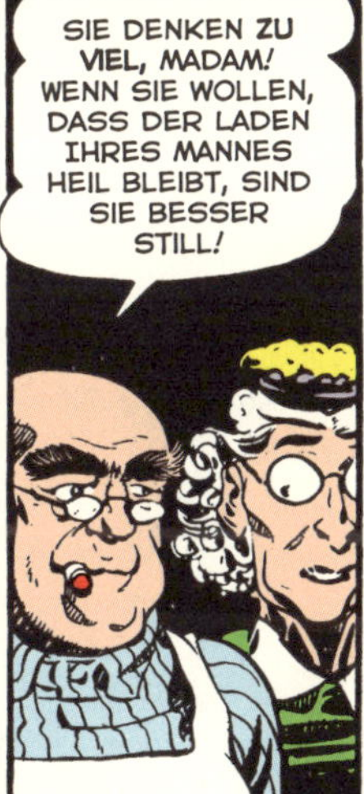
SIE DENKEN **ZU VIEL, MADAM!** WENN SIE WOLLEN, DASS DER LADEN IHRES MANNES HEIL BLEIBT, SIND SIE BESSER STILL!

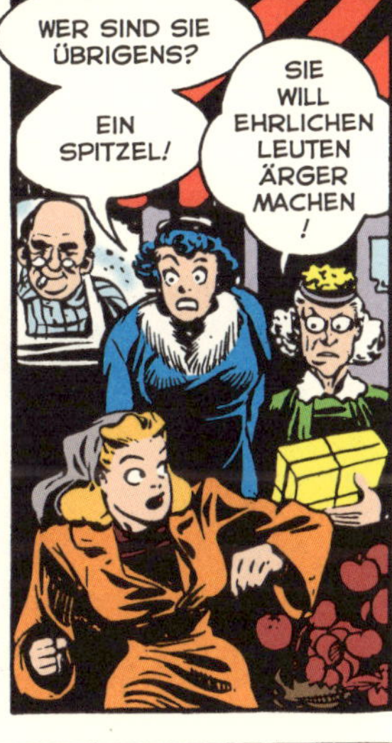
WER SIND SIE ÜBRIGENS?
EIN SPITZEL!
SIE WILL EHRLICHEN LEUTEN ÄRGER MACHEN!

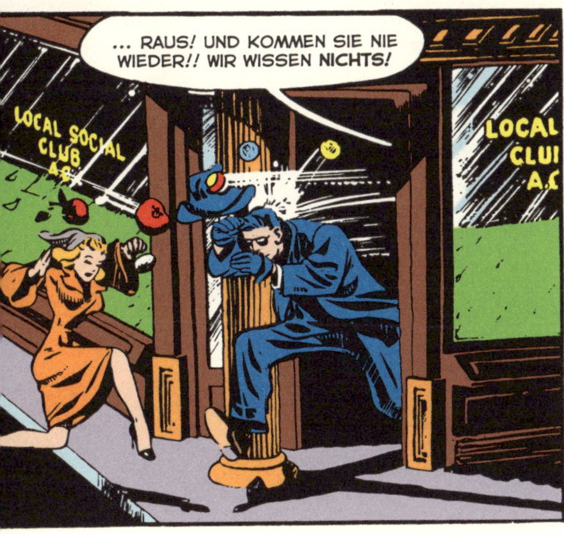
... RAUS! UND KOMMEN SIE NIE WIEDER!! WIR WISSEN **NICHTS!**
LOCAL SOCIAL CLUB A.C.
LOCAL CLUB A.C

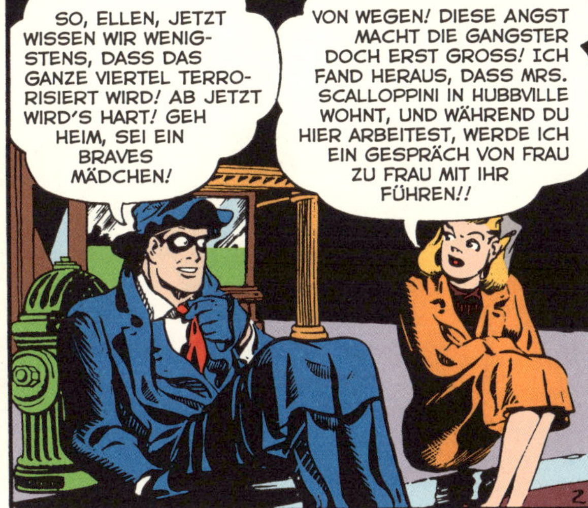
SO, ELLEN, JETZT WISSEN WIR WENIGSTENS, DASS DAS GANZE VIERTEL TERRORISIERT WIRD! AB JETZT WIRD'S HART! GEH HEIM, SEI EIN BRAVES MÄDCHEN!
VON WEGEN! DIESE ANGST MACHT DIE GANGSTER DOCH ERST GROSS! ICH FAND HERAUS, DASS MRS. SCALLOPPINI IN HUBBVILLE WOHNT, UND WÄHREND DU HIER ARBEITEST, WERDE ICH EIN GESPRÄCH VON FRAU ZU FRAU MIT IHR FÜHREN!!
2

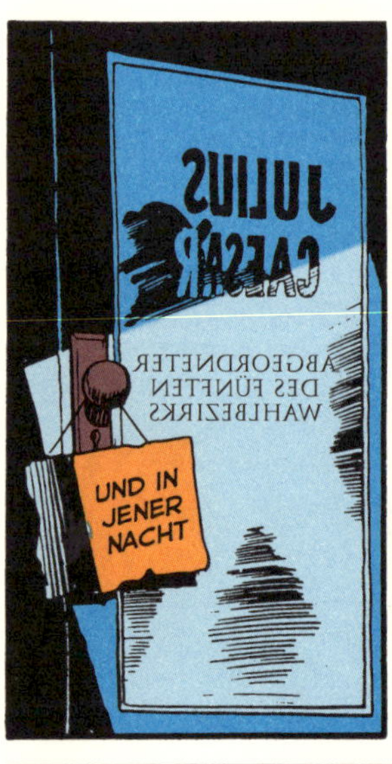
UND IN JENER NACHT

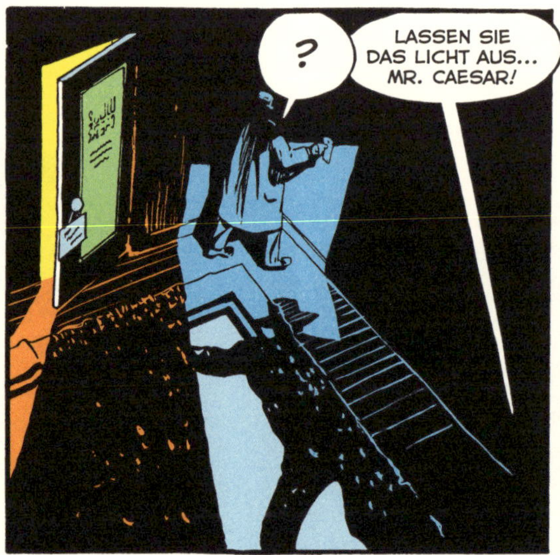
?
LASSEN SIE DAS LICHT AUS... MR. CAESAR!

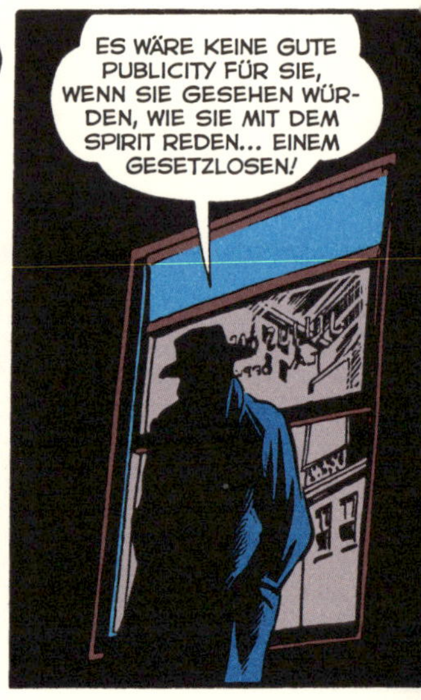
ES WÄRE KEINE GUTE PUBLICITY FÜR SIE, WENN SIE GESEHEN WÜRDEN, WIE SIE MIT DEM SPIRIT REDEN... EINEM GESETZLOSEN!

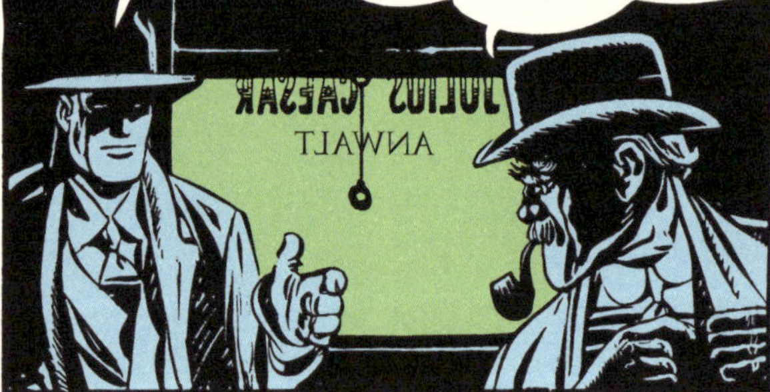
ICH FASSE MICH KURZ: VON IHNEN ALS GEWÄHLTEM VOLKSVERTRETER DIESES BEZIRKS ERWARTE ICH, DASS SIE MIR DEN NAMEN VON SCALLOPPINIS MÖRDER NENNEN!
WENN SIE EIN SCHERGE MEINER POLITISCHEN GEGNER SIND, VERGEUDEN SIE IHRE ZEIT! ICH WEISS ES WIRKLICH NICHT! ES WAR EIN UNFALL IN EINER HEISSEN WAHLSCHLACHT... DER BEWERBER IST NICHT VERANTWORTLICH DAFÜR, WAS SEINE UNTERSTÜTZER TUN!
ANWALT

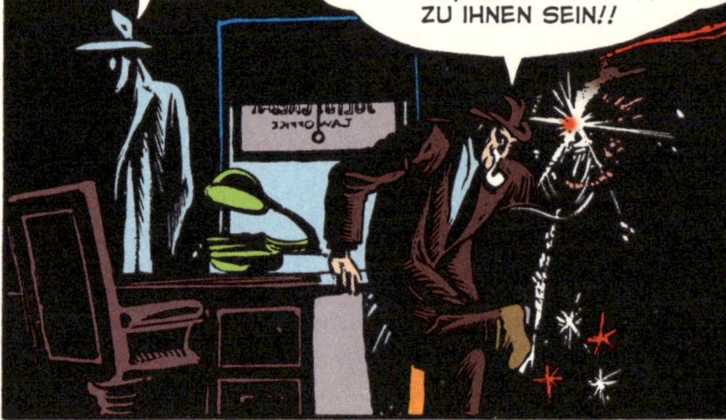
RECHTLICH VIELLEICHT NICHT, ABER **MORALISCH** JA! WARUM GREIFEN SIE NICHT GEGEN DIESE VERBRECHER DURCH, DIE IHREN BEZIRK VERSEUCHT HABEN?
WEIL ICH NICHT VERRÜCKT BIN! IN MEINEM BEZIRK ARBEITEN **SIE** AM HÄRTESTEN DAFÜR, DASS ICH GEWÄHLT WERDE... UND WENN ICH WIEDERGEWÄHLT WERDEN WILL, MUSS ICH NETT ZU IHNEN SEIN!!

INZWISCHEN...
MRS. SCALLOPPINI, SIE SCHULDEN ES JOE, DASS SIE MIR ALLES SAGEN!
DRÄNGEN SIE MICH NICHT, MISS DOLAN... UM HIMMELS WILLEN! ICH HABE KINDER UND EINEN ALTEN VATER!! WISSEN SIE, WAS MIT DENEN PASSIERT, WENN ICH AUSPACKE?
ÜBERLASSEN SIE ALLES MIR... ICH HABE DIE POLIZEI BENACHRICHTIGT! SIE WIRD...
WAS?

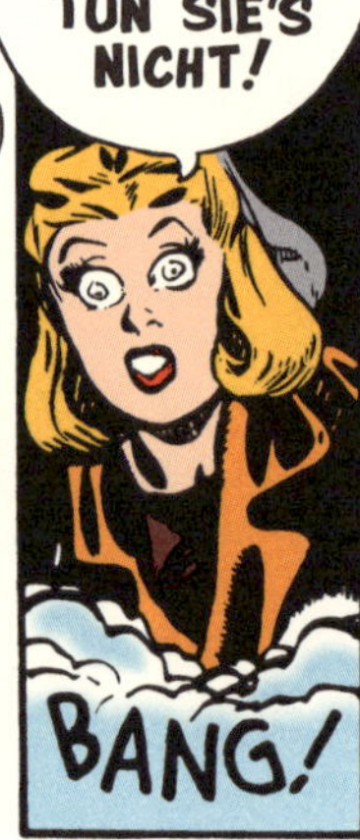
NICHT, MRS. SCALLOPPINI!... **NEIN, NEIN! TUN SIE'S NICHT!**
BANG!

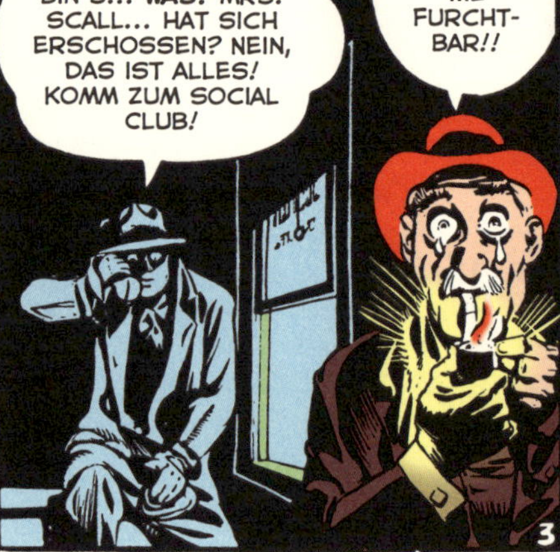
WENIGE MINUTEN SPÄTER...
JA, ELLEN, ICH BIN'S... **WAS?** MRS. SCALL... HAT SICH ERSCHOSSEN? NEIN, DAS IST ALLES! KOMM ZUM SOCIAL CLUB!
GÜTIGER HIMMEL! WIE FURCHTBAR!!
3

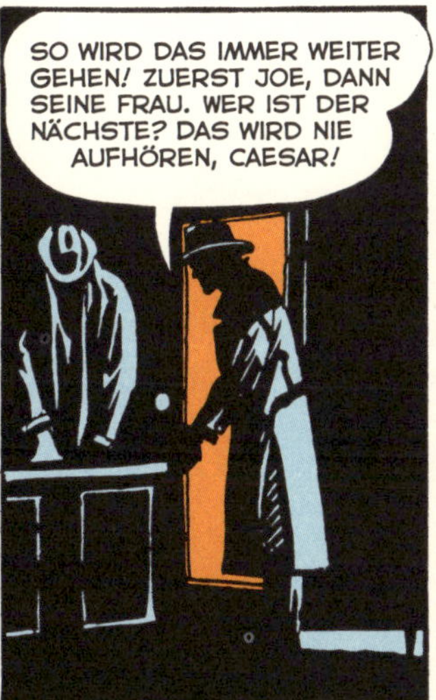
SO WIRD DAS IMMER WEITER GEHEN! ZUERST JOE, DANN SEINE FRAU. WER IST DER NÄCHSTE? DAS WIRD NIE AUFHÖREN, CAESAR!

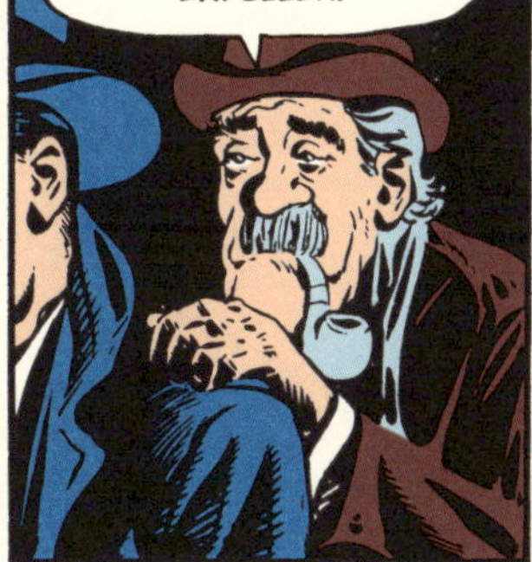
NEIN, WARTEN SIE! ICH KANN DAS NICHT ZULASSEN... MEIN GEWISSEN LÄSST MICH NICHT! ICH WAR NETT ZU VERBRECHERN, DIE MICH GEWÄHLT HABEN... JETZT IST ES ZEIT, DIE ERWARTUNGEN DER EHRLICHEN MENSCHEN ZU ERFÜLLEN!

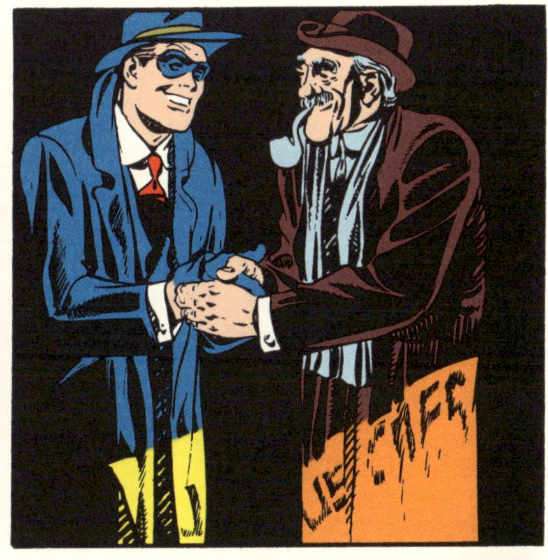

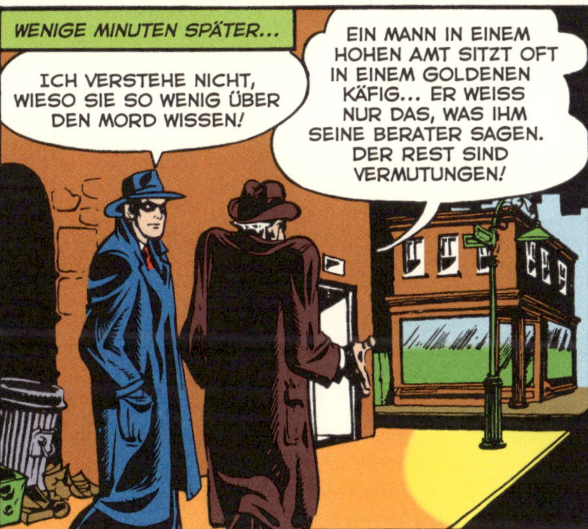
WENIGE MINUTEN SPÄTER...
ICH VERSTEHE NICHT, WIESO SIE SO WENIG ÜBER DEN MORD WISSEN!
EIN MANN IN EINEM HOHEN AMT SITZT OFT IN EINEM GOLDENEN KÄFIG... ER WEISS NUR DAS, WAS IHM SEINE BERATER SAGEN. DER REST SIND VERMUTUNGEN!

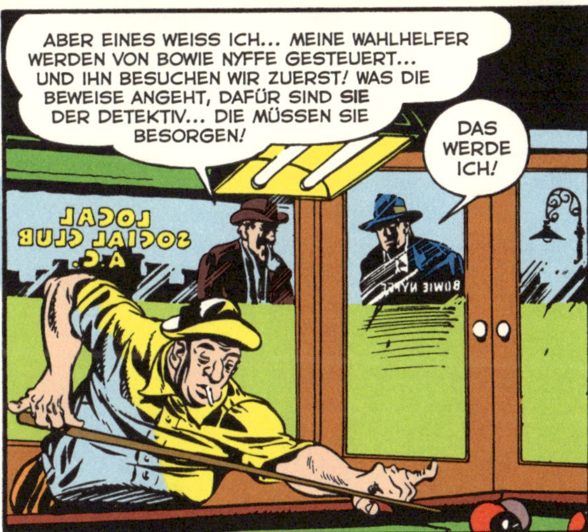
ABER EINES WEISS ICH... MEINE WAHLHELFER WERDEN VON BOWIE NYFFE GESTEUERT... UND IHN BESUCHEN WIR ZUERST! WAS DIE BEWEISE ANGEHT, DAFÜR SIND SIE DER DETEKTIV... DIE MÜSSEN SIE BESORGEN!
DAS WERDE ICH!

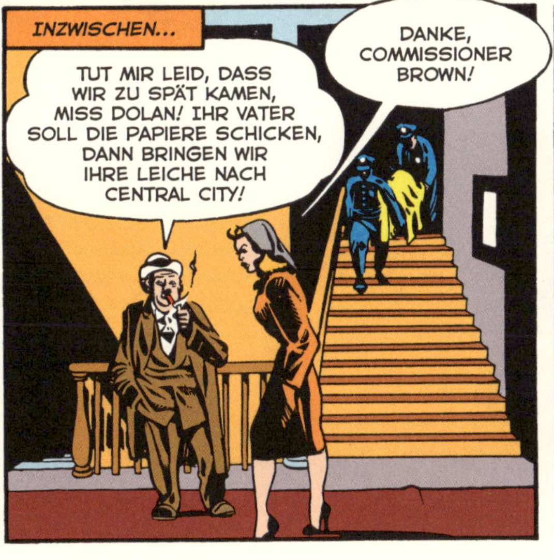
INZWISCHEN...
TUT MIR LEID, DASS WIR ZU SPÄT KAMEN, MISS DOLAN! IHR VATER SOLL DIE PAPIERE SCHICKEN, DANN BRINGEN WIR IHRE LEICHE NACH CENTRAL CITY!
DANKE, COMMISSIONER BROWN!

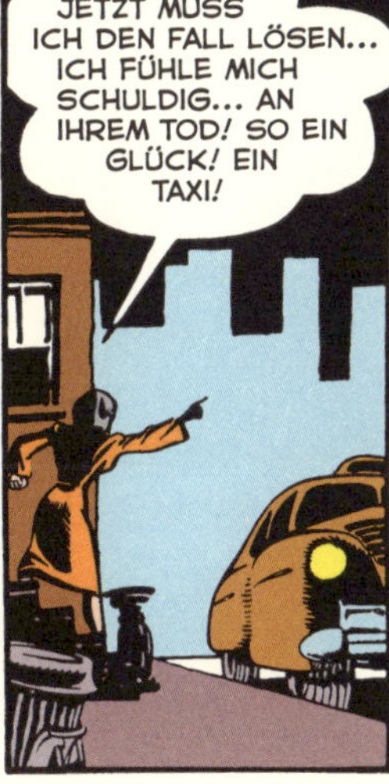
JETZT MUSS ICH DEN FALL LÖSEN... ICH FÜHLE MICH SCHULDIG... AN IHREM TOD! SO EIN GLÜCK! EIN TAXI!

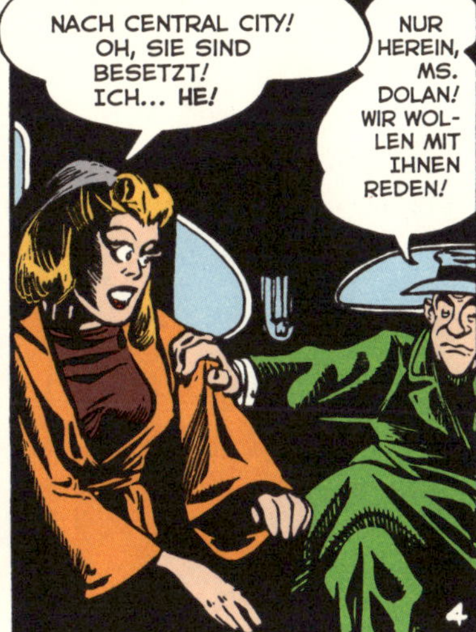
NACH CENTRAL CITY! OH, SIE SIND BESETZT! ICH... HE!
NUR HEREIN, MS. DOLAN! WIR WOLLEN MIT IHNEN REDEN!
4

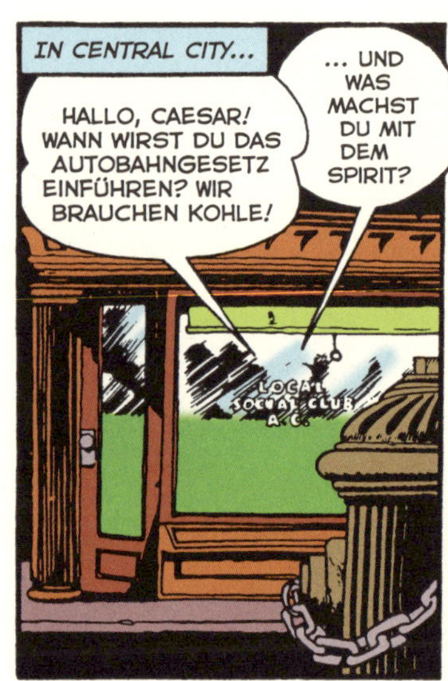
IN CENTRAL CITY...
HALLO, CAESAR! WANN WIRST DU DAS AUTOBAHNGESETZ EINFÜHREN? WIR BRAUCHEN KOHLE!
... UND WAS MACHST DU MIT DEM SPIRIT?
LOCAL SOCIAL CLUB A. C.

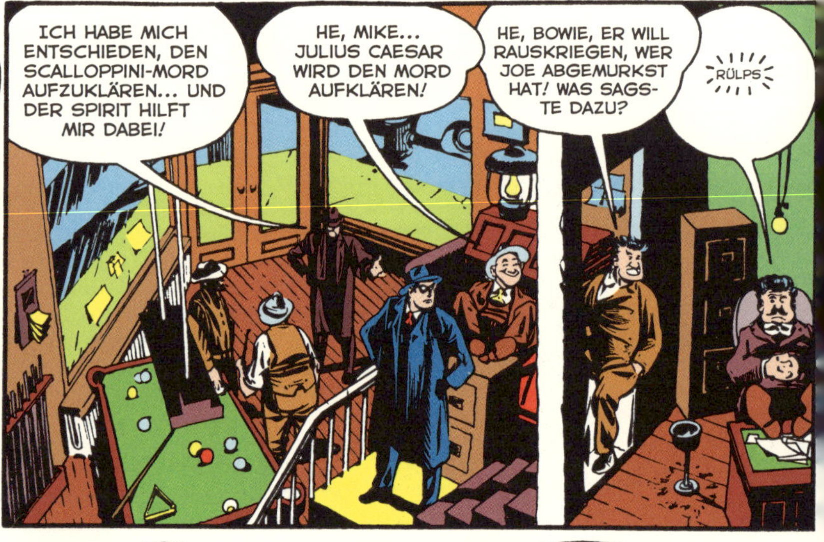
ICH HABE MICH ENTSCHIEDEN, DEN SCALLOPPINI-MORD AUFZUKLÄREN... UND DER SPIRIT HILFT MIR DABEI!
HE, MIKE... JULIUS CAESAR WIRD DEN MORD AUFKLÄREN!
HE, BOWIE, ER WILL RAUSKRIEGEN, WER JOE ABGEMURKST HAT! WAS SAGS-TE DAZU?
RÜLPS

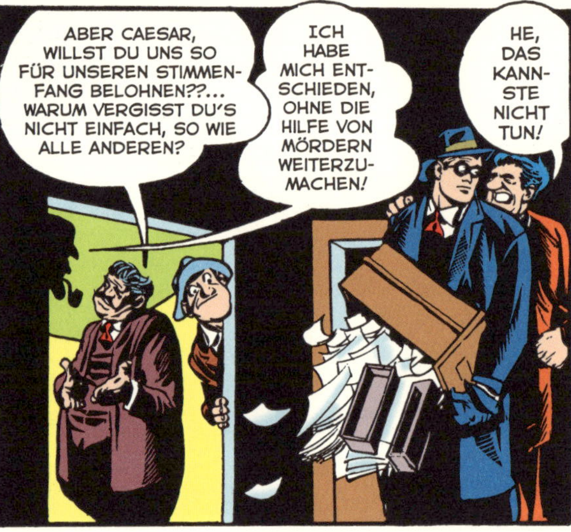
ABER CAESAR, WILLST DU UNS SO FÜR UNSEREN STIMMEN-FANG BELOHNEN??... WARUM VERGISST DU'S NICHT EINFACH, SO WIE ALLE ANDEREN?
ICH HABE MICH ENT-SCHIEDEN, OHNE DIE HILFE VON MÖRDERN WEITERZU-MACHEN!
HE, DAS KANN-STE NICHT TUN!

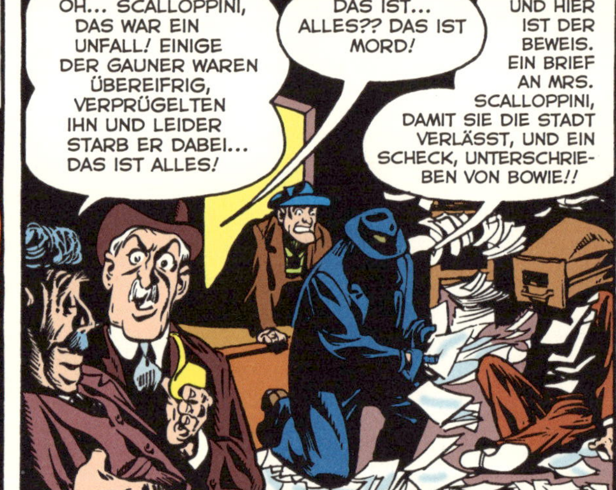
OH... SCALLOPPINI, DAS WAR EIN UNFALL! EINIGE DER GAUNER WAREN ÜBEREIFRIG, VERPRÜGELTEN IHN UND LEIDER STARB ER DABEI... DAS IST ALLES!
DAS IST... ALLES?? DAS IST MORD!
UND HIER IST DER BEWEIS. EIN BRIEF AN MRS. SCALLOPPINI, DAMIT SIE DIE STADT VERLÄSST, UND EIN SCHECK, UNTERSCHRIE-BEN VON BOWIE!!

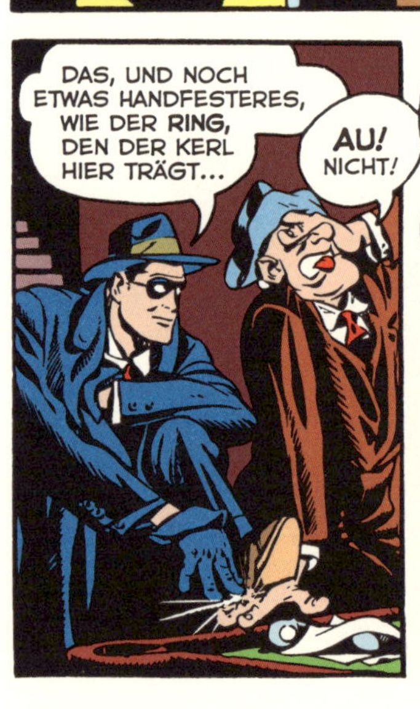
DAS, UND NOCH ETWAS HANDFESTERES, WIE DER RING, DEN DER KERL HIER TRÄGT...
AU! NICHT!

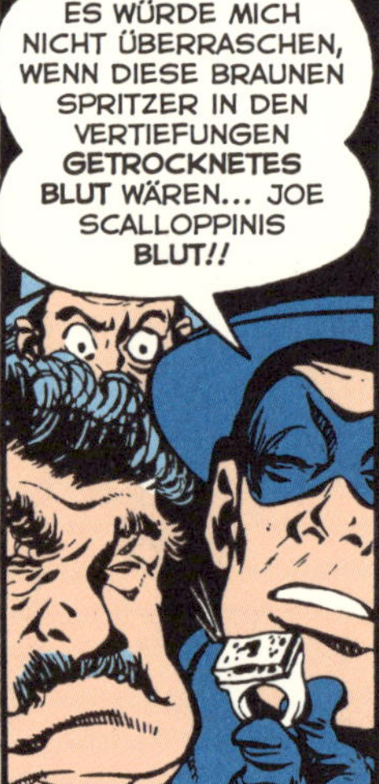
ES WÜRDE MICH NICHT ÜBERRASCHEN, WENN DIESE BRAUNEN SPRITZER IN DEN VERTIEFUNGEN GETROCKNETES BLUT WÄREN... JOE SCALLOPPINIS BLUT!!

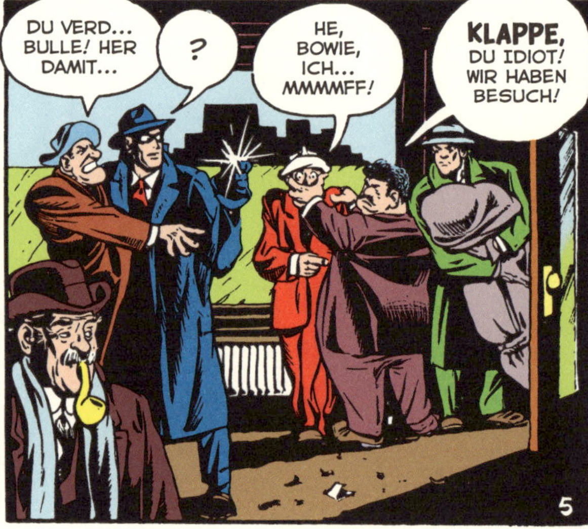
DU VERD... BULLE! HER DAMIT...
?
HE, BOWIE, ICH... MMMMFF!
KLAPPE, DU IDIOT! WIR HABEN BESUCH!
5

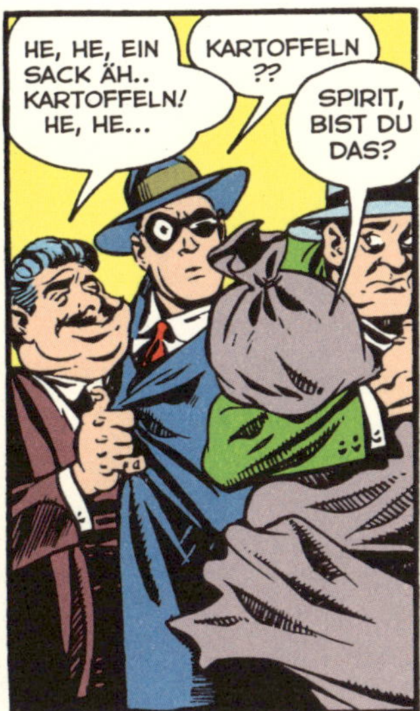
HE, HE, EIN SACK ÄH.. KARTOFFELN! HE, HE...
KARTOFFELN ??
SPIRIT, BIST DU DAS?

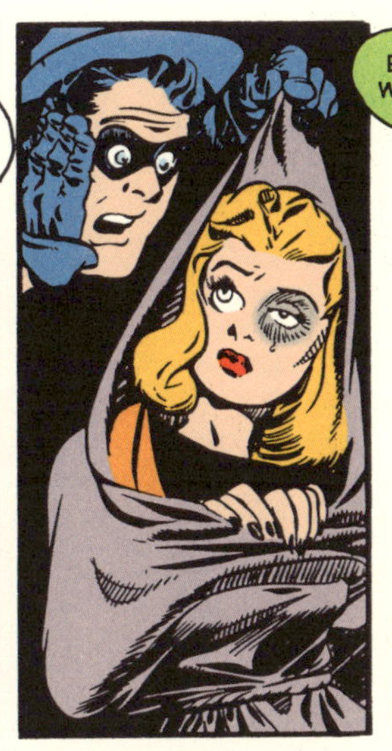

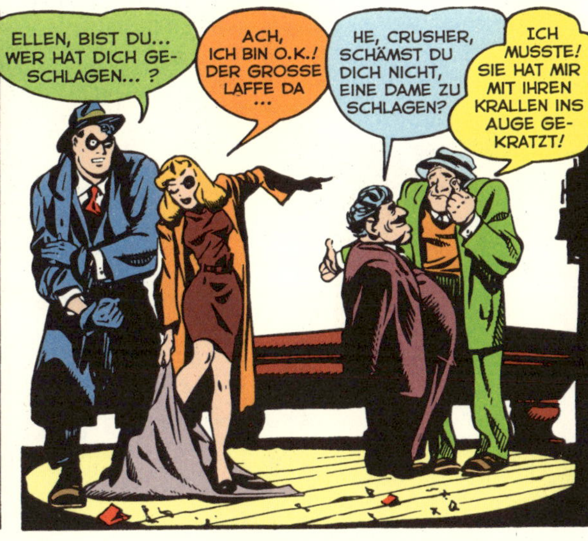
ELLEN, BIST DU... WER HAT DICH GE-SCHLAGEN... ?
ACH, ICH BIN O.K.! DER GROSSE LAFFE DA ...
HE, CRUSHER, SCHÄMST DU DICH NICHT, EINE DAME ZU SCHLAGEN?
ICH MUSSTE! SIE HAT MIR MIT IHREN KRALLEN INS AUGE GE-KRATZT!

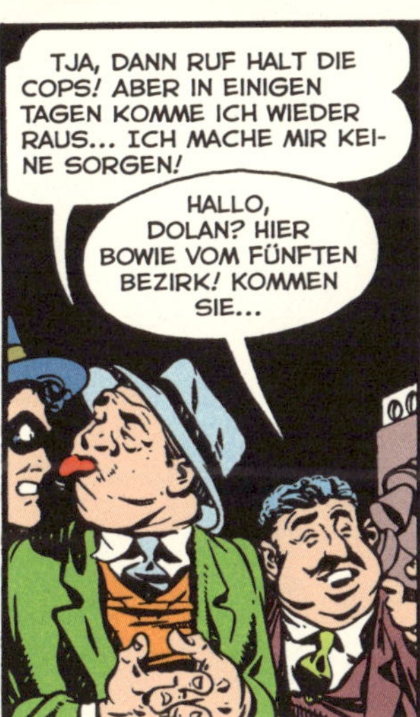
TJA, DANN RUF HALT DIE COPS! ABER IN EINIGEN TAGEN KOMME ICH WIEDER RAUS... ICH MACHE MIR KEI-NE SORGEN!
HALLO, DOLAN? HIER BOWIE VOM FÜNFTEN BEZIRK! KOMMEN SIE...

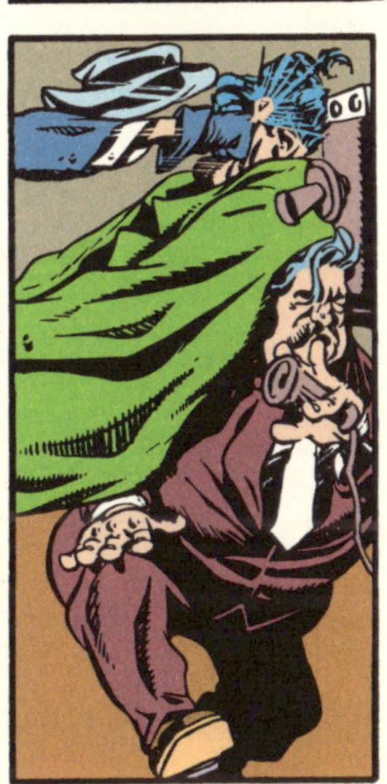

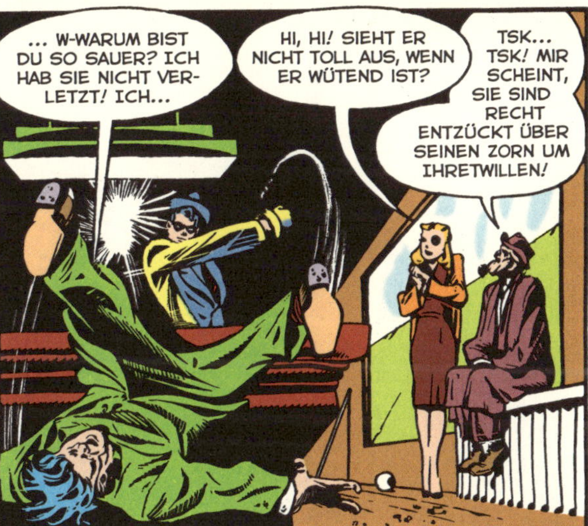
... W-WARUM BIST DU SO SAUER? ICH HAB SIE NICHT VER-LETZT! ICH...
HI, HI! SIEHT ER NICHT TOLL AUS, WENN ER WÜTEND IST?
TSK... TSK! MIR SCHEINT, SIE SIND RECHT ENTZÜCKT ÜBER SEINEN ZORN UM IHRETWILLEN!

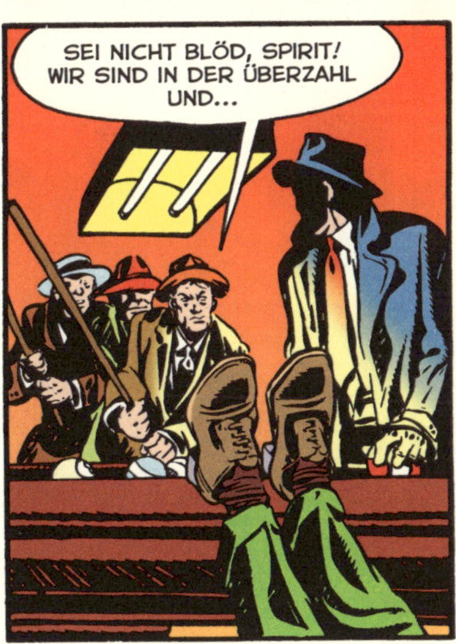
SEI NICHT BLÖD, SPIRIT! WIR SIND IN DER ÜBERZAHL UND...

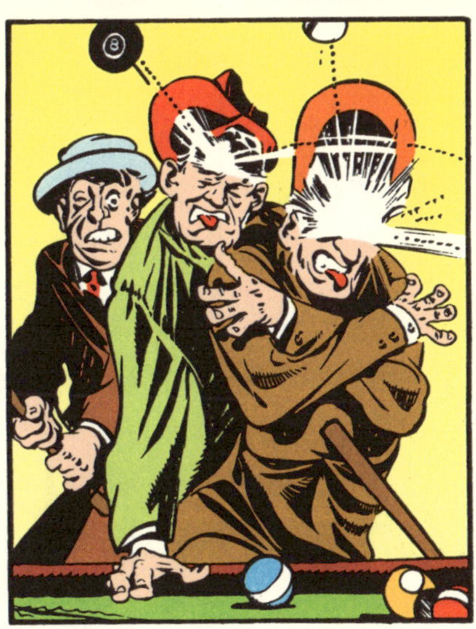
8

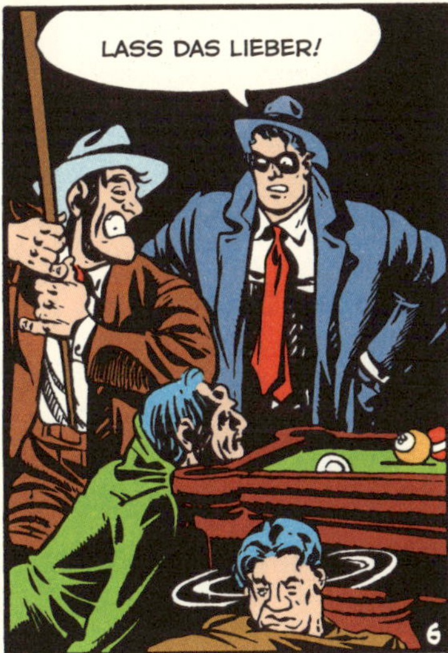
LASS DAS LIEBER!
6

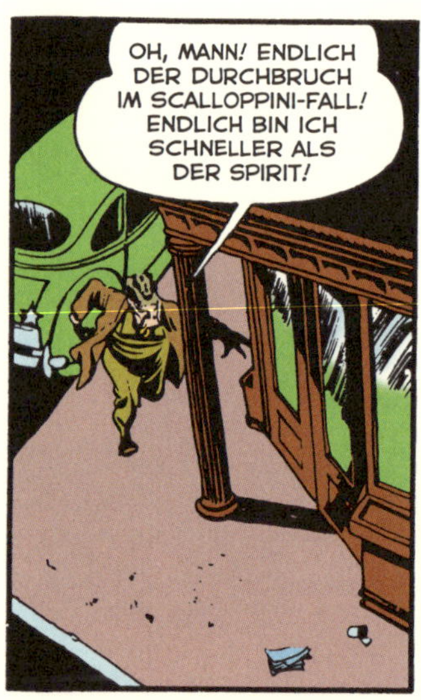
OH, MANN! ENDLICH DER DURCHBRUCH IM SCALLOPPINI-FALL! ENDLICH BIN ICH SCHNELLER ALS DER SPIRIT!

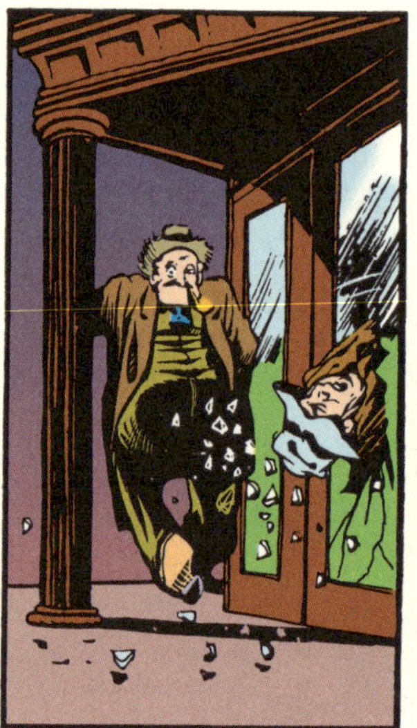

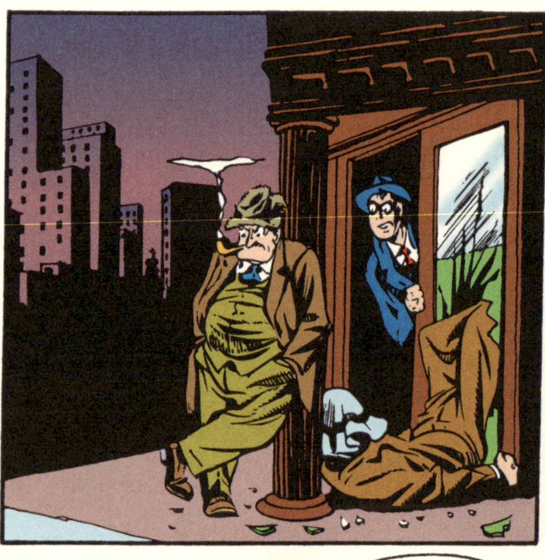

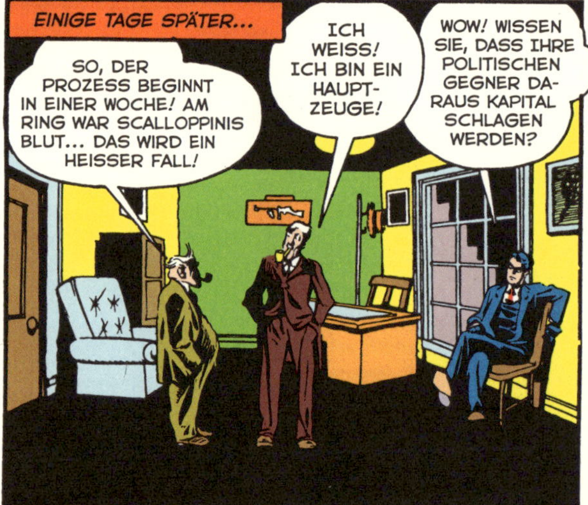
EINIGE TAGE SPÄTER...
SO, DER PROZESS BEGINNT IN EINER WOCHE! AM RING WAR SCALLOPPINIS BLUT... DAS WIRD EIN HEISSER FALL!
ICH WEISS! ICH BIN EIN HAUPT-ZEUGE!
WOW! WISSEN SIE, DASS IHRE POLITISCHEN GEGNER DARAUS KAPITAL SCHLAGEN WERDEN?

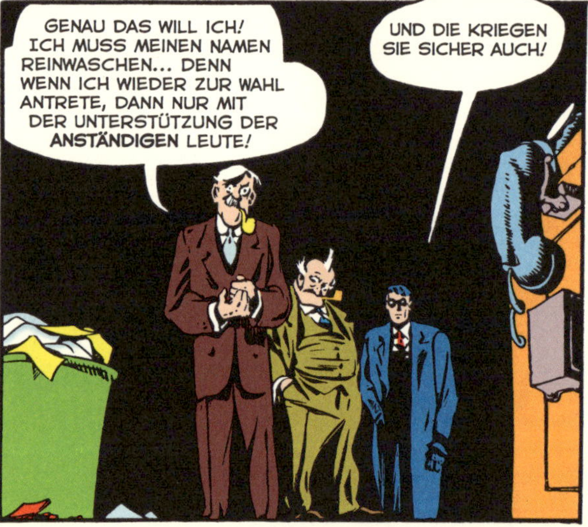
GENAU DAS WILL ICH! ICH MUSS MEINEN NAMEN REINWASCHEN... DENN WENN ICH WIEDER ZUR WAHL ANTRETE, DANN NUR MIT DER UNTERSTÜTZUNG DER **ANSTÄNDIGEN** LEUTE!
UND DIE KRIEGEN SIE SICHER AUCH!

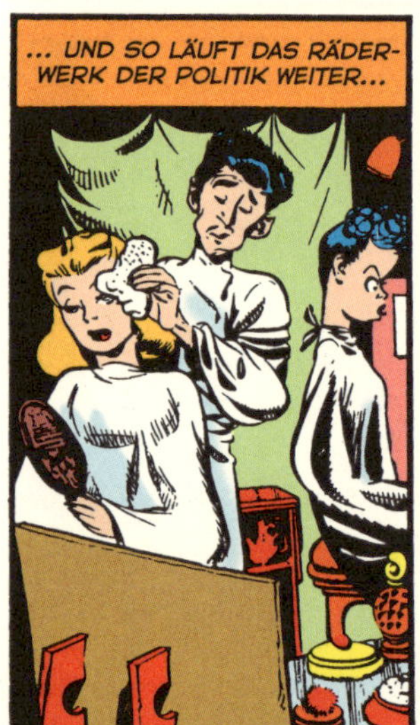
... UND SO LÄUFT DAS RÄDERWERK DER POLITIK WEITER...

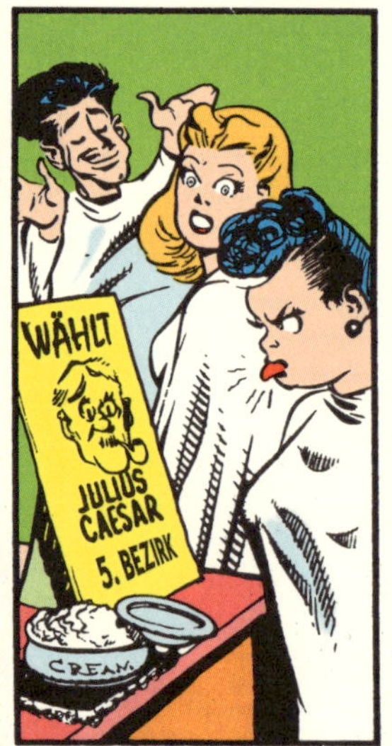
WÄHLT
JULIUS CAESAR
5. BEZIRK
CREAM

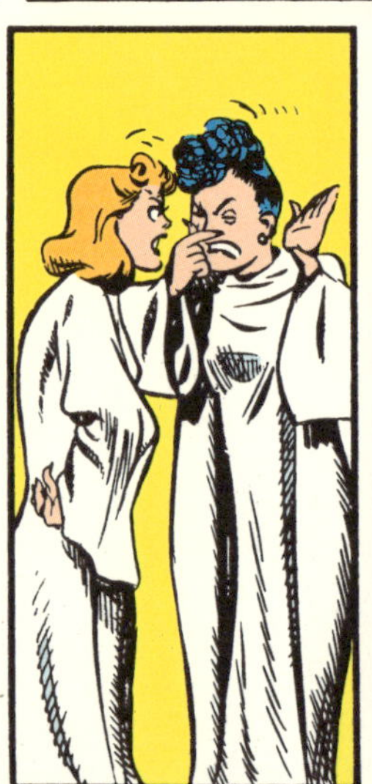

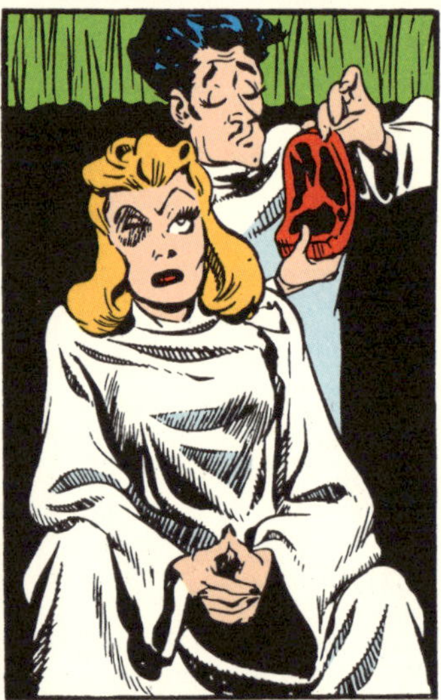

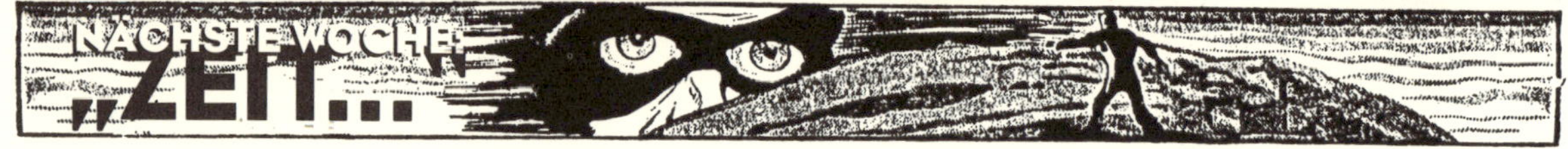
NÄCHSTE WOCHE:
„ZEIT..."

EIN STAUBKORN IN DER UNENDLICHKEIT

2. März 1947

Am Ende des letzten Jahrhunderts kam Doktor Ward Wilmore auf eine neue Theorie über die ZEIT.

Alleine auf der kalten Anhöhe in seinem gespenstischen Schloss folgerte er, dass ZEIT nur eine andere Form von Materie sei... eine hauchdünne Substanz, um uns herum gesponnen wie das Netz einer Spinne.

Des weiteren folgerte er, dass der Mensch durch die Geschichte geht, als ob er durch eine Abfolge von Zimmern liefe, und dass alles, was uns gestern passiert ist, noch präsent ist und dass alles, was uns morgen geschehen wird, bereits existiert und nur auf unser Kommen wartet.

Die sich um sich selbst drehende Erde, glaubte er, sei das Fahrzeug. Wenn die Erde für einen Moment innehalten würde, würden wir lediglich die Geschehnisse von gestern noch einmal erleben. Andererseits, wenn sich die Erdkugel schneller drehen würde, so würde die Zukunft an uns vorbeirauschen wie eine Welle.

Um seine These zu beweisen baute er einen Ballon und reiste los, um die Zukunft zu erkunden... Natürlich wurde er nie wieder gesehen, noch hörte man je wieder von ihm.

THE SPIRIT
BY WILL EISNER

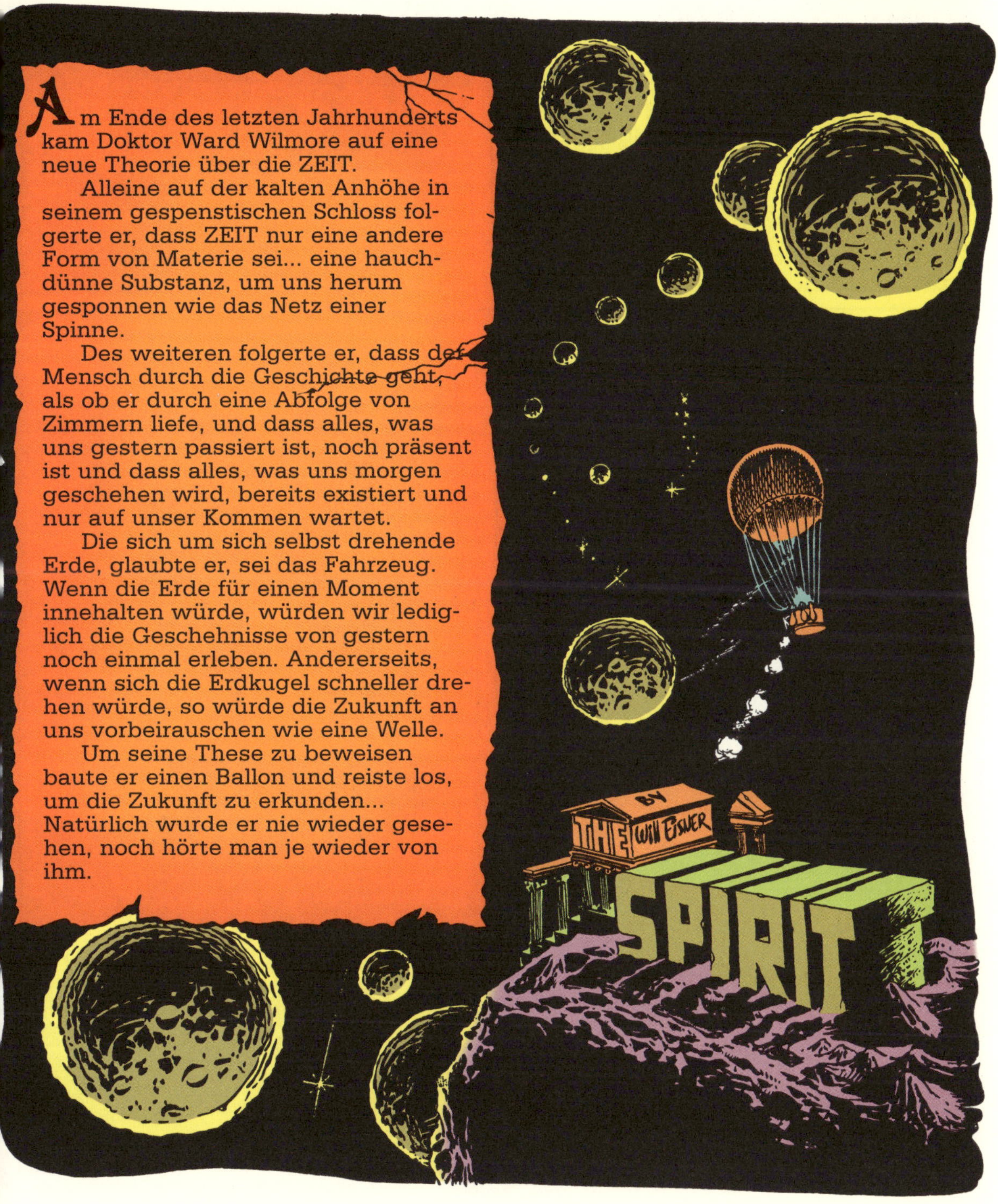

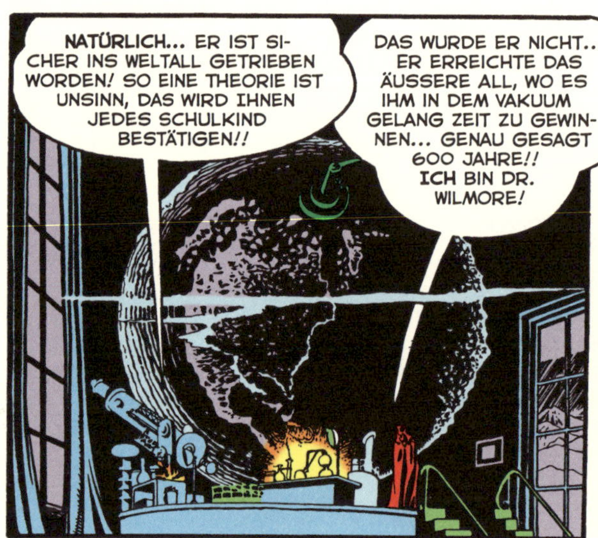

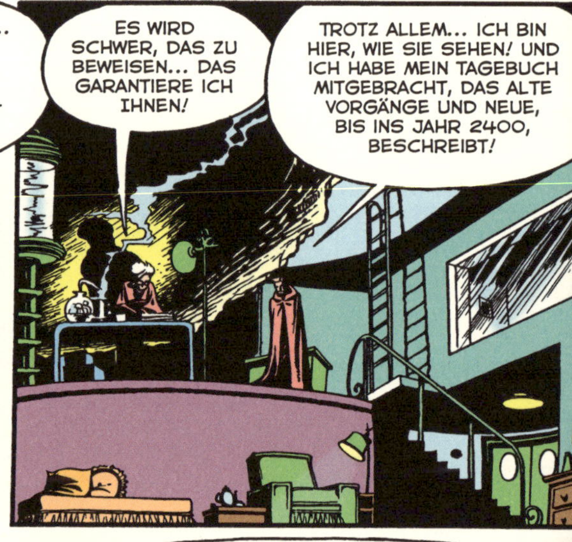

SO... EINES MORGENS SEHE ICH, WIE SIE IN EINEM BALLON LANDEN ... SIE SAGEN EINIGE POLITISCHE EREIGNISSE GENAU VORAUS UND SIE ERWARTEN, DASS ICH, AUGUST LATEUR, EIN GROSSER WISSENSCHAFTLER, DARAUF HEREINFALLE...!
JA. UND ICH SAGE NOCH ETWAS VORAUS! IN EINEM AUGENBLICK WIRD DER MOLEKULARSTRAHL, AN DEM SIE ARBEITEN, ENDLICH FUNKTIONIEREN!...

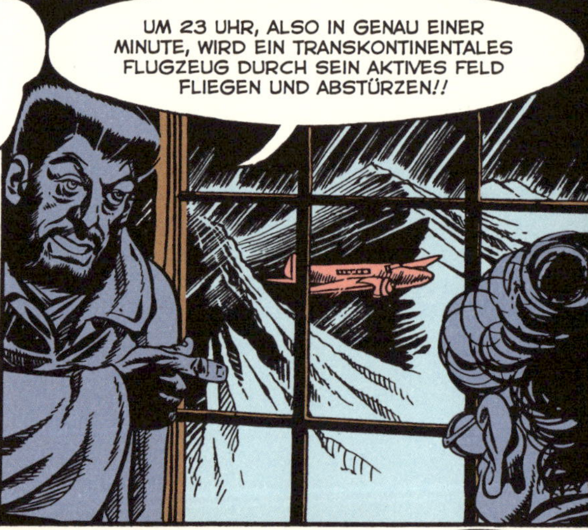

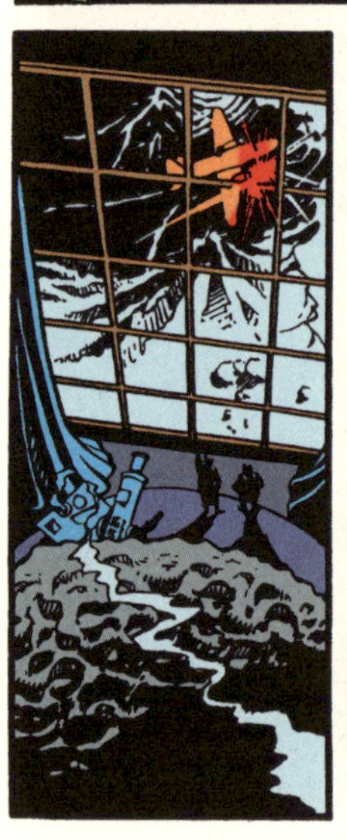

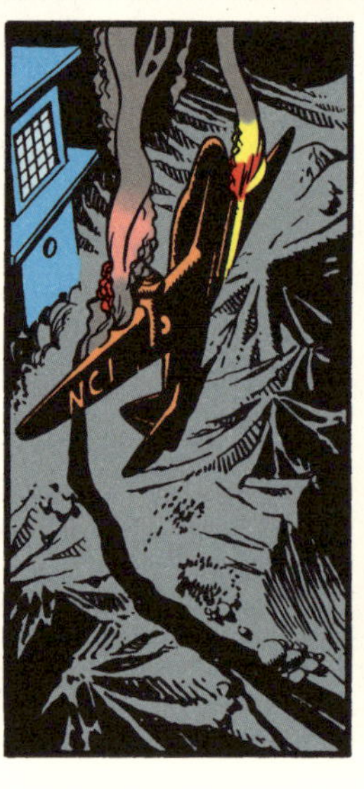

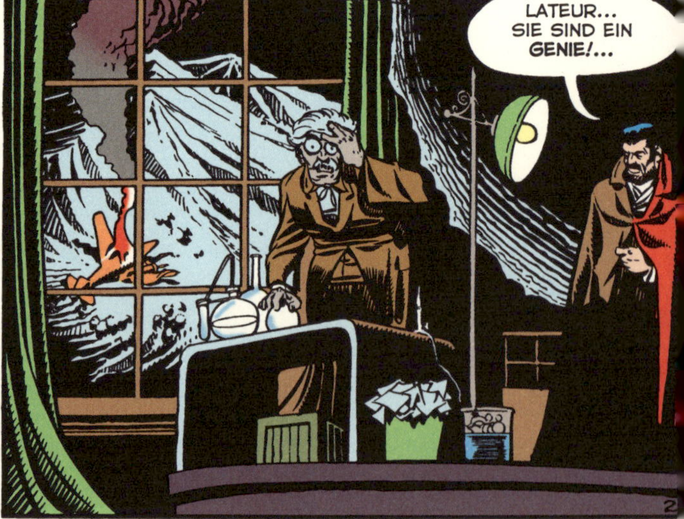

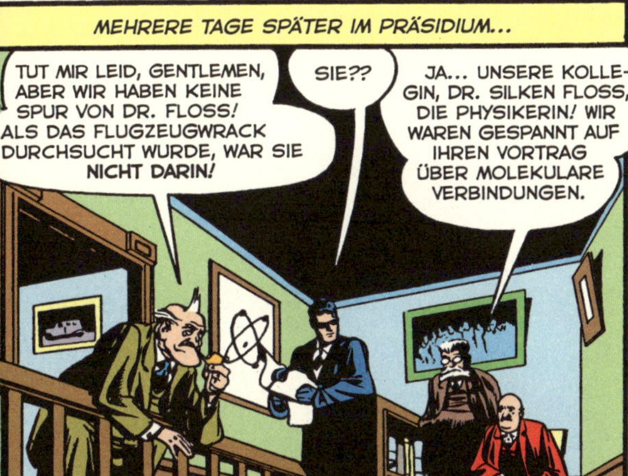
MEHRERE TAGE SPÄTER IM PRÄSIDIUM...
TUT MIR LEID, GENTLEMEN, ABER WIR HABEN KEINE SPUR VON DR. FLOSS! ALS DAS FLUGZEUGWRACK DURCHSUCHT WURDE, WAR SIE NICHT DARIN!
SIE??
JA... UNSERE KOLLEGIN, DR. SILKEN FLOSS, DIE PHYSIKERIN! WIR WAREN GESPANNT AUF IHREN VORTRAG ÜBER MOLEKULARE VERBINDUNGEN.

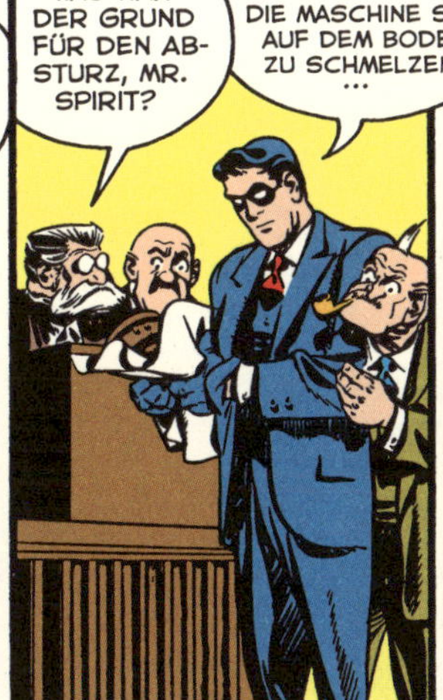
WAS WAR DER GRUND FÜR DEN ABSTURZ, MR. SPIRIT?
DAS WEISS NIEMAND... DIE MASCHINE SCHIEN AUF DEM BODEN ZU SCHMELZEN ...
... WAS MICH AUF ETWAS BRINGT: HIER IST DER VERGASER DES ABGESTÜRZTEN FLUGZEUGS. HABEN SIE ETWAS MERKWÜRDIGES BEMERKT?
JA, EIN TEIL IST ZU EINER SELTSAMEN METALLSORTE GESCHMOLZEN. ... WIE GOLD!

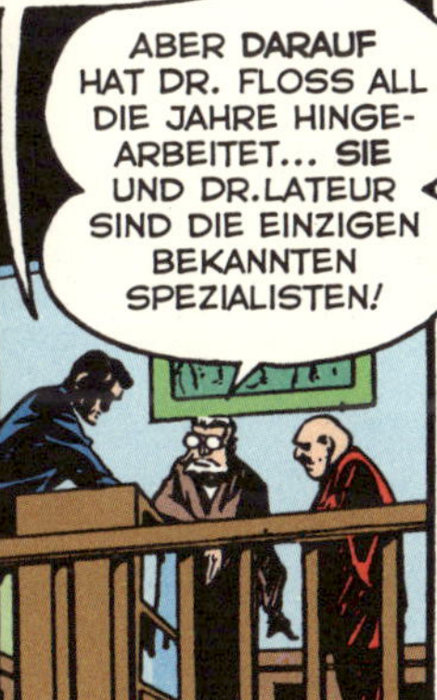
NICHT GERADE GOLD, SONDERN EIN ANDERES METALL, DESSEN MOLEKULARSTRUKTUR DEM MENSCHEN NOCH UNBEKANNT IST!!!
ABER DARAUF HAT DR. FLOSS ALL DIE JAHRE HINGEARBEITET... SIE UND DR.LATEUR SIND DIE EINZIGEN BEKANNTEN SPEZIALISTEN!

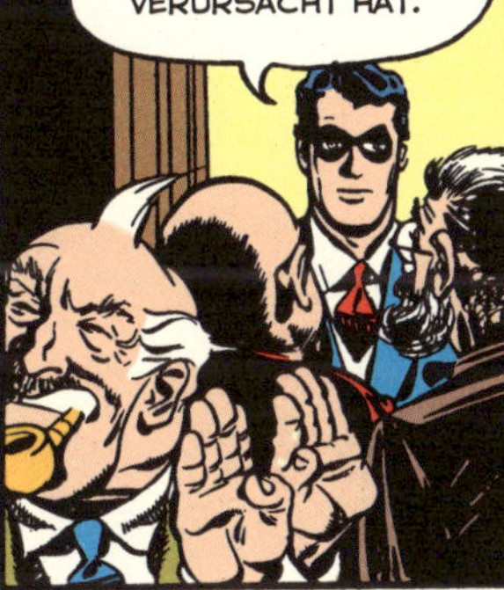
... UND GENAU DAS HABE ICH GEDACHT. ... ICH GLAUBE, SILKEN FLOSS LEBT... ICH GLAUBE AUCH, DASS EINE KRAFT VON AUSSEN DIE METALLSTRUKTUR DIESES TEILS VERÄNDERT UND SO DEN ABSTURZ VERURSACHT HAT.
ABER WAS?? UND WARUM??
... DAS MÖCHTE ICH HERAUSFINDEN. IN DEM ABGELEGENEN LABOR VON DR. LATEUR AUF DEM MOUNT OLIVE IN DER NÄHE DES WRACKS!!

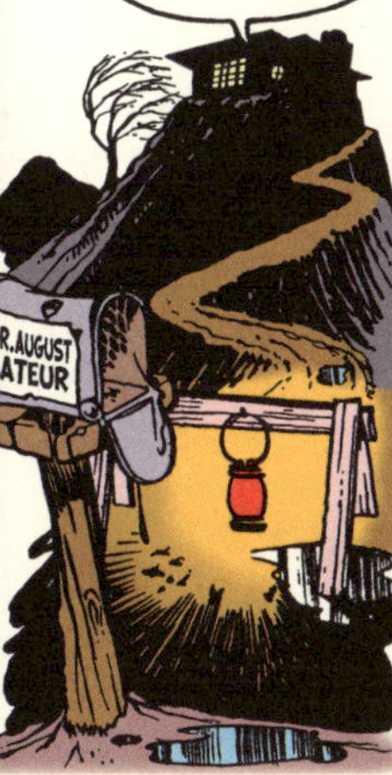
SIR, ICH FANGE AN, IHNEN ZU GLAUBEN!
DR. AUGUST LATEUR

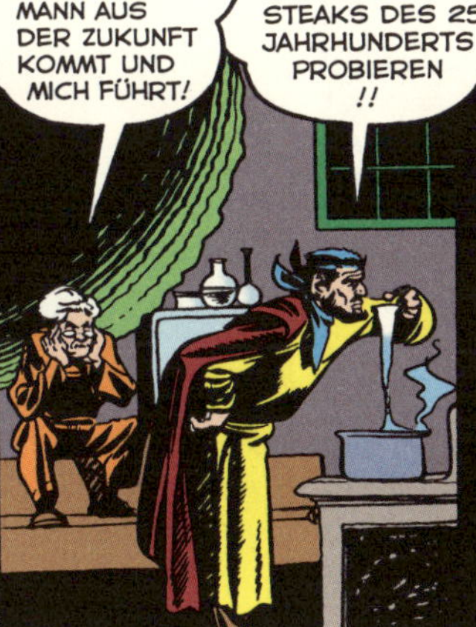
... DASS AM VORABEND MEINER ENTDECKUNG EIN MANN AUS DER ZUKUNFT KOMMT UND MICH FÜHRT!
HMM... SEHR SCHLECHT GEKOCHT! SIE SOLLTEN DIE STEAKS DES 25. JAHRHUNDERTS PROBIEREN !!

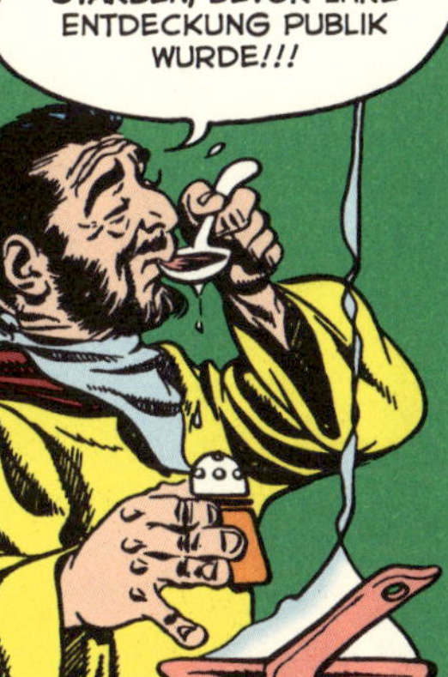
SAGEN SIE... WAS WIRD MIT DIESER ERFINDUNG GESCHEHEN... WAS SAGEN IHRE GESCHICHTSBÜCHER DARÜBER??
UNSERE HISTORIKER SCHRIEBEN, DASS SIE STARBEN, BEVOR IHRE ENTDECKUNG PUBLIK WURDE!!!
3

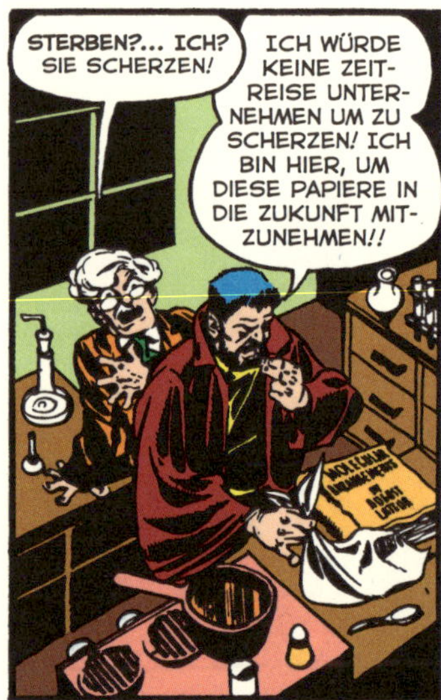
STERBEN?... ICH? SIE SCHERZEN!
ICH WÜRDE KEINE ZEITREISE UNTERNEHMEN UM ZU SCHERZEN! ICH BIN HIER, UM DIESE PAPIERE IN DIE ZUKUNFT MITZUNEHMEN!!

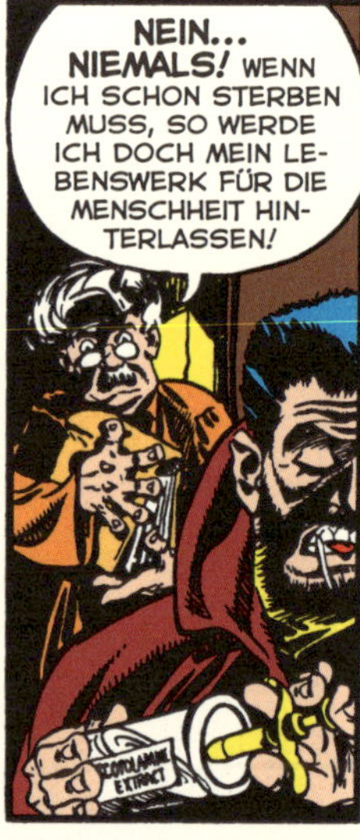
NEIN... NIEMALS! WENN ICH SCHON STERBEN MUSS, SO WERDE ICH DOCH MEIN LEBENSWERK FÜR DIE MENSCHHEIT HINTERLASSEN!

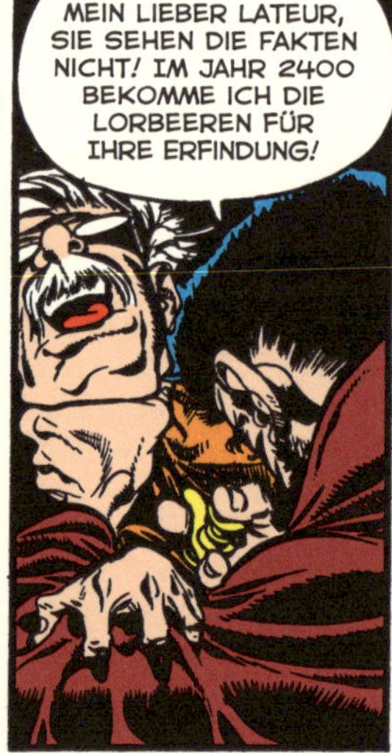
MEIN LIEBER LATEUR, SIE SEHEN DIE FAKTEN NICHT! IM JAHR 2400 BEKOMME ICH DIE LORBEEREN FÜR IHRE ERFINDUNG!

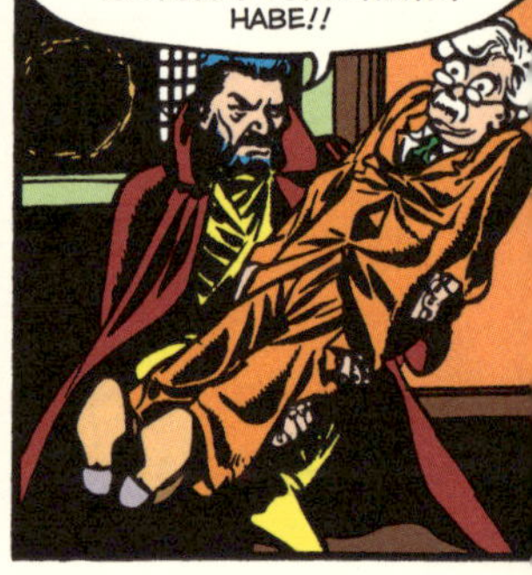
ES WÄRE EINFACHER, SIE MIT EINER IHRER PRIMITIVEN PISTOLEN ZU ERSCHIESSEN... ABER SELBST WENN ICH DIE GESCHICHTE VERÄNDERN WILL, SO MUSS ICH DOCH DIE FAKTEN GENAU BEACHTEN! SIE STARBEN BEI DER EXPLOSION IHRES LABORS... UND SO WIRD ES GESCHEHEN. SIE WERDEN GELÄHMT SEIN, BIS ICH ALLES VORBEREITET HABE!!

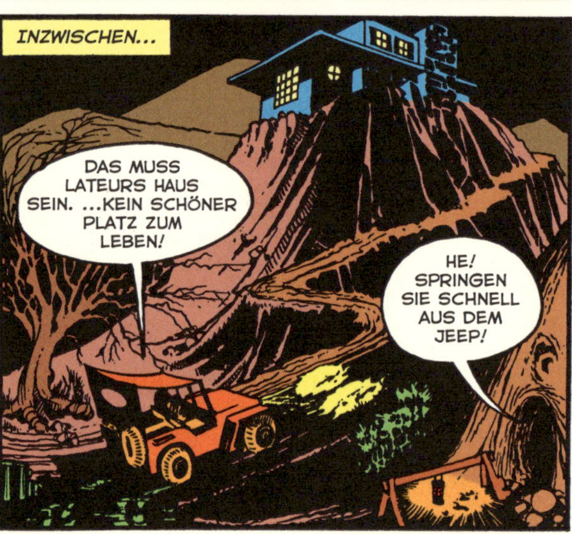
INZWISCHEN...
DAS MUSS LATEURS HAUS SEIN. ...KEIN SCHÖNER PLATZ ZUM LEBEN!
HE! SPRINGEN SIE SCHNELL AUS DEM JEEP!

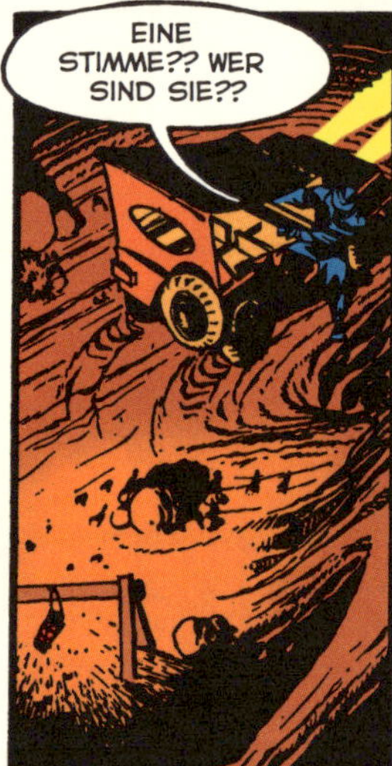
EINE STIMME?? WER SIND SIE??

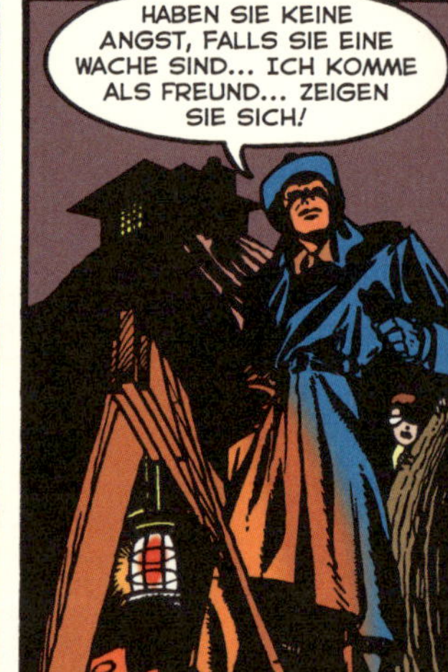
HABEN SIE KEINE ANGST, FALLS SIE EINE WACHE SIND... ICH KOMME ALS FREUND... ZEIGEN SIE SICH!

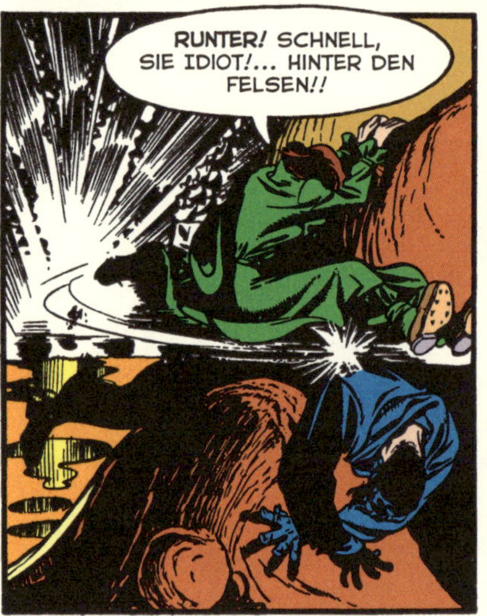
RUNTER! SCHNELL, SIE IDIOT!... HINTER DEN FELSEN!!

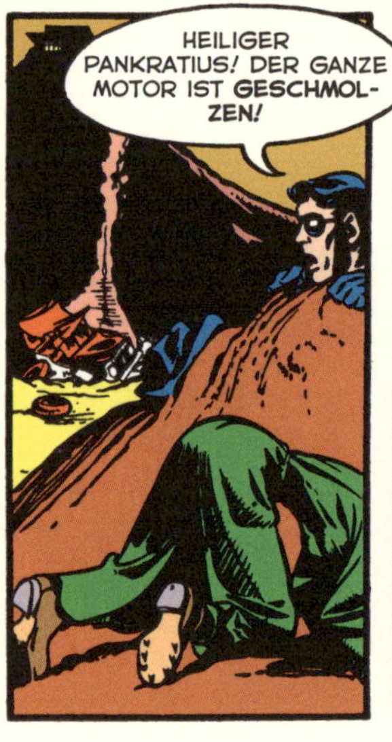
HEILIGER PANKRATIUS! DER GANZE MOTOR IST GESCHMOLZEN!

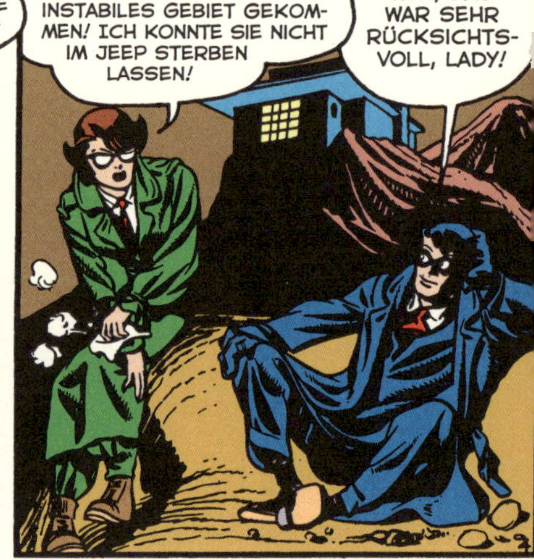
SIE SIND IN EIN MOLEKULAR INSTABILES GEBIET GEKOMMEN! ICH KONNTE SIE NICHT IM JEEP STERBEN LASSEN!
NUN, DAS WAR SEHR RÜCKSICHTSVOLL, LADY!

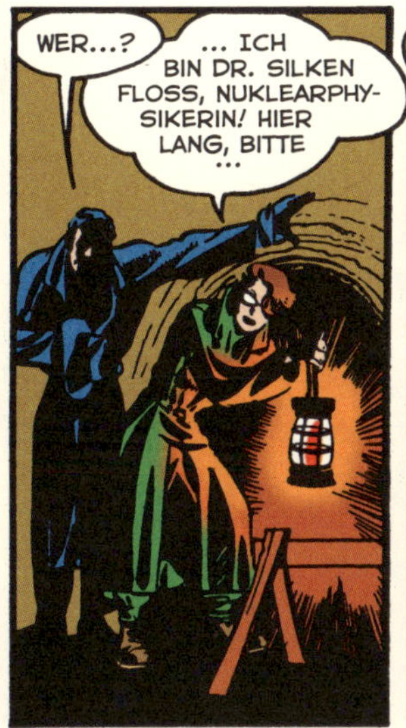
WER...?
... ICH BIN DR. SILKEN FLOSS, NUKLEARPHY-SIKERIN! HIER LANG, BITTE ...

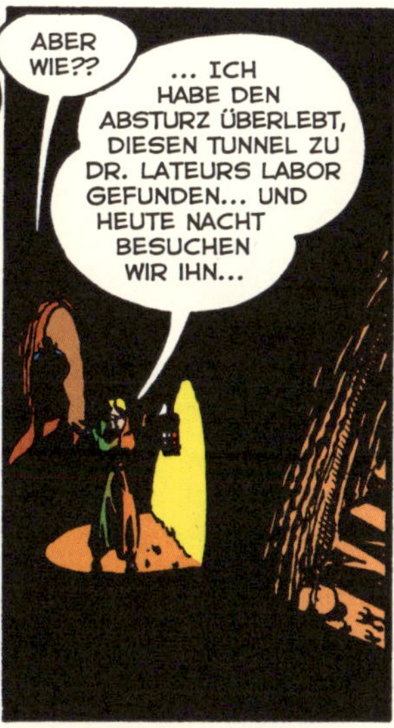
ABER WIE??
... ICH HABE DEN ABSTURZ ÜBERLEBT, DIESEN TUNNEL ZU DR. LATEURS LABOR GEFUNDEN... UND HEUTE NACHT BESUCHEN WIR IHN...

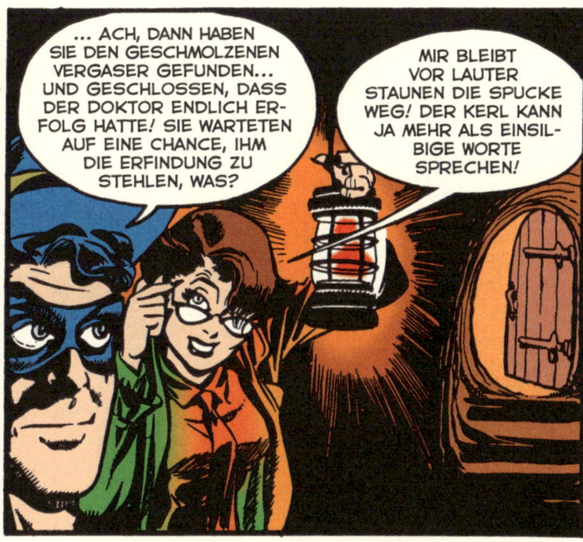
... ACH, DANN HABEN SIE DEN GESCHMOLZENEN VERGASER GEFUNDEN... UND GESCHLOSSEN, DASS DER DOKTOR ENDLICH ER-FOLG HATTE! SIE WARTETEN AUF EINE CHANCE, IHM DIE ERFINDUNG ZU STEHLEN, WAS?
MIR BLEIBT VOR LAUTER STAUNEN DIE SPUCKE WEG! DER KERL KANN JA MEHR ALS EINSIL-BIGE WORTE SPRECHEN!

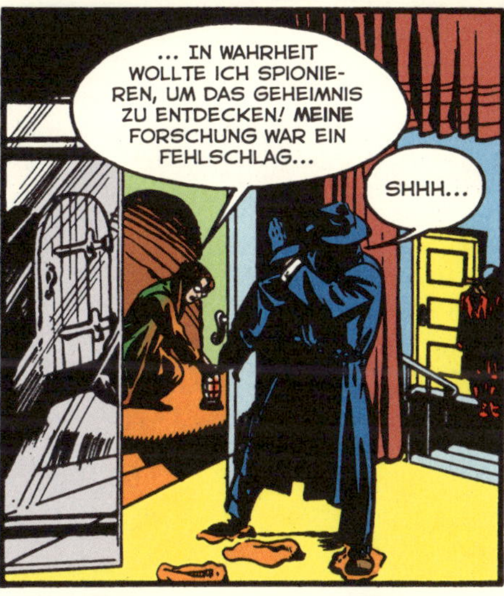
... IN WAHRHEIT WOLLTE ICH SPIONIE-REN, UM DAS GEHEIMNIS ZU ENTDECKEN! MEINE FORSCHUNG WAR EIN FEHLSCHLAG...
SHHH...

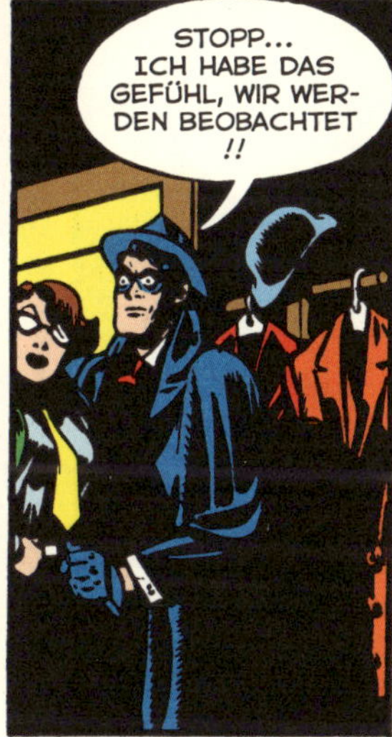
STOPP... ICH HABE DAS GEFÜHL, WIR WER-DEN BEOBACHTET !!

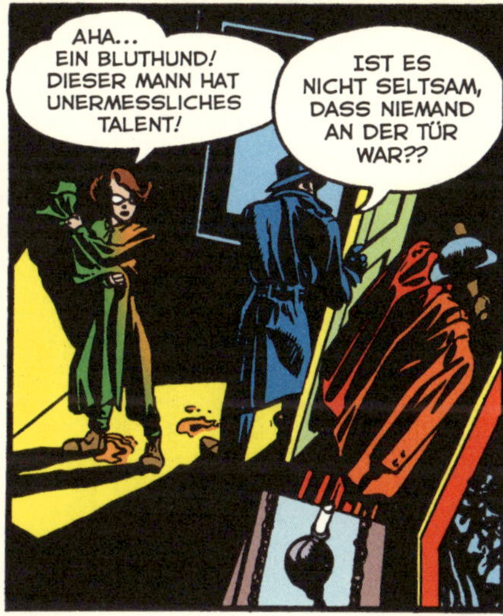
AHA... EIN BLUTHUND! DIESER MANN HAT UNERMESSLICHES TALENT!
IST ES NICHT SELTSAM, DASS NIEMAND AN DER TÜR WAR??

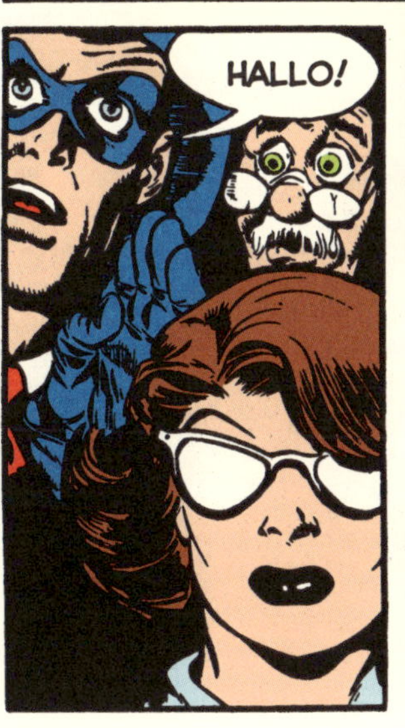
HALLO!

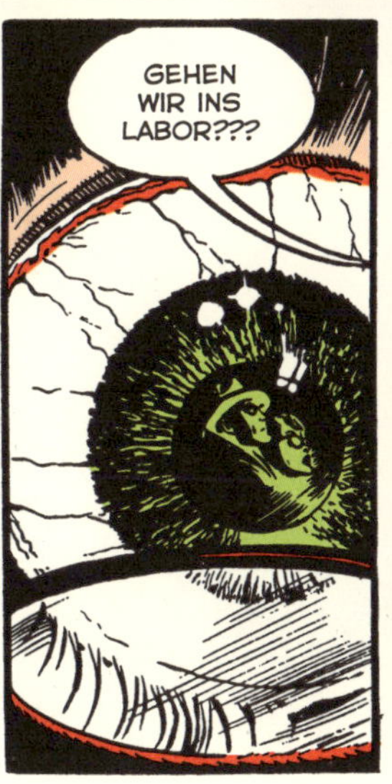
GEHEN WIR INS LABOR???

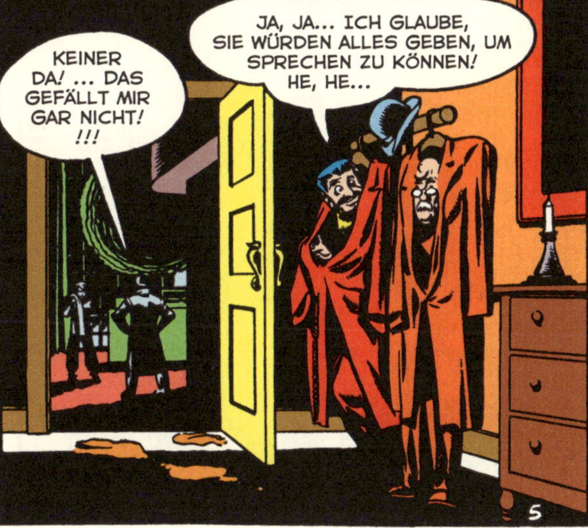
KEINER DA! ... DAS GEFÄLLT MIR GAR NICHT! !!!
JA, JA... ICH GLAUBE, SIE WÜRDEN ALLES GEBEN, UM SPRECHEN ZU KÖNNEN! HE, HE...
5

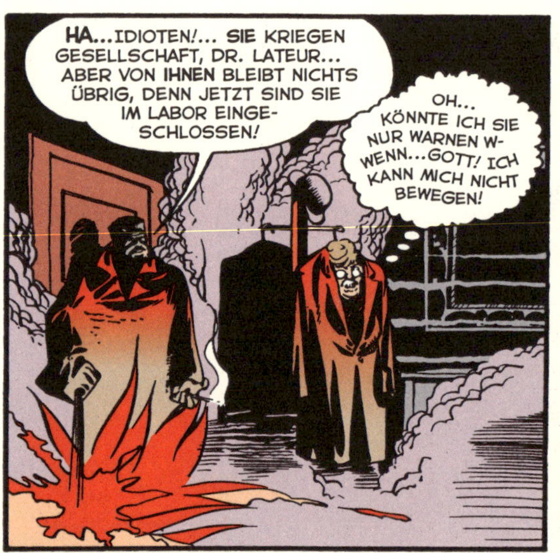
HA...IDIOTEN!... SIE KRIEGEN GESELLSCHAFT, DR. LATEUR... ABER VON IHNEN BLEIBT NICHTS ÜBRIG, DENN JETZT SIND SIE IM LABOR EINGE-SCHLOSSEN!
OH... KÖNNTE ICH SIE NUR WARNEN W-WENN...GOTT! ICH KANN MICH NICHT BEWEGEN!

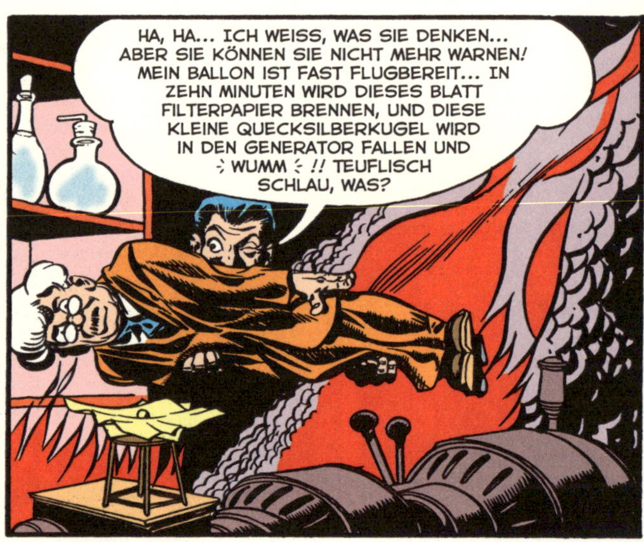
HA, HA... ICH WEISS, WAS SIE DENKEN... ABER SIE KÖNNEN SIE NICHT MEHR WARNEN! MEIN BALLON IST FAST FLUGBEREIT... IN ZEHN MINUTEN WIRD DIESES BLATT FILTERPAPIER BRENNEN, UND DIESE KLEINE QUECKSILBERKUGEL WIRD IN DEN GENERATOR FALLEN UND WUMM !! TEUFLISCH SCHLAU, WAS?

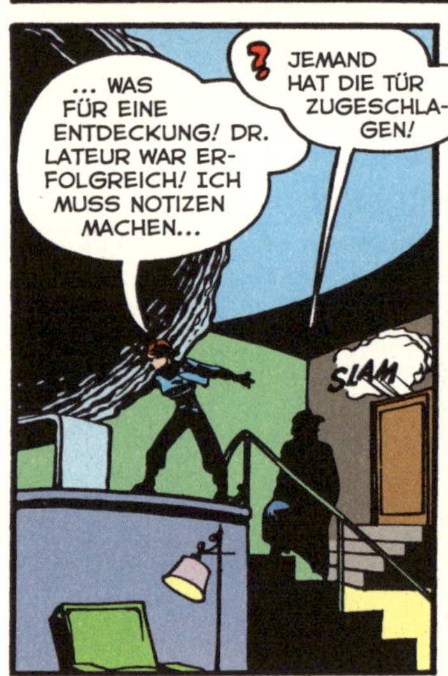
... WAS FÜR EINE ENTDECKUNG! DR. LATEUR WAR ERFOLGREICH! ICH MUSS NOTIZEN MACHEN...
? JEMAND HAT DIE TÜR ZUGESCHLAGEN!
SLAM

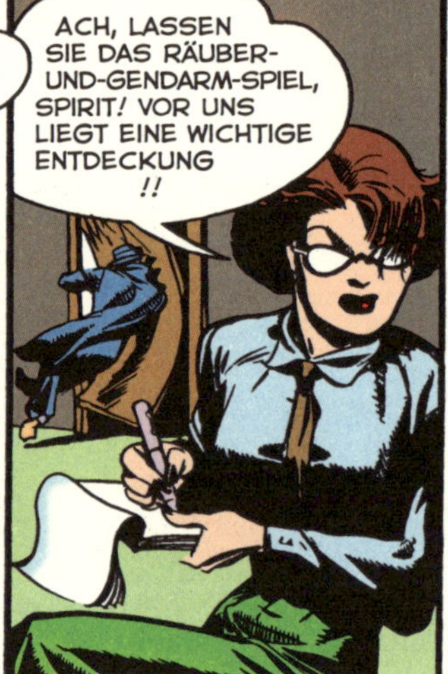
ACH, LASSEN SIE DAS RÄUBER-UND-GENDARM-SPIEL, SPIRIT! VOR UNS LIEGT EINE WICHTIGE ENTDECKUNG !!

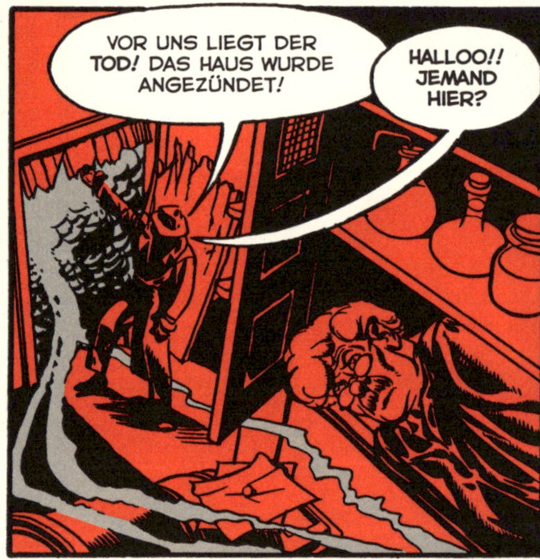
VOR UNS LIEGT DER TOD! DAS HAUS WURDE ANGEZÜNDET!
HALLOO!! JEMAND HIER?

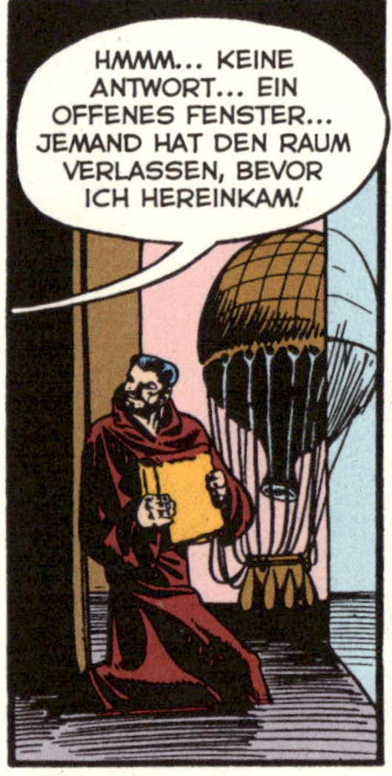
HMMM... KEINE ANTWORT... EIN OFFENES FENSTER... JEMAND HAT DEN RAUM VERLASSEN, BEVOR ICH HEREINKAM!

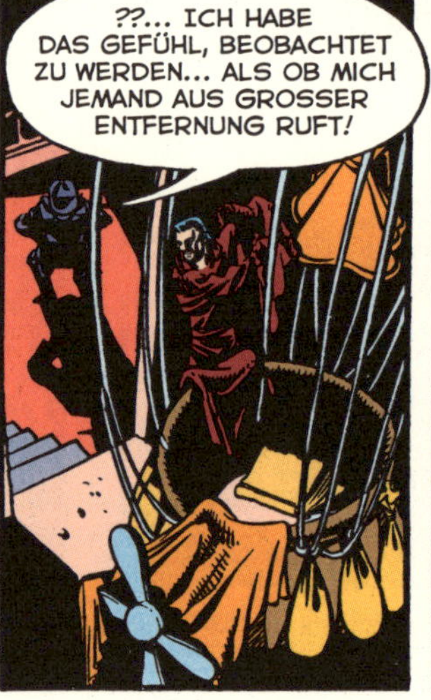
??... ICH HABE DAS GEFÜHL, BEOBACHTET ZU WERDEN... ALS OB MICH JEMAND AUS GROSSER ENTFERNUNG RUFT!

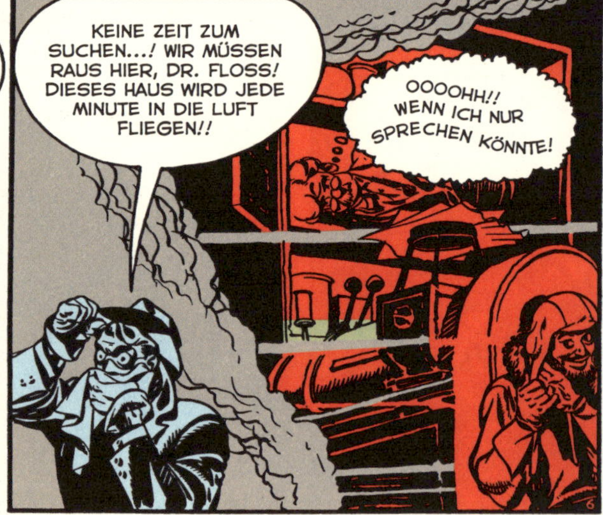
KEINE ZEIT ZUM SUCHEN...! WIR MÜSSEN RAUS HIER, DR. FLOSS! DIESES HAUS WIRD JEDE MINUTE IN DIE LUFT FLIEGEN!!
OOOOHH!! WENN ICH NUR SPRECHEN KÖNNTE!

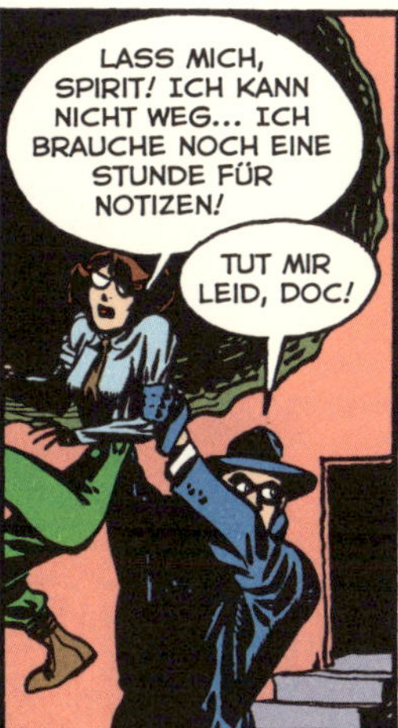

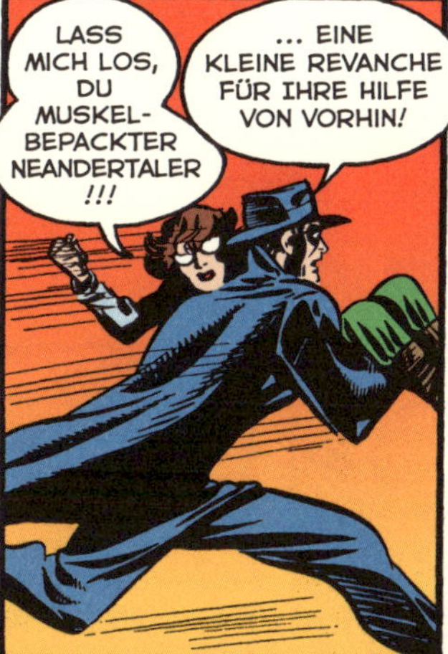

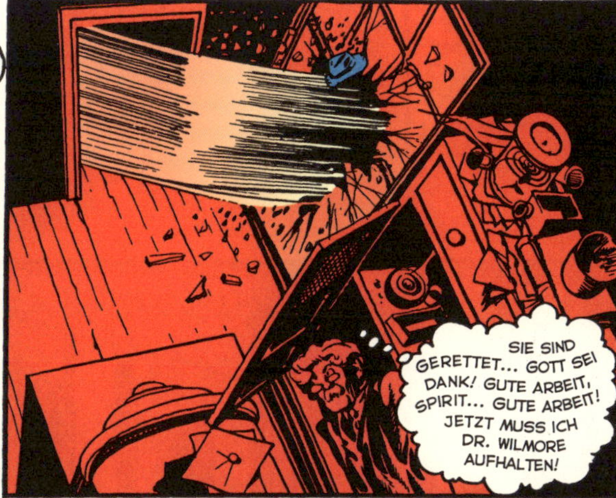

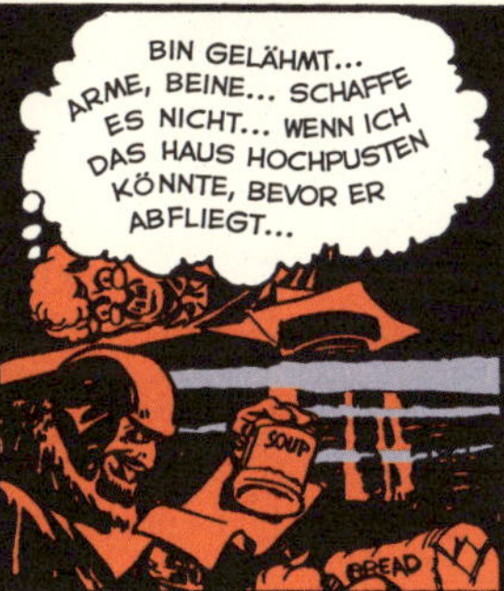

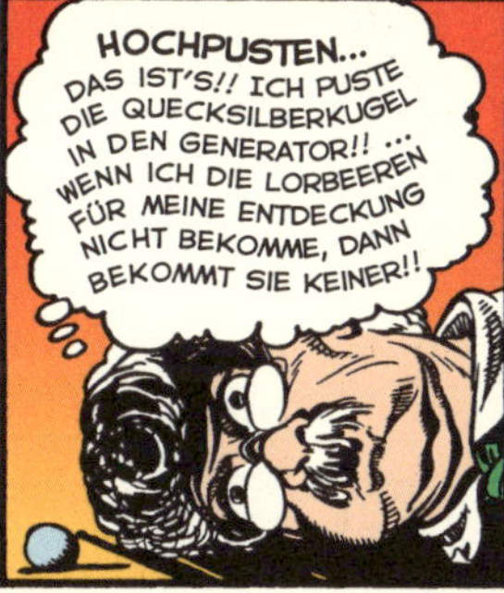

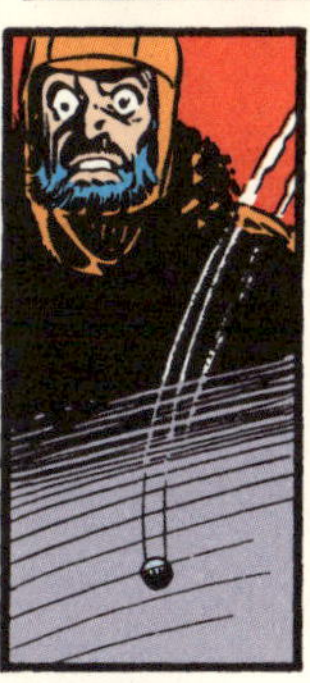

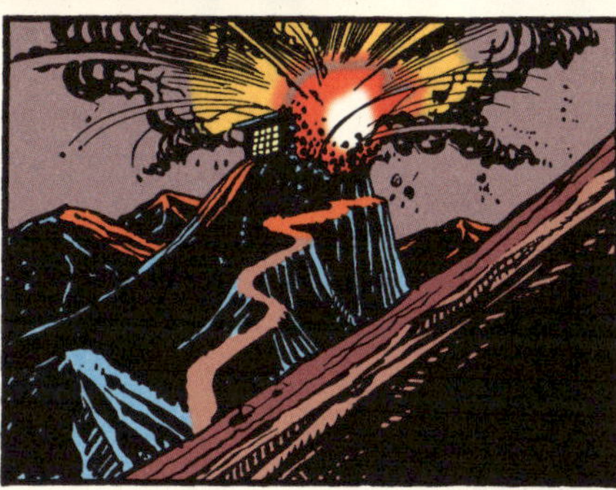

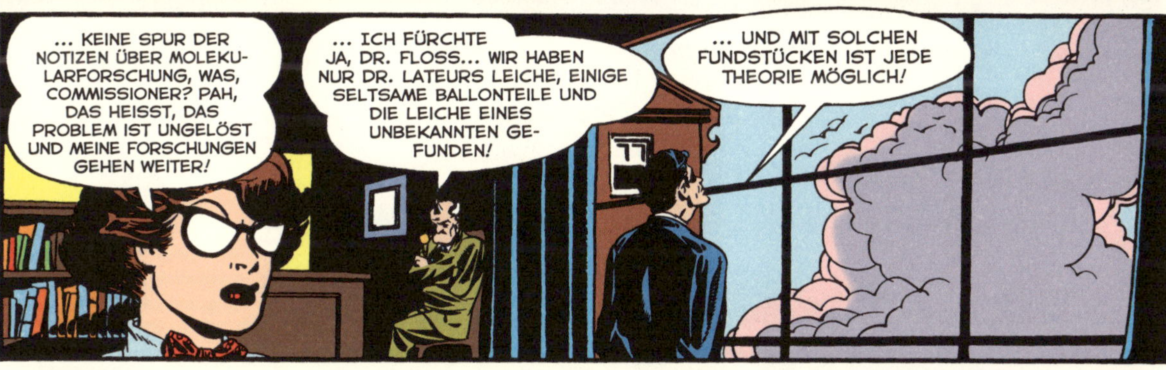

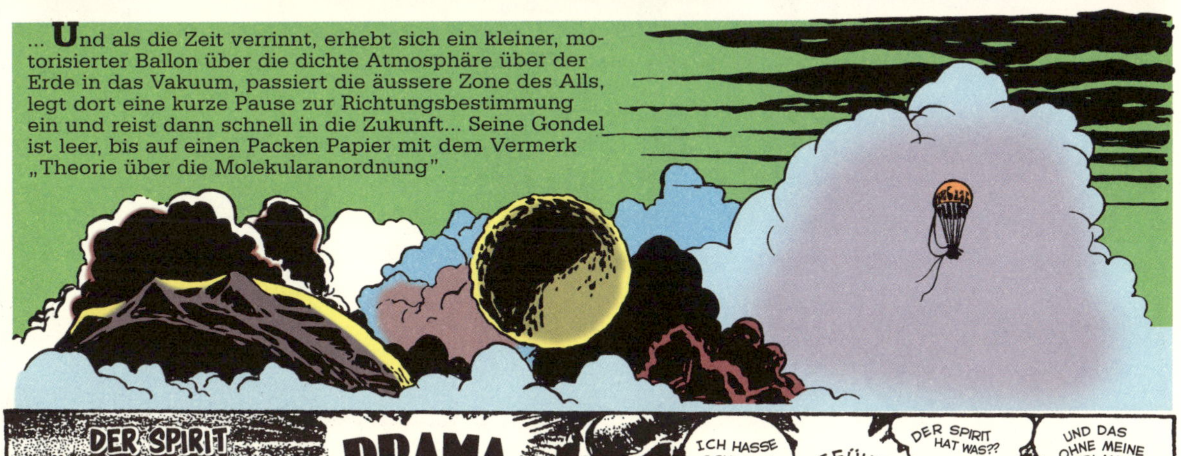

DER SPIRIT NÄCHSTE WOCHE: DRAMA

ICH HASSE SCHWÄCH-LINGE!

GEFÜHLE

DER SPIRIT HAT WAS??

UND DAS OHNE MEINE ERLAUBNIS!

DR. MED. SILKEN FLOSS

9. März 1947

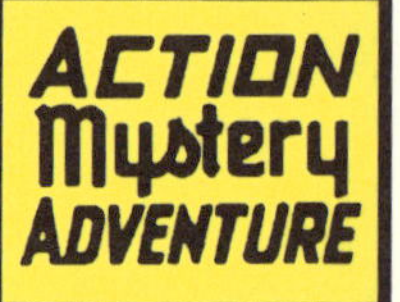

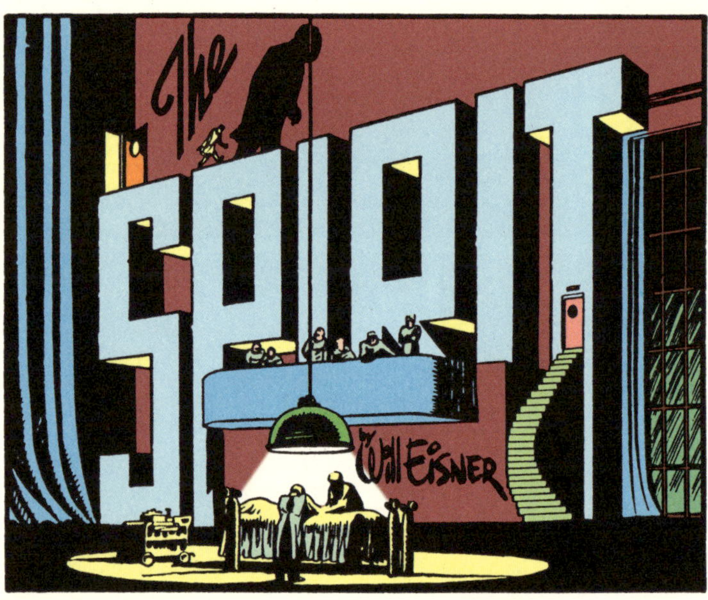

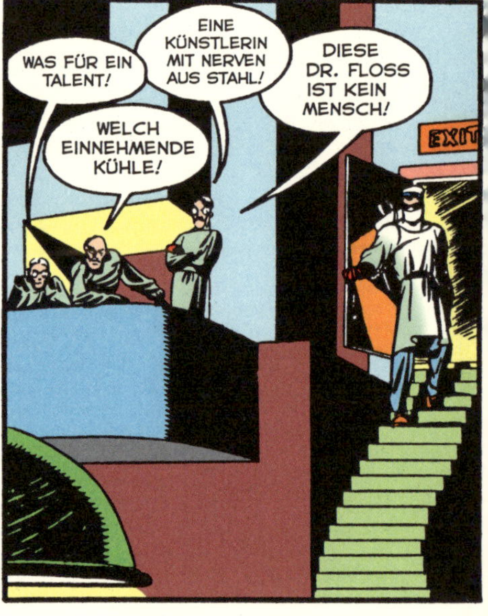

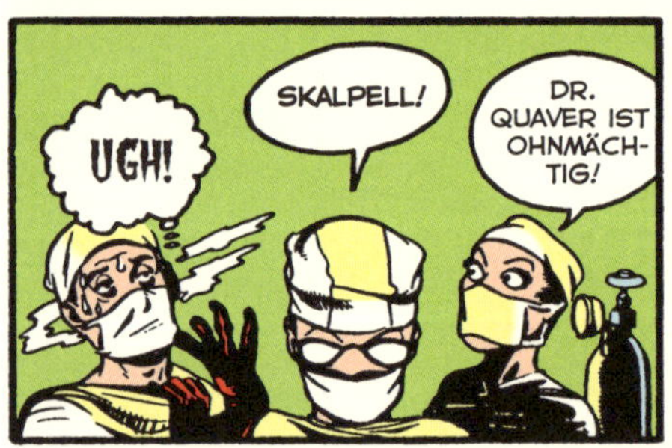

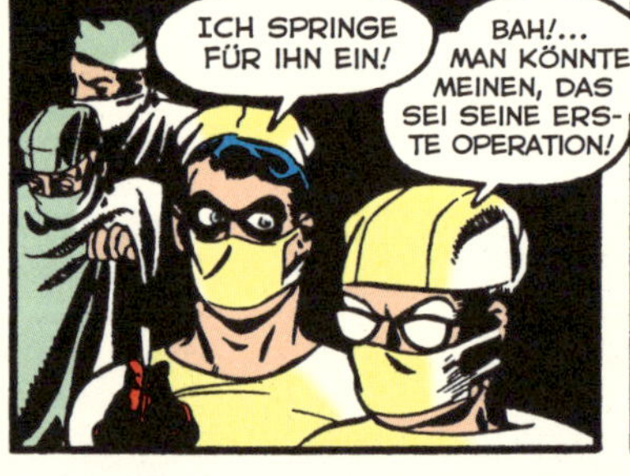

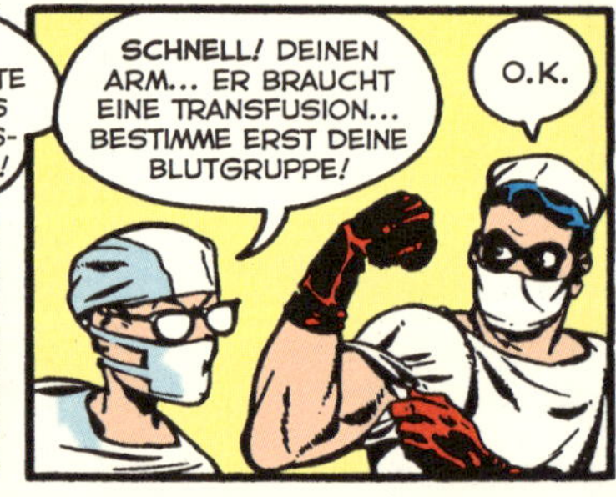

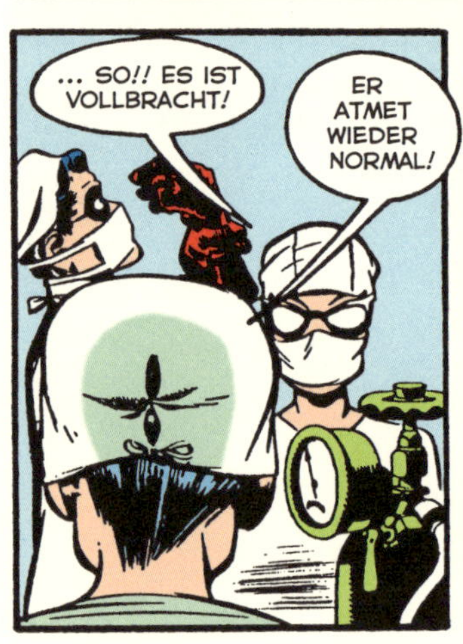

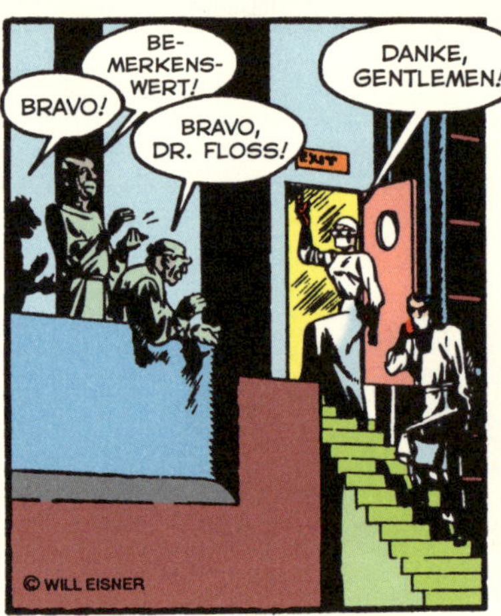

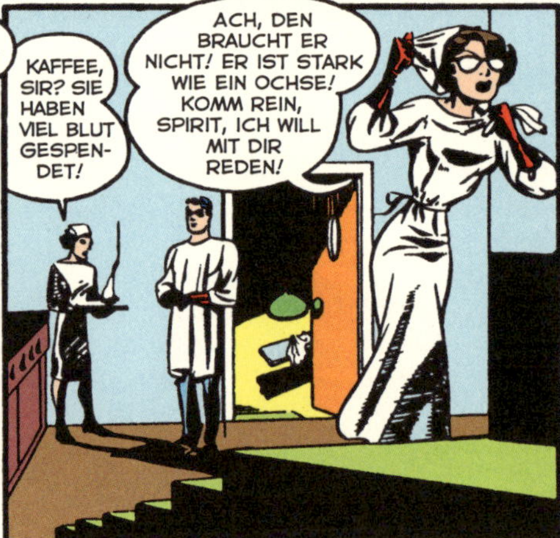

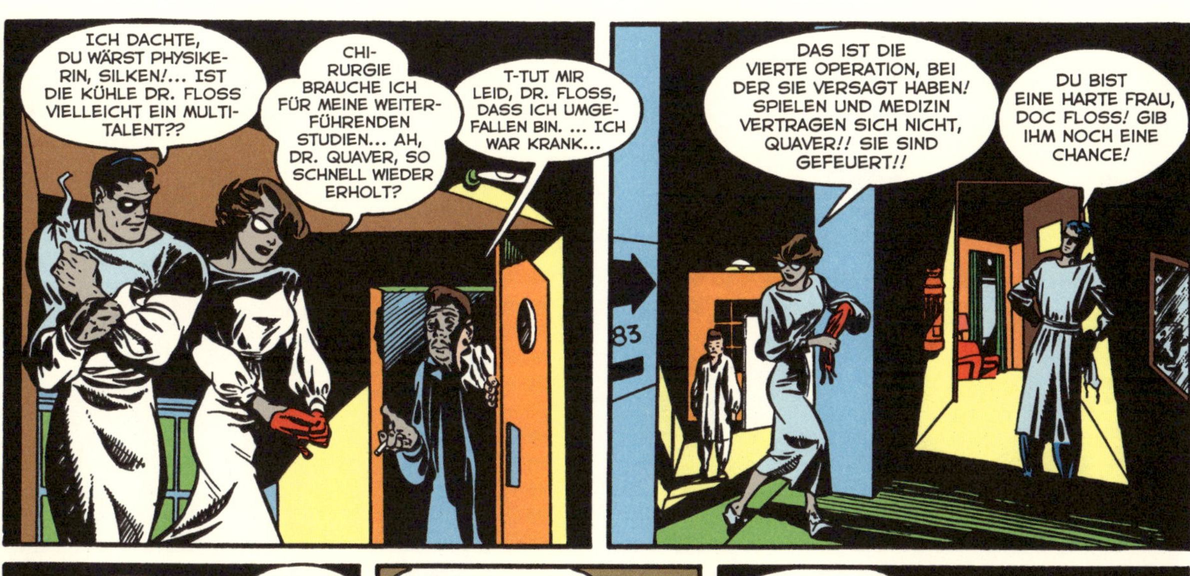

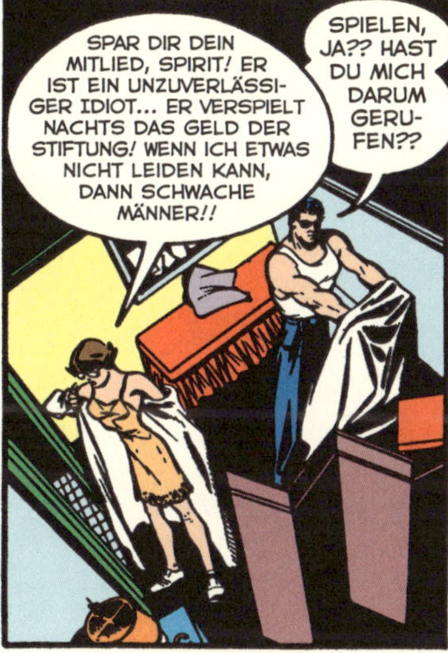

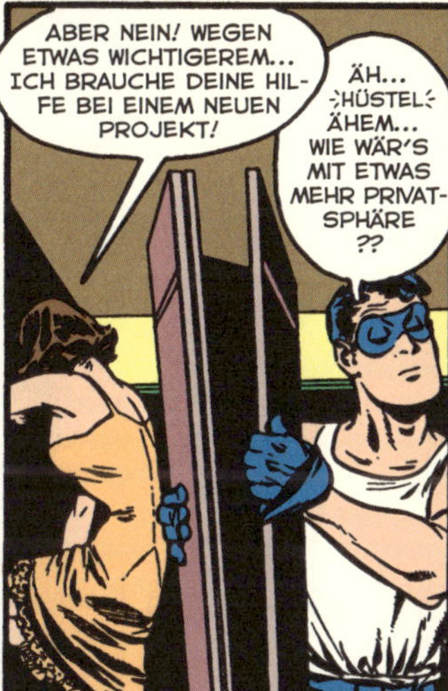

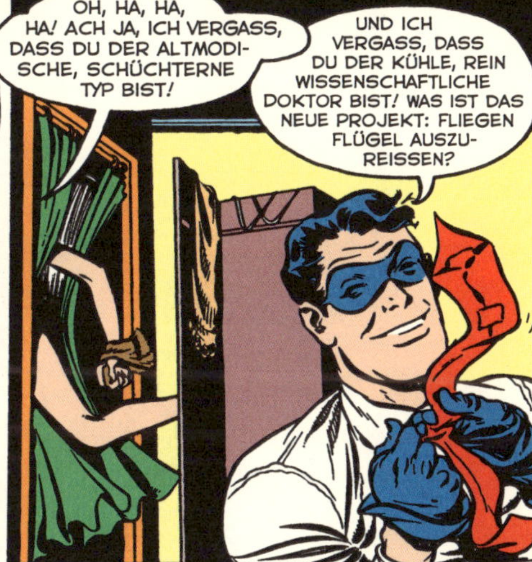

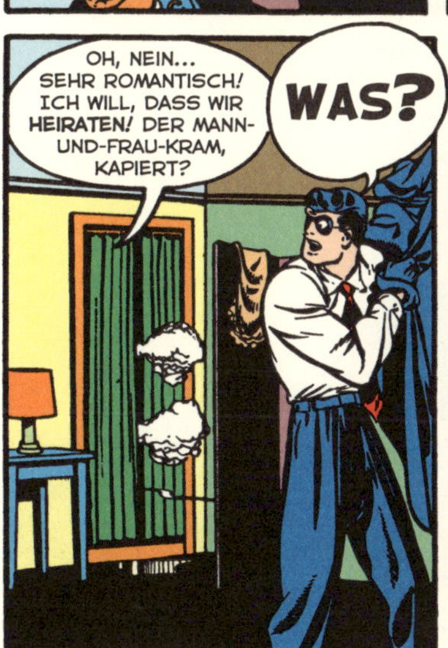

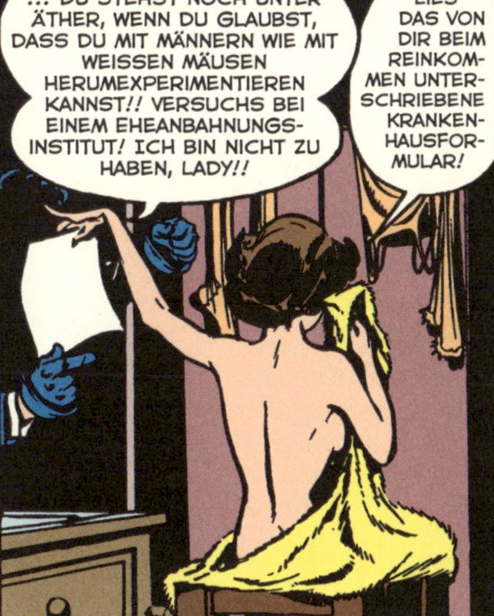

... PASS AUF DEINEN BLUTDRUCK AUF, SCHATZ! DER ALTE TRICK... **DU** HAST UNBEMERKT EINE HEIRATSURKUNDE **UNTERSCHRIEBEN!** ABER, ABER, ES IST HALB SO SCHLIMM, DU WIRST DICH DARAN GEWÖHNEN!

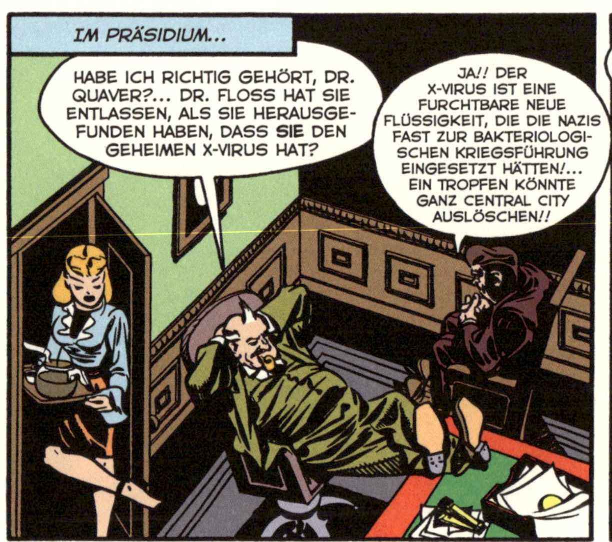
IM PRÄSIDIUM...
HABE ICH RICHTIG GEHÖRT, DR. QUAVER?... DR. FLOSS HAT SIE ENTLASSEN, ALS SIE HERAUSGEFUNDEN HABEN, DASS **SIE** DEN GEHEIMEN X-VIRUS HAT?
JA!! DER X-VIRUS IST EINE FURCHTBARE NEUE FLÜSSIGKEIT, DIE DIE NAZIS FAST ZUR BAKTERIOLOGISCHEN KRIEGSFÜHRUNG EINGESETZT HÄTTEN!... EIN TROPFEN KÖNNTE GANZ CENTRAL CITY AUSLÖSCHEN!!

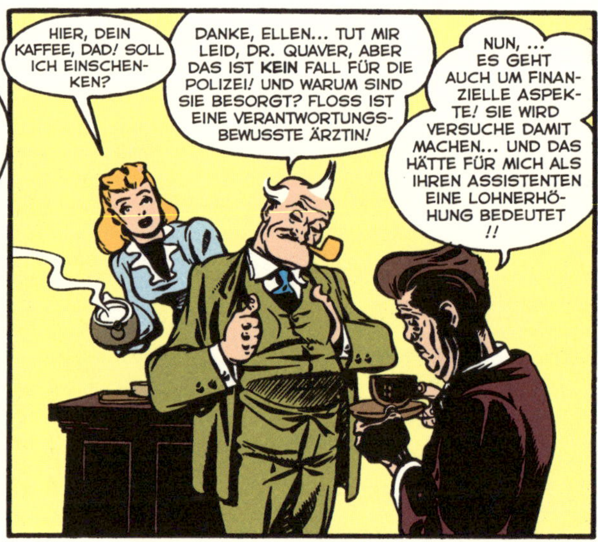
HIER, DEIN KAFFEE, DAD! SOLL ICH EINSCHENKEN?
DANKE, ELLEN... TUT MIR LEID, DR. QUAVER, ABER DAS IST **KEIN** FALL FÜR DIE POLIZEI! UND WARUM SIND SIE BESORGT? FLOSS IST EINE VERANTWORTUNGSBEWUSSTE ÄRZTIN!
NUN, ... ES GEHT AUCH UM FINANZIELLE ASPEKTE! SIE WIRD VERSUCHE DAMIT MACHEN... UND DAS HÄTTE FÜR MICH ALS IHREN ASSISTENTEN EINE LOHNERHÖHUNG BEDEUTET!!

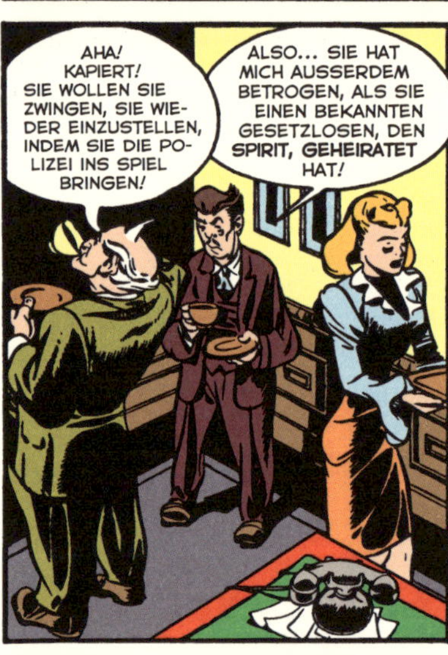
AHA! KAPIERT! SIE WOLLEN SIE ZWINGEN, SIE WIEDER EINZUSTELLEN, INDEM SIE DIE POLIZEI INS SPIEL BRINGEN!
ALSO... SIE HAT MICH AUSSERDEM BETROGEN, ALS SIE EINEN BEKANNTEN GESETZLOSEN, DEN **SPIRIT**, **GEHEIRATET** HAT!

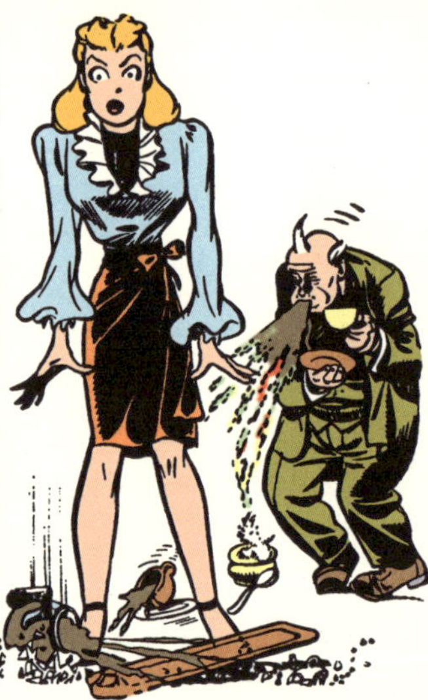

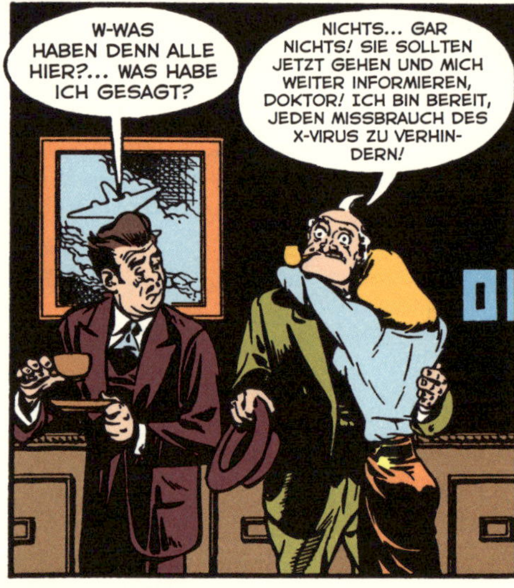
W-WAS HABEN DENN ALLE HIER?... WAS HABE ICH GESAGT?
NICHTS... GAR NICHTS! SIE SOLLTEN JETZT GEHEN UND MICH WEITER INFORMIEREN, DOKTOR! ICH BIN BEREIT, JEDEN MISSBRAUCH DES X-VIRUS ZU VERHINDERN!

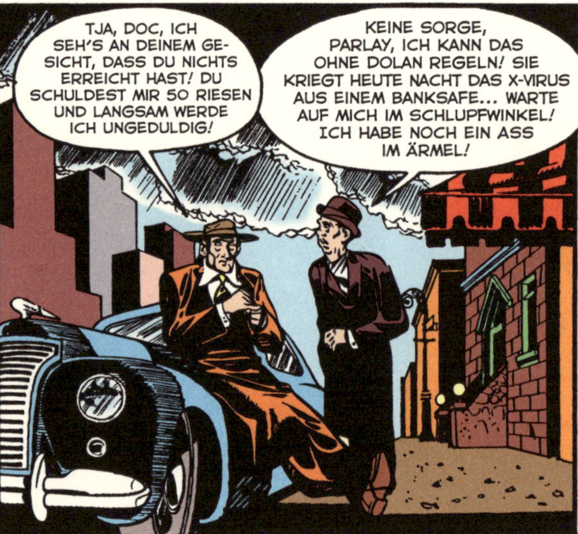
TJA, DOC, ICH SEH'S AN DEINEM GESICHT, DASS DU NICHTS ERREICHT HAST! DU SCHULDEST MIR 50 RIESEN UND LANGSAM WERDE ICH UNGEDULDIG!
KEINE SORGE, PARLAY, ICH KANN DAS OHNE DOLAN REGELN! SIE KRIEGT HEUTE NACHT DAS X-VIRUS AUS EINEM BANKSAFE... WARTE AUF MICH IM SCHLUPFWINKEL! ICH HABE NOCH EIN ASS IM ÄRMEL!

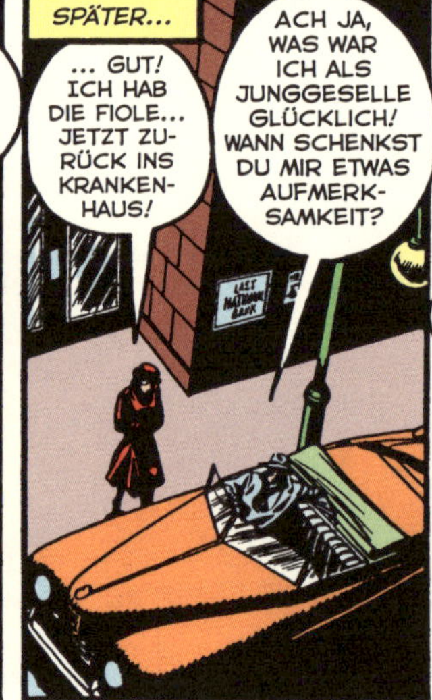
SPÄTER...
... GUT! ICH HAB DIE FIOLE... JETZT ZURÜCK INS KRANKENHAUS!
ACH JA, WAS WAR ICH ALS JUNGGESELLE GLÜCKLICH! WANN SCHENKST DU MIR ETWAS AUFMERKSAMKEIT?

ACH, SEI KEIN ENTTÄUSCHTER IDIOT... ICH HABE KEIN ROMANTISCHES INTERESSE AN **DIR** ODER EINEM **ANDEREN MANN!**... DAS IST EINE VERNUNFTEHE! ICH BRAUCHTE EINEN VERLÄSSLICHEN ERBEN FÜR DEN X-VIRUS, FALLS ICH STERBE... MEHR NICHT, ROMEO!!
BRRR... EBEN WURDE ES 30 GRAD KÄLTER!
3

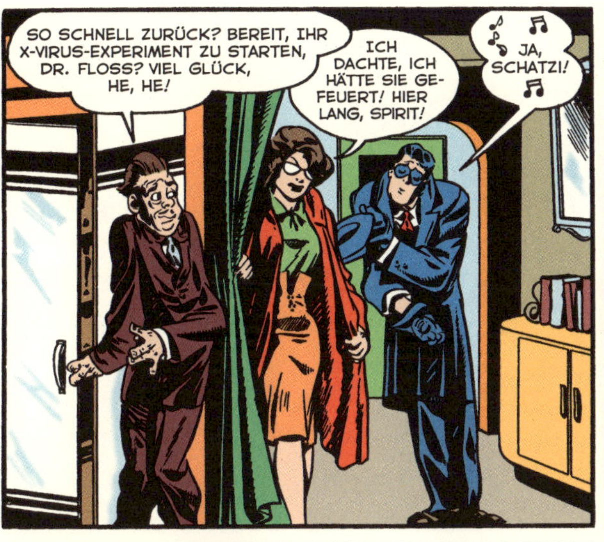

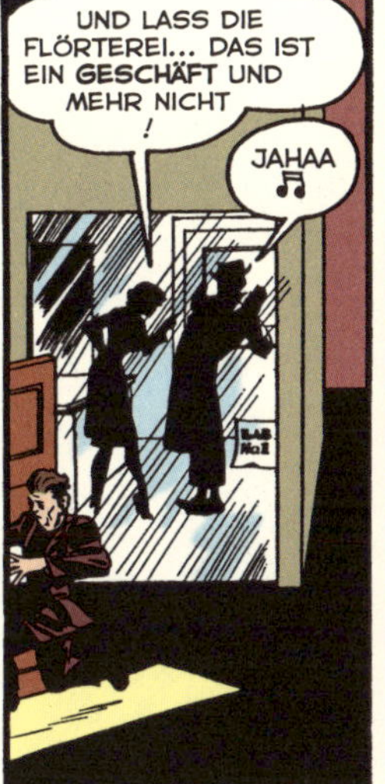

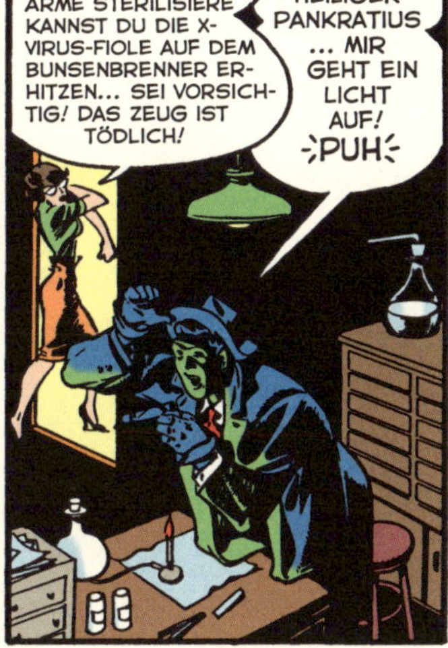

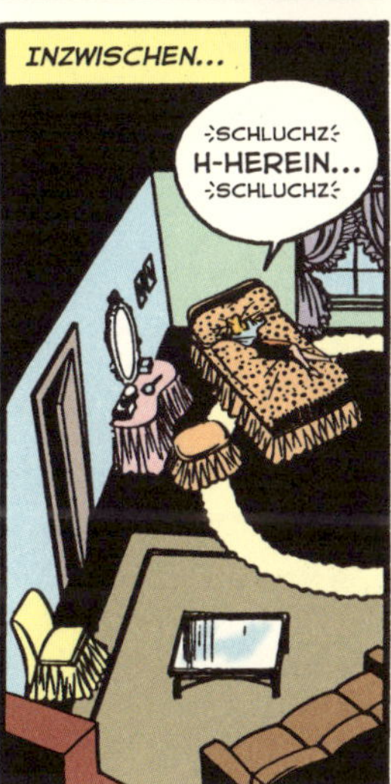

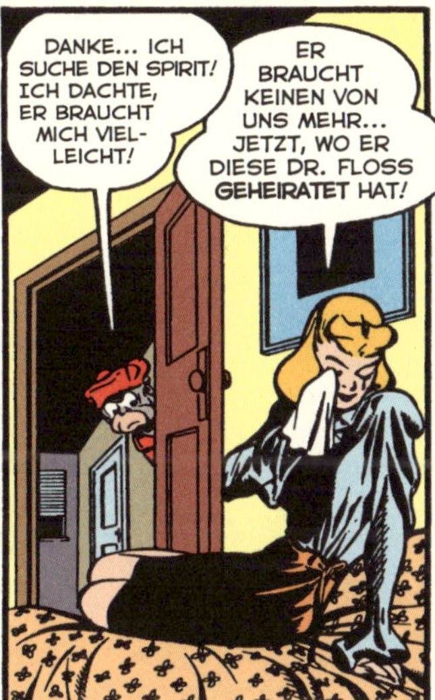

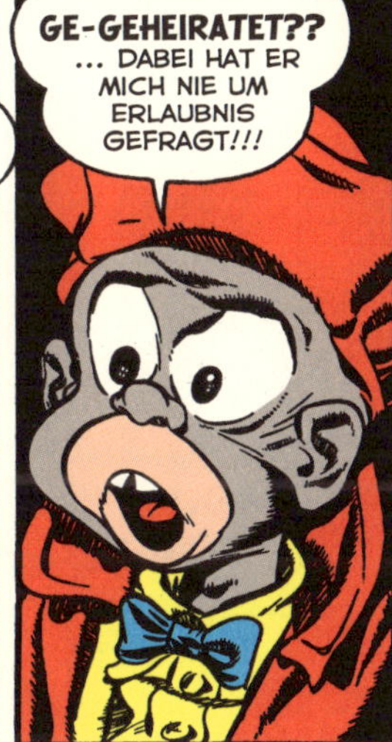

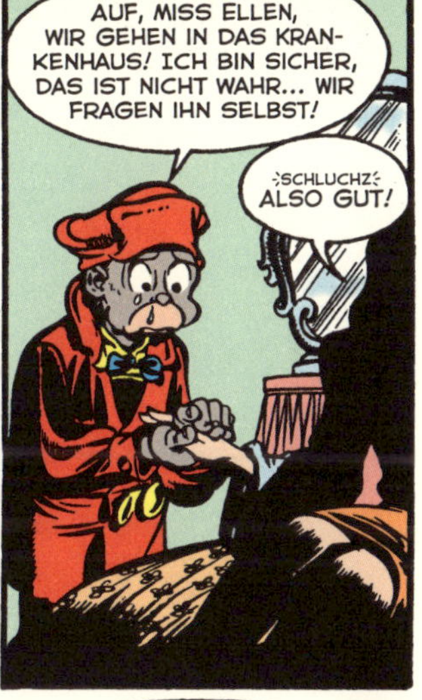

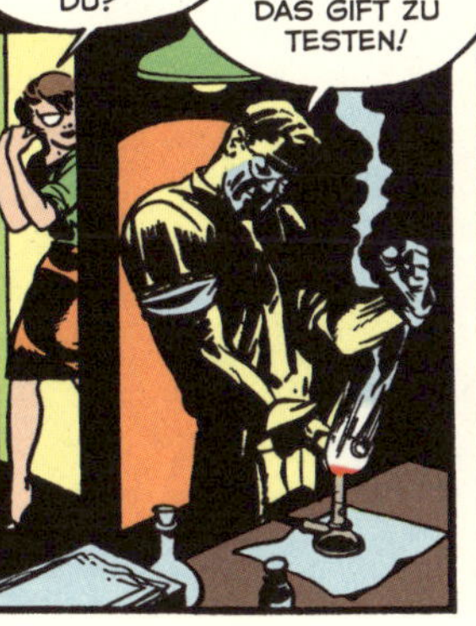

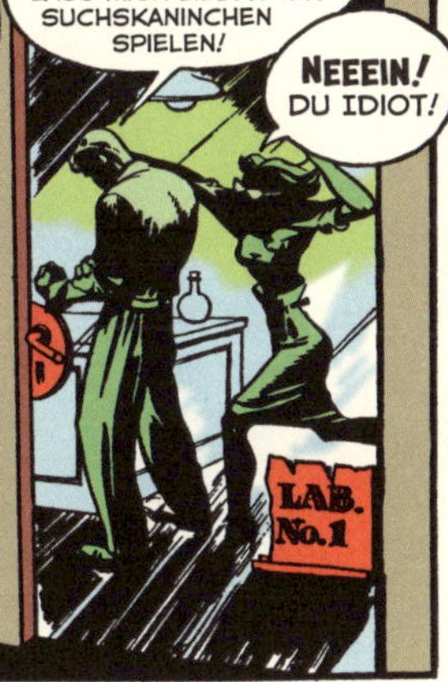

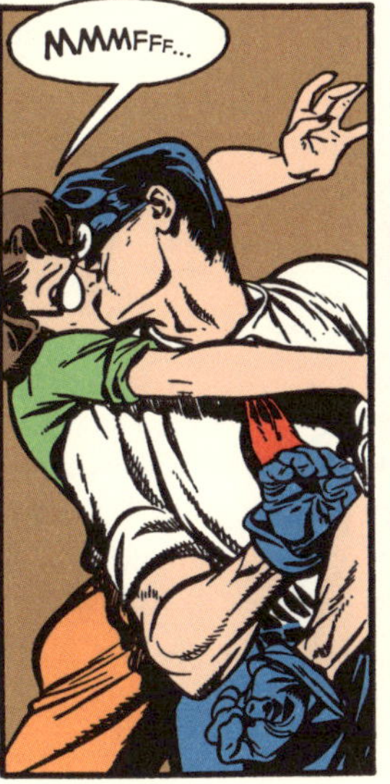

TUT MIR LEID, DASS ICH KEINE KEIMFREIE METHODE ZUR DISTANZHALTUNG EINSETZEN KONNTE! NIMM DEN NOTIZBLOCK UND SCHREIB, DOKTOR!

4

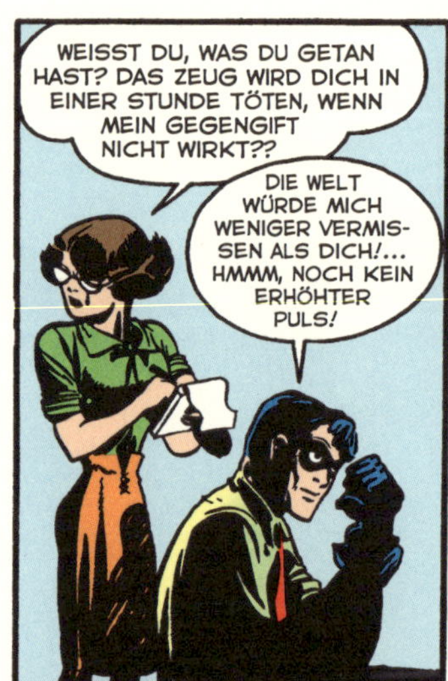
WEISST DU, WAS DU GETAN HAST? DAS ZEUG WIRD DICH IN EINER STUNDE TÖTEN, WENN MEIN GEGENGIFT NICHT WIRKT??
DIE WELT WÜRDE MICH WENIGER VERMISSEN ALS DICH!... HMMM, NOCH KEIN ERHÖHTER PULS!

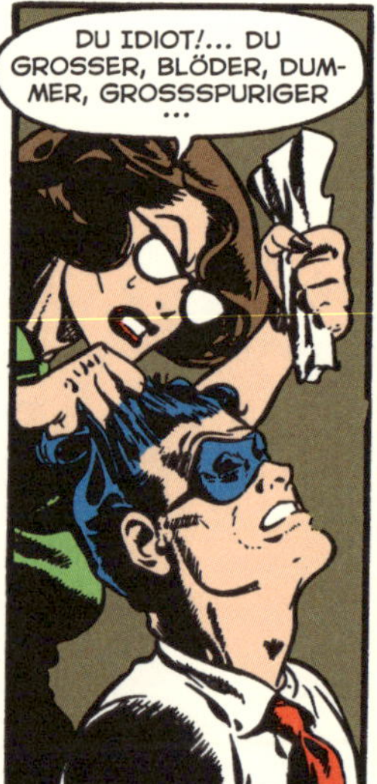
DU IDIOT!... DU GROSSER, BLÖDER, DUMMER, GROSSSPURIGER ...

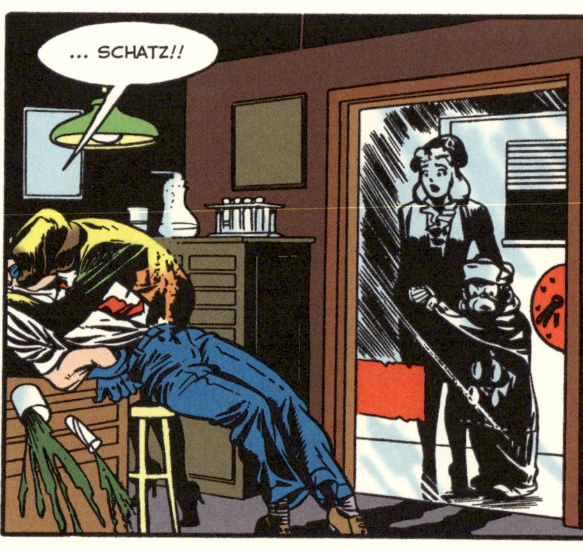
... SCHATZ!!

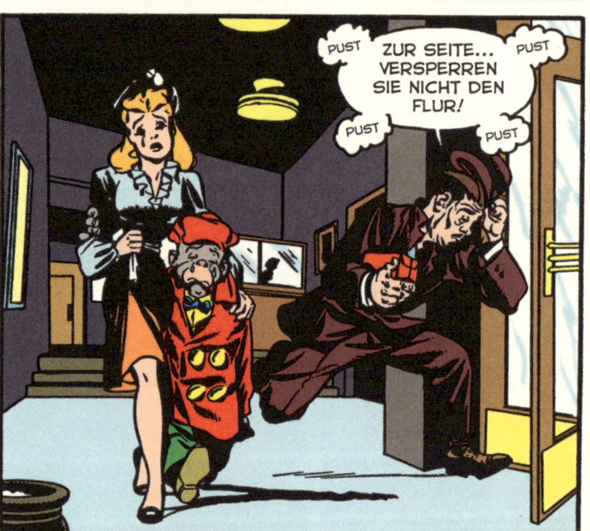
PUST
ZUR SEITE... VERSPERREN SIE NICHT DEN FLUR!
PUST
PUST
PUST

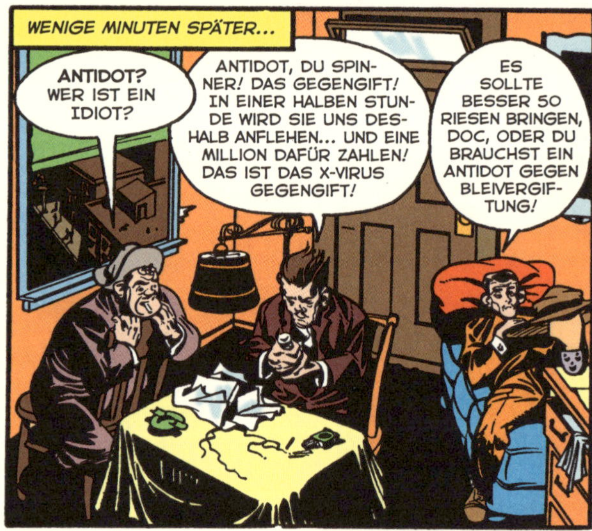
WENIGE MINUTEN SPÄTER...
ANTIDOT? WER IST EIN IDIOT?
ANTIDOT, DU SPINNER! DAS GEGENGIFT! IN EINER HALBEN STUNDE WIRD SIE UNS DESHALB ANFLEHEN... UND EINE MILLION DAFÜR ZAHLEN! DAS IST DAS X-VIRUS GEGENGIFT!
ES SOLLTE BESSER 50 RIESEN BRINGEN, DOC, ODER DU BRAUCHST EIN ANTIDOT GEGEN BLEIVERGIFTUNG!

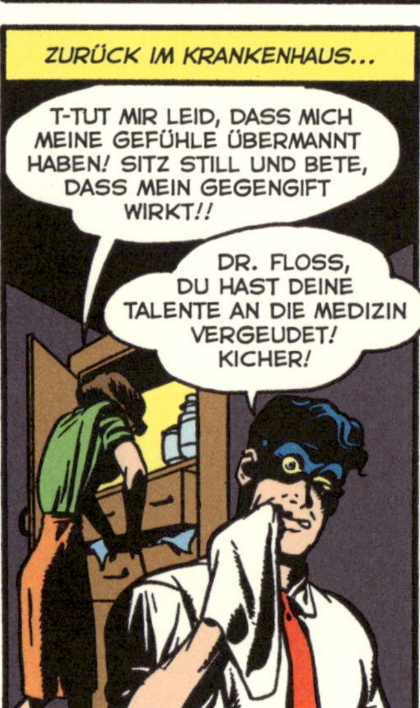
ZURÜCK IM KRANKENHAUS...
T-TUT MIR LEID, DASS MICH MEINE GEFÜHLE ÜBERMANNT HABEN! SITZ STILL UND BETE, DASS MEIN GEGENGIFT WIRKT!!
DR. FLOSS, DU HAST DEINE TALENTE AN DIE MEDIZIN VERGEUDET! KICHER!

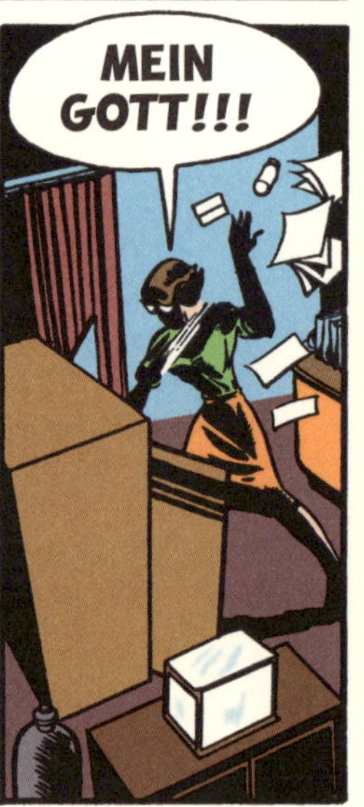
MEIN GOTT!!!

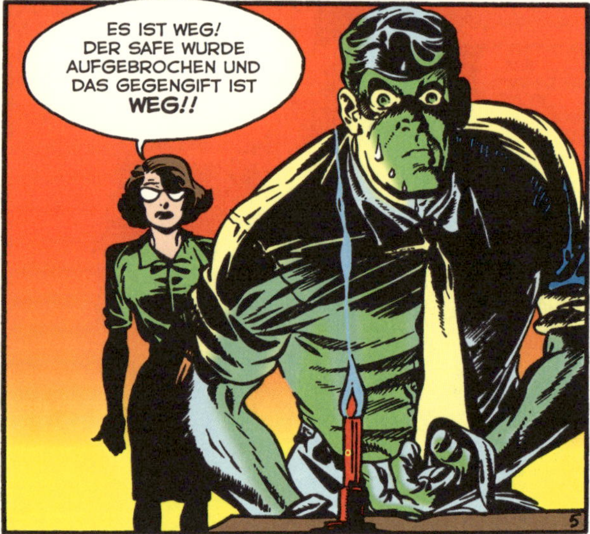
ES IST WEG! DER SAFE WURDE AUFGEBROCHEN UND DAS GEGENGIFT IST WEG!!
5

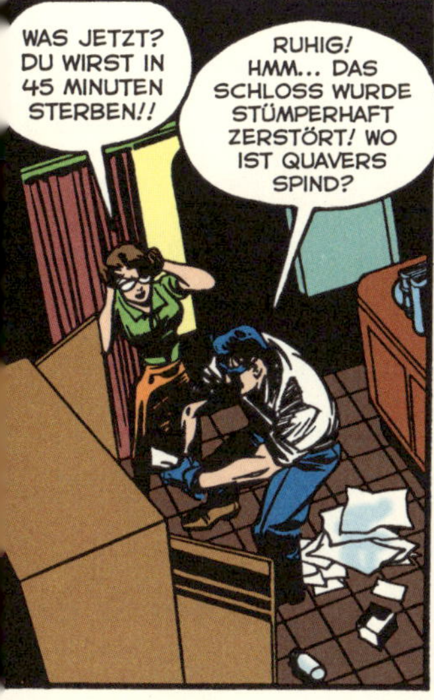
WAS JETZT? DU WIRST IN 45 MINUTEN STERBEN!!
RUHIG! HMM... DAS SCHLOSS WURDE STÜMPERHAFT ZERSTÖRT! WO IST QUAVERS SPIND?
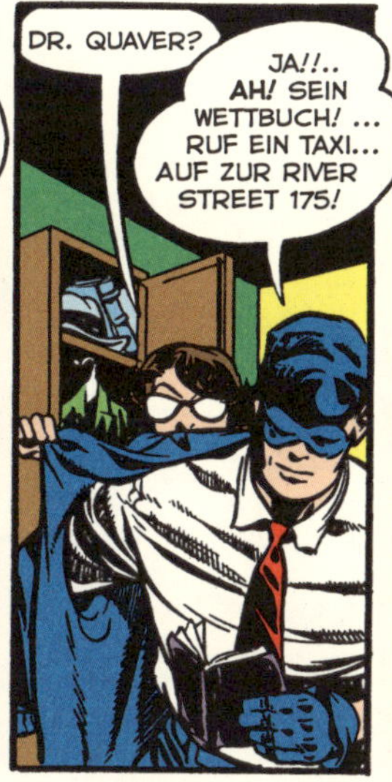
DR. QUAVER?
JA!!.. AH! SEIN WETTBUCH! ... RUF EIN TAXI... AUF ZUR RIVER STREET 175!
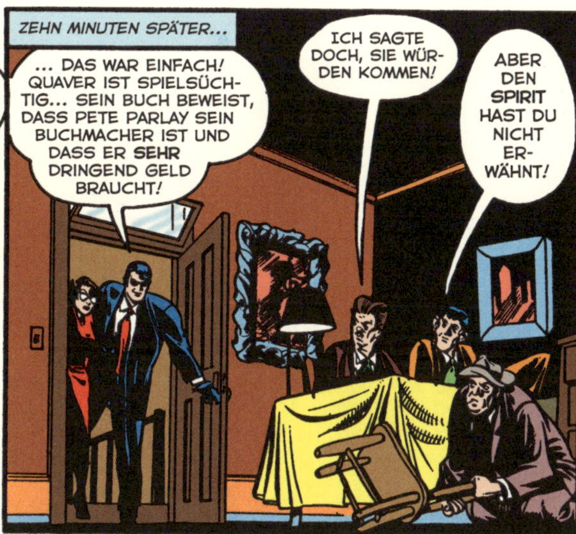
ZEHN MINUTEN SPÄTER...
... DAS WAR EINFACH! QUAVER IST SPIELSÜCHTIG... SEIN BUCH BEWEIST, DASS PETE PARLAY SEIN BUCHMACHER IST UND DASS ER SEHR DRINGEND GELD BRAUCHT!
ICH SAGTE DOCH, SIE WÜRDEN KOMMEN!
ABER DEN SPIRIT HAST DU NICHT ERWÄHNT!
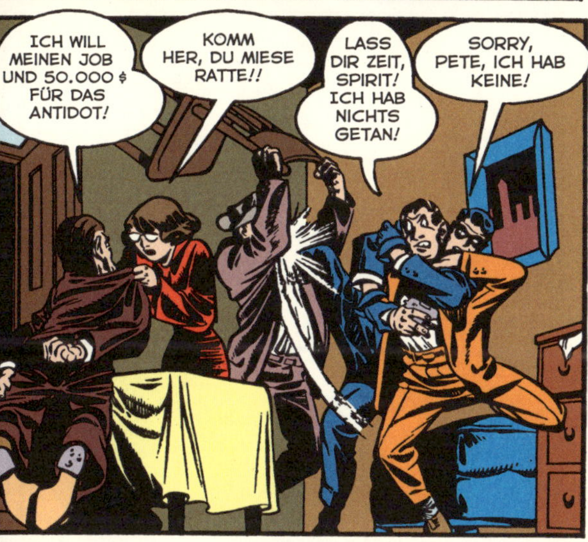
ICH WILL MEINEN JOB UND 50.000 $ FÜR DAS ANTIDOT!
KOMM HER, DU MIESE RATTE!!
LASS DIR ZEIT, SPIRIT! ICH HAB NICHTS GETAN!
SORRY, PETE, ICH HAB KEINE!
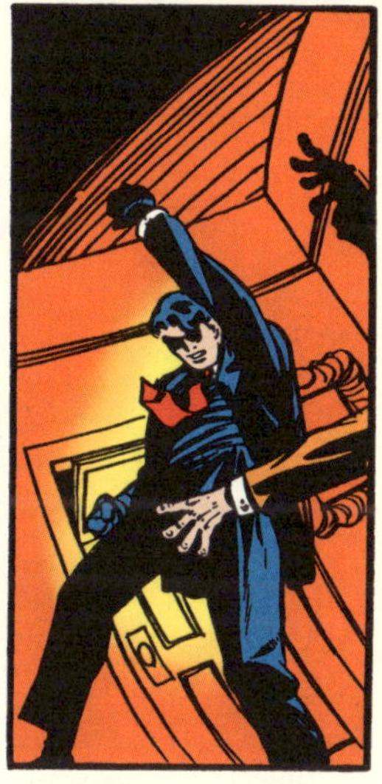
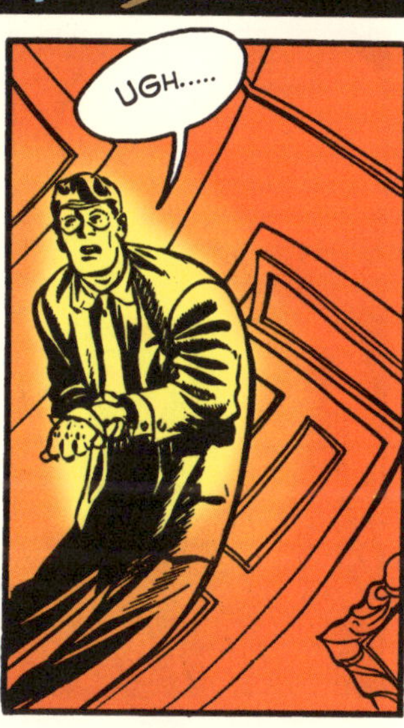
UGH.....
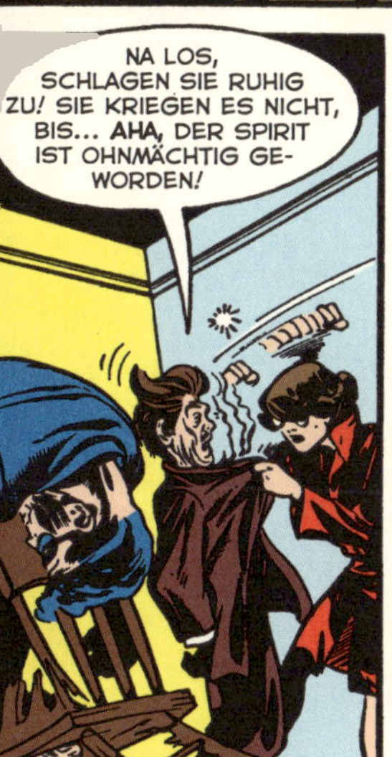
NA LOS, SCHLAGEN SIE RUHIG ZU! SIE KRIEGEN ES NICHT, BIS... AHA, DER SPIRIT IST OHNMÄCHTIG GEWORDEN!
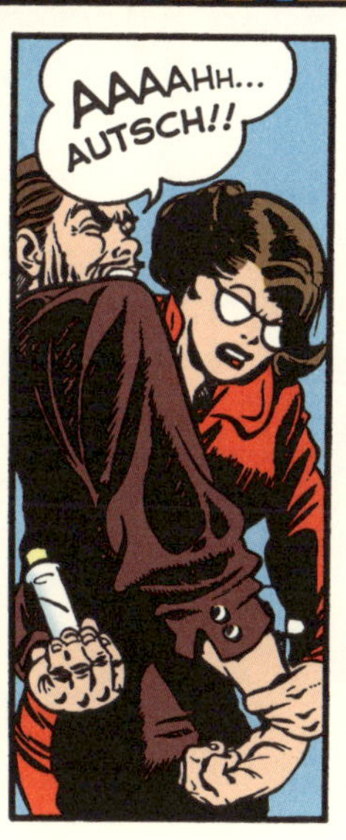
AAAAHH... AUTSCH!!
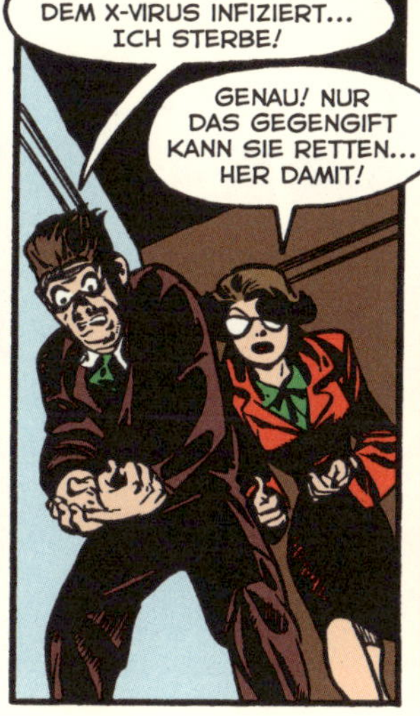
SIE HABEN MICH MIT DEM X-VIRUS INFIZIERT... ICH STERBE!
GENAU! NUR DAS GEGENGIFT KANN SIE RETTEN... HER DAMIT!
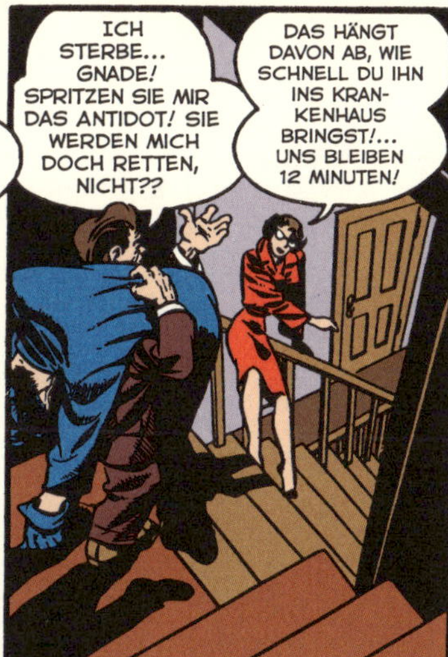
ICH STERBE... GNADE! SPRITZEN SIE MIR DAS ANTIDOT! SIE WERDEN MICH DOCH RETTEN, NICHT??
DAS HÄNGT DAVON AB, WIE SCHNELL DU IHN INS KRANKENHAUS BRINGST!... UNS BLEIBEN 12 MINUTEN!
6

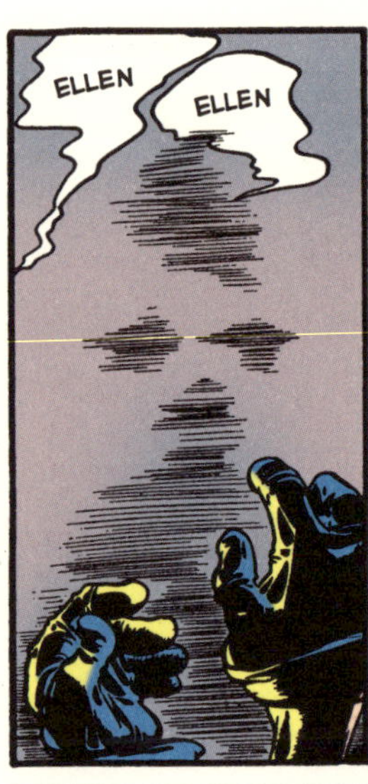

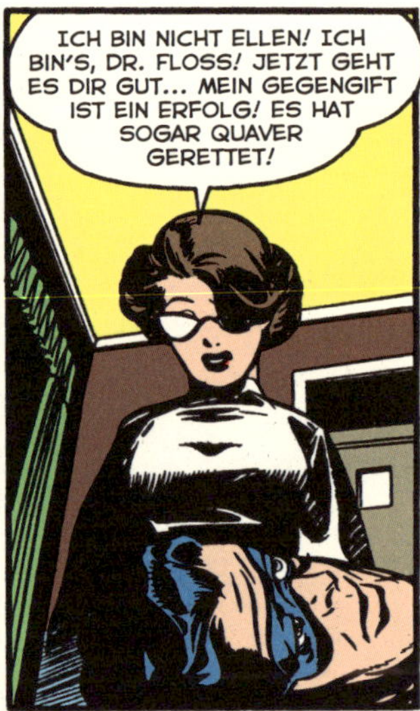

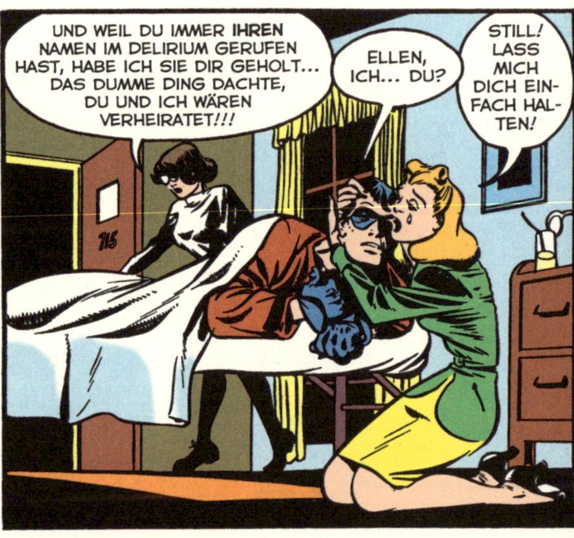

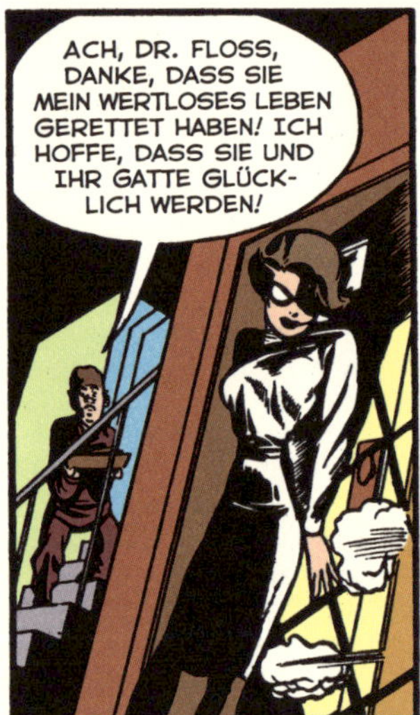

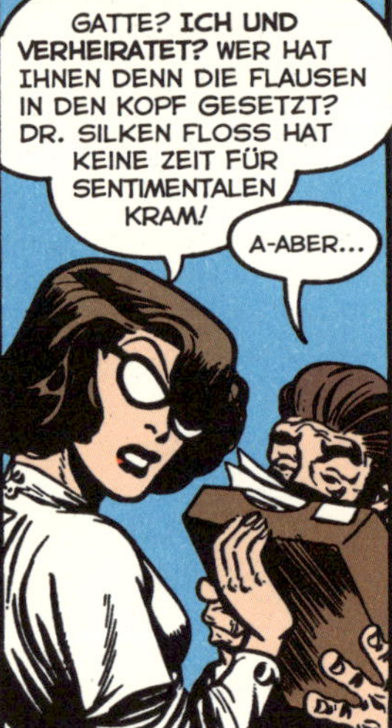

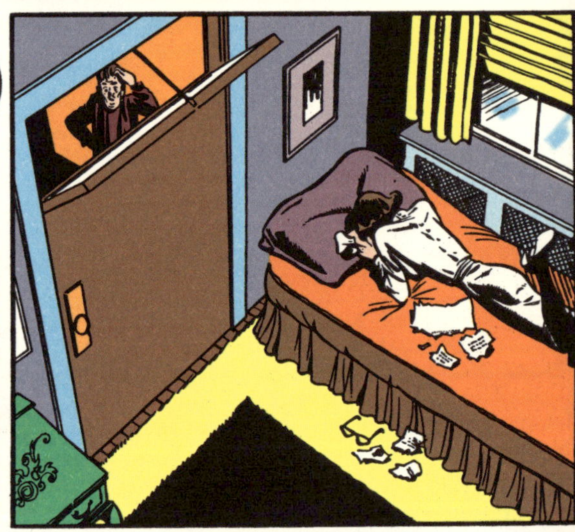

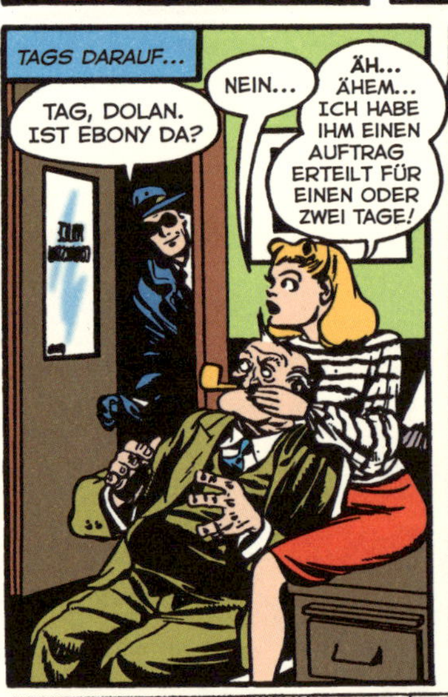

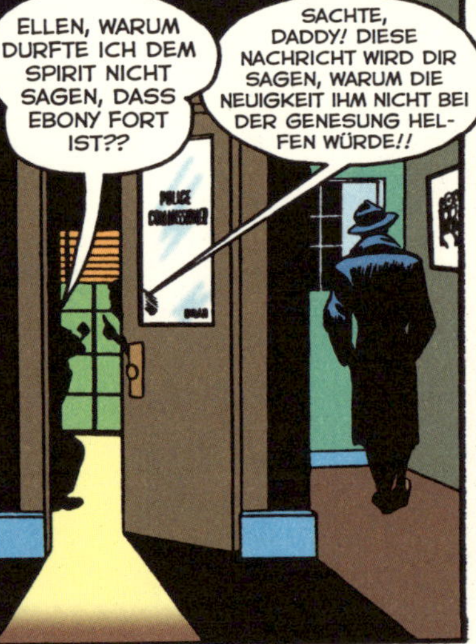

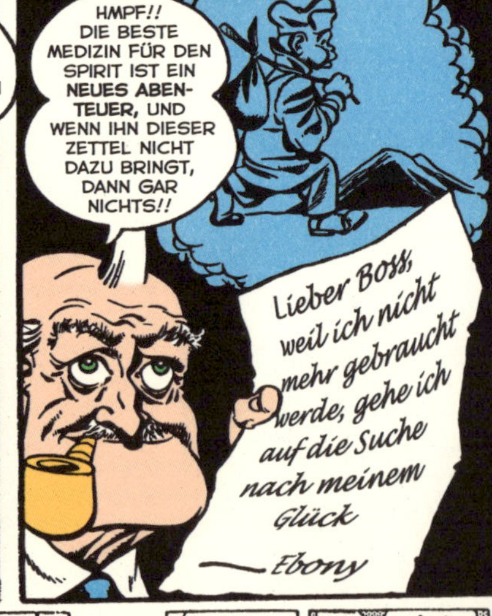

NÄCHSTE WOCHE: The Spirit BRINGT IHNEN TEIL 1 VON „EBONYS ODYSSEE"

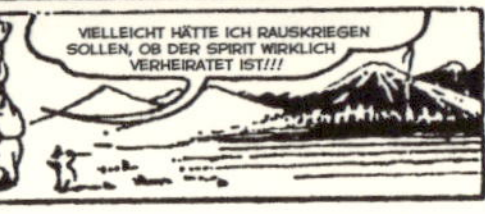

PLUS (UND OHNE AUFSCHLAG TROTZ DER EXTREM HOHEN KOSTEN FÜR DAS MANAGEMENT):

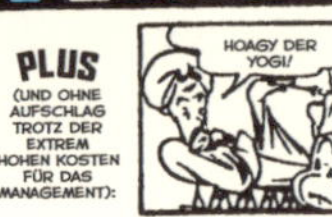

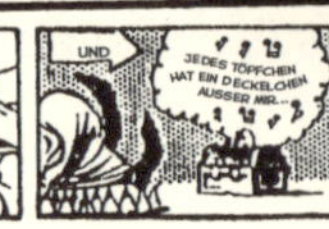

HOAGY DER YOGI, TEIL 1

16. März 1947

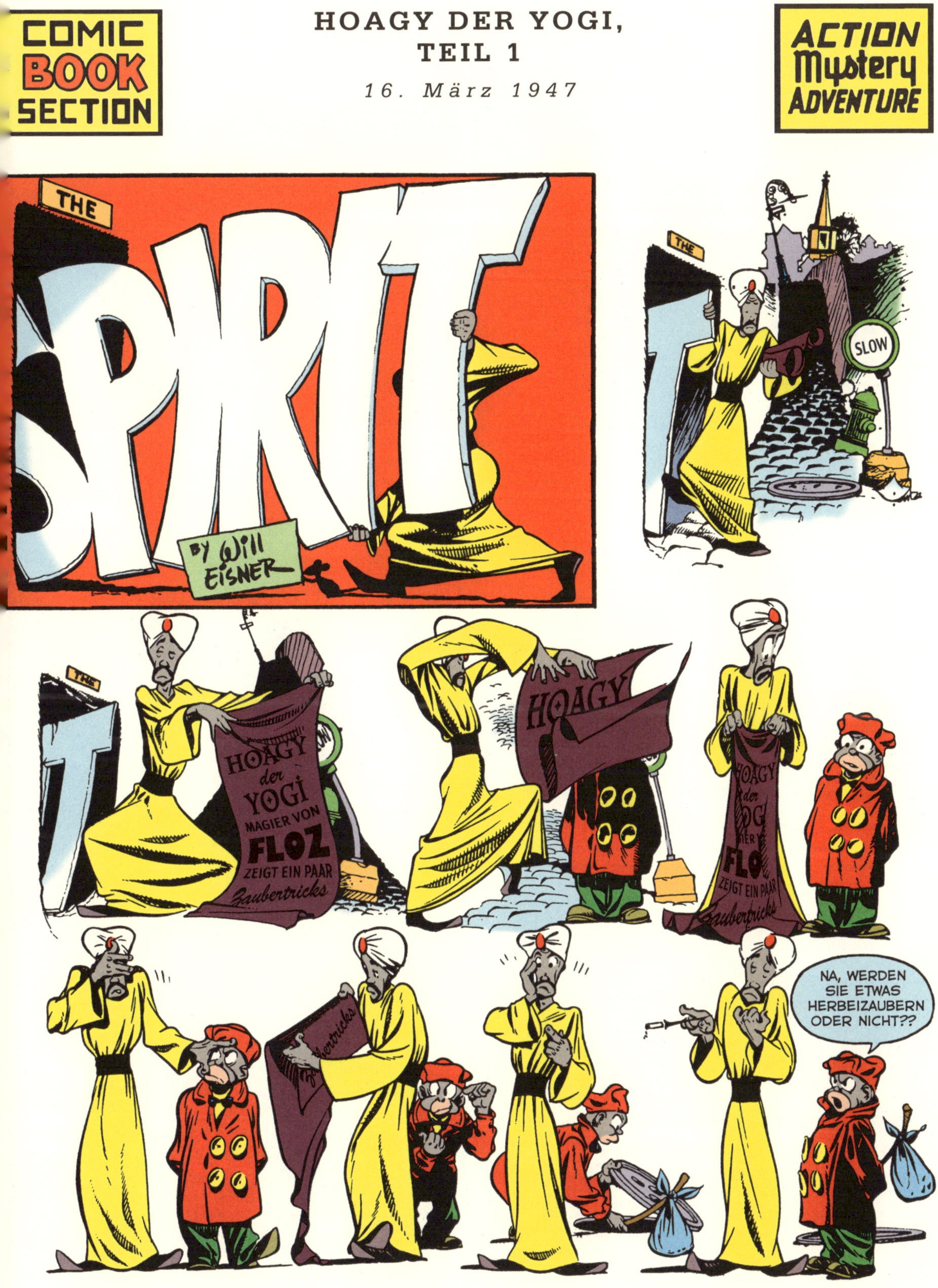

THE SPIRIT

BY Will EISNER

SLOW

HOAGY der YOGI MAGIER VON FLOZ ZEIGT EIN PAAR Zaubertricks

HOAGY

NA, WERDEN SIE ETWAS HERBEIZAUBERN ODER NICHT??

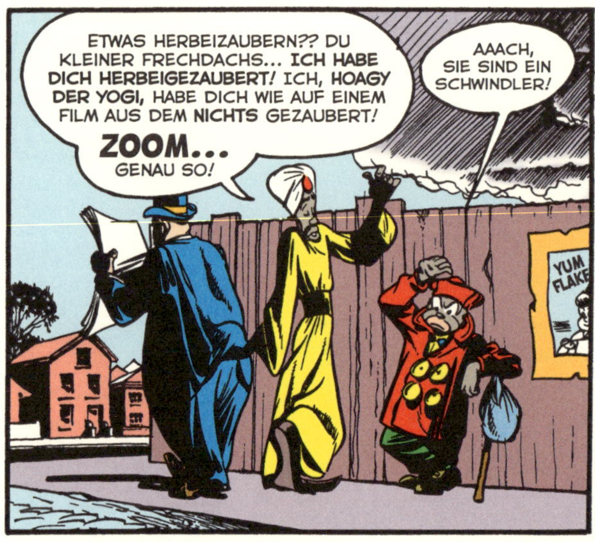
ETWAS HERBEIZAUBERN?? DU KLEINER FRECHDACHS... **ICH HABE DICH HERBEIGEZAUBERT!** ICH, **HOAGY DER YOGI,** HABE DICH WIE AUF EINEM FILM AUS DEM **NICHTS** GEZAUBERT! **ZOOM...** GENAU SO!
AAACH, SIE SIND EIN SCHWINDLER!
YUM FLAKE

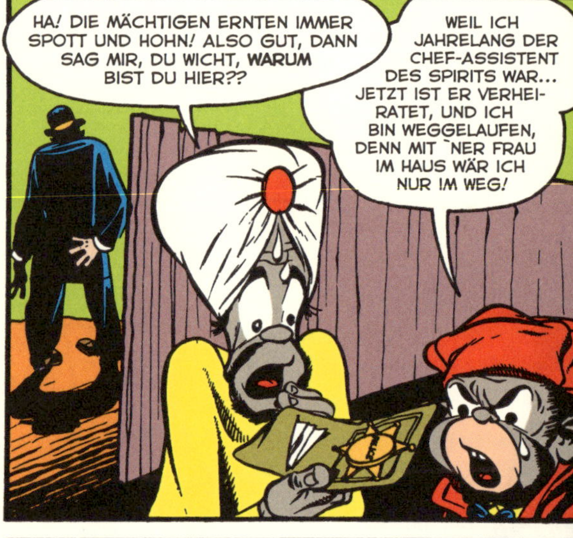
HA! DIE MÄCHTIGEN ERNTEN IMMER SPOTT UND HOHN! ALSO GUT, DANN SAG MIR, DU WICHT, **WARUM** BIST DU HIER??
WEIL ICH JAHRELANG DER CHEF-ASSISTENT DES SPIRITS WAR... JETZT IST ER VERHEIRATET, UND ICH BIN WEGGELAUFEN, DENN MIT ˜NER FRAU IM HAUS WÄR ICH NUR IM WEG!

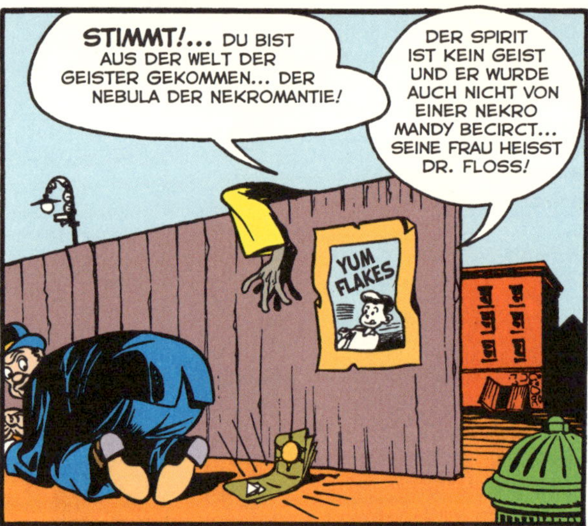
STIMMT!... DU BIST AUS DER WELT DER GEISTER GEKOMMEN... DER NEBULA DER NEKROMANTIE!
DER SPIRIT IST KEIN GEIST UND ER WURDE AUCH NICHT VON EINER NEKRO MANDY BECIRCT... SEINE FRAU HEISST DR. FLOSS!
YUM FLAKES

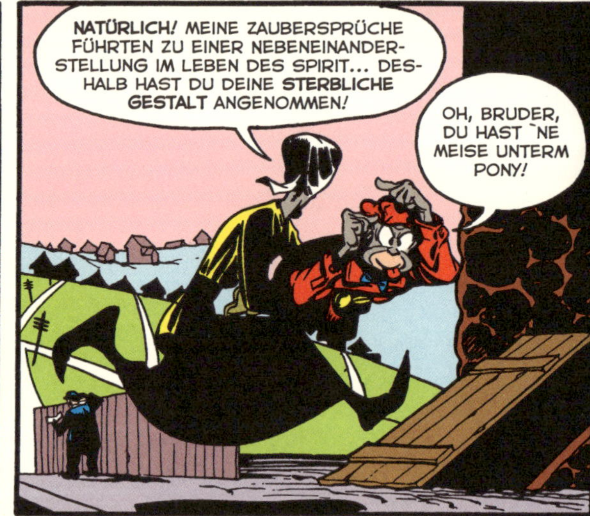
NATÜRLICH! MEINE ZAUBERSPRÜCHE FÜHRTEN ZU EINER NEBENEINANDER-STELLUNG IM LEBEN DES SPIRIT... DESHALB HAST DU DEINE **STERBLICHE GESTALT** ANGENOMMEN!
OH, BRUDER, DU HAST ˜NE MEISE UNTERM PONY!

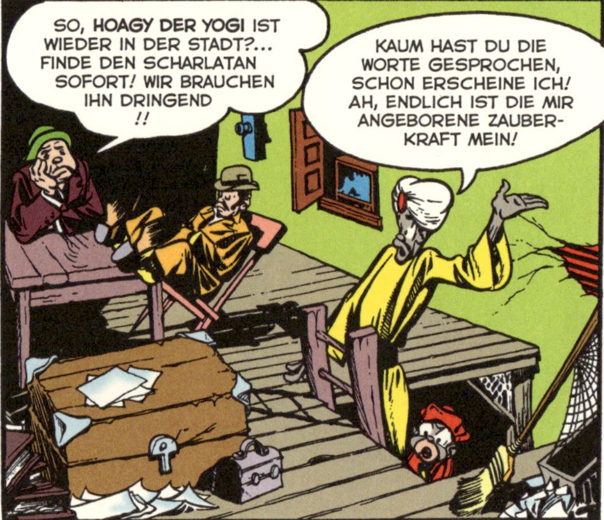
SO, **HOAGY DER YOGI** IST WIEDER IN DER STADT?... FINDE DEN SCHARLATAN SOFORT! WIR BRAUCHEN IHN DRINGEND !!
KAUM HAST DU DIE WORTE GESPROCHEN, SCHON ERSCHEINE ICH! AH, ENDLICH IST DIE MIR ANGEBORENE ZAUBERKRAFT MEIN!

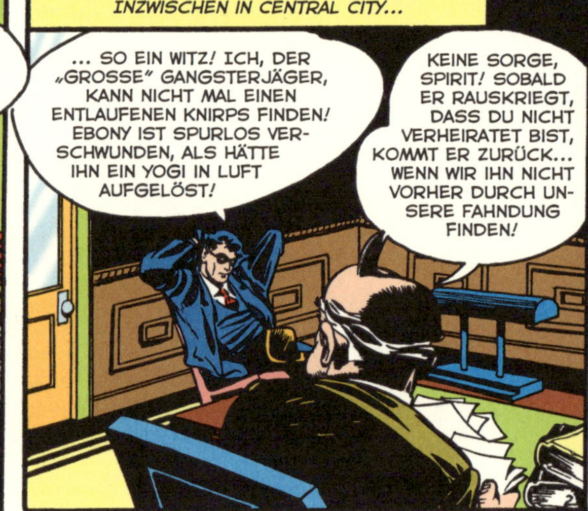
INZWISCHEN IN CENTRAL CITY...
... SO EIN WITZ! ICH, DER „GROSSE" GANGSTERJÄGER, KANN NICHT MAL EINEN ENTLAUFENEN KNIRPS FINDEN! EBONY IST SPURLOS VERSCHWUNDEN, ALS HÄTTE IHN EIN YOGI IN LUFT AUFGELÖST!
KEINE SORGE, SPIRIT! SOBALD ER RAUSKRIEGT, DASS DU NICHT VERHEIRATET BIST, KOMMT ER ZURÜCK... WENN WIR IHN NICHT VORHER DURCH UNSERE FAHNDUNG FINDEN!

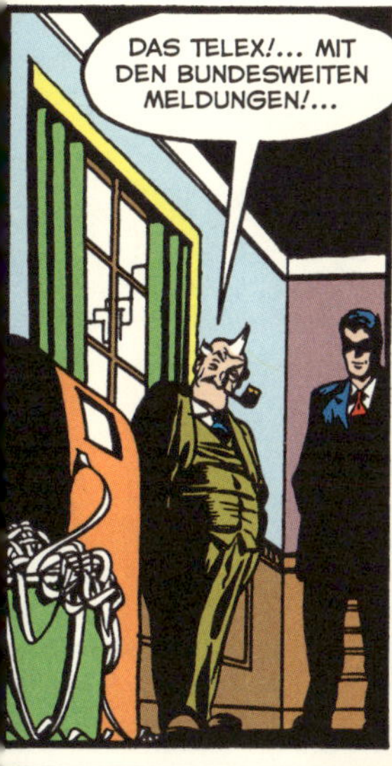
DAS TELEX!... MIT DEN BUNDESWEITEN MELDUNGEN!...

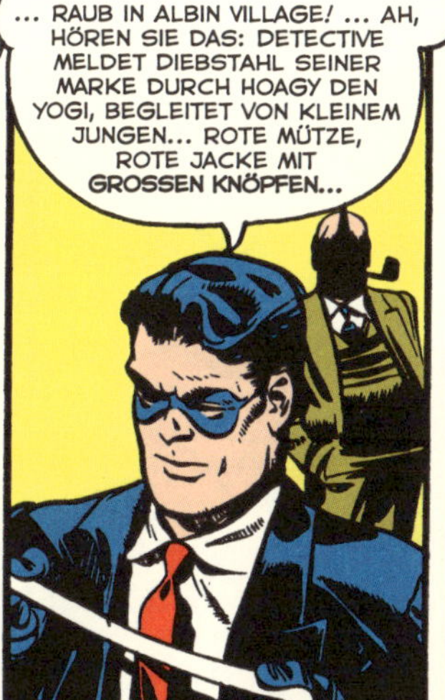
... RAUB IN ALBIN VILLAGE! ... AH, HÖREN SIE DAS: DETECTIVE MELDET DIEBSTAHL SEINER MARKE DURCH HOAGY DEN YOGI, BEGLEITET VON KLEINEM JUNGEN... ROTE MÜTZE, ROTE JACKE MIT GROSSEN KNÖPFEN...

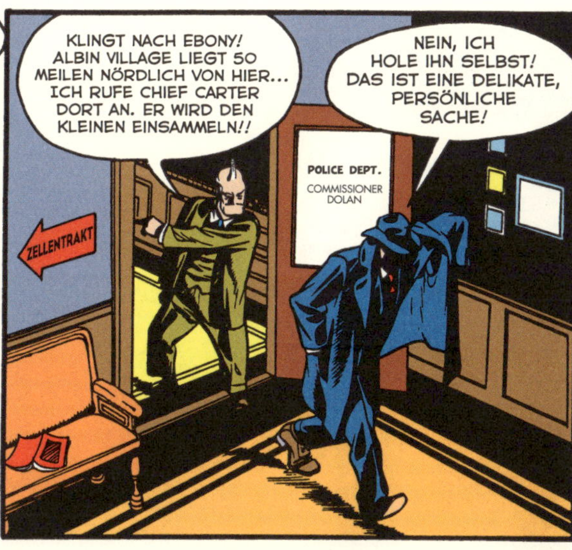
KLINGT NACH EBONY! ALBIN VILLAGE LIEGT 50 MEILEN NÖRDLICH VON HIER... ICH RUFE CHIEF CARTER DORT AN. ER WIRD DEN KLEINEN EINSAMMELN!!
NEIN, ICH HOLE IHN SELBST! DAS IST EINE DELIKATE, PERSÖNLICHE SACHE!
ZELLENTRAKT
POLICE DEPT.
COMMISSIONER DOLAN

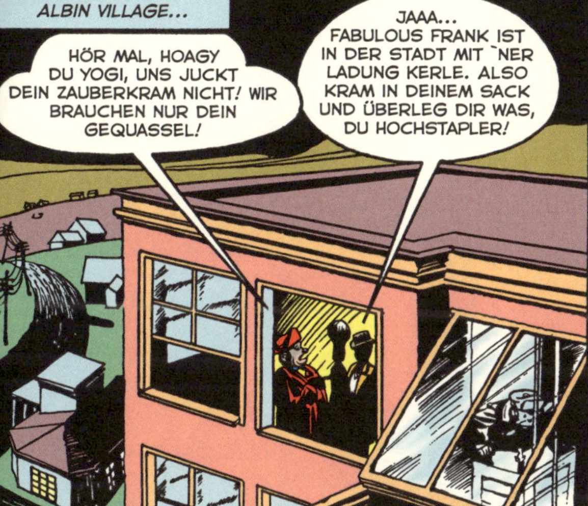
ALBIN VILLAGE...
HÖR MAL, HOAGY DU YOGI, UNS JUCKT DEIN ZAUBERKRAM NICHT! WIR BRAUCHEN NUR DEIN GEQUASSEL!
JAAA... FABULOUS FRANK IST IN DER STADT MIT `NER LADUNG KERLE. ALSO KRAM IN DEINEM SACK UND ÜBERLEG DIR WAS, DU HOCHSTAPLER!

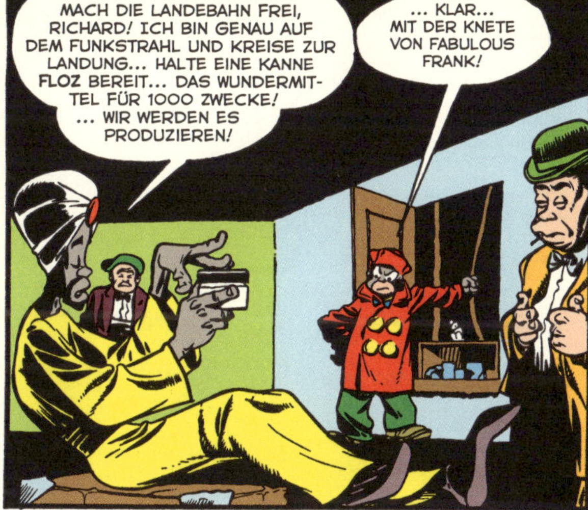
MACH DIE LANDEBAHN FREI, RICHARD! ICH BIN GENAU AUF DEM FUNKSTRAHL UND KREISE ZUR LANDUNG... HALTE EINE KANNE FLOZ BEREIT... DAS WUNDERMITTEL FÜR 1000 ZWECKE! ... WIR WERDEN ES PRODUZIEREN!
... KLAR... MIT DER KNETE VON FABULOUS FRANK!

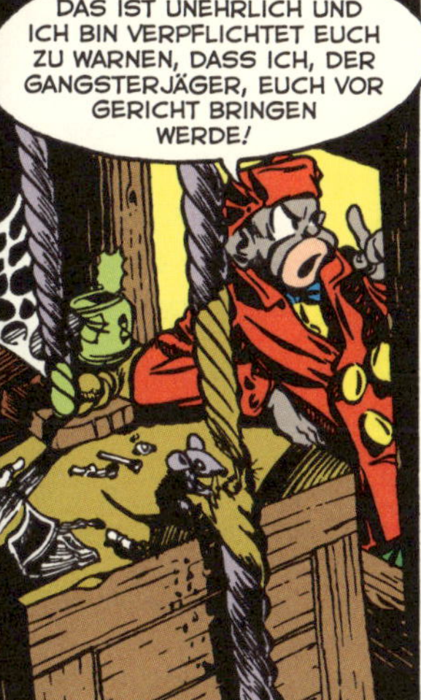
DAS IST UNEHRLICH UND ICH BIN VERPFLICHTET EUCH ZU WARNEN, DASS ICH, DER GANGSTERJÄGER, EUCH VOR GERICHT BRINGEN WERDE!

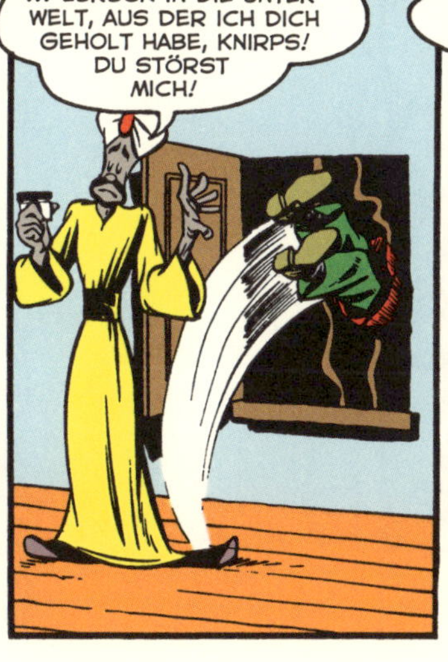
... ZURÜCK IN DIE UNTERWELT, AUS DER ICH DICH GEHOLT HABE, KNIRPS! DU STÖRST MICH!

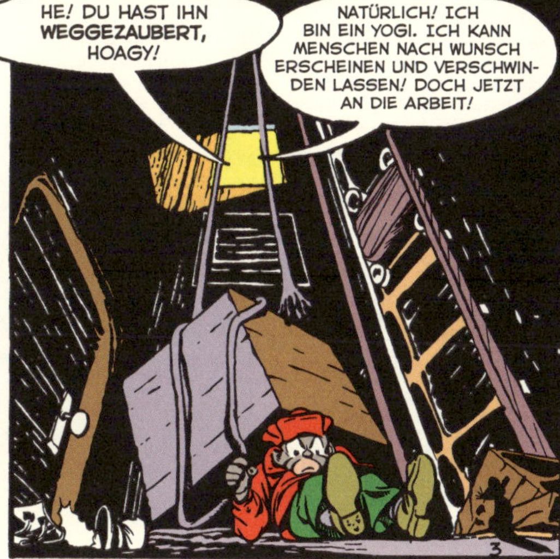
HE! DU HAST IHN WEGGEZAUBERT, HOAGY!
NATÜRLICH! ICH BIN EIN YOGI. ICH KANN MENSCHEN NACH WUNSCH ERSCHEINEN UND VERSCHWINDEN LASSEN! DOCH JETZT AN DIE ARBEIT!
3

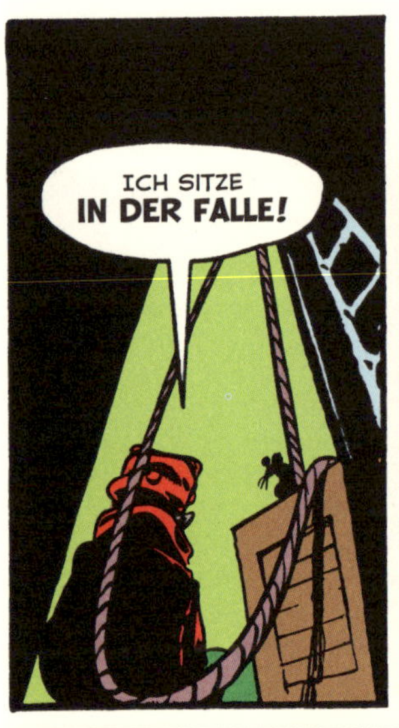

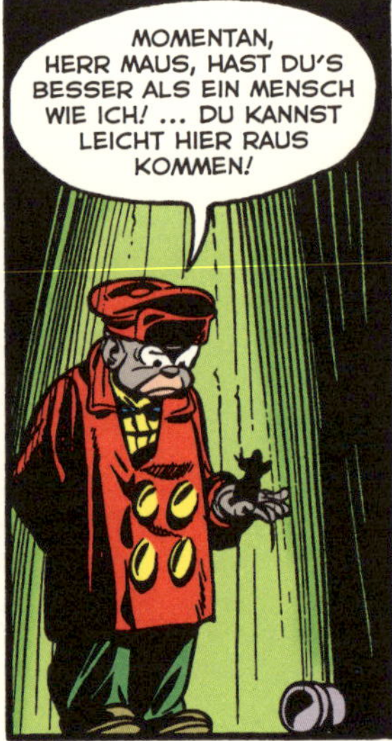

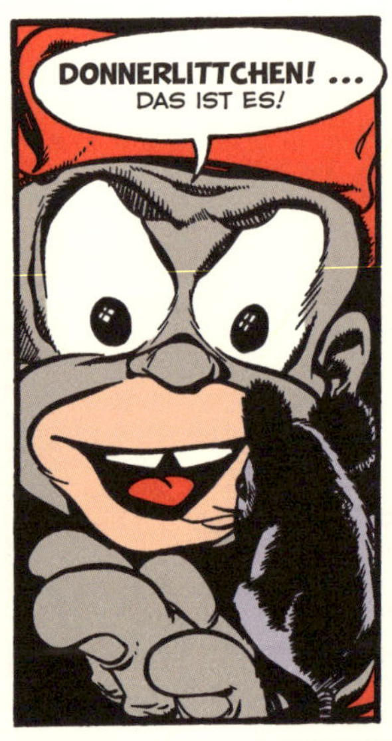

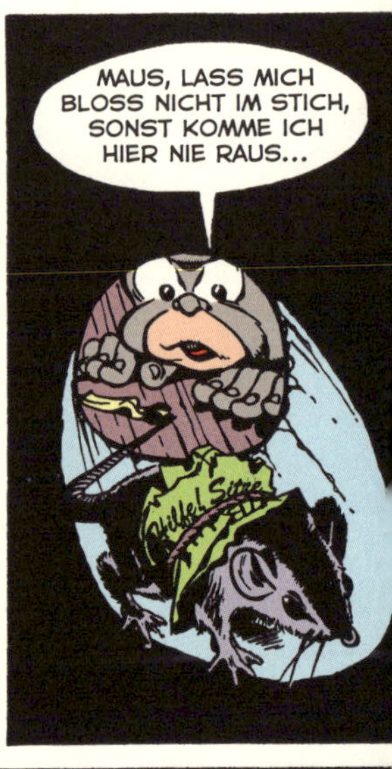

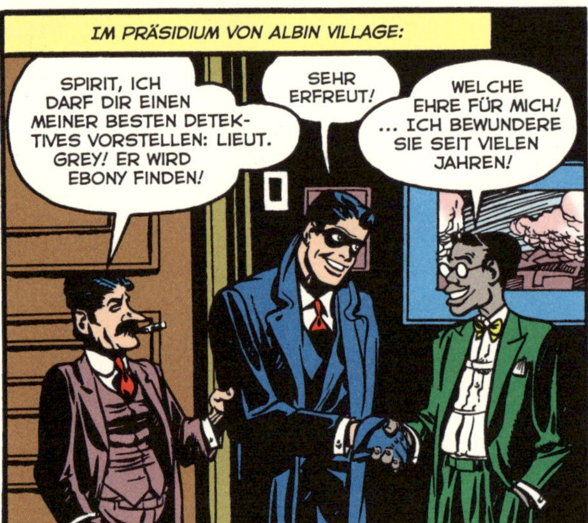

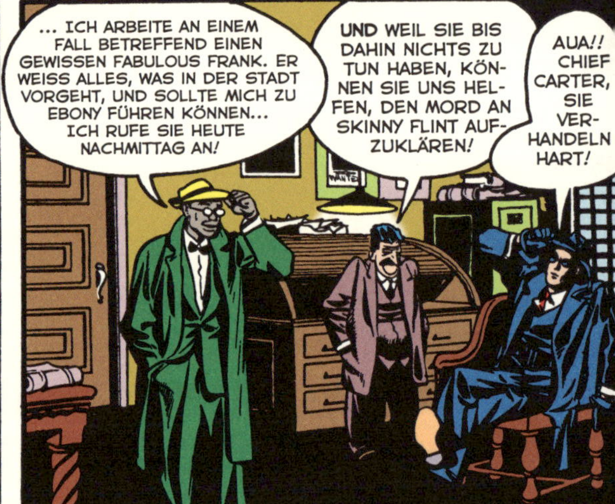

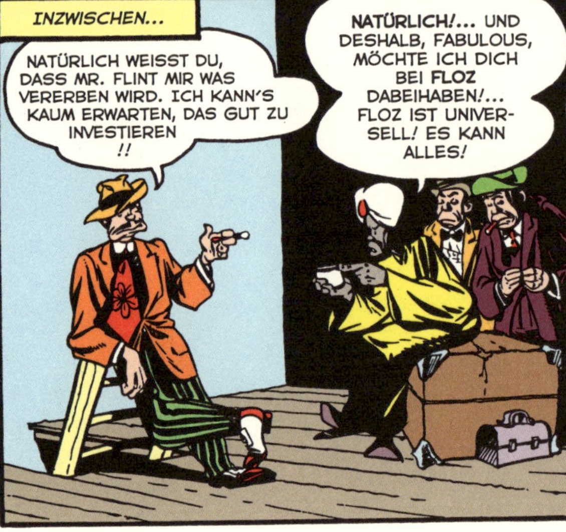

FLOZ IST BOHNERWACHS, SCHUHPOLITUR, SPÜLMITTEL, REIFENKLEBER, BACKPULVER, FÜLLMITTEL FÜR LÖCHER, SILBERPOLITUR, KABELISOLIERER, FILMENTWICKLER... TEPPICHREINIGER... STAHLKLEBER, IST GUT GEGEN HUSTEN, HÜHNERAUGEN, PICKEL UND SONNENBRAND!!

KLASSE! ICH FINANZIERE ES. WIR VERDIENEN MILLIONEN!!! ICH KANN'S JETZT SCHON SEHEN... RIESIGE FABRIKEN, INTERNATIONALE KARTELLE. ... ÄH, KANN MIR EINER EINEN FÜNFER LEIHEN FÜR EINEN ANRUF?

4

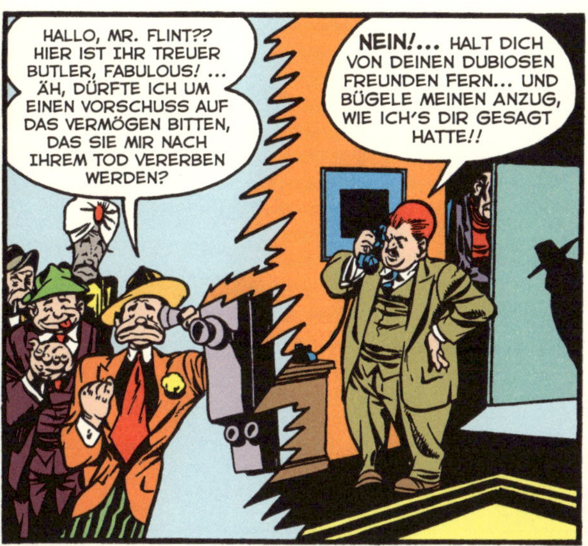
HALLO, MR. FLINT?? HIER IST IHR TREUER BUTLER, FABULOUS! ... ÄH, DÜRFTE ICH UM EINEN VORSCHUSS AUF DAS VERMÖGEN BITTEN, DAS SIE MIR NACH IHREM TOD VERERBEN WERDEN?
NEIN!... HALT DICH VON DEINEN DUBIOSEN FREUNDEN FERN... UND BÜGELE MEINEN ANZUG, WIE ICH'S DIR GESAGT HATTE!!
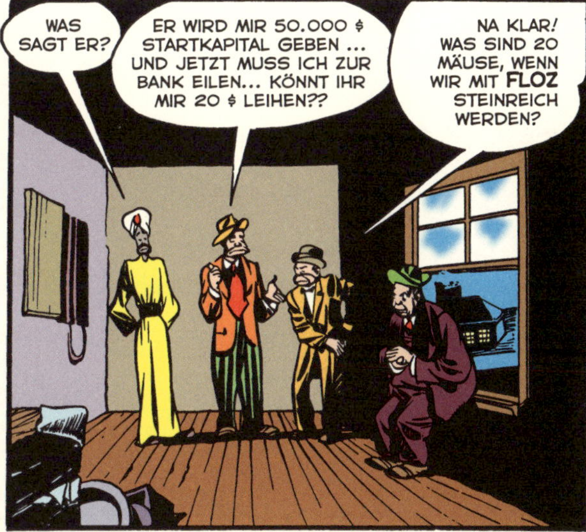
WAS SAGT ER?
ER WIRD MIR 50.000 $ STARTKAPITAL GEBEN ... UND JETZT MUSS ICH ZUR BANK EILEN... KÖNNT IHR MIR 20 $ LEIHEN??
NA KLAR! WAS SIND 20 MÄUSE, WENN WIR MIT FLOZ STEINREICH WERDEN?
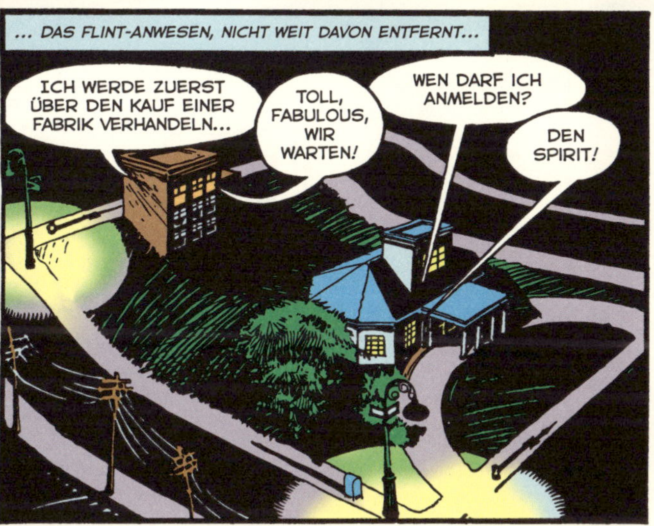
... DAS FLINT-ANWESEN, NICHT WEIT DAVON ENTFERNT...
ICH WERDE ZUERST ÜBER DEN KAUF EINER FABRIK VERHANDELN...
TOLL, FABULOUS, WIR WARTEN!
WEN DARF ICH ANMELDEN?
DEN SPIRIT!
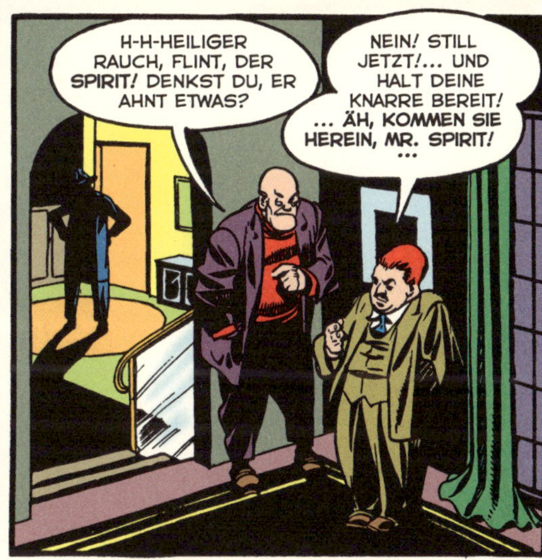
H-H-HEILIGER RAUCH, FLINT, DER SPIRIT! DENKST DU, ER AHNT ETWAS?
NEIN! STILL JETZT!... UND HALT DEINE KNARRE BEREIT! ... ÄH, KOMMEN SIE HEREIN, MR. SPIRIT! ...
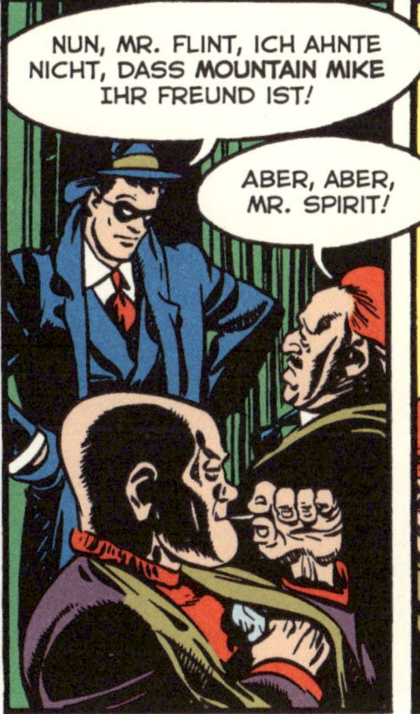
NUN, MR. FLINT, ICH AHNTE NICHT, DASS MOUNTAIN MIKE IHR FREUND IST!
ABER, ABER, MR. SPIRIT!
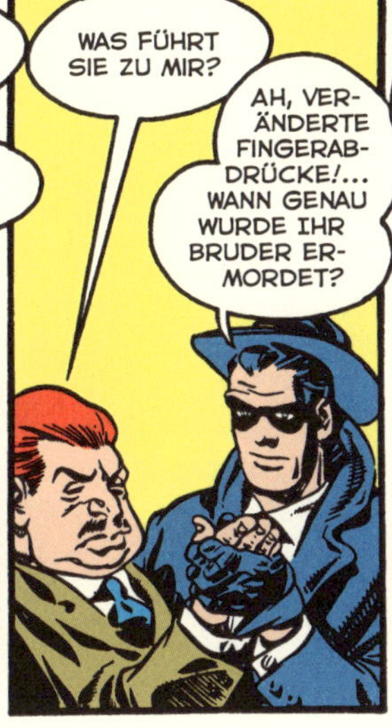
WAS FÜHRT SIE ZU MIR?
AH, VERÄNDERTE FINGERABDRÜCKE!... WANN GENAU WURDE IHR BRUDER ERMORDET?
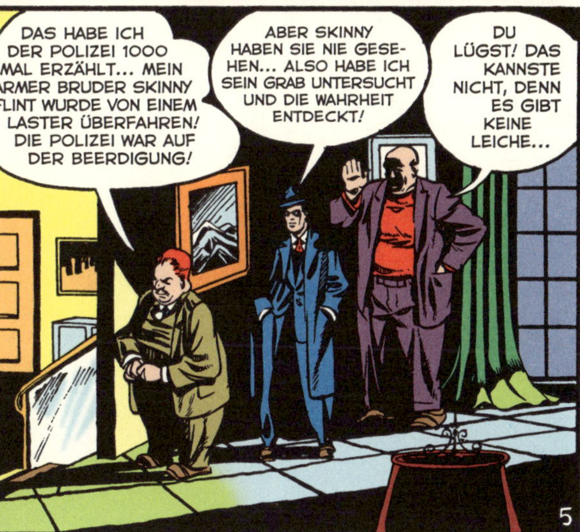
DAS HABE ICH DER POLIZEI 1000 MAL ERZÄHLT... MEIN ARMER BRUDER SKINNY FLINT WURDE VON EINEM LASTER ÜBERFAHREN! DIE POLIZEI WAR AUF DER BEERDIGUNG!
ABER SKINNY HABEN SIE NIE GESEHEN... ALSO HABE ICH SEIN GRAB UNTERSUCHT UND DIE WAHRHEIT ENTDECKT!
DU LÜGST! DAS KANNSTE NICHT, DENN ES GIBT KEINE LEICHE...
5

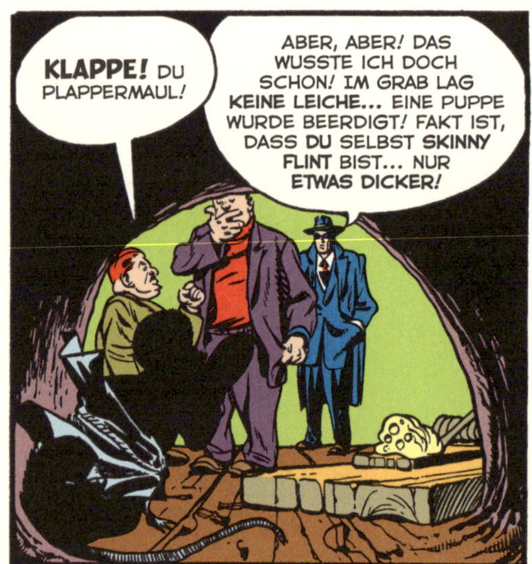

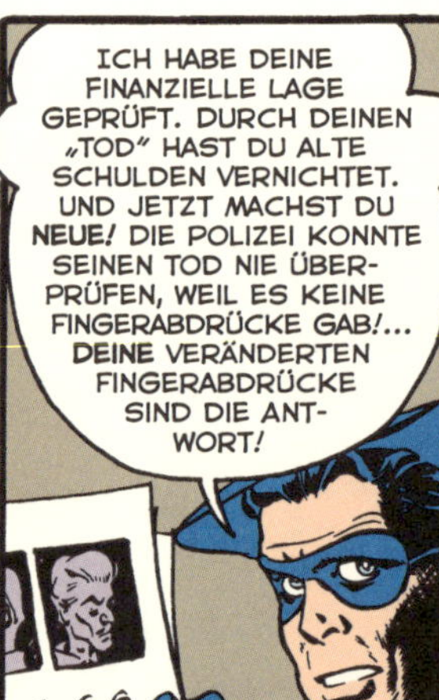

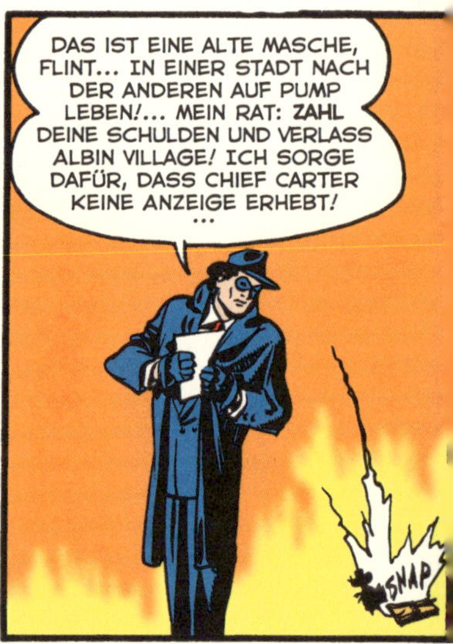

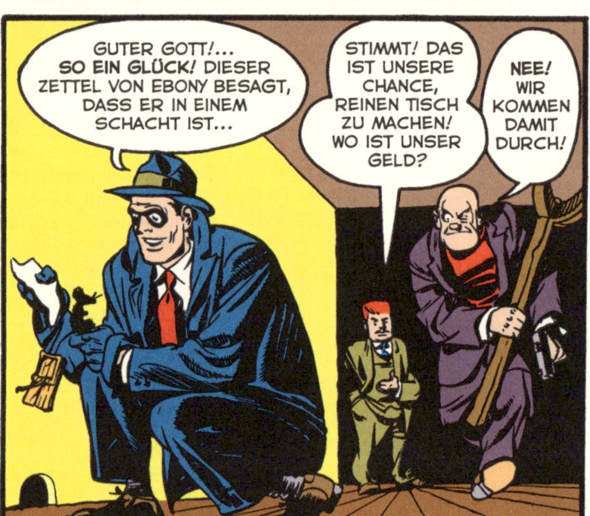

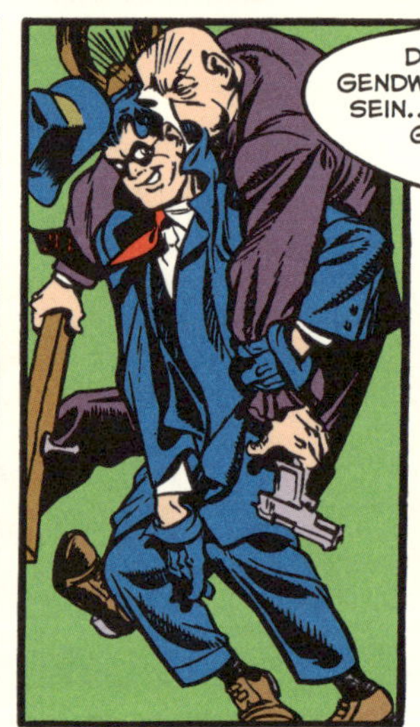
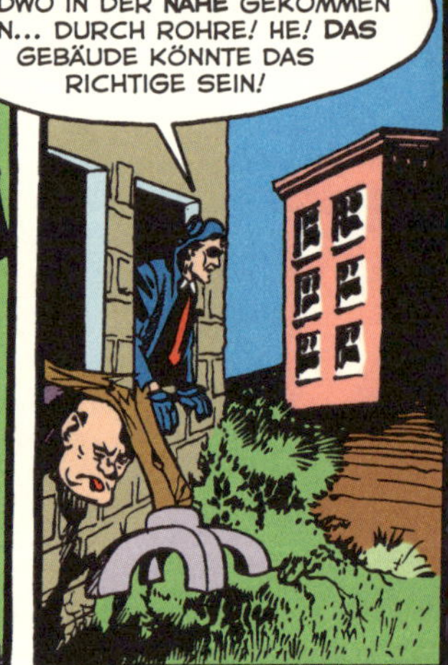

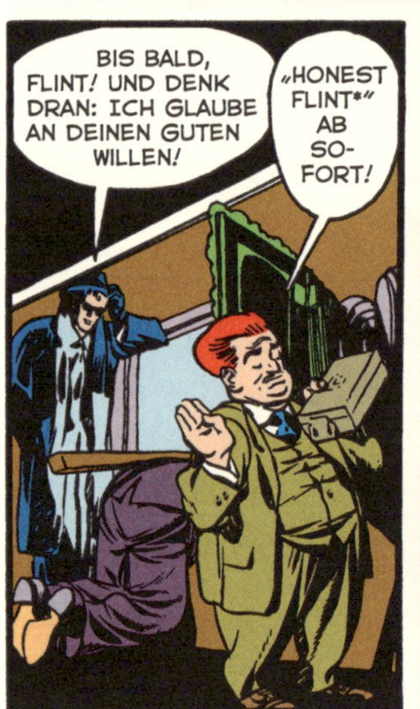

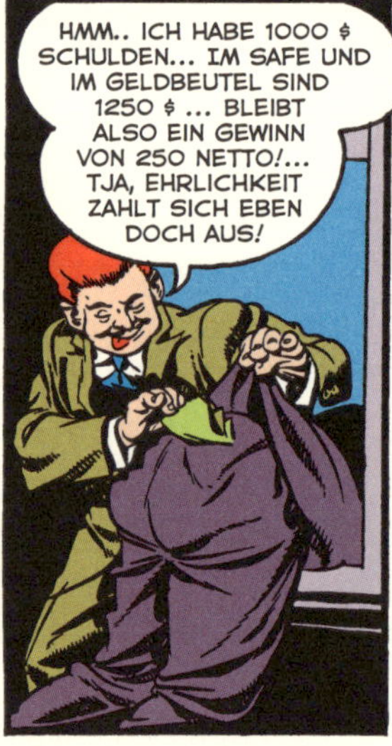

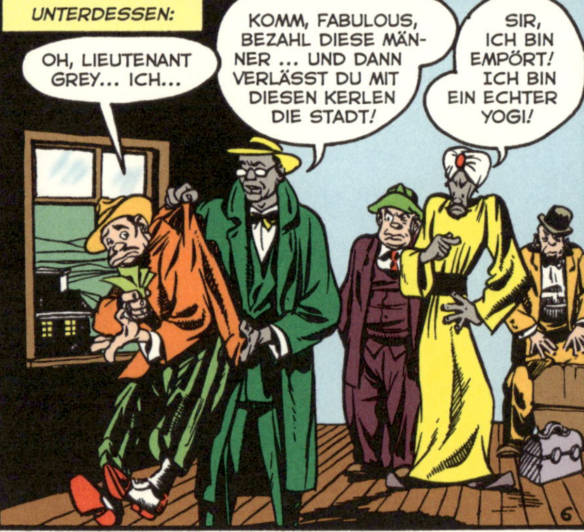

*DER EHRLICHE FLINT. ANM. DES ÜBERS.

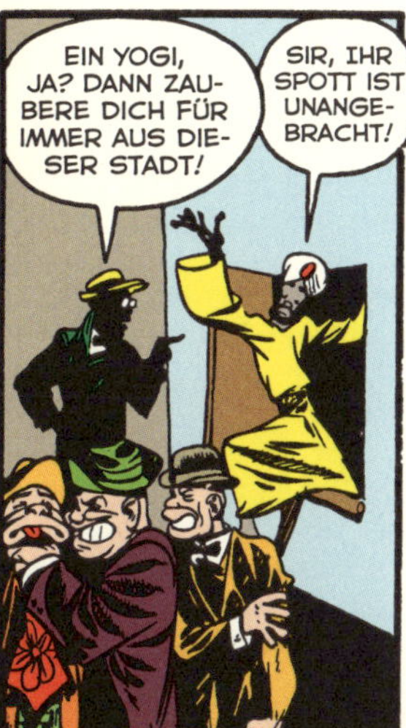

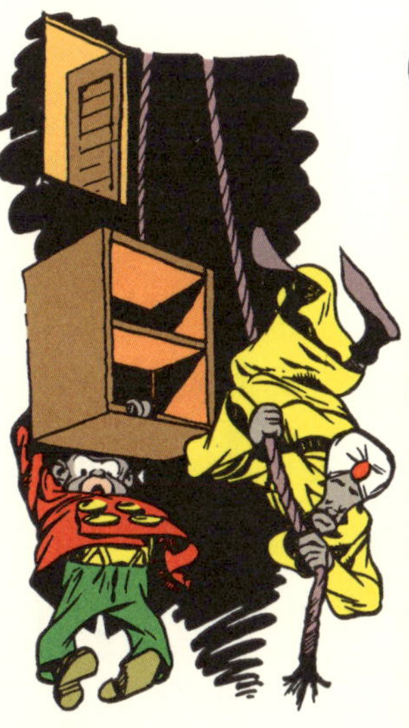

OH! EBONY WHITES BESCHREIBUNG AUF DER SUCHMELDUNG PASST AUF DICH!... DER SPIRIT SUCHT DICH!... GEH MAL LIEBER INS PRÄSIDIUM, JUNGE!

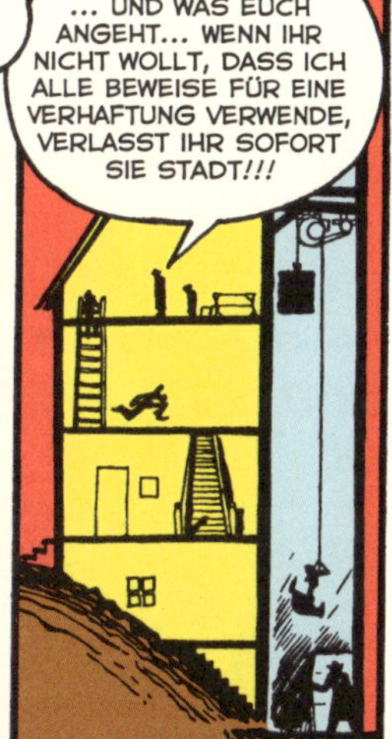

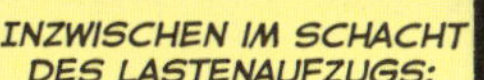

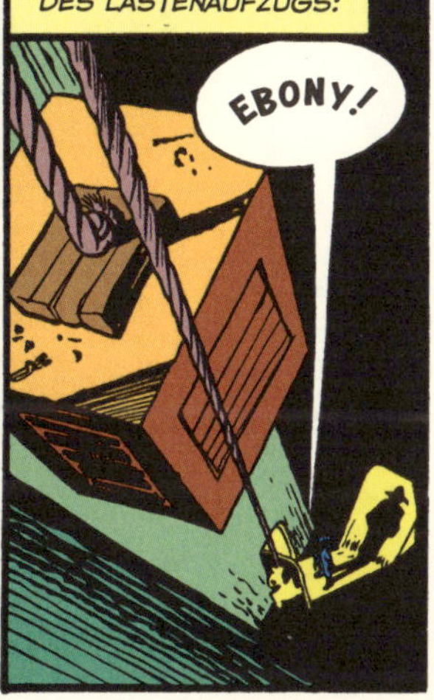

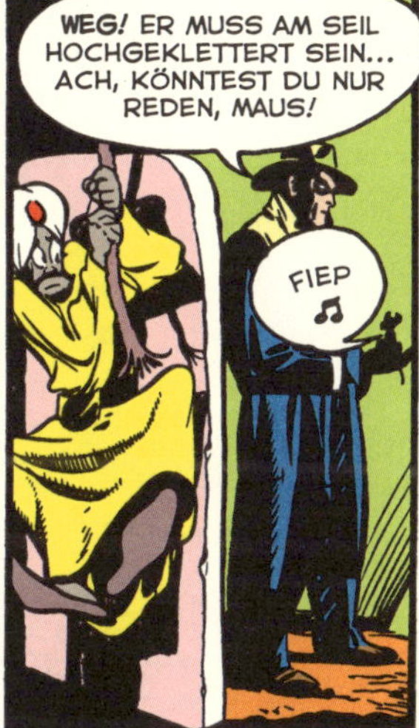

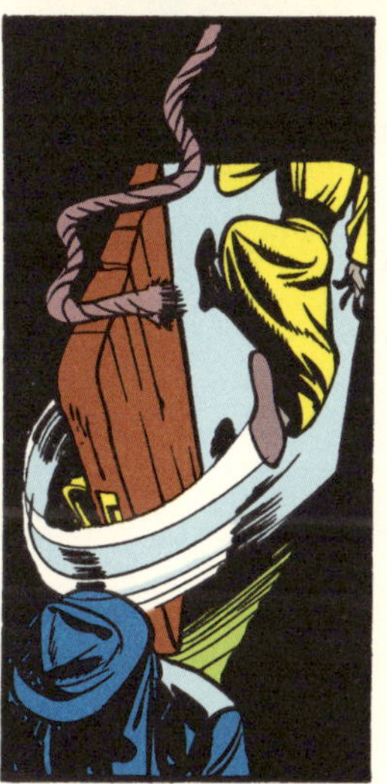

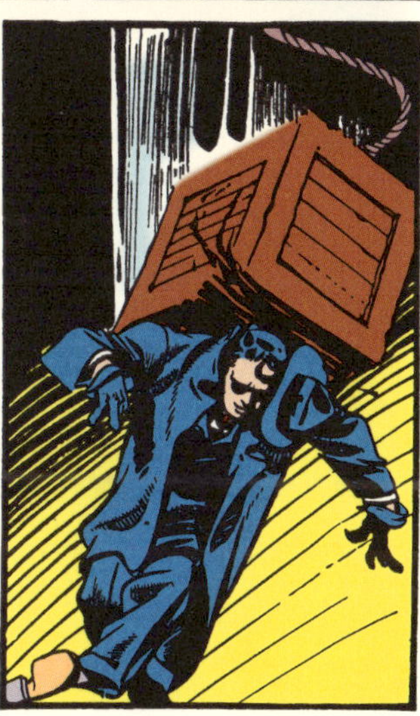

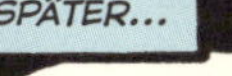

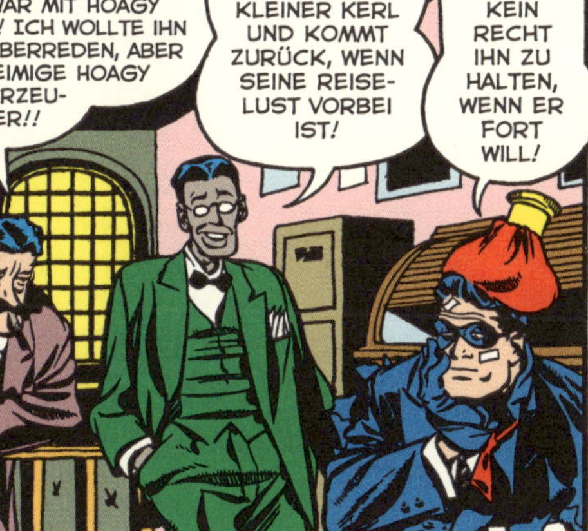

UND SO...

AH... VERSINKE NICHT IN TRÜBSAL, EBONY, KIND DER MAGIE... WIR SIND AUF EINER LANGEN REISE! ÄH, STELL DIE LUNCHBOX AN EINEN SICHEREN ORT, JUNGE!

YESSIR! MANN, ICH FRAGE MICH, OB DER SPIRIT SEINE RÜHREIER MIT SCHINKEN SO KRIEGT, WIE ER SIE MAG... SEUFZ!!!

JEDES TÖPFCHEN HAT EIN DECKELCHEN AUSSER MIR

NÄCHSTE WOCHE: DER SPIRIT BRINGT EUCH...

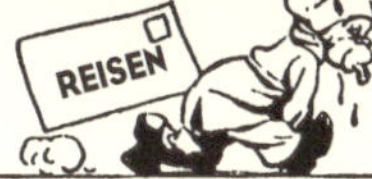

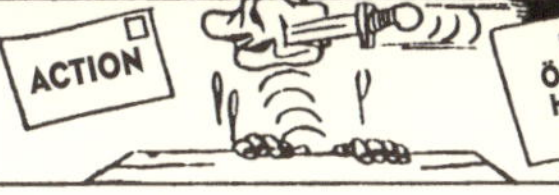

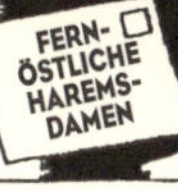

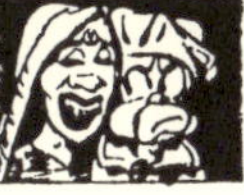

HOAGY DER YOGI, TEIL 2

23. März 1947

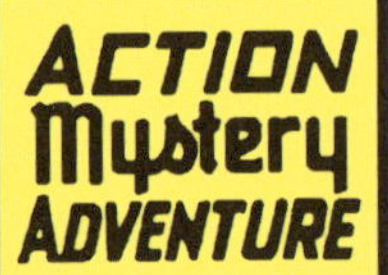

Lieber Spirit,
ich bin auf einer Abenteuerreise
mit Hoagy dem Yogi, der denkt,
dass ich ein Geist wäre, den er
letzte Woche gerufen hat. Ich
glaube, er ist ein Scharlatan,
aber weil er meine Reise bezahlt,
stört mich das nicht. Er sagt, dass
wir eine magische Lunchbox an
einen östlichen ~~Poten~~ König verkaufen werden. Ich komme sicher
als Millionär zurück und werde
dann meine eigene Detektiv-
agentur aufmachen.
Ebony

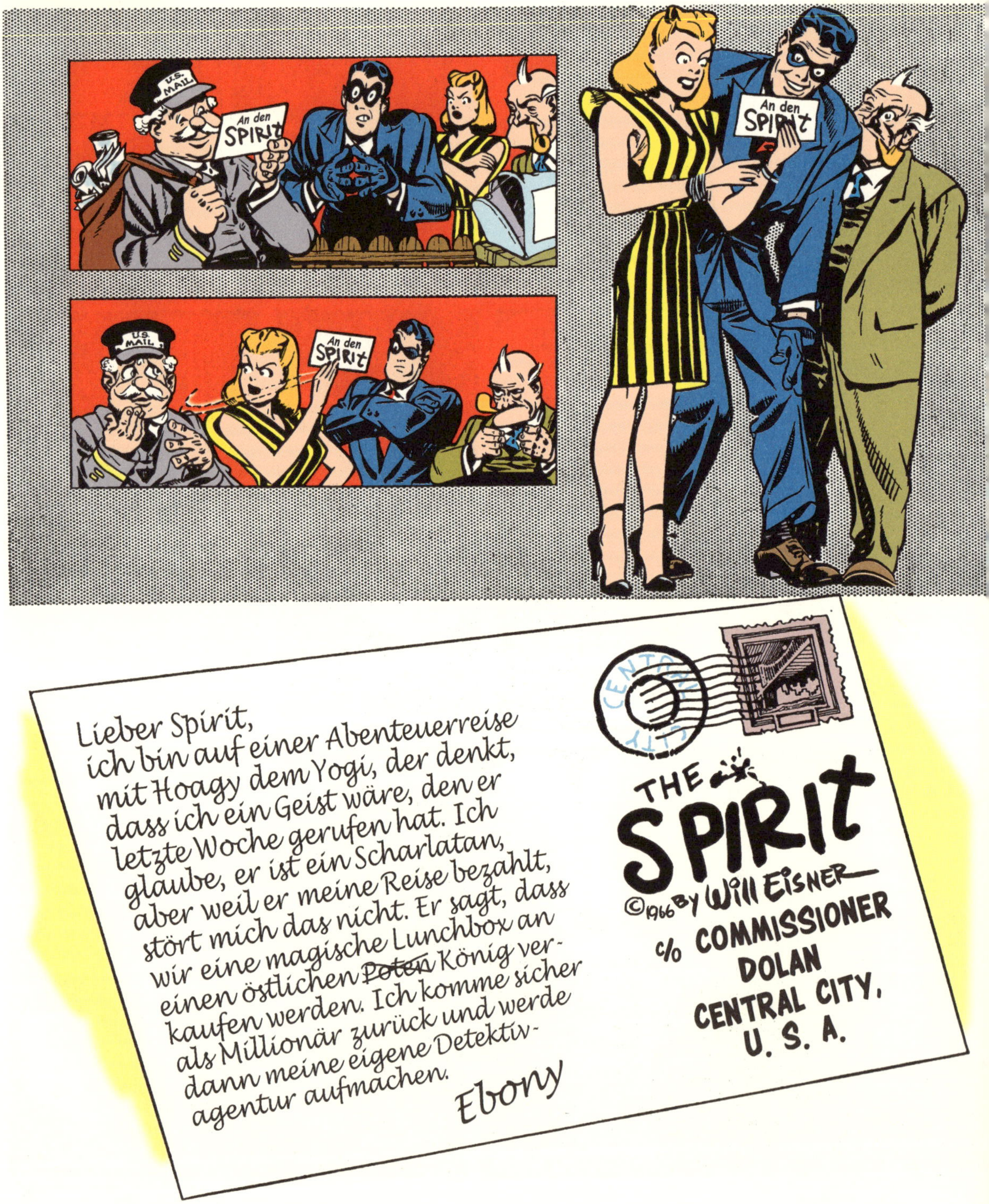

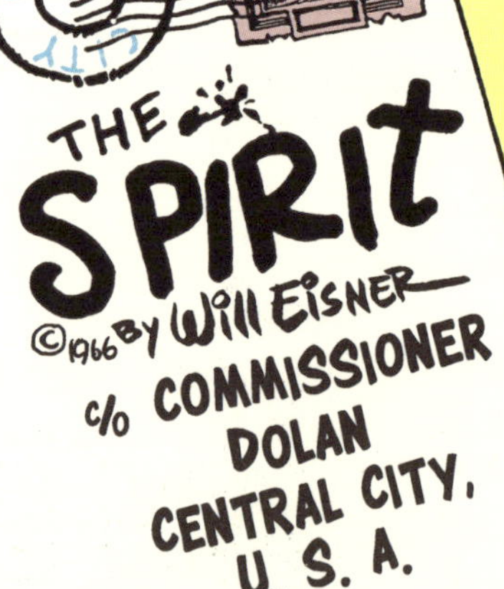

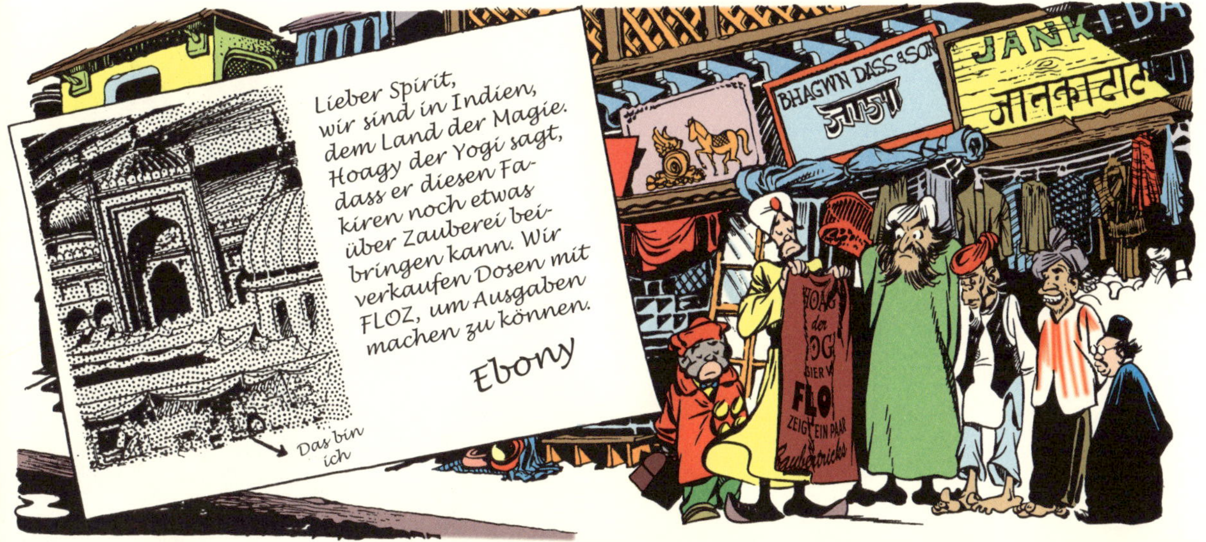
Lieber Spirit,
wir sind in Indien,
dem Land der Magie.
Hoagy der Yogi sagt,
dass er diesen Fa-
kiren noch etwas
über Zauberei bei-
bringen kann. Wir
verkaufen Dosen mit
FLOZ, um Ausgaben
machen zu können.
Ebony
Das bin ich
BHAGWN DASS & SON
FLOZ
ZEIGT EIN PAAR
Zaubertricks

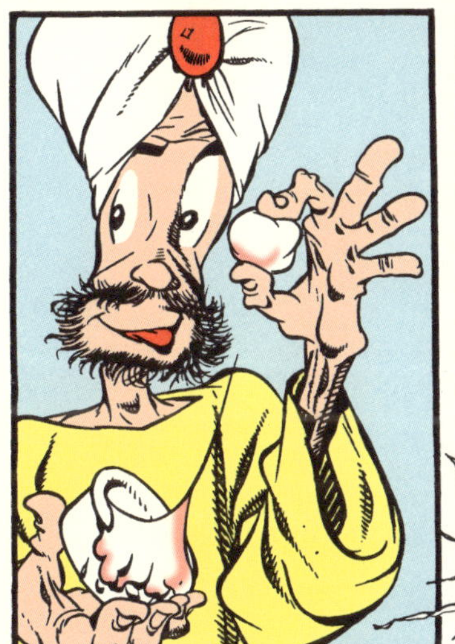

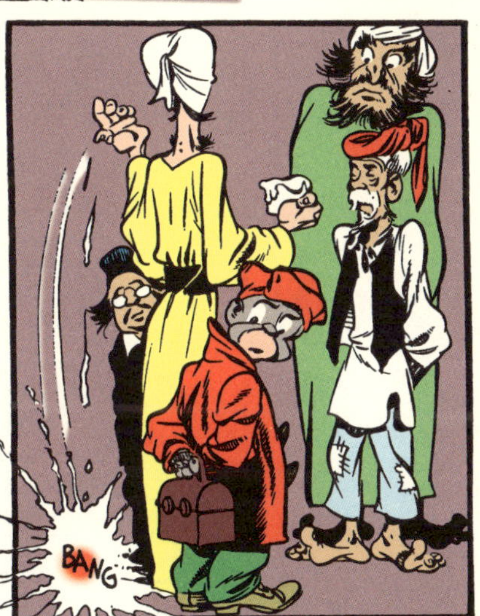
BANG

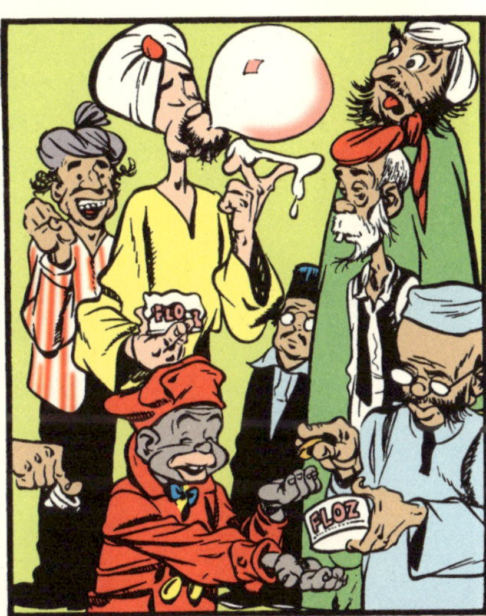
FLOZ

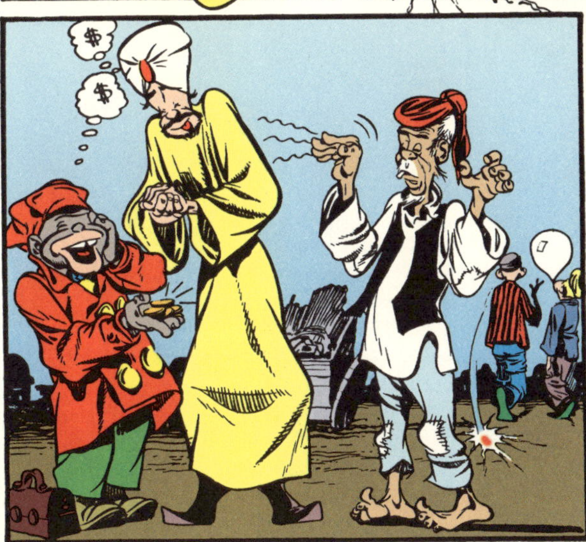
$
$

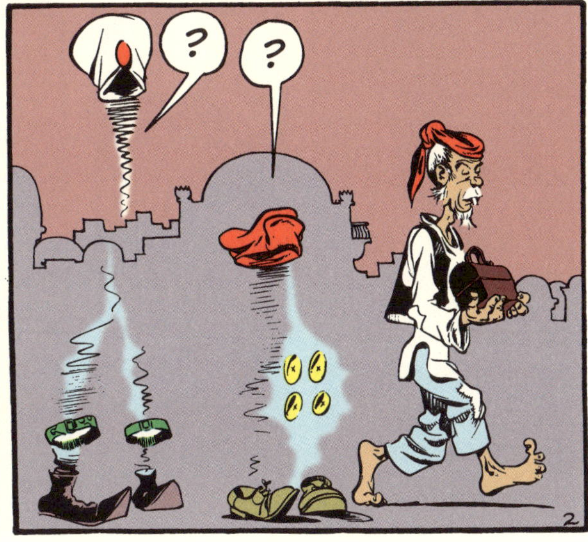
?
?

2

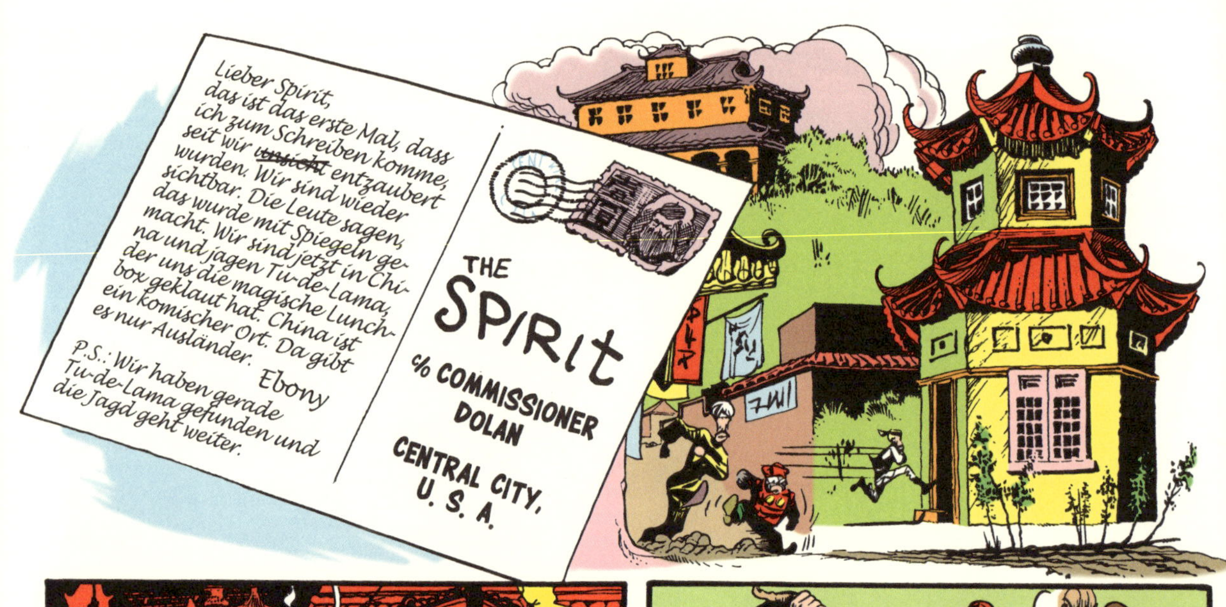
Lieber Spirit,
das ist das erste Mal, dass
ich zum Schreiben komme,
seit wir ~~unsicht~~ entzaubert
wurden. Wir sind wieder
sichtbar. Die Leute sagen,
das wurde mit Spiegeln gemacht. Wir sind jetzt in China und jagen Tu-de-Lama,
der uns die magische Lunchbox geklaut hat. China ist
ein komischer Ort. Da gibt
es nur Ausländer. Ebony
P.S.: Wir haben gerade
Tu-de-Lama gefunden und
die Jagd geht weiter.
THE SPIRIT
c/o COMMISSIONER
DOLAN
CENTRAL CITY,
U. S. A.

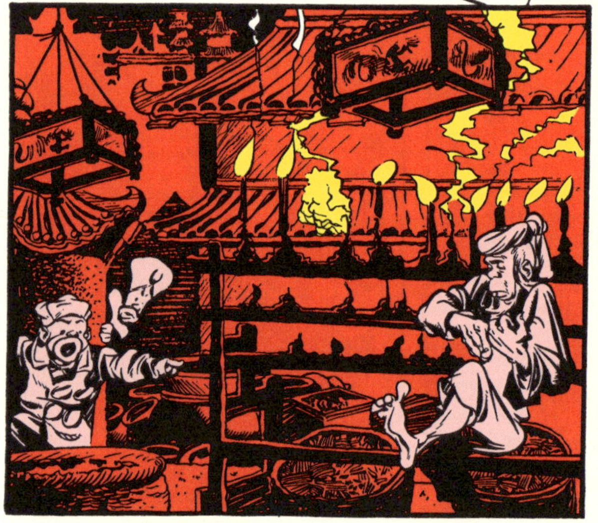

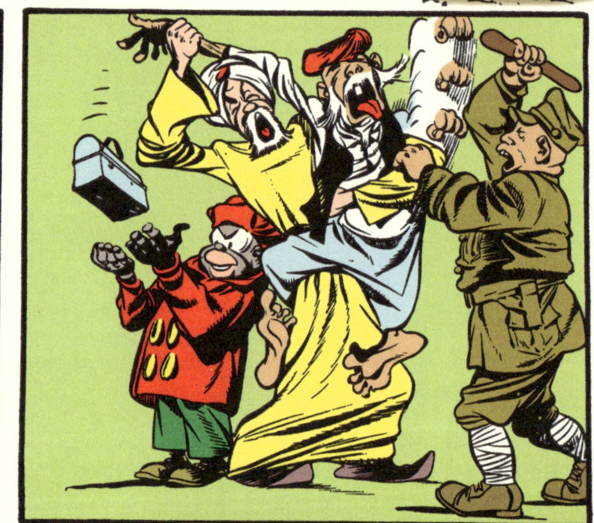

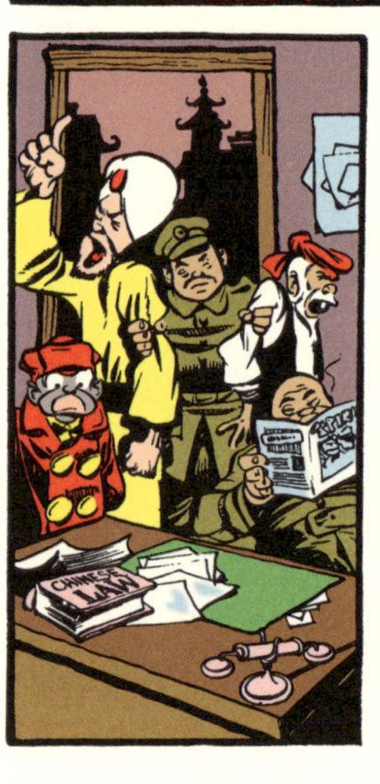
CHINESE LAW

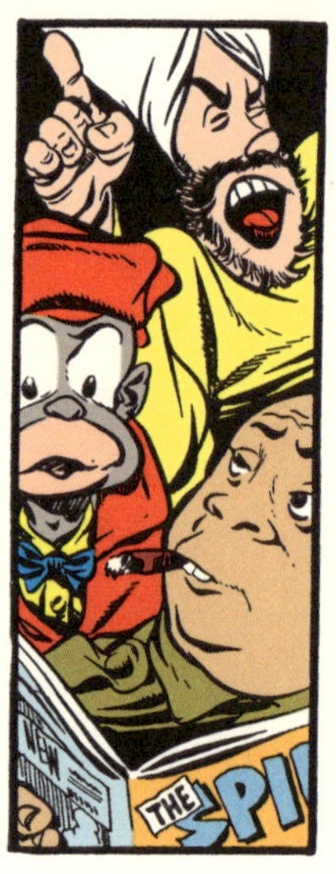
THE SPI

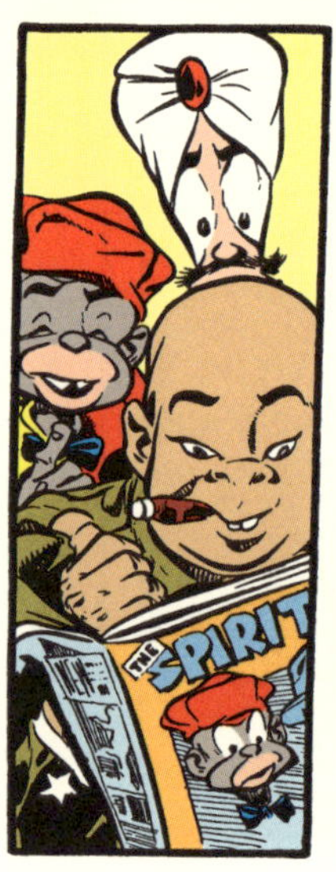
THE SPIRIT

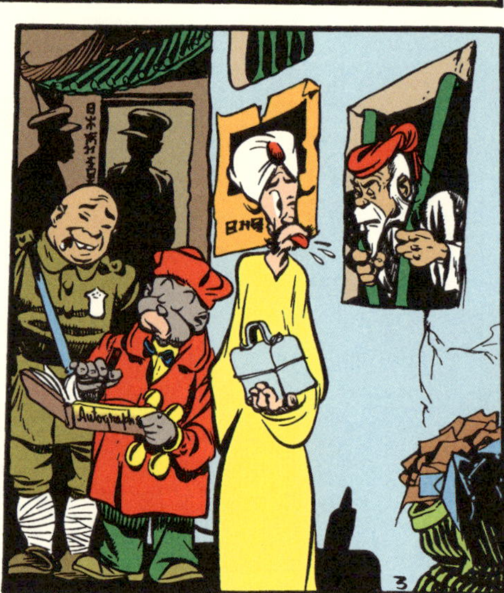
Autographs
3

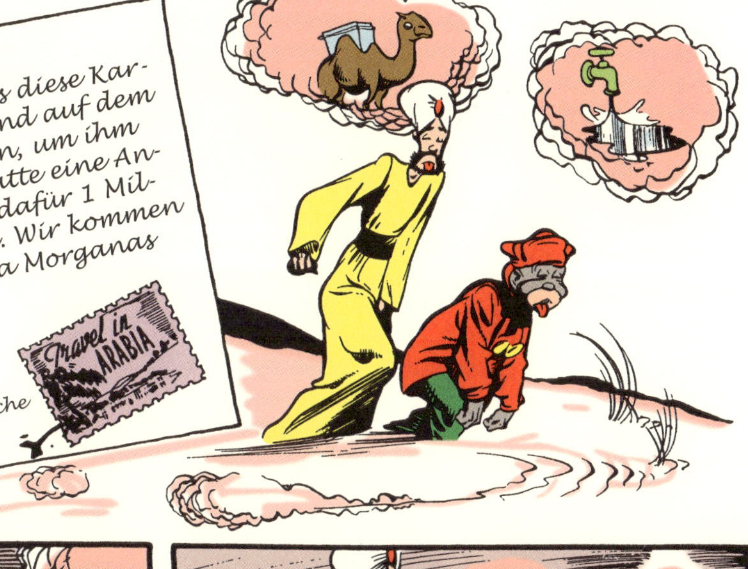
Lieber Spirit,
du bist sicher überrascht, dass diese Karte aus Arabien kommt. Wir sind auf dem Weg zum Scheich von Arabien, um ihm die Box zu verkaufen... Er hatte eine Anzeige in Zeitungen, dass er dafür 1 Million Perzoozas zahlen wird. Wir kommen in die Wüste, die voller Fata Morganas ist.
Ebony
P.S.: Jeder sieht seine eigene Fata Morgana.
Glaub das nicht. Wir haben seit einer Woche keine gesehen.
Travel in ARABIA

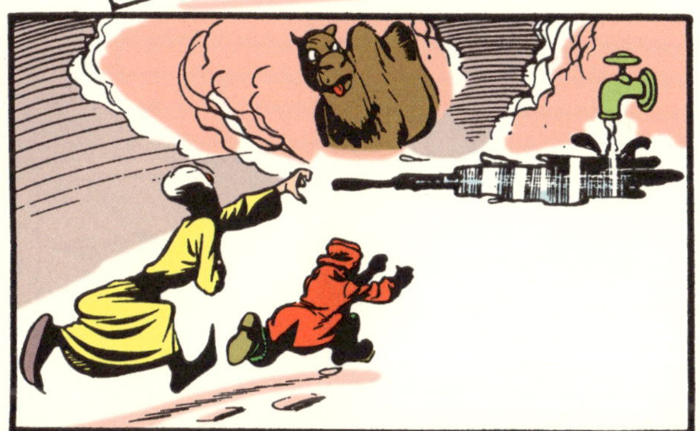

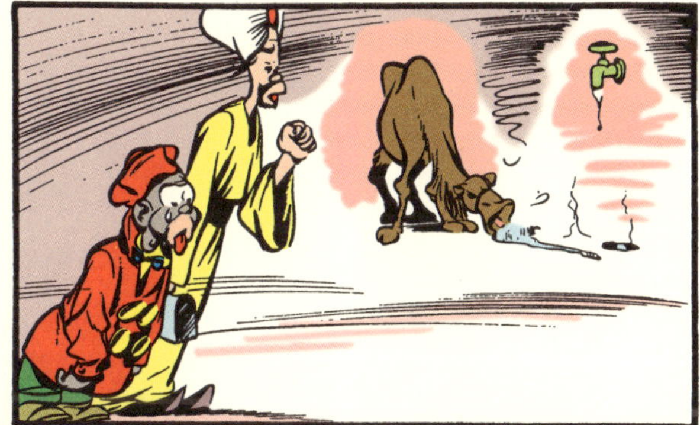

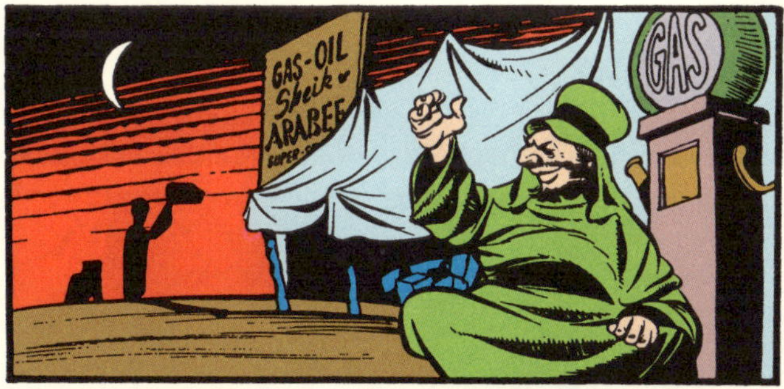
GAS-OIL
Sheik
ARABEE
GAS

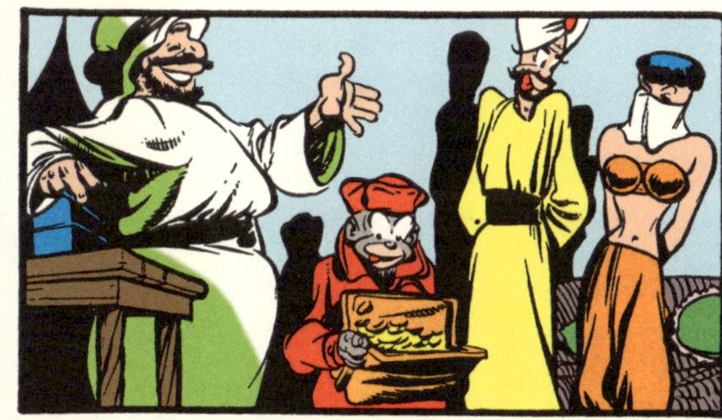

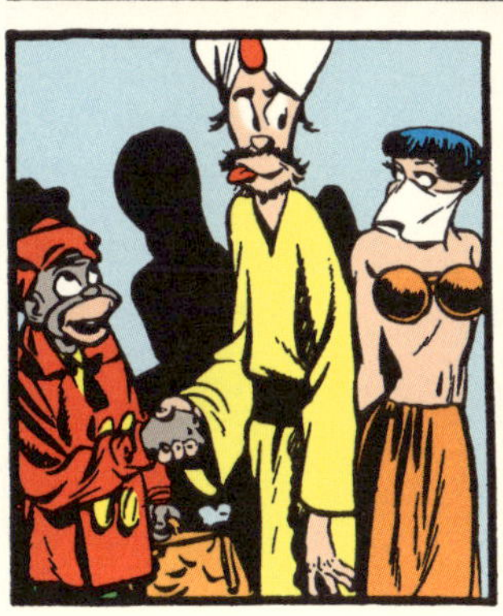

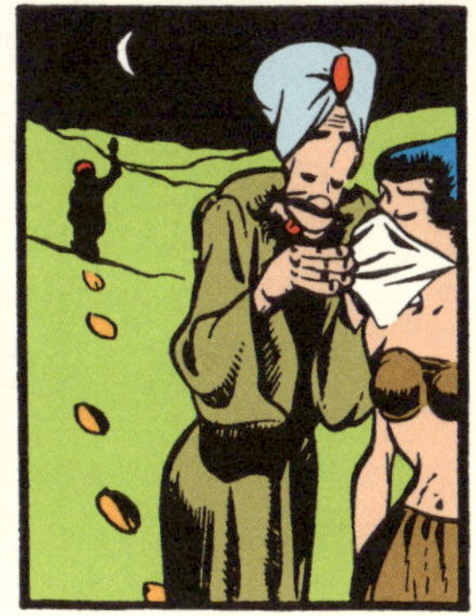

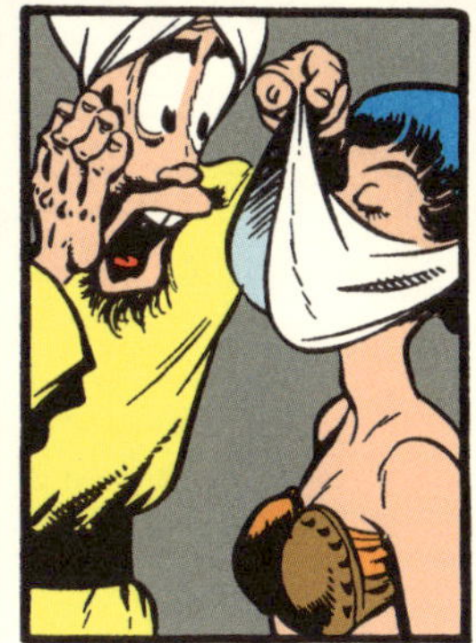

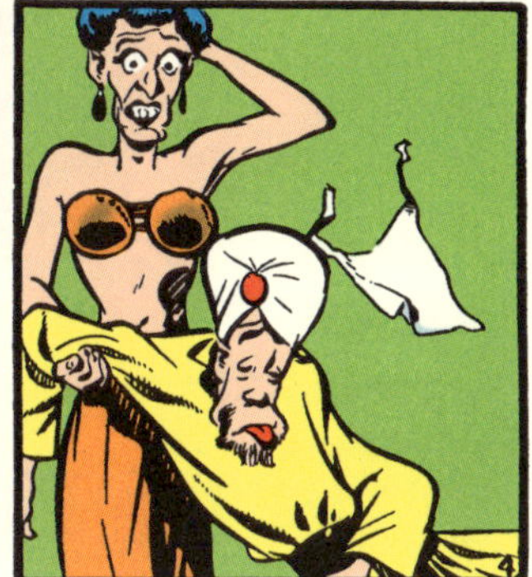

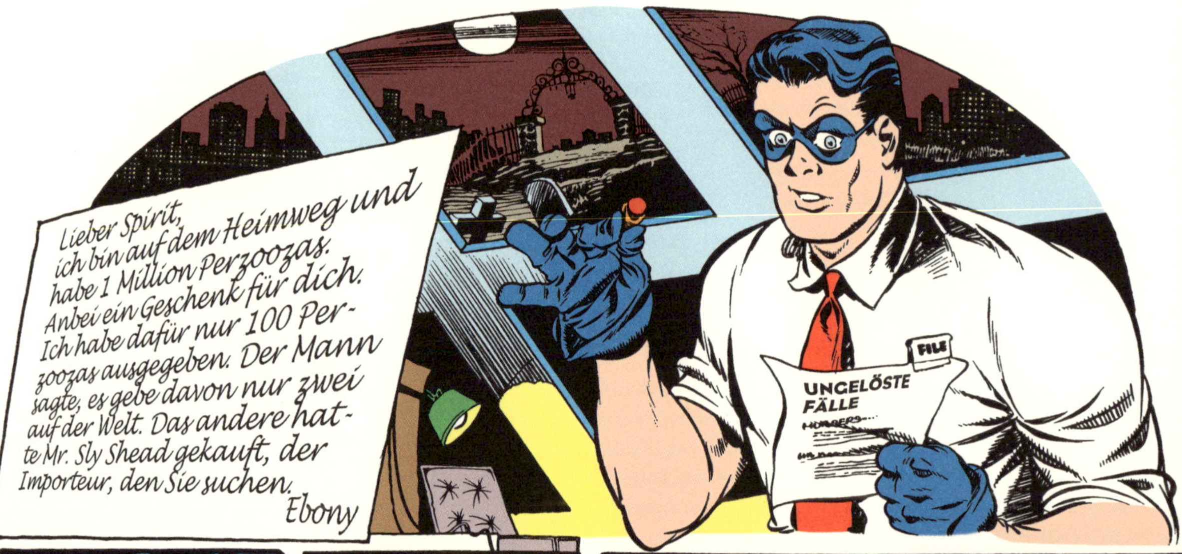
Lieber Spirit,
ich bin auf dem Heimweg und
habe 1 Million Perzoozas.
Anbei ein Geschenk für dich.
Ich habe dafür nur 100 Per-
zoozas ausgegeben. Der Mann
sagte, es gebe davon nur zwei
auf der Welt. Das andere hat-
te Mr. Sly Shead gekauft, der
Importeur, den Sie suchen.
Ebony
FILE
UNGELÖSTE FÄLLE

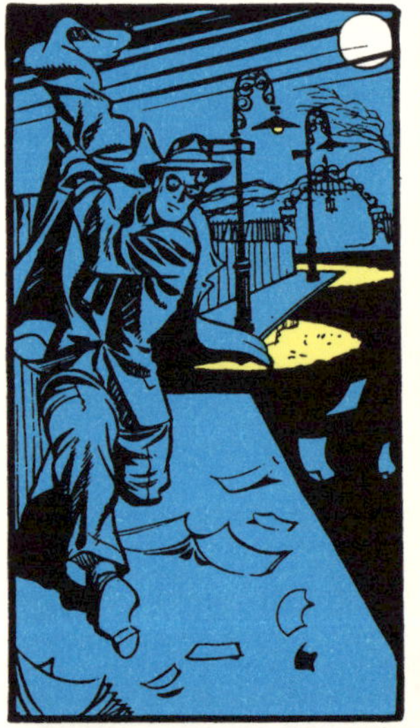

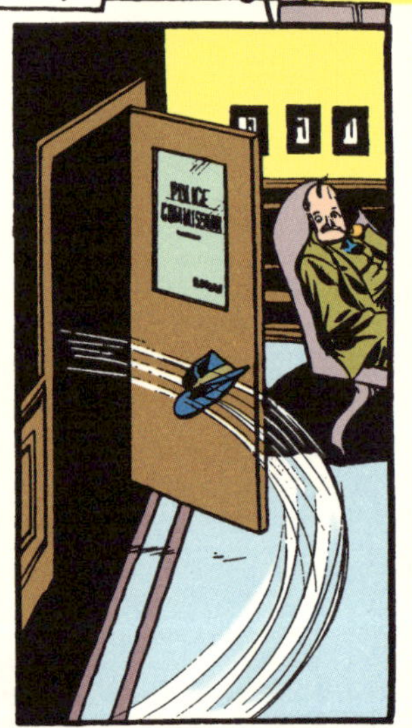

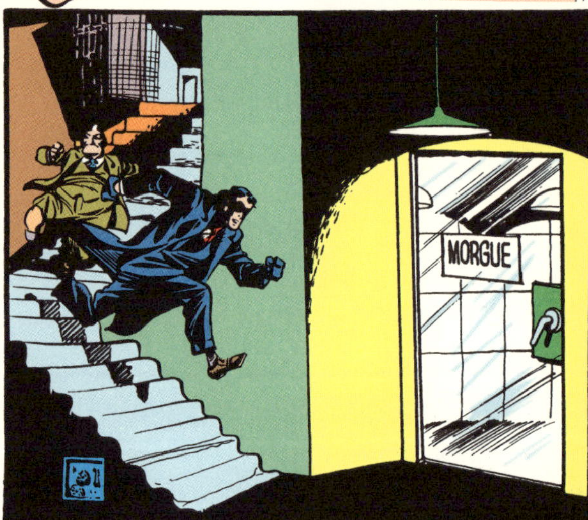
MORGUE

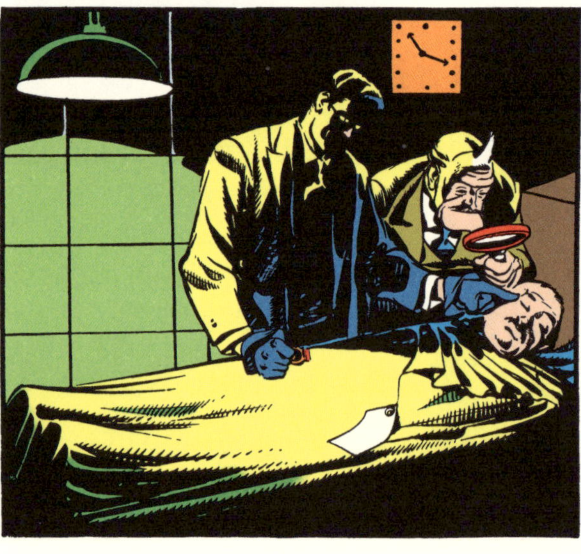

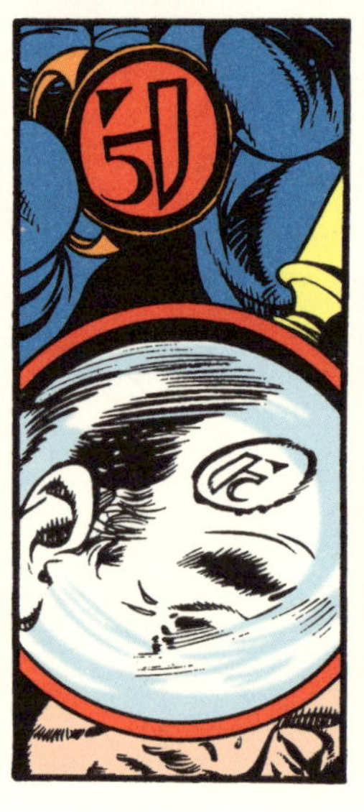

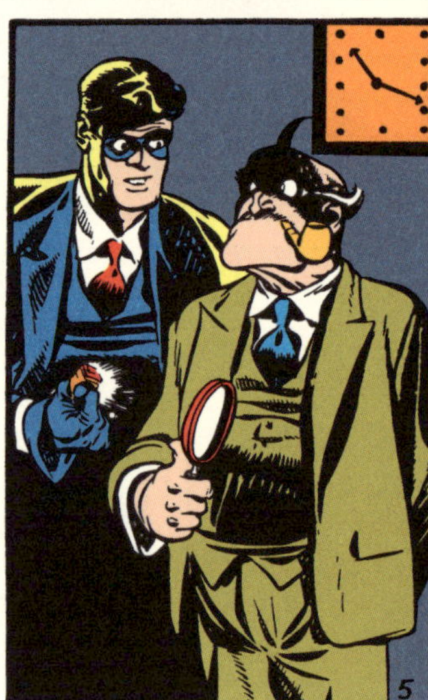
5

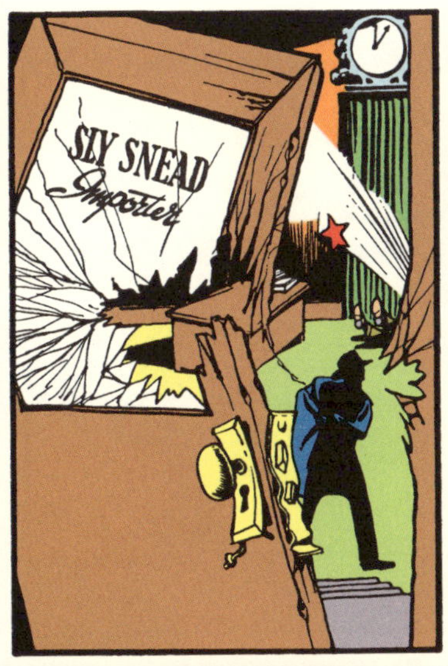
SLY SNEAD
Importer
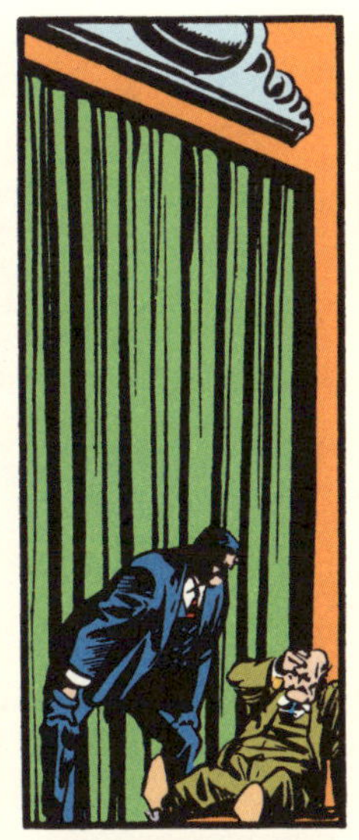
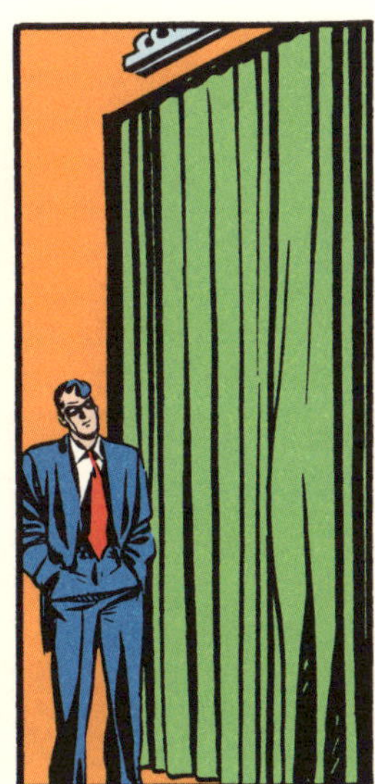
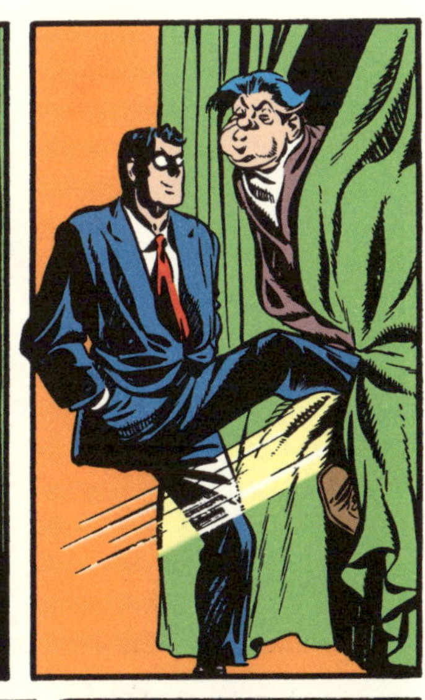
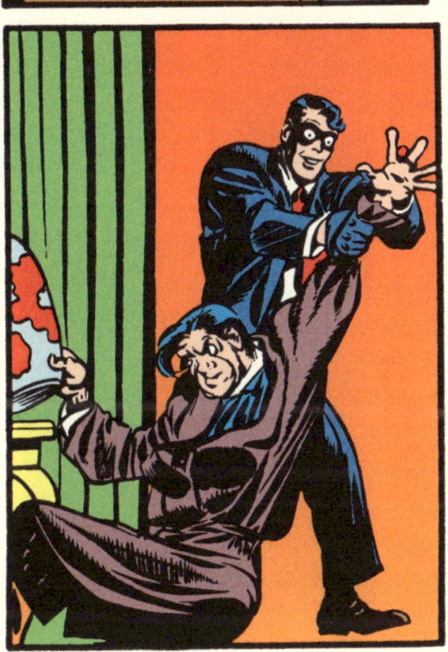
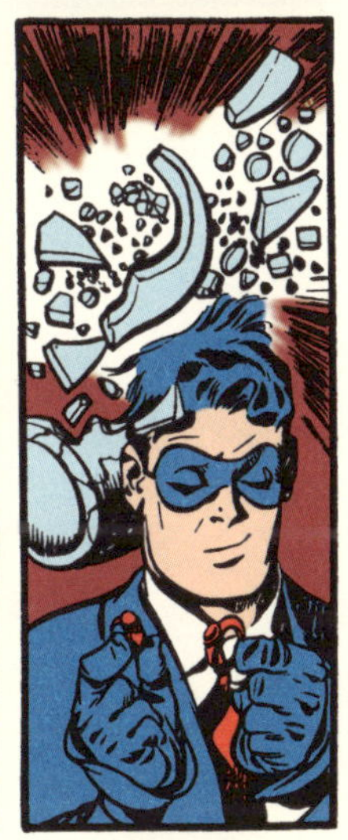
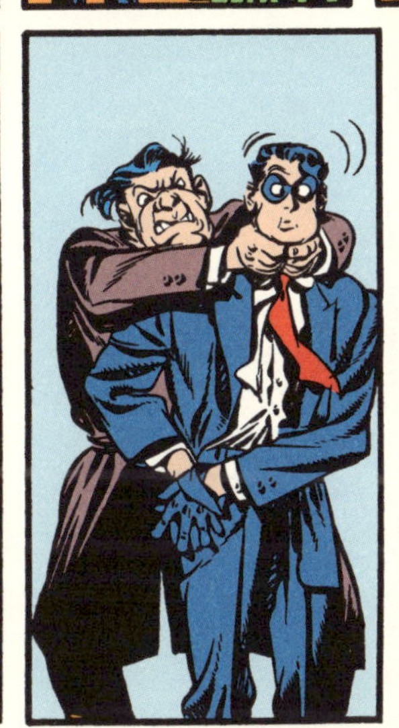
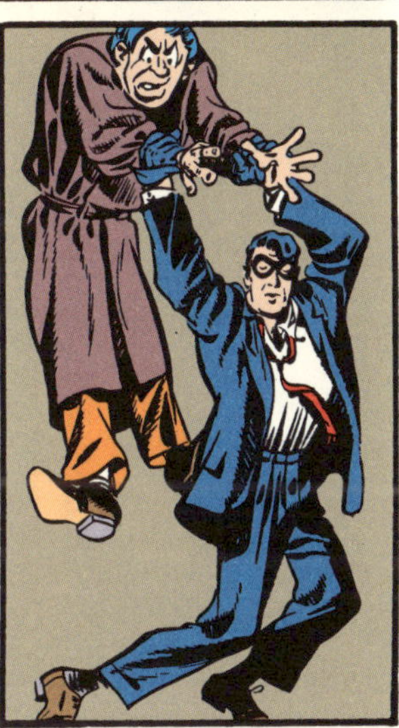
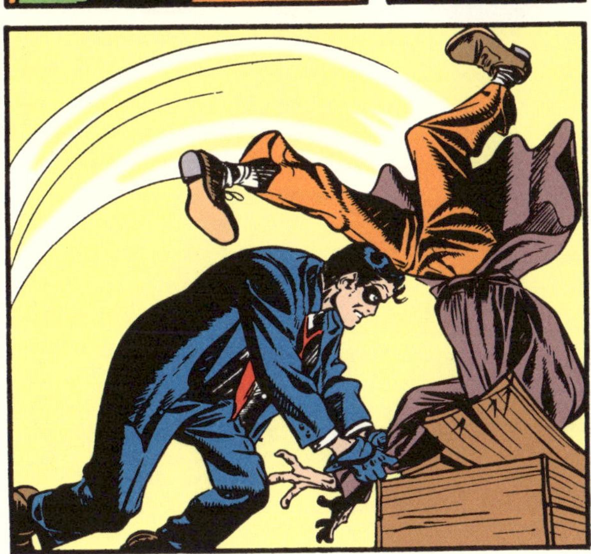
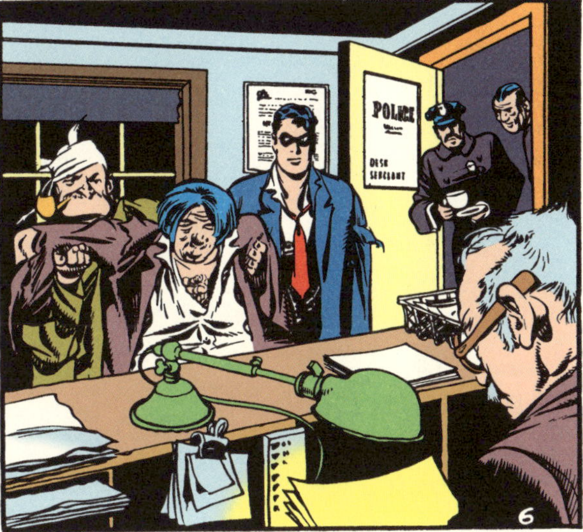
POLICE
DESK SERGEANT
6

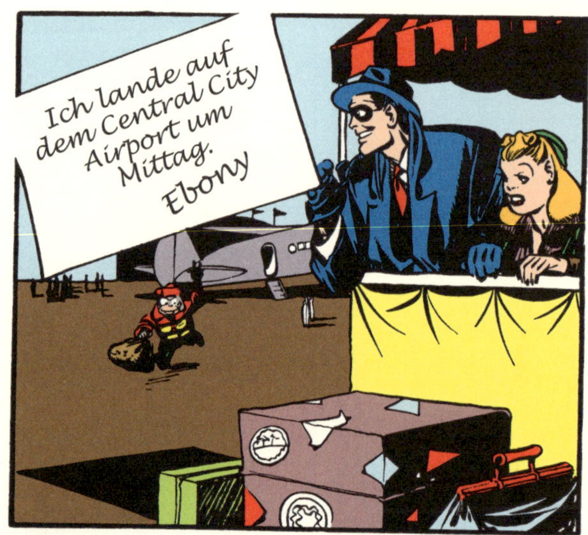

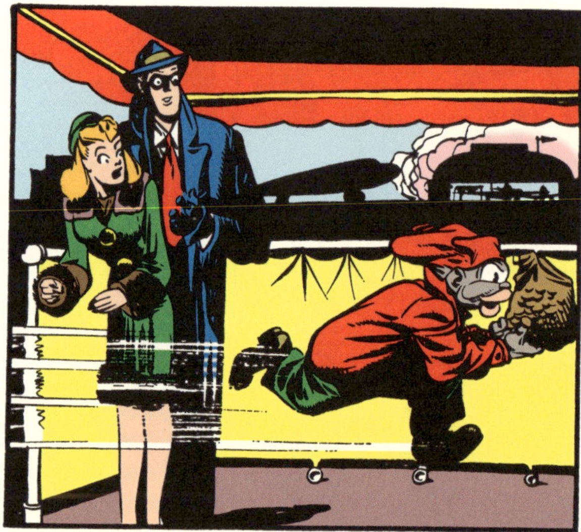

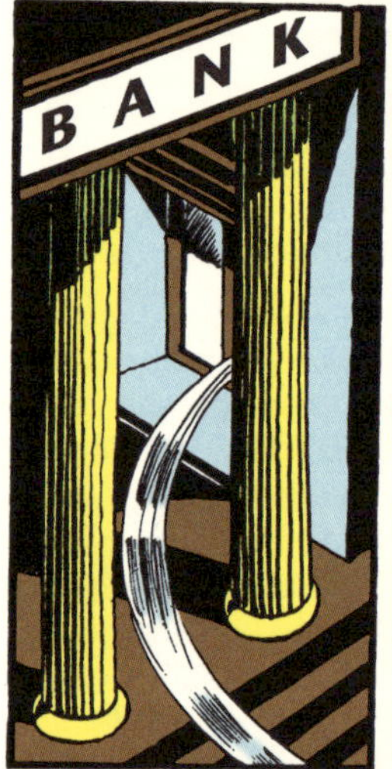

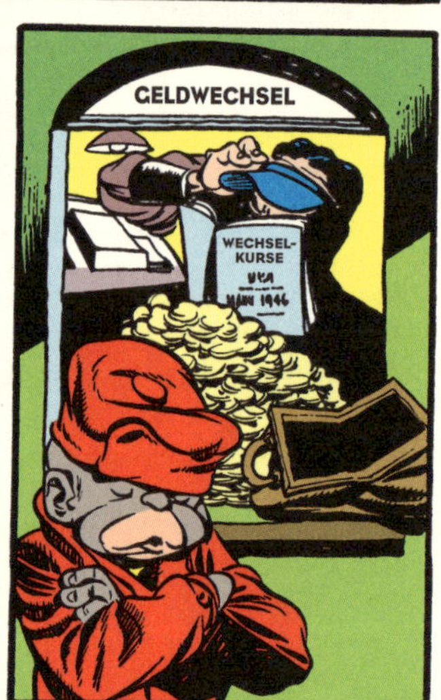

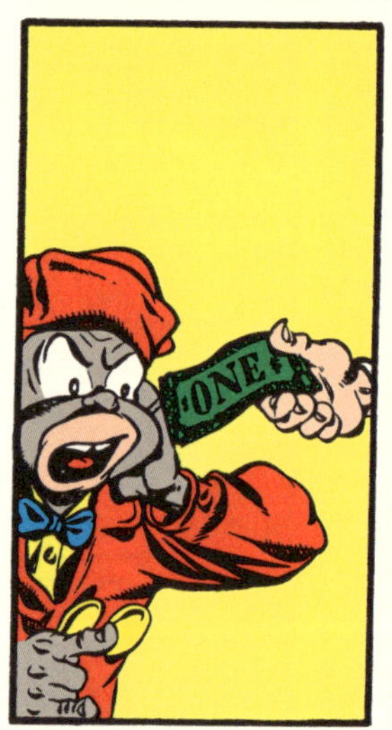

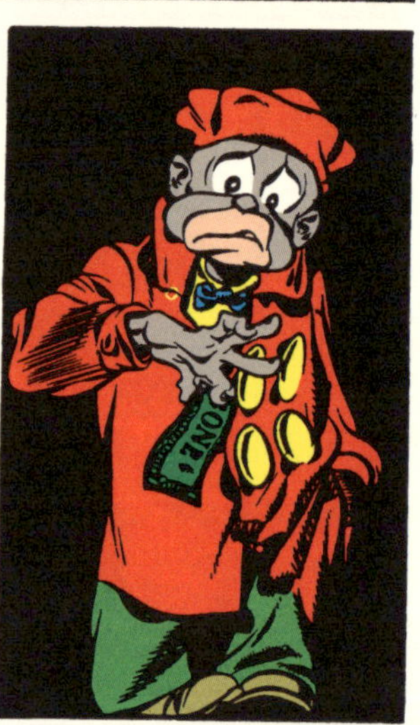

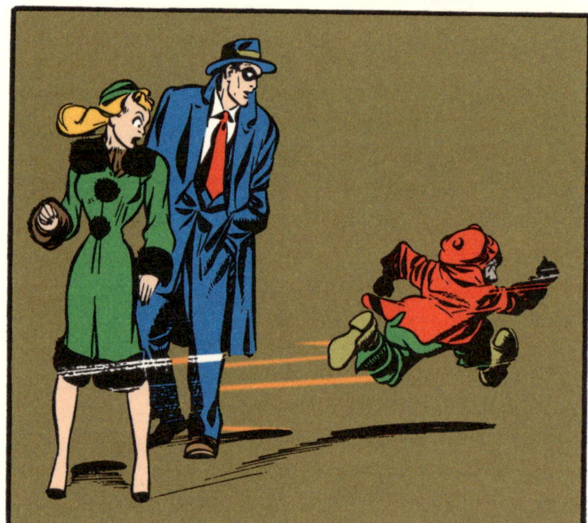

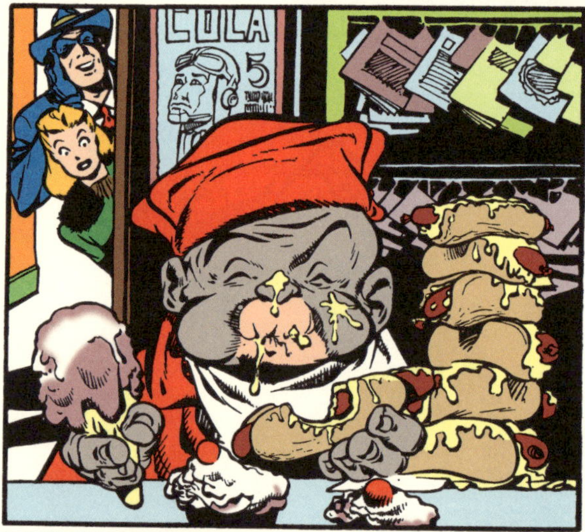

NÄCHSTE WOCHE…

DER SPIRIT BRINGT IHNEN…

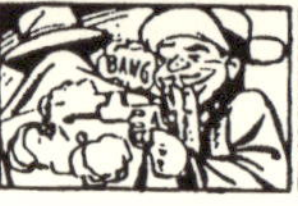

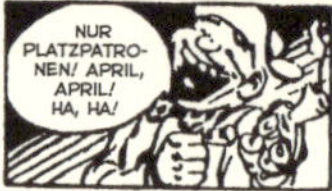

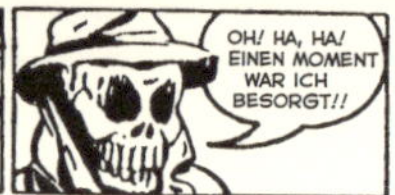

… EINEN APRIL-SCHERZ, DER EINFACH **MÖRDERISCH** IST!

APRIL, APRIL

20. März 1947

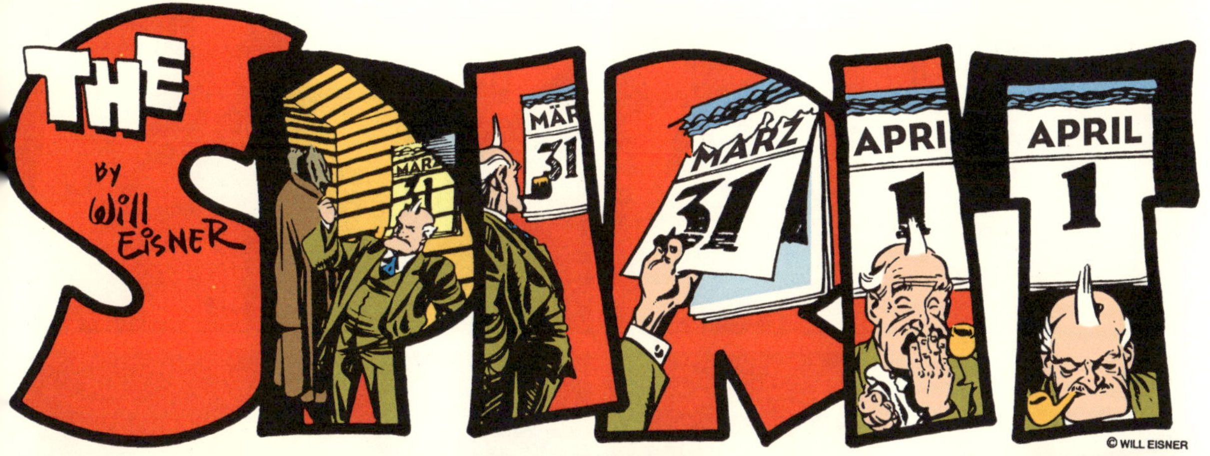

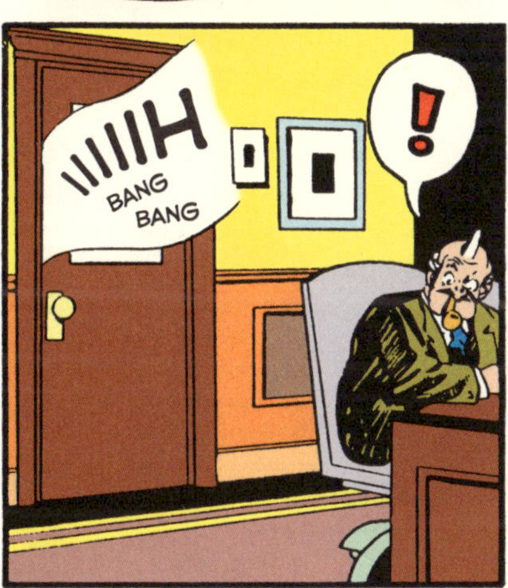

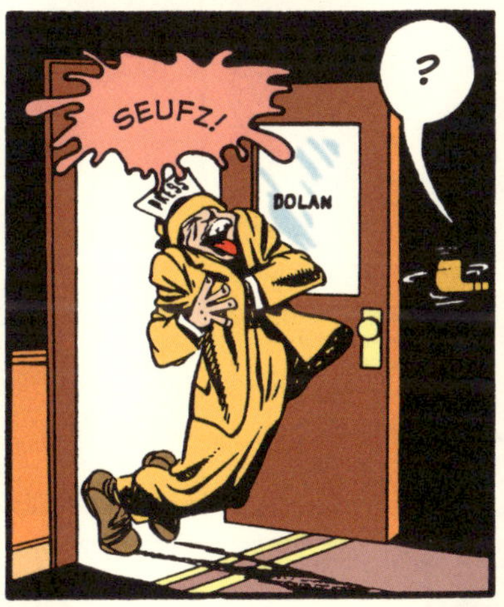

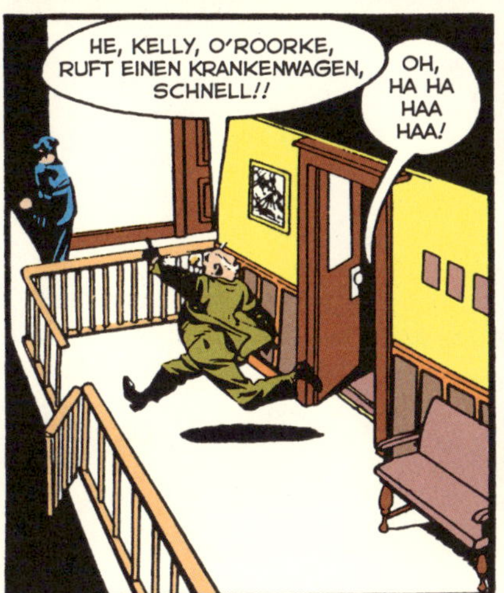

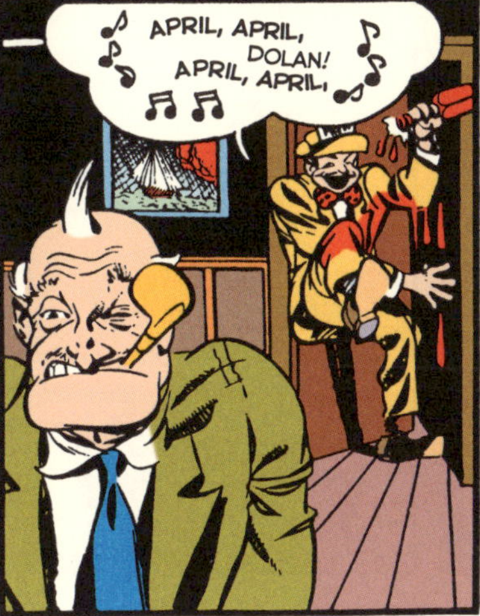

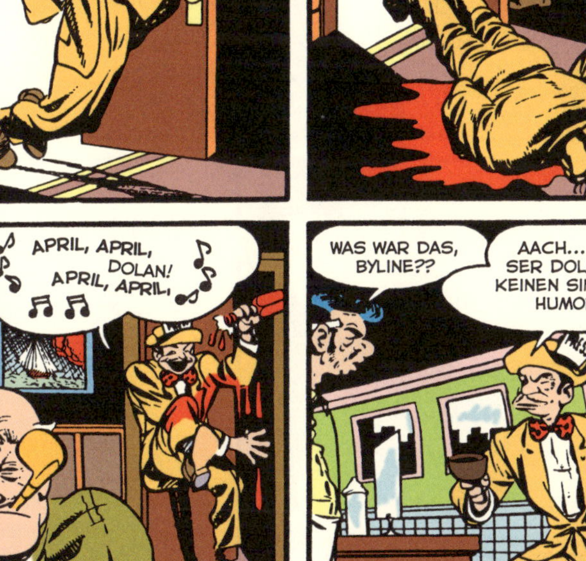

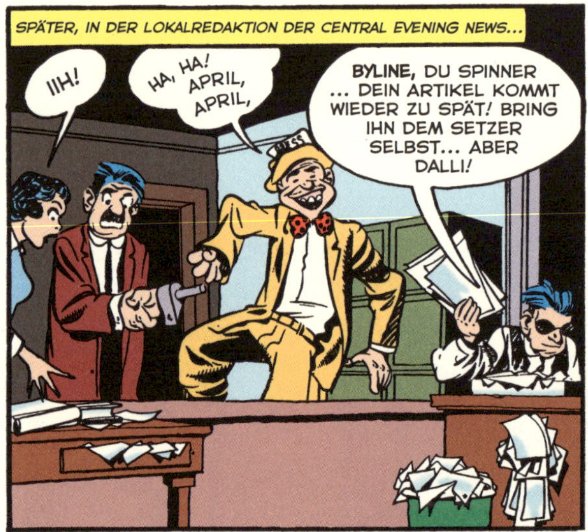
SPÄTER, IN DER LOKALREDAKTION DER CENTRAL EVENING NEWS...
IIH!
HA, HA! APRIL, APRIL,
BYLINE, DU SPINNER ... DEIN ARTIKEL KOMMT WIEDER ZU SPÄT! BRING IHN DEM SETZER SELBST... ABER DALLI!
PRESS

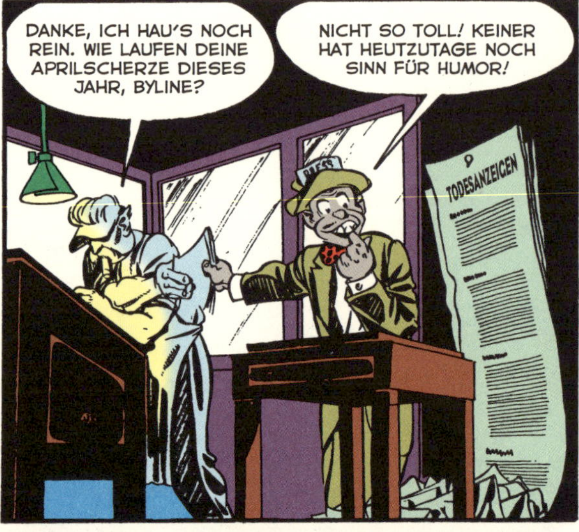
DANKE, ICH HAU'S NOCH REIN. WIE LAUFEN DEINE APRILSCHERZE DIESES JAHR, BYLINE?
NICHT SO TOLL! KEINER HAT HEUTZUTAGE NOCH SINN FÜR HUMOR!
TODESANZEIGEN

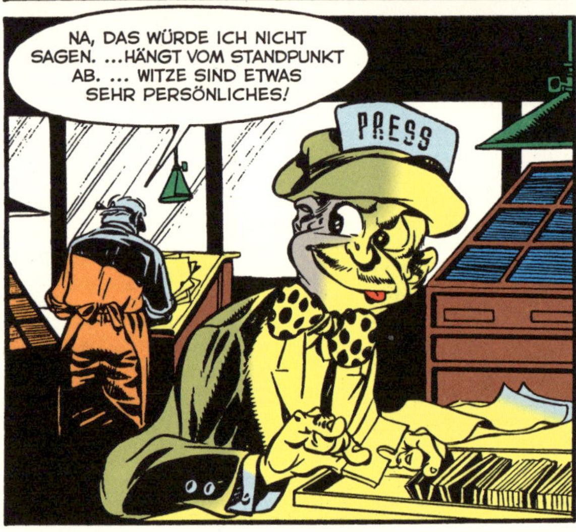
NA, DAS WÜRDE ICH NICHT SAGEN. ...HÄNGT VOM STANDPUNKT AB. ... WITZE SIND ETWAS SEHR PERSÖNLICHES!
PRESS

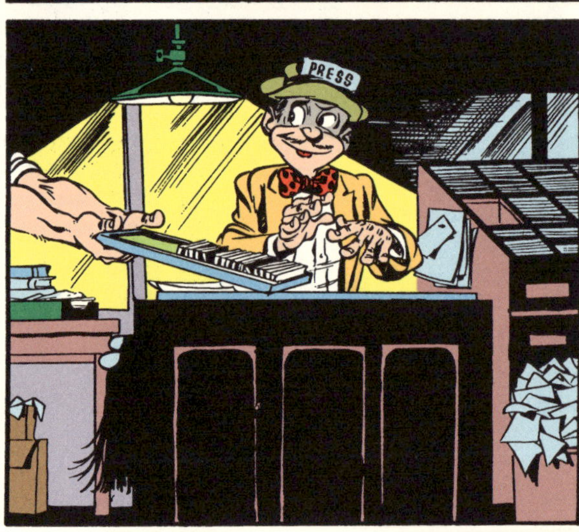
PRESS

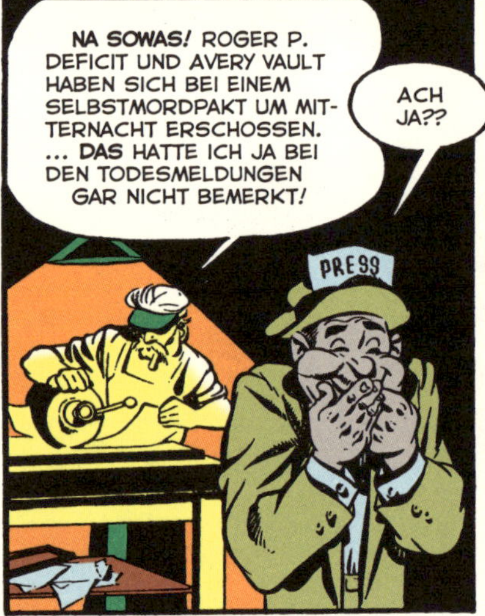
NA SOWAS! ROGER P. DEFICIT UND AVERY VAULT HABEN SICH BEI EINEM SELBSTMORDPAKT UM MITTERNACHT ERSCHOSSEN. ... DAS HATTE ICH JA BEI DEN TODESMELDUNGEN GAR NICHT BEMERKT!
ACH JA??
PRESS

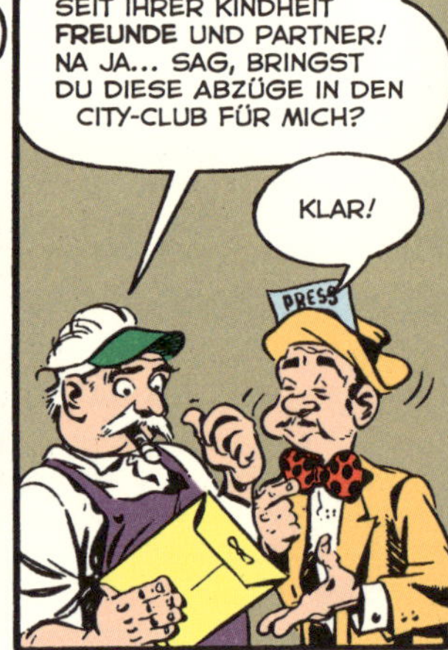
DAS VERSTEHE ICH NICHT! ... DIE WAREN SEIT IHRER KINDHEIT FREUNDE UND PARTNER! NA JA... SAG, BRINGST DU DIESE ABZÜGE IN DEN CITY-CLUB FÜR MICH?
KLAR!

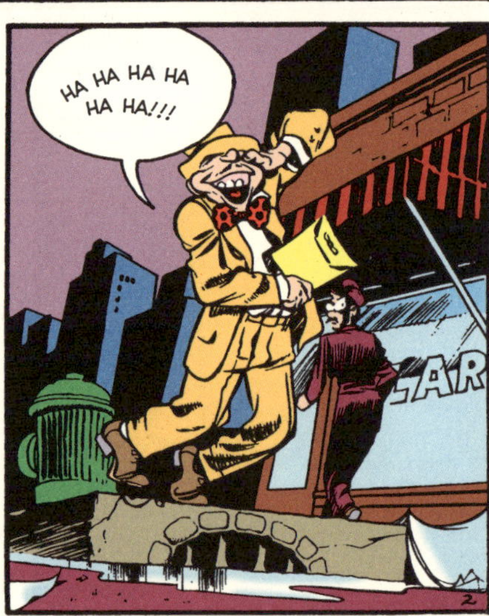
HA HA HA HA HA HA!!!

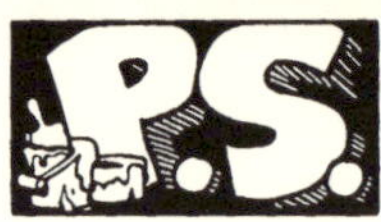
P.S.
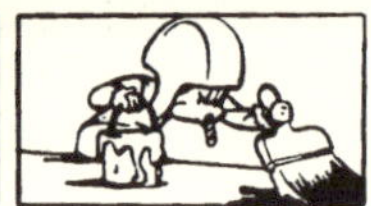
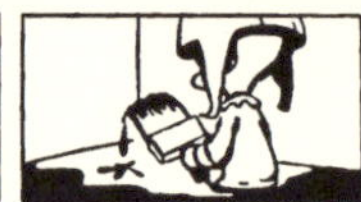
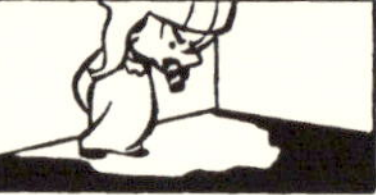
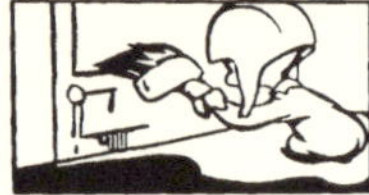
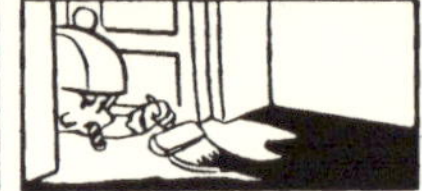

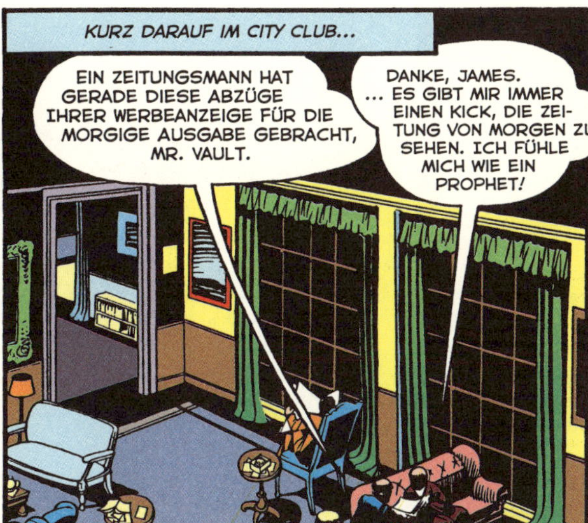

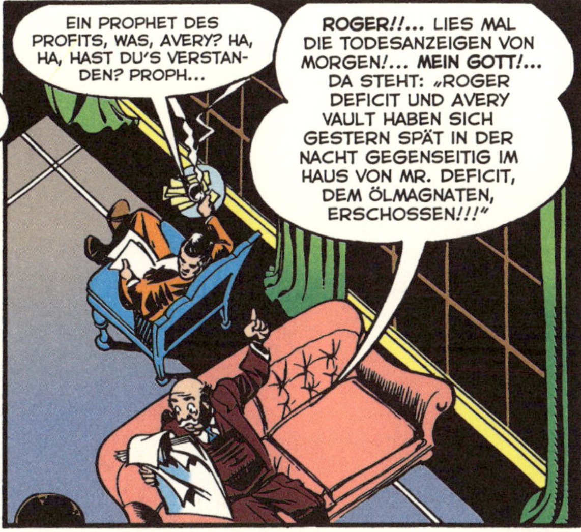

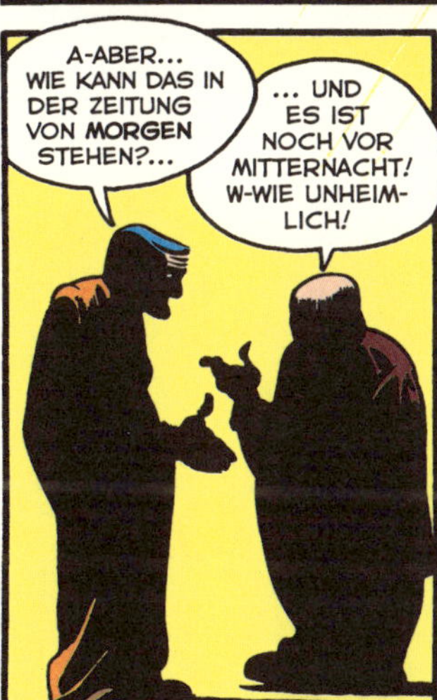

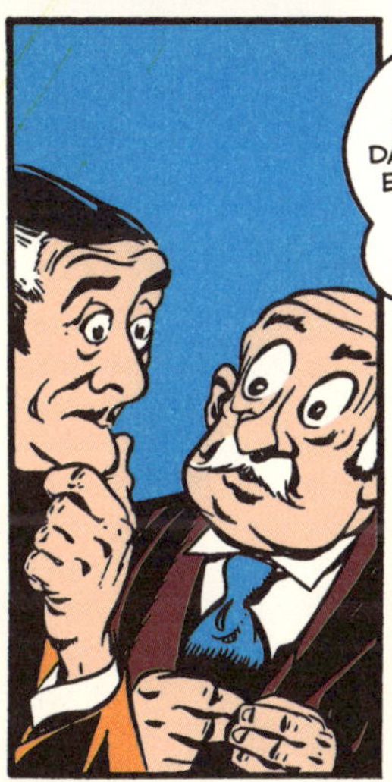

HA, HA, HA! WARUM NEHMEN WIR DAS EIGENTLICH ERNST? SICHER NUR EIN TIPPFEHLER!
HA, HA! KLAR! WIR SIND DIE BESTEN FREUNDE!... WIE ABSURD!!

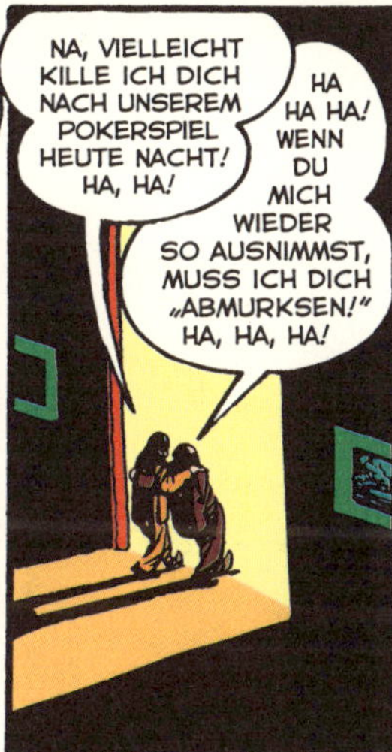

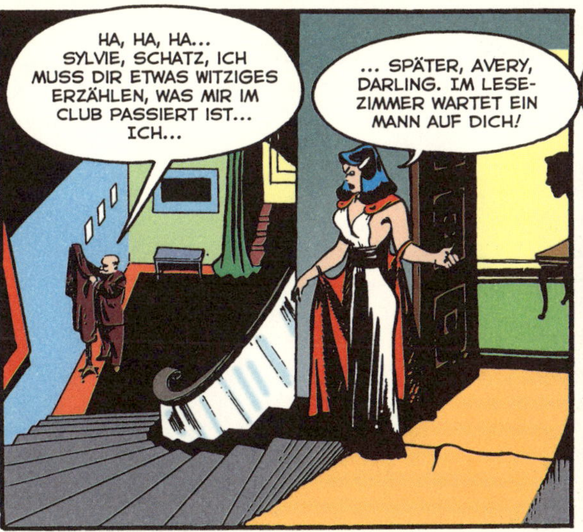

ICH BIN DER SPIRIT, MR. VAULT. GERADE HABEN WIR **DIGIT TALLIS**, DEN ERPRESSER, VERHAFTET. ICH BRINGE DIESEN BERG PAPIERE IHREN RECHTMÄSSIGEN BESITZERN ZURÜCK, DAMIT DIE PRESSE SIE NICHT BEKOMMT.
P-PAPIERE ÜBER MICH? ABER WER... NA JA, DANKE! DAS IST SEHR NETT VON IHNEN. WENN ICH IHNEN EINMAL EINEN GEFALLEN TUN KANN, SAGEN SIE ES MIR!

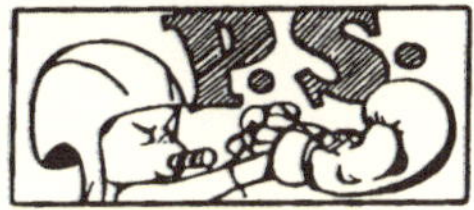

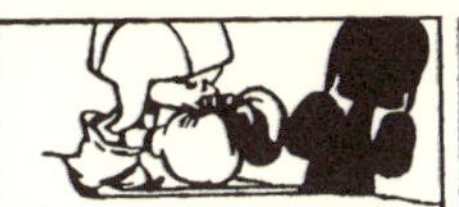

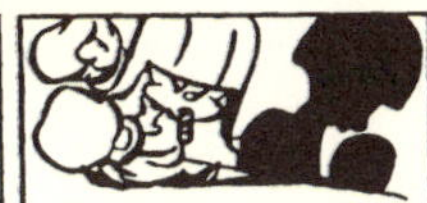

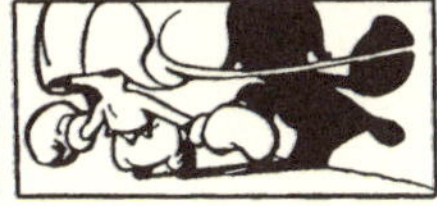

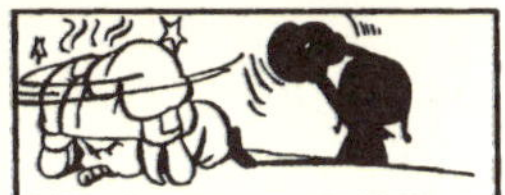

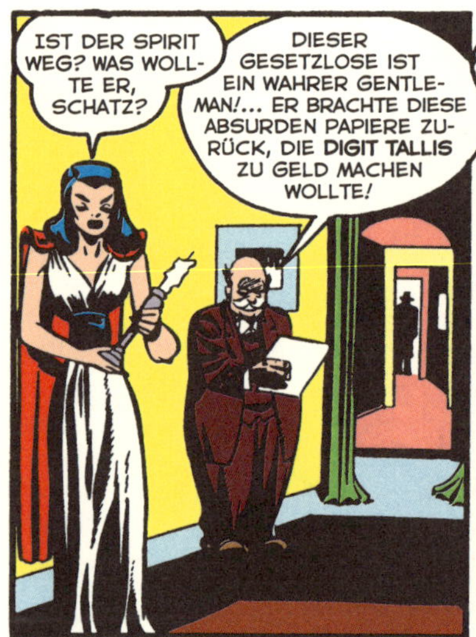
IST DER SPIRIT WEG? WAS WOLLTE ER, SCHATZ?
DIESER GESETZLOSE IST EIN WAHRER GENTLEMAN!... ER BRACHTE DIESE ABSURDEN PAPIERE ZURÜCK, DIE DIGIT TALLIS ZU GELD MACHEN WOLLTE!

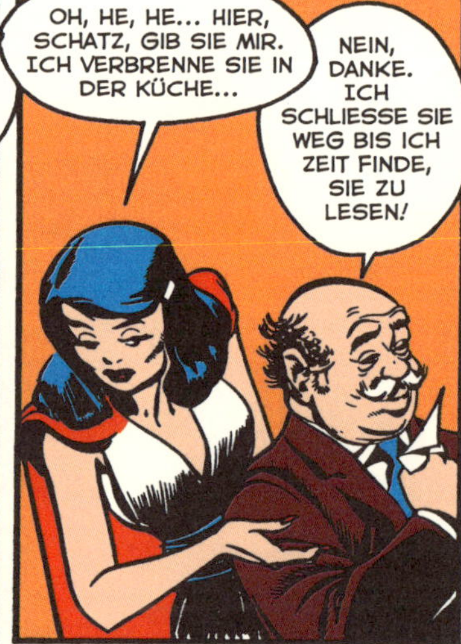
OH, HE, HE... HIER, SCHATZ, GIB SIE MIR. ICH VERBRENNE SIE IN DER KÜCHE...
NEIN, DANKE. ICH SCHLIESSE SIE WEG BIS ICH ZEIT FINDE, SIE ZU LESEN!

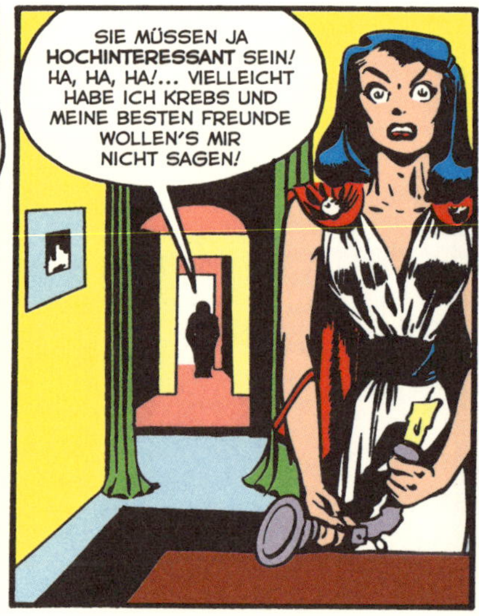
SIE MÜSSEN JA HOCHINTERESSANT SEIN! HA, HA, HA!... VIELLEICHT HABE ICH KREBS UND MEINE BESTEN FREUNDE WOLLEN'S MIR NICHT SAGEN!

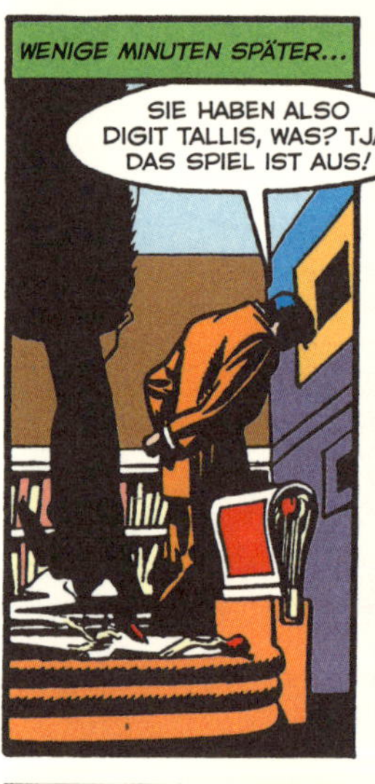
WENIGE MINUTEN SPÄTER...
SIE HABEN ALSO DIGIT TALLIS, WAS? TJA, DAS SPIEL IST AUS!

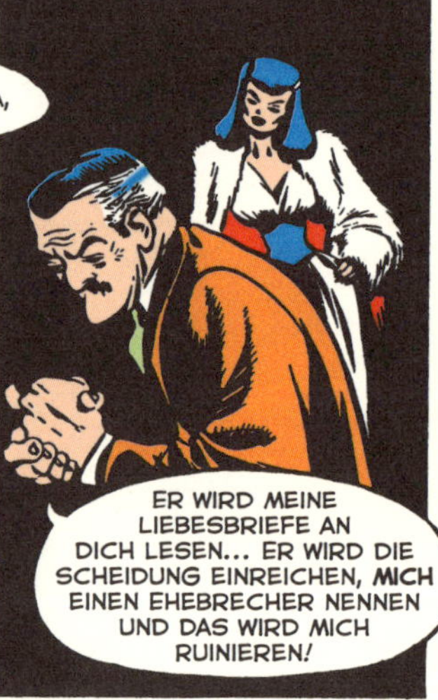
ER WIRD MEINE LIEBESBRIEFE AN DICH LESEN... ER WIRD DIE SCHEIDUNG EINREICHEN, MICH EINEN EHEBRECHER NENNEN UND DAS WIRD MICH RUINIEREN!

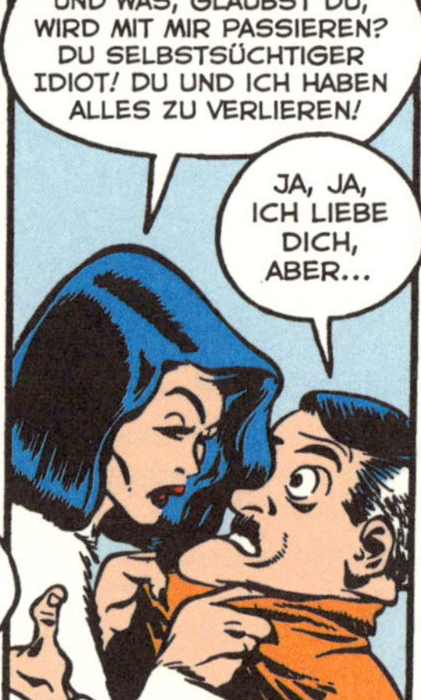
DICH RUINIEREN? UND WAS, GLAUBST DU, WIRD MIT MIR PASSIEREN? DU SELBSTSÜCHTIGER IDIOT! DU UND ICH HABEN ALLES ZU VERLIEREN!
JA, JA, ICH LIEBE DICH, ABER...

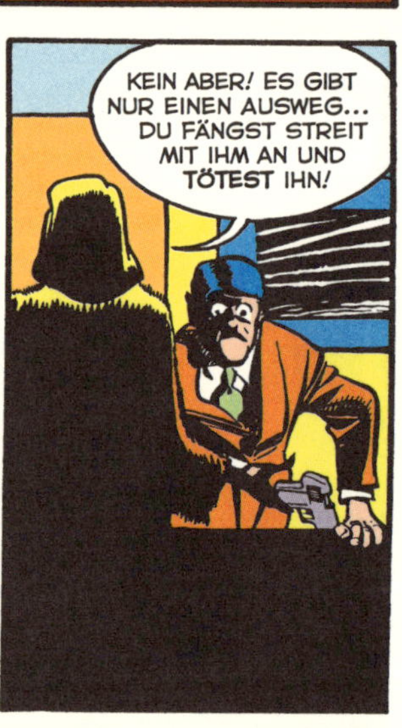
KEIN ABER! ES GIBT NUR EINEN AUSWEG... DU FÄNGST STREIT MIT IHM AN UND TÖTEST IHN!

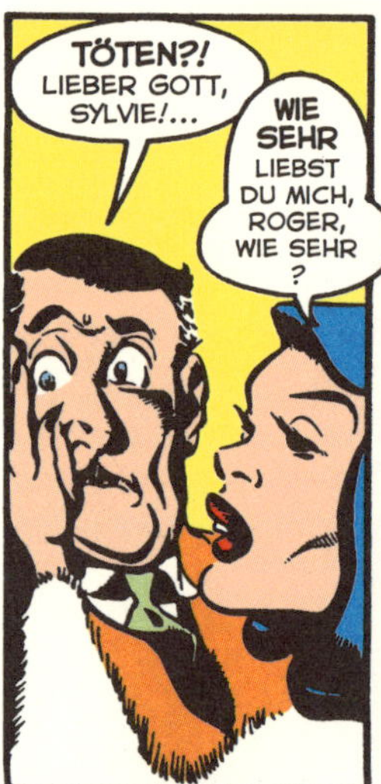
TÖTEN?! LIEBER GOTT, SYLVIE!...
WIE SEHR LIEBST DU MICH, ROGER, WIE SEHR ?

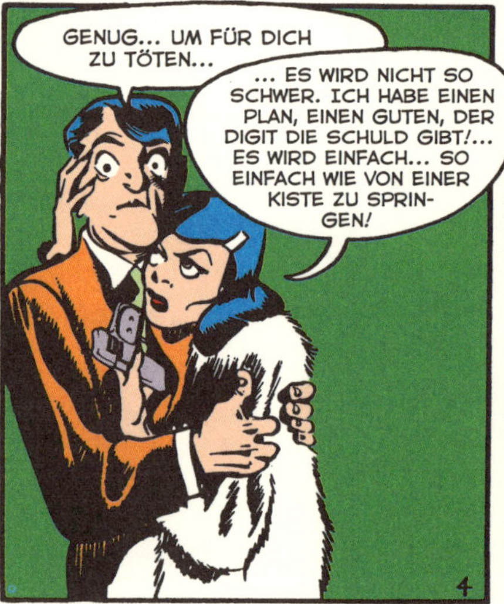
GENUG... UM FÜR DICH ZU TÖTEN...
... ES WIRD NICHT SO SCHWER. ICH HABE EINEN PLAN, EINEN GUTEN, DER DIGIT DIE SCHULD GIBT!... ES WIRD EINFACH... SO EINFACH WIE VON EINER KISTE ZU SPRINGEN!
4

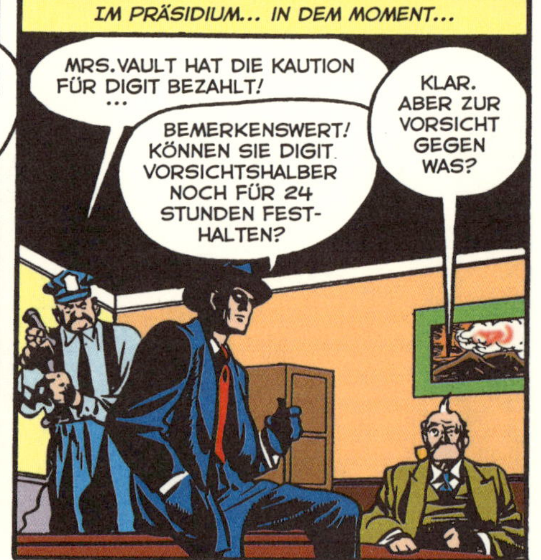
IM PRÄSIDIUM... IN DEM MOMENT...
MRS. VAULT HAT DIE KAUTION FÜR DIGIT BEZAHLT! ...
BEMERKENSWERT! KÖNNEN SIE DIGIT VORSICHTSHALBER NOCH FÜR 24 STUNDEN FESTHALTEN?
KLAR. ABER ZUR VORSICHT GEGEN WAS?

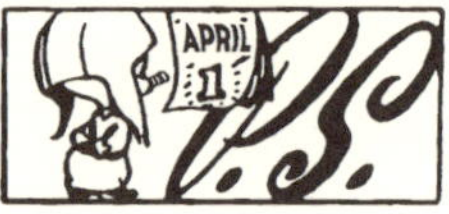
APRIL 1
P.S.

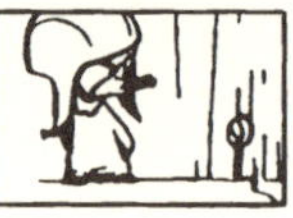

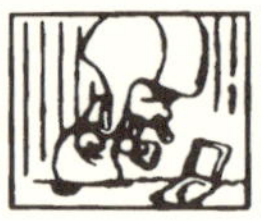

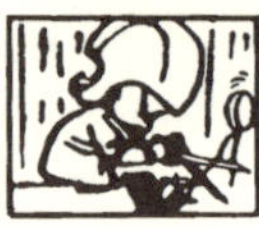

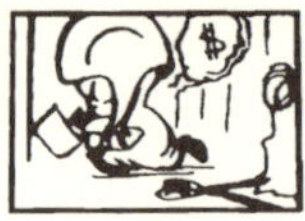

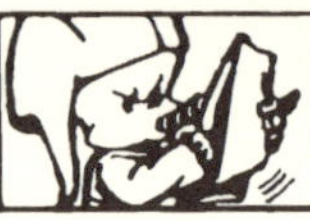

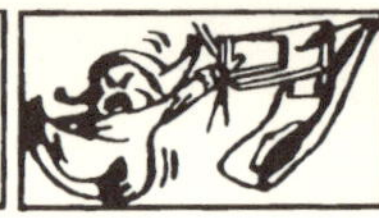

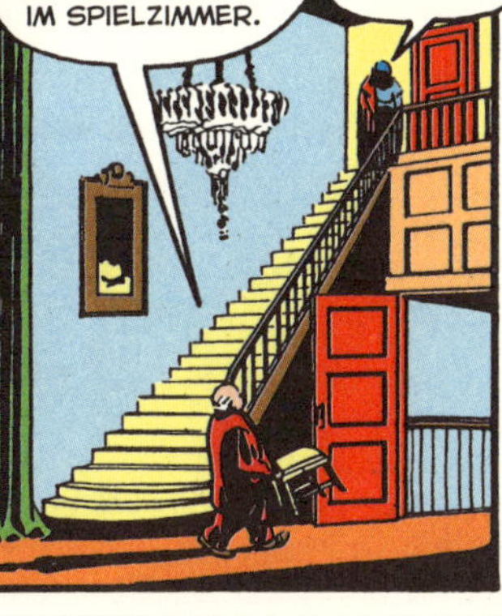
SPÄTER AN DEM ABEND...
OH, HALLO, DARLING! WILLST DU NICHT MIT MIR UND ROGER KAFFEE TRINKEN? ER IST IM SPIELZIMMER.
ÄH, NEIN, AVERY, LIEBSTER. ... ICH HABE MIGRÄNE!

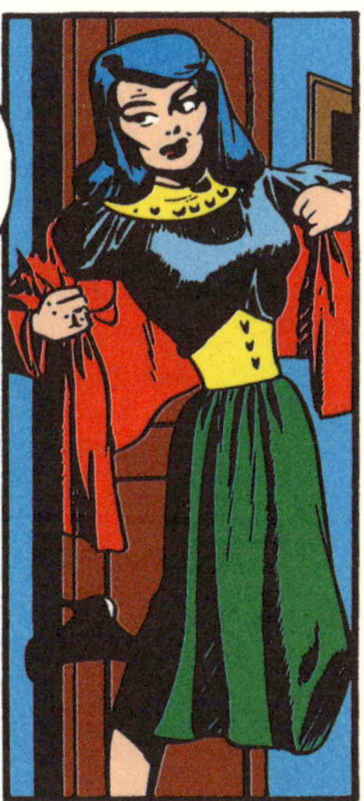

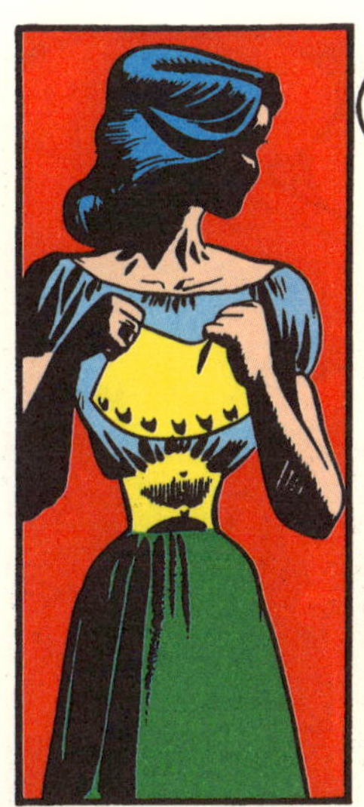

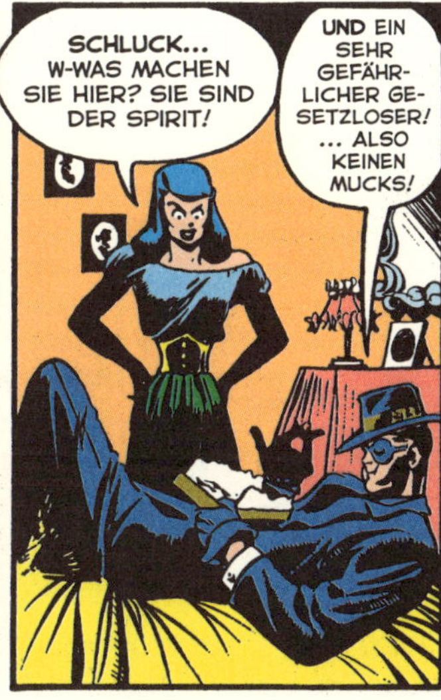
SCHLUCK... W-WAS MACHEN SIE HIER? SIE SIND DER SPIRIT!
UND EIN SEHR GEFÄHRLICHER GESETZLOSER! ... ALSO KEINEN MUCKS!

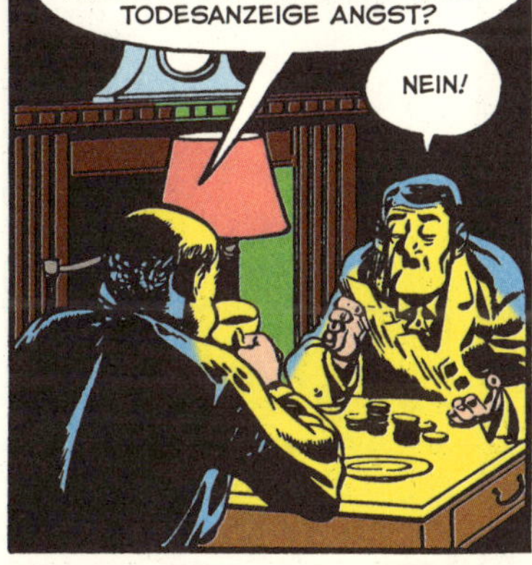
UNTEN INZWISCHEN...
DU GIBST... SEUFZ... DU SIEHST HEUTE ABEND SO ERNST AUS... MACHT DIR DIESE BLÖDE TODESANZEIGE ANGST?
NEIN!

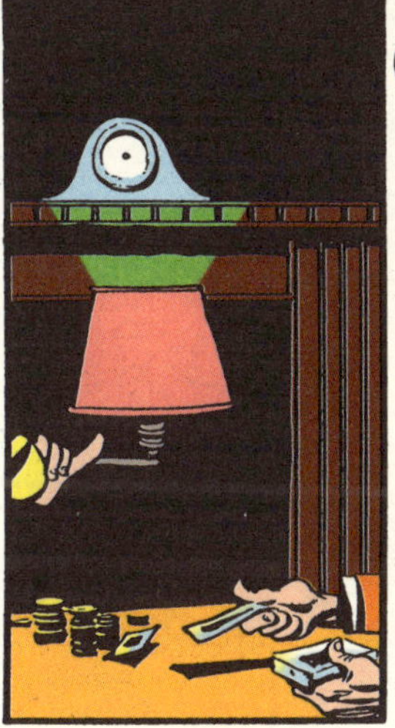

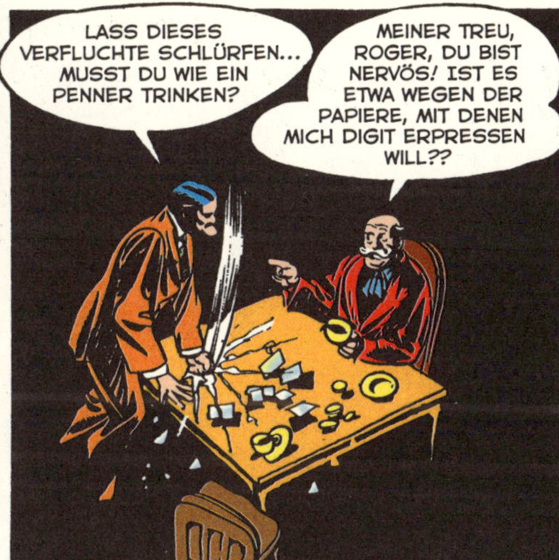
LASS DIESES VERFLUCHTE SCHLÜRFEN... MUSST DU WIE EIN PENNER TRINKEN?
MEINER TREU, ROGER, DU BIST NERVÖS! IST ES ETWA WEGEN DER PAPIERE, MIT DENEN MICH DIGIT ERPRESSEN WILL??

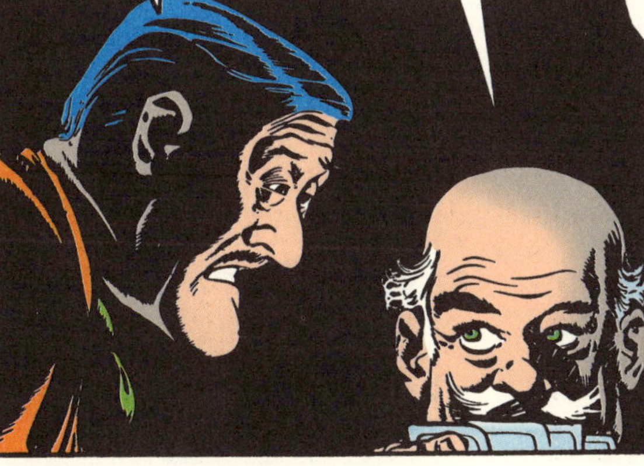
DAS IST ALSO DEIN SPIEL, WAS? DU WILLST, DASS ICH ÜBER DIESE PAPIERE... DIESE BRIEFE REDE!
... BRIEFE AN WEN?? WARUM, ROGER?...

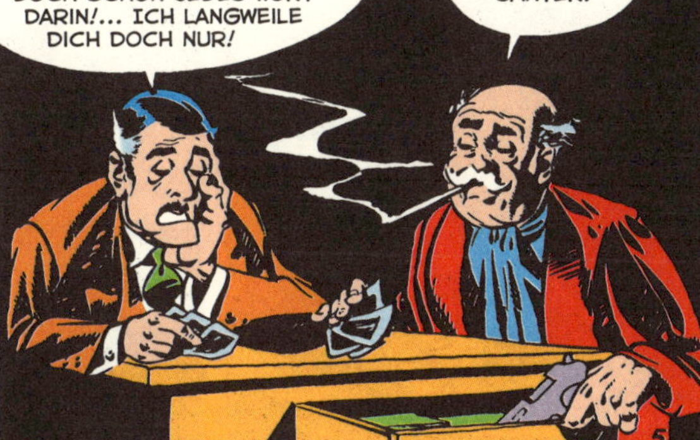
GLOTZ MICH NICHT MIT DIESEM VORSTANDSGESICHT AN! LIEBESBRIEFE AN SYLVIE, IN DENEN ICH SIE BITTE, DICH ZU VERLASSEN UND MIT MIR DURCHZUBRENNEN! ... ABER WARUM SOLL ICH DIR MEHR SAGEN - DU KENNST DOCH SCHON JEDES WORT DARIN!... ICH LANGWEILE DICH DOCH NUR!
NEIN, SPRICH WEITER, ROGER!... MIT JEDER MINUTE WIRST DU INTERESSANTER!
5

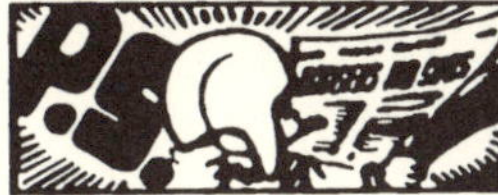
P.S.

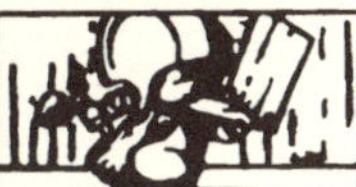

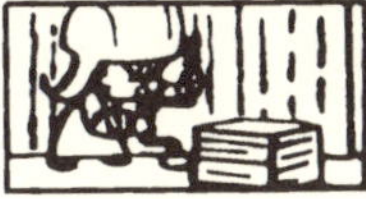

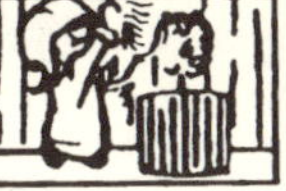

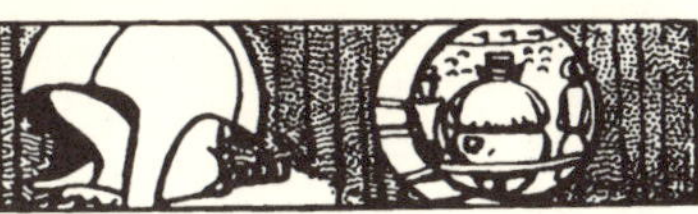

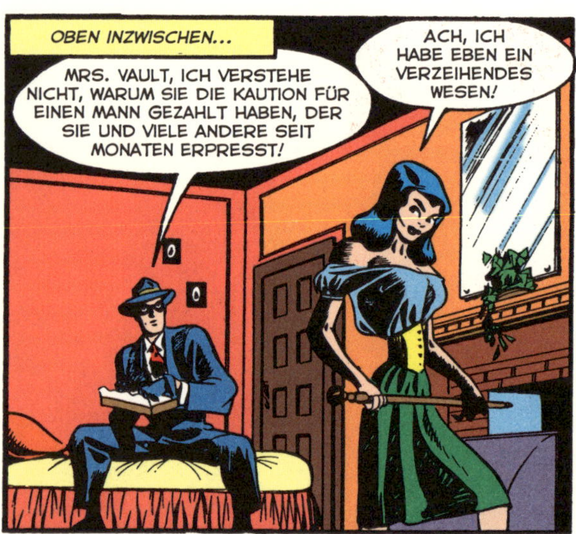
OBEN INZWISCHEN...
MRS. VAULT, ICH VERSTEHE NICHT, WARUM SIE DIE KAUTION FÜR EINEN MANN GEZAHLT HABEN, DER SIE UND VIELE ANDERE SEIT MONATEN ERPRESST!
ACH, ICH HABE EBEN EIN VERZEIHENDES WESEN!

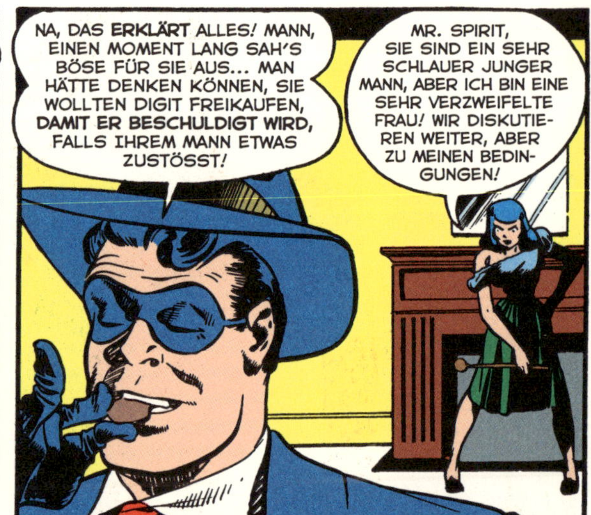
NA, DAS ERKLÄRT ALLES! MANN, EINEN MOMENT LANG SAH'S BÖSE FÜR SIE AUS... MAN HÄTTE DENKEN KÖNNEN, SIE WOLLTEN DIGIT FREIKAUFEN, DAMIT ER BESCHULDIGT WIRD, FALLS IHREM MANN ETWAS ZUSTÖSST!
MR. SPIRIT, SIE SIND EIN SEHR SCHLAUER JUNGER MANN, ABER ICH BIN EINE SEHR VERZWEIFELTE FRAU! WIR DISKUTIEREN WEITER, ABER ZU MEINEN BEDINGUNGEN!

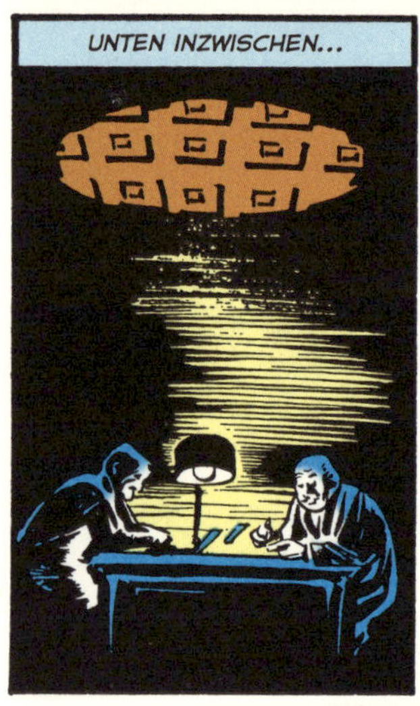
UNTEN INZWISCHEN...

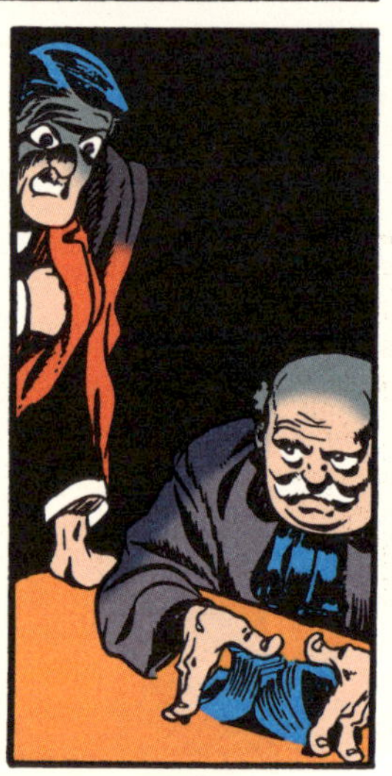

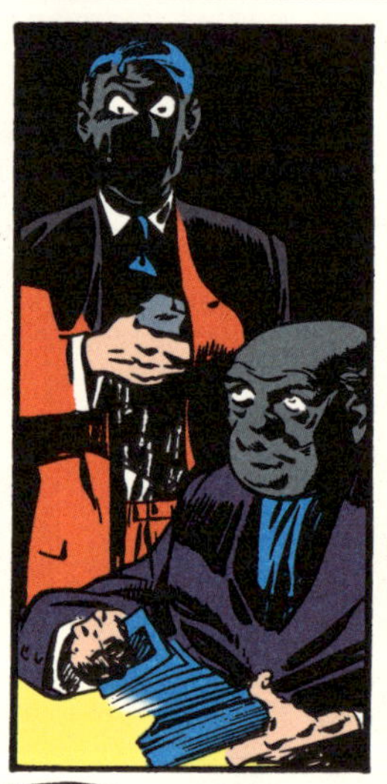

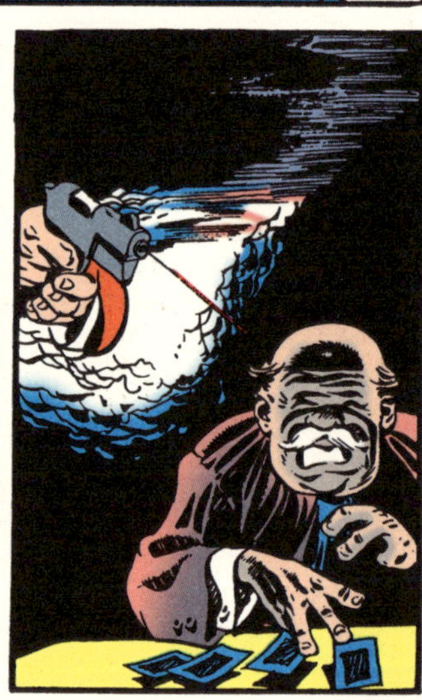

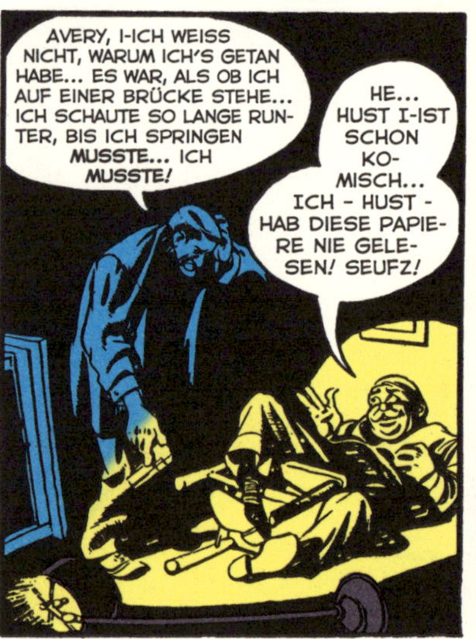
AVERY, I-ICH WEISS NICHT, WARUM ICH'S GETAN HABE... ES WAR, ALS OB ICH AUF EINER BRÜCKE STEHE... ICH SCHAUTE SO LANGE RUNTER, BIS ICH SPRINGEN MUSSTE... ICH MUSSTE!
HE... HUST I-IST SCHON KOMISCH... ICH - HUST - HAB DIESE PAPIERE NIE GELESEN! SEUFZ!

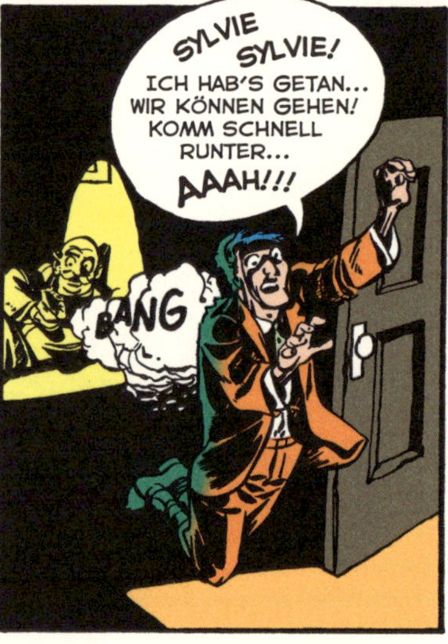
SYLVIE SYLVIE! ICH HAB'S GETAN... WIR KÖNNEN GEHEN! KOMM SCHNELL RUNTER... AAAH!!!
BANG

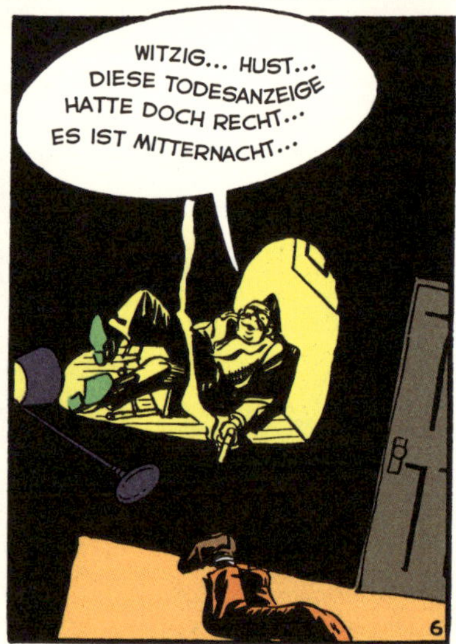
WITZIG... HUST... DIESE TODESANZEIGE HATTE DOCH RECHT... ES IST MITTERNACHT...
6

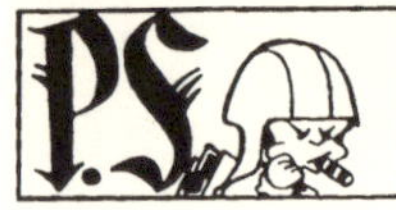
P.S.

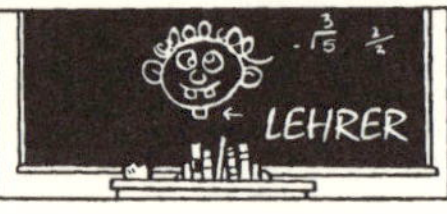
LEHRER

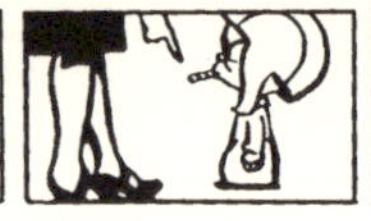

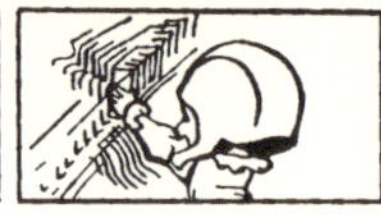

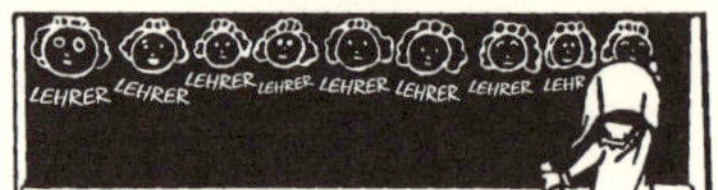
LEHRER LEHRER LEHRER LEHRER LEHRER LEHRER LEHRER LEHRER

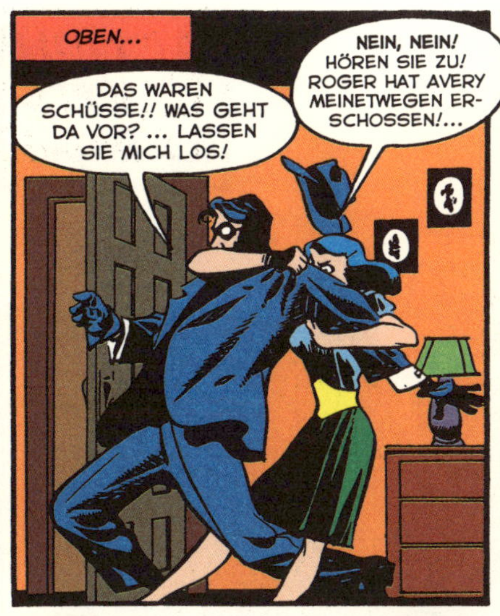
OBEN...
DAS WAREN SCHÜSSE!! WAS GEHT DA VOR? ... LASSEN SIE MICH LOS!
NEIN, NEIN! HÖREN SIE ZU! ROGER HAT AVERY MEINETWEGEN ERSCHOSSEN!...

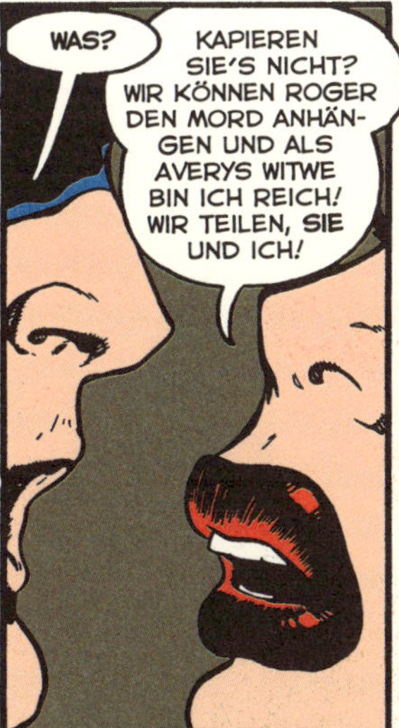
WAS?
KAPIEREN SIE'S NICHT? WIR KÖNNEN ROGER DEN MORD ANHÄNGEN UND ALS AVERYS WITWE BIN ICH REICH! WIR TEILEN, SIE UND ICH!

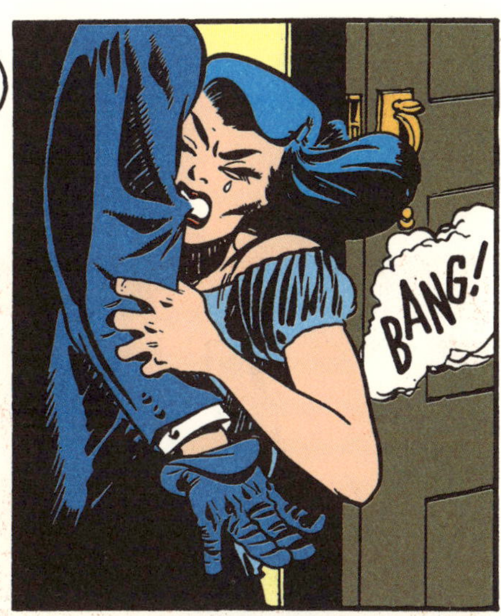
BANG!

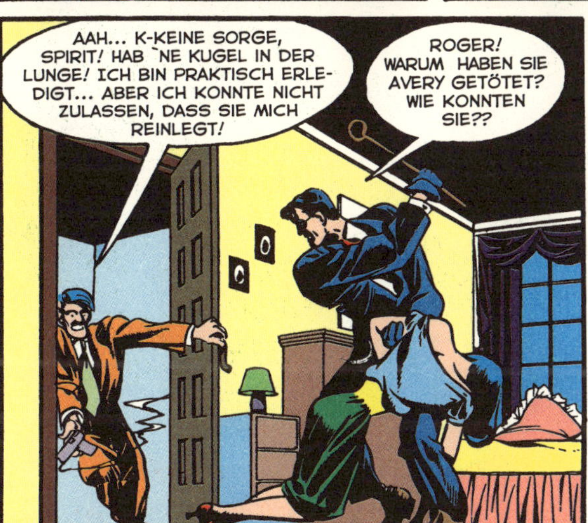
AAH... K-KEINE SORGE, SPIRIT! HAB `NE KUGEL IN DER LUNGE! ICH BIN PRAKTISCH ERLEDIGT... ABER ICH KONNTE NICHT ZULASSEN, DASS SIE MICH REINLEGT!
ROGER! WARUM HABEN SIE AVERY GETÖTET? WIE KONNTEN SIE??

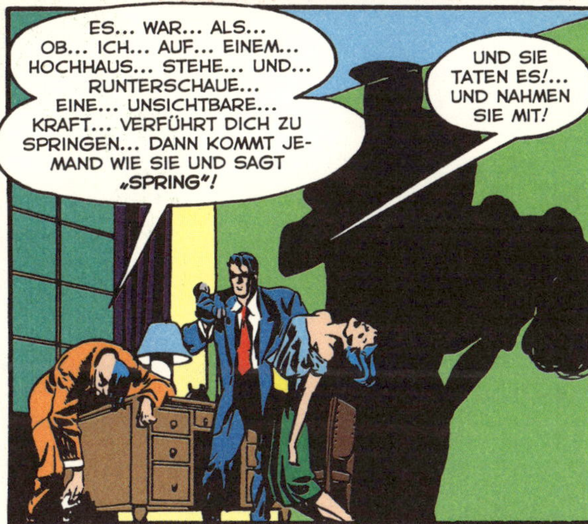
ES... WAR... ALS... OB... ICH... AUF... EINEM... HOCHHAUS... STEHE... UND... RUNTERSCHAUE... EINE... UNSICHTBARE... KRAFT... VERFÜHRT DICH ZU SPRINGEN... DANN KOMMT JEMAND WIE SIE UND SAGT „SPRING"!
UND SIE TATEN ES!... UND NAHMEN SIE MIT!

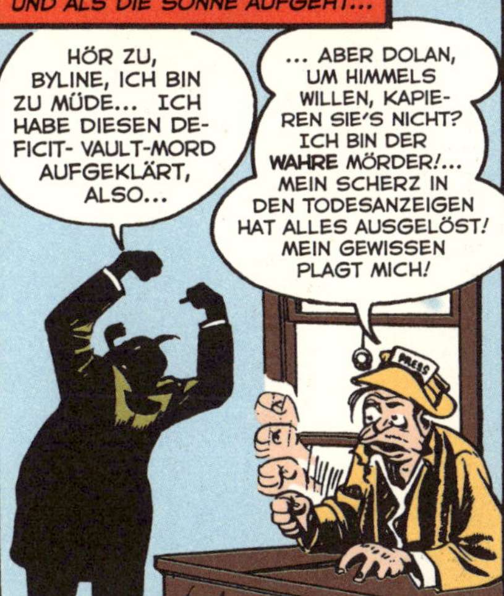
UND ALS DIE SONNE AUFGEHT...
HÖR ZU, BYLINE, ICH BIN ZU MÜDE... ICH HABE DIESEN DEFICIT- VAULT-MORD AUFGEKLÄRT, ALSO...
... ABER DOLAN, UM HIMMELS WILLEN, KAPIEREN SIE'S NICHT? ICH BIN DER WAHRE MÖRDER!... MEIN SCHERZ IN DEN TODESANZEIGEN HAT ALLES AUSGELÖST! MEIN GEWISSEN PLAGT MICH!

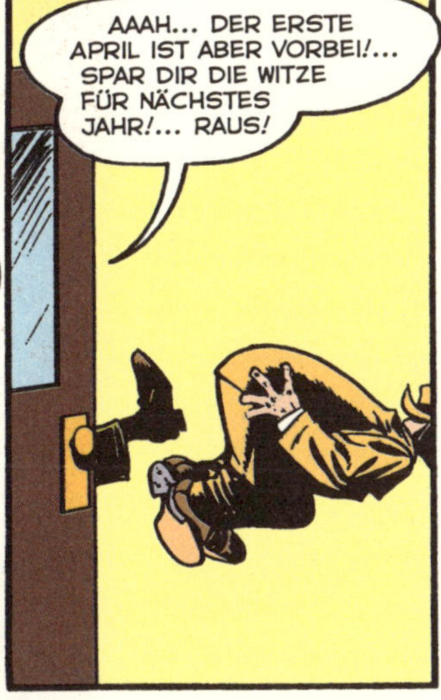
AAAH... DER ERSTE APRIL IST ABER VORBEI!... SPAR DIR DIE WITZE FÜR NÄCHSTES JAHR!... RAUS!

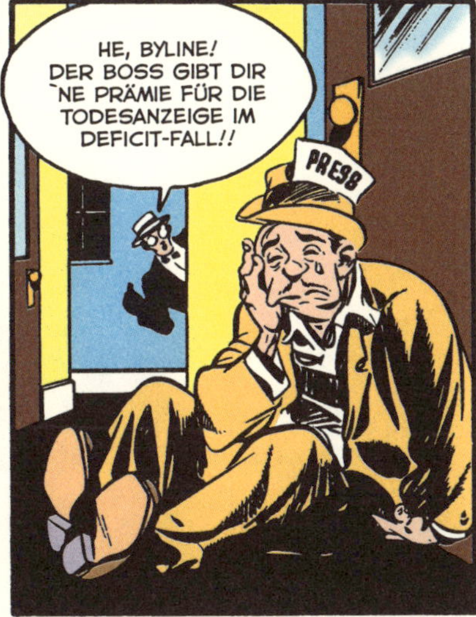
HE, BYLINE! DER BOSS GIBT DIR `NE PRÄMIE FÜR DIE TODESANZEIGE IM DEFICIT-FALL!!
PRESS

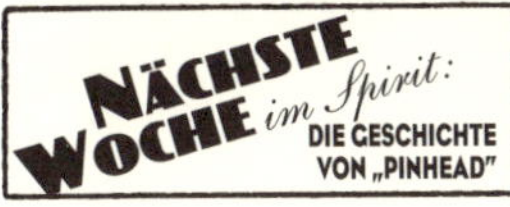
NÄCHSTE WOCHE im Spirit: DIE GESCHICHTE VON „PINHEAD"

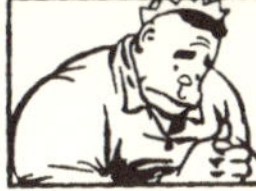
DAS LEBEN WAR NIE GUT ZU „PINHEAD"... ER WAR NIE WIE DIE ANDEREN KINDER... UND WIE JEDER IDIOT IHNEN SAGEN KANN, KANN DAS LEBEN HART SEIN, WENN SIE ANDERS ALS DIE ANDEREN SIND!

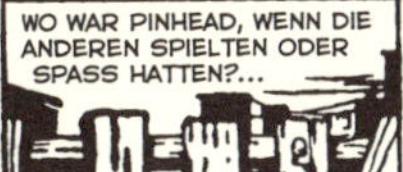
WO WAR PINHEAD, WENN DIE ANDEREN SPIELTEN ODER SPASS HATTEN?...

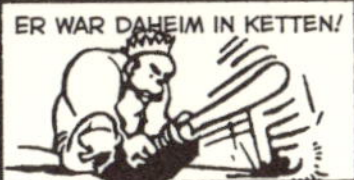
ER WAR DAHEIM IN KETTEN!

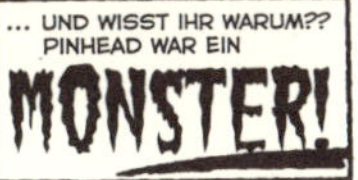
... UND WISST IHR WARUM?? PINHEAD WAR EIN
MONSTER!

PINHEAD

6. April 1947

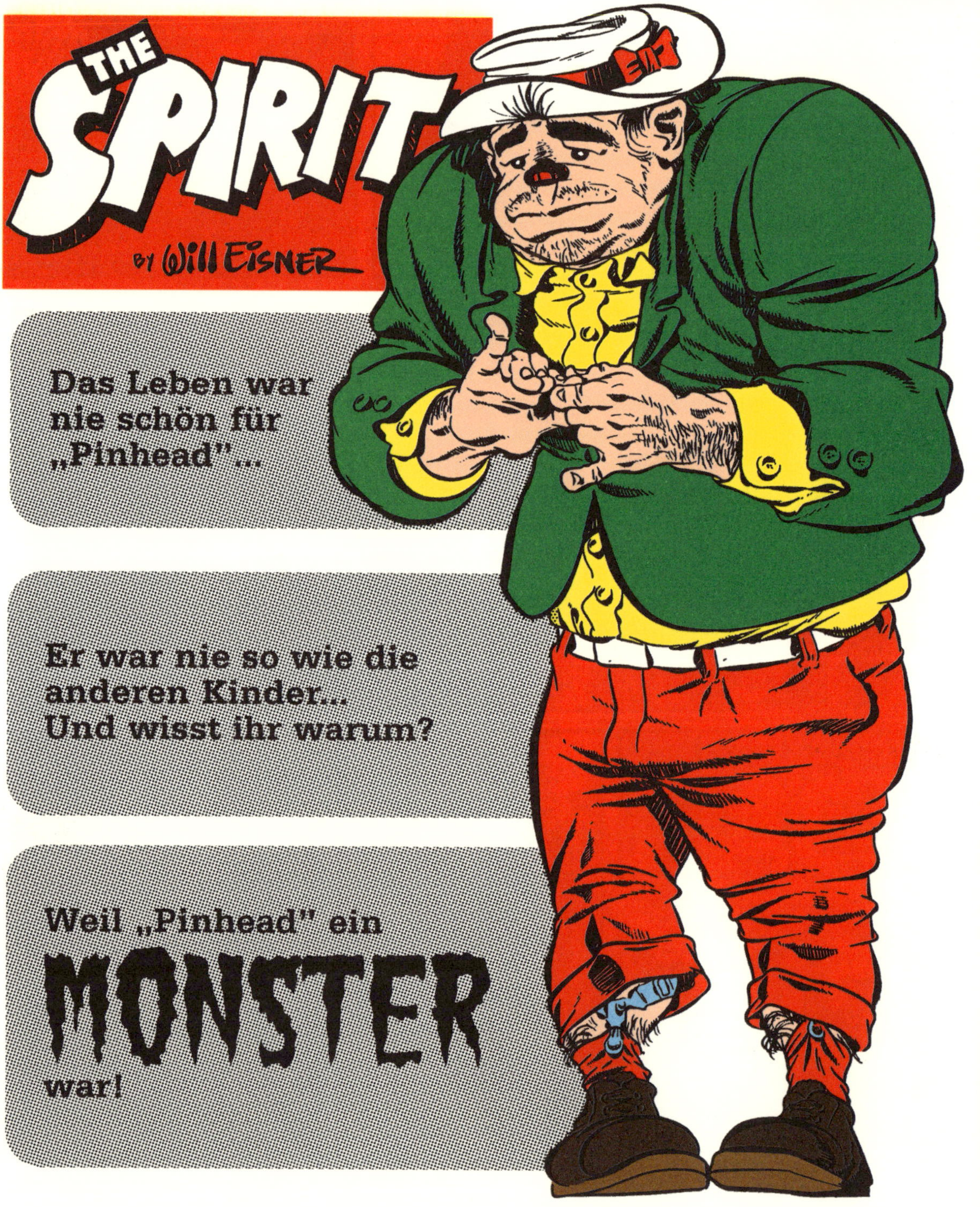

THE SPIRIT

BY WILL EISNER

Das Leben war nie schön für „Pinhead"...

Er war nie so wie die anderen Kinder... Und wisst ihr warum?

Weil „Pinhead" ein MONSTER war!

Beginnen wir also unsere Geschichte... Pinhead wurde in einem heftigen Sturm geboren, der die Hügel von Tennessee erschütterte wie Kornschnaps einen Hasen... Aber genau betrachtet ist das der richtige Augenblick für die Geburt eines MONSTERS.

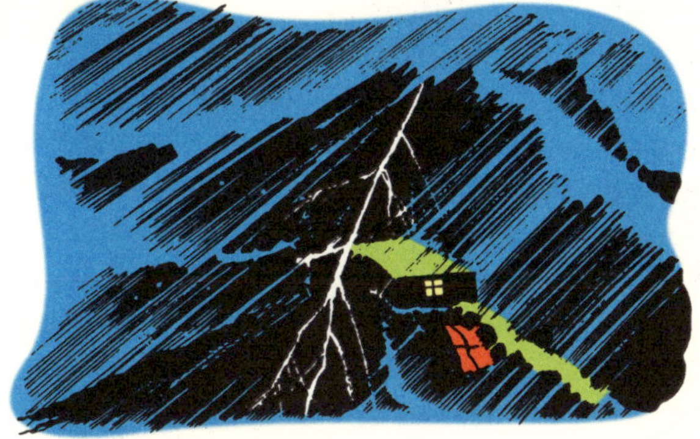

Man könnte also meinen, seine Eltern hätten gewarnt sein müssen... Aber jetzt war's zu spät. Beim Anblick dessen, was sie in die Welt gesetzt hatten, schrien sie beide auf, fielen in ein Koma, starben und wurden erst nach einer Woche gefunden!

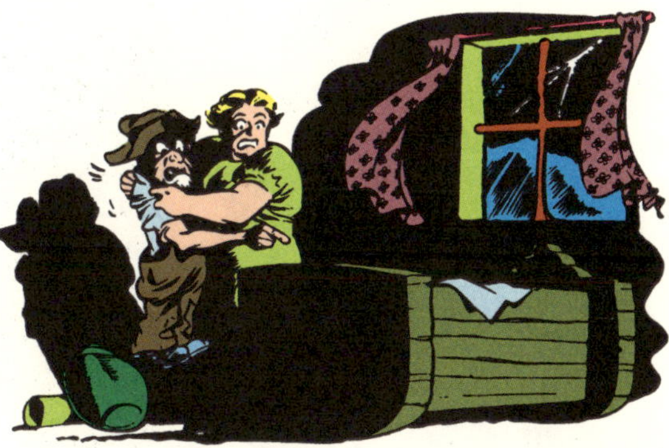

Wie es der Diakon ausdrückte war Sterben das Unmöglichste, was diese Leute tun konnten, denn die Gemeinde musste sich jetzt um den kleinen Pinhead kümmern. Nach langen Debatten stimmte ein Professor mit einem Abschluss in Anthropologie zu, der in den Hügeln lebte (um das besondere Verhalten der Carter-Leute in der Höhle zu studieren), Pinhead aufzunehmen.

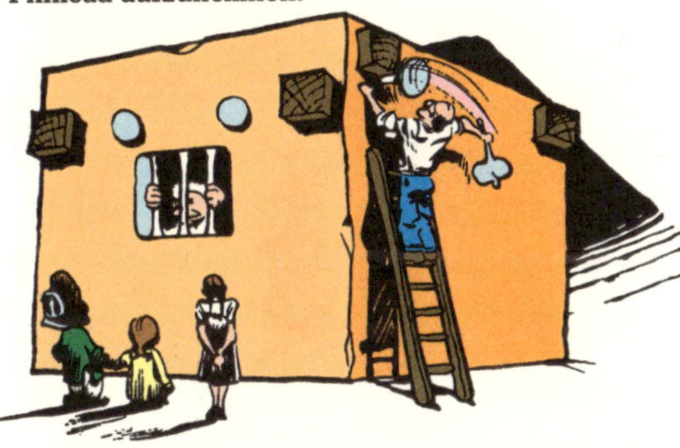

Aber er schloss das kleine Monster nur in seinem Studierzimmer ein und gab ihm ab und an etwas zu essen. Tja, man muss kein Wissenschaftler sein, um zu ahnen, was für ein Leben das war... Denn während andere Kinder Ball spielten, hatte Pinhead keine Freude, ausser, wenn er in den riesigen Büchern las oder ab und an eine streunende Katze erwürgte...

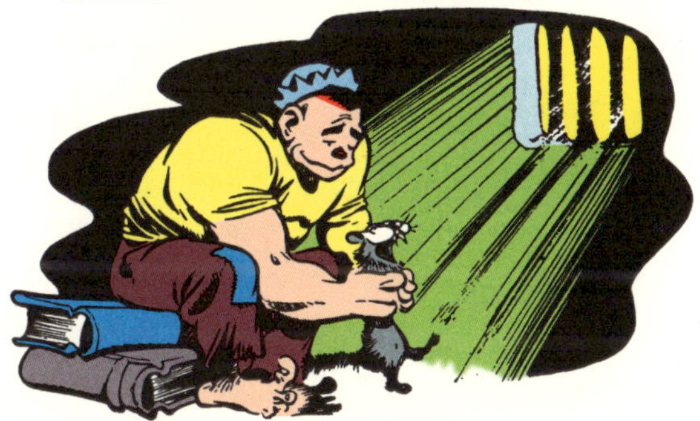

Als der alte Professor starb, dachte Pinhead, dass es an der Zeit wäre, die Hügel für immer zu verlassen... Auf diesen Gedanken würde natürlich logischerweise jedes Monster kommen.

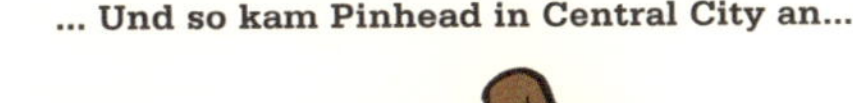

... Und so kam Pinhead in Central City an...

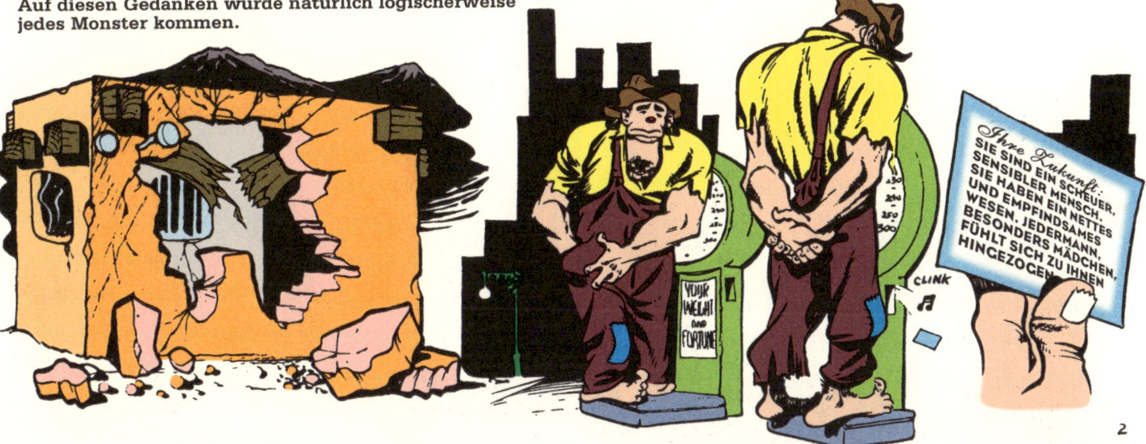

FREUDIGES EREIGNIS

CIGARS

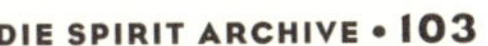

Na, was würden Sie denn tun, wenn Sie ein Monster wären?... Ahnen Sie, was Pinhead alles versuchte?

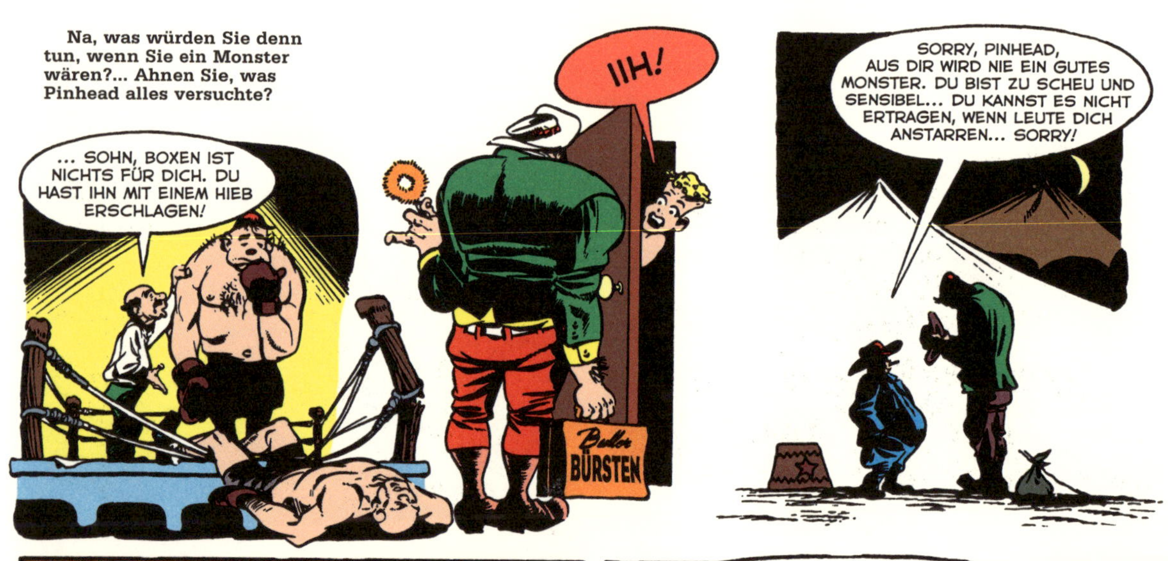

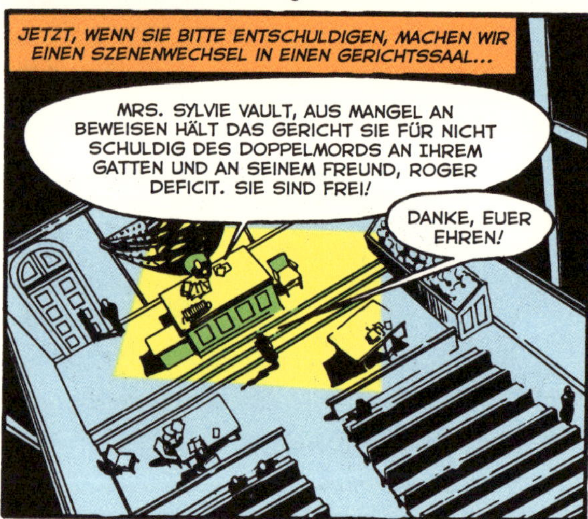

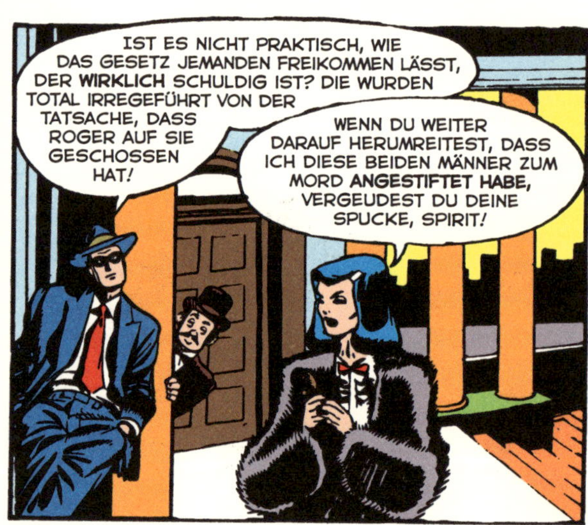

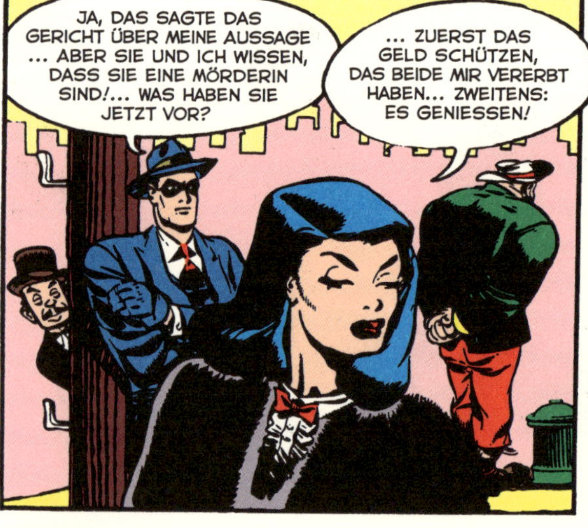

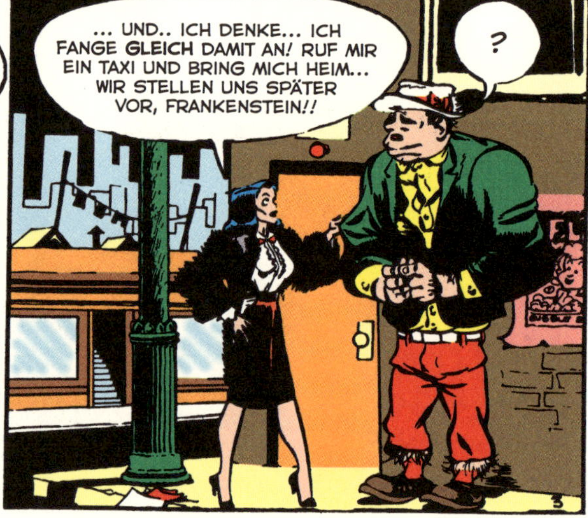

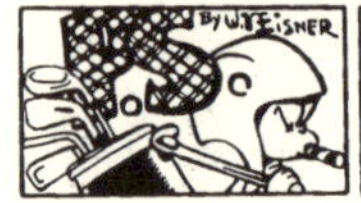

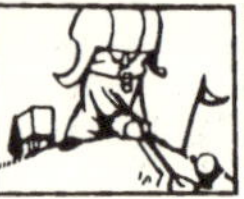
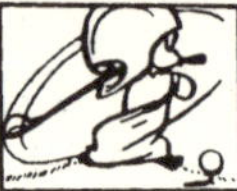
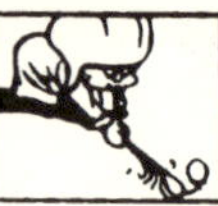
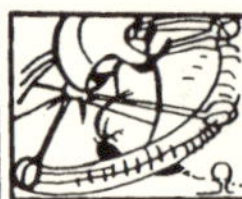
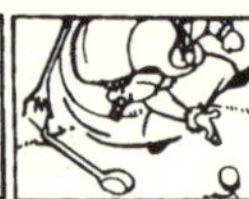
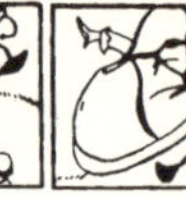
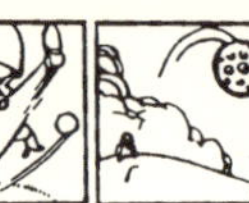
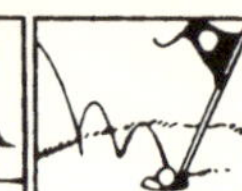

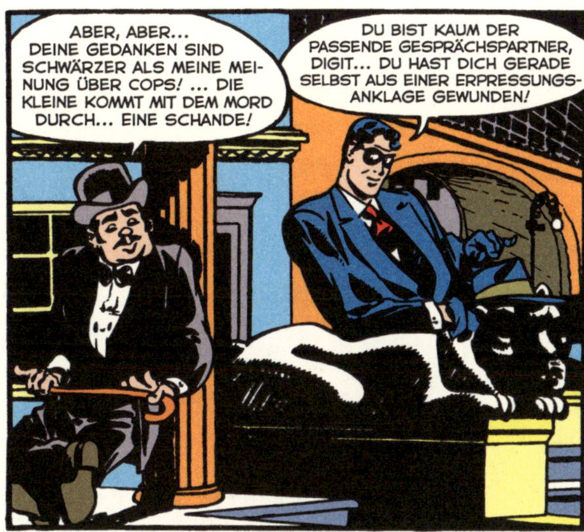
ABER, ABER... DEINE GEDANKEN SIND SCHWÄRZER ALS MEINE MEINUNG ÜBER COPS! ... DIE KLEINE KOMMT MIT DEM MORD DURCH... EINE SCHANDE!
DU BIST KAUM DER PASSENDE GESPRÄCHSPARTNER, DIGIT... DU HAST DICH GERADE SELBST AUS EINER ERPRESSUNGSANKLAGE GEWUNDEN!

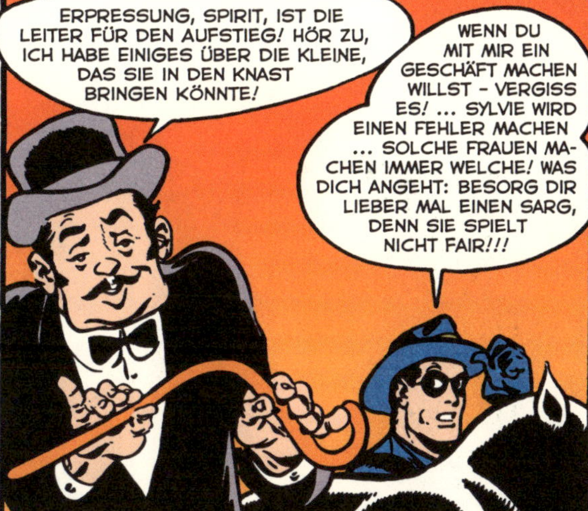
ERPRESSUNG, SPIRIT, IST DIE LEITER FÜR DEN AUFSTIEG! HÖR ZU, ICH HABE EINIGES ÜBER DIE KLEINE, DAS SIE IN DEN KNAST BRINGEN KÖNNTE!
WENN DU MIT MIR EIN GESCHÄFT MACHEN WILLST - VERGISS ES! ... SYLVIE WIRD EINEN FEHLER MACHEN ... SOLCHE FRAUEN MACHEN IMMER WELCHE! WAS DICH ANGEHT: BESORG DIR LIEBER MAL EINEN SARG, DENN SIE SPIELT NICHT FAIR!!!

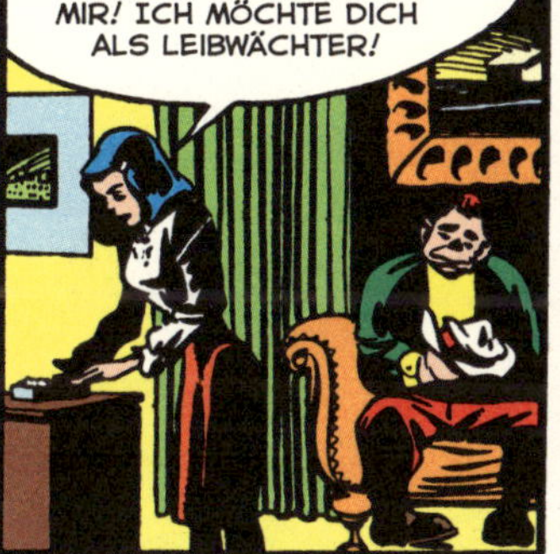
INZWISCHEN...
SCHAU, HORRORKNABE, ICH KOMME GLEICH ZUR SACHE! ICH HABE JETZT VIEL GELD UND WILL DAS LEBEN GENIESEN! ICH BRAUCHE DAFÜR SCHUTZ, UND DEN BIETEST DU MIR! ICH MÖCHTE DICH ALS LEIBWÄCHTER!

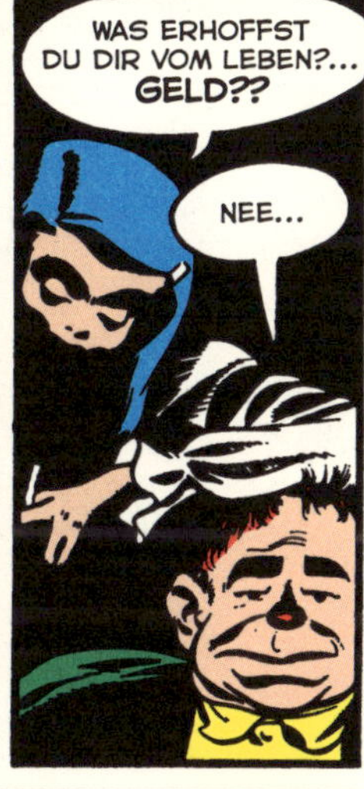
WAS ERHOFFST DU DIR VOM LEBEN?... GELD??
NEE...

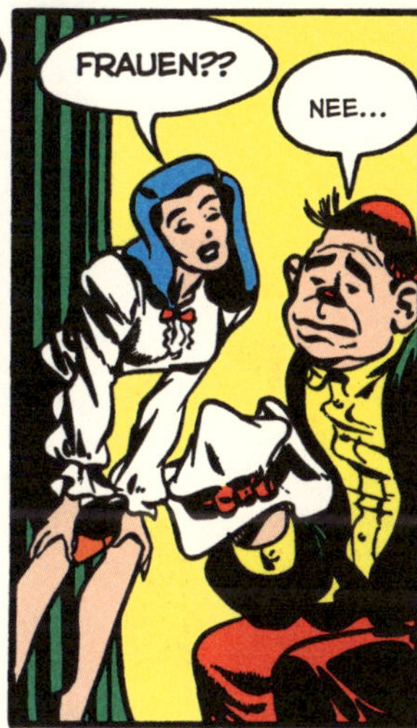
FRAUEN??
NEE...

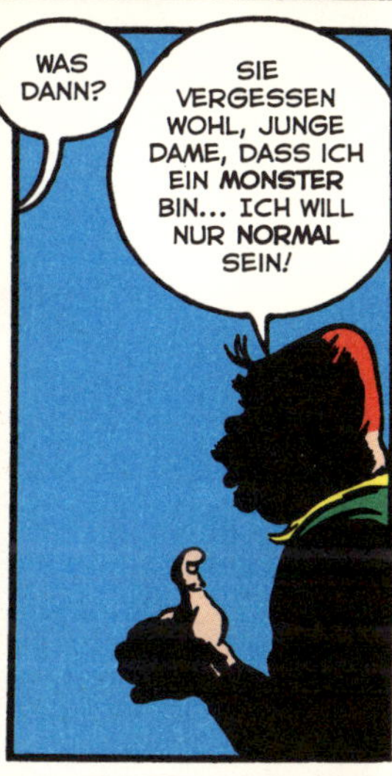
WAS DANN?
SIE VERGESSEN WOHL, JUNGE DAME, DASS ICH EIN MONSTER BIN... ICH WILL NUR NORMAL SEIN!

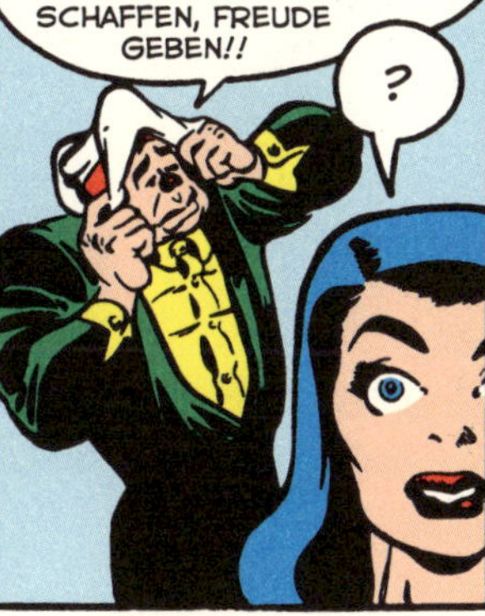
ICH ERKENNE, DASS DAS EINE PSYCHOLOGISCHE UNMÖGLICHKEIT IST... DESHALB BLEIBT MIR NUR EINES ZU TUN... DIE SELBSTVERWIRKLICHUNG IN EINER HARMLOSEN ART... SCHÖNHEIT ERSCHAFFEN, FREUDE GEBEN!!
?

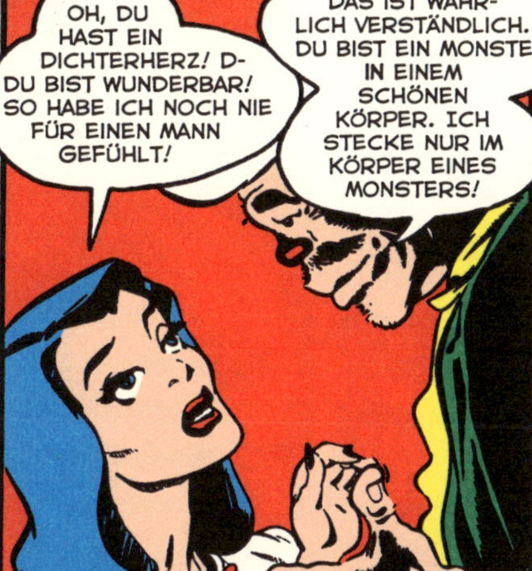
OH, DU HAST EIN DICHTERHERZ! D-DU BIST WUNDERBAR! SO HABE ICH NOCH NIE FÜR EINEN MANN GEFÜHLT!
DAS IST WAHRLICH VERSTÄNDLICH... DU BIST EIN MONSTER IN EINEM SCHÖNEN KÖRPER. ICH STECKE NUR IM KÖRPER EINES MONSTERS!

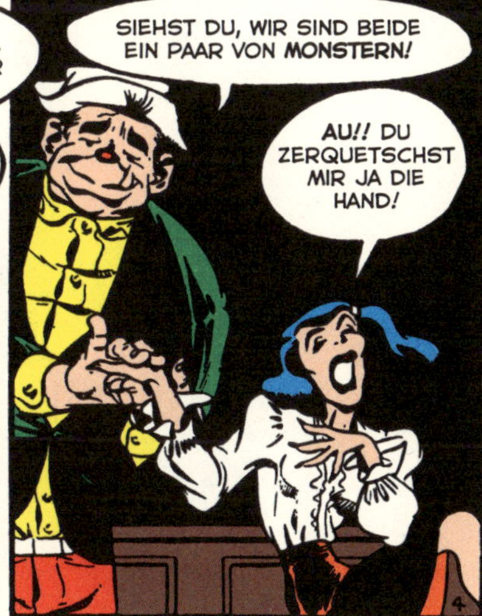
SIEHST DU, WIR SIND BEIDE EIN PAAR VON MONSTERN!
AU!! DU ZERQUETSCHST MIR JA DIE HAND!
4

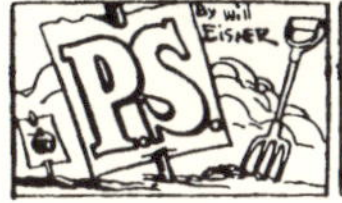
P.S.
By Will Eisner
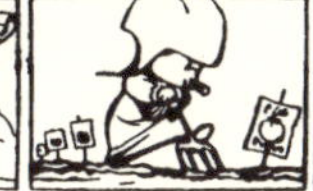
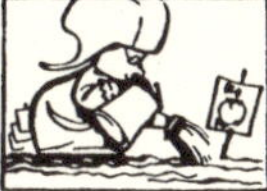
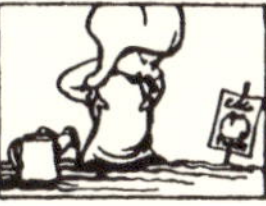
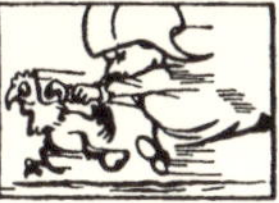
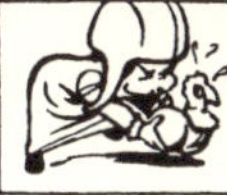
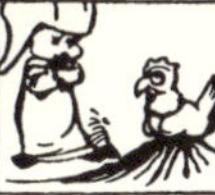
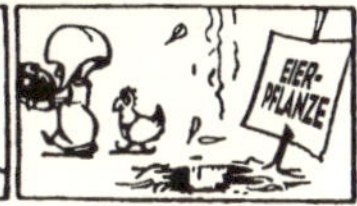
EIER-PFLANZE

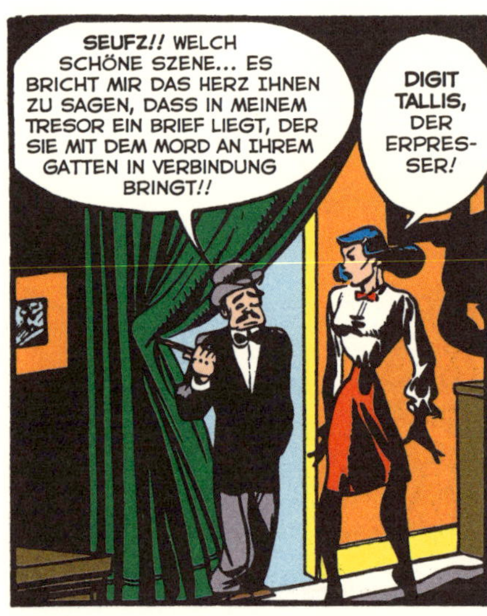
SEUFZ!! WELCH SCHÖNE SZENE... ES BRICHT MIR DAS HERZ IHNEN ZU SAGEN, DASS IN MEINEM TRESOR EIN BRIEF LIEGT, DER SIE MIT DEM MORD AN IHREM GATTEN IN VERBINDUNG BRINGT!!
DIGIT TALLIS, DER ERPRES-SER!

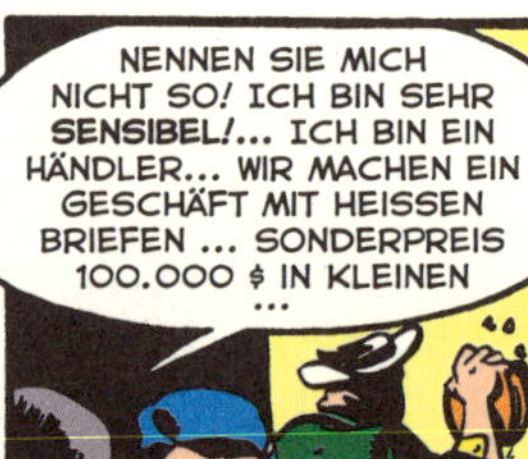
NENNEN SIE MICH NICHT SO! ICH BIN SEHR SENSIBEL!... ICH BIN EIN HÄNDLER... WIR MACHEN EIN GESCHÄFT MIT HEISSEN BRIEFEN ... SONDERPREIS 100.000 $ IN KLEINEN ...

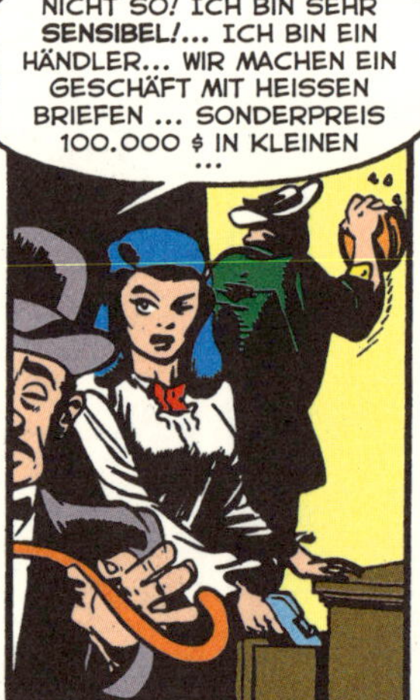

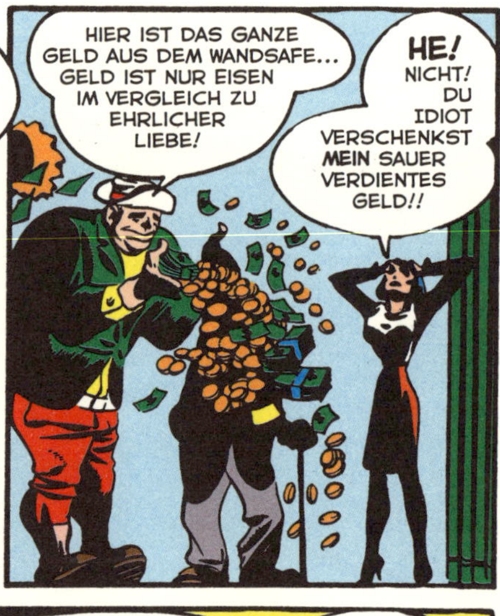
HIER IST DAS GANZE GELD AUS DEM WANDSAFE... GELD IST NUR EISEN IM VERGLEICH ZU EHRLICHER LIEBE!
HE! NICHT! DU IDIOT VERSCHENKST MEIN SAUER VERDIENTES GELD!!

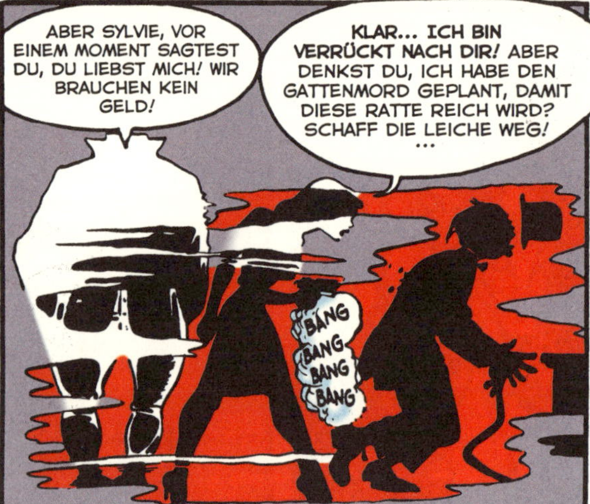
ABER SYLVIE, VOR EINEM MOMENT SAGTEST DU, DU LIEBST MICH! WIR BRAUCHEN KEIN GELD!
KLAR... ICH BIN VERRÜCKT NACH DIR! ABER DENKST DU, ICH HABE DEN GATTENMORD GEPLANT, DAMIT DIESE RATTE REICH WIRD? SCHAFF DIE LEICHE WEG! ...
BANG
BANG
BANG
BANG

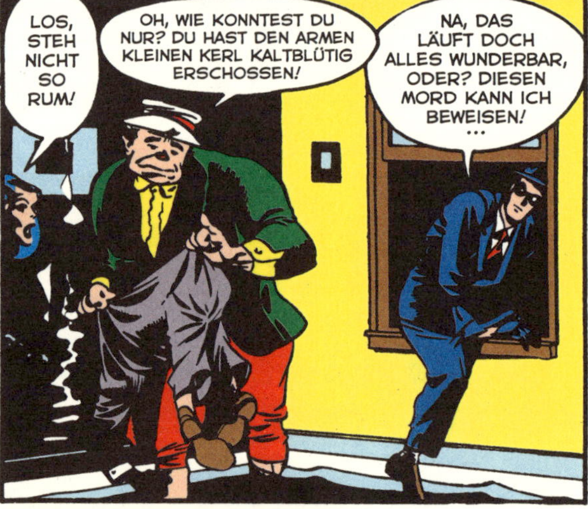
LOS, STEH NICHT SO RUM!
OH, WIE KONNTEST DU NUR? DU HAST DEN ARMEN KLEINEN KERL KALTBLÜTIG ERSCHOSSEN!
NA, DAS LÄUFT DOCH ALLES WUNDERBAR, ODER? DIESEN MORD KANN ICH BEWEISEN! ...

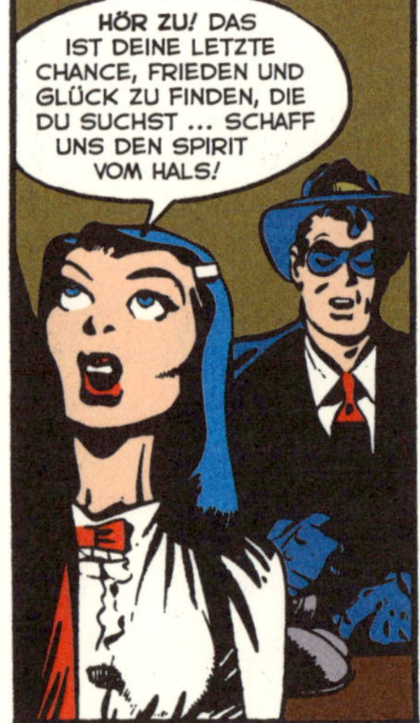
HÖR ZU! DAS IST DEINE LETZTE CHANCE, FRIEDEN UND GLÜCK ZU FINDEN, DIE DU SUCHST ... SCHAFF UNS DEN SPIRIT VOM HALS!

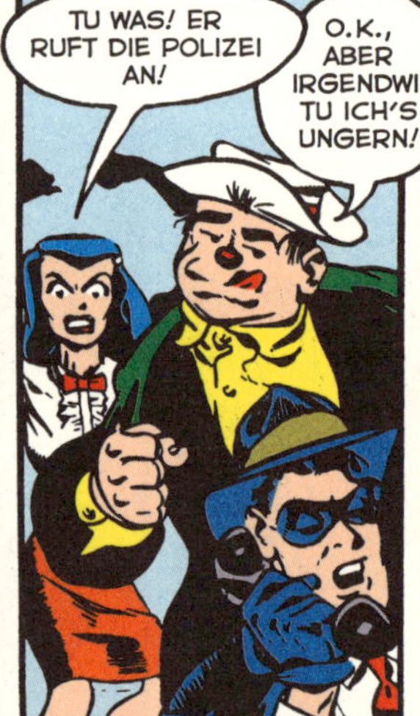
TU WAS! ER RUFT DIE POLIZEI AN!
O.K., ABER IRGENDWIE TU ICH'S UNGERN!

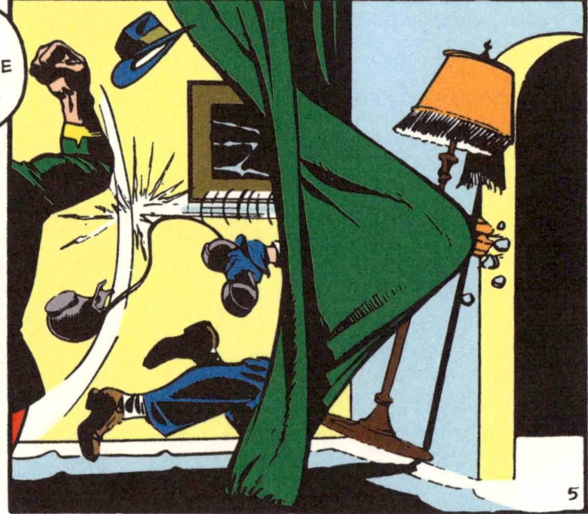
5

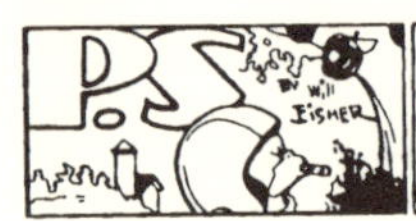
P.S.
BY WILL EISNER
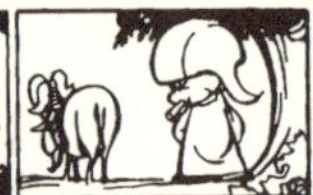
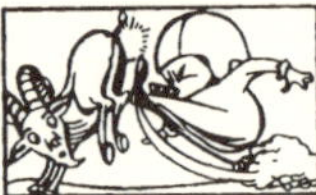
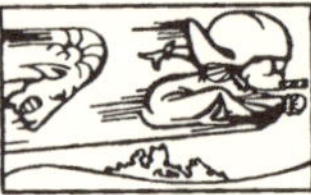
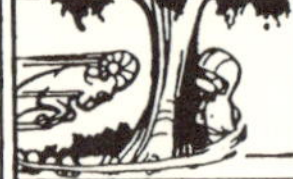
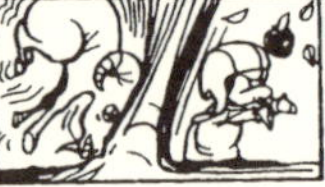
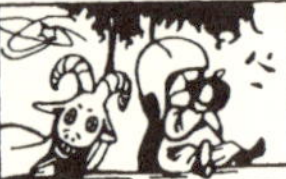

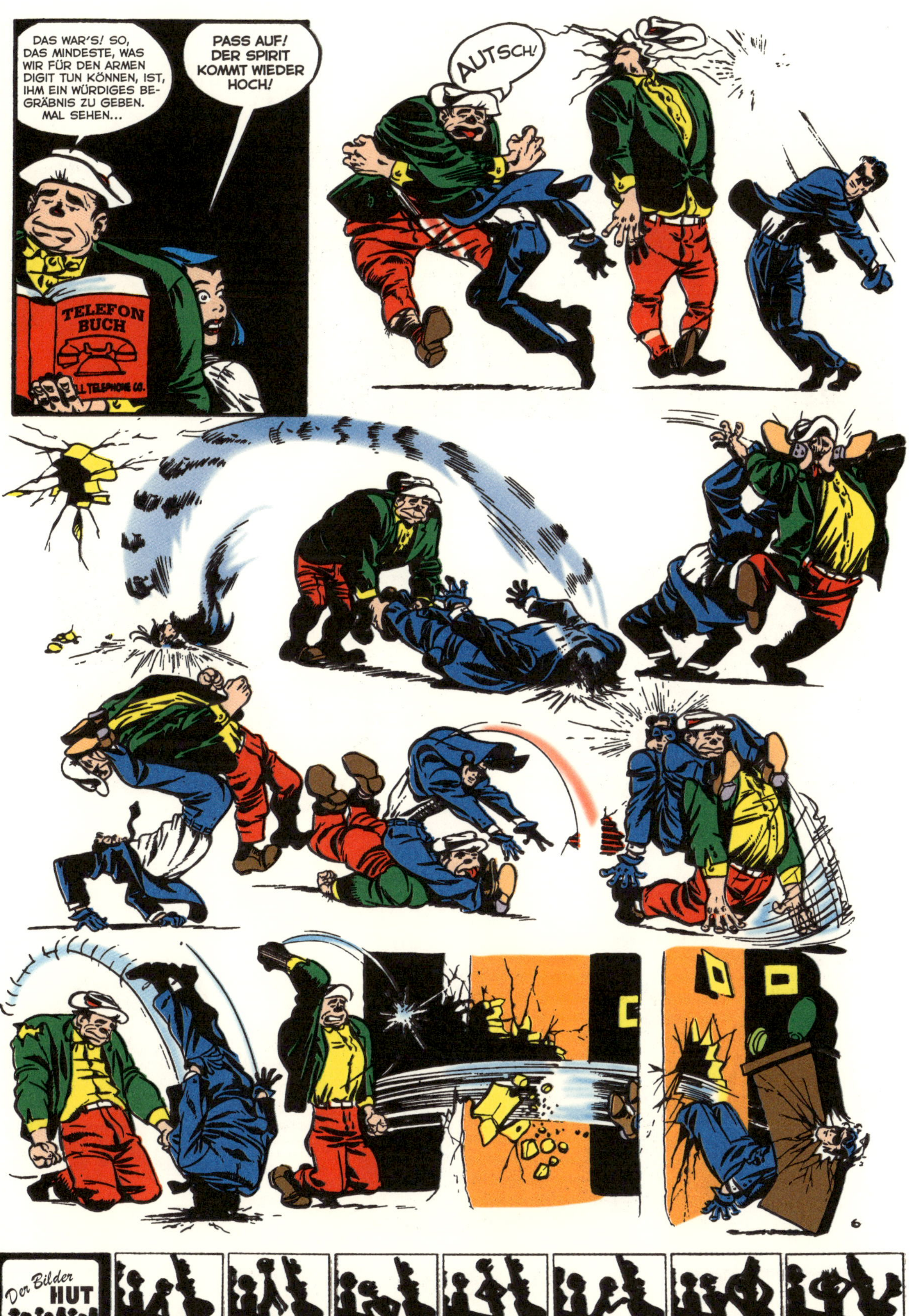
DAS WAR'S! SO, DAS MINDESTE, WAS WIR FÜR DEN ARMEN DIGIT TUN KÖNNEN, IST, IHM EIN WÜRDIGES BEGRÄBNIS ZU GEBEN. MAL SEHEN...
PASS AUF! DER SPIRIT KOMMT WIEDER HOCH!
TELEFON BUCH
AUTSCH!
6
Der Bilder HUT

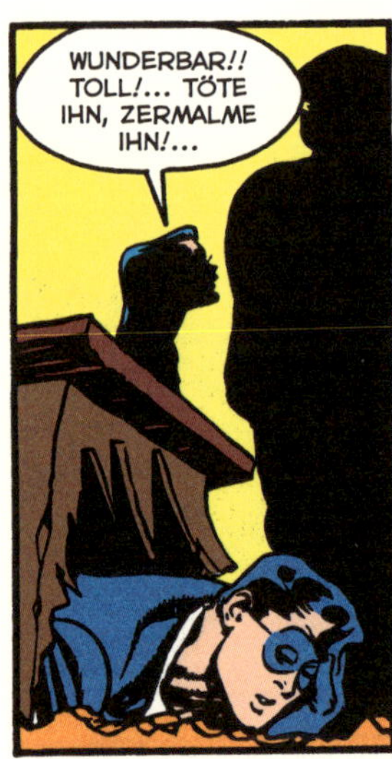

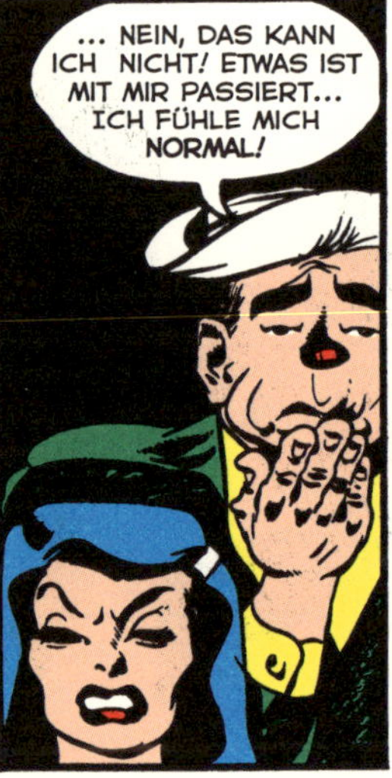

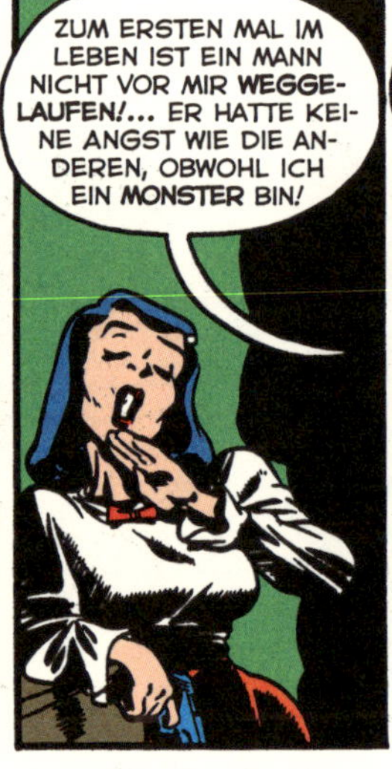

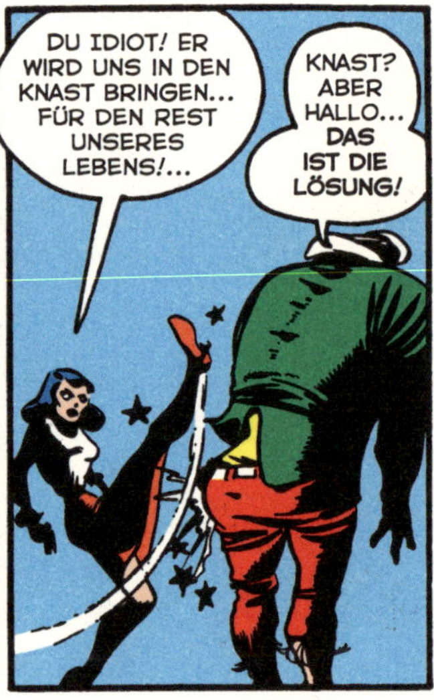

Jawohl, das war die Lösung, was den alten Pinhead anging... Genau darin sah er die Lösung für seine psychologischen Probleme. Und zehn Minuten später, als der SPIRIT wieder zu sich kam, stellte er sich und übergab das Mädel...

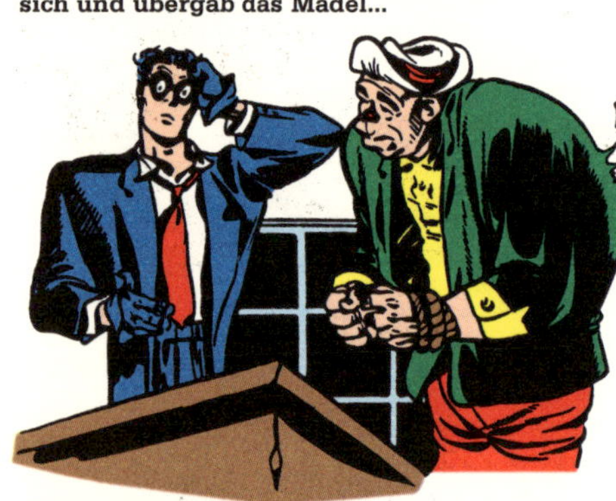

... obwohl wir zugeben müssen............

dass es etwas Überzeugung brauchte, bevor sie seine Sicht der Dinge akzeptierte.

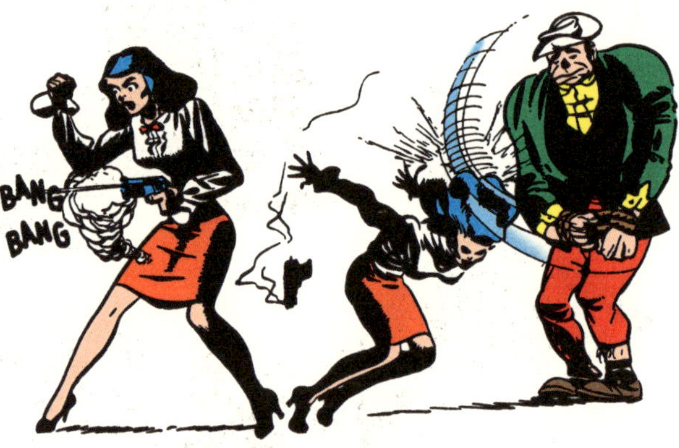

Und was treibt der alte Pinhead jetzt??? Na, er sitzt in einer netten, warmen Zelle, hat drei Mahlzeiten am Tag und eine Position in der Knasthierarchie, die man schlichtweg aristokratisch nennen könnte!

Und was die „Selbstverwirklichung" angeht, so verschafft er sich ab und an ein nettes Einkommen, indem er für Comichefte arbeitet, die nicht lustig sind... Kennen Sie „The Drooperman", „Beastman", usw.?... Ich habe mir ein paar gekauft, und die sind so furchtbar, dass sie den Teufel aus den kleinen Gören austreiben können... Aber dieser Kram verkauft sich wie geschnittenes Brot. Tja, wie ich immer sage: Mit dem Talent ist's wie mit allem anderen – Es sollte einem angeboren sein!

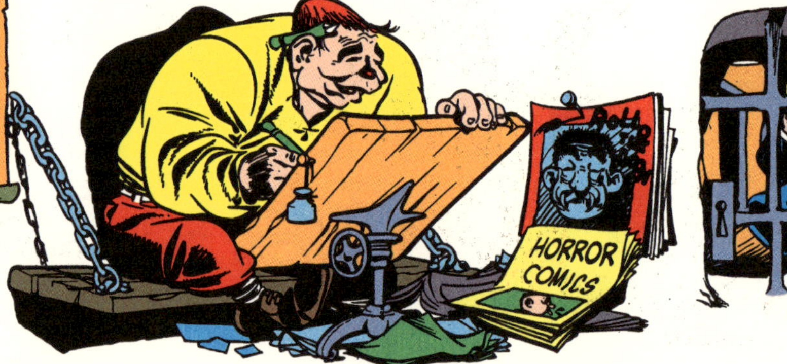

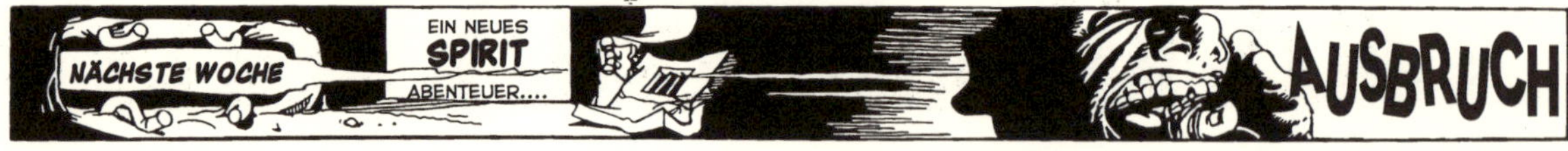

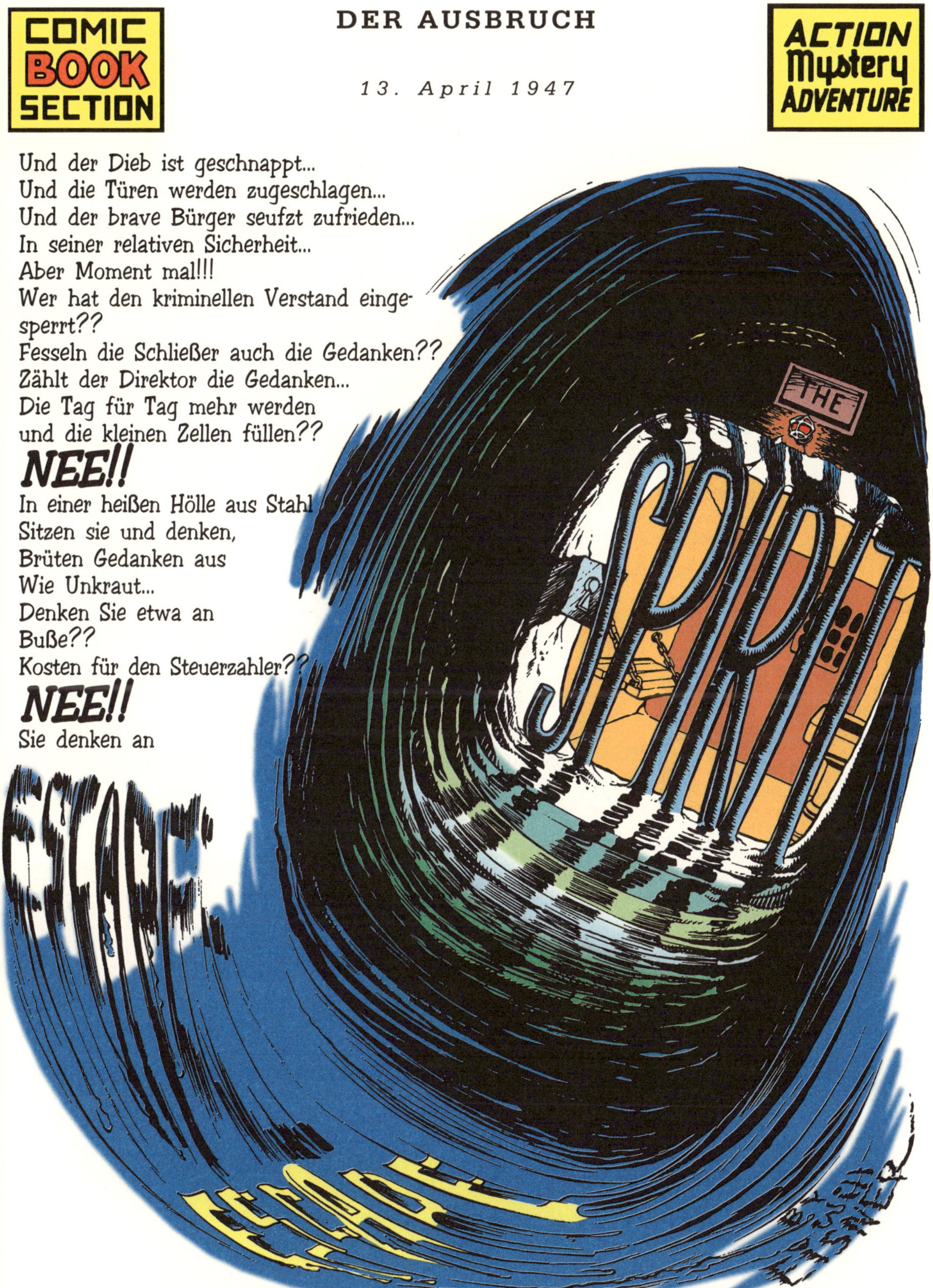

DER AUSBRUCH

13. April 1947

Und der Dieb ist geschnappt...
Und die Türen werden zugeschlagen...
Und der brave Bürger seufzt zufrieden...
In seiner relativen Sicherheit...
Aber Moment mal!!!
Wer hat den kriminellen Verstand eingesperrt??
Fesseln die Schließer auch die Gedanken??
Zählt der Direktor die Gedanken...
Die Tag für Tag mehr werden
und die kleinen Zellen füllen??

NEE!!

In einer heißen Hölle aus Stahl
Sitzen sie und denken,
Brüten Gedanken aus
Wie Unkraut...
Denken Sie etwa an
Buße??
Kosten für den Steuerzahler??

NEE!!

Sie denken an

ESCAPE

THE SPIRIT

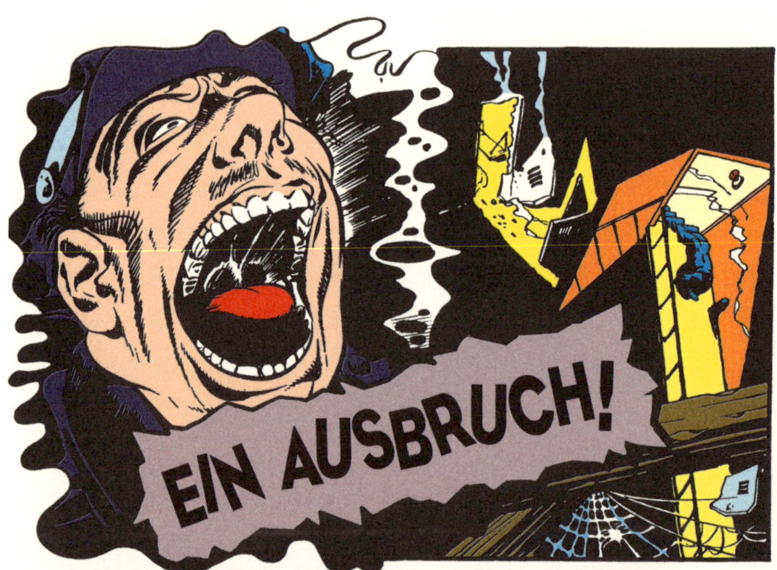
EIN AUSBRUCH!
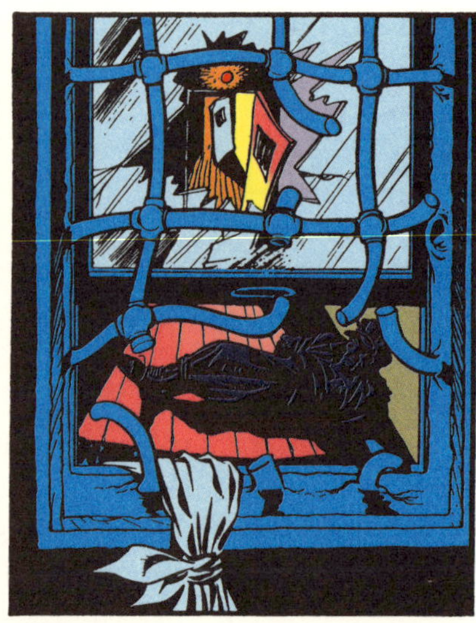
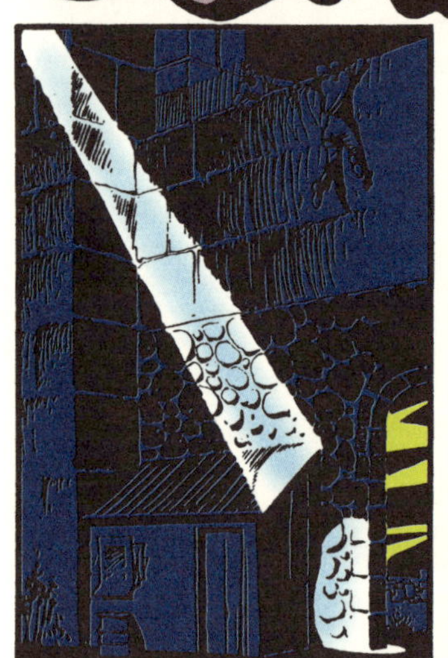
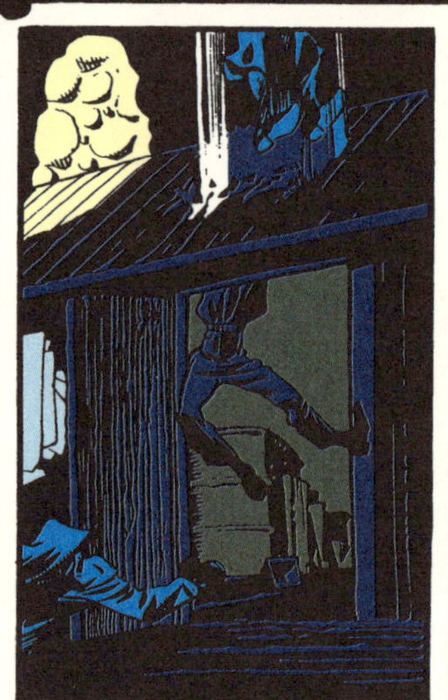

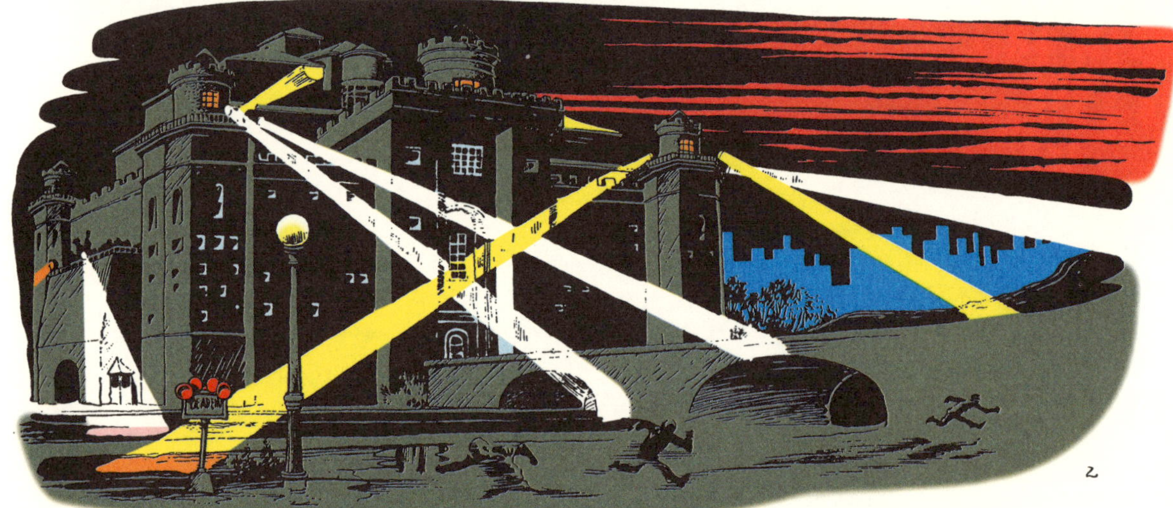
2
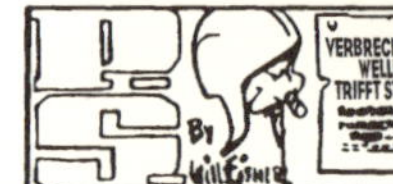
By Will Eisner
VERBRECHENS-WELLE TRIFFT STADT
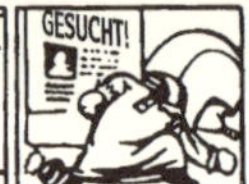
GESUCHT!
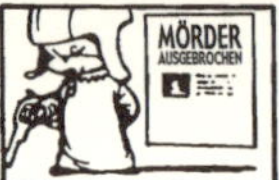
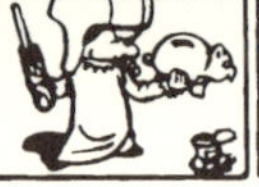
MÖRDER AUSGEBROCHEN
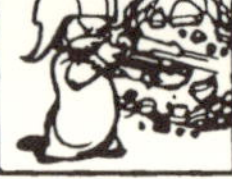
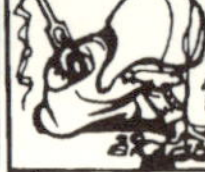
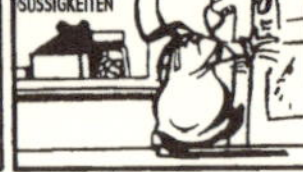
SÜSSIGKEITEN
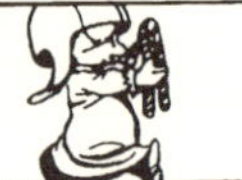

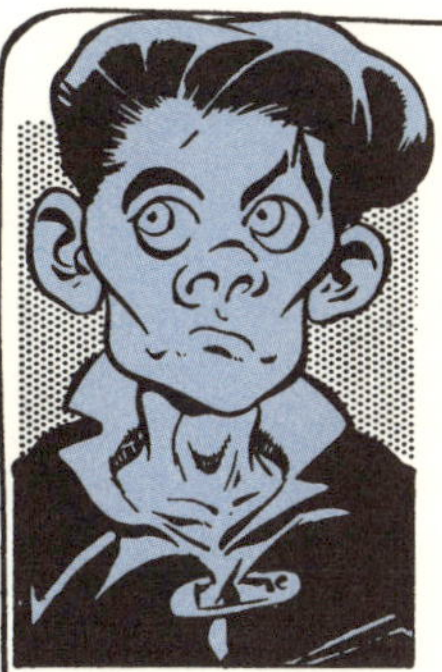

RABBIT O'HARE Alter:30, 1,65 m.
alias
BRIAR PATCH
alias
JACK RABBIT

3 VERURTEILUNGEN: 2 JAHRE IM OHIO STATE, 5 JAHRE IN PANAMA, 3 JAHRE IN TEXAS.

LETZTE STRAFTAT: BEWAFFNETER ÜBERFALL AUF DIE CENTRAL CITY BANK.

VERURTEILT ZU 10 JAHREN.

GEFÄNGNISAKTE:
MÜRRISCH, LAUNISCH, SCHLECHTES BENEHMEN.

Unterschrift: William Lent
Direktor

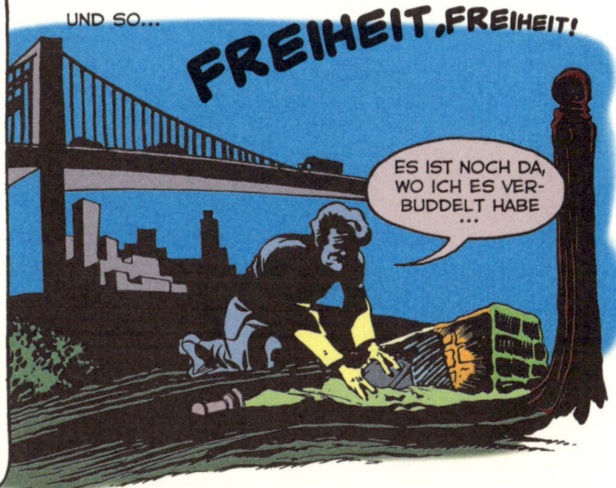

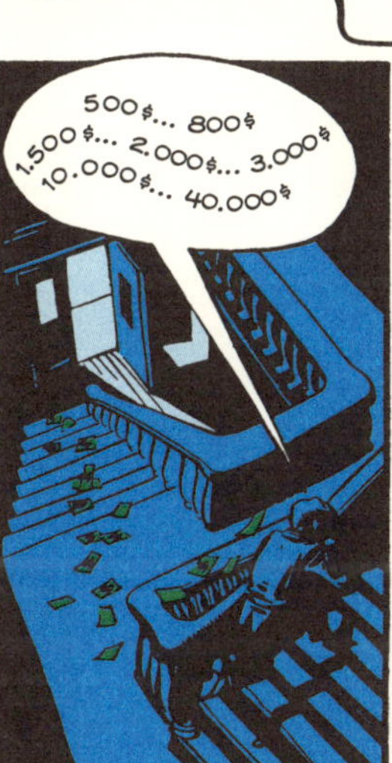

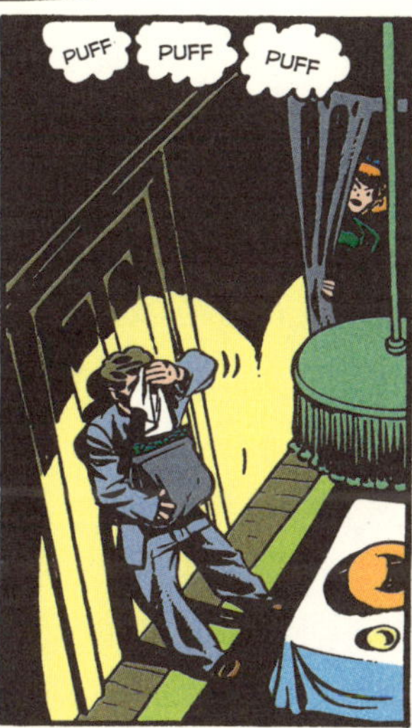

GARTERS... BABY... ICH BIN AUSGEBROCHEN... WIE ICH'S GEPLANT HATTE! ICH HATTE DIE KOHLE FÜR GENAU DEN FALL VERSTECKT... UND JETZT HAUEN WIR AB, WIE WIR ES IMMER GEPLANT HATTEN! NA KOMM......... BIST DU NICHT ÜBERRASCHT?

KAUM! IM RADIO KOMMT'S SEIT ZWEI STUNDEN ÜBERALL!!

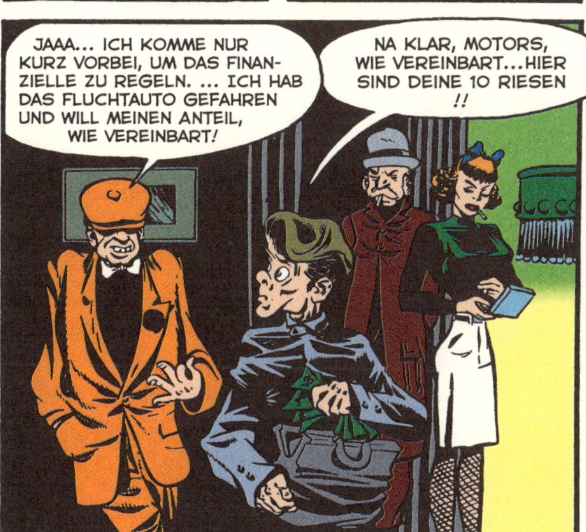

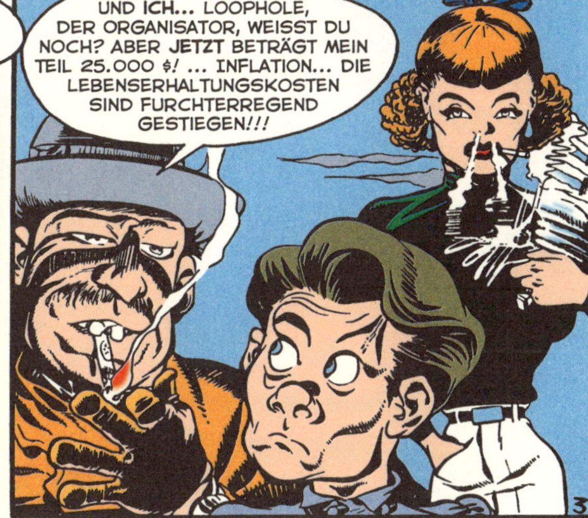

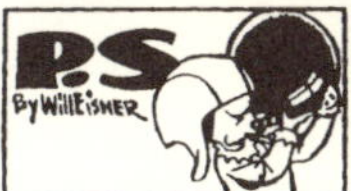

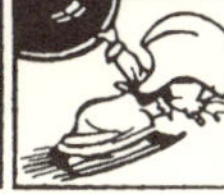

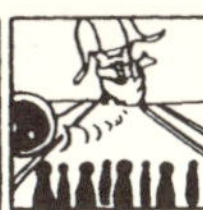

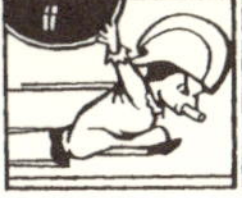

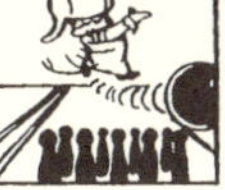

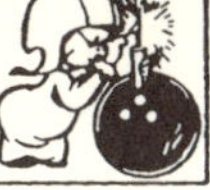

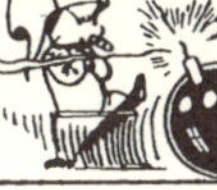

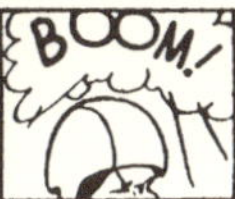

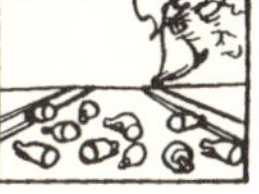

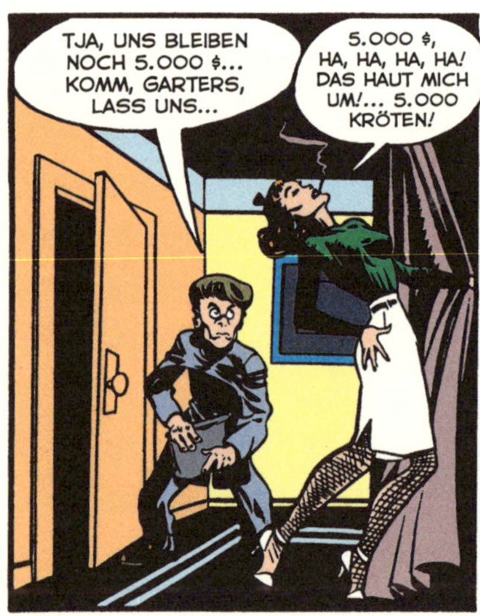

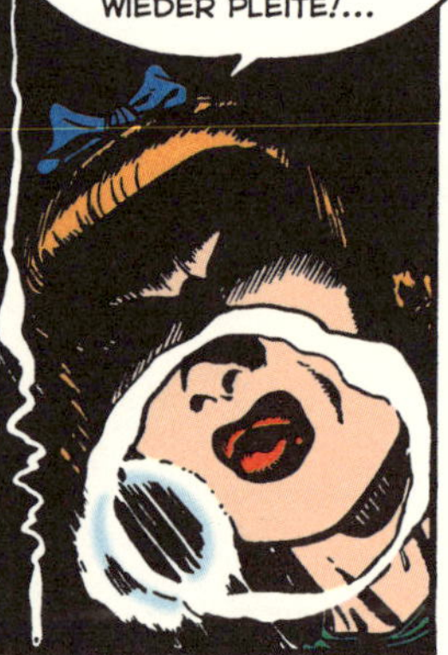

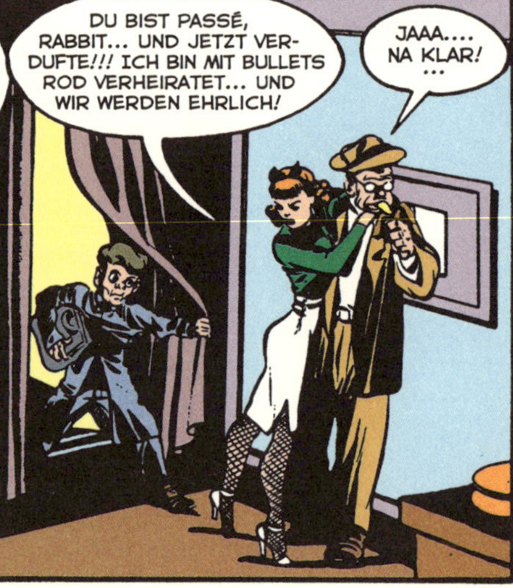

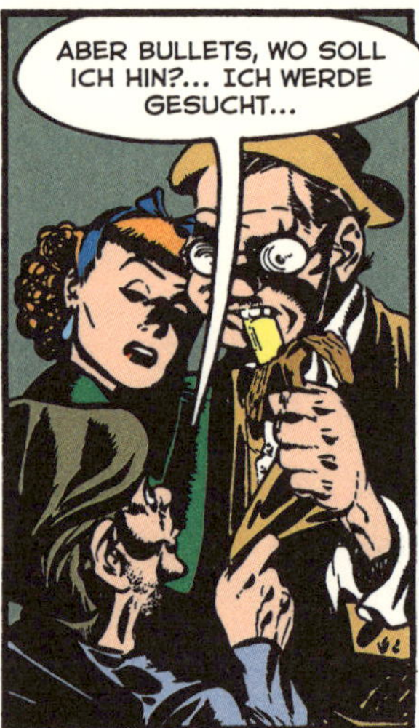

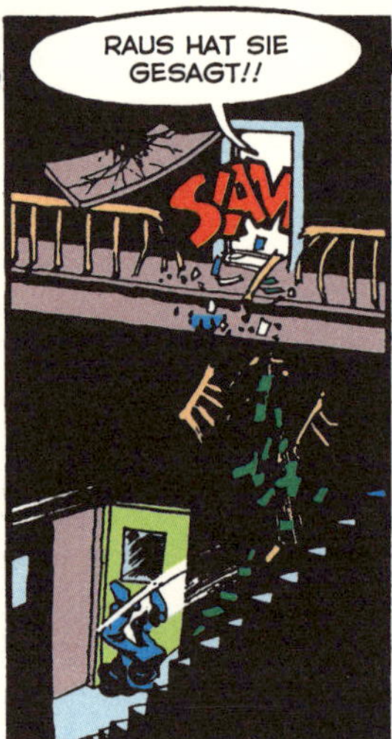

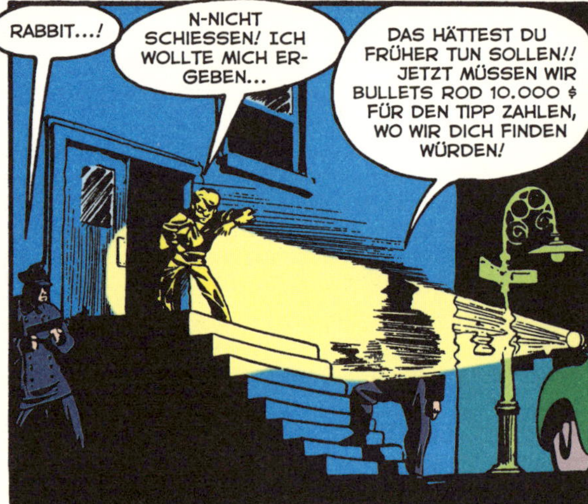

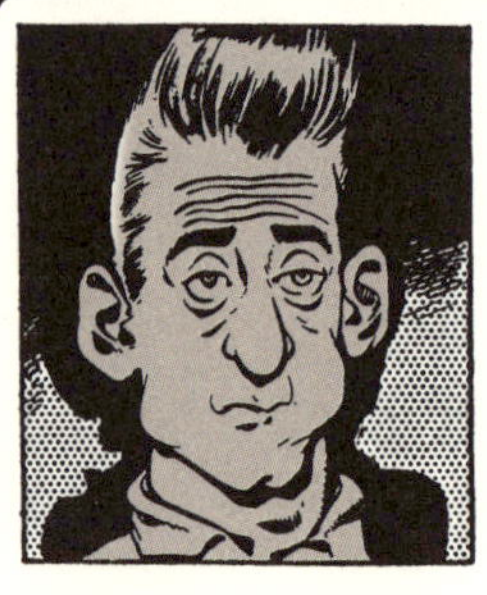

STEPHEN BOYED
alias
SONNY BOYED

ERSTTÄTER:
MORDVERSUCH AN SEINEM BRUTALEN VATER

GESCHICHTE:
SECHS MONATE ZUR BEOBACHTUNG IM BELLEVIEW HOSPITAL. MANISCH-DEPRESSIV.

GEFÄNGNISAKTE:
GEFÄHRLICH. HANG ZUM MORDEN.

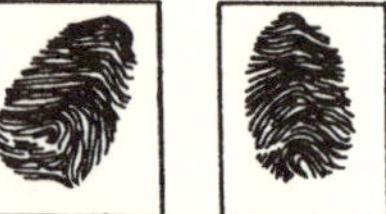

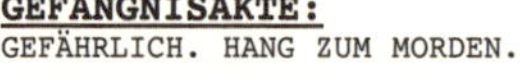

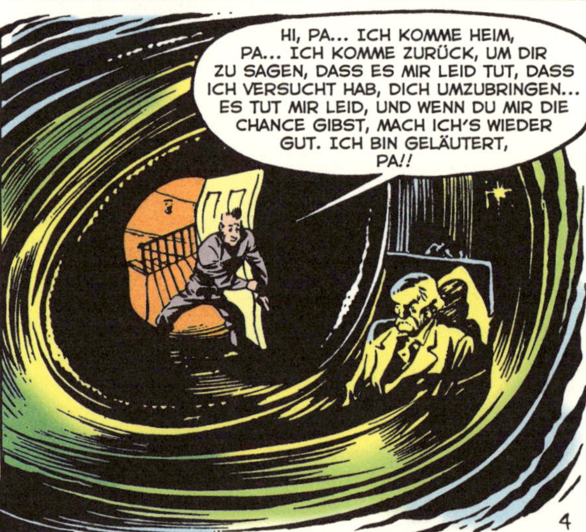

4

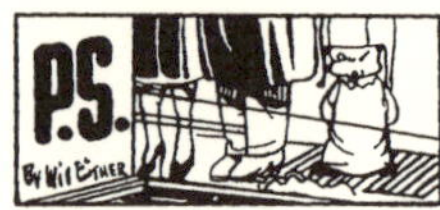

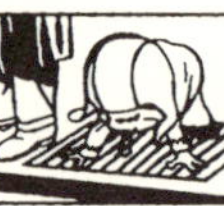

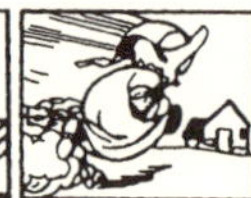

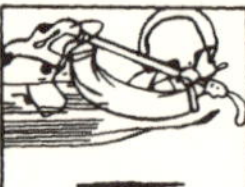

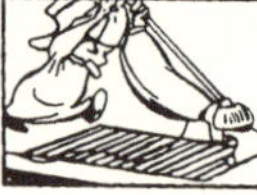

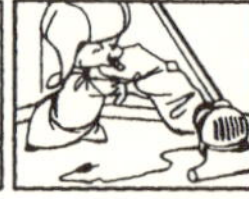

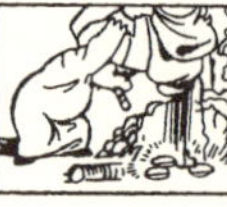

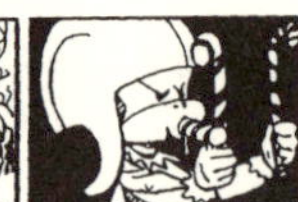

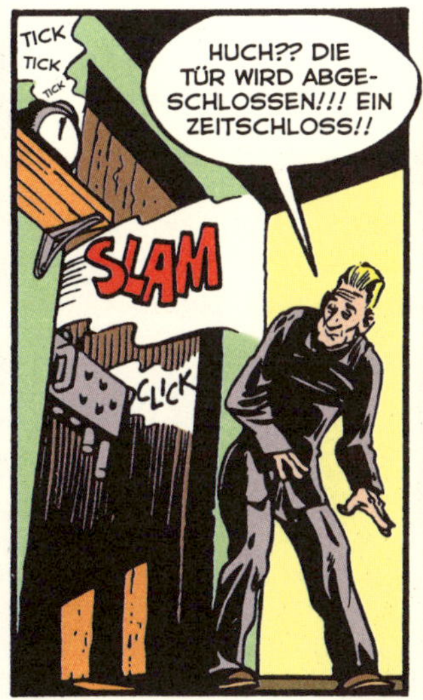

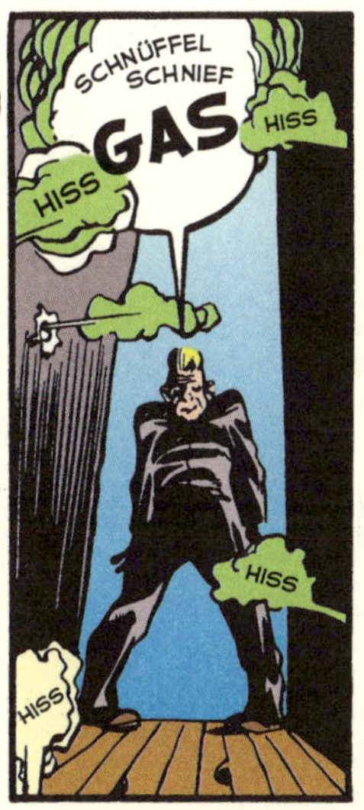

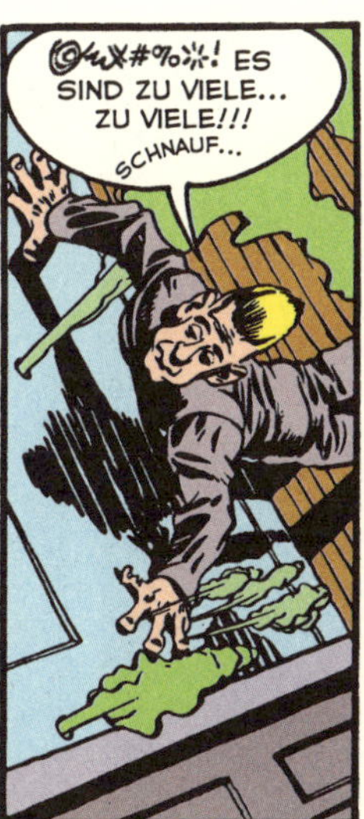

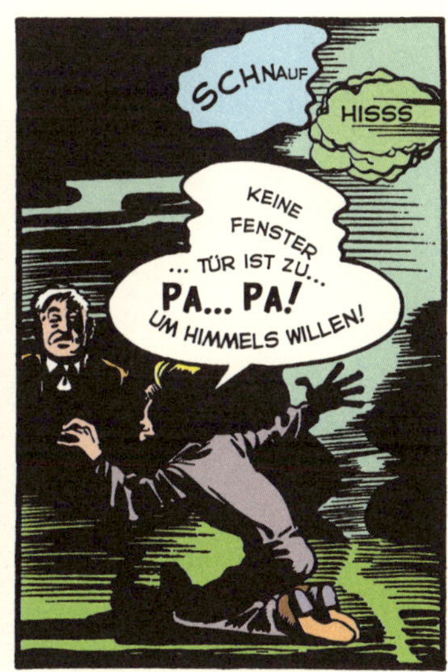

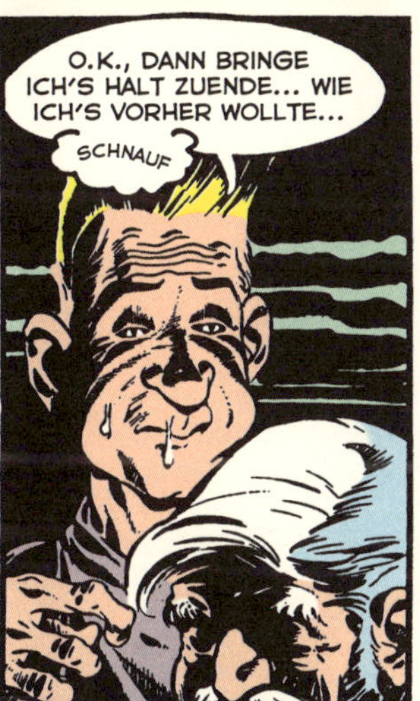

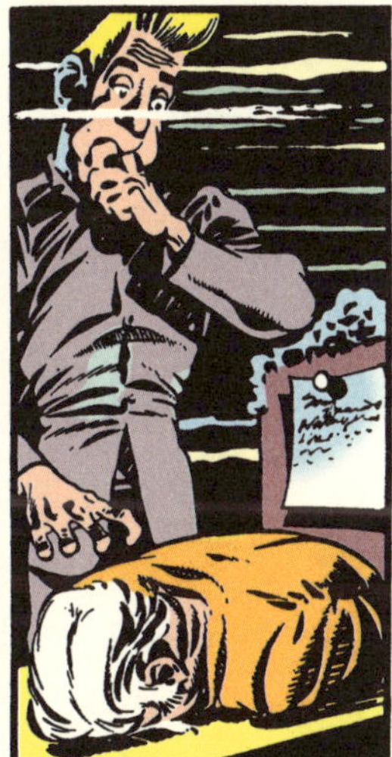

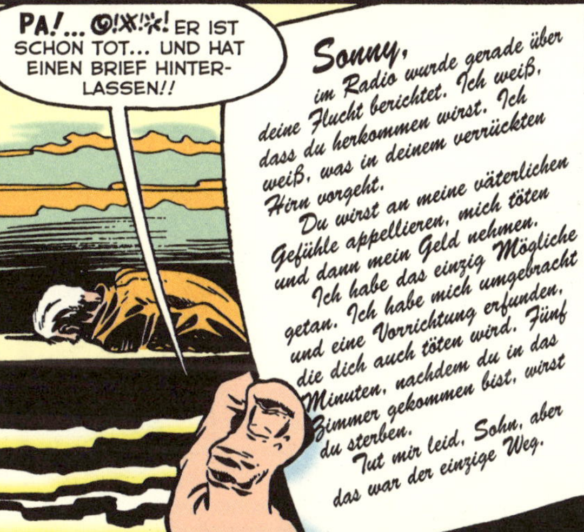

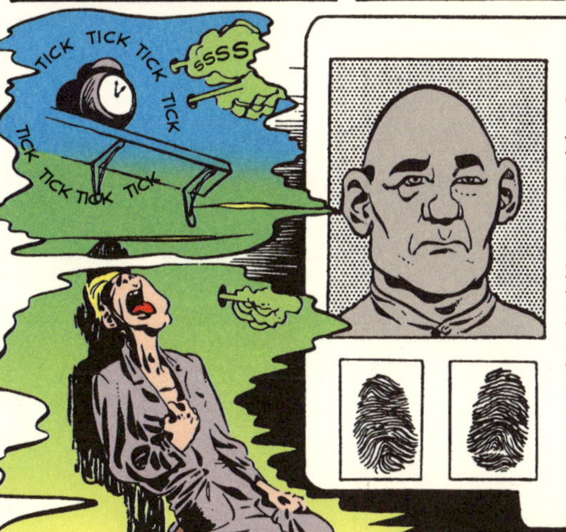

CRACKER BARREL

WIEDERHOLUNGSTÄTER:
23 ANKLAGEN
BEKANNTER BANDENFÜHRER
20 FREISPRÜCHE WEGEN
BEWAFFNETEN RAUBÜBERFALLS

GEFÄNGNISAKTE:
ANFÜHRER BEI DREI GE-
SCHEITERTEN AUSBRUCHS-
VERSUCHEN.
ZWEI JAHRE IN EINZELHAFT
WEGEN ANGRIFF MIT
ROHR AUF WÄCHTER

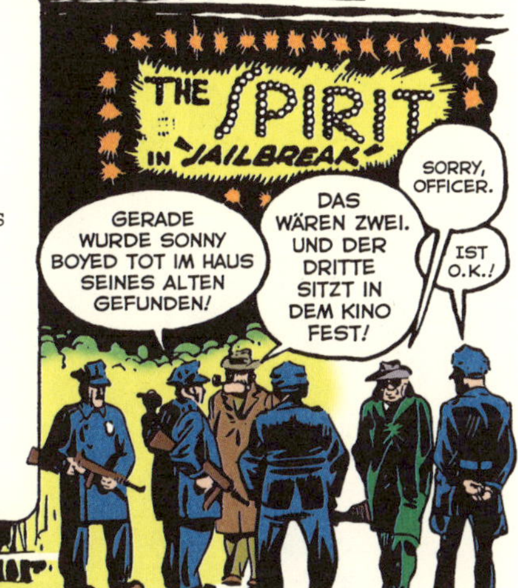

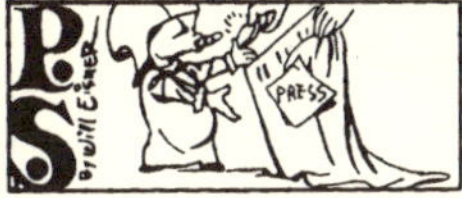

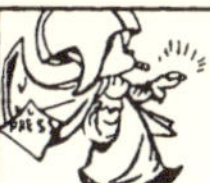

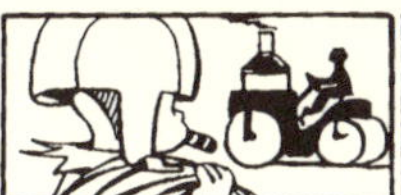

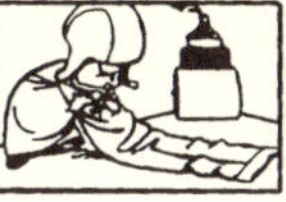

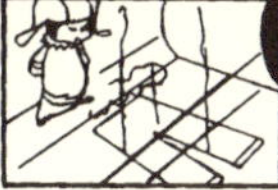

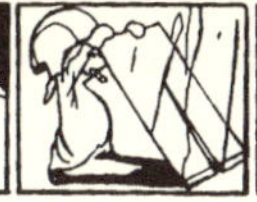

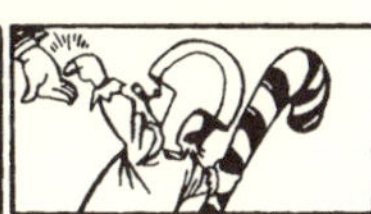

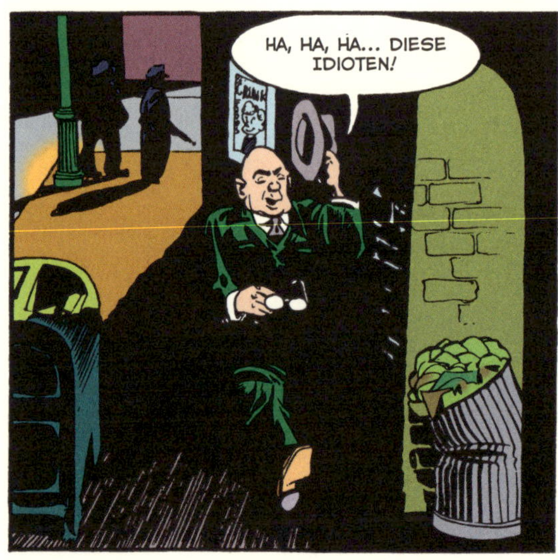
HA, HA, HA... DIESE IDIOTEN!

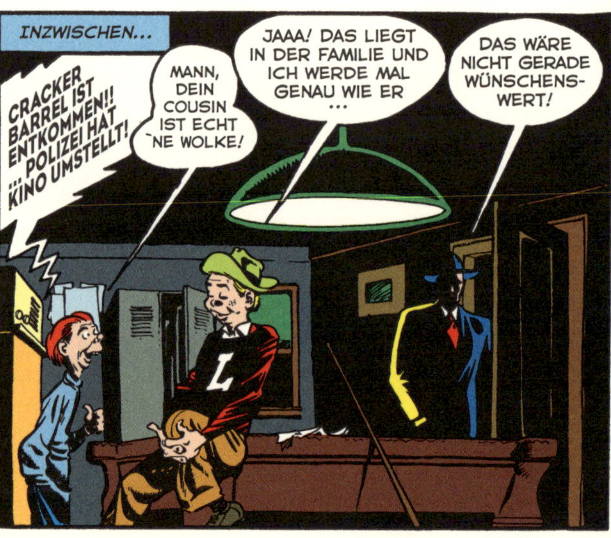
INZWISCHEN...
CRACKER BARREL IST ENTKOMMEN!! ... POLIZEI HAT KINO UMSTELLT!
MANN, DEIN COUSIN IST ECHT `NE WOLKE!
JAAA! DAS LIEGT IN DER FAMILIE UND ICH WERDE MAL GENAU WIE ER ...
DAS WÄRE NICHT GERADE WÜNSCHENSWERT!

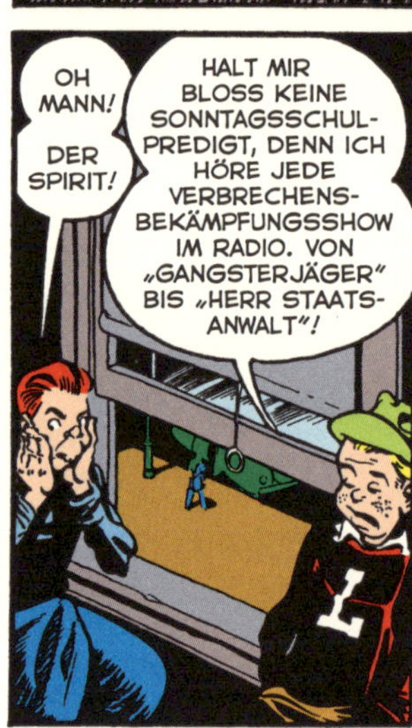
OH MANN!
DER SPIRIT!
HALT MIR BLOSS KEINE SONNTAGSSCHULPREDIGT, DENN ICH HÖRE JEDE VERBRECHENSBEKÄMPFUNGSSHOW IM RADIO. VON „GANGSTERJÄGER" BIS „HERR STAATSANWALT"!

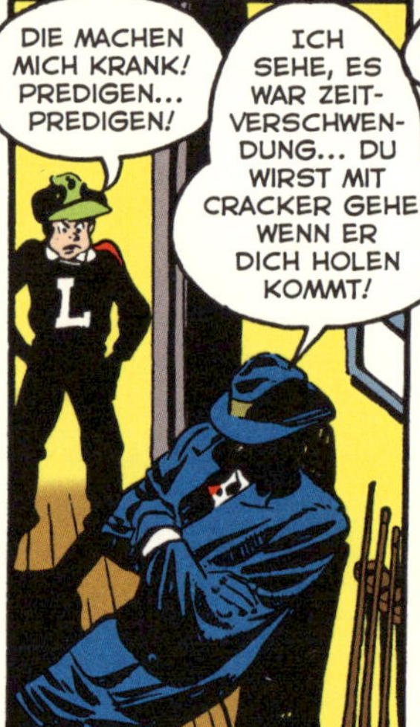
DIE MACHEN MICH KRANK! PREDIGEN... PREDIGEN!
ICH SEHE, ES WAR ZEITVERSCHWENDUNG... DU WIRST MIT CRACKER GEHEN, WENN ER DICH HOLEN KOMMT!

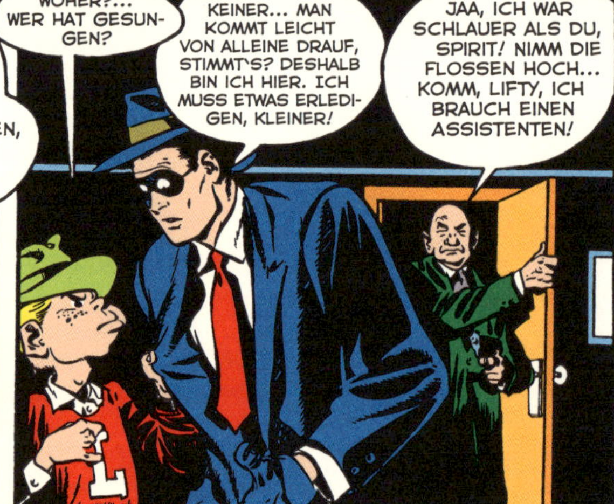
WOHER?... WER HAT GESUNGEN?
KEINER... MAN KOMMT LEICHT VON ALLEINE DRAUF, STIMMT'S? DESHALB BIN ICH HIER. ICH MUSS ETWAS ERLEDIGEN, KLEINER!
JAA, ICH WAR SCHLAUER ALS DU, SPIRIT! NIMM DIE FLOSSEN HOCH... KOMM, LIFTY, ICH BRAUCH EINEN ASSISTENTEN!

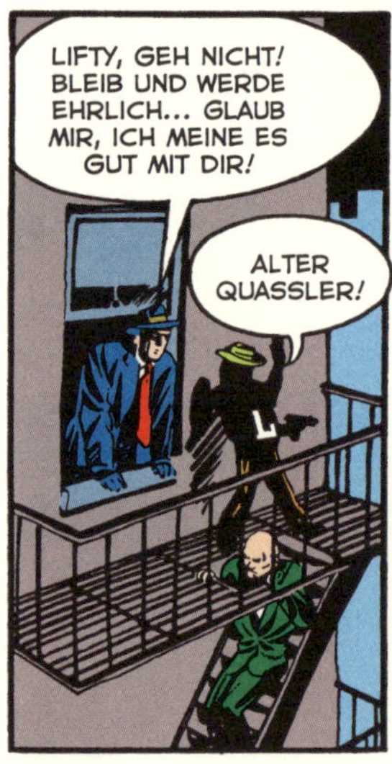
LIFTY, GEH NICHT! BLEIB UND WERDE EHRLICH... GLAUB MIR, ICH MEINE ES GUT MIT DIR!
ALTER QUASSLER!

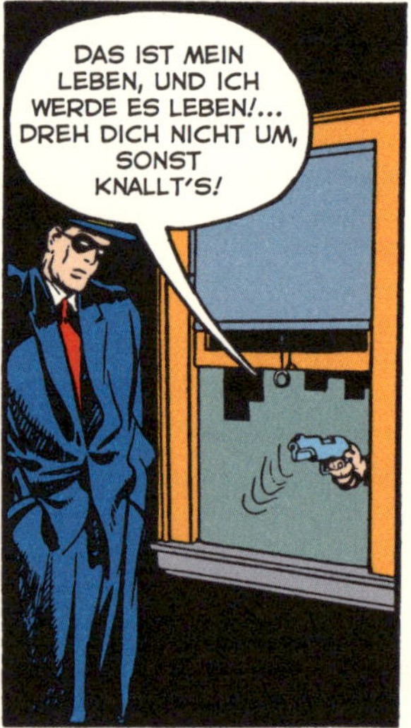
DAS IST MEIN LEBEN, UND ICH WERDE ES LEBEN!... DREH DICH NICHT UM, SONST KNALLT'S!

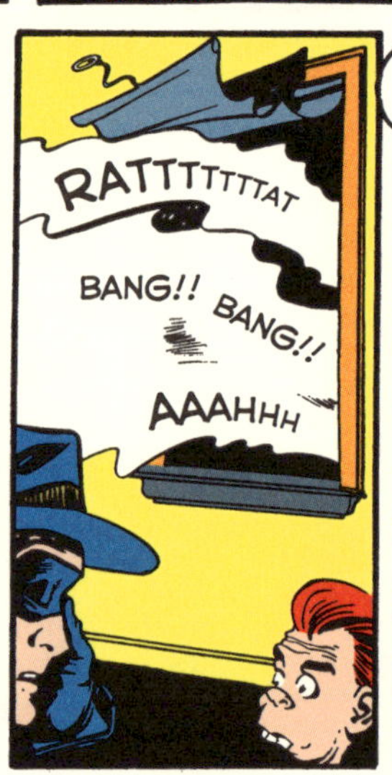
RATTTTTTTAT
BANG!! BANG!!
AAAHHH

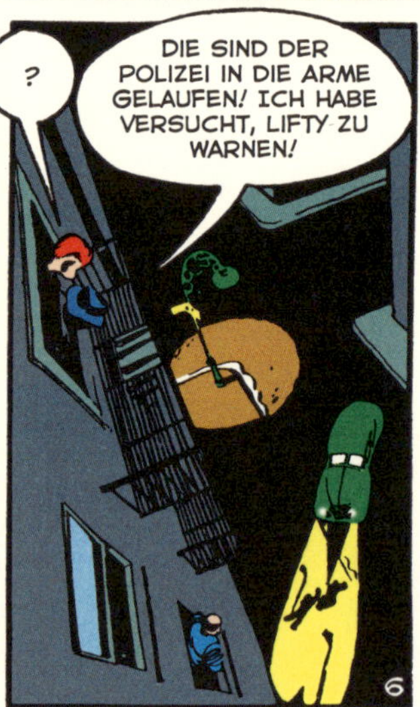
?
DIE SIND DER POLIZEI IN DIE ARME GELAUFEN! ICH HABE VERSUCHT, LIFTY ZU WARNEN!
6

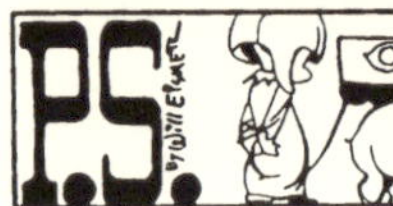
P.S.

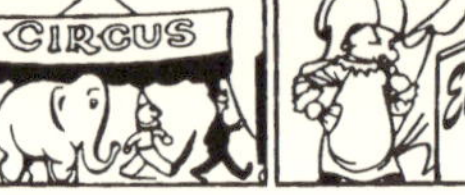
CIRCUS

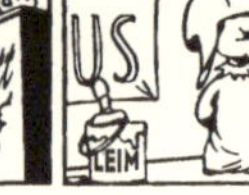
Eintritt 25¢

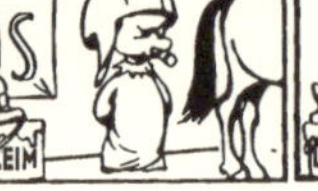
US
LEIM

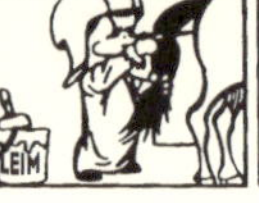
LEIM

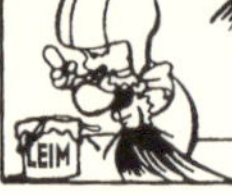
LEIM

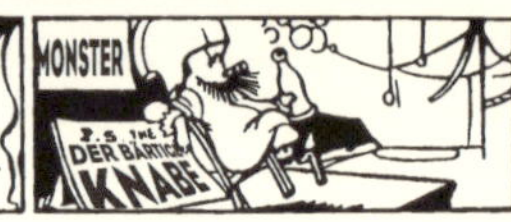
MONSTER
DER BÄRTIGE KNABE

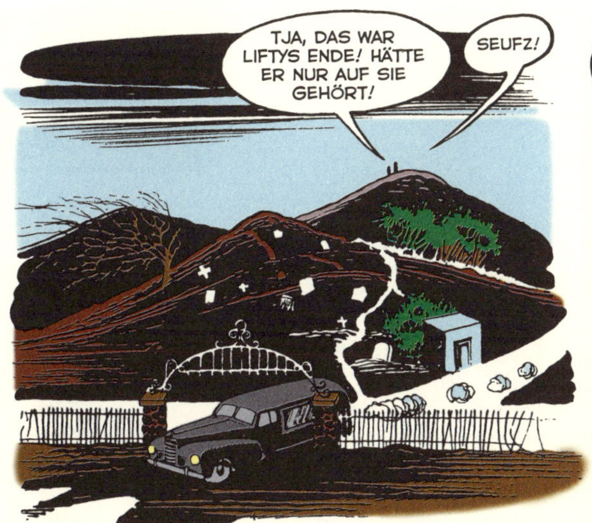
TJA, DAS WAR LIFTYS ENDE! HÄTTE ER NUR AUF SIE GEHÖRT!
SEUFZ!

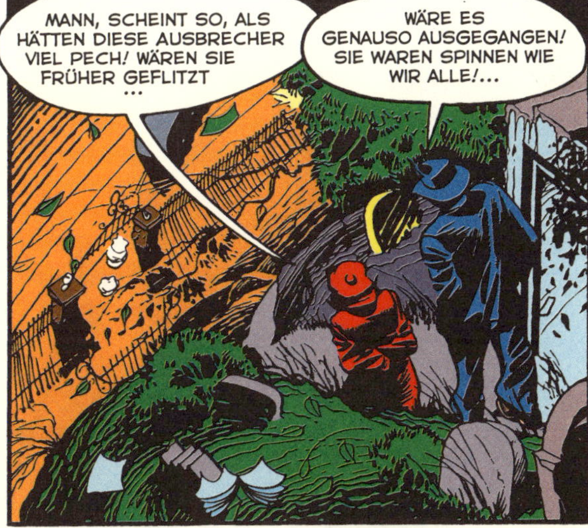
MANN, SCHEINT SO, ALS HÄTTEN DIESE AUSBRECHER VIEL PECH! WÄREN SIE FRÜHER GEFLITZT ...
WÄRE ES GENAUSO AUSGEGANGEN! SIE WAREN SPINNEN WIE WIR ALLE!...

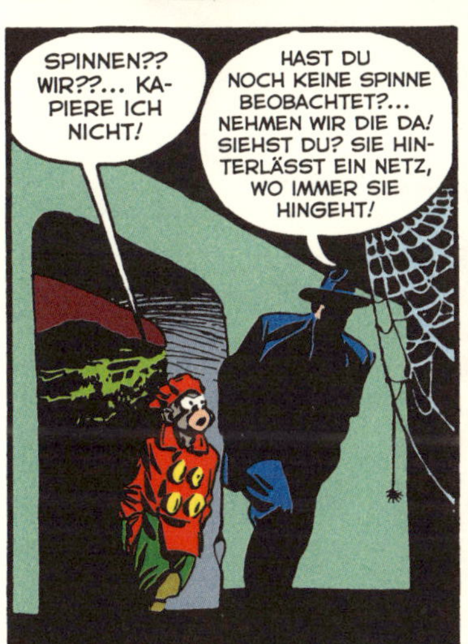
SPINNEN?? WIR??... KAPIERE ICH NICHT!
HAST DU NOCH KEINE SPINNE BEOBACHTET?... NEHMEN WIR DIE DA! SIEHST DU? SIE HINTERLÄSST EIN NETZ, WO IMMER SIE HINGEHT!

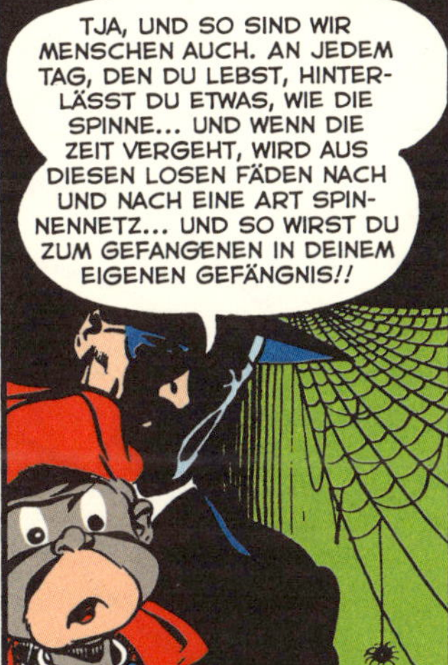
TJA, UND SO SIND WIR MENSCHEN AUCH. AN JEDEM TAG, DEN DU LEBST, HINTERLÄSST DU ETWAS, WIE DIE SPINNE... UND WENN DIE ZEIT VERGEHT, WIRD AUS DIESEN LOSEN FÄDEN NACH UND NACH EINE ART SPINNENNETZ... UND SO WIRST DU ZUM GEFANGENEN IN DEINEM EIGENEN GEFÄNGNIS!!

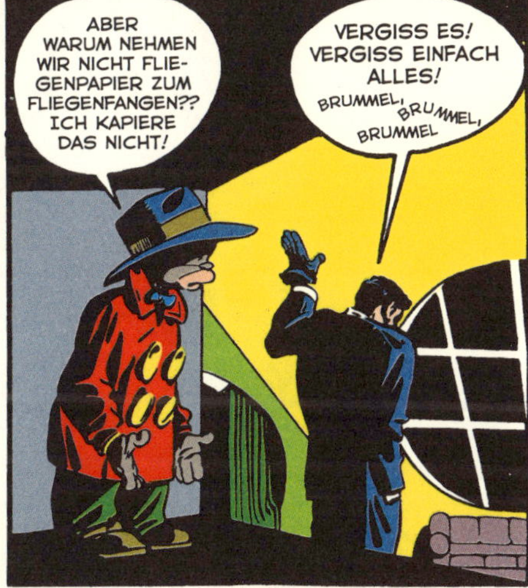
ABER WARUM NEHMEN WIR NICHT FLIEGENPAPIER ZUM FLIEGENFANGEN?? ICH KAPIERE DAS NICHT!
VERGISS ES! VERGISS EINFACH ALLES!
BRUMMEL, BRUMMEL, BRUMMEL

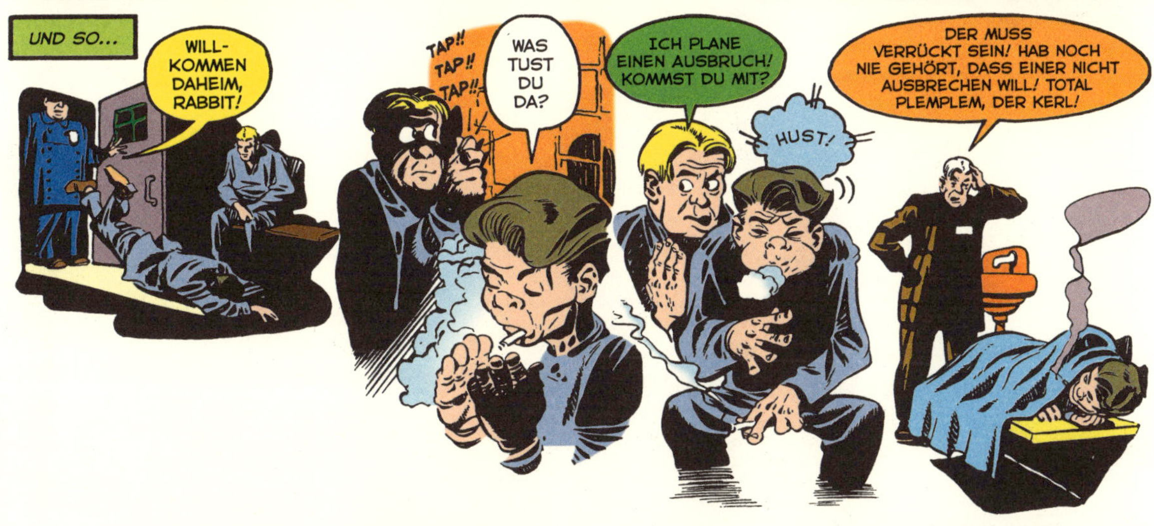
UND SO...
WILLKOMMEN DAHEIM, RABBIT!
TAP!! TAP!! TAP!!
WAS TUST DU DA?
ICH PLANE EINEN AUSBRUCH! KOMMST DU MIT?
HUST!
DER MUSS VERRÜCKT SEIN! HAB NOCH NIE GEHÖRT, DASS EINER NICHT AUSBRECHEN WILL! TOTAL PLEMPLEM, DER KERL!

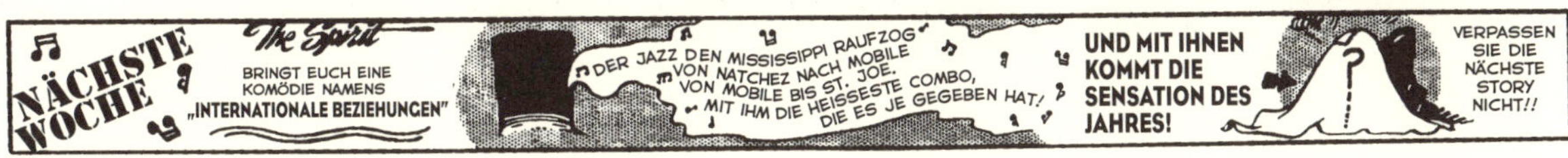
NÄCHSTE WOCHE
The Spirit
BRINGT EUCH EINE KOMÖDIE NAMENS „INTERNATIONALE BEZIEHUNGEN"
DER JAZZ DEN MISSISSIPPI RAUFZOG VON NATCHEZ NACH MOBILE VON MOBILE BIS ST. JOE. MIT IHM DIE HEISSESTE COMBO, DIE ES JE GEGEBEN HAT!
UND MIT IHNEN KOMMT DIE SENSATION DES JAHRES!
VERPASSEN SIE DIE NÄCHSTE STORY NICHT!!

BEBOP

20. April 1947

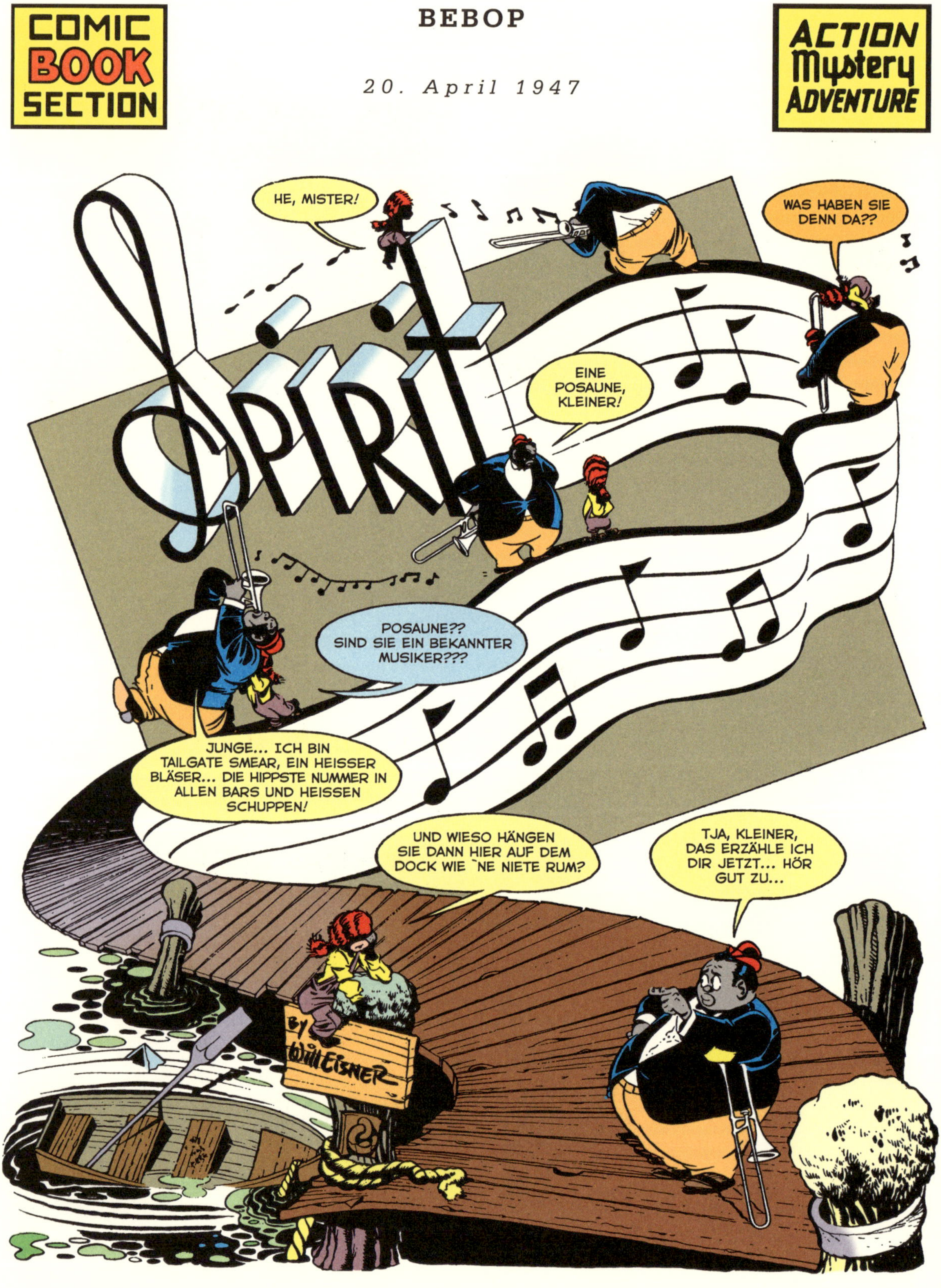

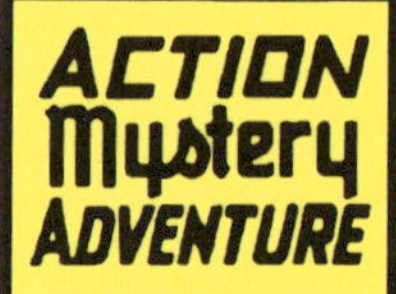

HE, MISTER!

WAS HABEN SIE DENN DA??

EINE POSAUNE, KLEINER!

POSAUNE?? SIND SIE EIN BEKANNTER MUSIKER???

JUNGE... ICH BIN TAILGATE SMEAR, EIN HEISSER BLÄSER... DIE HIPPSTE NUMMER IN ALLEN BARS UND HEISSEN SCHUPPEN!

UND WIESO HÄNGEN SIE DANN HIER AUF DEM DOCK WIE ˜NE NIETE RUM?

TJA, KLEINER, DAS ERZÄHLE ICH DIR JETZT... HÖR GUT ZU...

BY WILL EISNER

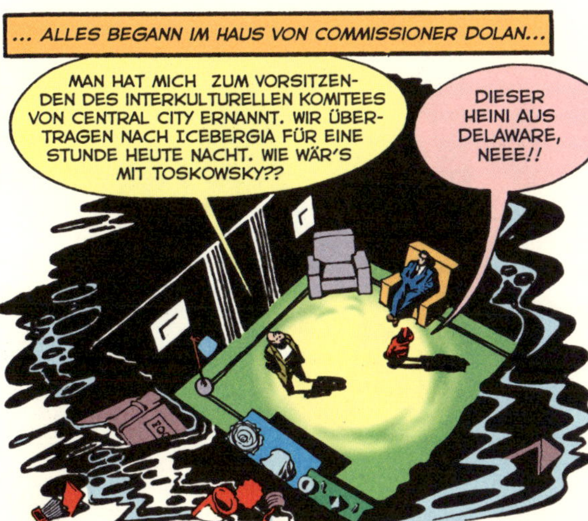
... ALLES BEGANN IM HAUS VON COMMISSIONER DOLAN...
MAN HAT MICH ZUM VORSITZENDEN DES INTERKULTURELLEN KOMITEES VON CENTRAL CITY ERNANNT. WIR ÜBERTRAGEN NACH ICEBERGIA FÜR EINE STUNDE HEUTE NACHT. WIE WÄR'S MIT TOSKOWSKY??
DIESER HEINI AUS DELAWARE, NEEE!!

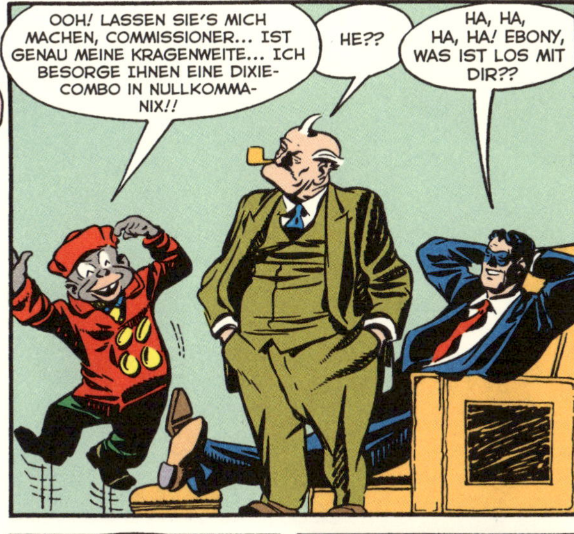
OOH! LASSEN SIE'S MICH MACHEN, COMMISSIONER... IST GENAU MEINE KRAGENWEITE... ICH BESORGE IHNEN EINE DIXIE-COMBO IN NULLKOMMA-NIX!!
HE??
HA, HA, HA, HA! EBONY, WAS IST LOS MIT DIR??

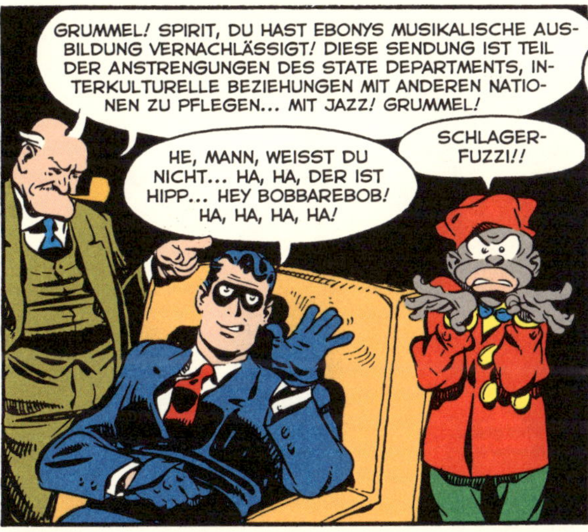
GRUMMEL! SPIRIT, DU HAST EBONYS MUSIKALISCHE AUSBILDUNG VERNACHLÄSSIGT! DIESE SENDUNG IST TEIL DER ANSTRENGUNGEN DES STATE DEPARTMENTS, INTERKULTURELLE BEZIEHUNGEN MIT ANDEREN NATIONEN ZU PFLEGEN... MIT JAZZ! GRUMMEL!
HE, MANN, WEISST DU NICHT... HA, HA, DER IST HIPP... HEY BOBBAREBOB! HA, HA, HA, HA!
SCHLAGER-FUZZI!!

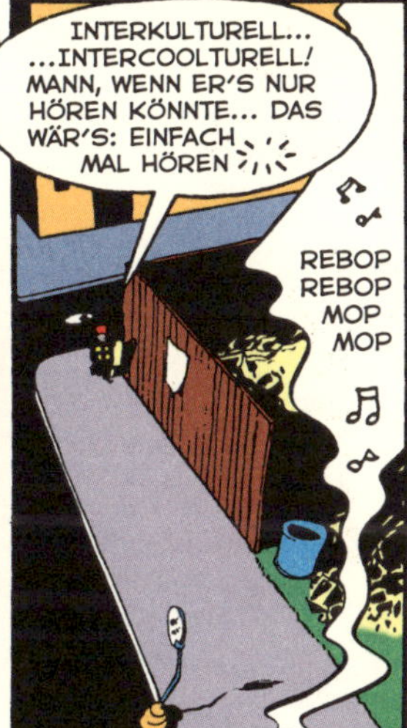
INTERKULTURELL... ...INTERCOOLTURELL! MANN, WENN ER'S NUR HÖREN KÖNNTE... DAS WÄR'S: EINFACH MAL HÖREN
REBOP REBOP MOP MOP

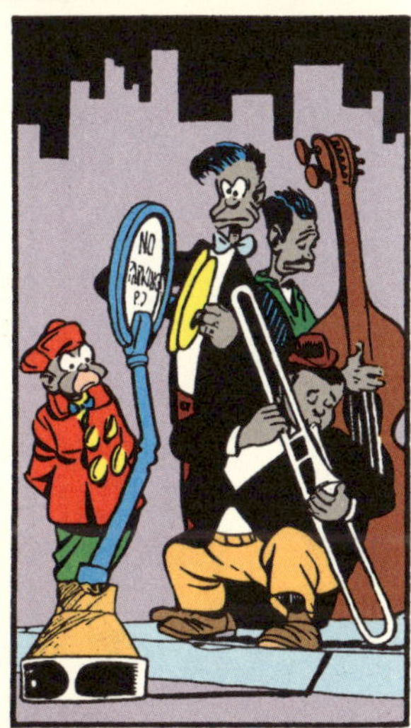

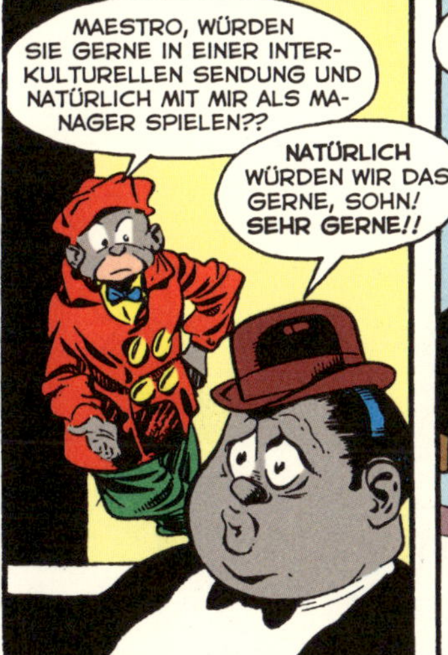
MAESTRO, WÜRDEN SIE GERNE IN EINER INTERKULTURELLEN SENDUNG UND NATÜRLICH MIT MIR ALS MANAGER SPIELEN??
NATÜRLICH WÜRDEN WIR DAS GERNE, SOHN! SEHR GERNE!!

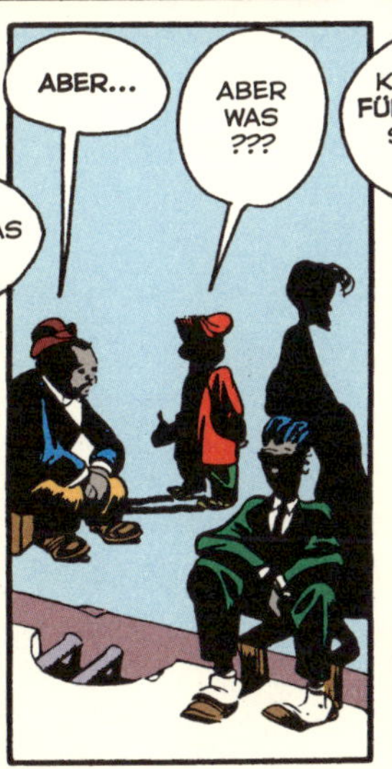
ABER...
ABER WAS ???

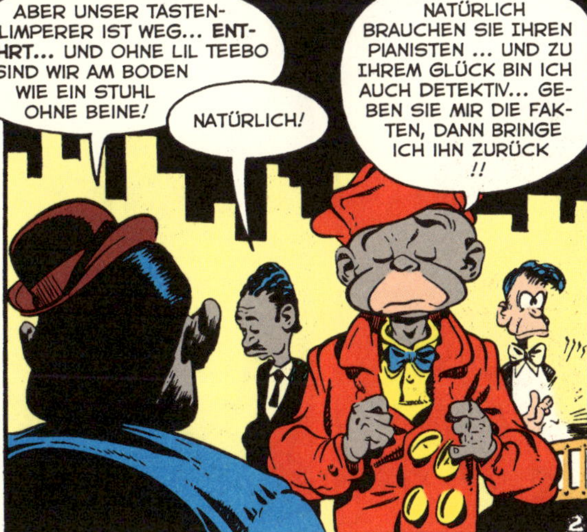
ABER UNSER TASTENKLIMPERER IST WEG... ENTFÜHRT... UND OHNE LIL TEEBO SIND WIR AM BODEN WIE EIN STUHL OHNE BEINE!
NATÜRLICH!
NATÜRLICH BRAUCHEN SIE IHREN PIANISTEN ... UND ZU IHREM GLÜCK BIN ICH AUCH DETEKTIV... GEBEN SIE MIR DIE FAKTEN, DANN BRINGE ICH IHN ZURÜCK !!
2

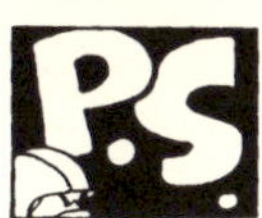
P.S.

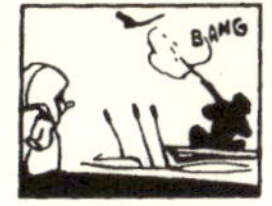

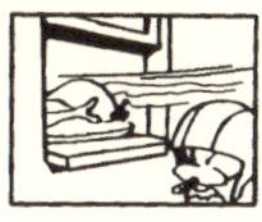

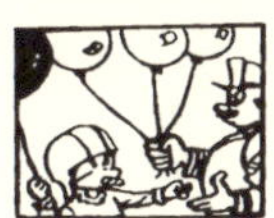

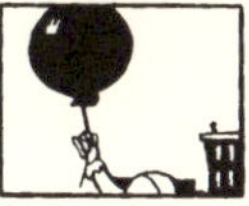

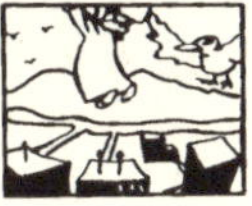

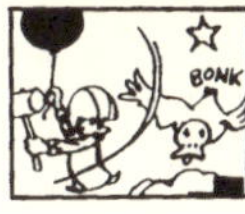
BONK

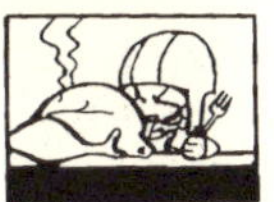

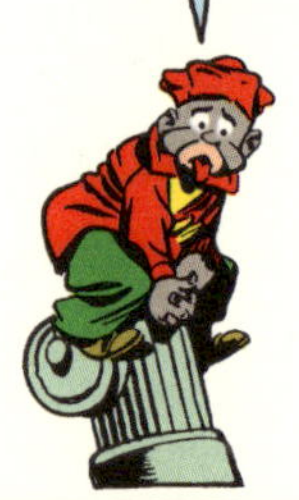
EINE STUNDE (UND ZWEI PRÄCHTIGE RAUSSCHMISSE) SPÄTER ...
SEUFZ! ICH HAB JEDEN TANZSCHUPPEN DER STADT ABGEKLAPPERT!

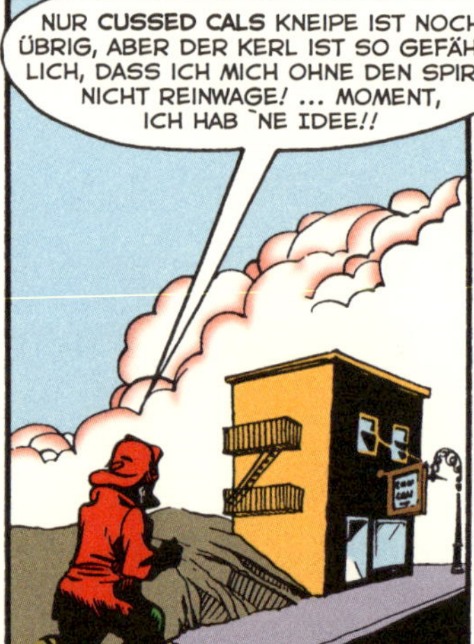
NUR CUSSED CALS KNEIPE IST NOCH ÜBRIG, ABER DER KERL IST SO GEFÄHRLICH, DASS ICH MICH OHNE DEN SPIRIT NICHT REINWAGE! ... MOMENT, ICH HAB 'NE IDEE!!

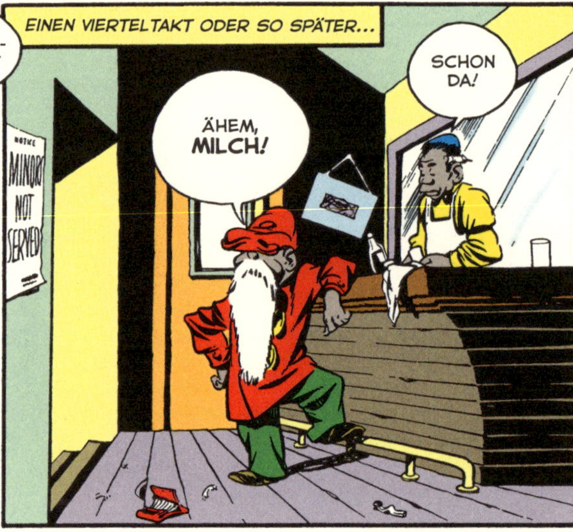
EINEN VIERTELTAKT ODER SO SPÄTER...
ÄHEM, MILCH!
SCHON DA!
MINORS NOT SERVED

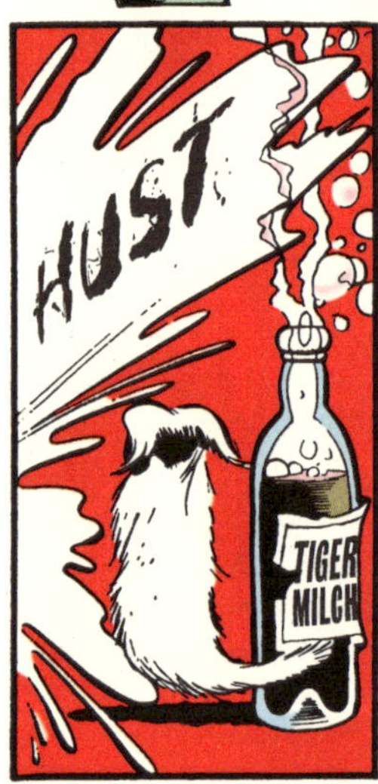
HUST
TIGER MILCH

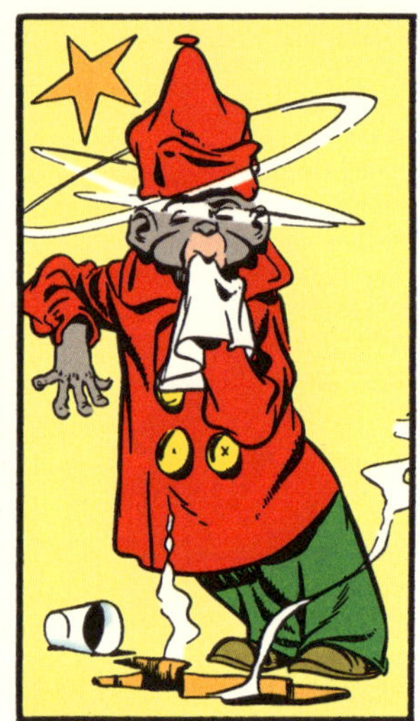

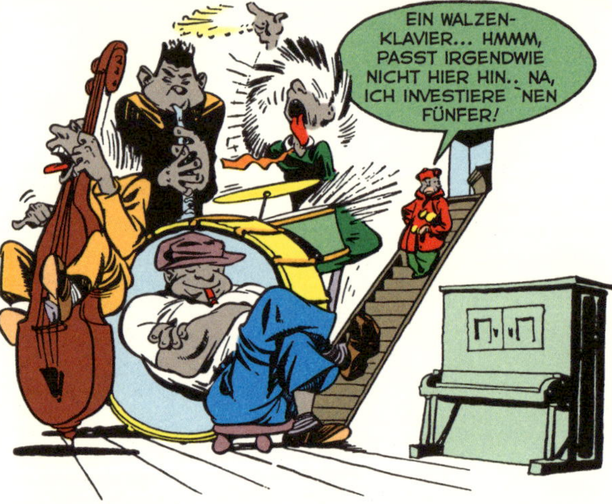
EIN WALZENKLAVIER... HMMM, PASST IRGENDWIE NICHT HIER HIN.. NA, ICH INVESTIERE 'NEN FÜNFER!

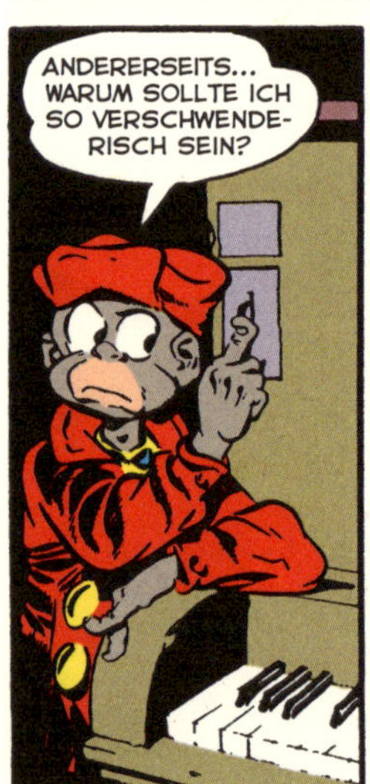
ANDERERSEITS... WARUM SOLLTE ICH SO VERSCHWENDERISCH SEIN?

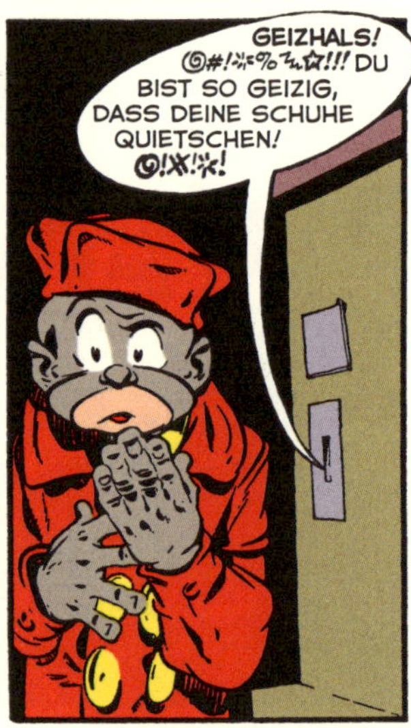
GEIZHALS! @#!*%*!!! DU BIST SO GEIZIG, DASS DEINE SCHUHE QUIETSCHEN! @!*!*!

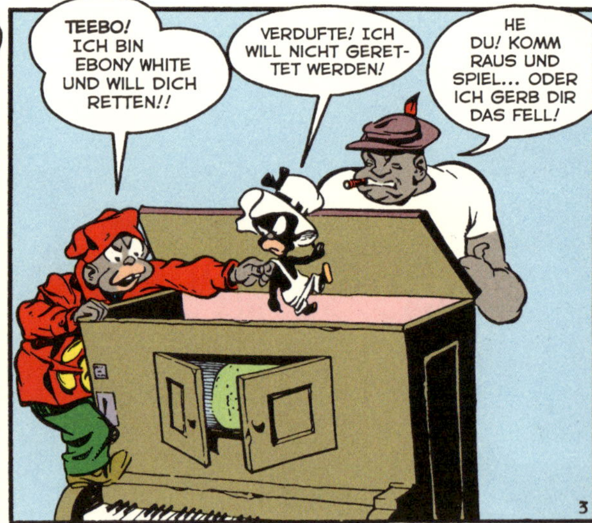
TEEBO! ICH BIN EBONY WHITE UND WILL DICH RETTEN!!
VERDUFTE! ICH WILL NICHT GERETTET WERDEN!
HE DU! KOMM RAUS UND SPIEL... ODER ICH GERB DIR DAS FELL!
3

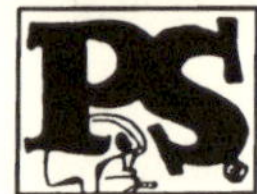
PS

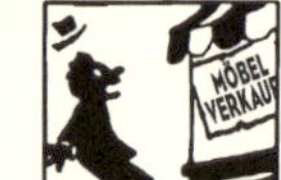
MÖBEL VERKAUF

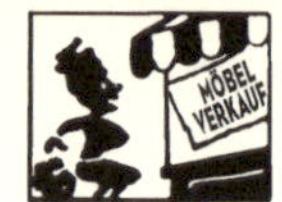
MÖBEL VERKAUF

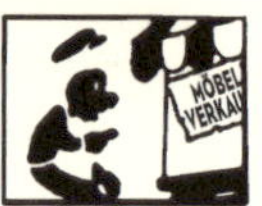
MÖBEL VERKAUF

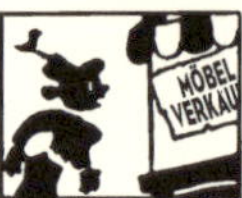
MÖBEL VERKAUF

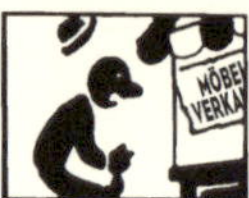
MÖBEL VERKAUF

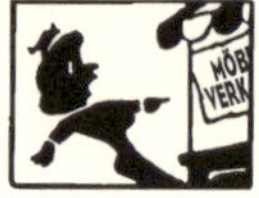
MÖBEL VERKAUF

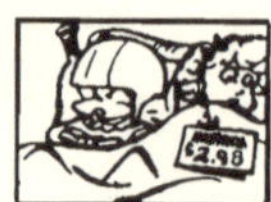
$2.98

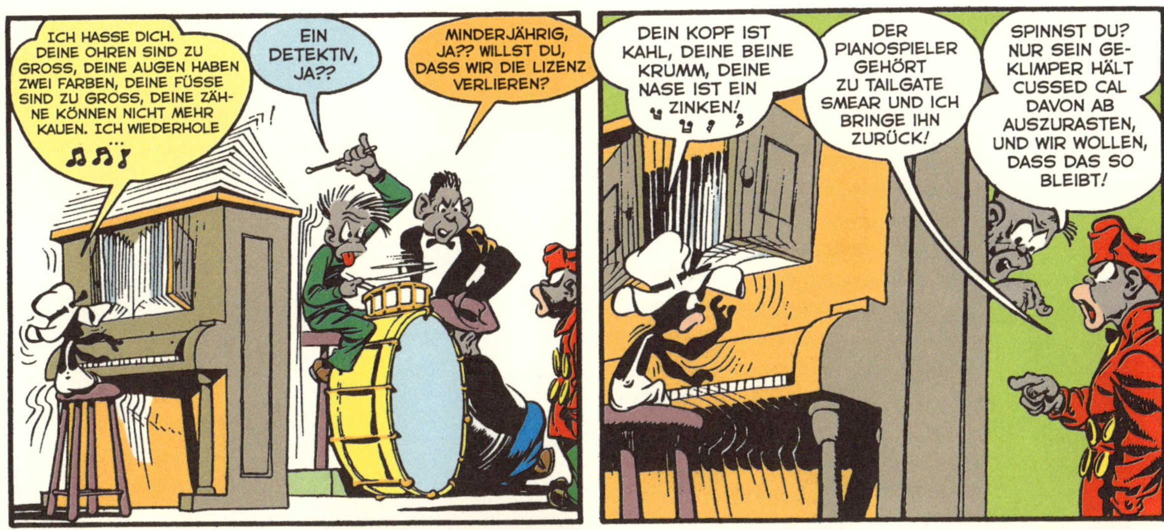
ICH HASSE DICH. DEINE OHREN SIND ZU GROSS, DEINE AUGEN HABEN ZWEI FARBEN, DEINE FÜSSE SIND ZU GROSS, DEINE ZÄHNE KÖNNEN NICHT MEHR KAUEN. ICH WIEDERHOLE ...
EIN DETEKTIV, JA??
MINDERJÄHRIG, JA?? WILLST DU, DASS WIR DIE LIZENZ VERLIEREN?
DEIN KOPF IST KAHL, DEINE BEINE KRUMM, DEINE NASE IST EIN ZINKEN!
DER PIANOSPIELER GEHÖRT ZU TAILGATE SMEAR UND ICH BRINGE IHN ZURÜCK!
SPINNST DU? NUR SEIN GEKLIMPER HÄLT CUSSED CAL DAVON AB AUSZURASTEN, UND WIR WOLLEN, DASS DAS SO BLEIBT!
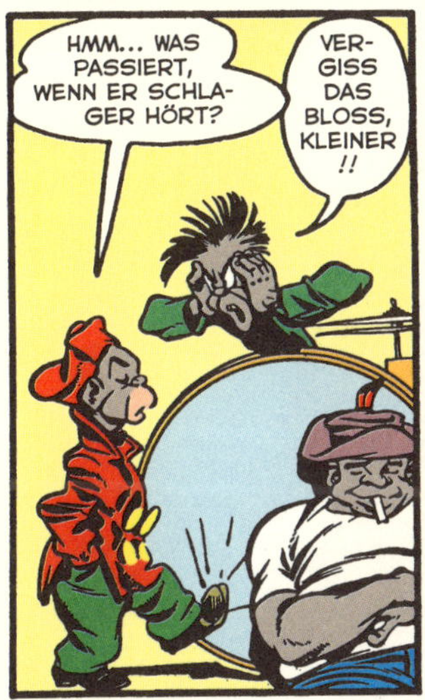
HMM... WAS PASSIERT, WENN ER SCHLAGER HÖRT?
VERGISS DAS BLOSS, KLEINER!!
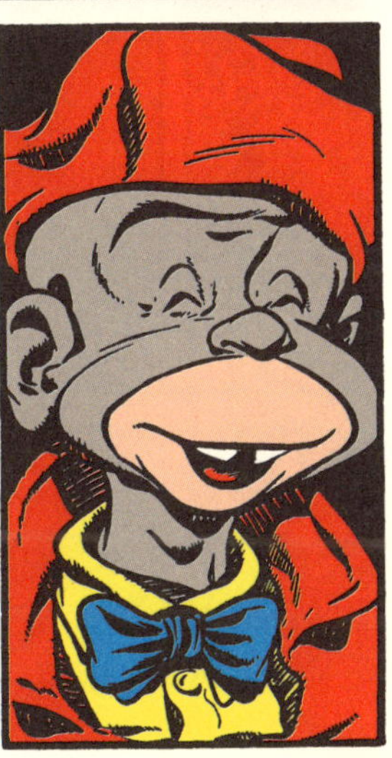
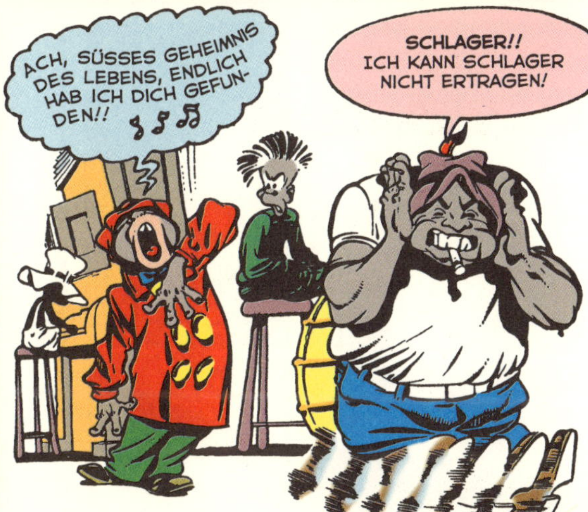
ACH, SÜSSES GEHEIMNIS DES LEBENS, ENDLICH HAB ICH DICH GEFUNDEN!!
SCHLAGER!! ICH KANN SCHLAGER NICHT ERTRAGEN!
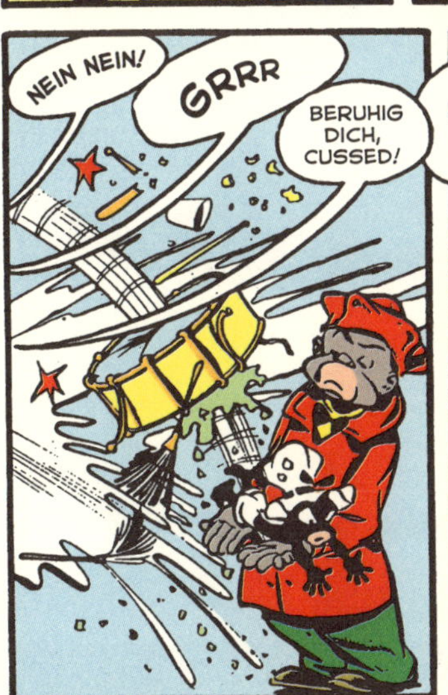
NEIN NEIN!
GRRR
BERUHIG DICH, CUSSED!
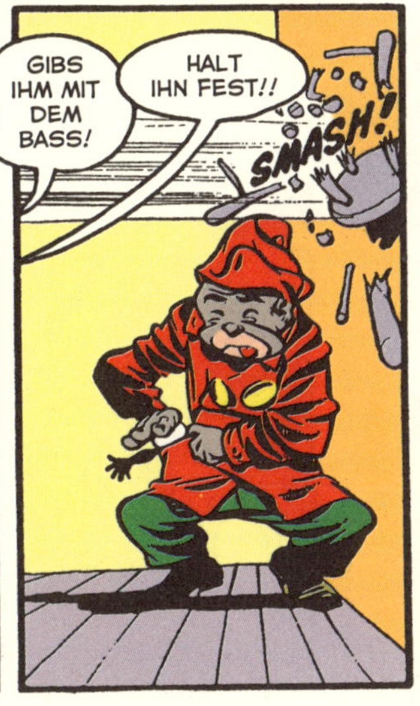
GIBS IHM MIT DEM BASS!
HALT IHN FEST!!
SMASH!
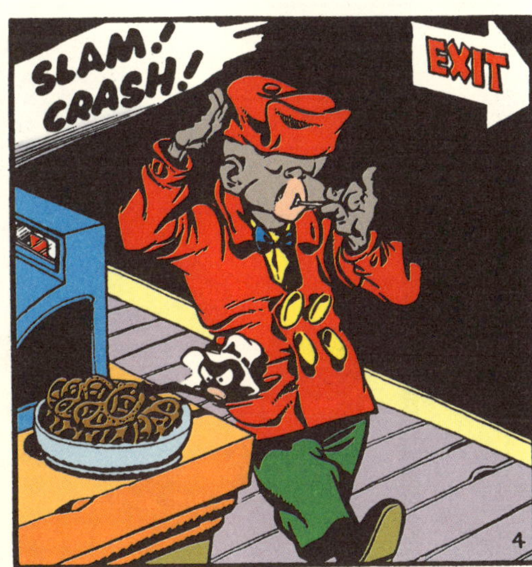
SLAM! CRASH!
EXIT
4
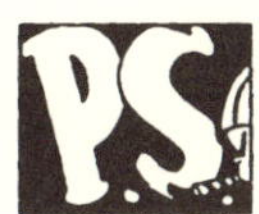
P.S.
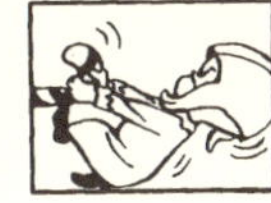
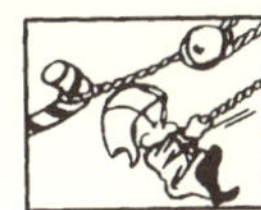
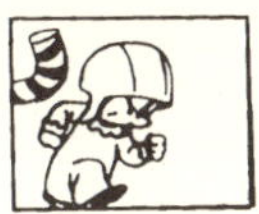
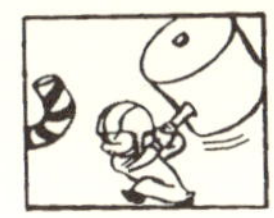
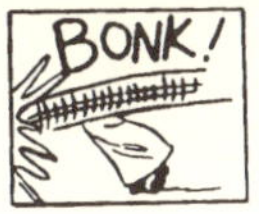
BONK!
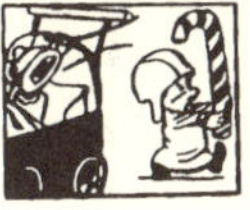
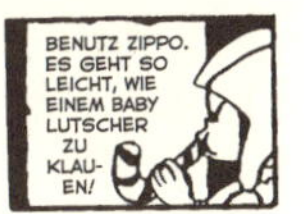
BENUTZ ZIPPO. ES GEHT SO LEICHT, WIE EINEM BABY LUTSCHER ZU KLAUEN!

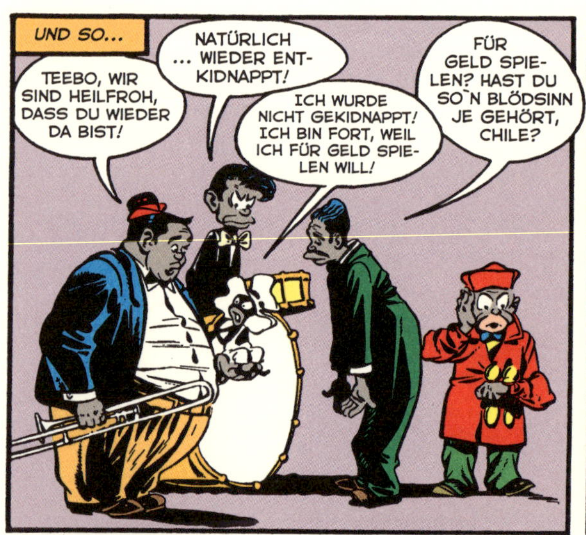
UND SO...
TEEBO, WIR SIND HEILFROH, DASS DU WIEDER DA BIST!
NATÜRLICH ... WIEDER ENT-KIDNAPPT!
ICH WURDE NICHT GEKIDNAPPT! ICH BIN FORT, WEIL ICH FÜR GELD SPIE-LEN WILL!
FÜR GELD SPIE-LEN? HAST DU SO'N BLÖDSINN JE GEHÖRT, CHILE?

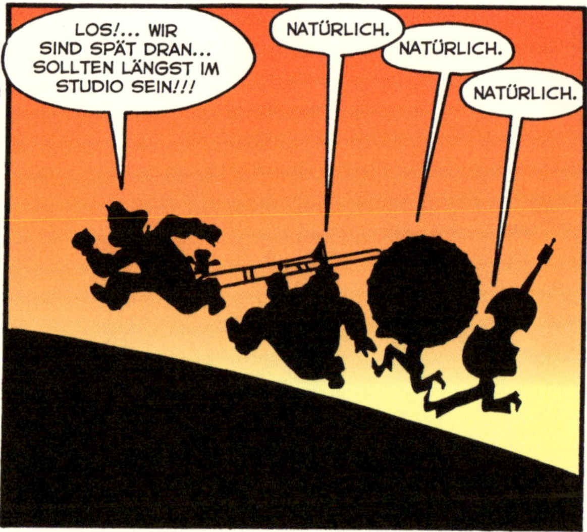
LOS!... WIR SIND SPÄT DRAN... SOLLTEN LÄNGST IM STUDIO SEIN!!!
NATÜRLICH.
NATÜRLICH.
NATÜRLICH.

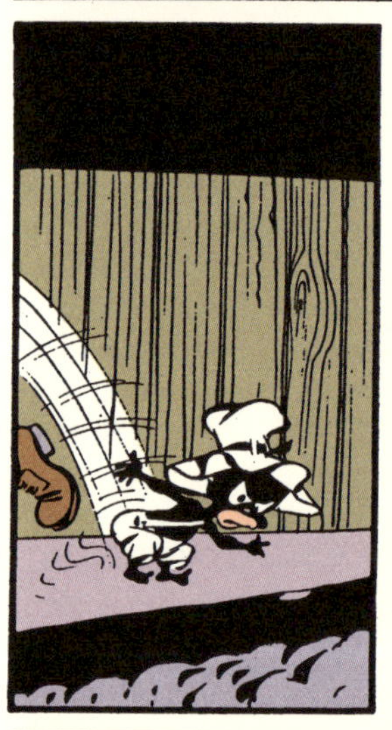

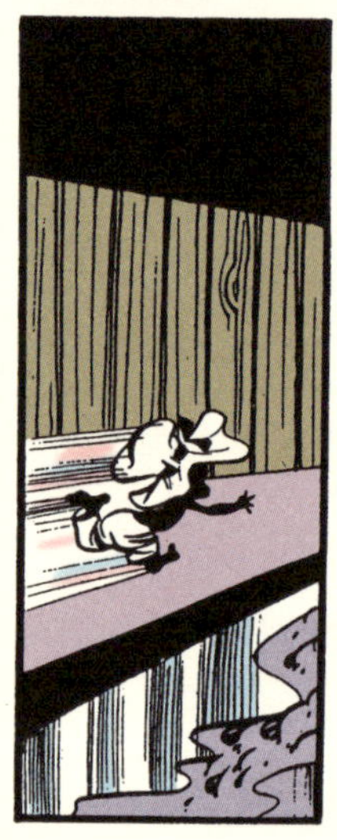

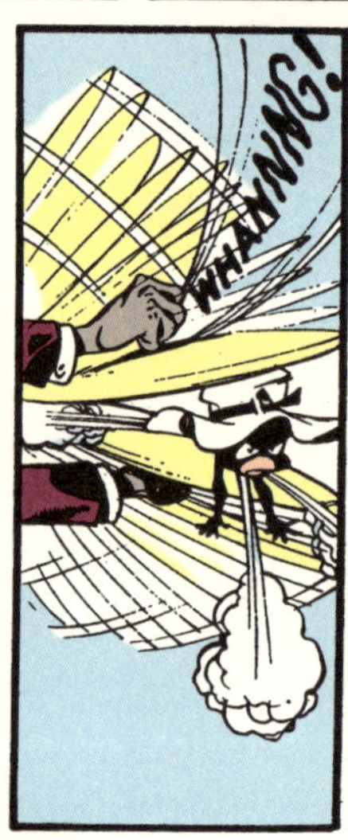
WHANNNG!

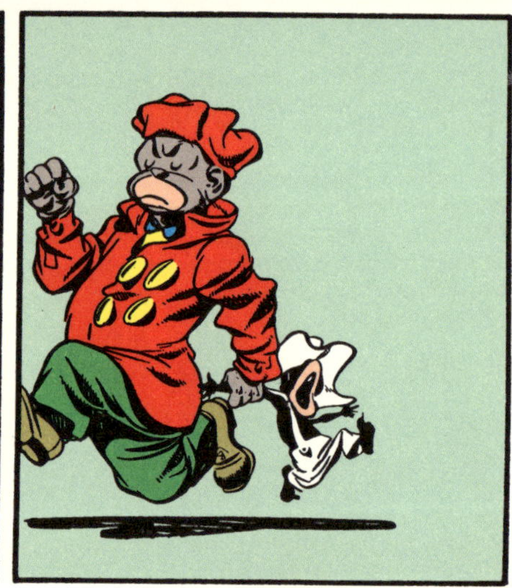

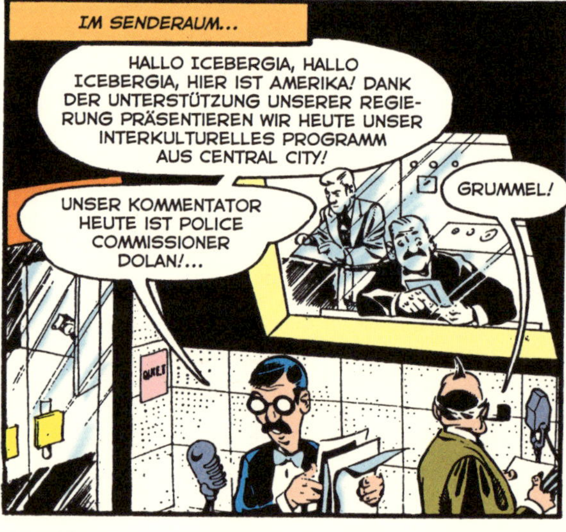
IM SENDERAUM...
HALLO ICEBERGIA, HALLO ICEBERGIA, HIER IST AMERIKA! DANK DER UNTERSTÜTZUNG UNSERER REGIE-RUNG PRÄSENTIEREN WIR HEUTE UNSER INTERKULTURELLES PROGRAMM AUS CENTRAL CITY!
UNSER KOMMENTATOR HEUTE IST POLICE COMMISSIONER DOLAN!...
GRUMMEL!
QUIET

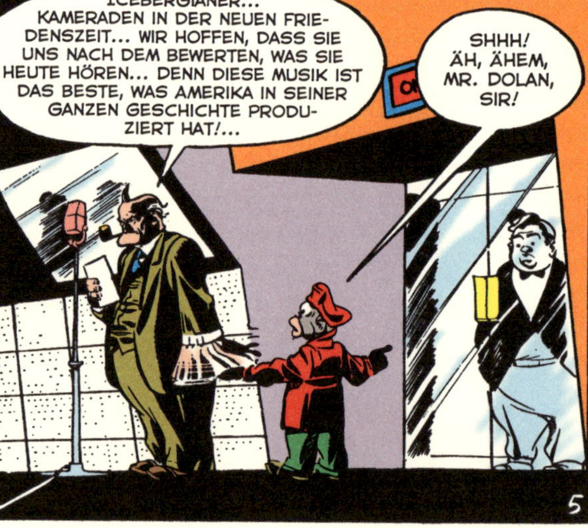
ICEBERGIANER... KAMERADEN IN DER NEUEN FRIE-DENSZEIT... WIR HOFFEN, DASS SIE UNS NACH DEM BEWERTEN, WAS SIE HEUTE HÖREN... DENN DIESE MUSIK IST DAS BESTE, WAS AMERIKA IN SEINER GANZEN GESCHICHTE PRODU-ZIERT HAT!...
SHHH! ÄH, ÄHEM, MR. DOLAN, SIR!
5

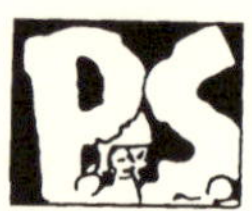
PS

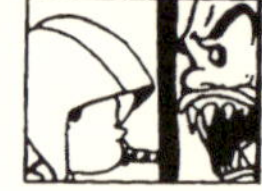

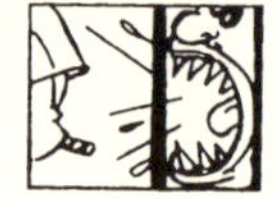

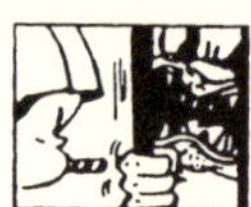

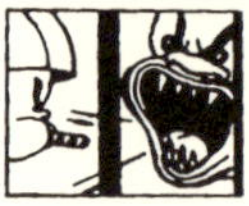

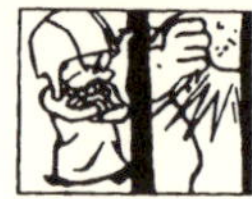

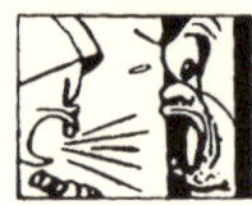

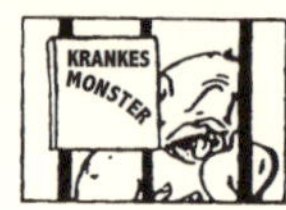
KRANKES MONSTER

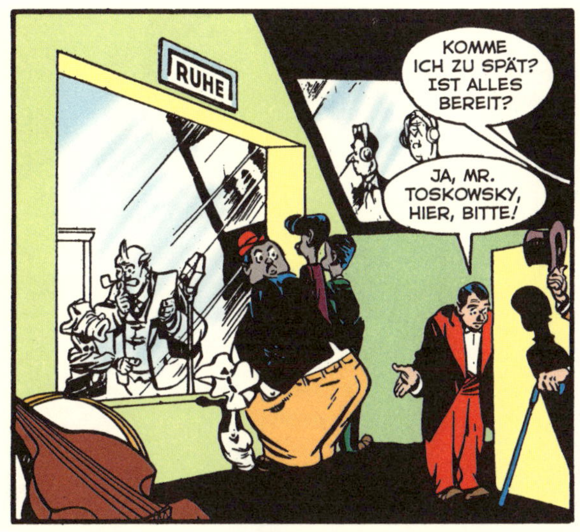
RUHE
KOMME ICH ZU SPÄT? IST ALLES BEREIT?
JA, MR. TOSKOWSKY, HIER, BITTE!

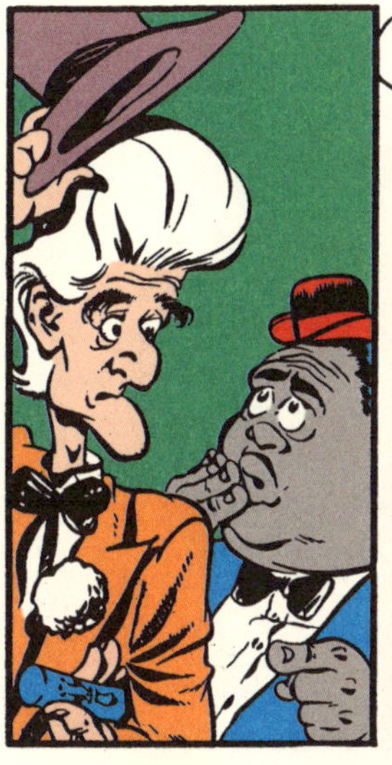

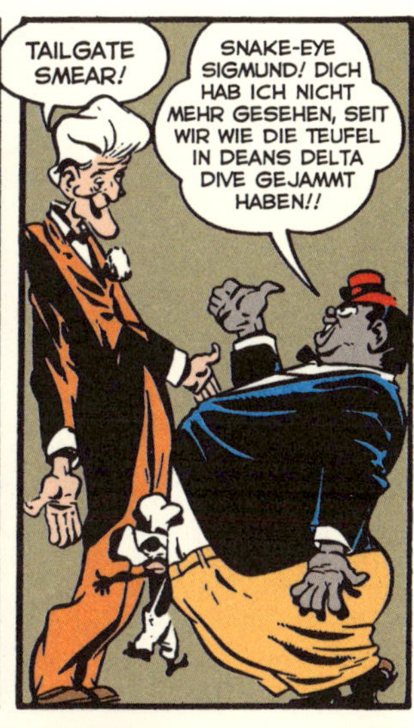
TAILGATE SMEAR!
SNAKE-EYE SIGMUND! DICH HAB ICH NICHT MEHR GESEHEN, SEIT WIR WIE DIE TEUFEL IN DEANS DELTA DIVE GEJAMMT HABEN!!

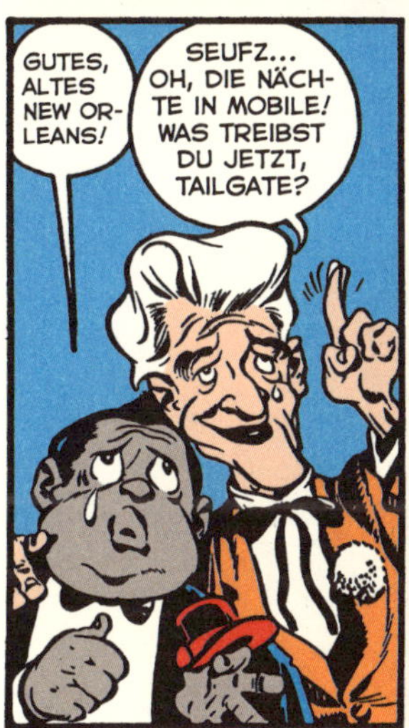
GUTES, ALTES NEW ORLEANS!
SEUFZ... OH, DIE NÄCHTE IN MOBILE! WAS TREIBST DU JETZT, TAILGATE?

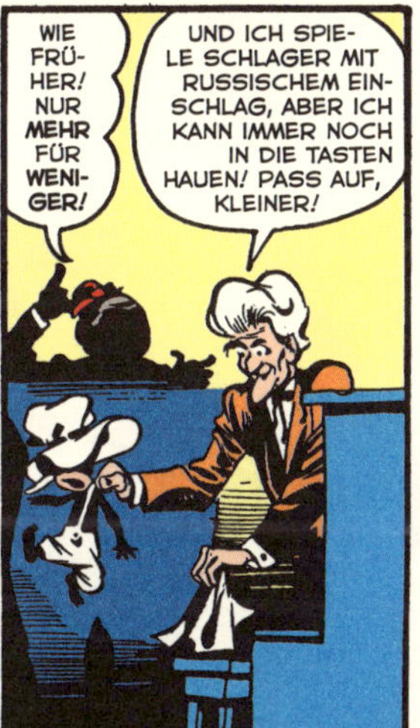
WIE FRÜHER! NUR MEHR FÜR WENIGER!
UND ICH SPIELE SCHLAGER MIT RUSSISCHEM EINSCHLAG, ABER ICH KANN IMMER NOCH IN DIE TASTEN HAUEN! PASS AUF, KLEINER!

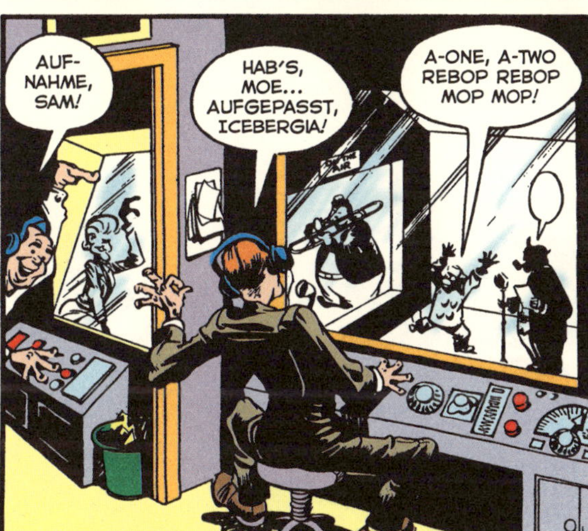
AUFNAHME, SAM!
HAB'S, MOE... AUFGEPASST, ICEBERGIA!
A-ONE, A-TWO REBOP REBOP MOP MOP!

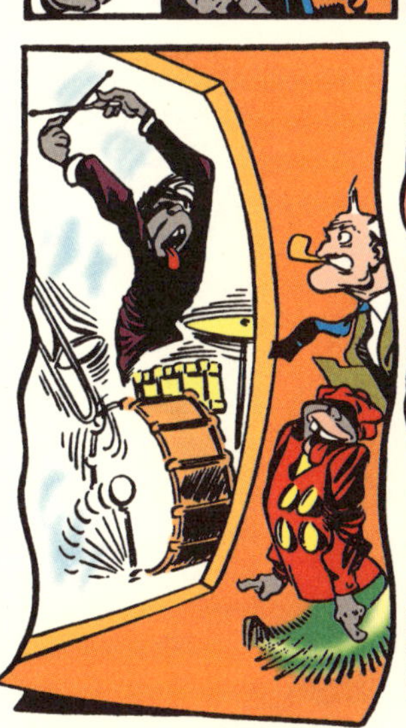

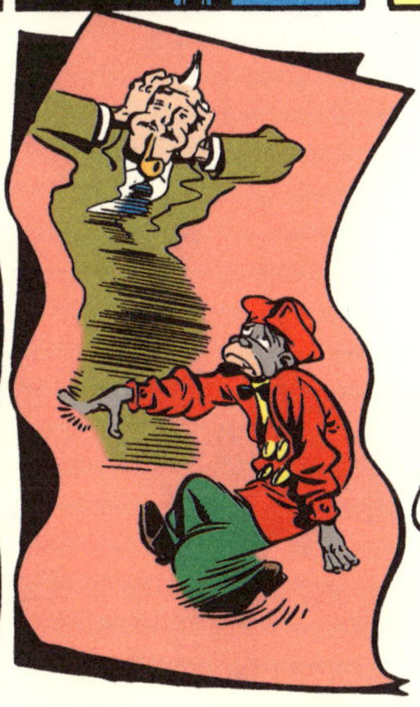

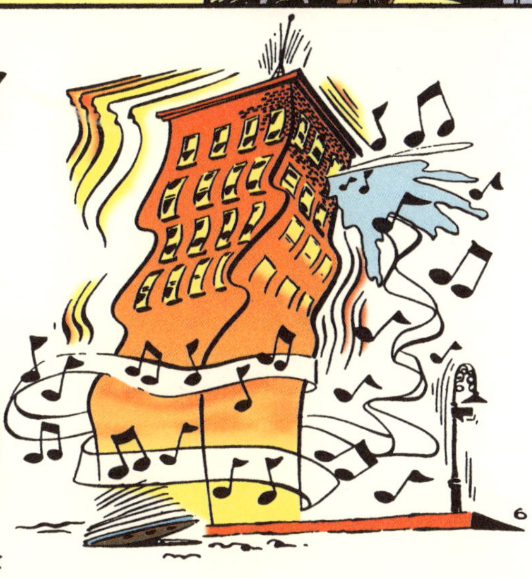
6

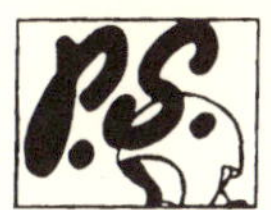
P.S.

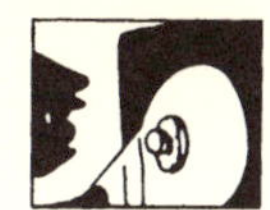

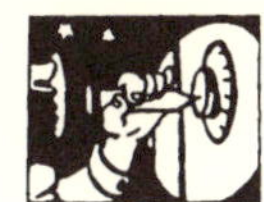

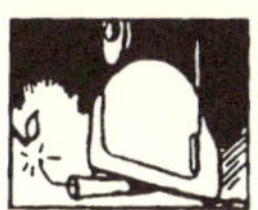

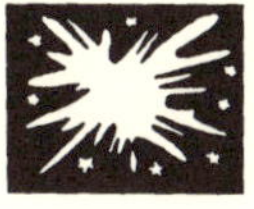

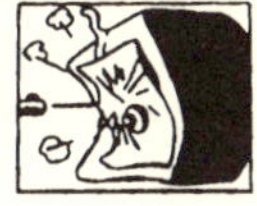

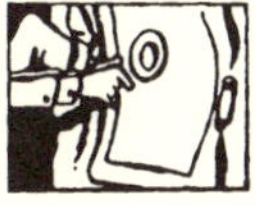

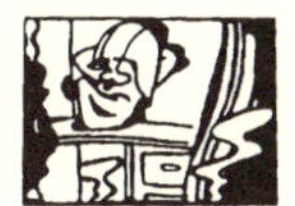

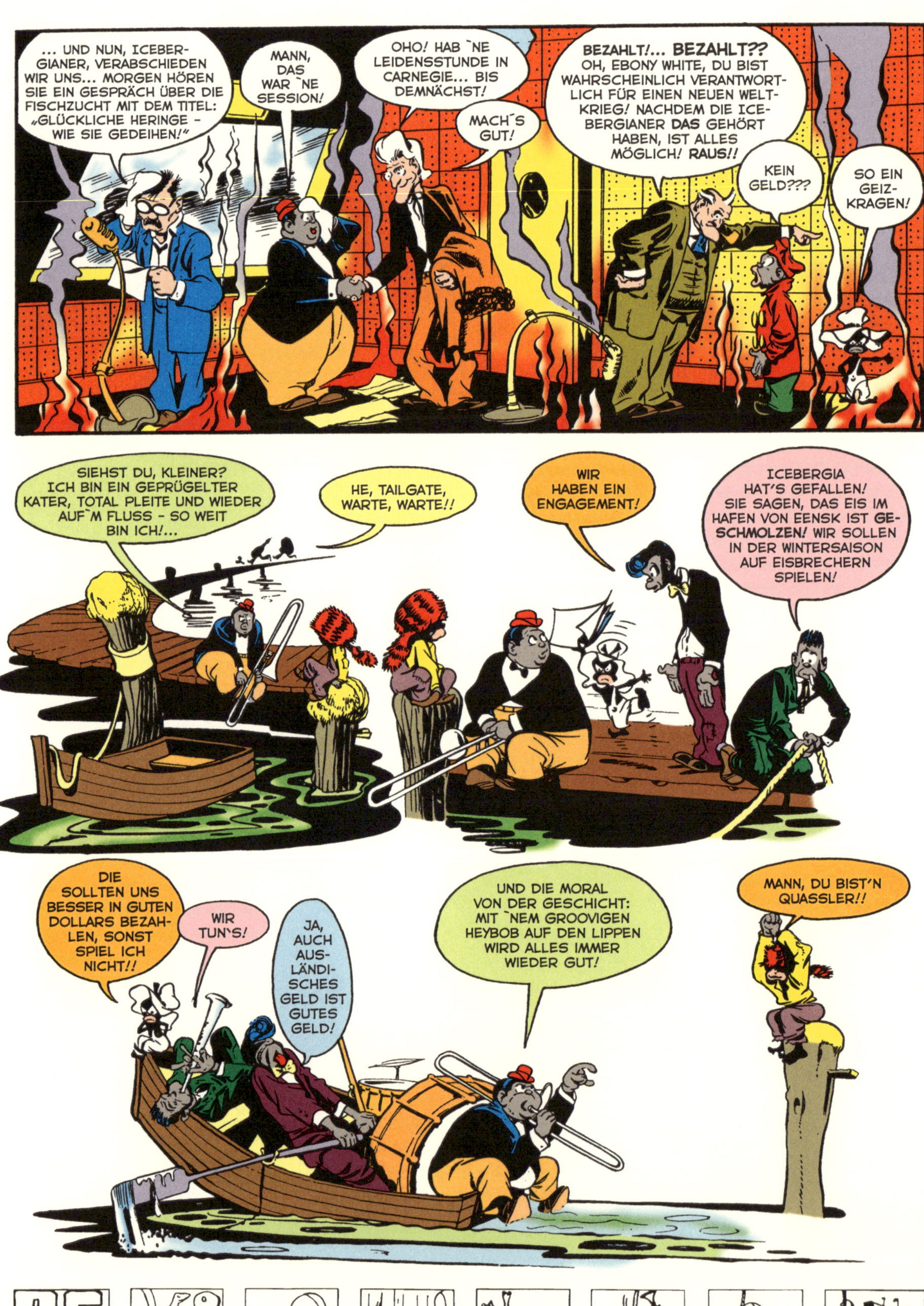
... UND NUN, ICEBERGIANER, VERABSCHIEDEN WIR UNS... MORGEN HÖREN SIE EIN GESPRÄCH ÜBER DIE FISCHZUCHT MIT DEM TITEL: „GLÜCKLICHE HERINGE – WIE SIE GEDEIHEN!"
MANN, DAS WAR `NE SESSION!
OHO! HAB `NE LEIDENSSTUNDE IN CARNEGIE... BIS DEMNÄCHST!
MACH'S GUT!
BEZAHLT!... BEZAHLT?? OH, EBONY WHITE, DU BIST WAHRSCHEINLICH VERANTWORTLICH FÜR EINEN NEUEN WELTKRIEG! NACHDEM DIE ICEBERGIANER DAS GEHÖRT HABEN, IST ALLES MÖGLICH! RAUS!!
KEIN GELD???
SO EIN GEIZKRAGEN!
SIEHST DU, KLEINER? ICH BIN EIN GEPRÜGELTER KATER, TOTAL PLEITE UND WIEDER AUF`M FLUSS – SO WEIT BIN ICH!...
HE, TAILGATE, WARTE, WARTE!!
WIR HABEN EIN ENGAGEMENT!
ICEBERGIA HAT'S GEFALLEN! SIE SAGEN, DAS EIS IM HAFEN VON EENSK IST GESCHMOLZEN! WIR SOLLEN IN DER WINTERSAISON AUF EISBRECHERN SPIELEN!
DIE SOLLTEN UNS BESSER IN GUTEN DOLLARS BEZAHLEN, SONST SPIEL ICH NICHT!!
WIR TUN'S!
JA, AUCH AUSLÄNDISCHES GELD IST GUTES GELD!
UND DIE MORAL VON DER GESCHICHT: MIT `NEM GROOVIGEN HEYBOB AUF DEN LIPPEN WIRD ALLES IMMER WIEDER GUT!
MANN, DU BIST'N QUASSLER!!
P.S.

EVERY LTTLE BUG...

27. April 1947

The SPIRIT

BY Will Eisner

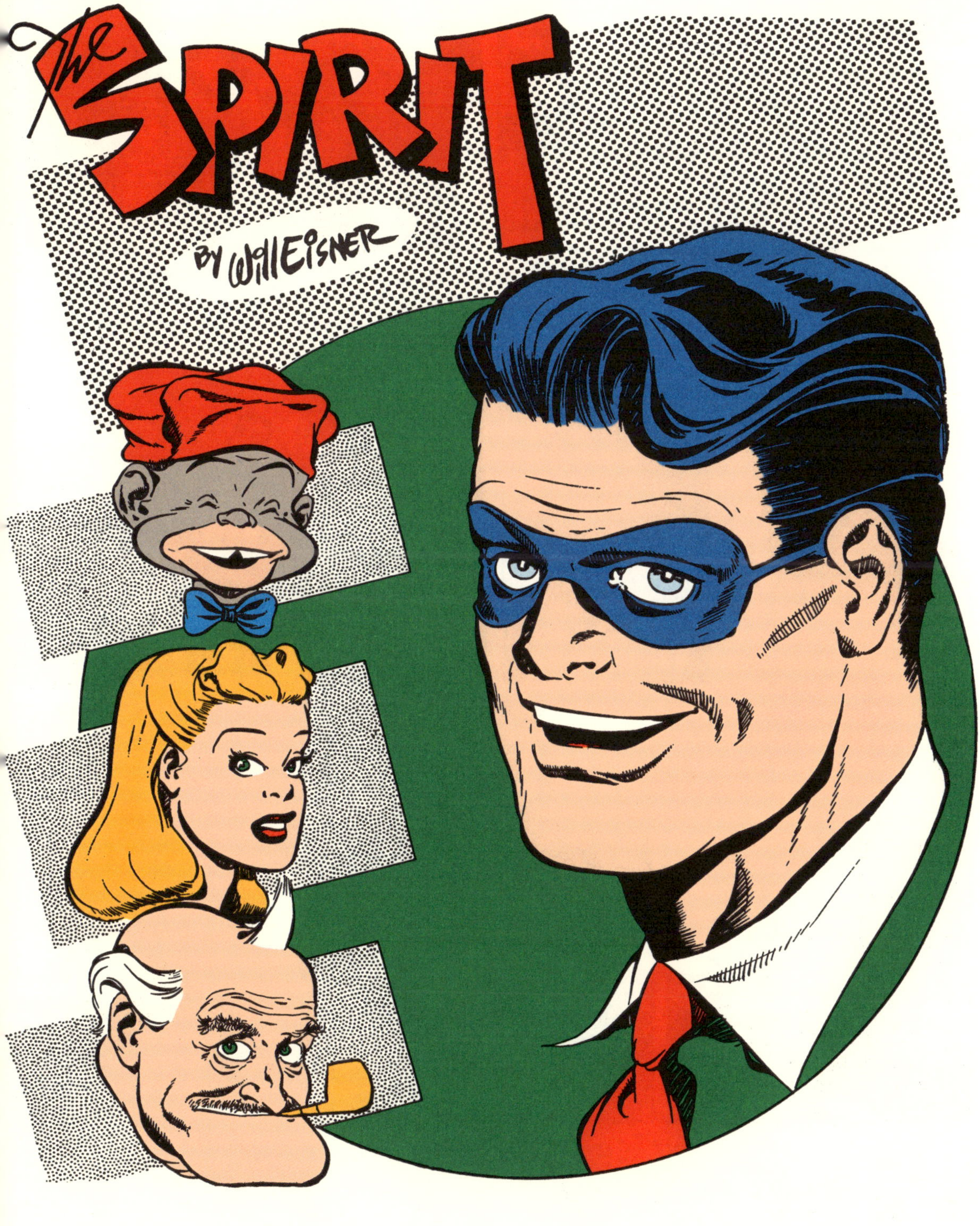

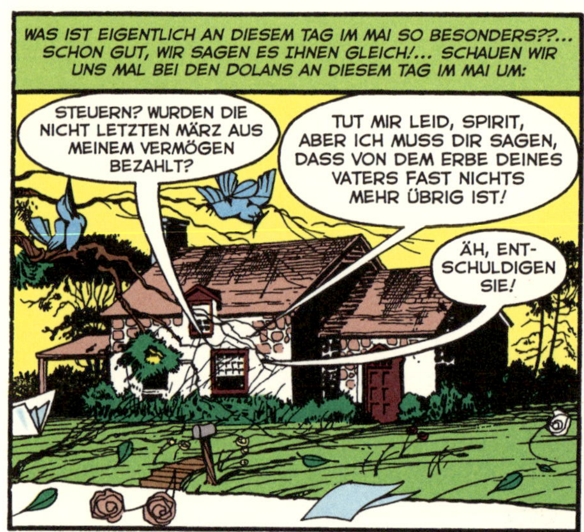
WAS IST EIGENTLICH AN DIESEM TAG IM MAI SO BESONDERS??... SCHON GUT, WIR SAGEN ES IHNEN GLEICH!... SCHAUEN WIR UNS MAL BEI DEN DOLANS AN DIESEM TAG IM MAI UM:
STEUERN? WURDEN DIE NICHT LETZTEN MÄRZ AUS MEINEM VERMÖGEN BEZAHLT?
TUT MIR LEID, SPIRIT, ABER ICH MUSS DIR SAGEN, DASS VON DEM ERBE DEINES VATERS FAST NICHTS MEHR ÜBRIG IST!
ÄH, ENTSCHULDIGEN SIE!

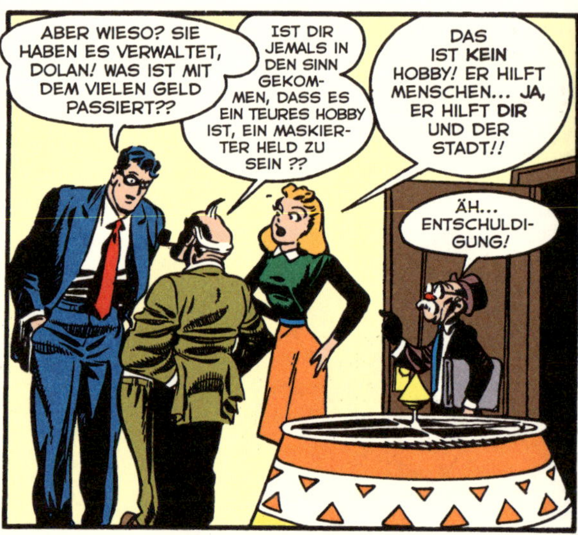
ABER WIESO? SIE HABEN ES VERWALTET, DOLAN! WAS IST MIT DEM VIELEN GELD PASSIERT??
IST DIR JEMALS IN DEN SINN GEKOMMEN, DASS ES EIN TEURES HOBBY IST, EIN MASKIERTER HELD ZU SEIN ??
DAS IST KEIN HOBBY! ER HILFT MENSCHEN... JA, ER HILFT DIR UND DER STADT!!
ÄH... ENTSCHULDIGUNG!

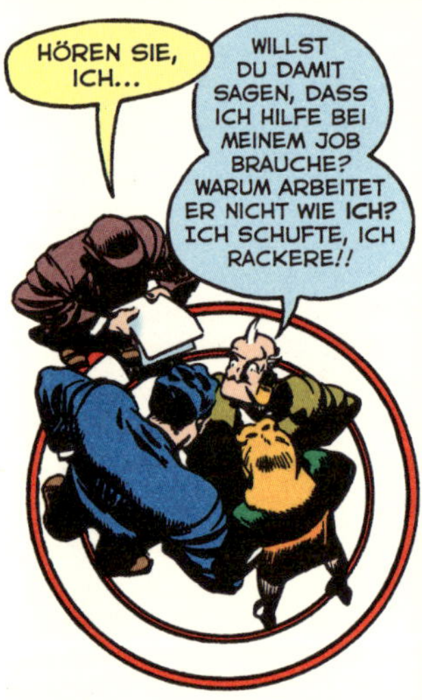
HÖREN SIE, ICH...
WILLST DU DAMIT SAGEN, DASS ICH HILFE BEI MEINEM JOB BRAUCHE? WARUM ARBEITET ER NICHT WIE ICH? ICH SCHUFTE, ICH RACKERE!!

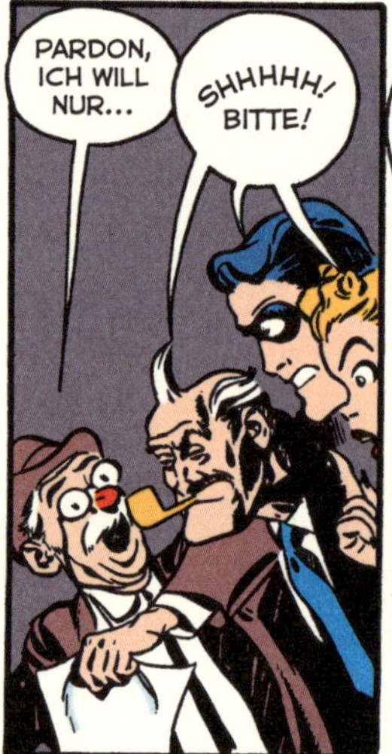
PARDON, ICH WILL NUR...
SHHHHH! BITTE!

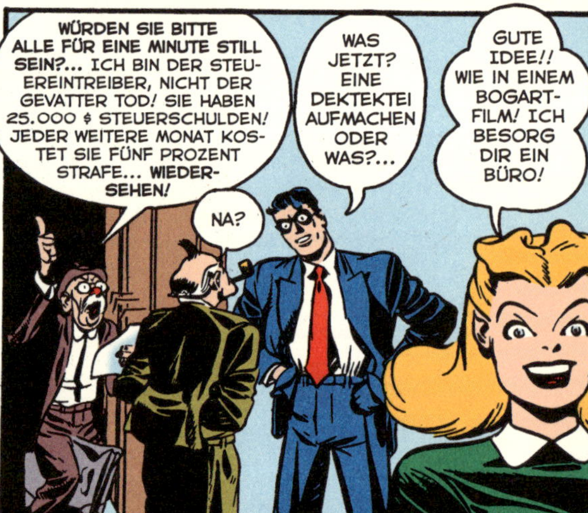
WÜRDEN SIE BITTE ALLE FÜR EINE MINUTE STILL SEIN?... ICH BIN DER STEUEREINTREIBER, NICHT DER GEVATTER TOD! SIE HABEN 25.000 $ STEUERSCHULDEN! JEDER WEITERE MONAT KOSTET SIE FÜNF PROZENT STRAFE... WIEDERSEHEN!
NA?
WAS JETZT? EINE DEKTEKTEI AUFMACHEN ODER WAS?...
GUTE IDEE!! WIE IN EINEM BOGART-FILM! ICH BESORG DIR EIN BÜRO!

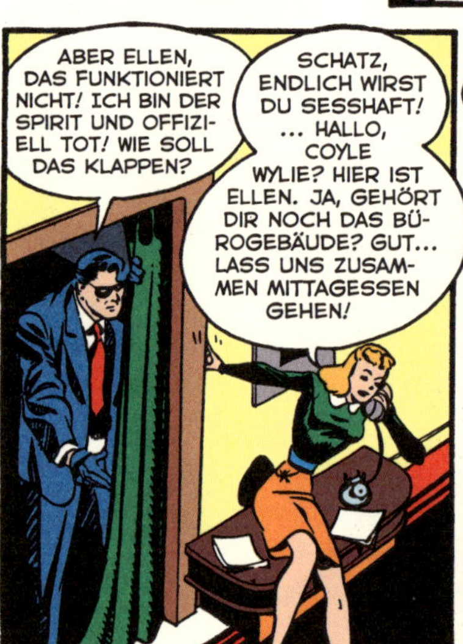
ABER ELLEN, DAS FUNKTIONIERT NICHT! ICH BIN DER SPIRIT UND OFFIZIELL TOT! WIE SOLL DAS KLAPPEN?
SCHATZ, ENDLICH WIRST DU SESSHAFT! ... HALLO, COYLE WYLIE? HIER IST ELLEN. JA, GEHÖRT DIR NOCH DAS BÜROGEBÄUDE? GUT... LASS UNS ZUSAMMEN MITTAGESSEN GEHEN!

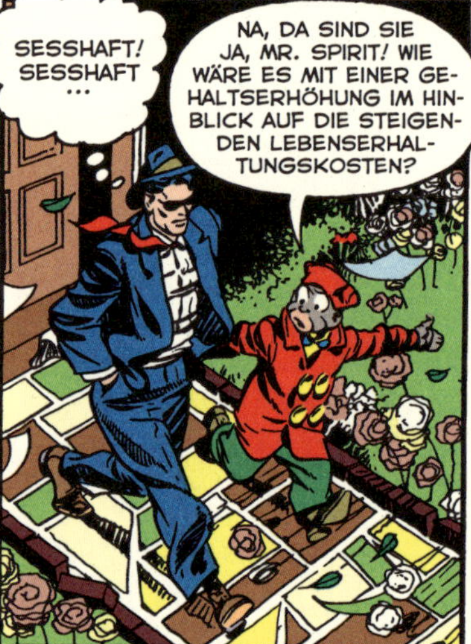
SESSHAFT! SESSHAFT ...
NA, DA SIND SIE JA, MR. SPIRIT! WIE WÄRE ES MIT EINER GEHALTSERHÖHUNG IM HINBLICK AUF DIE STEIGENDEN LEBENSERHALTUNGSKOSTEN?

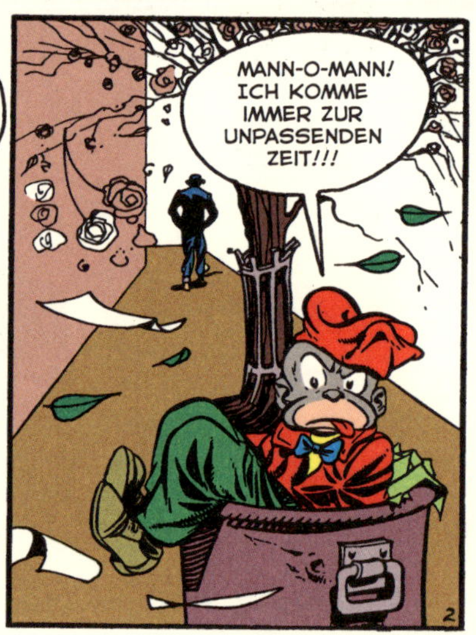
MANN-O-MANN! ICH KOMME IMMER ZUR UNPASSENDEN ZEIT!!!
2

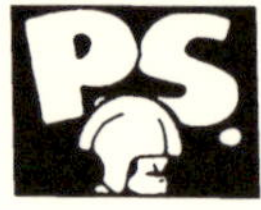
PS.

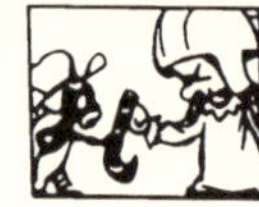

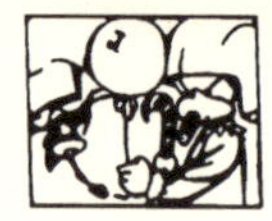

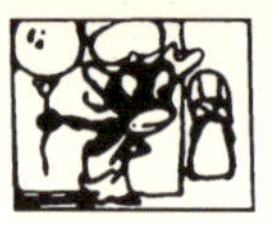

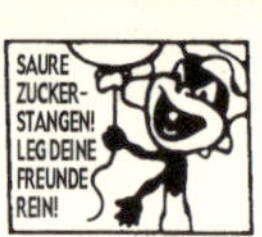
SAURE ZUCKERSTANGEN! LEG DEINE FREUNDE REIN!

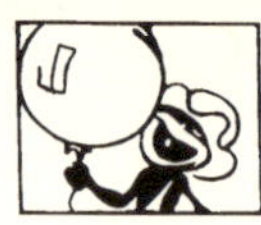

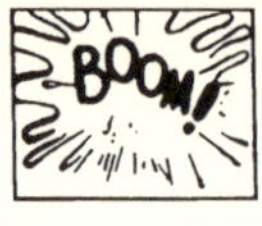
BOOM!

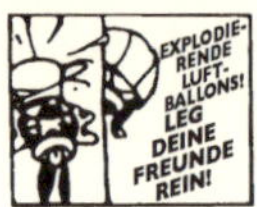
EXPLODIERENDE LUFTBALLONS! LEG DEINE FREUNDE REIN!

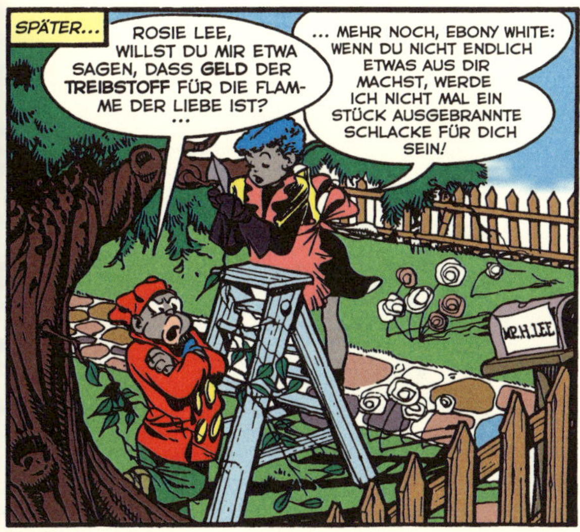
SPÄTER...
ROSIE LEE, WILLST DU MIR ETWA SAGEN, DASS GELD DER TREIBSTOFF FÜR DIE FLAMME DER LIEBE IST? ...
... MEHR NOCH, EBONY WHITE: WENN DU NICHT ENDLICH ETWAS AUS DIR MACHST, WERDE ICH NICHT MAL EIN STÜCK AUSGEBRANNTE SCHLACKE FÜR DICH SEIN!
MR. H. LEE
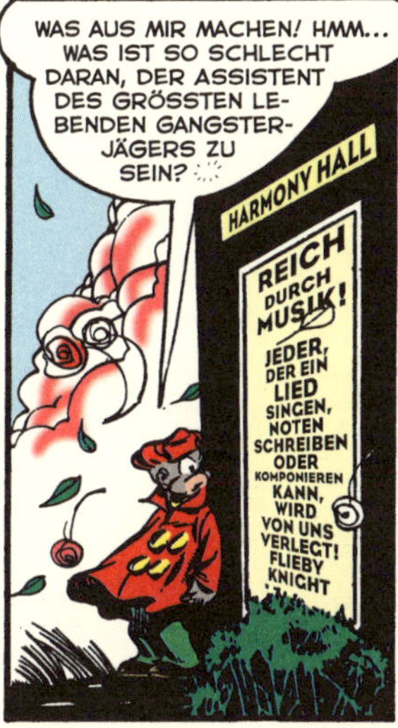
WAS AUS MIR MACHEN! HMM... WAS IST SO SCHLECHT DARAN, DER ASSISTENT DES GRÖSSTEN LEBENDEN GANGSTERJÄGERS ZU SEIN?
HARMONY HALL
REICH DURCH MUSIK!
JEDER, DER EIN LIED SINGEN, NOTEN SCHREIBEN ODER KOMPONIEREN KANN, WIRD VON UNS VERLEGT! FLIEBY KNIGHT
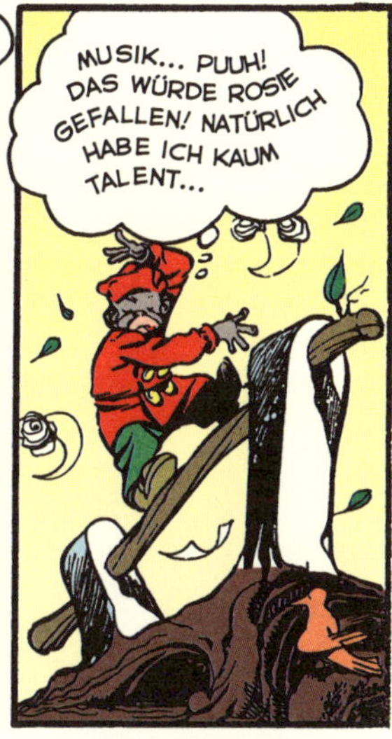
MUSIK... PUUH! DAS WÜRDE ROSIE GEFALLEN! NATÜRLICH HABE ICH KAUM TALENT...
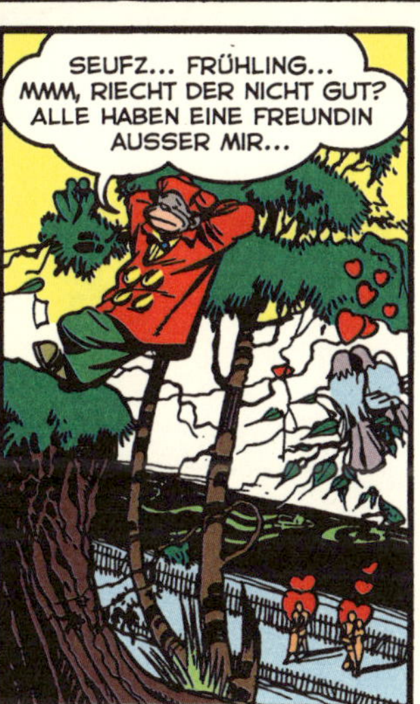
SEUFZ... FRÜHLING... MMM, RIECHT DER NICHT GUT? ALLE HABEN EINE FREUNDIN AUSSER MIR...
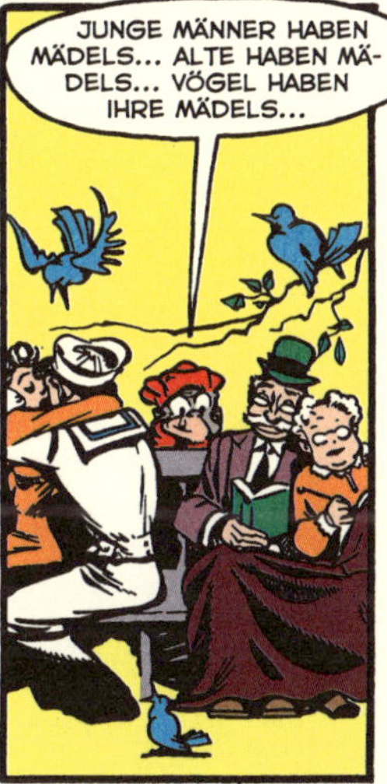
JUNGE MÄNNER HABEN MÄDELS... ALTE HABEN MÄDELS... VÖGEL HABEN IHRE MÄDELS...
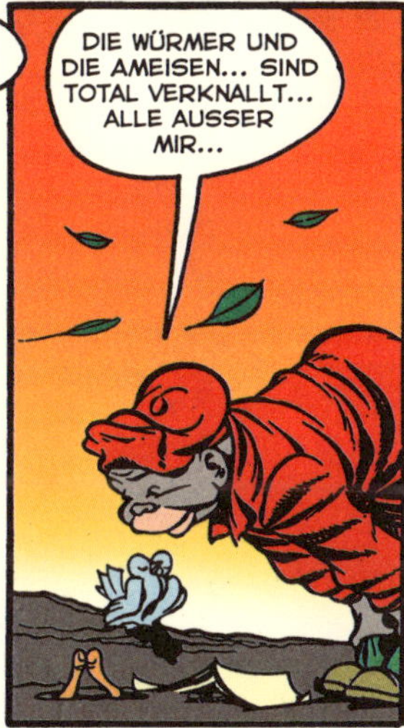
DIE WÜRMER UND DIE AMEISEN... SIND TOTAL VERKNALLT... ALLE AUSSER MIR...
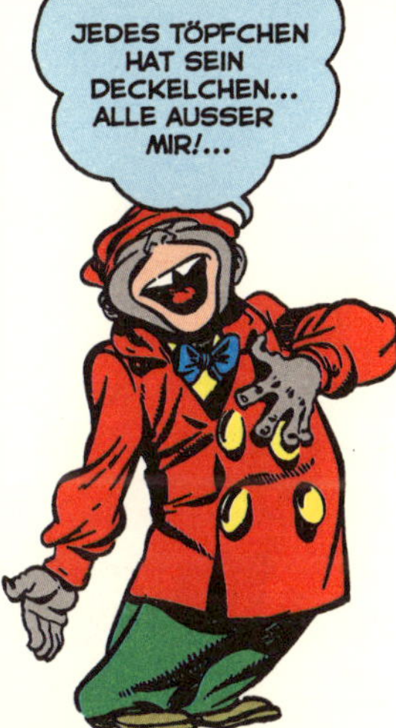
JEDES TÖPFCHEN HAT SEIN DECKELCHEN... ALLE AUSSER MIR!...
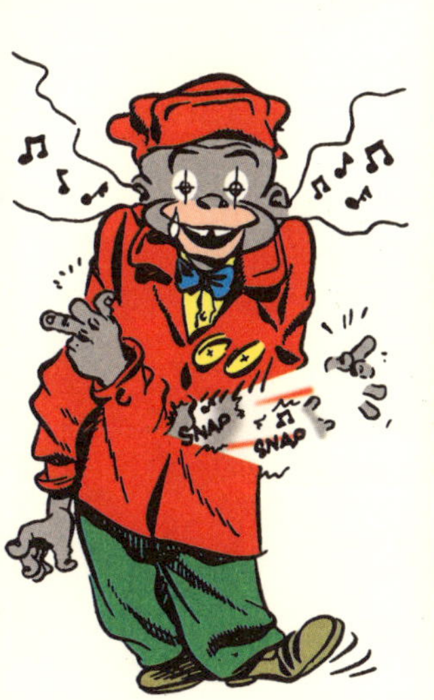
SNAP
SNAP
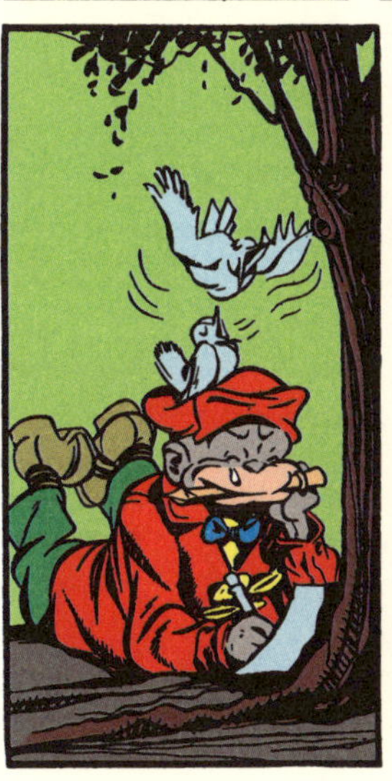
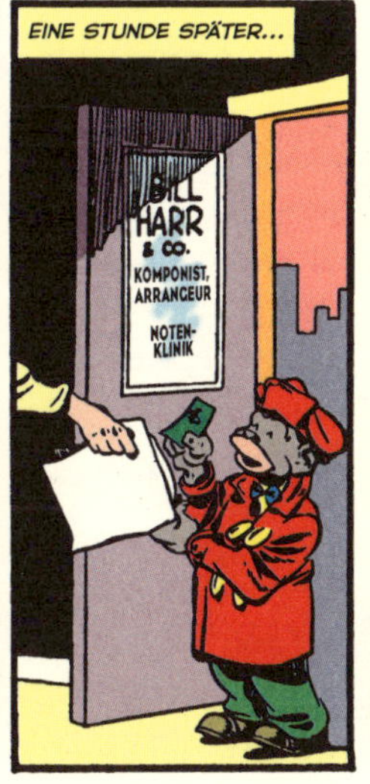
EINE STUNDE SPÄTER...
BILL HARR & CO.
KOMPONIST, ARRANCEUR
NOTEN-KLINIK
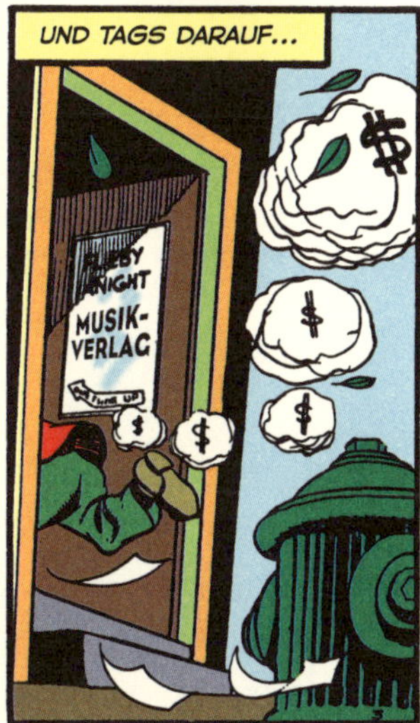
UND TAGS DARAUF...
FLIEBY KNIGHT
MUSIK-VERLAG
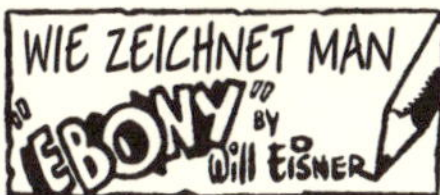
WIE ZEICHNET MAN EBONY BY Will Eisner
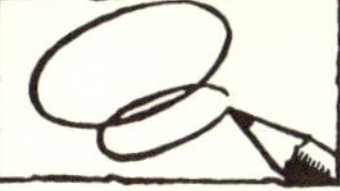
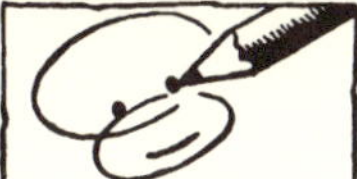
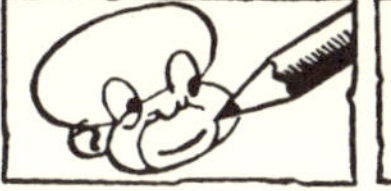
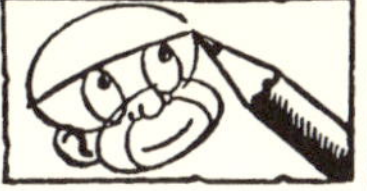
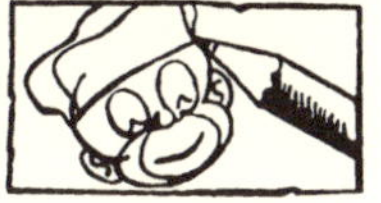

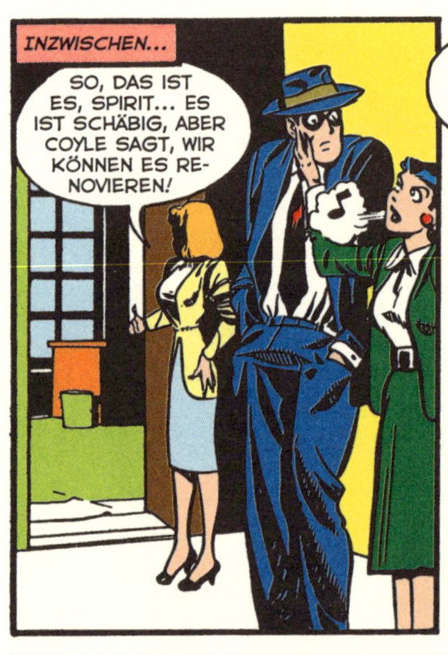
INZWISCHEN...
SO, DAS IST ES, SPIRIT... ES IST SCHÄBIG, ABER COYLE SAGT, WIR KÖNNEN ES RENOVIEREN!

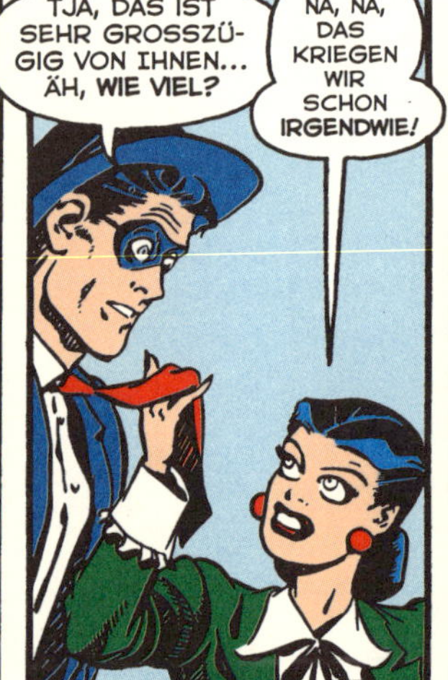
TJA, DAS IST SEHR GROSSZÜGIG VON IHNEN... ÄH, WIE VIEL?
NA, NA, DAS KRIEGEN WIR SCHON IRGENDWIE!

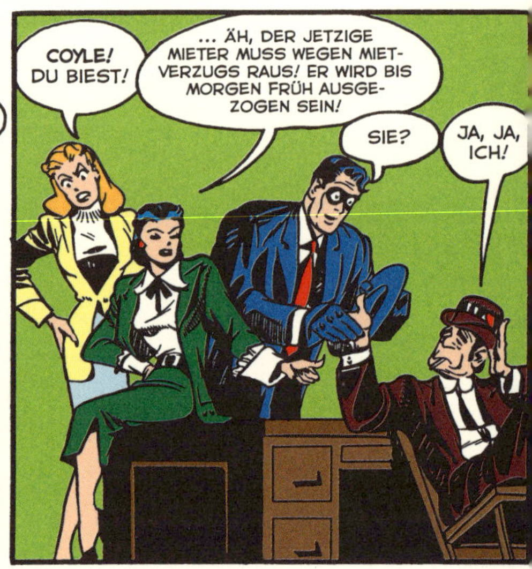
COYLE! DU BIEST!
... ÄH, DER JETZIGE MIETER MUSS WEGEN MIETVERZUGS RAUS! ER WIRD BIS MORGEN FRÜH AUSGEZOGEN SEIN!
SIE?
JA, JA, ICH!

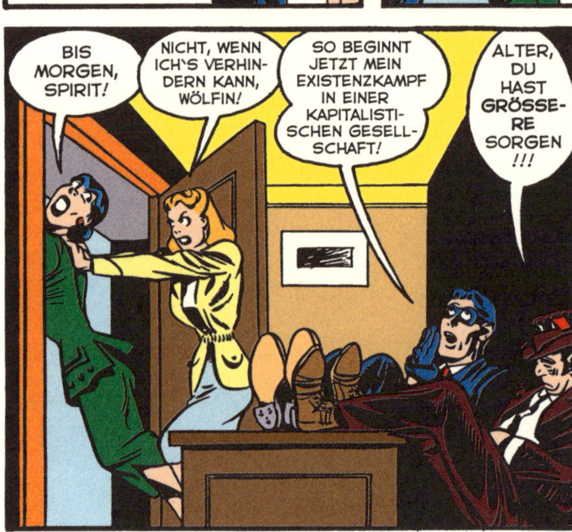
BIS MORGEN, SPIRIT!
NICHT, WENN ICH'S VERHINDERN KANN, WÖLFIN!
SO BEGINNT JETZT MEIN EXISTENZKAMPF IN EINER KAPITALISTISCHEN GESELLSCHAFT!
ALTER, DU HAST GRÖSSERE SORGEN!!!

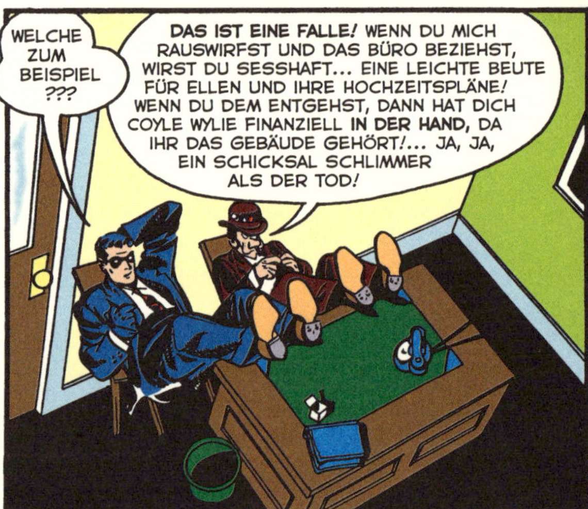
WELCHE ZUM BEISPIEL???
DAS IST EINE FALLE! WENN DU MICH RAUSWIRFST UND DAS BÜRO BEZIEHST, WIRST DU SESSHAFT... EINE LEICHTE BEUTE FÜR ELLEN UND IHRE HOCHZEITSPLÄNE! WENN DU DEM ENTGEHST, DANN HAT DICH COYLE WYLIE FINANZIELL IN DER HAND, DA IHR DAS GEBÄUDE GEHÖRT!... JA, JA, EIN SCHICKSAL SCHLIMMER ALS DER TOD!

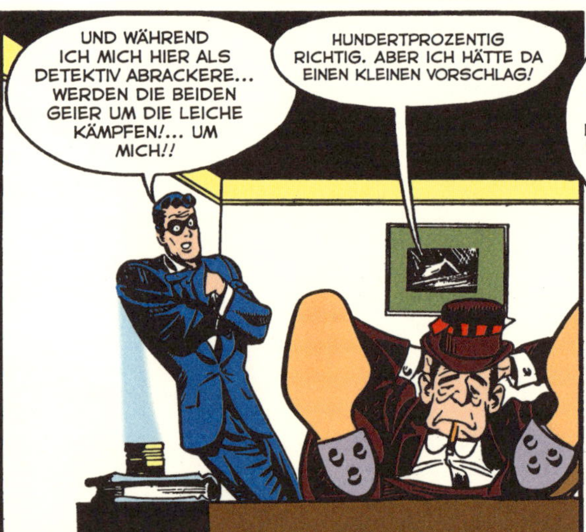
UND WÄHREND ICH MICH HIER ALS DETEKTIV ABRACKERE... WERDEN DIE BEIDEN GEIER UM DIE LEICHE KÄMPFEN!... UM MICH!!
HUNDERTPROZENTIG RICHTIG. ABER ICH HÄTTE DA EINEN KLEINEN VORSCHLAG!

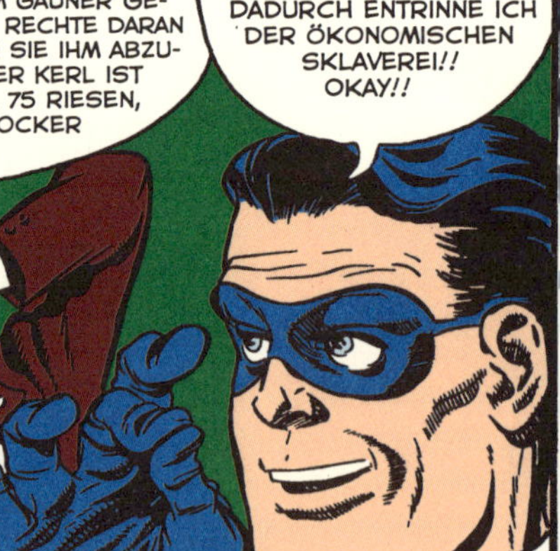
ICH HABE EINEN KLIENTEN, DER JETZT EIN ERFOLGREICHER SONGWRITER IST. BEVOR ER DEN GROSSEN HIT LANDETE, WURDE IHM EIN SONG VON EINEM GAUNER GEKLAUT, DER JETZT DIE RECHTE DARAN HAT! ICH VERSUCHTE SIE IHM ABZULUCHSEN, ABER DER KERL IST CLEVER... ER WILL 75 RIESEN, DAS IST ES LOCKER WERT.
AH, KAPIERT! SIE WOLLEN MIR 25.000 $ ZAHLEN, WENN ICH IHNEN BEI DEM FALL HELFE... DADURCH ENTRINNE ICH DER ÖKONOMISCHEN SKLAVEREI!! OKAY!!

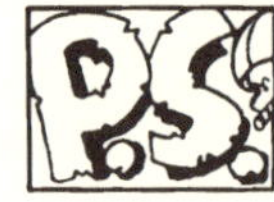
P.S.

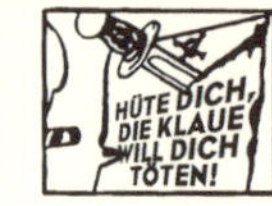
HÜTE DICH, DIE KLAUE WILL DICH TÖTEN!

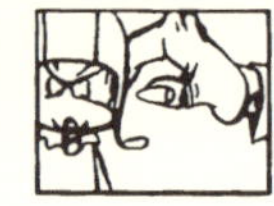

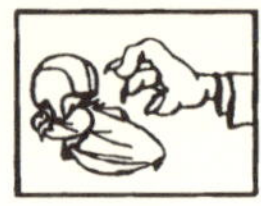

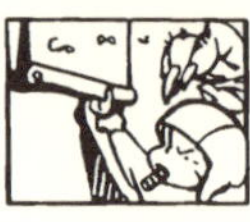

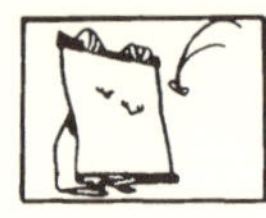

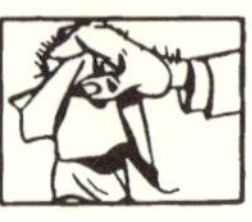

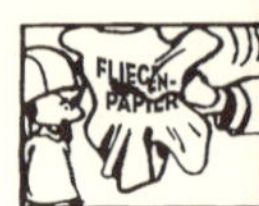
FLIEGENPAPIER

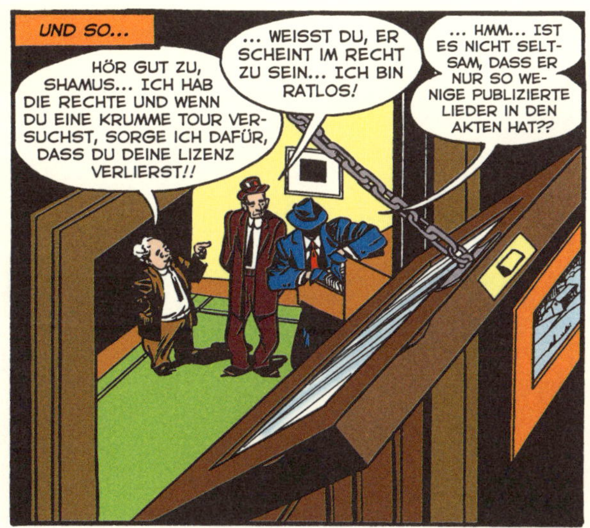
UND SO...
HÖR GUT ZU, SHAMUS... ICH HAB DIE RECHTE UND WENN DU EINE KRUMME TOUR VERSUCHST, SORGE ICH DAFÜR, DASS DU DEINE LIZENZ VERLIERST!!
... WEISST DU, ER SCHEINT IM RECHT ZU SEIN... ICH BIN RATLOS!
... HMM... IST ES NICHT SELTSAM, DASS ER NUR SO WENIGE PUBLIZIERTE LIEDER IN DEN AKTEN HAT??

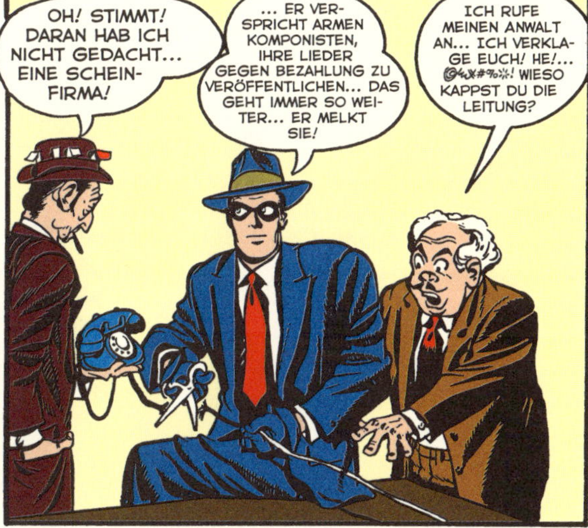
OH! STIMMT! DARAN HAB ICH NICHT GEDACHT... EINE SCHEINFIRMA!
... ER VERSPRICHT ARMEN KOMPONISTEN, IHRE LIEDER GEGEN BEZAHLUNG ZU VERÖFFENTLICHEN... DAS GEHT IMMER SO WEITER... ER MELKT SIE!
ICH RUFE MEINEN ANWALT AN... ICH VERKLAGE EUCH! HE!... @%X#%!! WIESO KAPPST DU DIE LEITUNG?

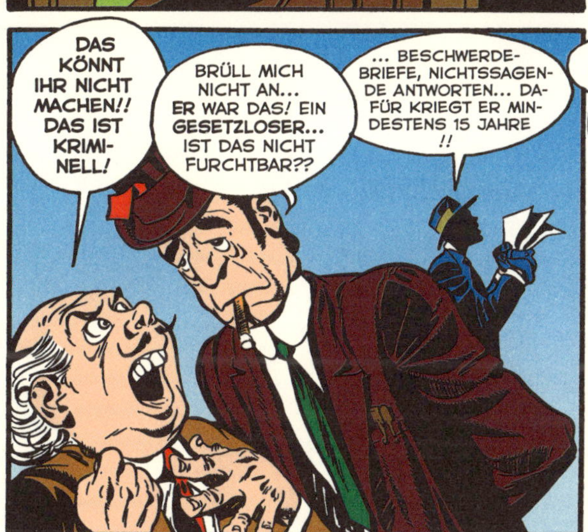
DAS KÖNNT IHR NICHT MACHEN!! DAS IST KRIMINELL!
BRÜLL MICH NICHT AN... ER WAR DAS! EIN GESETZLOSER... IST DAS NICHT FURCHTBAR??
... BESCHWERDEBRIEFE, NICHTSSAGENDE ANTWORTEN... DAFÜR KRIEGT ER MINDESTENS 15 JAHRE !!

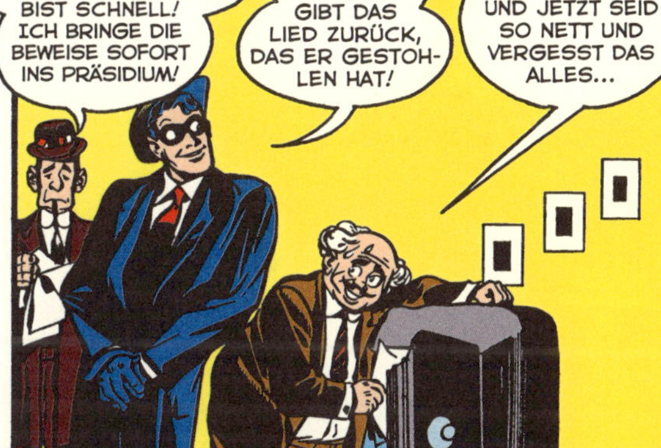
EINS MUSS ICH DIR LASSEN, SPIRIT! DU BIST SCHNELL! ICH BRINGE DIE BEWEISE SOFORT INS PRÄSIDIUM!
AUSSER MR. TINKLE GIBT DAS LIED ZURÜCK, DAS ER GESTOHLEN HAT!
JAAA, OKAY!... HIER! UND JETZT SEID SO NETT UND VERGESST DAS ALLES...

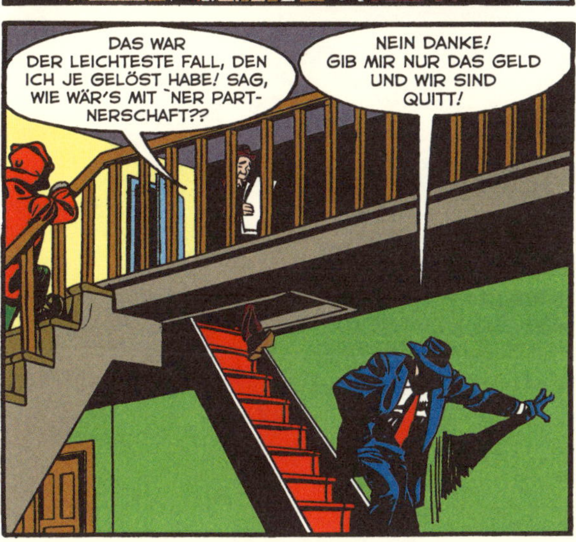
DAS WAR DER LEICHTESTE FALL, DEN ICH JE GELÖST HABE! SAG, WIE WÄR'S MIT 'NER PARTNERSCHAFT??
NEIN DANKE! GIB MIR NUR DAS GELD UND WIR SIND QUITT!

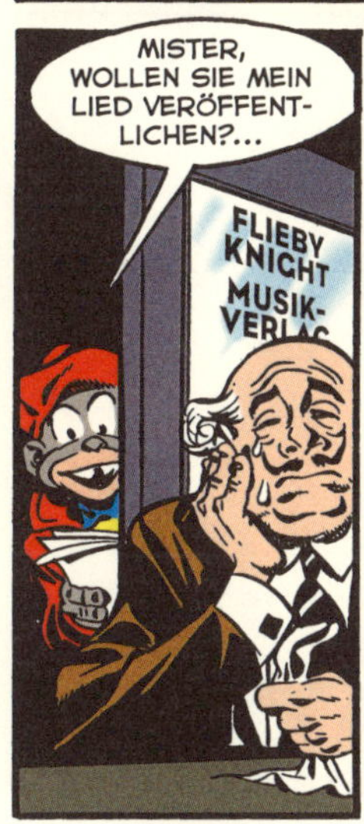
MISTER, WOLLEN SIE MEIN LIED VERÖFFENTLICHEN?...
FLIEBY KNIGHT MUSIK-VERLAG

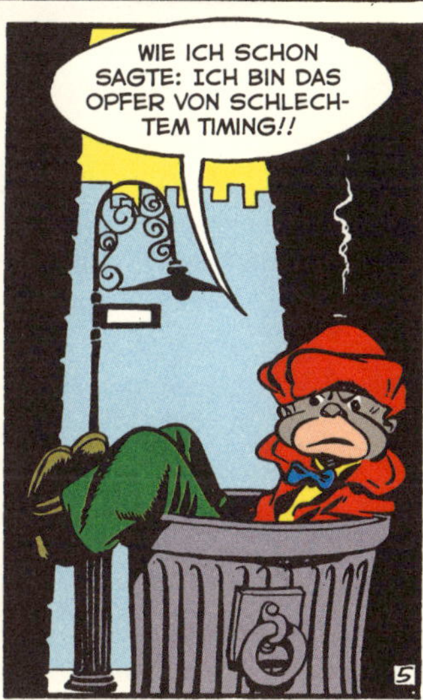
WIE ICH SCHON SAGTE: ICH BIN DAS OPFER VON SCHLECHTEM TIMING!!
5

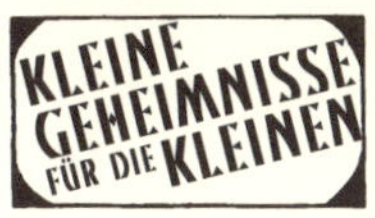
KLEINE GEHEIMNISSE FÜR DIE KLEINEN

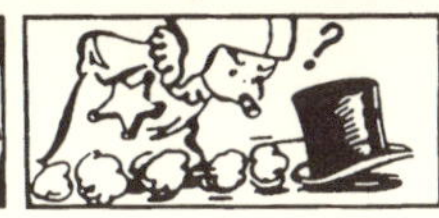

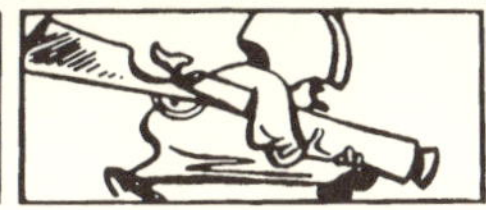

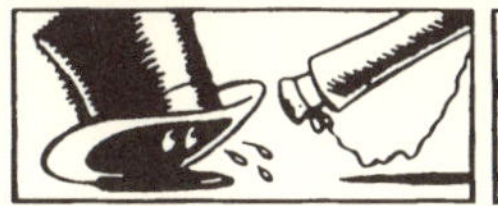

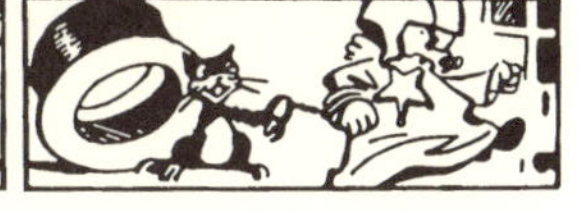

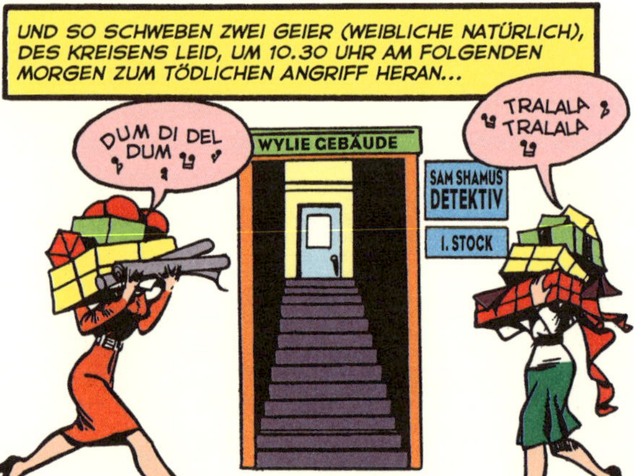

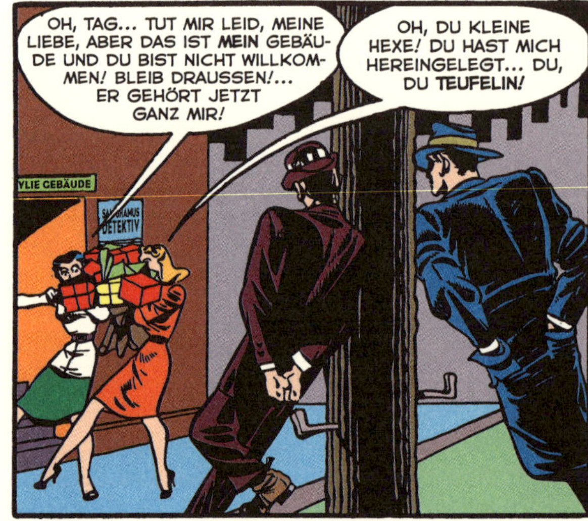

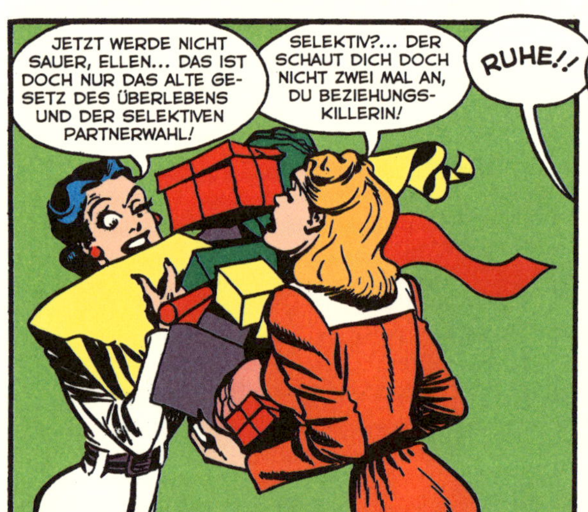

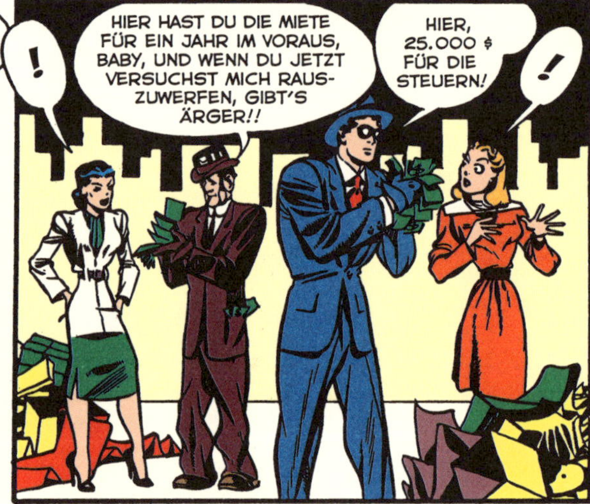

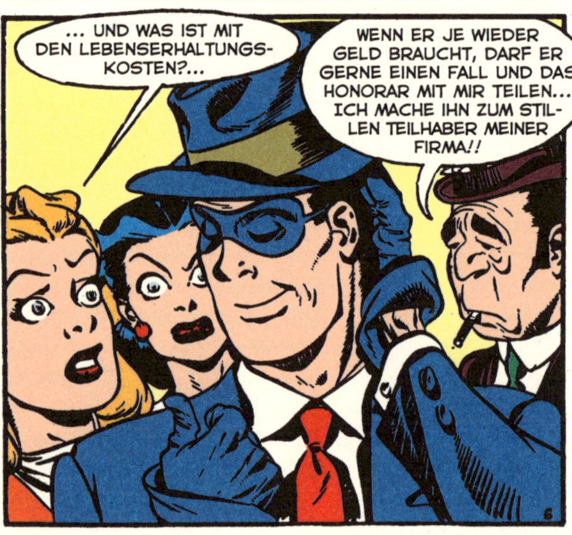

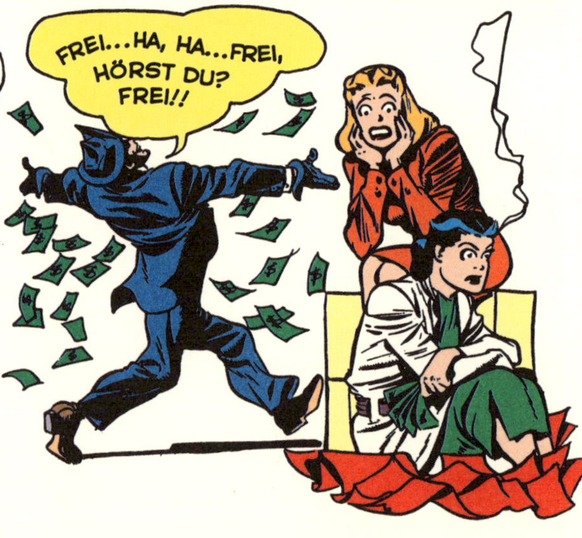

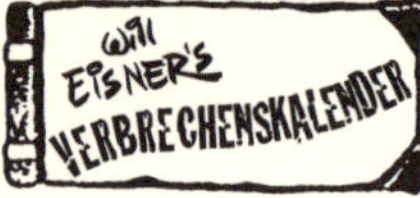

DIEBSTAHL:
1944 WURDEN GEGENSTÄNDE IM WERT VON 66.856.733 $ IN DEN USA GESTOHLEN.

VERHAFTUNGEN:
1944 WURDEN 405.379 MÄNNER UND 83.600 FRAUEN VERHAFTET.

TODESSTRAFEN:
1943 WURDEN 135 MENSCHEN VON AMERIKANISCHEN GERICHTEN ZUM TODE VERURTEILT.

JUGENDKRIMINALITÄT:
1944 WURDEN 36,1% ALLER VERBRECHEN VON PERSONEN UNTER 21 JAHREN VERÜBT.

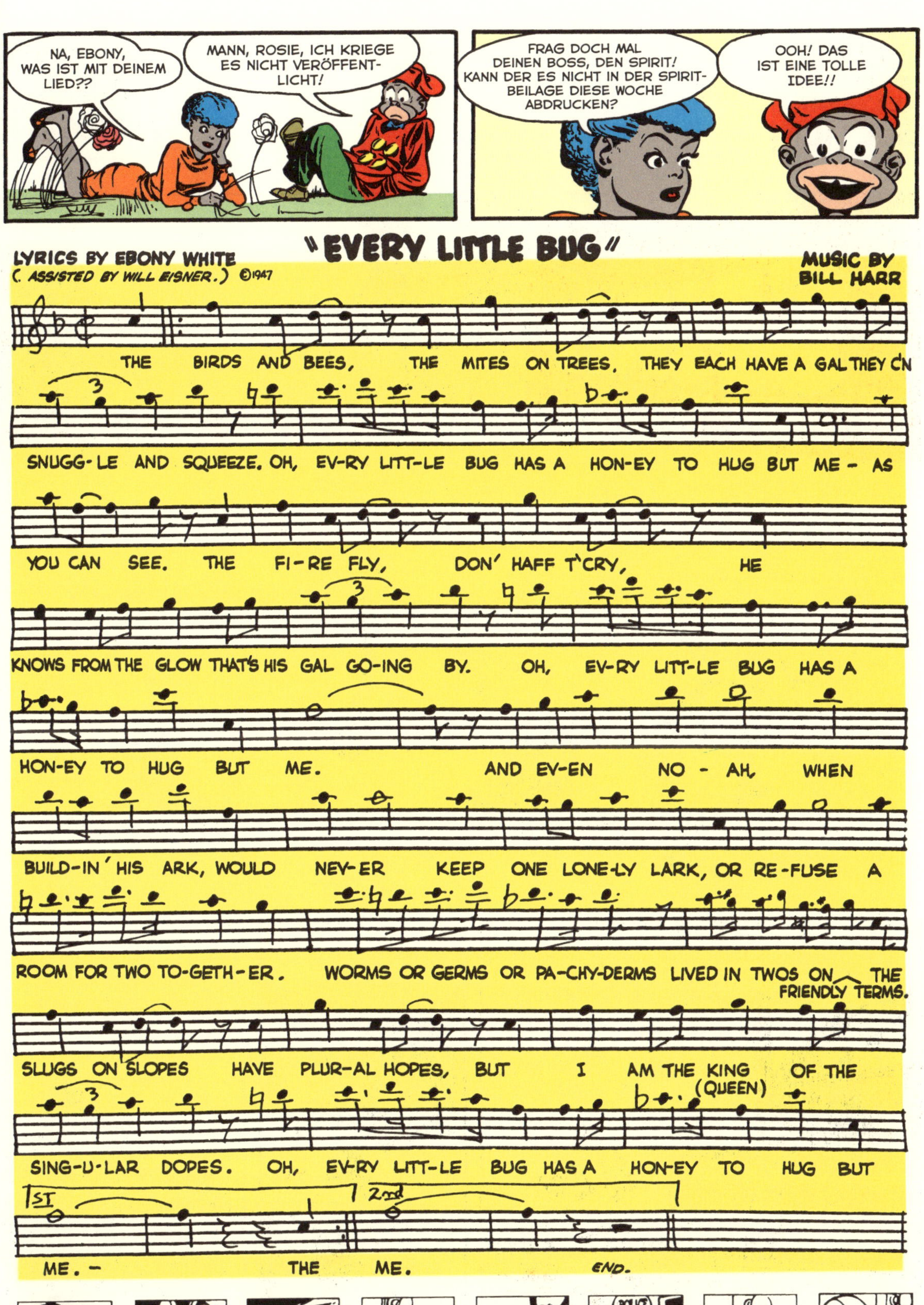
NA, EBONY, WAS IST MIT DEINEM LIED??
MANN, ROSIE, ICH KRIEGE ES NICHT VERÖFFENT-LICHT!
FRAG DOCH MAL DEINEN BOSS, DEN SPIRIT! KANN DER ES NICHT IN DER SPIRIT-BEILAGE DIESE WOCHE ABDRUCKEN?
OOH! DAS IST EINE TOLLE IDEE!!
"EVERY LITTLE BUG"
LYRICS BY EBONY WHITE
(ASSISTED BY WILL EISNER.) ©1947
MUSIC BY BILL HARR
THE BIRDS AND BEES, THE MITES ON TREES, THEY EACH HAVE A GAL THEY C'N
SNUGG-LE AND SQUEEZE. OH, EV-RY LITT-LE BUG HAS A HON-EY TO HUG BUT ME - AS
YOU CAN SEE. THE FI-RE FLY, DON' HAFF T'CRY, HE
KNOWS FROM THE GLOW THAT'S HIS GAL GO-ING BY. OH, EV-RY LITT-LE BUG HAS A
HON-EY TO HUG BUT ME. AND EV-EN NO - AH, WHEN
BUILD-IN' HIS ARK, WOULD NEV-ER KEEP ONE LONE-LY LARK, OR RE-FUSE A
ROOM FOR TWO TO-GETH-ER. WORMS OR GERMS OR PA-CHY-DERMS LIVED IN TWOS ON THE FRIENDLY TERMS.
SLUGS ON SLOPES HAVE PLUR-AL HOPES, BUT I AM THE KING (QUEEN) OF THE
SING-U-LAR DOPES. OH, EV-RY LITT-LE BUG HAS A HON-EY TO HUG BUT
1ST 2nd
ME. - THE ME. END.

DAS MANIPULIERTE SPIEL

4. Mai 1947

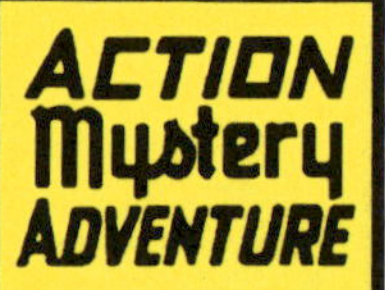

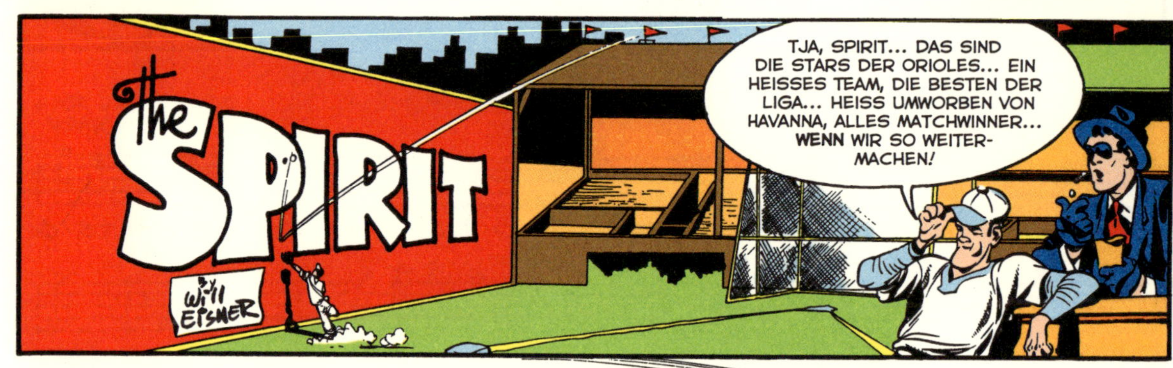

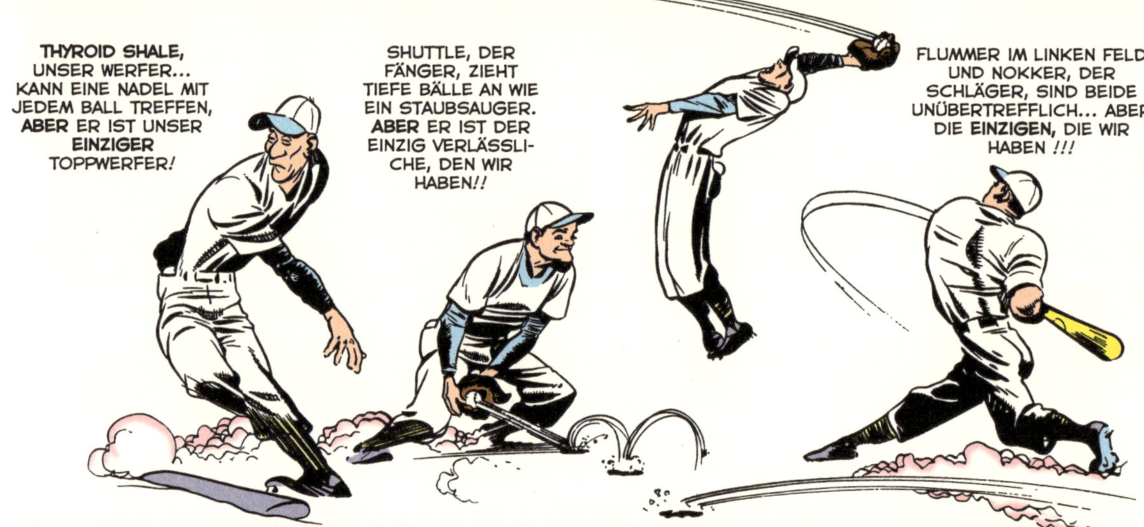

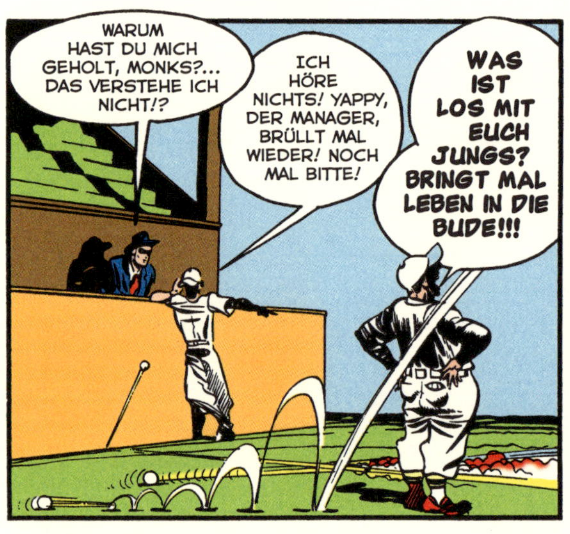

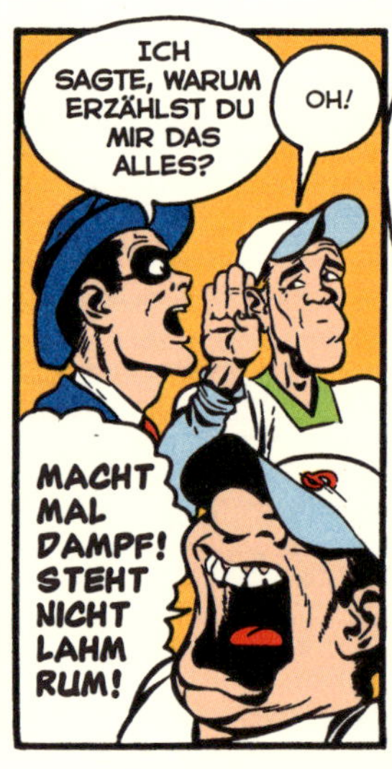

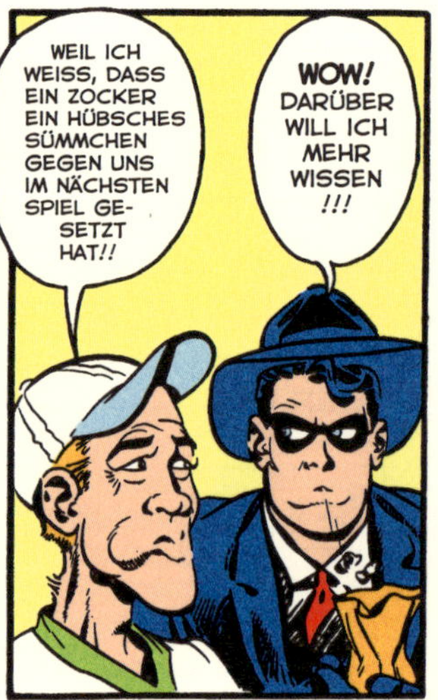

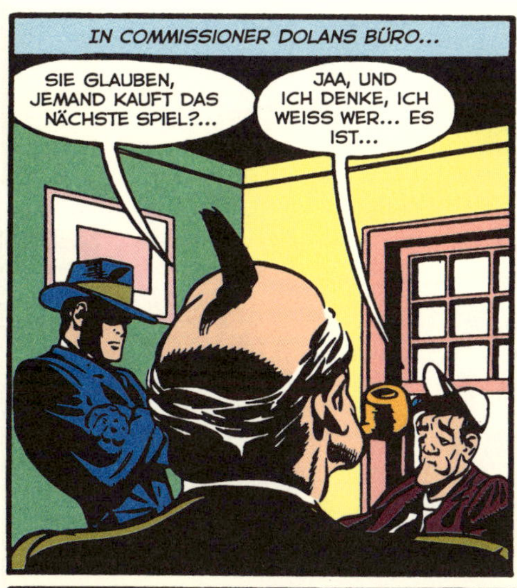
IN COMMISSIONER DOLANS BÜRO...
SIE GLAUBEN, JEMAND KAUFT DAS NÄCHSTE SPIEL?...
JAA, UND ICH DENKE, ICH WEISS WER... ES IST...

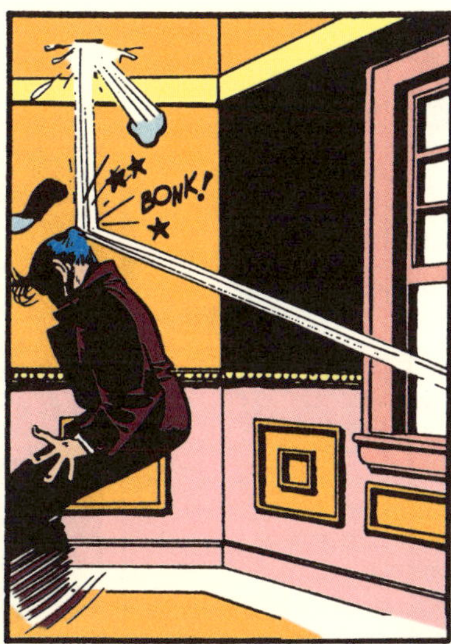
BONK!

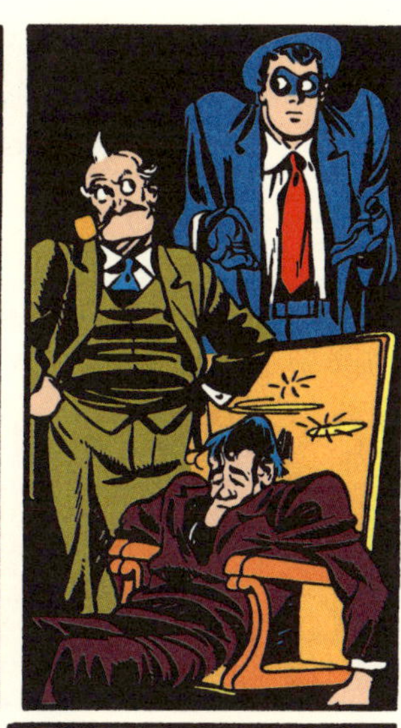

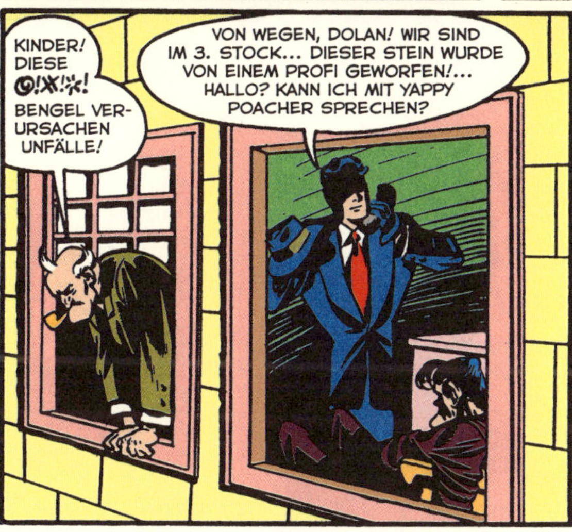
KINDER! DIESE BENGEL VER-URSACHEN UNFÄLLE!
VON WEGEN, DOLAN! WIR SIND IM 3. STOCK... DIESER STEIN WURDE VON EINEM PROFI GEWORFEN!... HALLO? KANN ICH MIT YAPPY POACHER SPRECHEN?

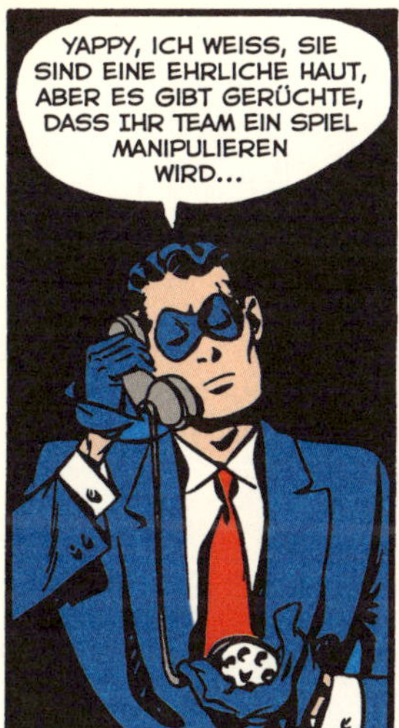
YAPPY, ICH WEISS, SIE SIND EINE EHRLICHE HAUT, ABER ES GIBT GERÜCHTE, DASS IHR TEAM EIN SPIEL MANIPULIEREN WIRD...

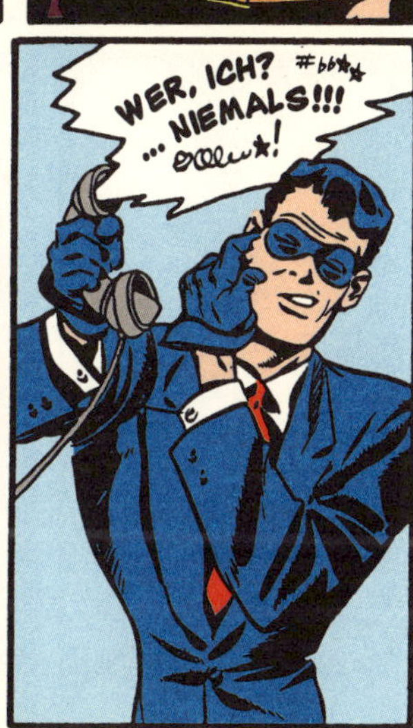
WER, ICH? ... NIEMALS!!!

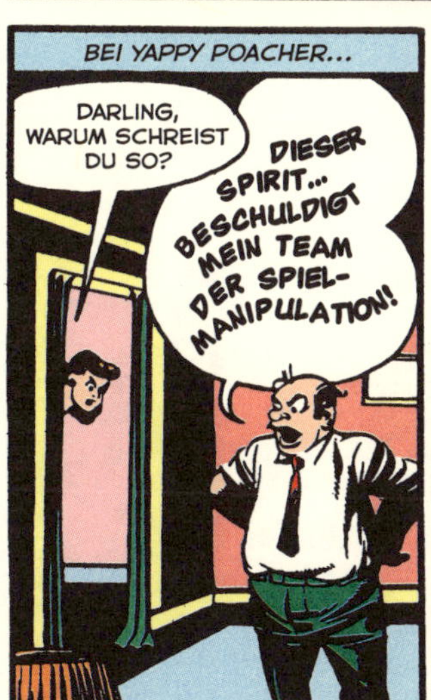
BEI YAPPY POACHER...
DARLING, WARUM SCHREIST DU SO?
DIESER SPIRIT... BESCHULDIGT MEIN TEAM DER SPIEL-MANIPULATION!

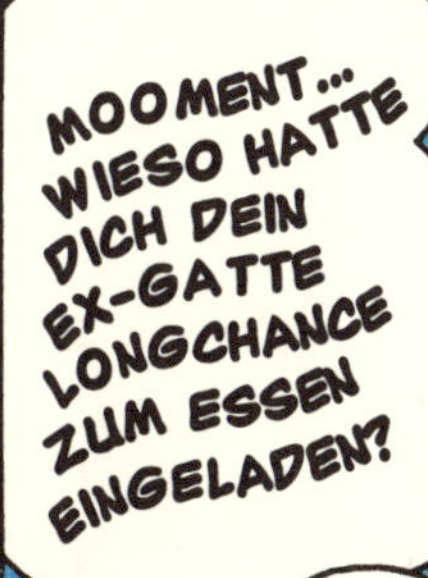
MOOMENT... WIESO HATTE DICH DEIN EX-GATTE LONGCHANCE ZUM ESSEN EINGELADEN?

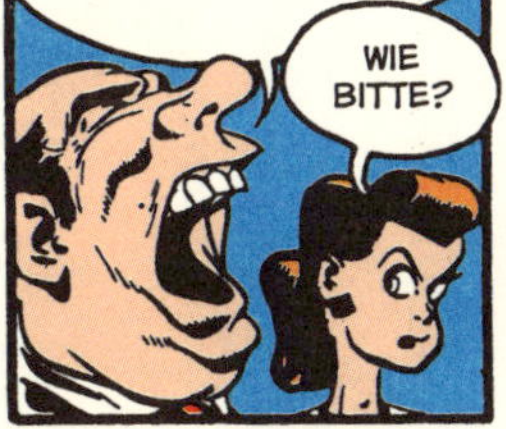
WIE BITTE?

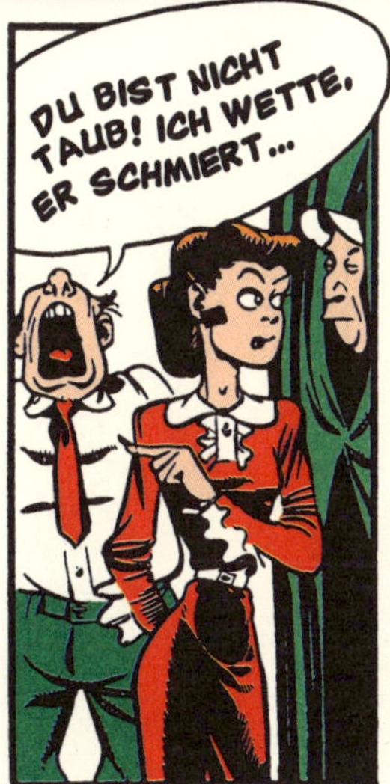
DU BIST NICHT TAUB! ICH WETTE, ER SCHMIERT...

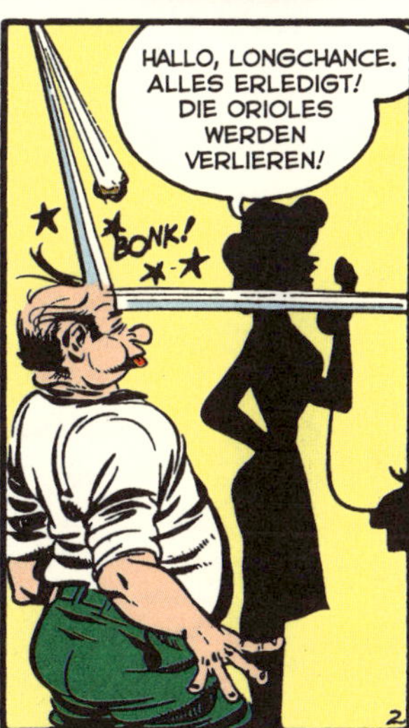
HALLO, LONGCHANCE. ALLES ERLEDIGT! DIE ORIOLES WERDEN VERLIEREN!
BONK!

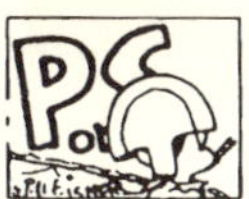
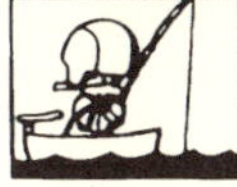
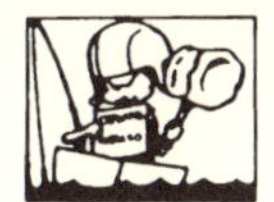
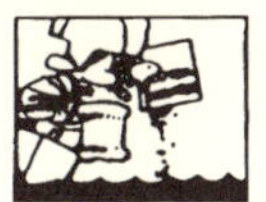
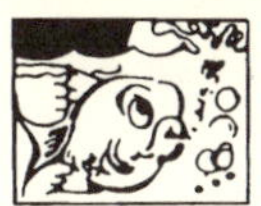
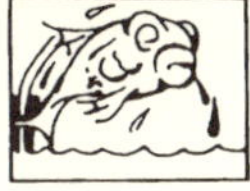
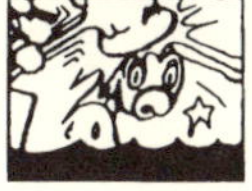
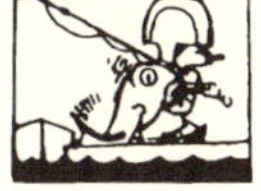

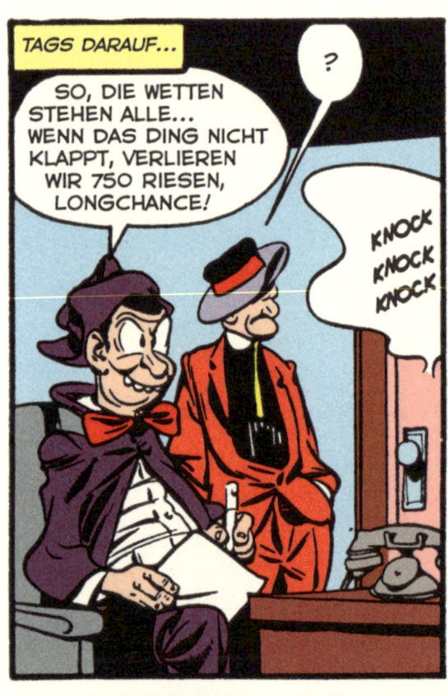

TAGS DARAUF...
SO, DIE WETTEN STEHEN ALLE... WENN DAS DING NICHT KLAPPT, VERLIEREN WIR 750 RIESEN, LONGCHANCE!
?
KNOCK KNOCK KNOCK

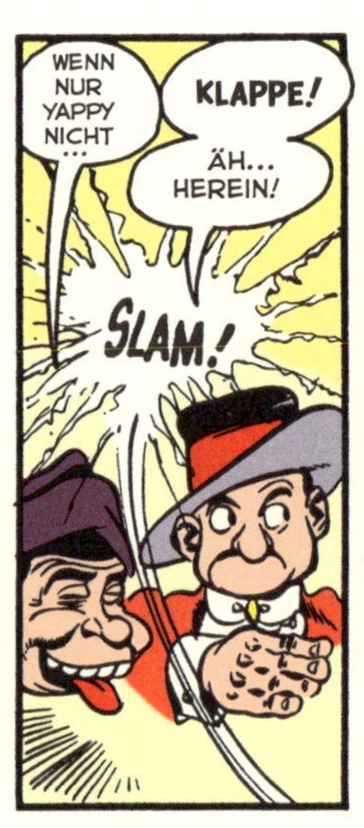

WENN NUR YAPPY NICHT ...
KLAPPE!
ÄH... HEREIN!
SLAM!

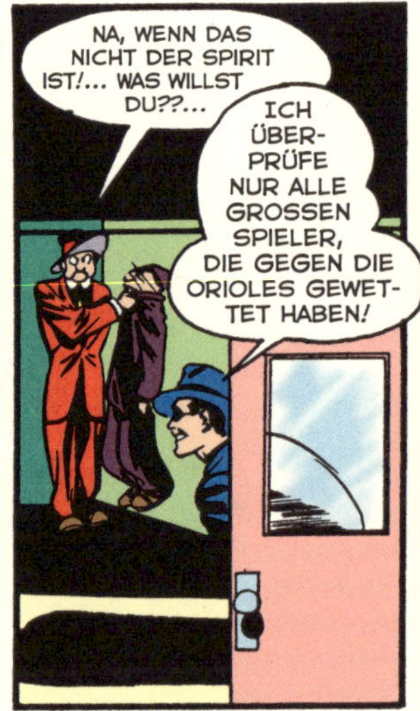

NA, WENN DAS NICHT DER SPIRIT IST!... WAS WILLST DU??...
ICH ÜBER-PRÜFE NUR ALLE GROSSEN SPIELER, DIE GEGEN DIE ORIOLES GEWET-TET HABEN!

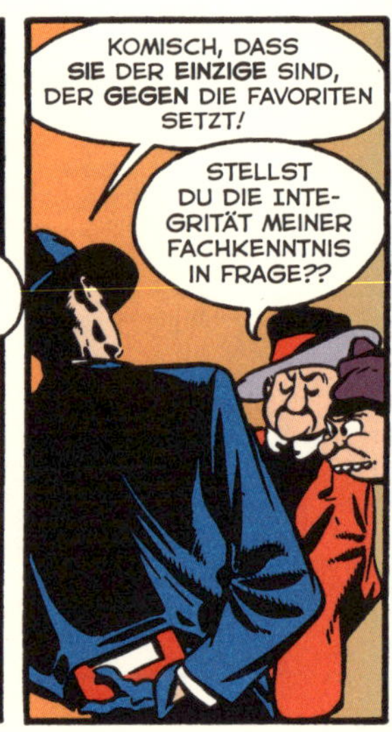

KOMISCH, DASS SIE DER EINZIGE SIND, DER GEGEN DIE FAVORITEN SETZT!
STELLST DU DIE INTE-GRITÄT MEINER FACHKENNTNIS IN FRAGE??

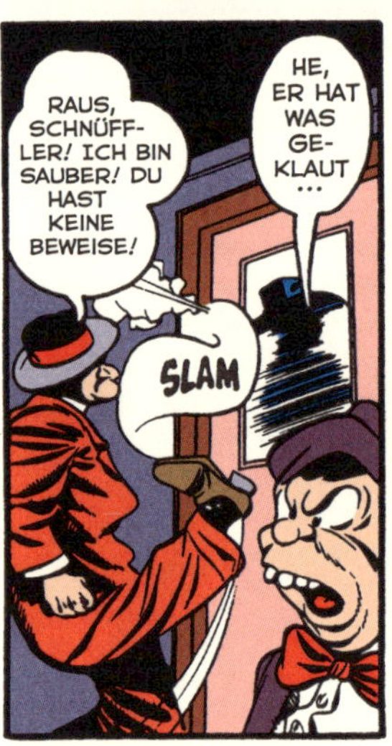

RAUS, SCHNÜFF-LER! ICH BIN SAUBER! DU HAST KEINE BEWEISE!
HE, ER HAT WAS GE-KLAUT ...
SLAM

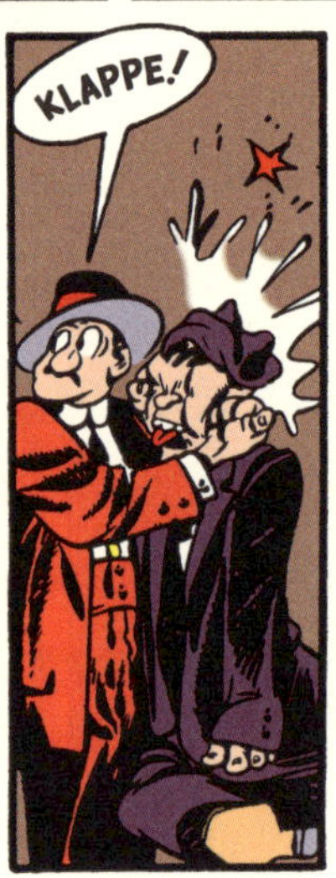

KLAPPE!

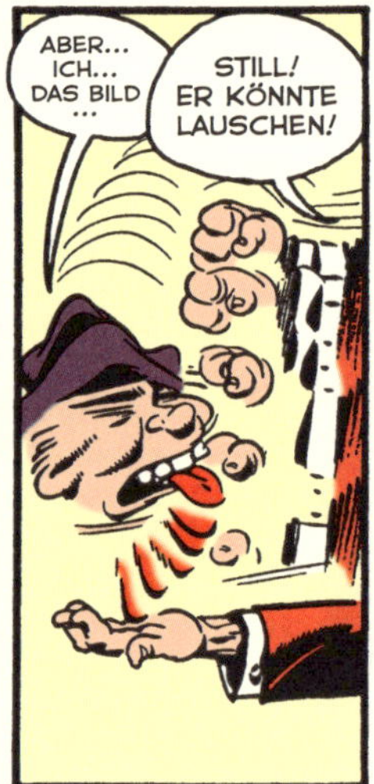

ABER... ICH... DAS BILD ...
STILL! ER KÖNNTE LAUSCHEN!

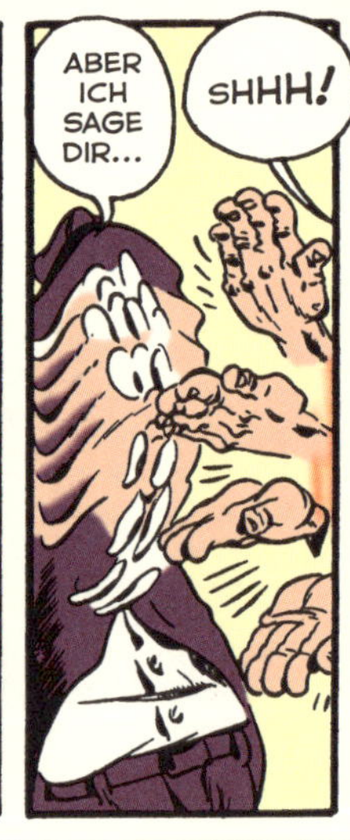

ABER ICH SAGE DIR...
SHHH!

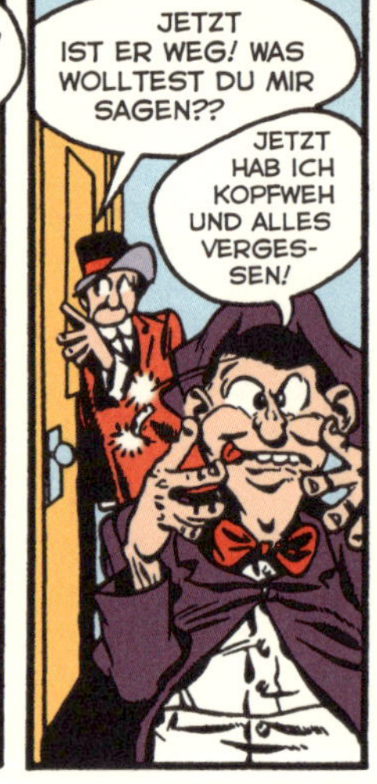

JETZT IST ER WEG! WAS WOLLTEST DU MIR SAGEN??
JETZT HAB ICH KOPFWEH UND ALLES VERGES-SEN!

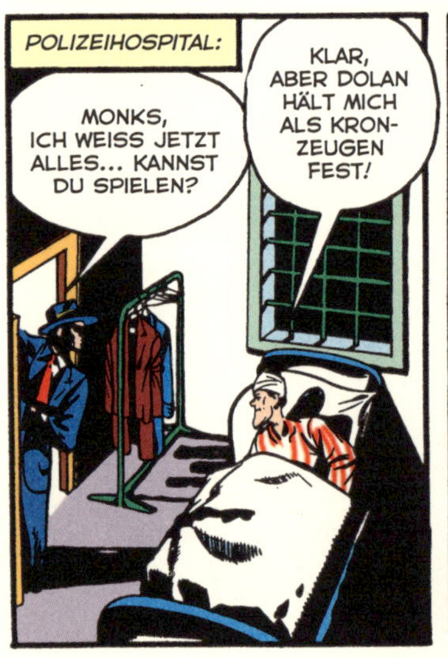

POLIZEIHOSPITAL:
MONKS, ICH WEISS JETZT ALLES... KANNST DU SPIELEN?
KLAR, ABER DOLAN HÄLT MICH ALS KRON-ZEUGEN FEST!

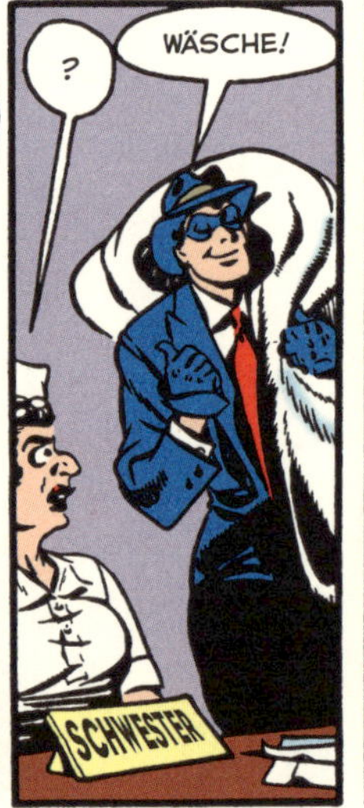

?
WÄSCHE!
SCHWESTER

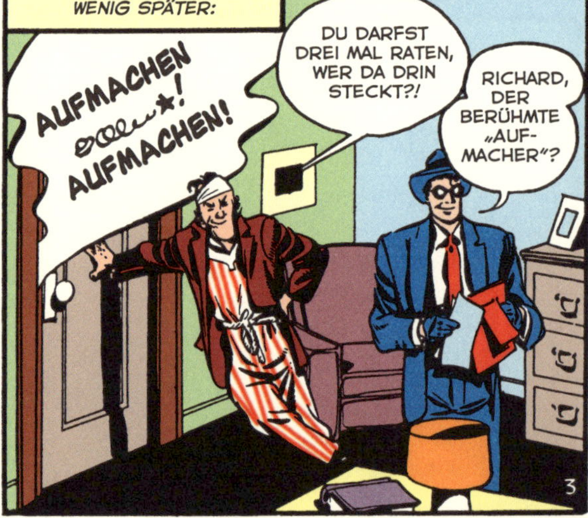

WENIG SPÄTER:
AUFMACHEN ... ! AUFMACHEN!
DU DARFST DREI MAL RATEN, WER DA DRIN STECKT?!
RICHARD, DER BERÜHMTE „AUF-MACHER"?
3

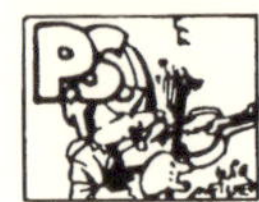
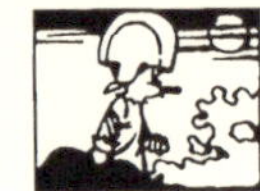
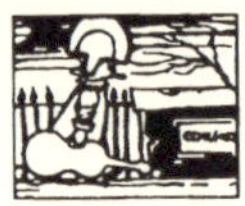
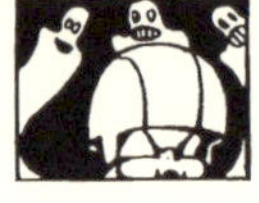
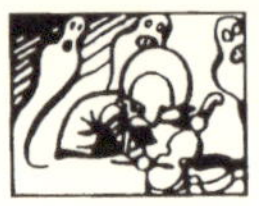
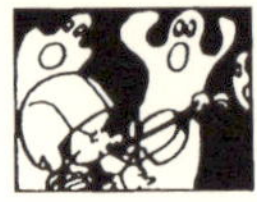
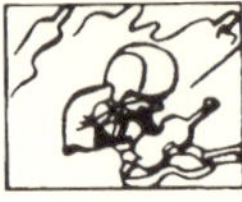
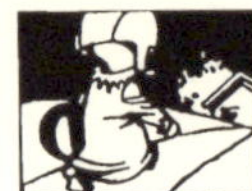

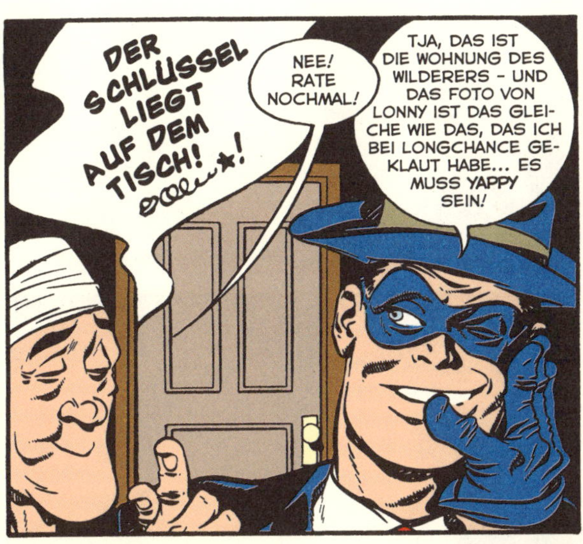

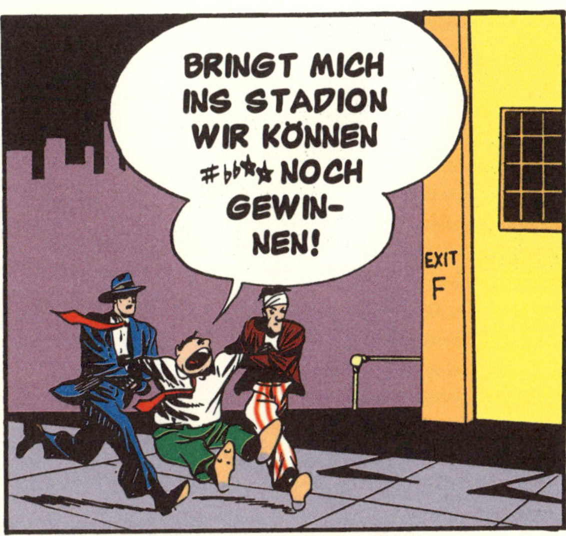

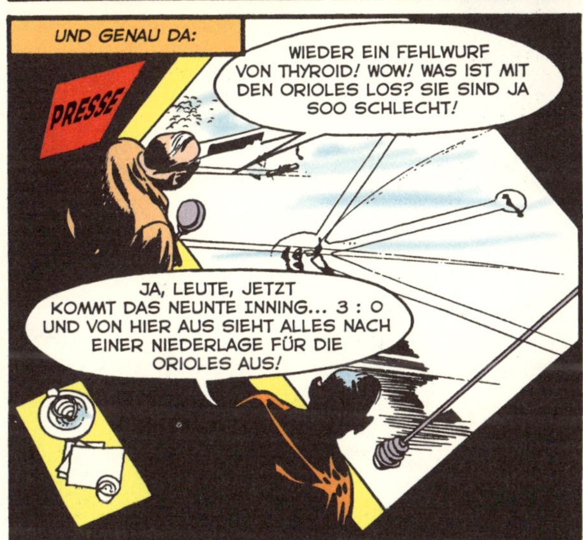

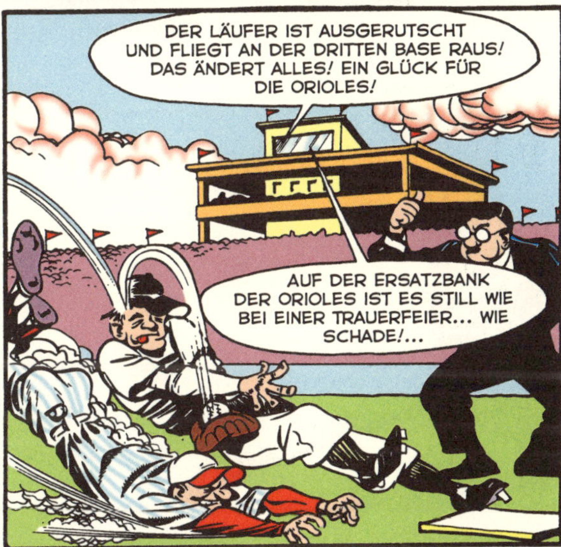

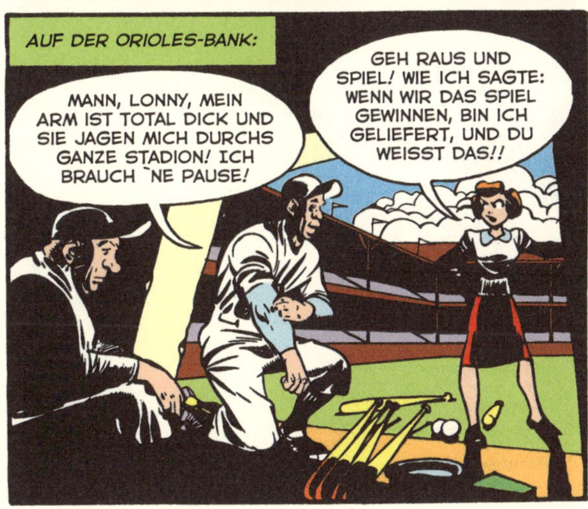

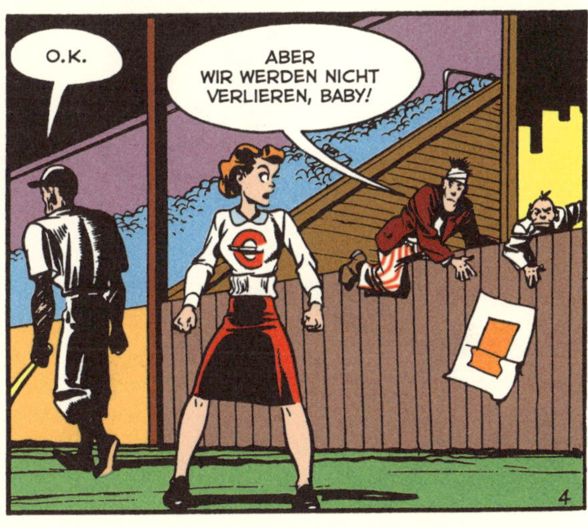

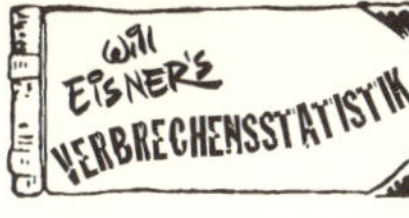

DIEBSTÄHLE:
1945 WURDEN WAREN IM WERT VON 88.574.459 $ IN DEN USA GESTOHLEN.

VERHAFTUNGEN:
1945 WURDEN 459.708 MÄNNER UND 84.144 FRAUEN VERHAFTET.

TODESSTRAFEN:
1944 WURDEN 120 MENSCHEN VON AMERIKANISCHEN GERICHTEN ZUM TODE VERURTEILT.

JUGENDKRIMINALITÄT:
1945 WURDEN 21% ALLER VERBRECHEN VON UNTER-21-JÄHRIGEN VERÜBT.

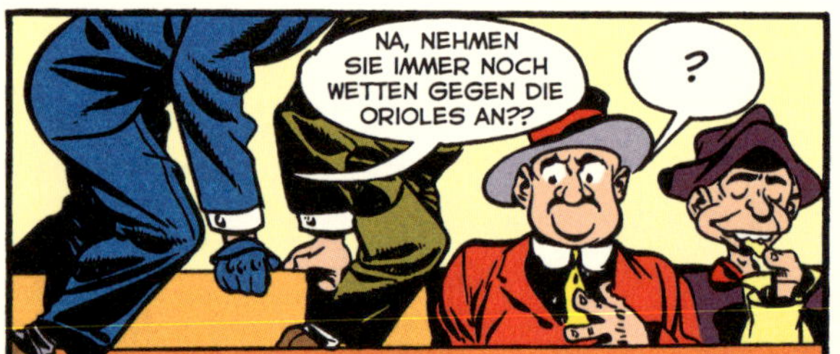
NA, NEHMEN SIE IMMER NOCH WETTEN GEGEN DIE ORIOLES AN??
?

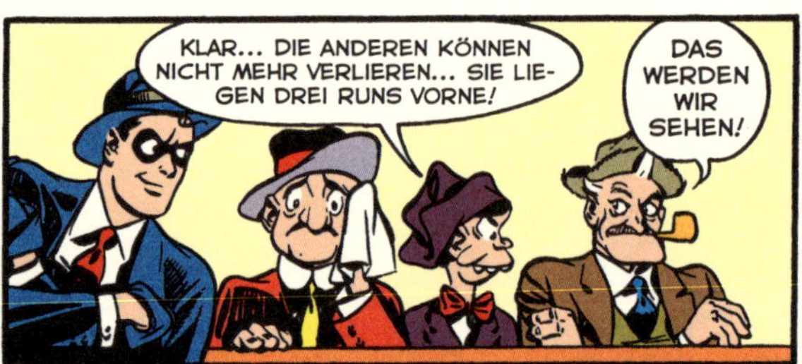
KLAR... DIE ANDEREN KÖNNEN NICHT MEHR VERLIEREN... SIE LIEGEN DREI RUNS VORNE!
DAS WERDEN WIR SEHEN!

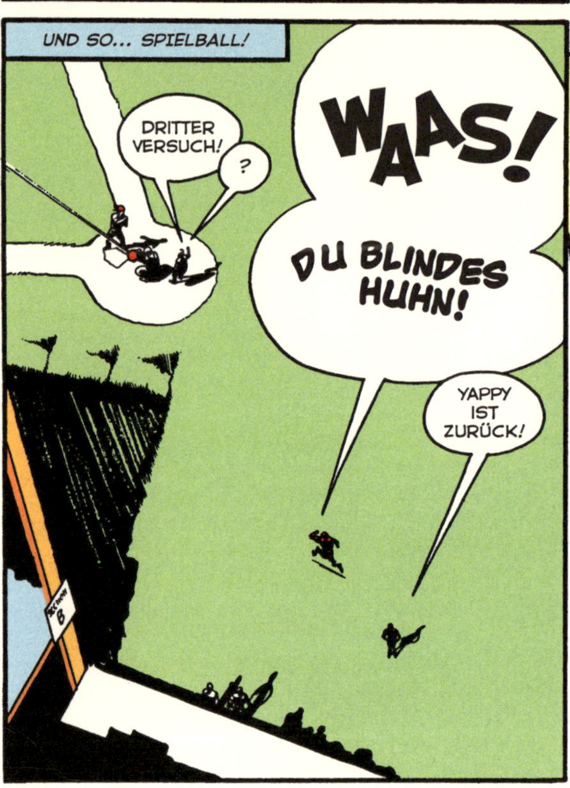
UND SO... SPIELBALL!
DRITTER VERSUCH!
?
WAAS!
DU BLINDES HUHN!
YAPPY IST ZURÜCK!

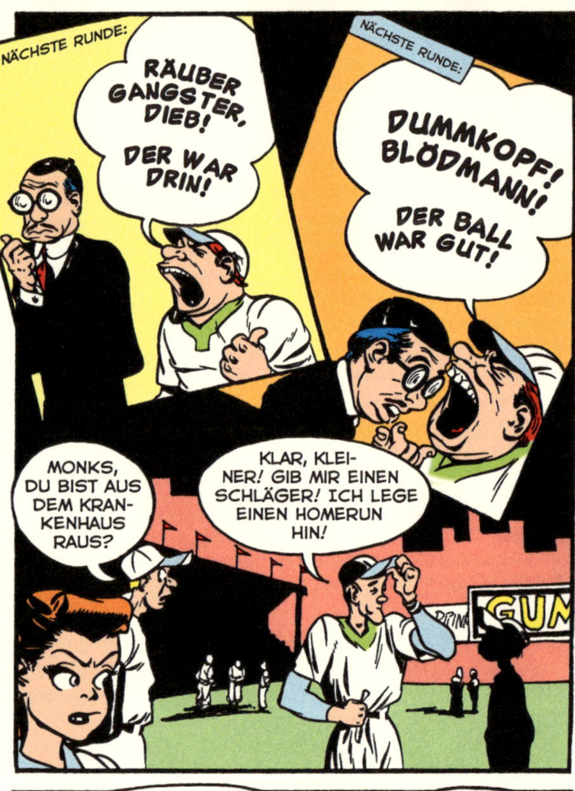
NÄCHSTE RUNDE:
RÄUBER GANGSTER, DIEB!
DER WAR DRIN!
NÄCHSTE RUNDE:
DUMMKOPF! BLÖDMANN!
DER BALL WAR GUT!
MONKS, DU BIST AUS DEM KRANKENHAUS RAUS?
KLAR, KLEINER! GIB MIR EINEN SCHLÄGER! ICH LEGE EINEN HOMERUN HIN!
GUM

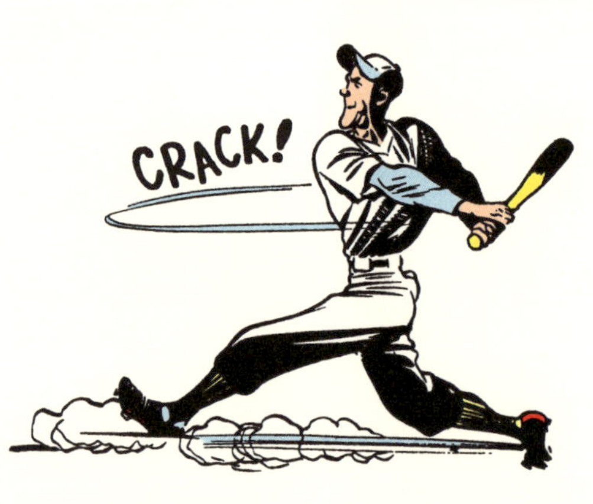
CRACK!

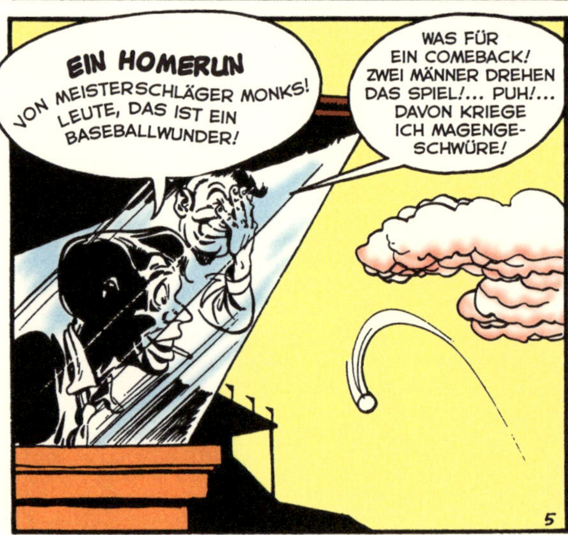
EIN HOMERUN VON MEISTERSCHLÄGER MONKS! LEUTE, DAS IST EIN BASEBALLWUNDER!
WAS FÜR EIN COMEBACK! ZWEI MÄNNER DREHEN DAS SPIEL!... PUH!... DAVON KRIEGE ICH MAGENGESCHWÜRE!
5

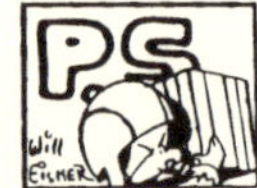
P.S.
Will Eisner

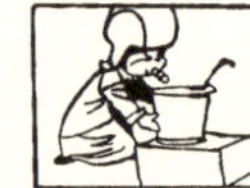

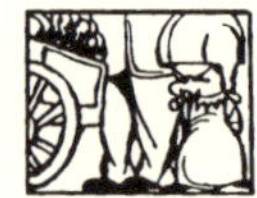

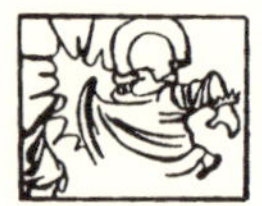

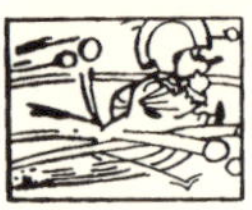

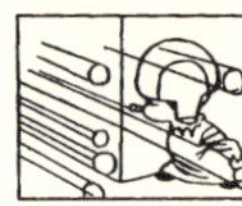

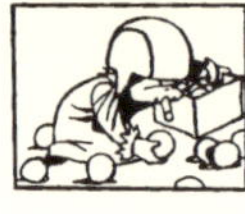

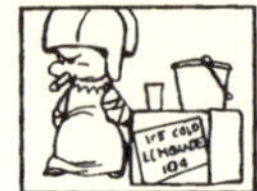

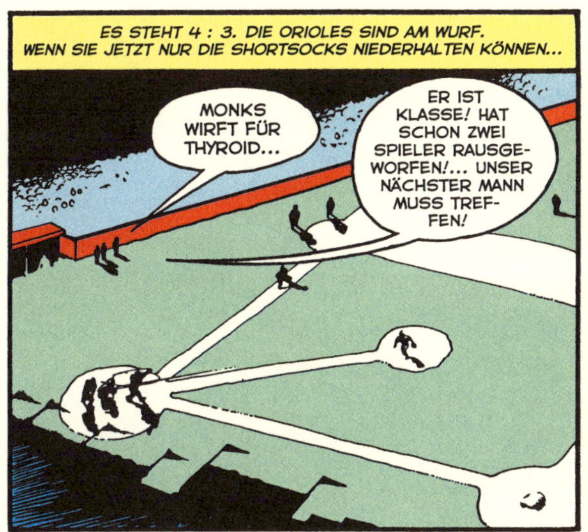
ES STEHT 4 : 3. DIE ORIOLES SIND AM WURF.
WENN SIE JETZT NUR DIE SHORTSOCKS NIEDERHALTEN KÖNNEN...
MONKS WIRFT FÜR THYROID...
ER IST KLASSE! HAT SCHON ZWEI SPIELER RAUSGE-WORFEN!... UNSER NÄCHSTER MANN MUSS TREF-FEN!

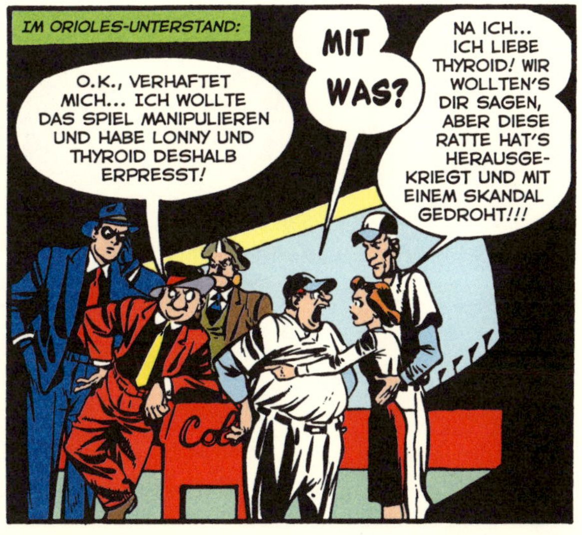
IM ORIOLES-UNTERSTAND:
O.K., VERHAFTET MICH... ICH WOLLTE DAS SPIEL MANIPULIEREN UND HABE LONNY UND THYROID DESHALB ERPRESST!
MIT WAS?
NA ICH... ICH LIEBE THYROID! WIR WOLLTEN'S DIR SAGEN, ABER DIESE RATTE HAT'S HERAUSGE-KRIEGT UND MIT EINEM SKANDAL GEDROHT!!!

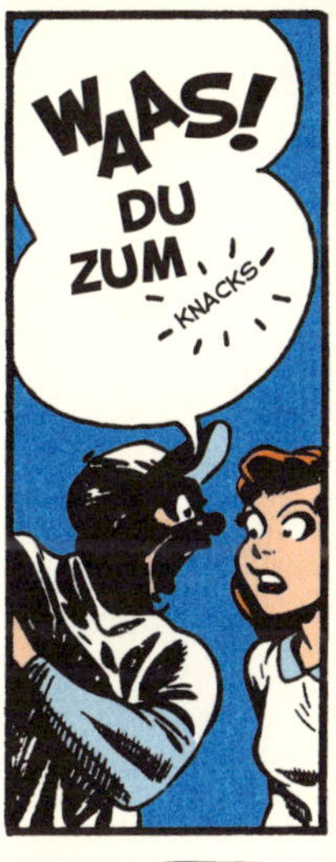
WAAS! DU ZUM
KNACKS

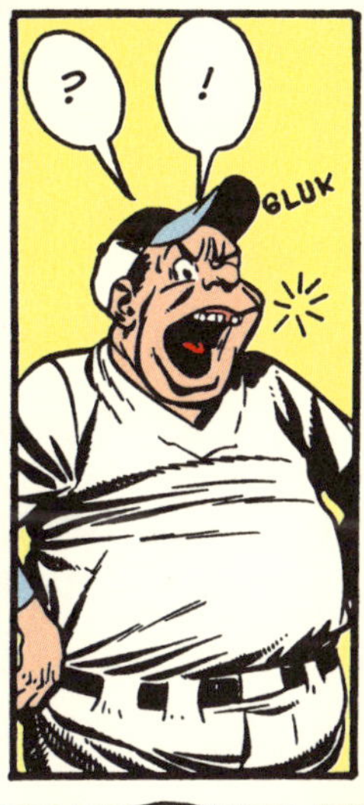
?
!
GLUK

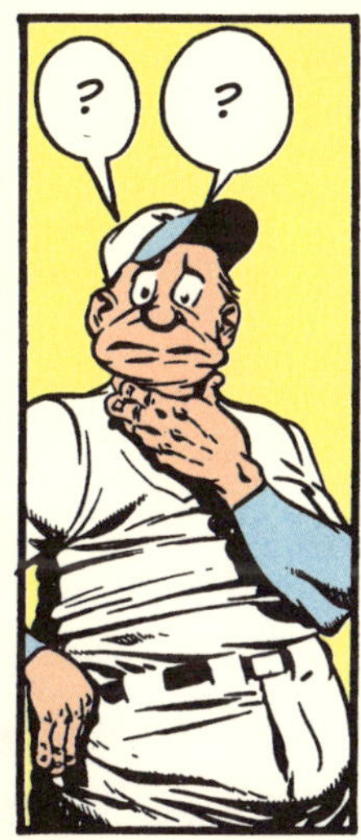
?
?

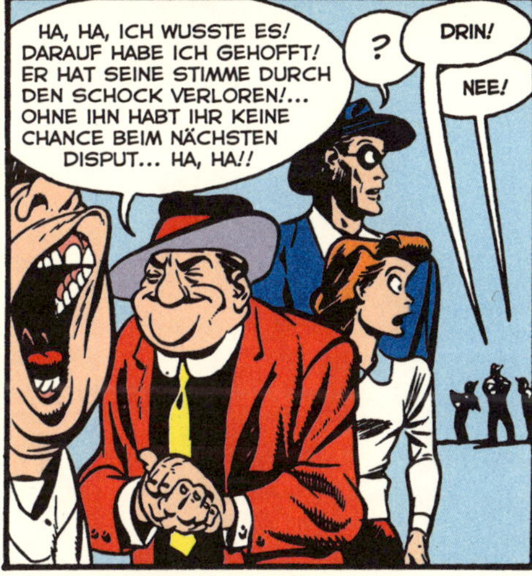
HA, HA, ICH WUSSTE ES! DARAUF HABE ICH GEHOFFT! ER HAT SEINE STIMME DURCH DEN SCHOCK VERLOREN!... OHNE IHN HABT IHR KEINE CHANCE BEIM NÄCHSTEN DISPUT... HA, HA!!
?
DRIN!
NEE!

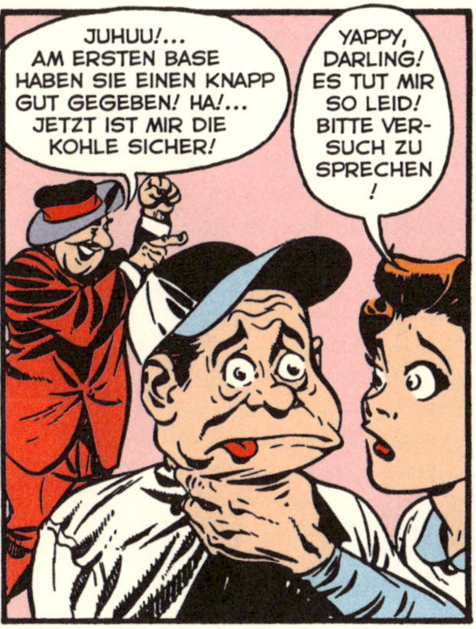
JUHUU!... AM ERSTEN BASE HABEN SIE EINEN KNAPP GUT GEGEBEN! HA!... JETZT IST MIR DIE KOHLE SICHER!
YAPPY, DARLING! ES TUT MIR SO LEID! BITTE VER-SUCH ZU SPRECHEN!

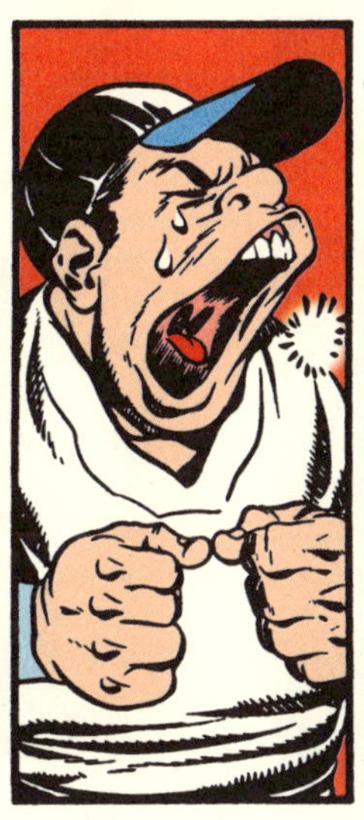

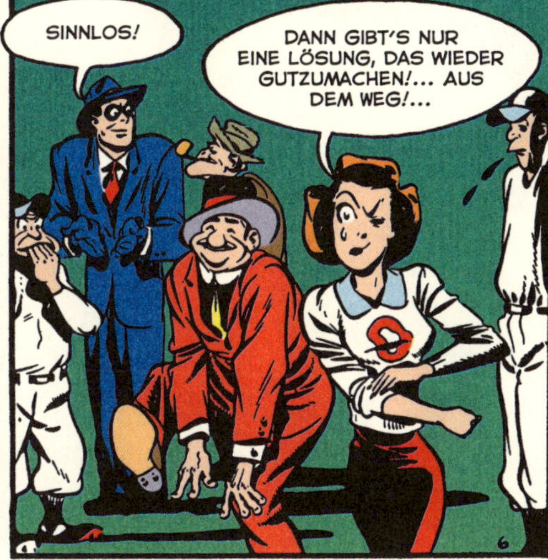
SINNLOS!
DANN GIBT'S NUR EINE LÖSUNG, DAS WIEDER GUTZUMACHEN!... AUS DEM WEG!...
6

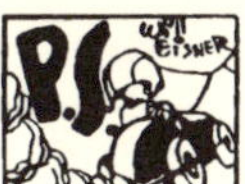
P.S.
WILL EISNER

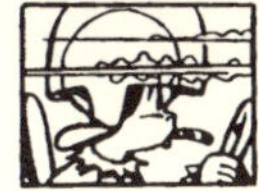

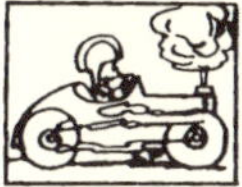

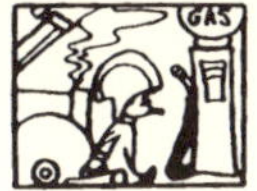
GAS

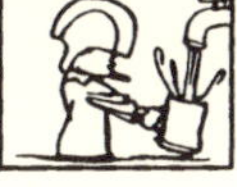

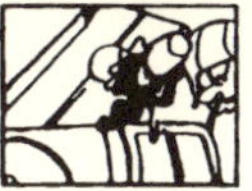

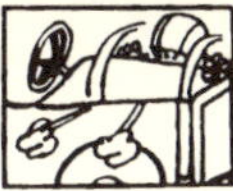

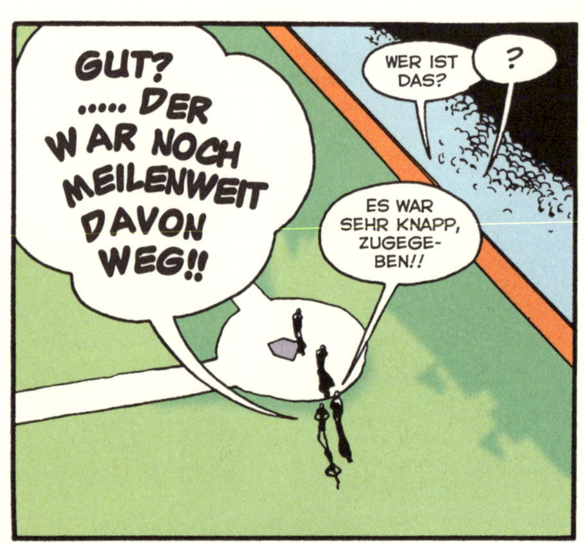
GUT? ..... DER WAR NOCH MEILENWEIT DAVON WEG!!
WER IST DAS?
?
ES WAR SEHR KNAPP, ZUGEGEBEN!!

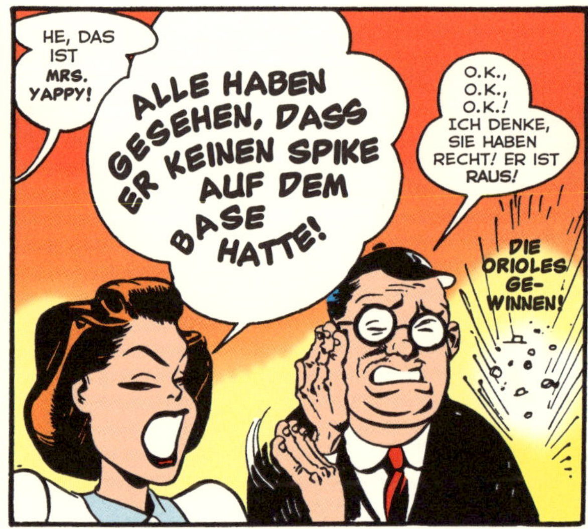
HE, DAS IST MRS. YAPPY!
ALLE HABEN GESEHEN, DASS ER KEINEN SPIKE AUF DEM BASE HATTE!
O.K., O.K., O.K.! ICH DENKE, SIE HABEN RECHT! ER IST RAUS!
DIE ORIOLES GEWINNEN!

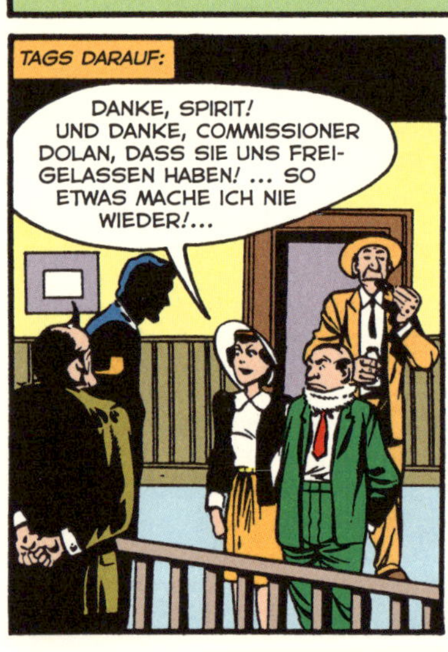
TAGS DARAUF:
DANKE, SPIRIT! UND DANKE, COMMISSIONER DOLAN, DASS SIE UNS FREIGELASSEN HABEN! ... SO ETWAS MACHE ICH NIE WIEDER!...

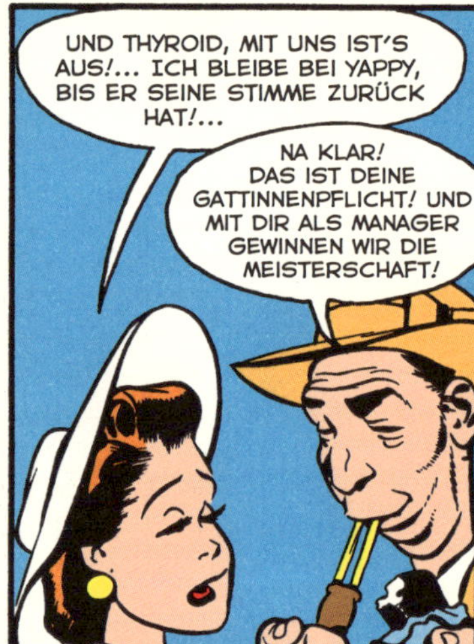
UND THYROID, MIT UNS IST'S AUS!... ICH BLEIBE BEI YAPPY, BIS ER SEINE STIMME ZURÜCK HAT!...
NA KLAR! DAS IST DEINE GATTINNENPFLICHT! UND MIT DIR ALS MANAGER GEWINNEN WIR DIE MEISTERSCHAFT!

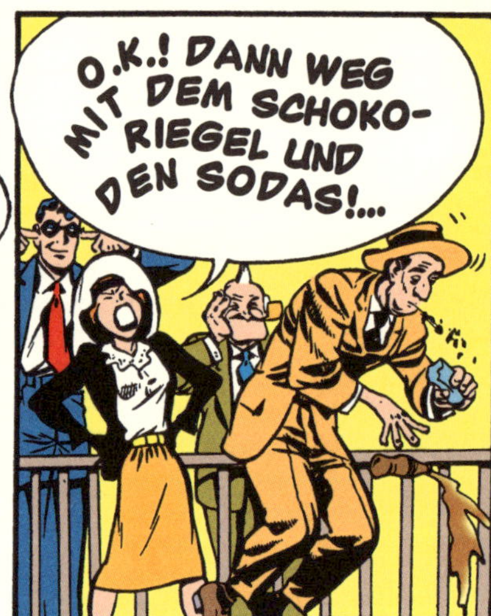
O.K.! DANN WEG MIT DEM SCHOKORIEGEL UND DEN SODAS!...

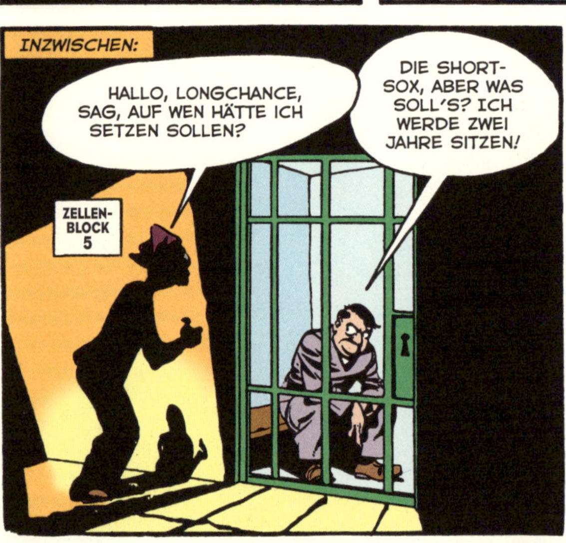
INZWISCHEN:
HALLO, LONGCHANCE, SAG, AUF WEN HÄTTE ICH SETZEN SOLLEN?
DIE SHORTSOX, ABER WAS SOLL'S? ICH WERDE ZWEI JAHRE SITZEN!
ZELLENBLOCK 5

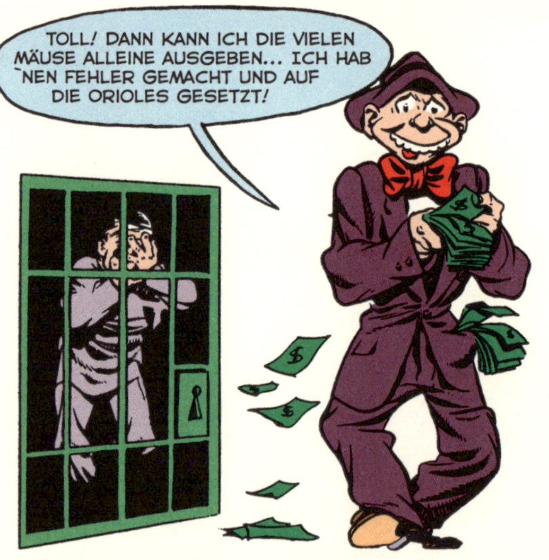
TOLL! DANN KANN ICH DIE VIELEN MÄUSE ALLEINE AUSGEBEN... ICH HAB 'NEN FEHLER GEMACHT UND AUF DIE ORIOLES GESETZT!

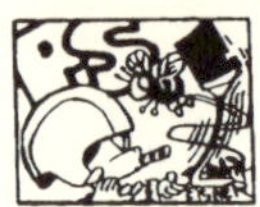
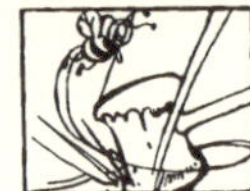
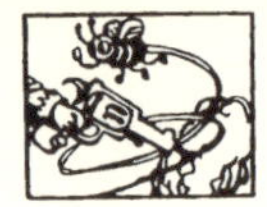
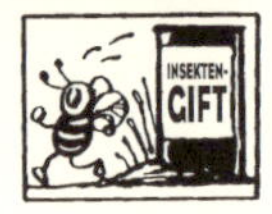
INSEKTEN-GIFT
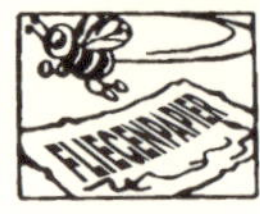
FLIEGENPAPIER
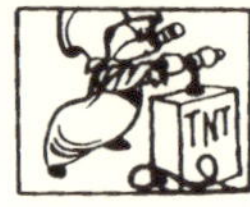
TNT
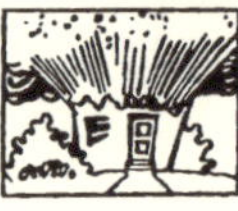
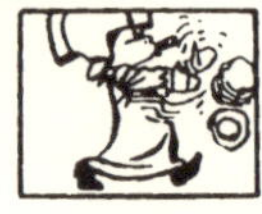

DAS VERMÖGEN

11. Mai 1947

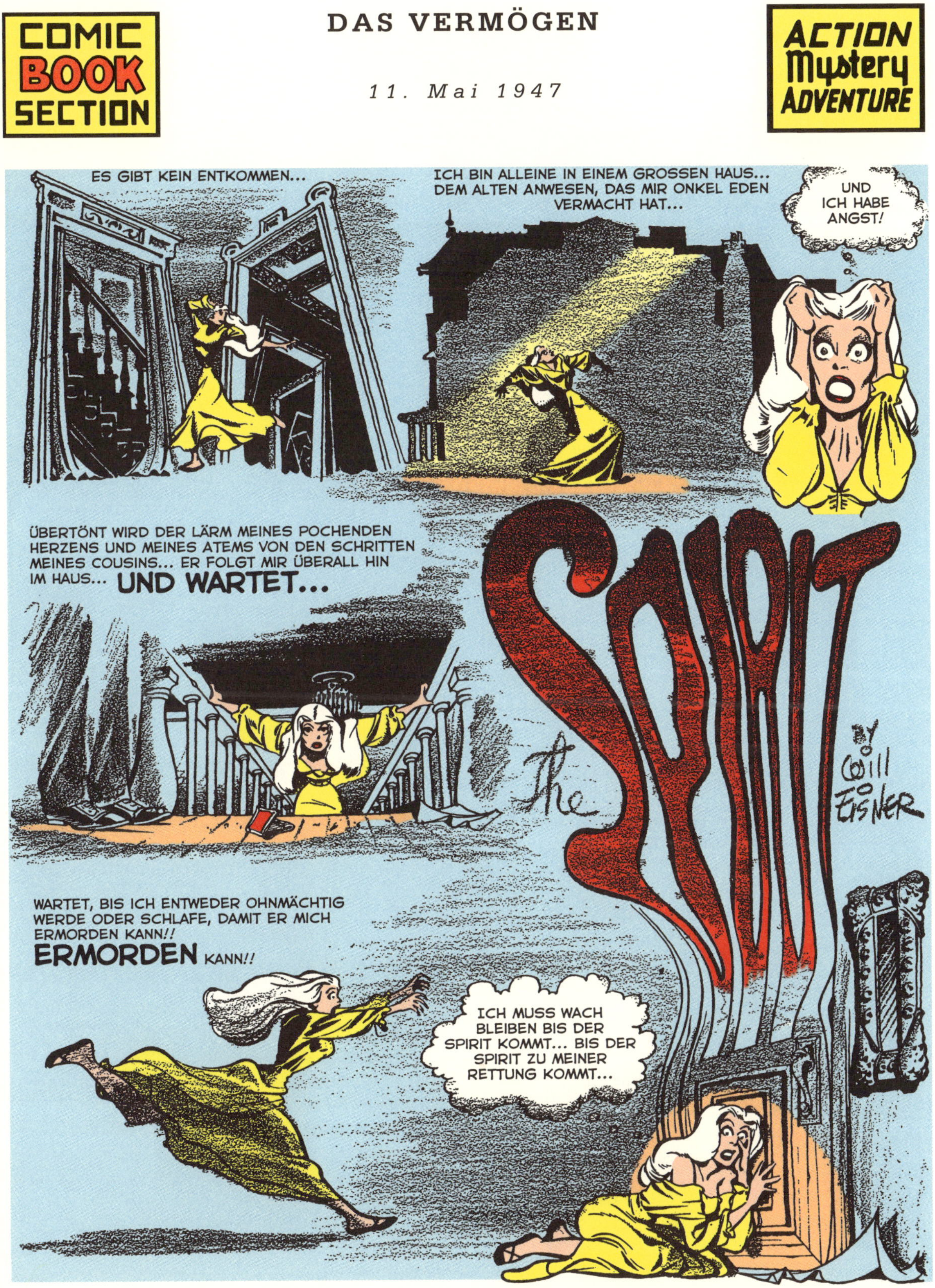

ES GIBT KEIN ENTKOMMEN...

ICH BIN ALLEINE IN EINEM GROSSEN HAUS... DEM ALTEN ANWESEN, DAS MIR ONKEL EDEN VERMACHT HAT...

UND ICH HABE ANGST!

ÜBERTÖNT WIRD DER LÄRM MEINES POCHENDEN HERZENS UND MEINES ATEMS VON DEN SCHRITTEN MEINES COUSINS... ER FOLGT MIR ÜBERALL HIN IM HAUS... **UND WARTET...**

The SPIRIT

BY Will Eisner

WARTET, BIS ICH ENTWEDER OHNMÄCHTIG WERDE ODER SCHLAFE, DAMIT ER MICH ERMORDEN KANN!! **ERMORDEN** KANN!!

ICH MUSS WACH BLEIBEN BIS DER SPIRIT KOMMT... BIS DER SPIRIT ZU MEINER RETTUNG KOMMT...

ICH MUSS NACHDENKEN... VIELLEICHT HILFT ES MIR, MICH AN ALL DAS GESCHEHENE ZU ERINNERN, UM MIR EINEN PLAN AUSZUDENKEN...

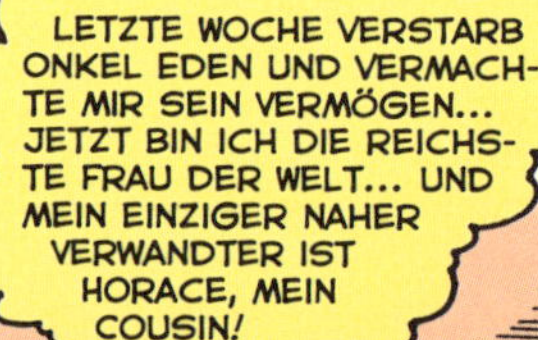

HORACE... **EIN VERRÜCKTER!** ONKEL EDEN WARNTE MICH VOR IHM IN SEINEM TESTAMENT... UND LETZTE NACHT, ALS ICH KAM, UM IN DAS HAUS EINZUZIEHEN... WAR **ER** HIER! ... NEIN... ICH HABE IHN NICHT GESEHEN... UND IHN NOCH NIE ZUVOR GETROFFEN... ABER ICH **WEISS**, DASS ER HIER IST, UM MIR DAS VERMÖGEN DURCH EINEN MORD ZU ENTREISSEN ....

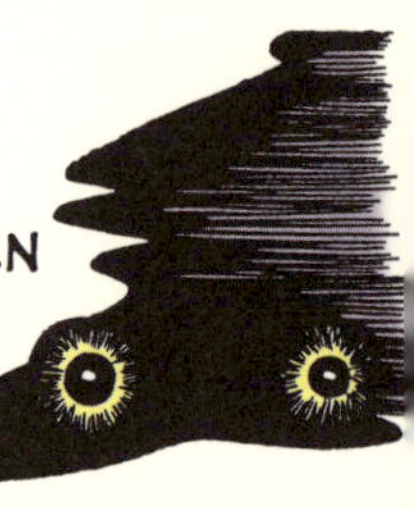

HEUTE MORGEN WAR DIE VORDERTÜR ABGESCHLOSSEN... DER SCHLÜSSEL WAR WEG... DAS TELEFON, MIT DEM ICH DEN SPIRIT ANGERUFEN HATTE, WAR AUS DER WAND GERISSEN... UND ALLE FENSTER SIND VERRIEGELT...

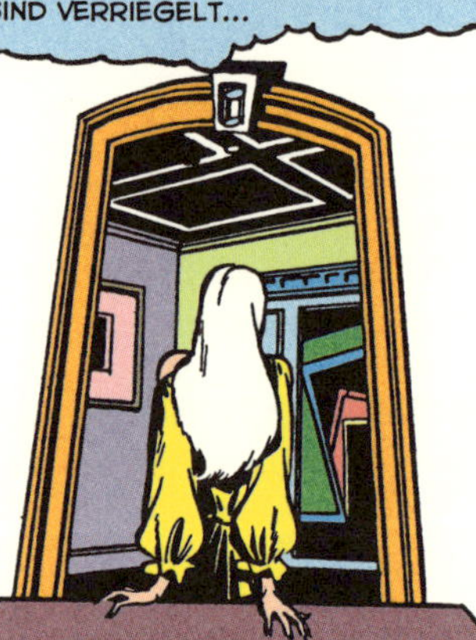

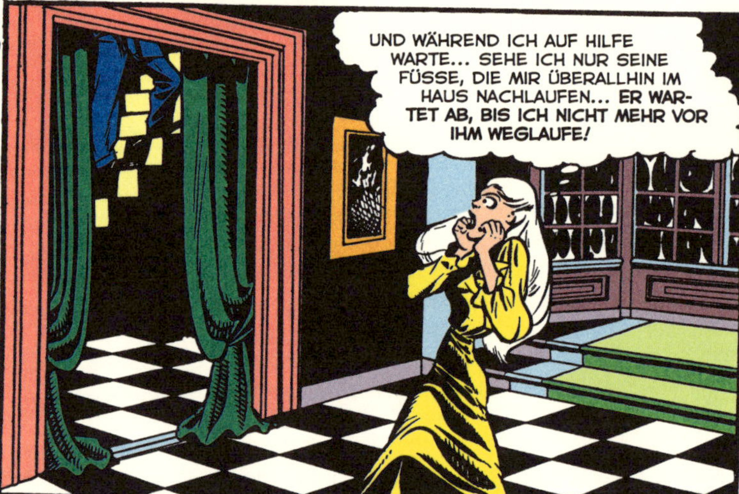

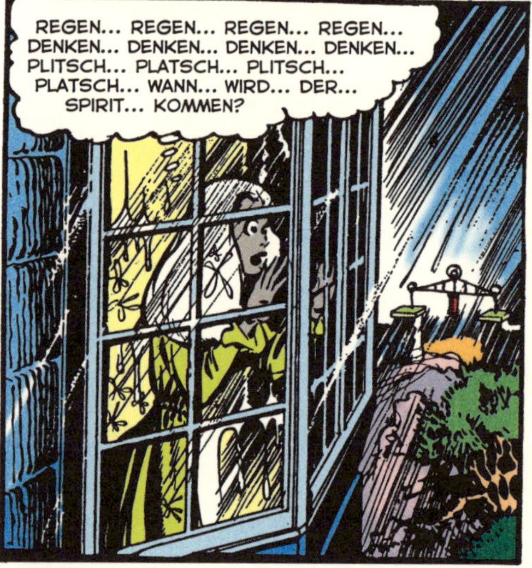

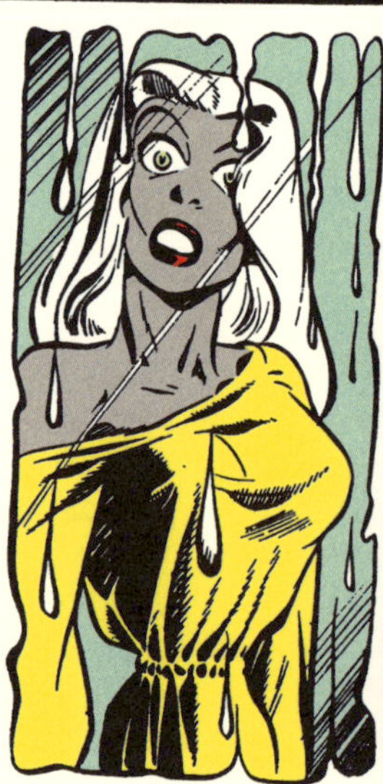

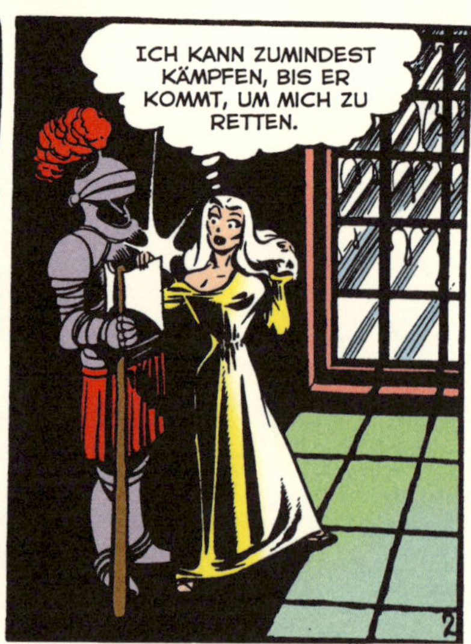

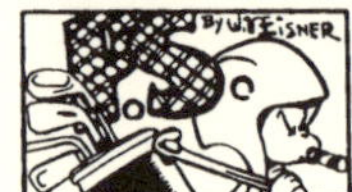

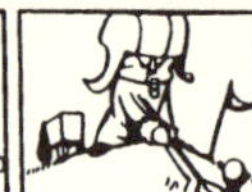

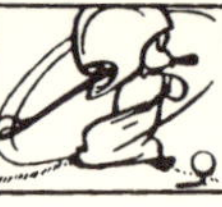

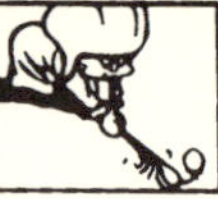

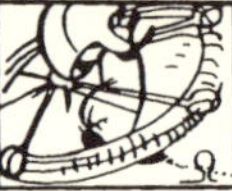

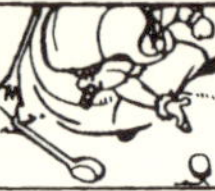

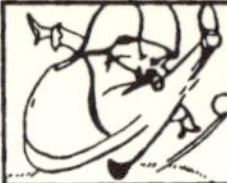

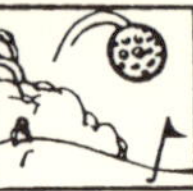

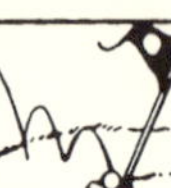

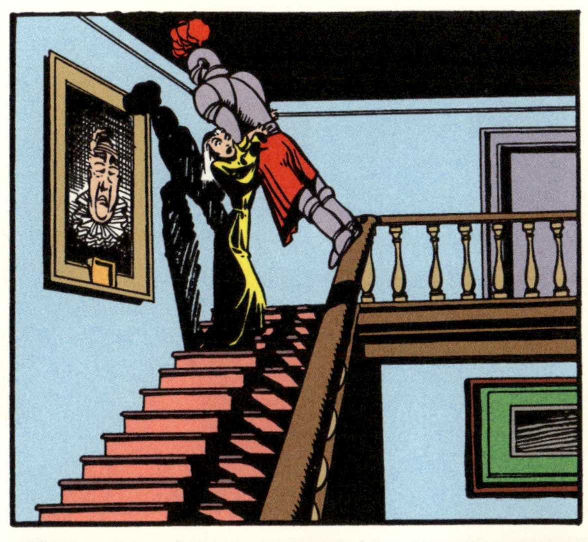
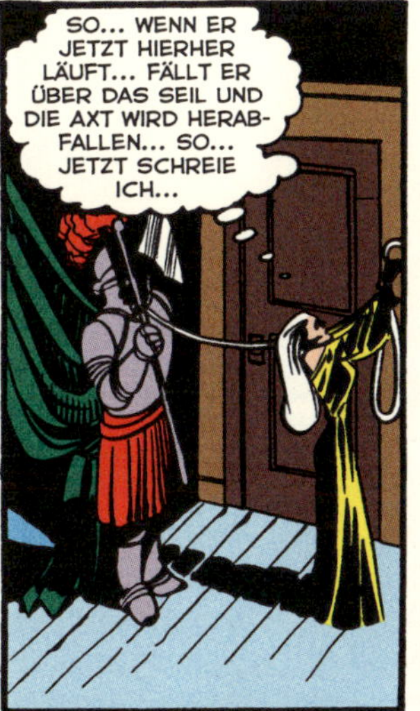
SO... WENN ER JETZT HIERHER LÄUFT... FÄLLT ER ÜBER DAS SEIL UND DIE AXT WIRD HERAB-FALLEN... SO... JETZT SCHREIE ICH...
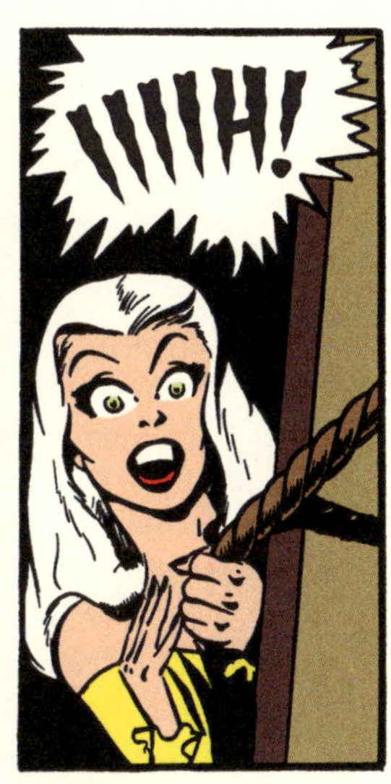
!!!!!H!
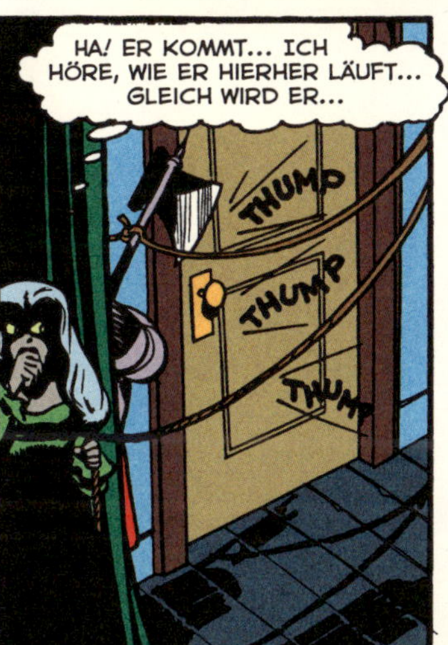
HA! ER KOMMT... ICH HÖRE, WIE ER HIERHER LÄUFT... GLEICH WIRD ER...
THUMP
THUMP
THUMP
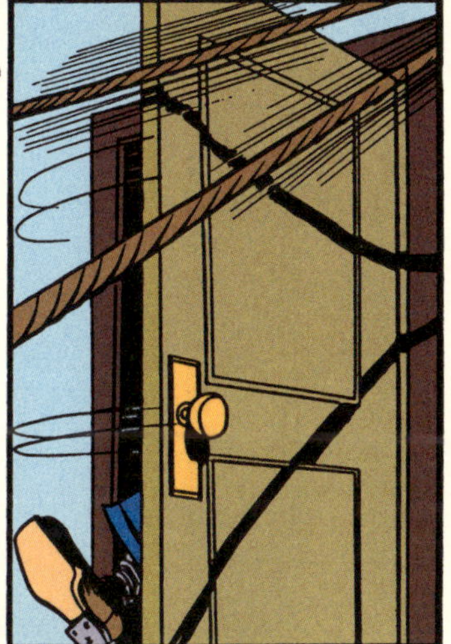
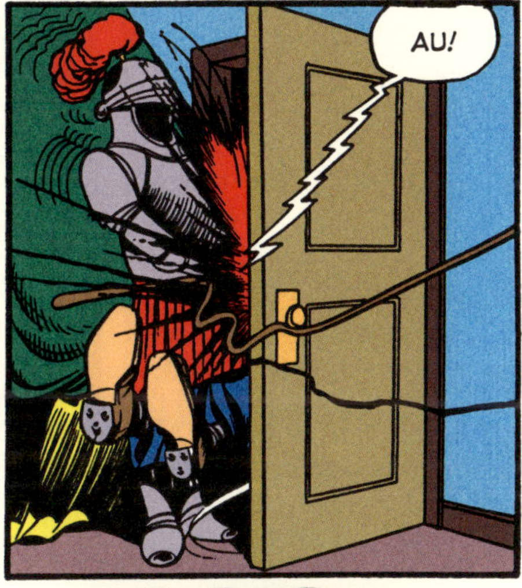
AU!
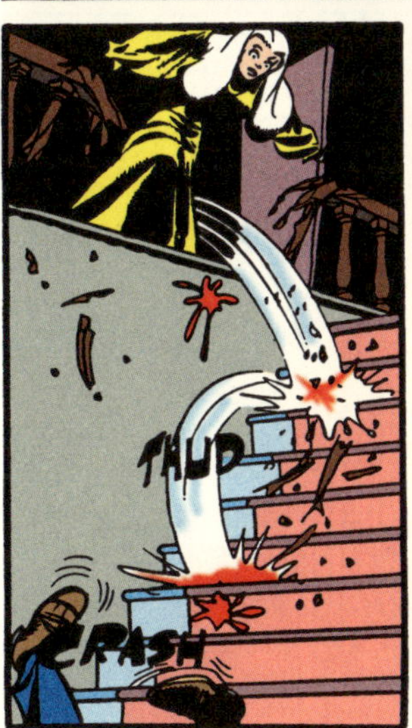
THUD
CRASH
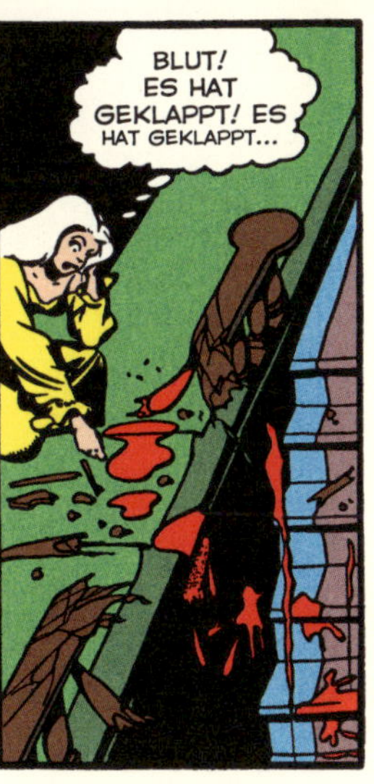
BLUT! ES HAT GEKLAPPT! ES HAT GEKLAPPT...
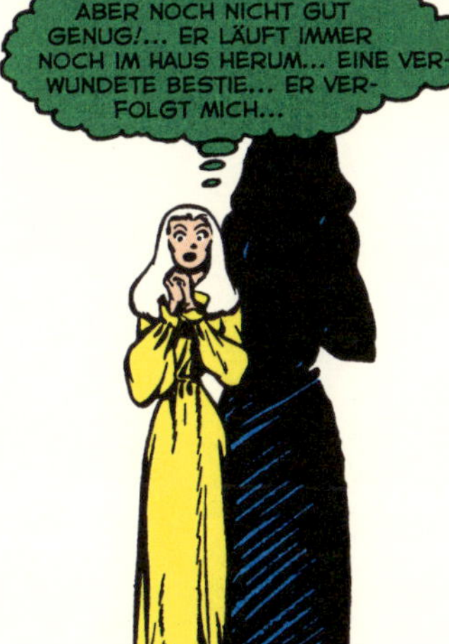
ABER NOCH NICHT GUT GENUG!... ER LÄUFT IMMER NOCH IM HAUS HERUM... EINE VERWUNDETE BESTIE... ER VERFOLGT MICH...

3
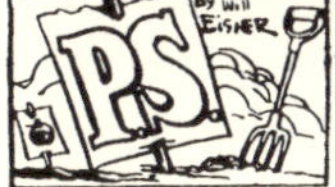
P.S.
By Will Eisner
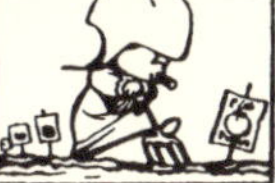
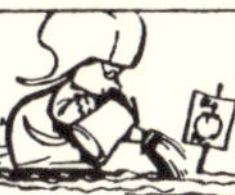
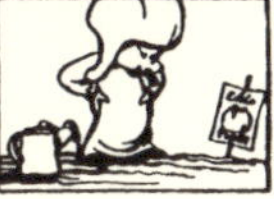
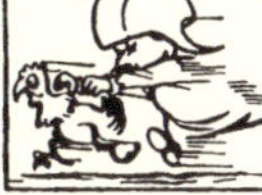
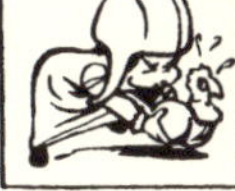
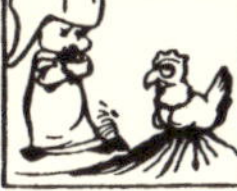
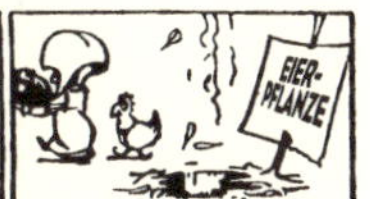
EIER-PFLANZE

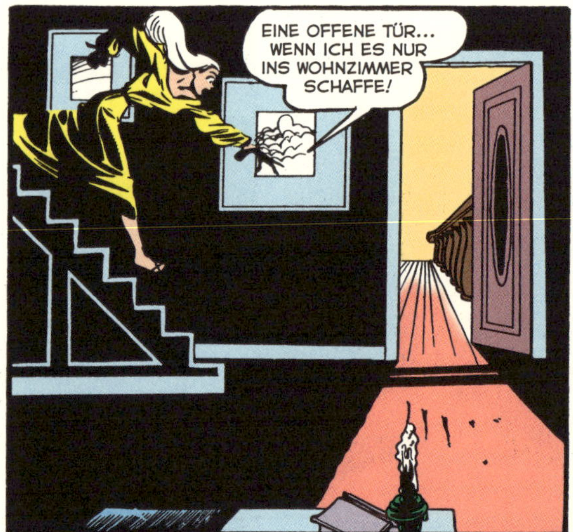
EINE OFFENE TÜR... WENN ICH ES NUR INS WOHNZIMMER SCHAFFE!

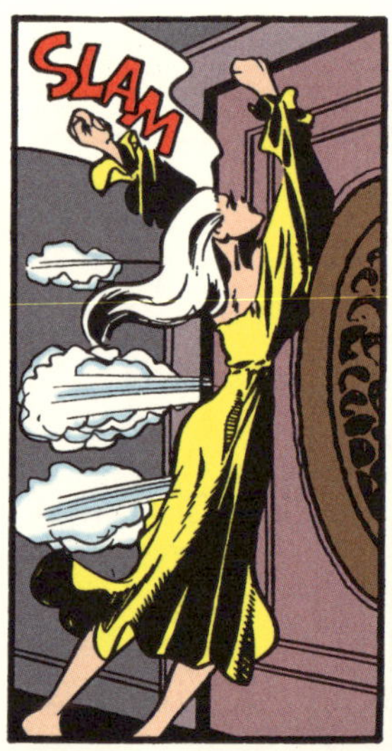
SLAM

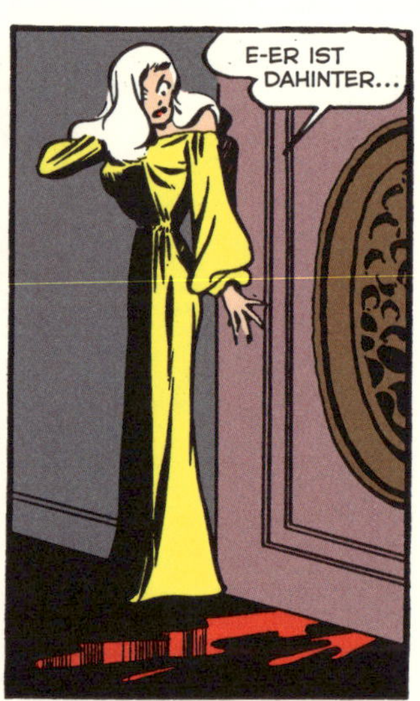
E-ER IST DAHINTER...

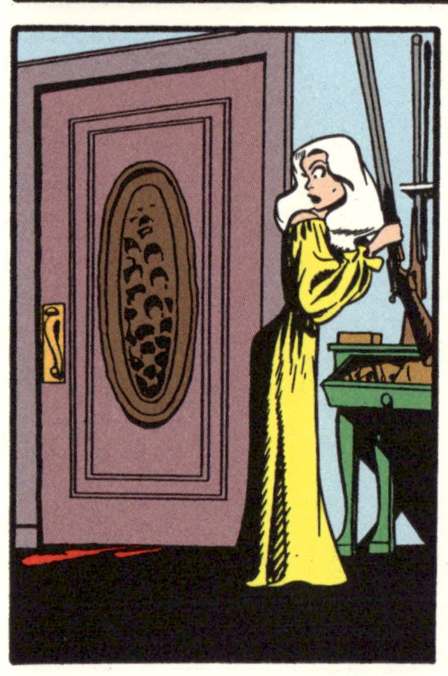

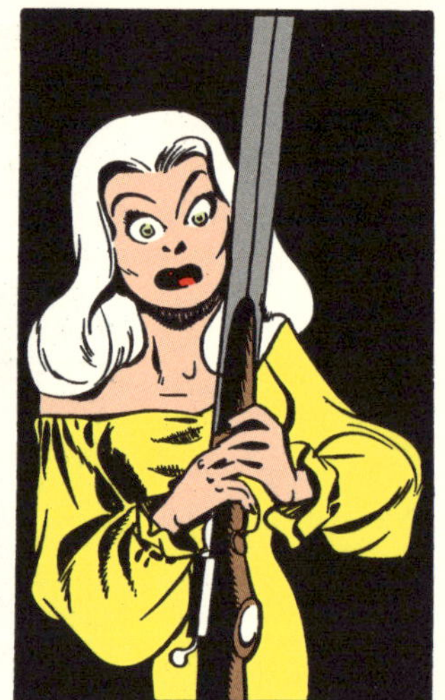

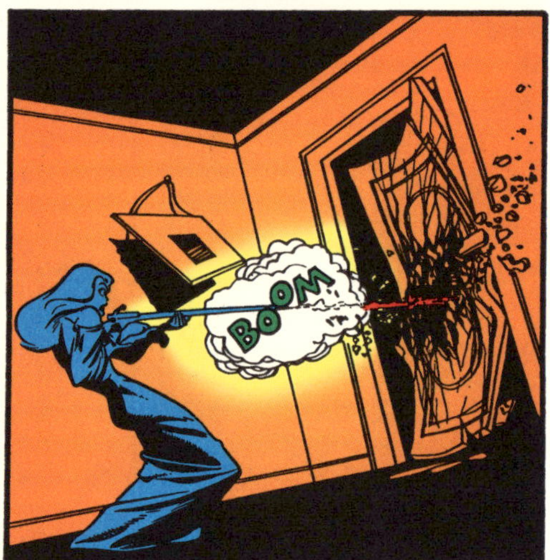
BOOM

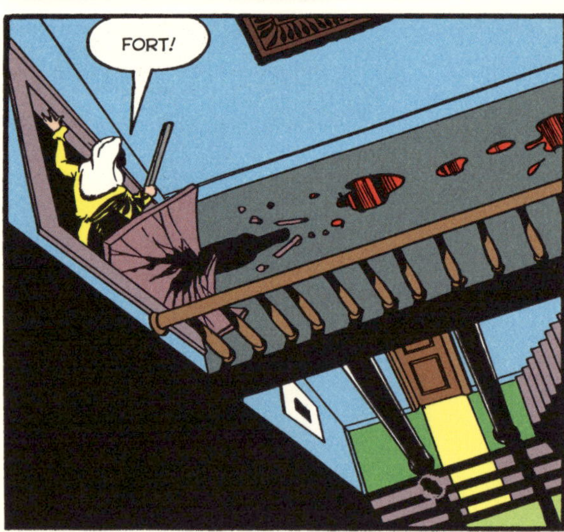
FORT!

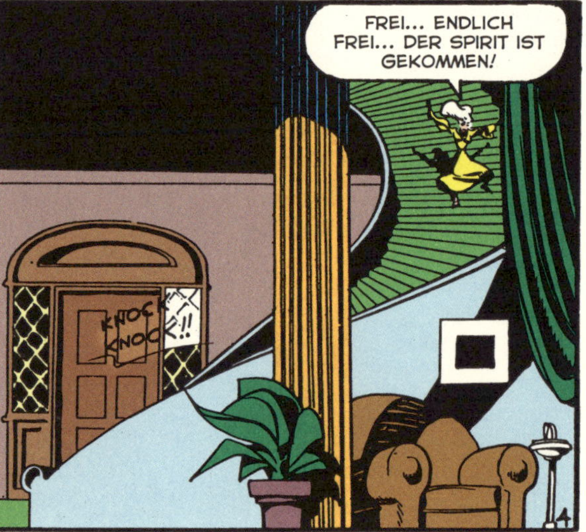
FREI... ENDLICH FREI... DER SPIRIT IST GEKOMMEN!
KNOCK KNOCK!!

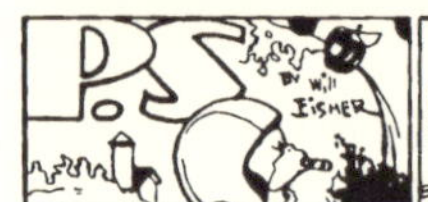
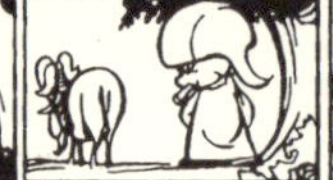
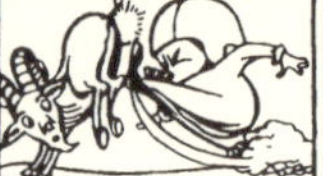
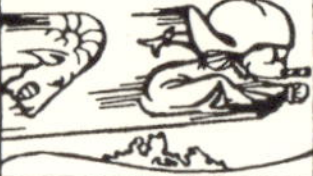
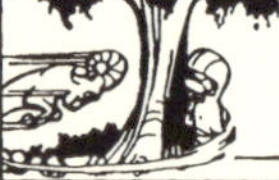
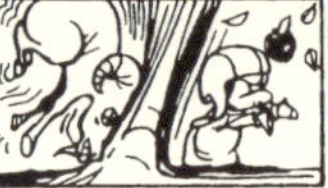
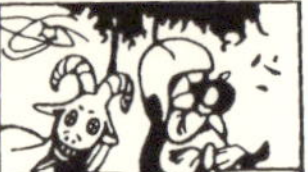

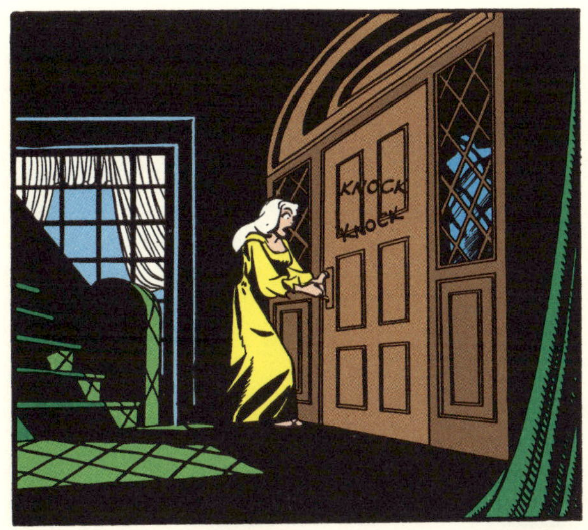
KNOCK
KNOCK
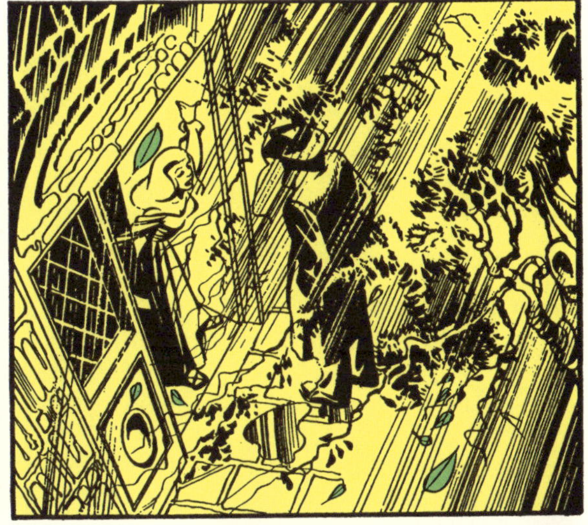
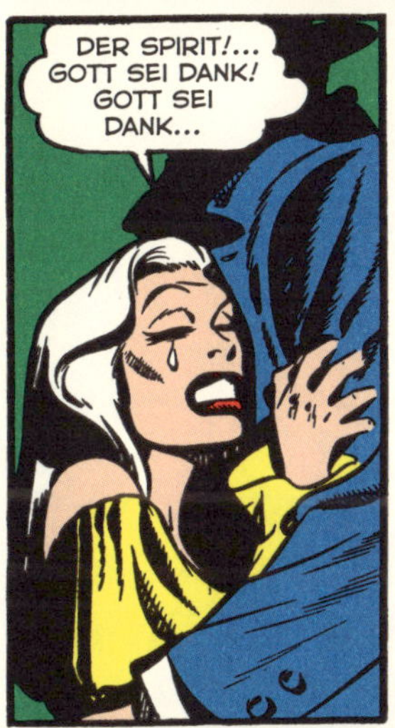
DER SPIRIT!... GOTT SEI DANK! GOTT SEI DANK...
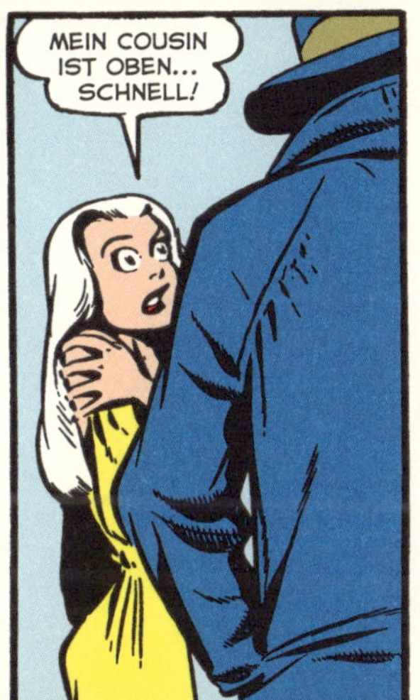
MEIN COUSIN IST OBEN... SCHNELL!
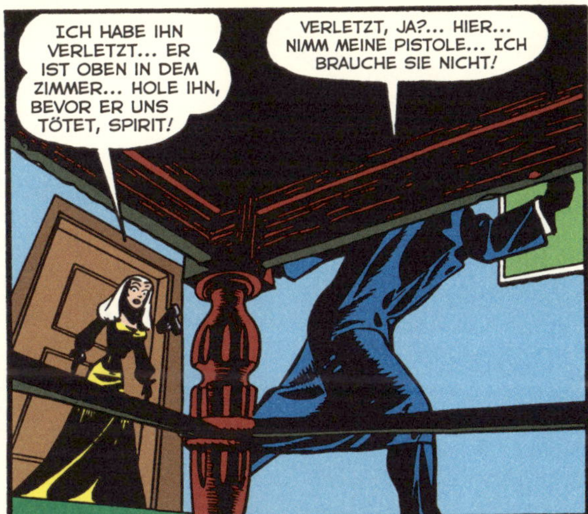
ICH HABE IHN VERLETZT... ER IST OBEN IN DEM ZIMMER... HOLE IHN, BEVOR ER UNS TÖTET, SPIRIT!
VERLETZT, JA?... HIER... NIMM MEINE PISTOLE... ICH BRAUCHE SIE NICHT!
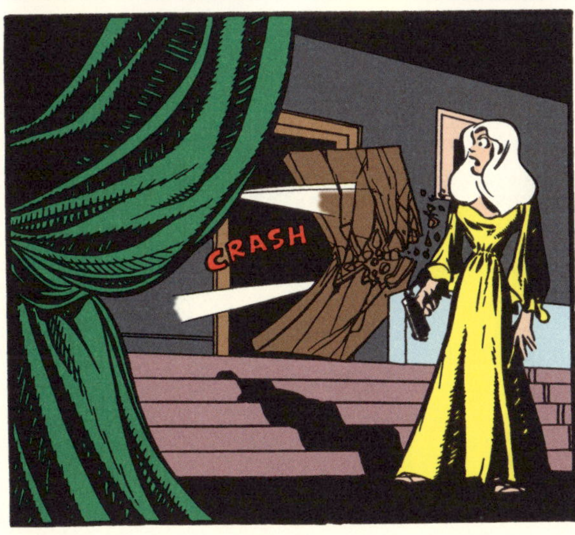
CRASH
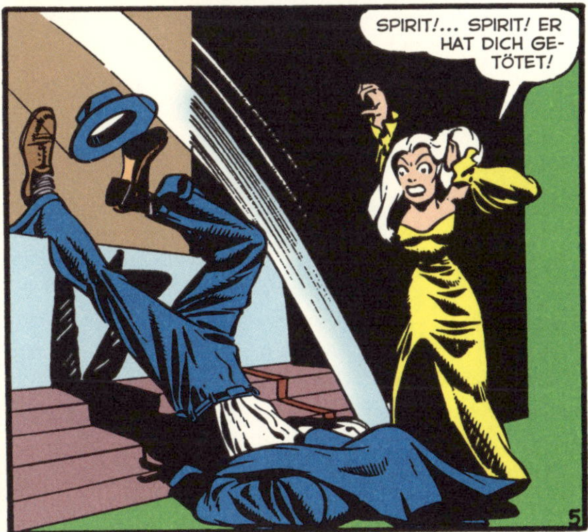
SPIRIT!... SPIRIT! ER HAT DICH GETÖTET!
5
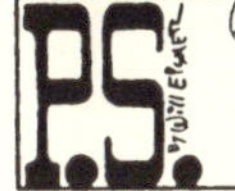
P.S.
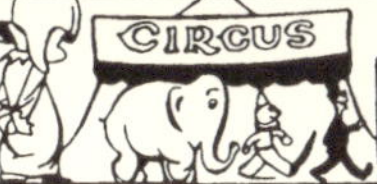
CIRCUS
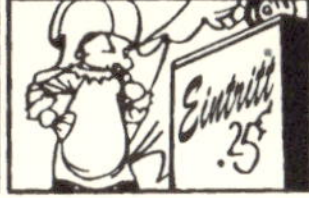
Eintritt 25¢
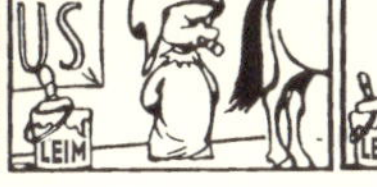
LEIM
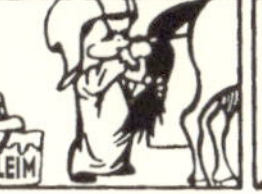
LEIM
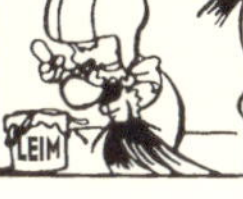
LEIM
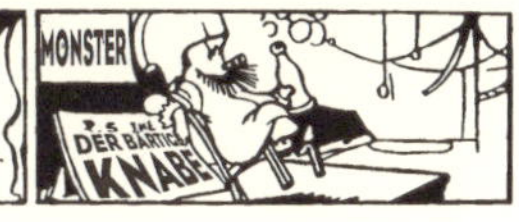
MONSTER
DER BÄRTIGE KNABE

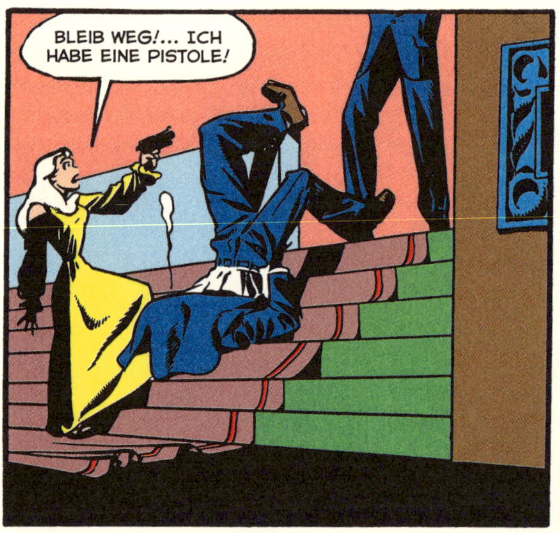
BLEIB WEG!... ICH HABE EINE PISTOLE!

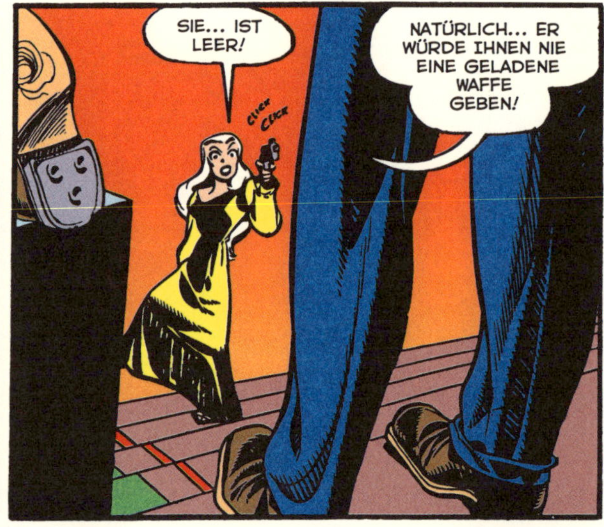
SIE... IST LEER!
CLICK CLICK
NATÜRLICH... ER WÜRDE IHNEN NIE EINE GELADENE WAFFE GEBEN!

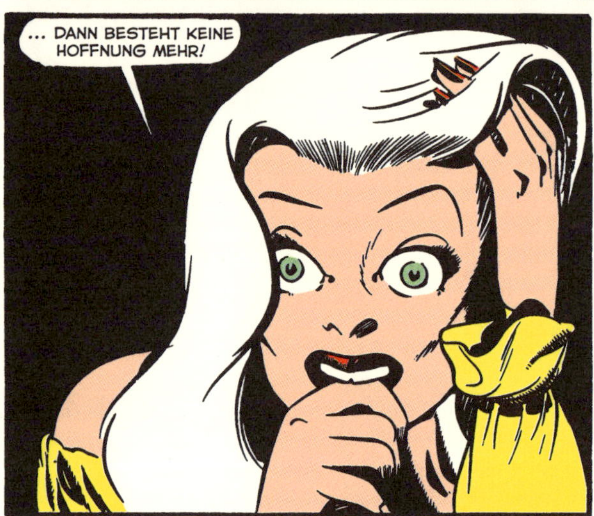
... DANN BESTEHT KEINE HOFFNUNG MEHR!

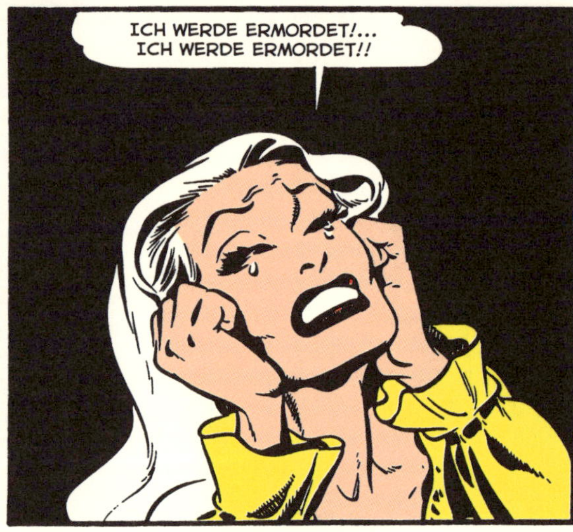
ICH WERDE ERMORDET!... ICH WERDE ERMORDET!!

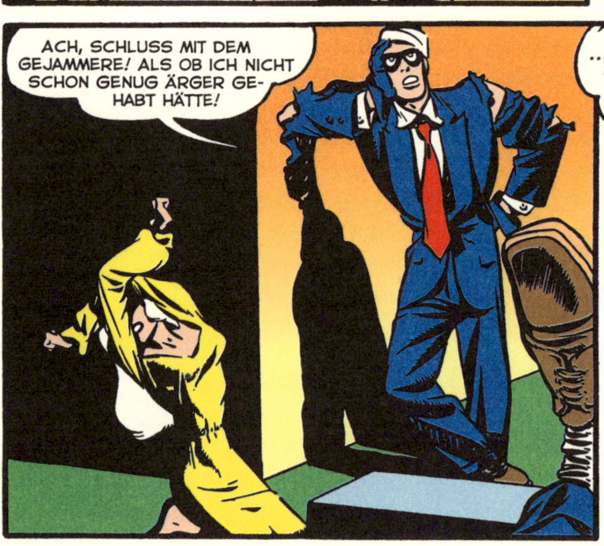
ACH, SCHLUSS MIT DEM GEJAMMERE! ALS OB ICH NICHT SCHON GENUG ÄRGER GEHABT HÄTTE!

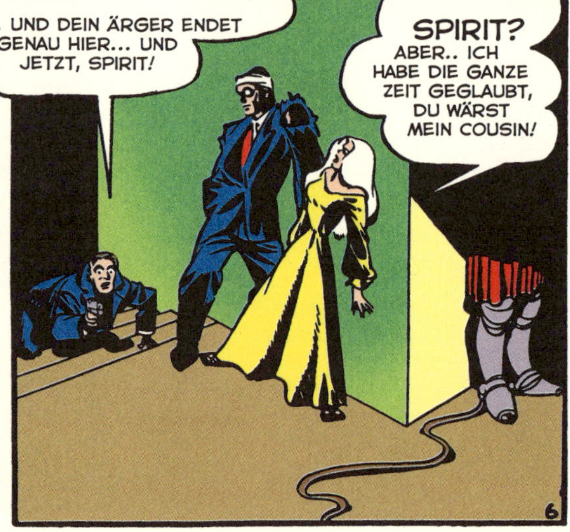
... UND DEIN ÄRGER ENDET GENAU HIER... UND JETZT, SPIRIT!
SPIRIT?
ABER.. ICH HABE DIE GANZE ZEIT GEGLAUBT, DU WÄRST MEIN COUSIN!
6

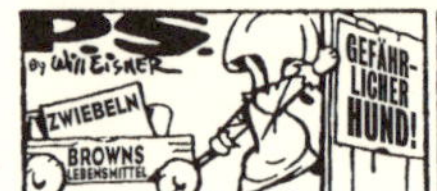
P.S.
by Will Eisner
ZWIEBELN
BROWNS LEBENSMITTEL
GEFÄHRLICHER HUND!

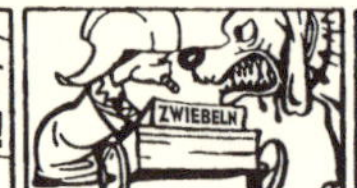
ZWIEBELN

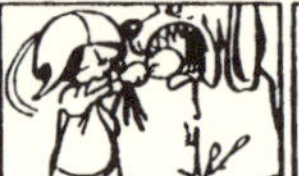

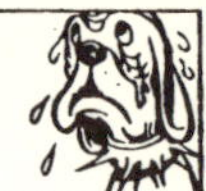

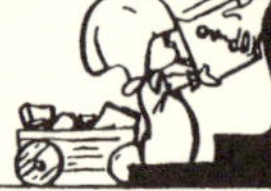

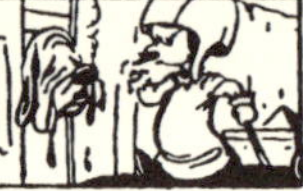

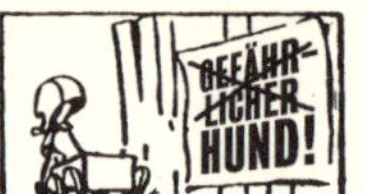
GEFÄHRLICHER HUND!

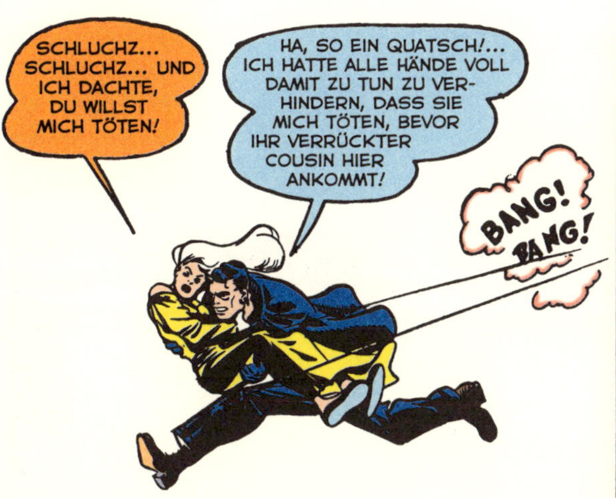

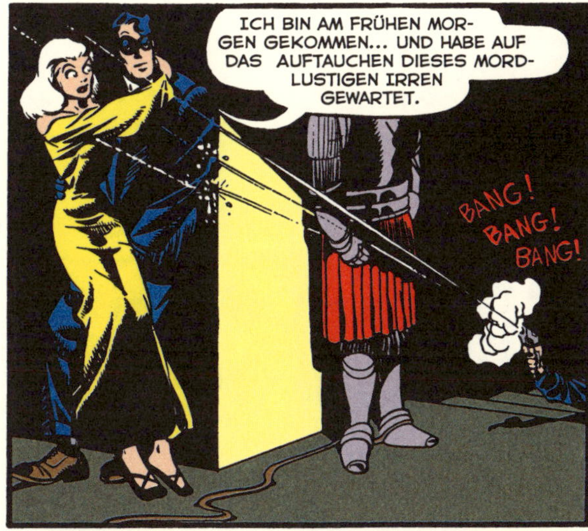

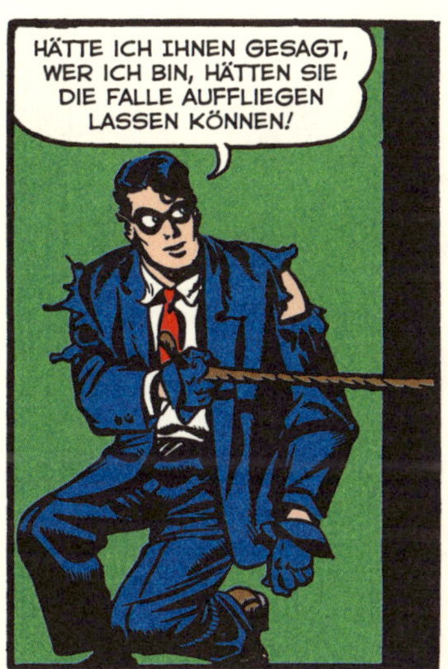

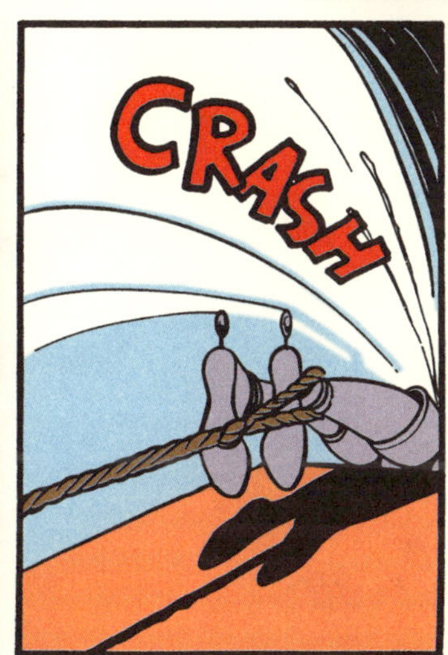

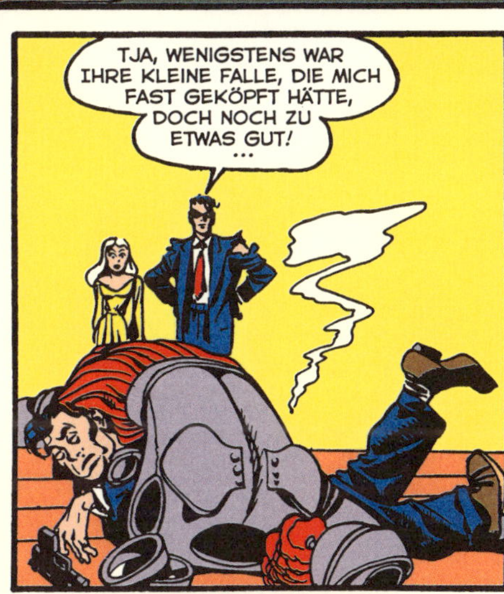

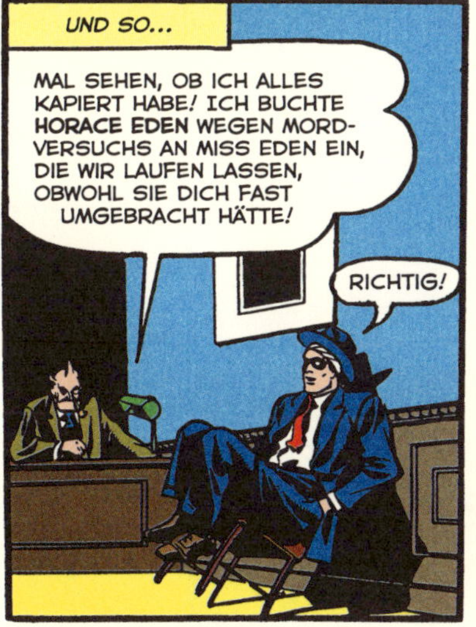

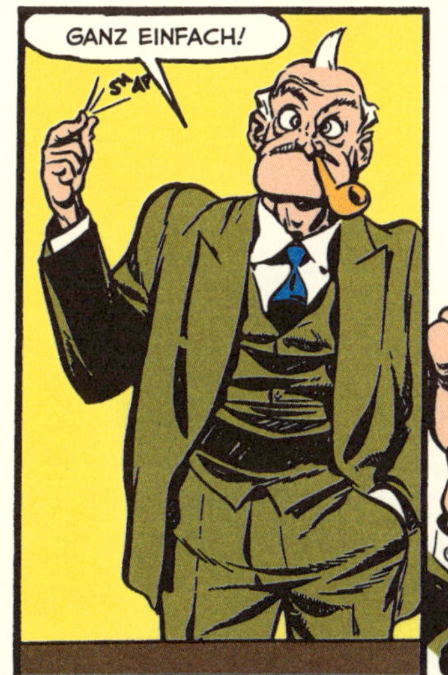

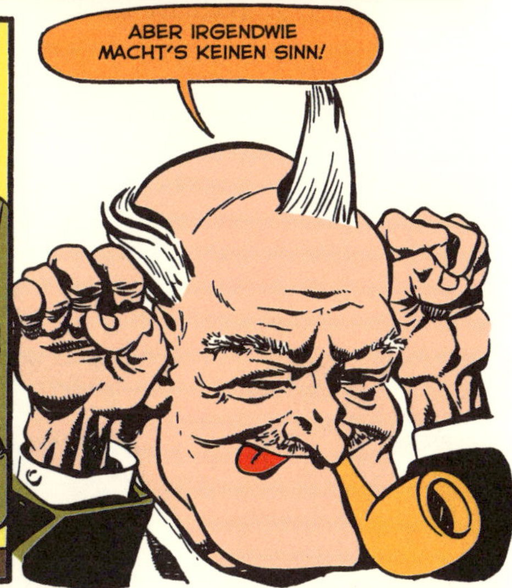

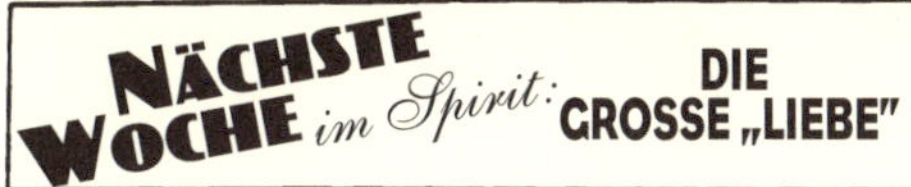

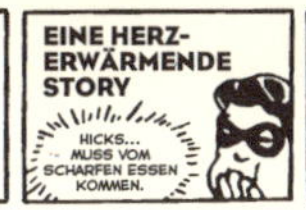

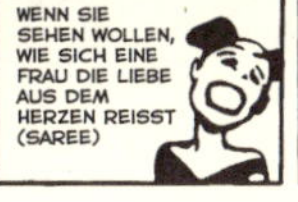

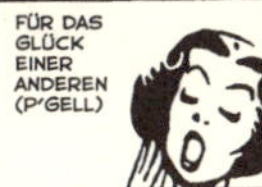

DANN EMPFEHLEN WIR IHNEN IN ALLER BESCHEIDENHEIT DIE NÄCHSTE SPIRIT-GESCHICHTE.

SCHLUCHZ

SAREE LEE VERLIEBT SICH

18. Mai 1947

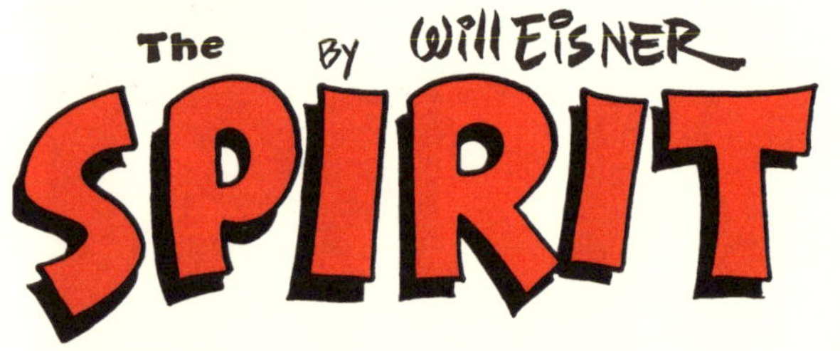

KANN EINE FRAU AUS REINEM PFLICHTBEWUSSTSEIN IHR ZUKÜNFTIGES GLÜCK AUFGEBEN?

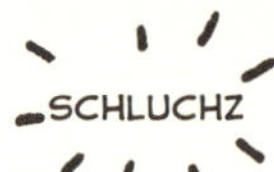

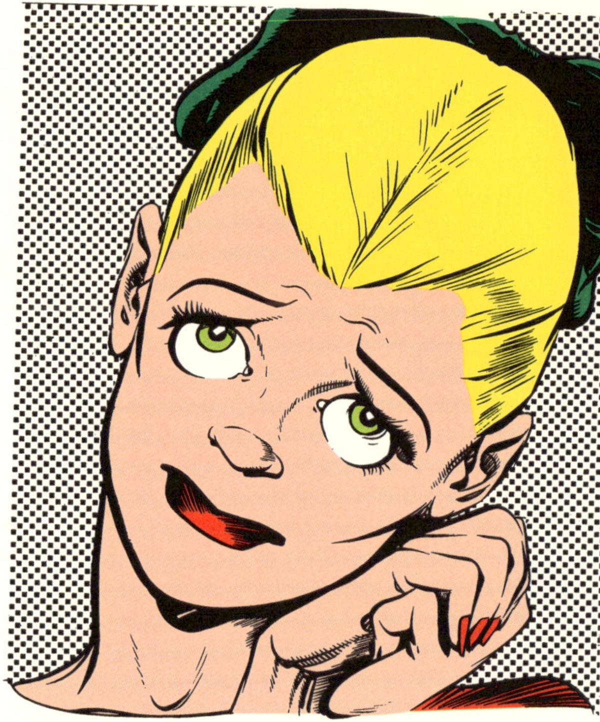

KANN JEMAND, DER TIEF UND HOFFNUNGSLOS VERLIEBT IST, DIESE LIEBE WIE EINEN MANTEL ABSTREIFEN?

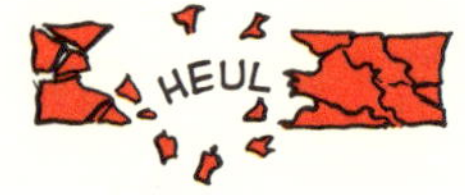

ODER...
IST DIE REINE LIEBE

(WIE DIE VON INGRID LAMOOR IN „VIOLETTE PASSION" MIT GREGORY FLECK, ZU SEHEN IM ROXY)

EIN SCHICKSAL?? DAS IST EINE ENTSCHEIDUNG, DIE JEDE FRAU TIEF IN IHREM HERZEN TREFFEN MUSS.

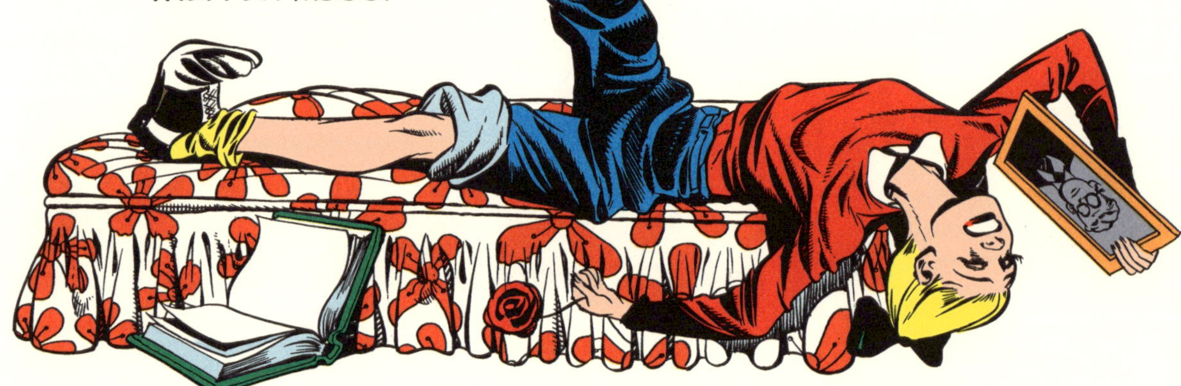

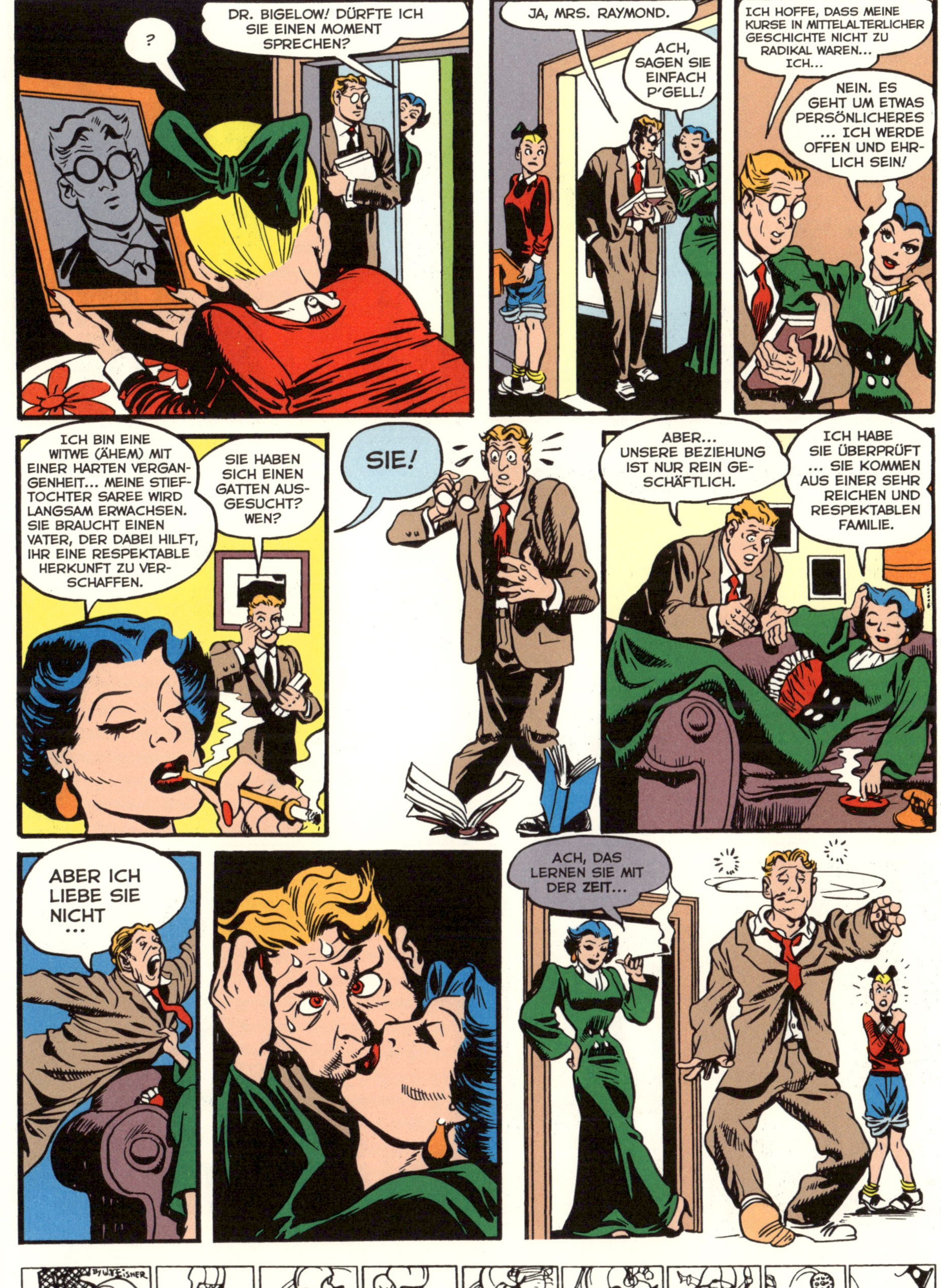
?
DR. BIGELOW! DÜRFTE ICH SIE EINEN MOMENT SPRECHEN?
JA, MRS. RAYMOND.
ACH, SAGEN SIE EINFACH P'GELL!
ICH HOFFE, DASS MEINE KURSE IN MITTELALTERLICHER GESCHICHTE NICHT ZU RADIKAL WAREN... ICH...
NEIN. ES GEHT UM ETWAS PERSÖNLICHERES ... ICH WERDE OFFEN UND EHRLICH SEIN!
ICH BIN EINE WITWE (ÄHEM) MIT EINER HARTEN VERGANGENHEIT... MEINE STIEFTOCHTER SAREE WIRD LANGSAM ERWACHSEN. SIE BRAUCHT EINEN VATER, DER DABEI HILFT, IHR EINE RESPEKTABLE HERKUNFT ZU VERSCHAFFEN.
SIE HABEN SICH EINEN GATTEN AUSGESUCHT? WEN?
SIE!
ABER... UNSERE BEZIEHUNG IST NUR REIN GESCHÄFTLICH.
ICH HABE SIE ÜBERPRÜFT ... SIE KOMMEN AUS EINER SEHR REICHEN UND RESPEKTABLEN FAMILIE.
ABER ICH LIEBE SIE NICHT ...
ACH, DAS LERNEN SIE MIT DER ZEIT...
BY W. EISNER

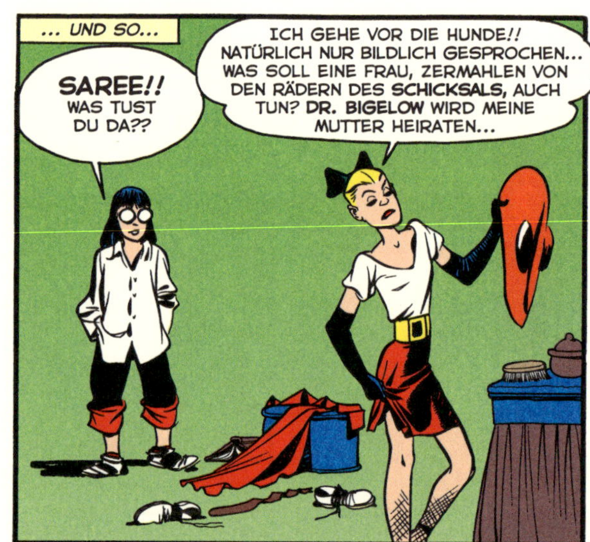
... UND SO...
SAREE!! WAS TUST DU DA??
ICH GEHE VOR DIE HUNDE!! NATÜRLICH NUR BILDLICH GESPROCHEN... WAS SOLL EINE FRAU, ZERMAHLEN VON DEN RÄDERN DES SCHICKSALS, AUCH TUN? DR. BIGELOW WIRD MEINE MUTTER HEIRATEN...

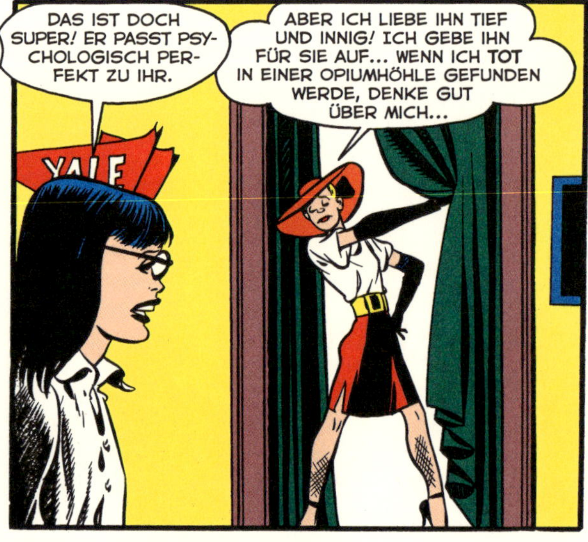
DAS IST DOCH SUPER! ER PASST PSYCHOLOGISCH PERFEKT ZU IHR.
ABER ICH LIEBE IHN TIEF UND INNIG! ICH GEBE IHN FÜR SIE AUF... WENN ICH TOT IN EINER OPIUMHÖHLE GEFUNDEN WERDE, DENKE GUT ÜBER MICH...
YALE

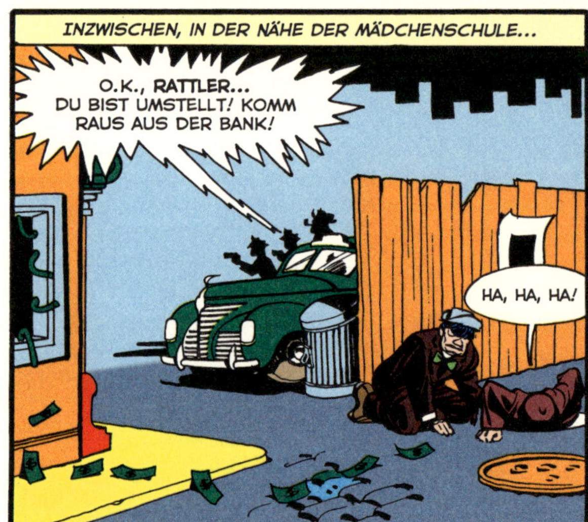
INZWISCHEN, IN DER NÄHE DER MÄDCHENSCHULE...
O.K., RATTLER... DU BIST UMSTELLT! KOMM RAUS AUS DER BANK!
HA, HA, HA!

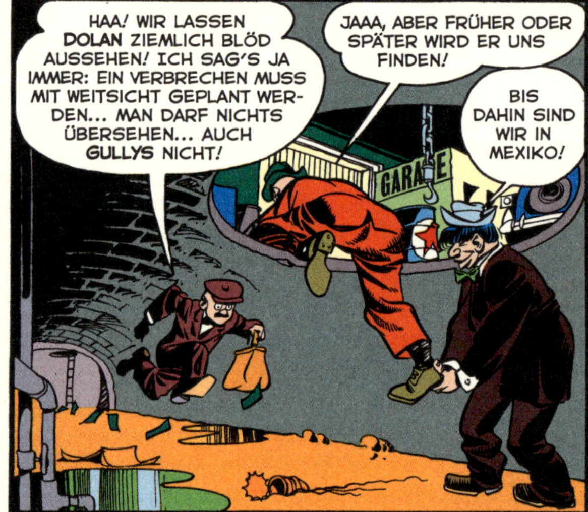
HAA! WIR LASSEN DOLAN ZIEMLICH BLÖD AUSSEHEN! ICH SAG'S JA IMMER: EIN VERBRECHEN MUSS MIT WEITSICHT GEPLANT WERDEN... MAN DARF NICHTS ÜBERSEHEN... AUCH GULLYS NICHT!
JAAA, ABER FRÜHER ODER SPÄTER WIRD ER UNS FINDEN!
BIS DAHIN SIND WIR IN MEXIKO!
GARAGE

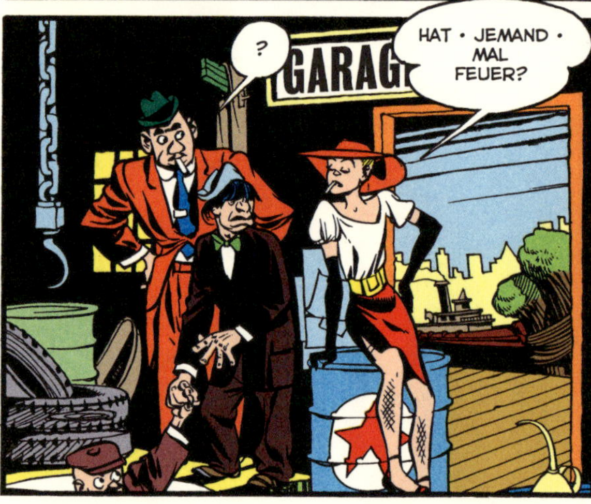
?
HAT • JEMAND • MAL FEUER?
GARAG

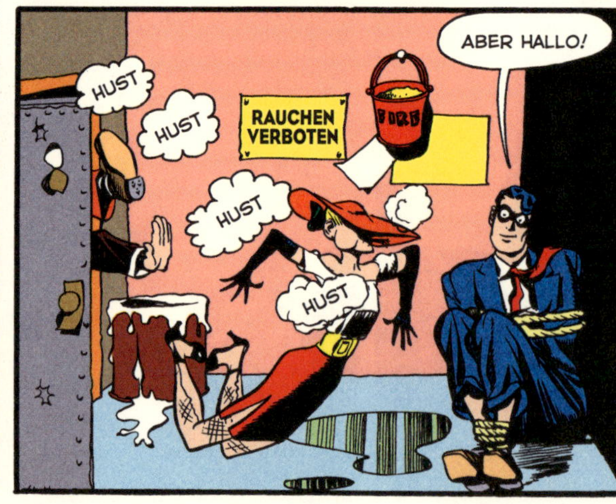
HUST
HUST
RAUCHEN VERBOTEN
FIRE
ABER HALLO!
HUST
HUST

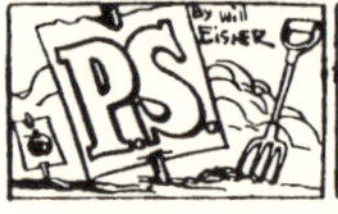
P.S.
By Will Eisner
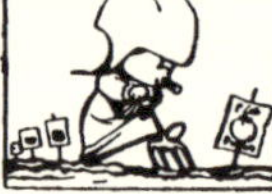
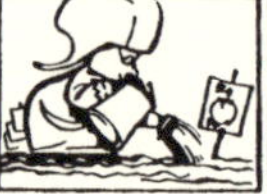
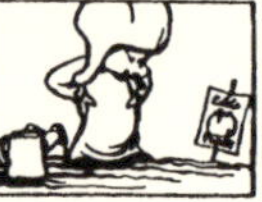
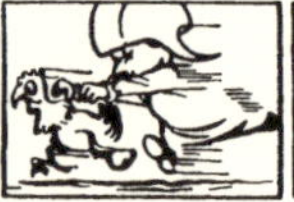
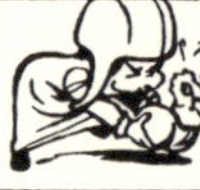
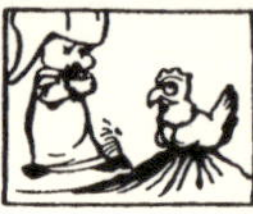
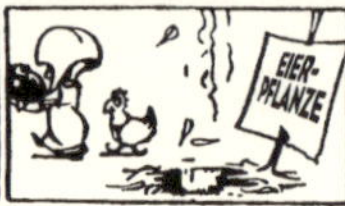
EIER-PFLANZE

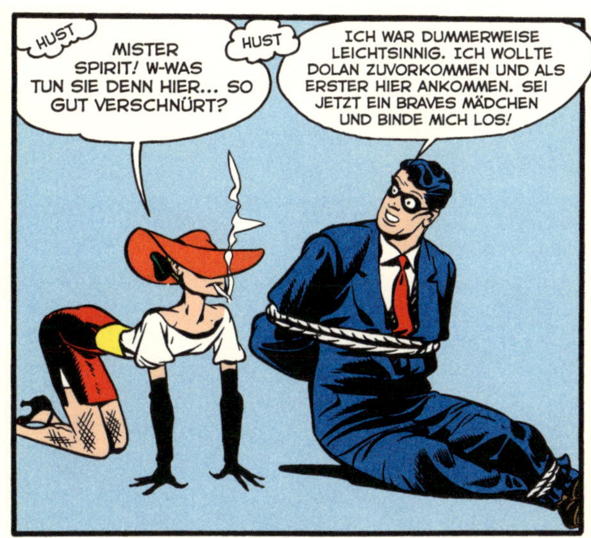
HUST
MISTER SPIRIT! W-WAS TUN SIE DENN HIER... SO GUT VERSCHNÜRT?
HUST
ICH WAR DUMMERWEISE LEICHTSINNIG. ICH WOLLTE DOLAN ZUVORKOMMEN UND ALS ERSTER HIER ANKOMMEN. SEI JETZT EIN BRAVES MÄDCHEN UND BINDE MICH LOS!
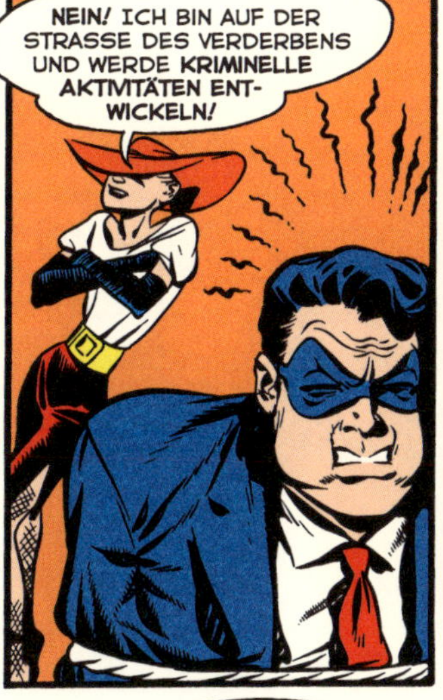
NEIN! ICH BIN AUF DER STRASSE DES VERDERBENS UND WERDE KRIMINELLE AKTIVITÄTEN ENTWICKELN!
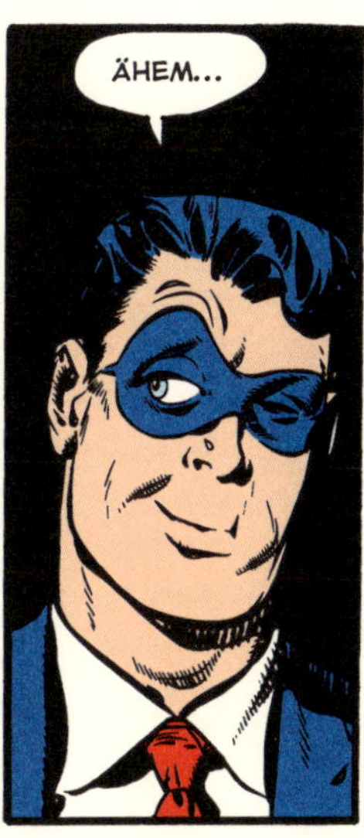
ÄHEM...
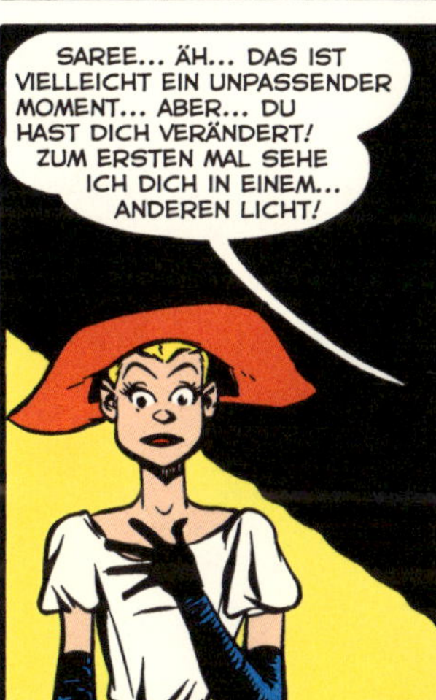
SAREE... ÄH... DAS IST VIELLEICHT EIN UNPASSENDER MOMENT... ABER... DU HAST DICH VERÄNDERT! ZUM ERSTEN MAL SEHE ICH DICH IN EINEM... ANDEREN LICHT!
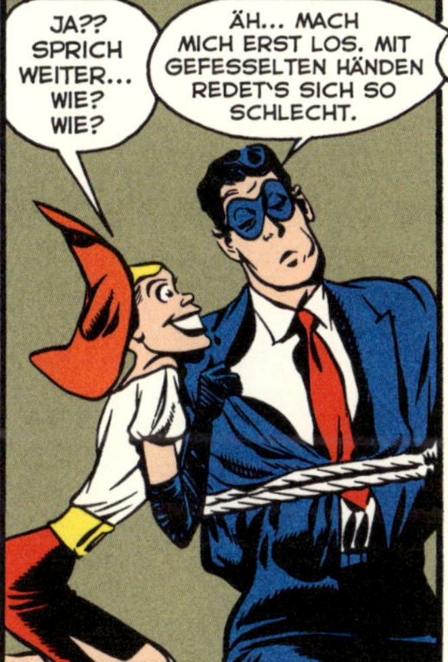
JA?? SPRICH WEITER... WIE? WIE?
ÄH... MACH MICH ERST LOS. MIT GEFESSELTEN HÄNDEN REDET'S SICH SO SCHLECHT.
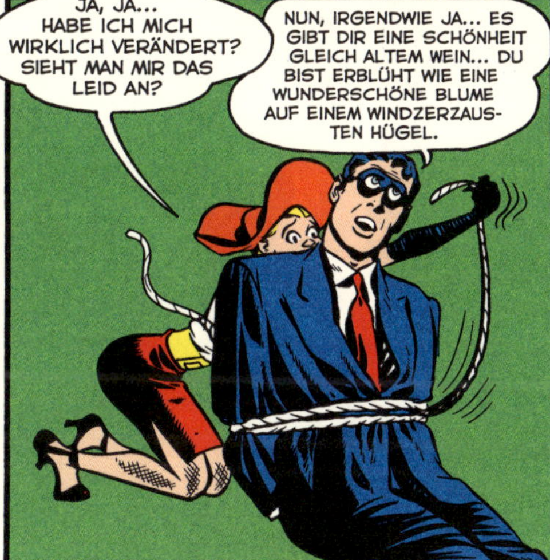
JA, JA... HABE ICH MICH WIRKLICH VERÄNDERT? SIEHT MAN MIR DAS LEID AN?
NUN, IRGENDWIE JA... ES GIBT DIR EINE SCHÖNHEIT GLEICH ALTEM WEIN... DU BIST ERBLÜHT WIE EINE WUNDERSCHÖNE BLUME AUF EINEM WINDZERZAUSTEN HÜGEL.
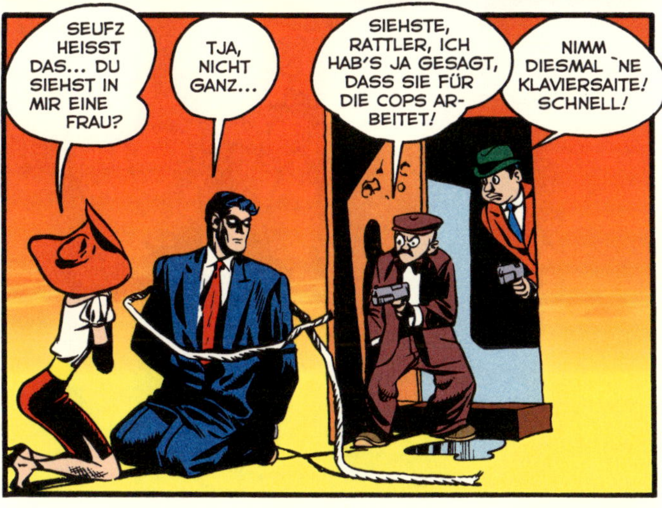
SEUFZ HEISST DAS... DU SIEHST IN MIR EINE FRAU?
TJA, NICHT GANZ...
SIEHSTE, RATTLER, ICH HAB'S JA GESAGT, DASS SIE FÜR DIE COPS ARBEITET!
NIMM DIESMAL 'NE KLAVIERSAITE! SCHNELL!
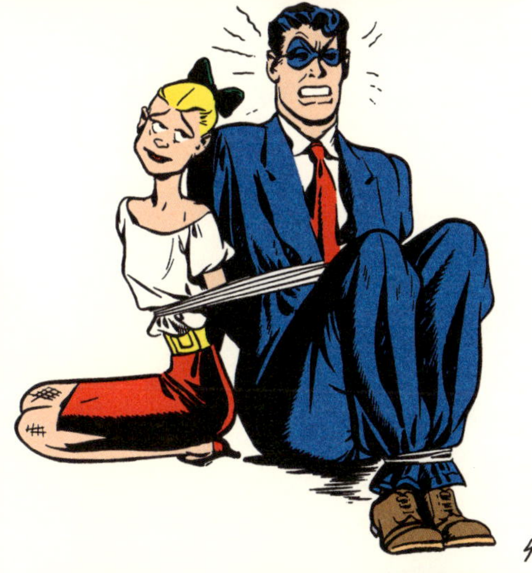
4
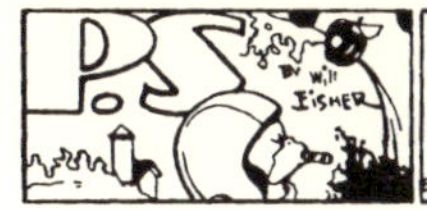
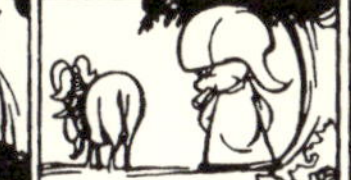
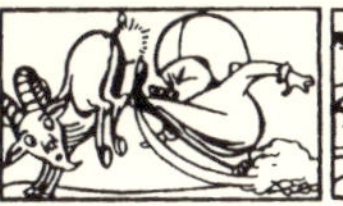
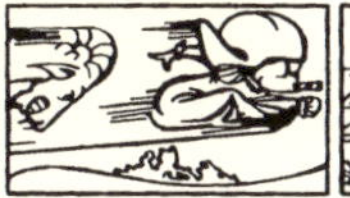
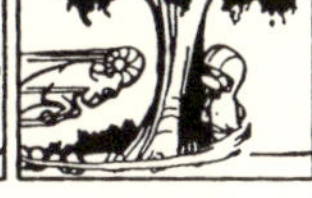
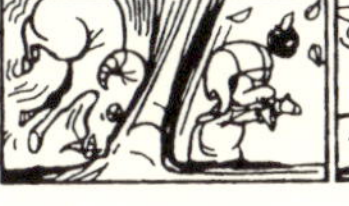
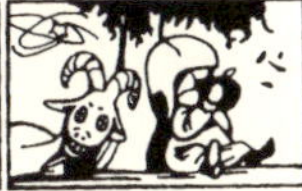

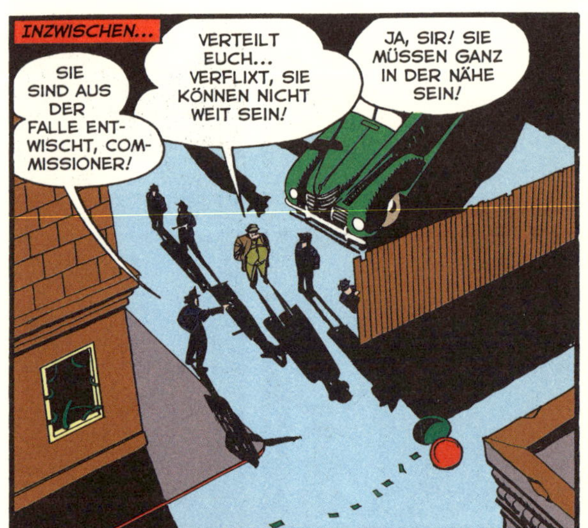
INZWISCHEN...
SIE SIND AUS DER FALLE ENTWISCHT, COMMISSIONER!
VERTEILT EUCH... VERFLIXT, SIE KÖNNEN NICHT WEIT SEIN!
JA, SIR! SIE MÜSSEN GANZ IN DER NÄHE SEIN!

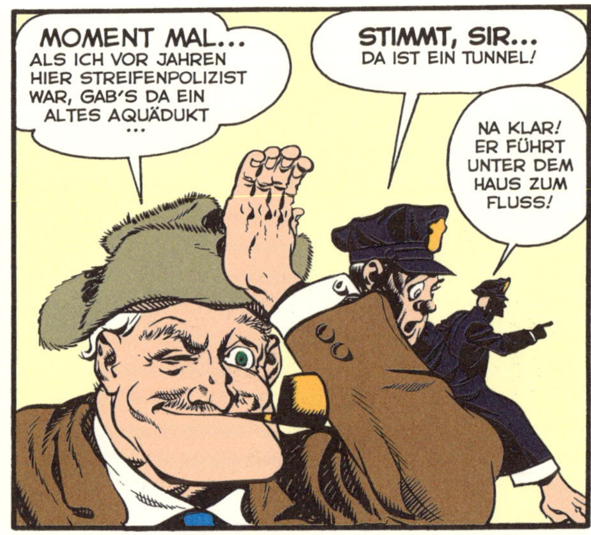
MOMENT MAL... ALS ICH VOR JAHREN HIER STREIFENPOLIZIST WAR, GAB'S DA EIN ALTES AQUÄDUKT ...
STIMMT, SIR... DA IST EIN TUNNEL!
NA KLAR! ER FÜHRT UNTER DEM HAUS ZUM FLUSS!

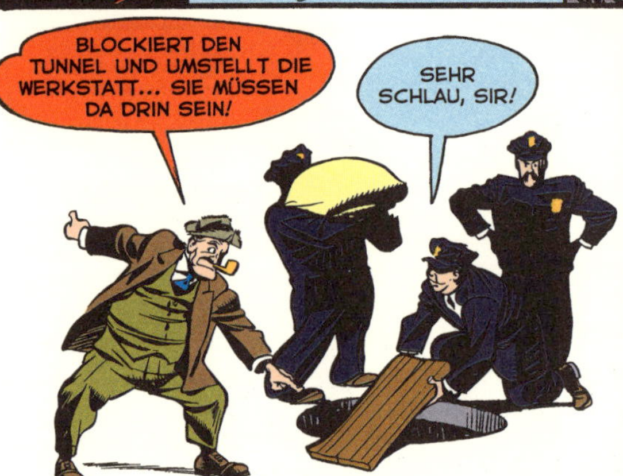
BLOCKIERT DEN TUNNEL UND UMSTELLT DIE WERKSTATT... SIE MÜSSEN DA DRIN SEIN!
SEHR SCHLAU, SIR!

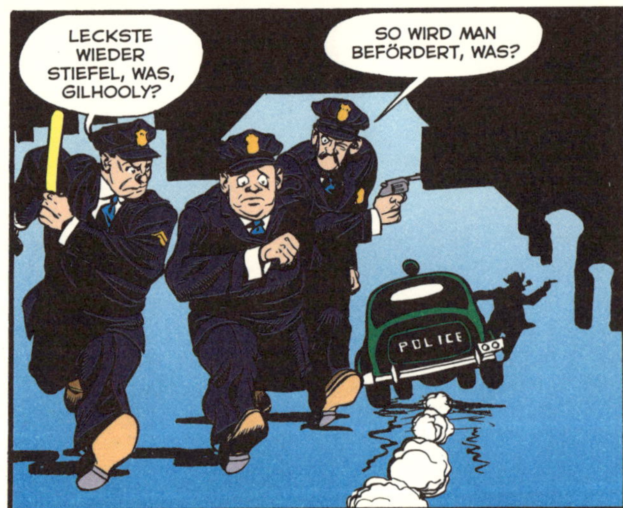
LECKSTE WIEDER STIEFEL, WAS, GILHOOLY?
SO WIRD MAN BEFÖRDERT, WAS?
POLICE

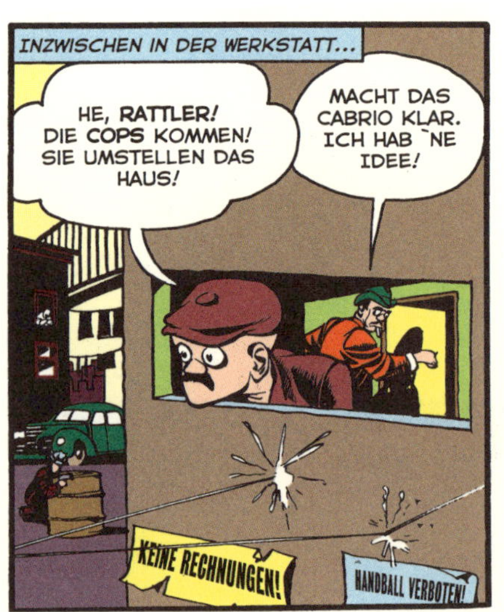
INZWISCHEN IN DER WERKSTATT...
HE, RATTLER! DIE COPS KOMMEN! SIE UMSTELLEN DAS HAUS!
MACHT DAS CABRIO KLAR. ICH HAB 'NE IDEE!
KEINE RECHNUNGEN!
HANDBALL VERBOTEN!

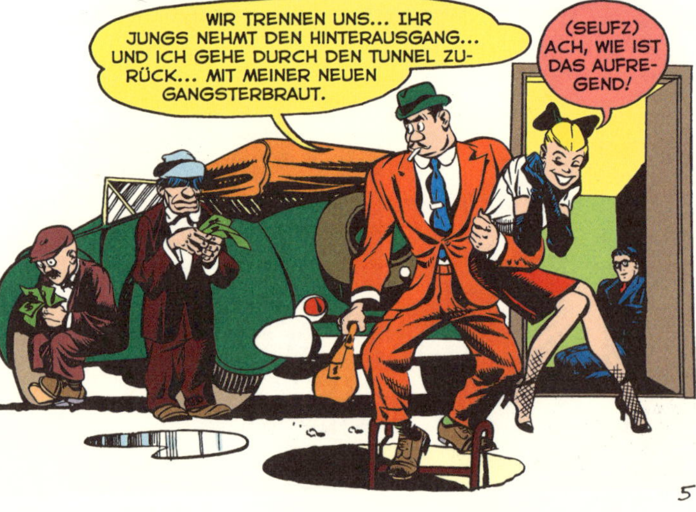
WIR TRENNEN UNS... IHR JUNGS NEHMT DEN HINTERAUSGANG... UND ICH GEHE DURCH DEN TUNNEL ZURÜCK... MIT MEINER NEUEN GANGSTERBRAUT.
(SEUFZ) ACH, WIE IST DAS AUFREGEND!
5

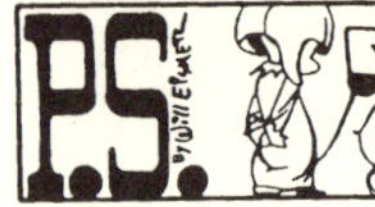
P.S.
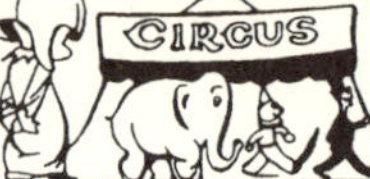
CIRCUS
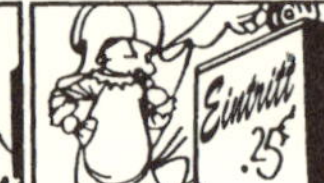
Eintritt 25¢
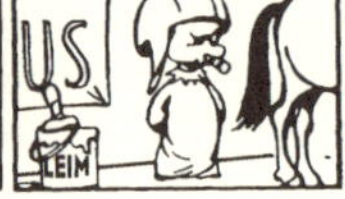
U.S.
LEIM
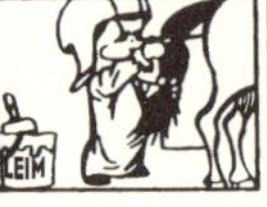
LEIM
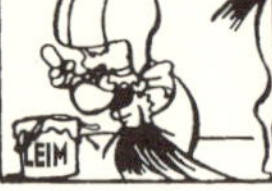
LEIM
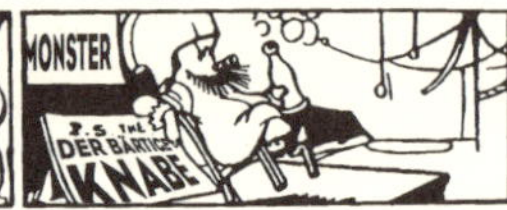
MONSTER
DER BÄRTIGE KNABE

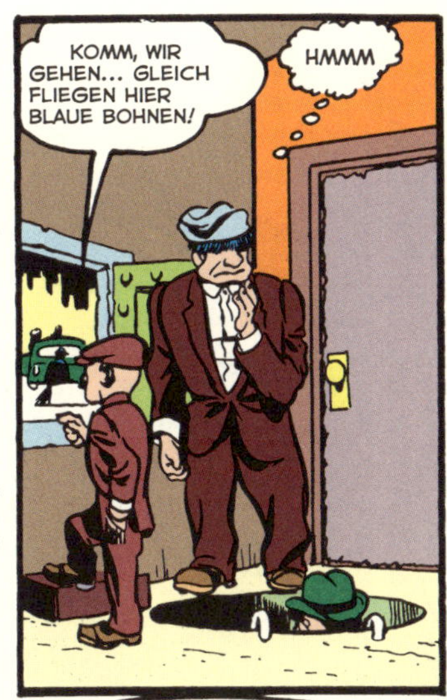
KOMM, WIR GEHEN... GLEICH FLIEGEN HIER BLAUE BOHNEN!
HMMM

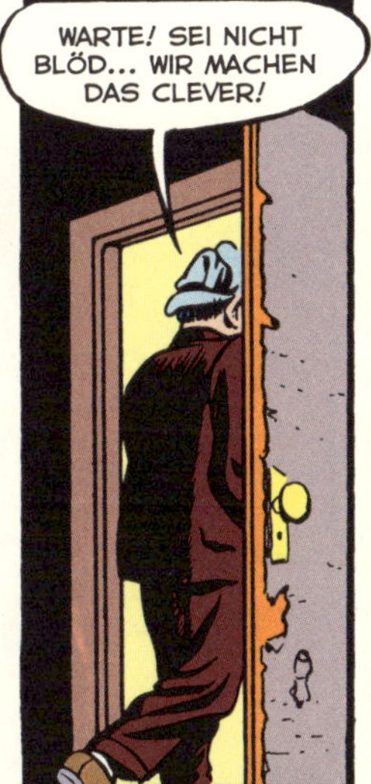
WARTE! SEI NICHT BLÖD... WIR MACHEN DAS CLEVER!

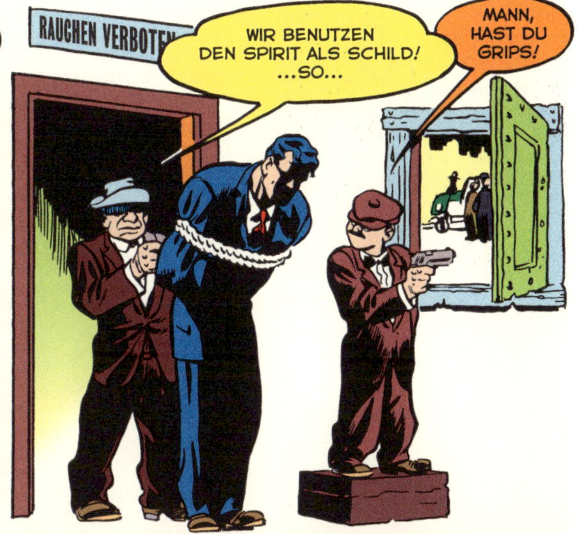
RAUCHEN VERBOTEN
WIR BENUTZEN DEN SPIRIT ALS SCHILD! ...SO...
MANN, HAST DU GRIPS!

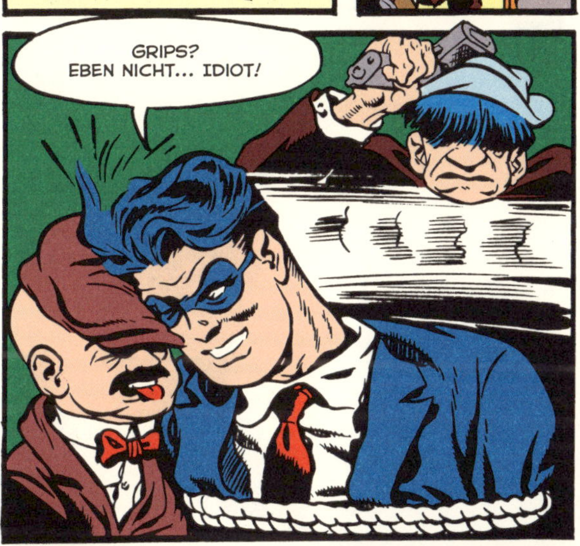
GRIPS? EBEN NICHT... IDIOT!

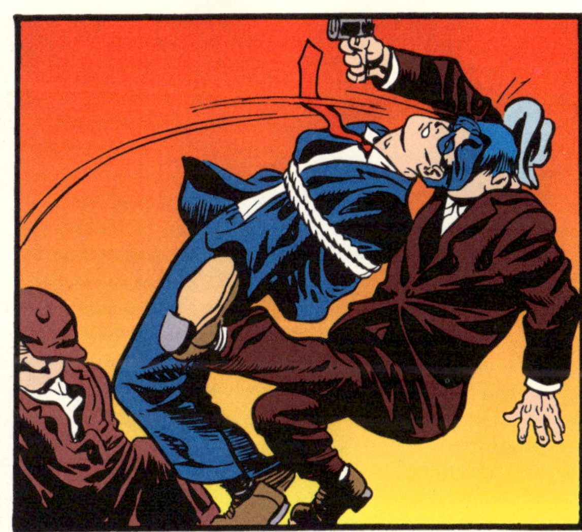

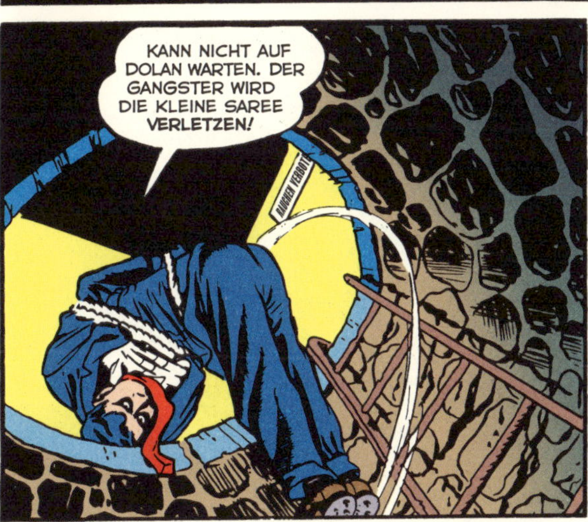
KANN NICHT AUF DOLAN WARTEN. DER GANGSTER WIRD DIE KLEINE SAREE VERLETZEN!

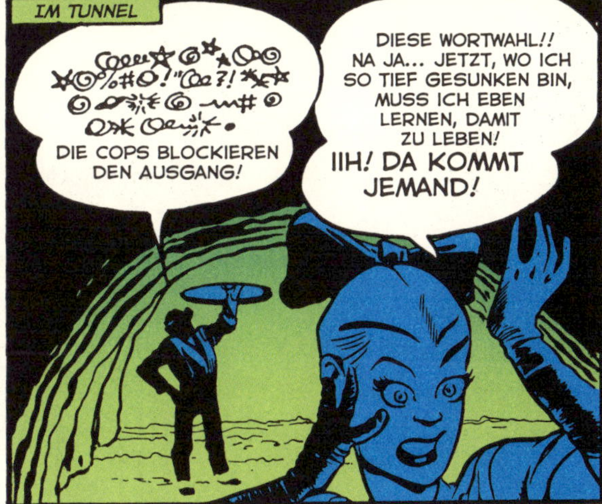
IM TUNNEL
DIE COPS BLOCKIEREN DEN AUSGANG!
DIESE WORTWAHL!! NA JA... JETZT, WO ICH SO TIEF GESUNKEN BIN, MUSS ICH EBEN LERNEN, DAMIT ZU LEBEN!
IIH! DA KOMMT JEMAND!

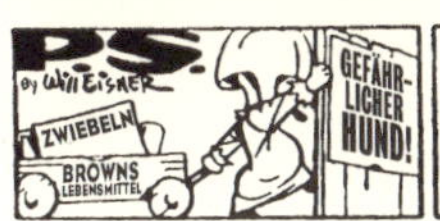
P.S.
GEFÄHRLICHER HUND!
ZWIEBELN
BROWNS LEBENSMITTEL

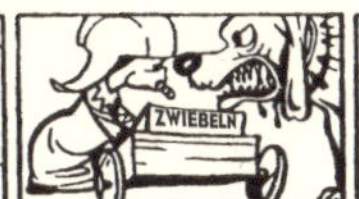
ZWIEBELN

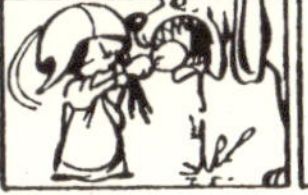

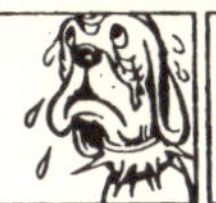

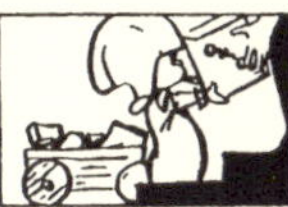

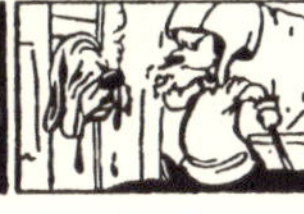

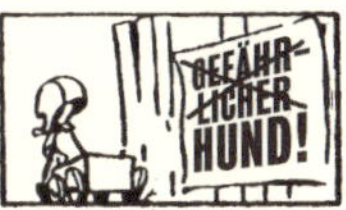
GEFÄHRLICHER HUND!

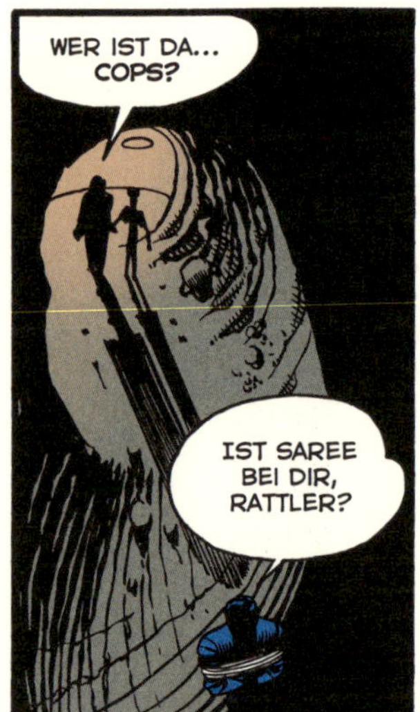
WER IST DA... COPS?
IST SAREE BEI DIR, RATTLER?

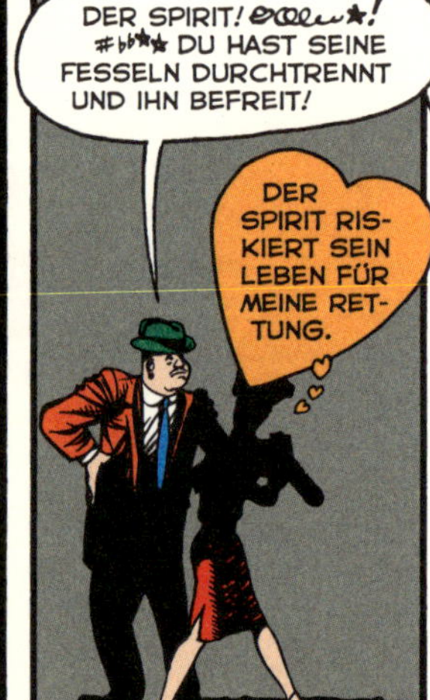
DER SPIRIT! #bb*★ DU HAST SEINE FESSELN DURCHTRENNT UND IHN BEFREIT!
DER SPIRIT RISKIERT SEIN LEBEN FÜR MEINE RETTUNG.

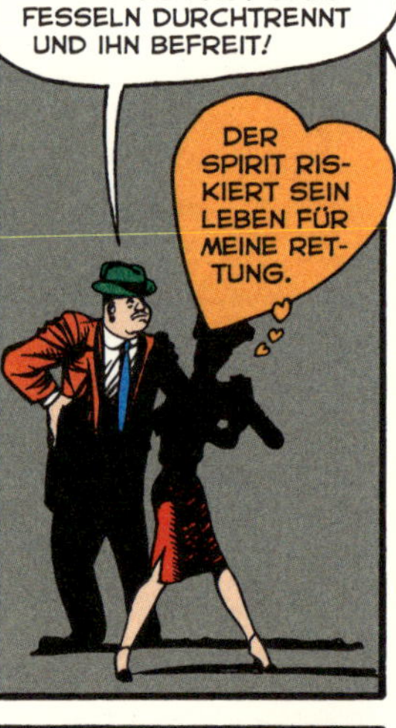
JA... JA... UND ICH HABE IHM EINE PISTOLE, EIN MESSER UND EIN MASCHINENGEWEHR GEGEBEN!
WAS?

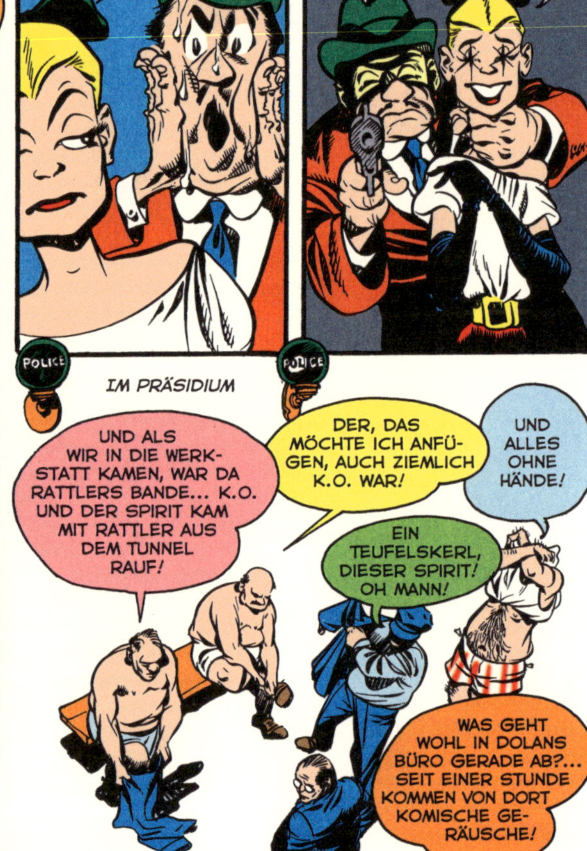
O.K., MISTER SPIRIT...SCHIESS ... ABER ICH BENUTZE DEINE LIEBSTE ALS SCHILD!
SEUFZ ... DAS... IST DAS ... WAHRE ... LEBEN!
POLICE
IM PRÄSIDIUM
POLICE
UND ALS WIR IN DIE WERKSTATT KAMEN, WAR DA RATTLERS BANDE... K.O. UND DER SPIRIT KAM MIT RATTLER AUS DEM TUNNEL RAUF!
DER, DAS MÖCHTE ICH ANFÜGEN, AUCH ZIEMLICH K.O. WAR!
UND ALLES OHNE HÄNDE!
EIN TEUFELSKERL, DIESER SPIRIT! OH MANN!
WAS GEHT WOHL IN DOLANS BÜRO GERADE AB?... SEIT EINER STUNDE KOMMEN VON DORT KOMISCHE GERÄUSCHE!

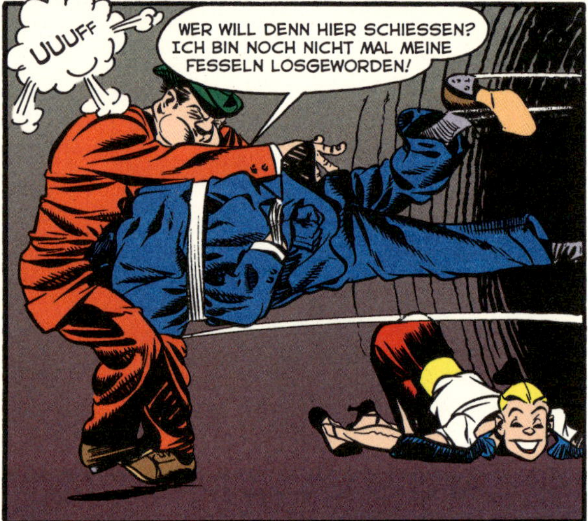
UUUFF
WER WILL DENN HIER SCHIESSEN? ICH BIN NOCH NICHT MAL MEINE FESSELN LOSGEWORDEN!

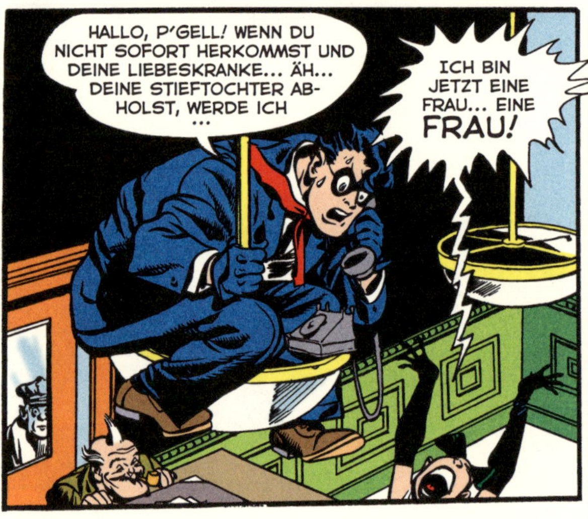
HALLO, P'GELL! WENN DU NICHT SOFORT HERKOMMST UND DEINE LIEBESKRANKE... ÄH... DEINE STIEFTOCHTER ABHOLST, WERDE ICH ...
ICH BIN JETZT EINE FRAU... EINE FRAU!

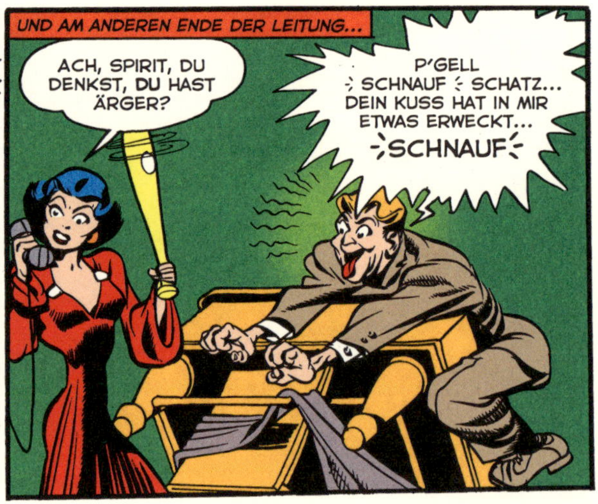
UND AM ANDEREN ENDE DER LEITUNG...
ACH, SPIRIT, DU DENKST, DU HAST ÄRGER?
P'GELL ⁘ SCHNAUF ⁘ SCHATZ... DEIN KUSS HAT IN MIR ETWAS ERWECKT... ⁘SCHNAUF⁘

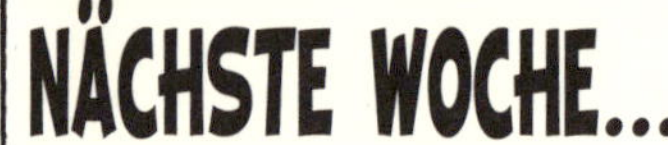
NÄCHSTE WOCHE...
BRINGT DER SPIRIT IHNEN MOOHOORD
... EINE GESCHICHTE VOLLER LIEBE...
MOOHOORD

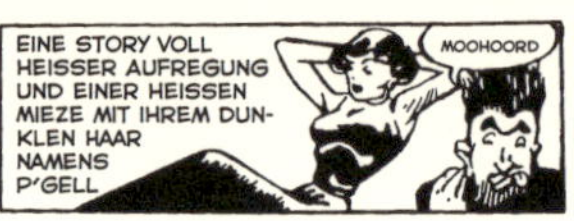
EINE STORY VOLL HEISSER AUFREGUNG UND EINER HEISSEN MIEZE MIT IHREM DUNKLEN HAAR NAMENS P'GELL
MOOHOORD
UND DAZU... UNBESIEGT... BEWUSSTLOS... DER GROSSE VERBRECHERJÄGER (DER MANN, DER UNSERE MIETE ZAHLT) DER SPIRIT... VERPASSEN SIE NICHT „MOOHOORD" VON WILL EISNER.

DAS MEDAILLON DES DUCE

25. Mai 1947

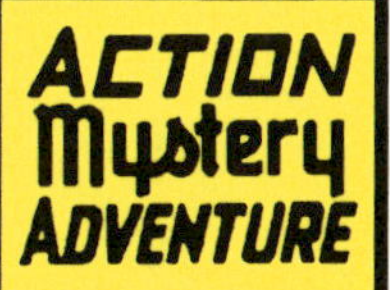

... WARUM ZIEHE AUSGERECHNET IMMER ICH DEN ÄRGER AN? ✧ SEUFZ ✧

The SPIRIT by Will Eisner

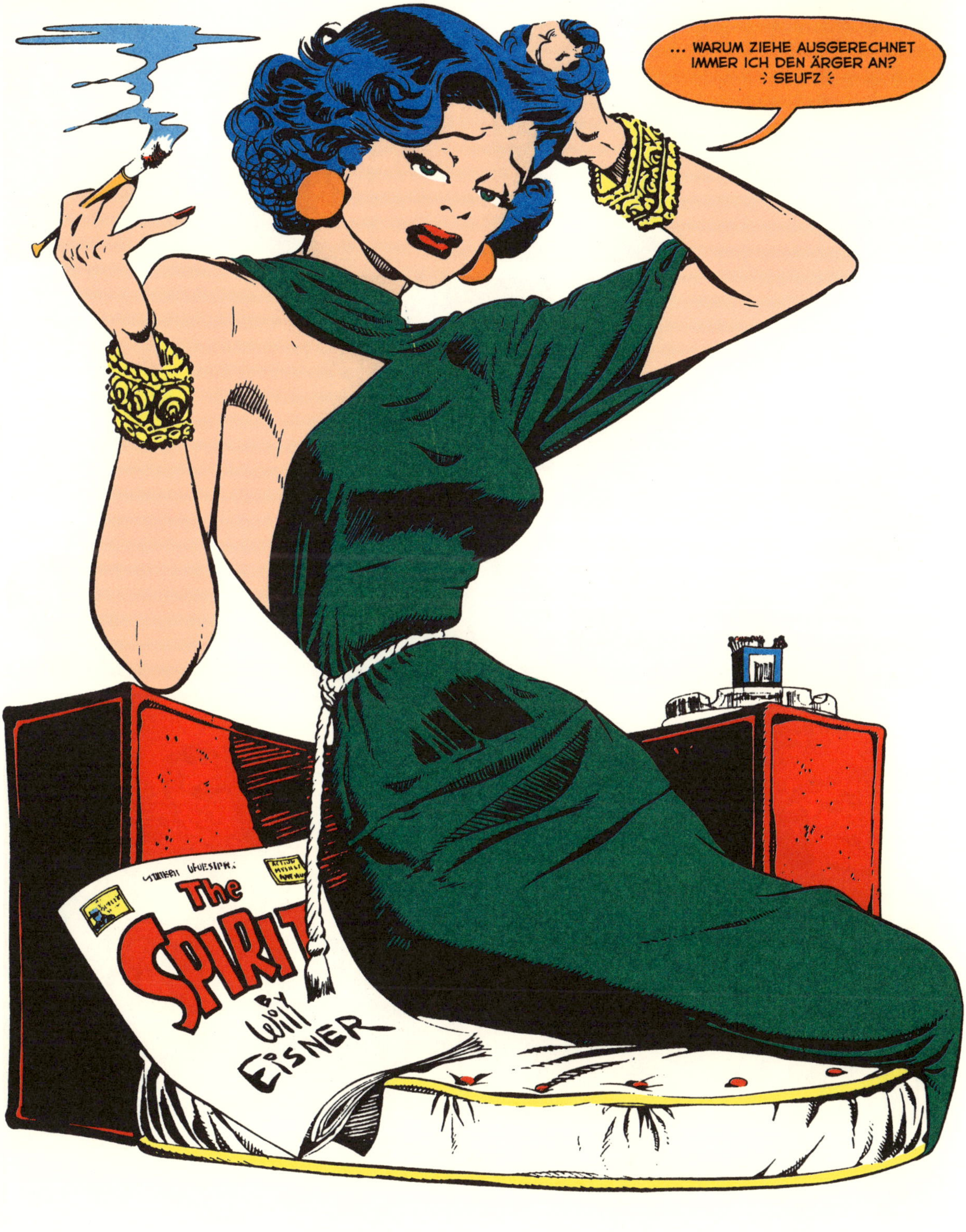

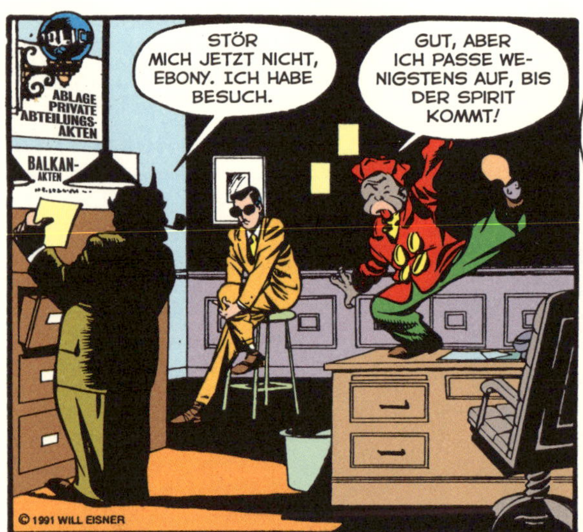
ABLAGE PRIVATE ABTEILUNGS-AKTEN
BALKAN-AKTEN
STÖR MICH JETZT NICHT, EBONY. ICH HABE BESUCH.
GUT, ABER ICH PASSE WENIGSTENS AUF, BIS DER SPIRIT KOMMT!
© 1991 WILL EISNER

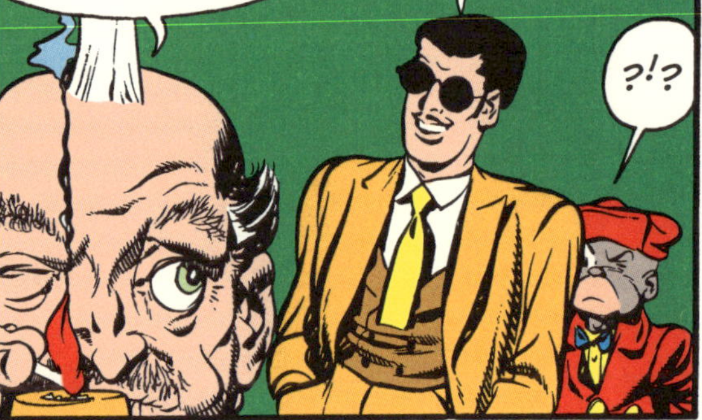
ÄHEM... SIGNOR BANDITO... ICH HABE IHRE ANGABEN IN UNSEREN BALKAN-AKTEN ÜBERPRÜFT! SIE SIND O.K.... AUSSER IN ITALIEN, WO DIE POLIZEI SIE ALS GESETZLOSEN SUCHT!
OH, HA, HA, HA, HA... MEIN LIEBER DOLAN... ICH BIN AUF DEM KONTINENT EINE ART VON - WIE SAGEN SIE - „FREELANCER"... VERGLEICHBAR MIT IHREM BERÜHMTEN SPIRIT IN AMERIKA.
?!?

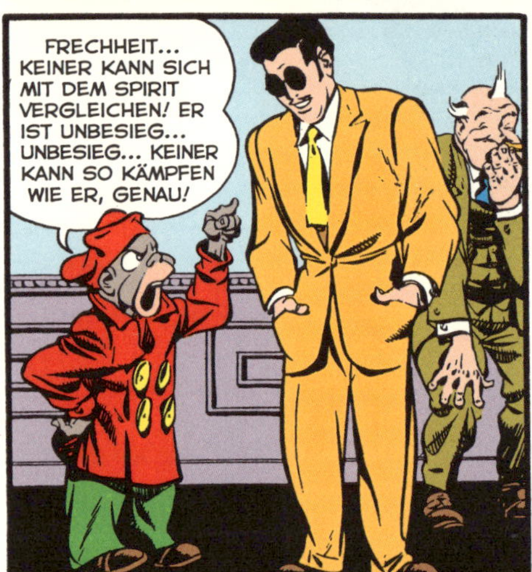
FRECHHEIT... KEINER KANN SICH MIT DEM SPIRIT VERGLEICHEN! ER IST UNBESIEG... UNBESIEG... KEINER KANN SO KÄMPFEN WIE ER, GENAU!

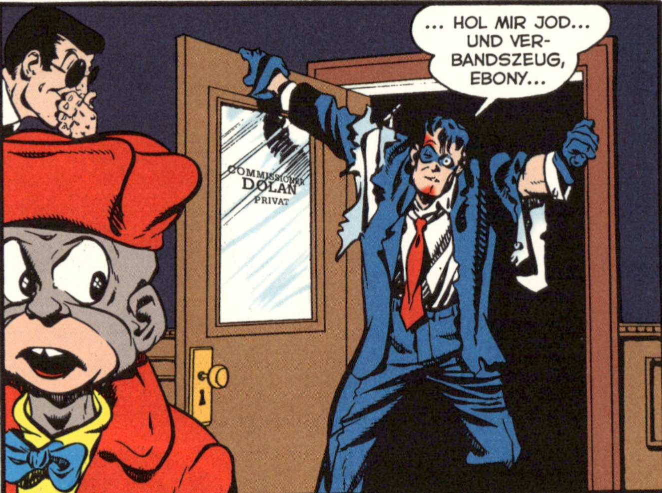
... HOL MIR JOD... UND VERBANDSZEUG, EBONY...
COMMISSIONER DOLAN PRIVAT

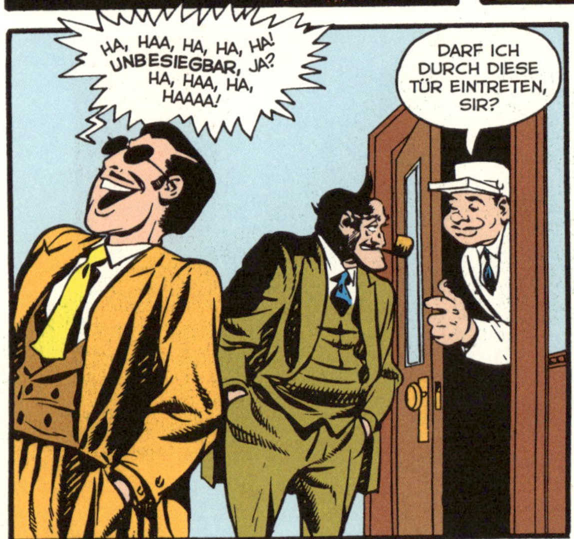
HA, HAA, HA, HA, HA! UNBESIEGBAR, JA? HA, HAA, HA, HAAAA!
DARF ICH DURCH DIESE TÜR EINTRETEN, SIR?

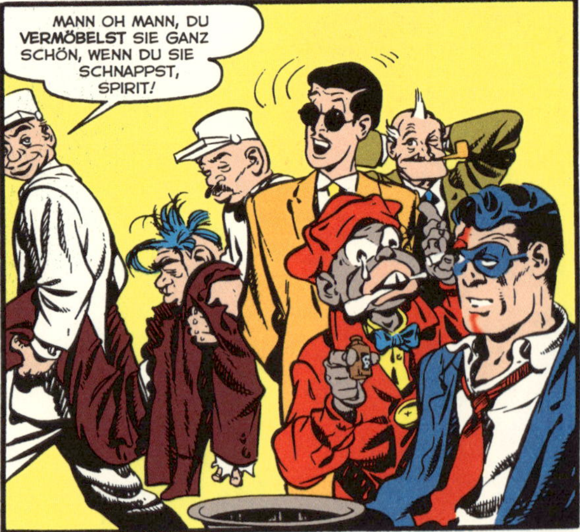
MANN OH MANN, DU VERMÖBELST SIE GANZ SCHÖN, WENN DU SIE SCHNAPPST, SPIRIT!

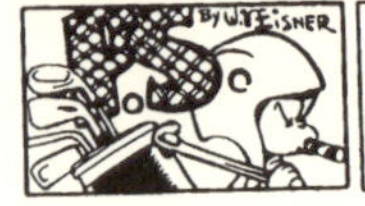
BY WILL EISNER
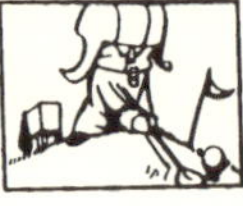
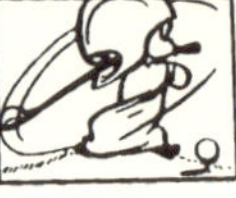
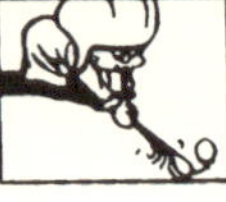
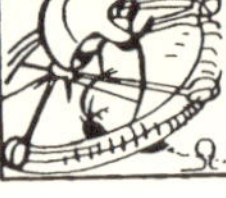
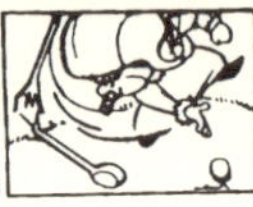
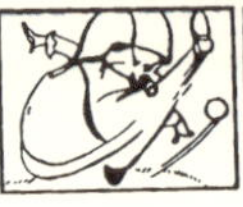
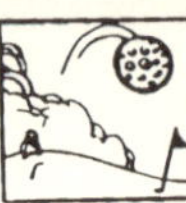
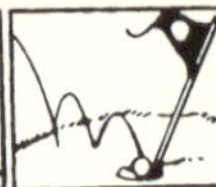

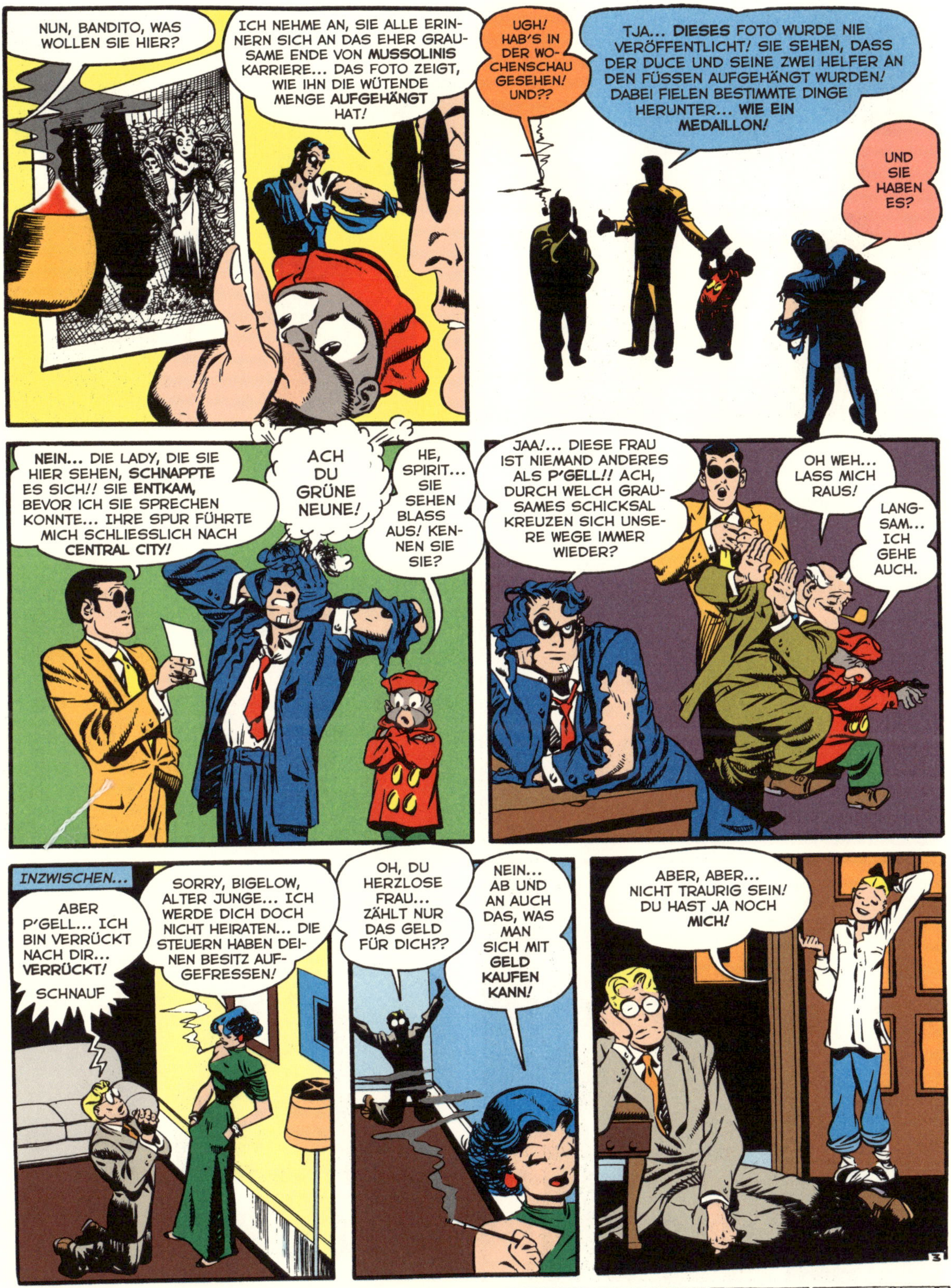

NUN, BANDITO, WAS WOLLEN SIE HIER?

ICH NEHME AN, SIE ALLE ERINNERN SICH AN DAS EHER GRAUSAME ENDE VON **MUSSOLINIS** KARRIERE... DAS FOTO ZEIGT, WIE IHN DIE WÜTENDE MENGE **AUFGEHÄNGT** HAT!

UGH! HAB'S IN DER WOCHENSCHAU GESEHEN! UND??

TJA... **DIESES** FOTO WURDE NIE VERÖFFENTLICHT! SIE SEHEN, DASS DER DUCE UND SEINE ZWEI HELFER AN DEN FÜSSEN AUFGEHÄNGT WURDEN! DABEI FIELEN BESTIMMTE DINGE HERUNTER... **WIE EIN MEDAILLON!**

UND SIE HABEN ES?

NEIN... DIE LADY, DIE SIE HIER SEHEN, **SCHNAPPTE** ES SICH!! SIE **ENTKAM**, BEVOR ICH SIE SPRECHEN KONNTE... IHRE SPUR FÜHRTE MICH SCHLIESSLICH NACH **CENTRAL CITY!**

ACH DU GRÜNE NEUNE!

HE, SPIRIT... SIE SEHEN BLASS AUS! KENNEN SIE SIE?

JAA!... DIESE FRAU IST NIEMAND ANDERES ALS **P'GELL!!** ACH, DURCH WELCH GRAUSAMES SCHICKSAL KREUZEN SICH UNSERE WEGE IMMER WIEDER?

OH WEH... LASS MICH RAUS!

LANGSAM... ICH GEHE AUCH.

INZWISCHEN...

ABER P'GELL... ICH BIN VERRÜCKT NACH DIR... **VERRÜCKT!**

SCHNAUF

SORRY, BIGELOW, ALTER JUNGE... ICH WERDE DICH DOCH NICHT HEIRATEN... DIE STEUERN HABEN DEINEN BESITZ AUFGEFRESSEN!

OH, DU HERZLOSE FRAU... ZÄHLT NUR DAS GELD FÜR DICH??

NEIN... AB UND AN AUCH DAS, WAS MAN SICH MIT **GELD KAUFEN KANN!**

ABER, ABER... NICHT TRAURIG SEIN! DU HAST JA NOCH **MICH!**

3

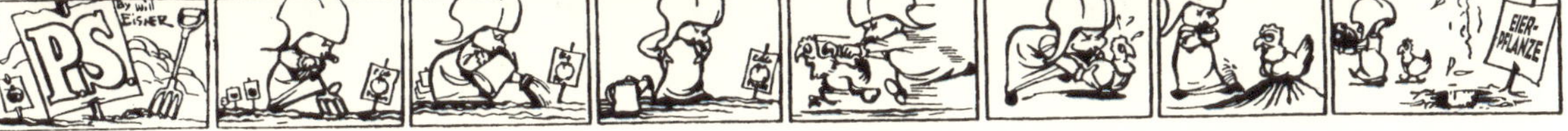

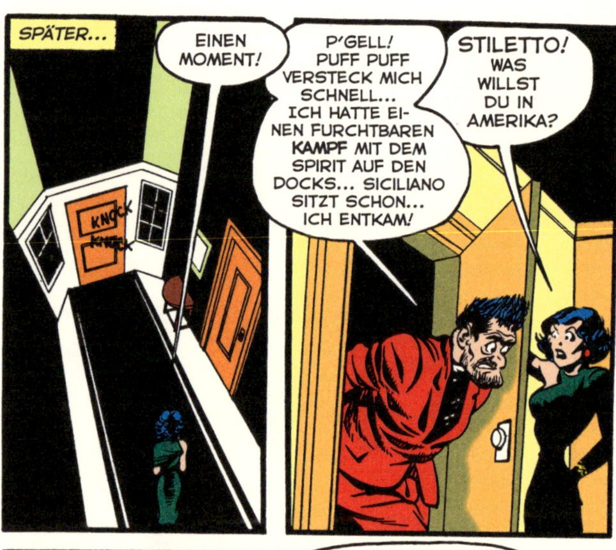
SPÄTER...
KNOCK KNOCK
EINEN MOMENT!
P'GELL! PUFF PUFF VERSTECK MICH SCHNELL... ICH HATTE EINEN FURCHTBAREN **KAMPF** MIT DEM SPIRIT AUF DEN DOCKS... SICILIANO SITZT SCHON... ICH ENTKAM!
STILETTO! WAS WILLST DU IN AMERIKA?

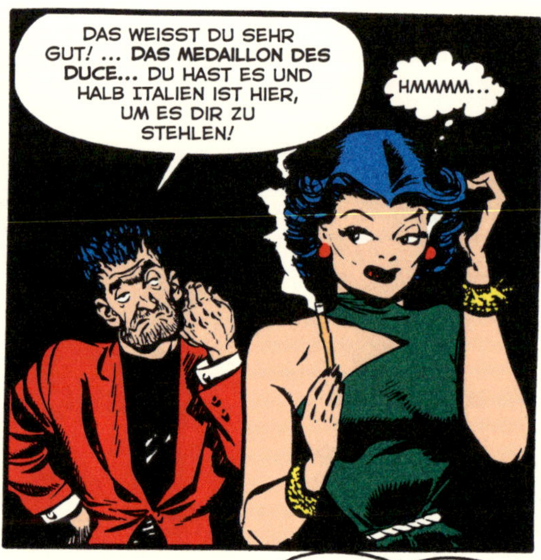
DAS WEISST DU SEHR GUT! ... **DAS MEDAILLON DES DUCE...** DU HAST ES UND HALB ITALIEN IST HIER, UM ES DIR ZU STEHLEN!
HMMMM...

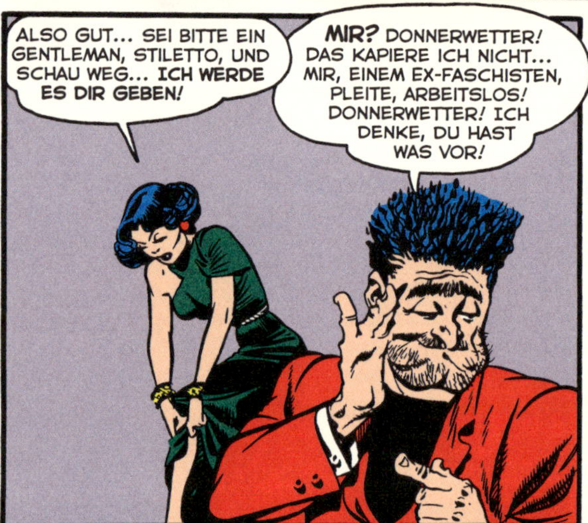
ALSO GUT... SEI BITTE EIN GENTLEMAN, STILETTO, UND SCHAU WEG... **ICH WERDE ES DIR GEBEN!**
MIR? DONNERWETTER! DAS KAPIERE ICH NICHT... MIR, EINEM EX-FASCHISTEN, PLEITE, ARBEITSLOS! DONNERWETTER! ICH DENKE, DU HAST WAS VOR!

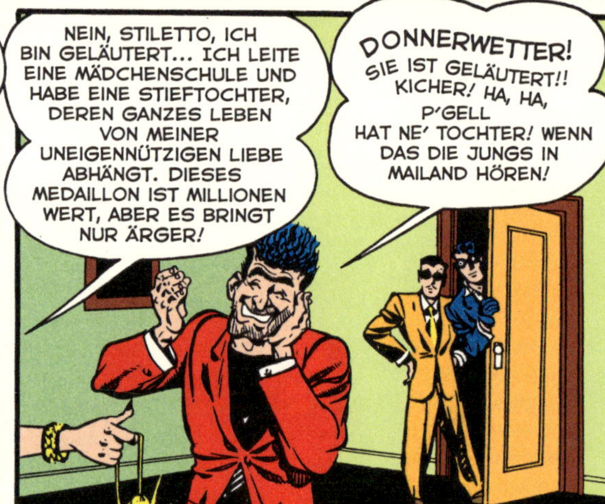
NEIN, STILETTO, ICH BIN GELÄUTERT... ICH LEITE EINE MÄDCHENSCHULE UND HABE EINE STIEFTOCHTER, DEREN GANZES LEBEN VON MEINER UNEIGENNÜTZIGEN LIEBE ABHÄNGT. DIESES MEDAILLON IST MILLIONEN WERT, ABER ES BRINGT NUR ÄRGER!
DONNERWETTER! SIE IST GELÄUTERT!! KICHER! HA, HA, P'GELL HAT NE' TOCHTER! WENN DAS DIE JUNGS IN MAILAND HÖREN!

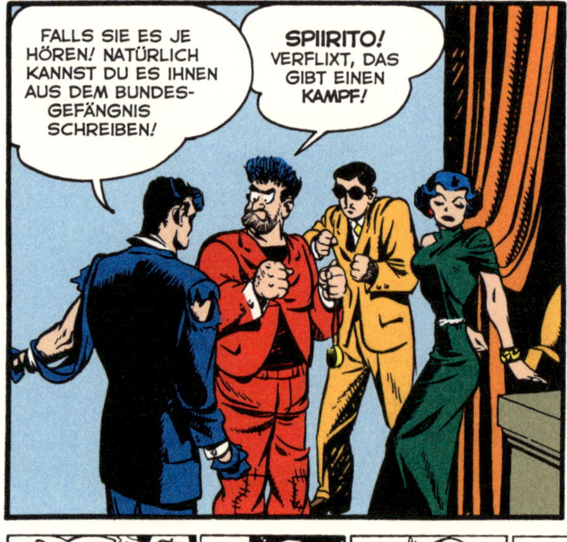
FALLS SIE ES JE HÖREN! NATÜRLICH KANNST DU ES IHNEN AUS DEM BUNDESGEFÄNGNIS SCHREIBEN!
SPIIRITO! VERFLIXT, DAS GIBT EINEN **KAMPF!**

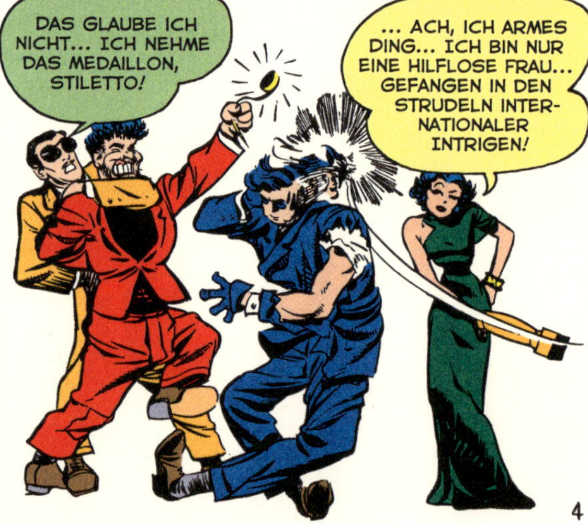
DAS GLAUBE ICH NICHT... ICH NEHME DAS MEDAILLON, STILETTO!
... ACH, ICH ARMES DING... ICH BIN NUR EINE HILFLOSE FRAU... GEFANGEN IN DEN STRUDELN INTERNATIONALER INTRIGEN!
4

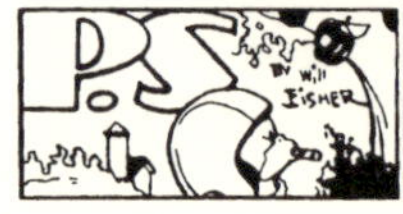
P.S.
BY WILL EISNER
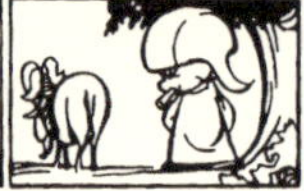
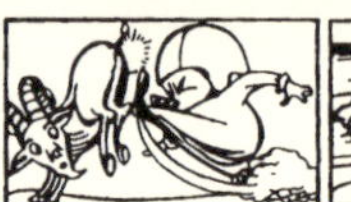
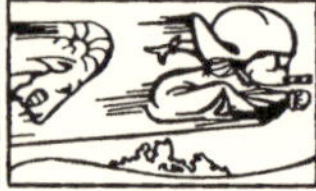
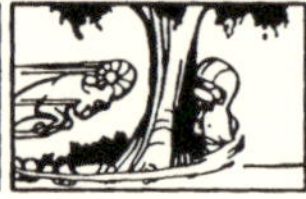
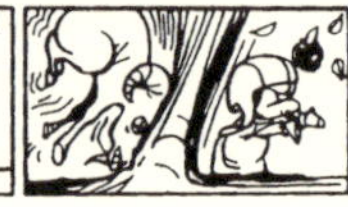
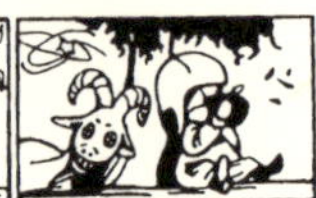

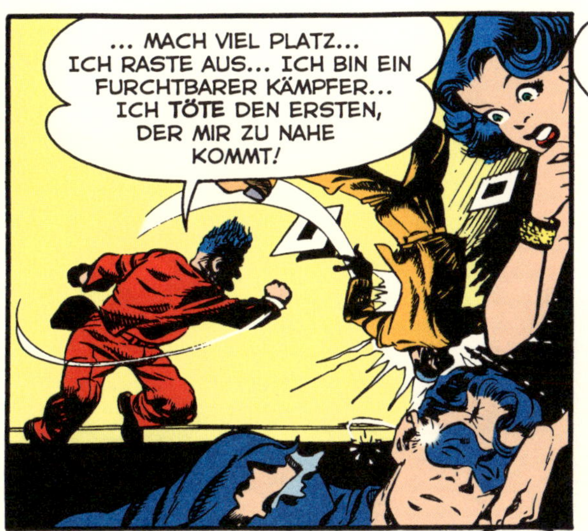
... MACH VIEL PLATZ... ICH RASTE AUS... ICH BIN EIN FURCHTBARER KÄMPFER... ICH **TÖTE** DEN ERSTEN, DER MIR ZU NAHE KOMMT!

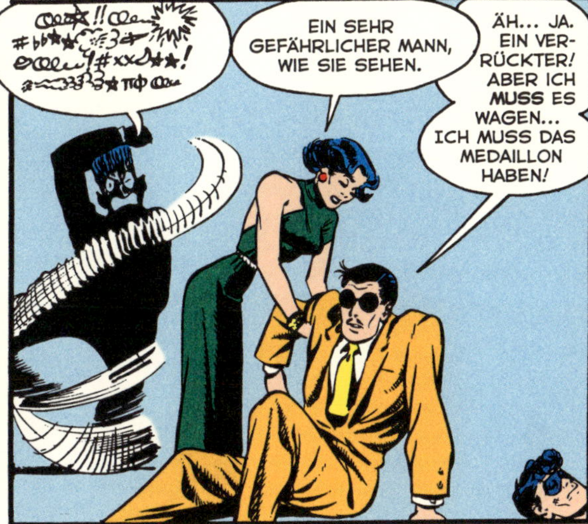
EIN SEHR GEFÄHRLICHER MANN, WIE SIE SEHEN.
ÄH... JA. EIN VERRÜCKTER! ABER ICH **MUSS** ES WAGEN... ICH MUSS DAS MEDAILLON HABEN!

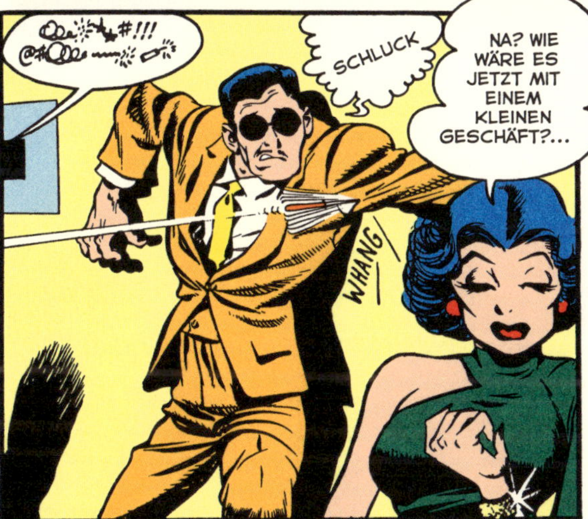
SCHLUCK
NA? WIE WÄRE ES JETZT MIT EINEM KLEINEN GESCHÄFT?...
WHANG

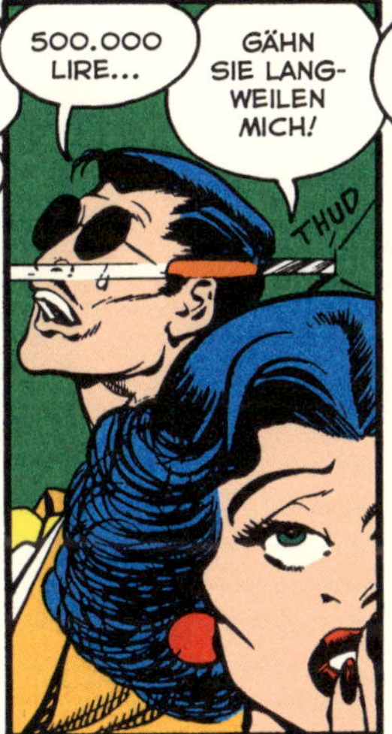
500.000 LIRE...
GÄHN SIE LANGWEILEN MICH!
THUD

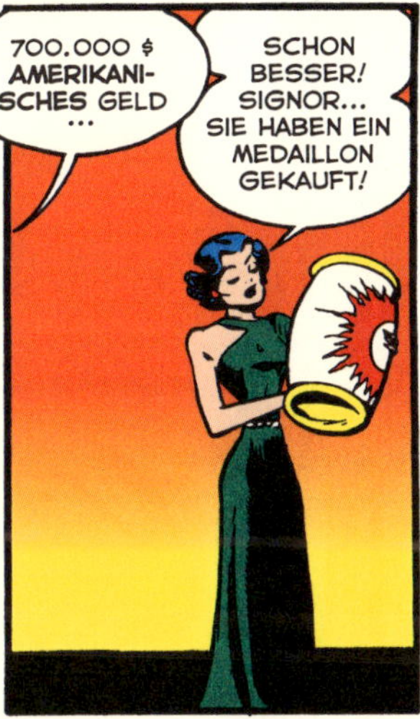
700.000 $ **AMERIKANISCHES** GELD ...
SCHON BESSER! SIGNOR... SIE HABEN EIN MEDAILLON GEKAUFT!

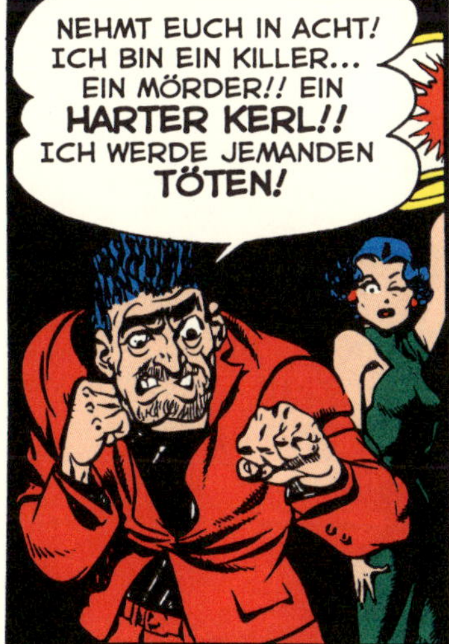
NEHMT EUCH IN ACHT! ICH BIN EIN KILLER... EIN MÖRDER!! EIN **HARTER KERL!!** ICH WERDE JEMANDEN **TÖTEN!**

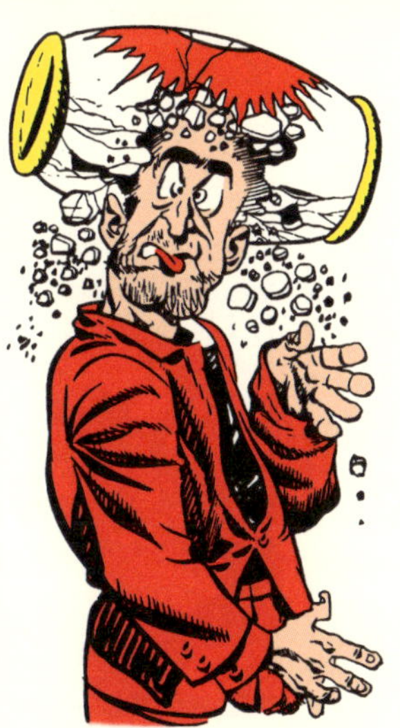

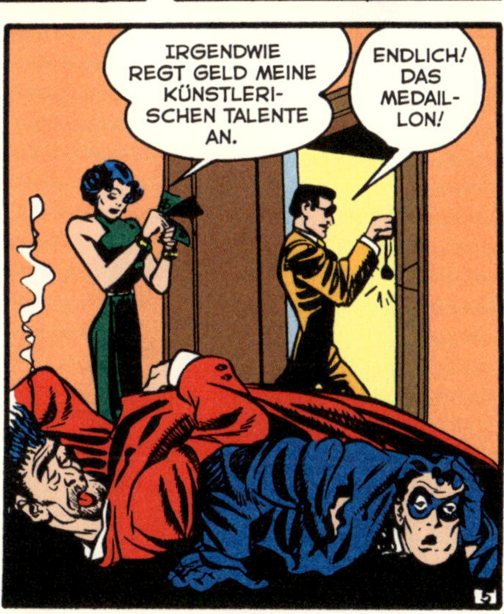
IRGENDWIE REGT GELD MEINE KÜNSTLERISCHEN TALENTE AN.
ENDLICH! DAS MEDAILLON!
5

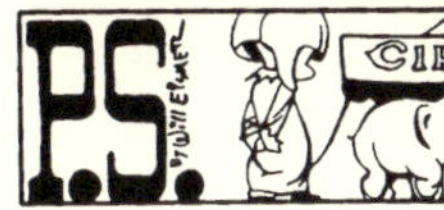
P.S.
CIRCUS

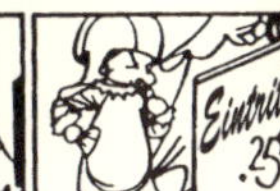
Eintritt 25¢

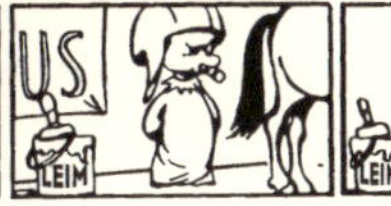
LEIM

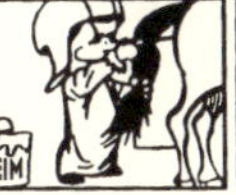
LEIM

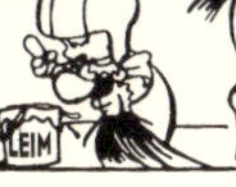
LEIM

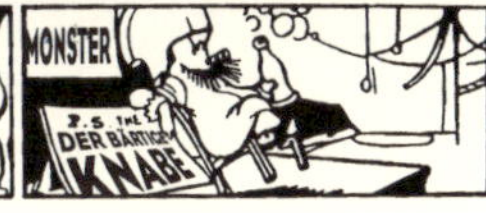
MONSTER
DER BÄRTIGE KNABE

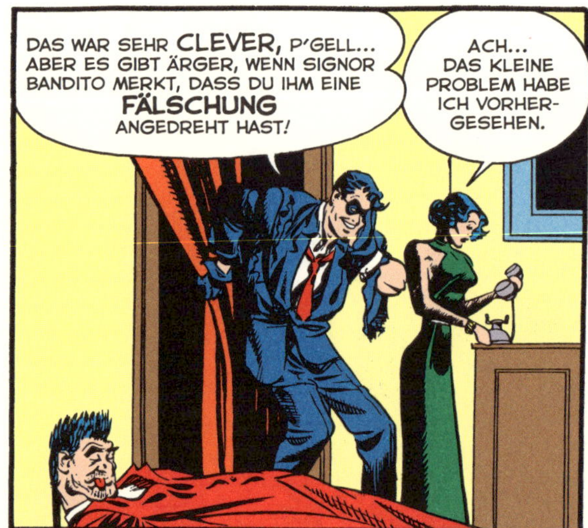
DAS WAR SEHR CLEVER, P'GELL... ABER ES GIBT ÄRGER, WENN SIGNOR BANDITO MERKT, DASS DU IHM EINE FÄLSCHUNG ANGEDREHT HAST!
ACH... DAS KLEINE PROBLEM HABE ICH VORHERGESEHEN.

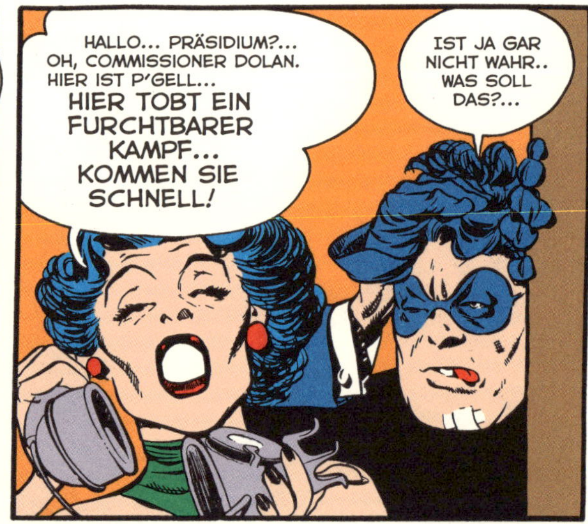
HALLO... PRÄSIDIUM?... OH, COMMISSIONER DOLAN. HIER IST P'GELL... HIER TOBT EIN FURCHTBARER KAMPF... KOMMEN SIE SCHNELL!
IST JA GAR NICHT WAHR.. WAS SOLL DAS?...

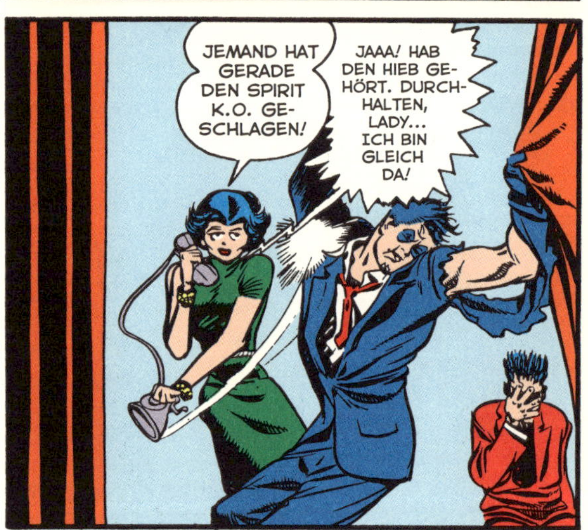
JEMAND HAT GERADE DEN SPIRIT K.O. GESCHLAGEN!
JAAA! HAB DEN HIEB GEHÖRT. DURCHHALTEN, LADY... ICH BIN GLEICH DA!

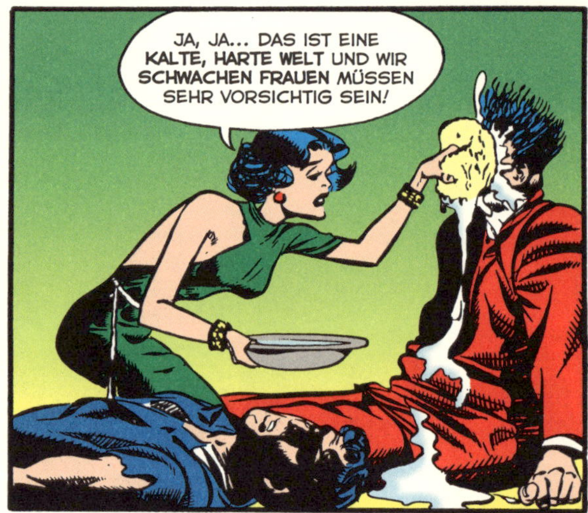
JA, JA... DAS IST EINE KALTE, HARTE WELT UND WIR SCHWACHEN FRAUEN MÜSSEN SEHR VORSICHTIG SEIN!

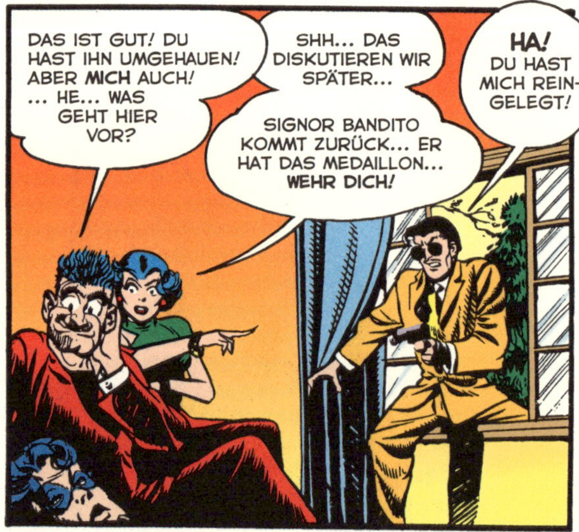
DAS IST GUT! DU HAST IHN UMGEHAUEN! ABER MICH AUCH! ... HE... WAS GEHT HIER VOR?
SHH... DAS DISKUTIEREN WIR SPÄTER...
SIGNOR BANDITO KOMMT ZURÜCK... ER HAT DAS MEDAILLON... WEHR DICH!
HA! DU HAST MICH REINGELEGT!

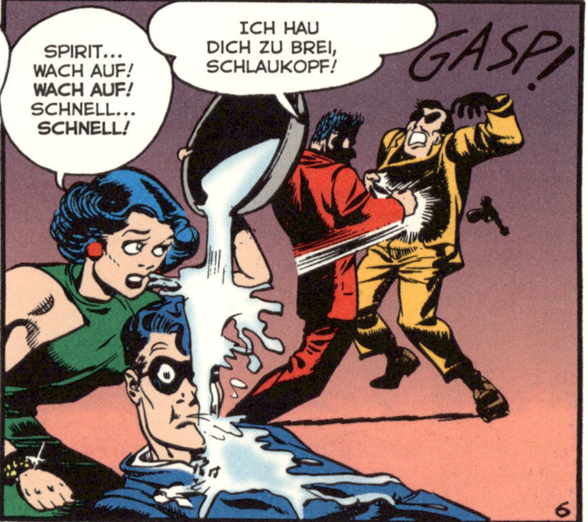
SPIRIT... WACH AUF! WACH AUF! SCHNELL... SCHNELL!
ICH HAU DICH ZU BREI, SCHLAUKOPF!
GASP!
6

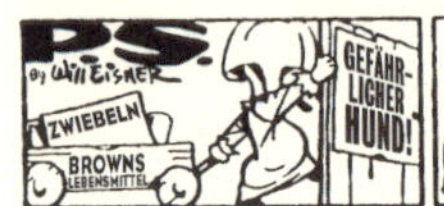
P.S.
by Will Eisner
GEFÄHRLICHER HUND!
ZWIEBELN
BROWNS LEBENSMITTEL

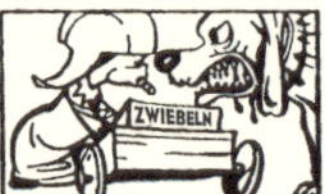
ZWIEBELN

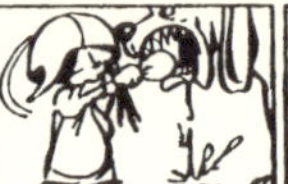

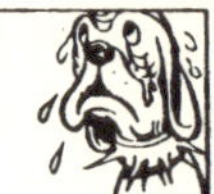

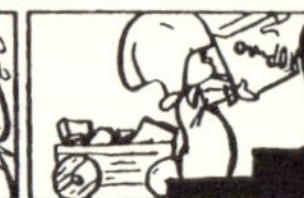

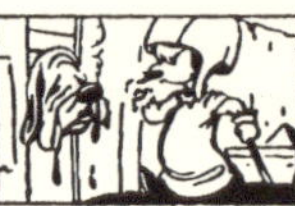

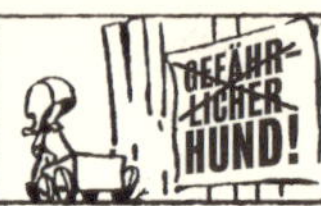
GEFÄHRLICHER HUND!

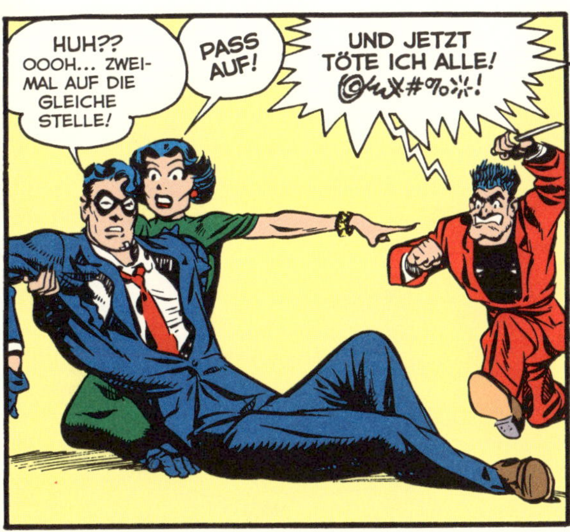

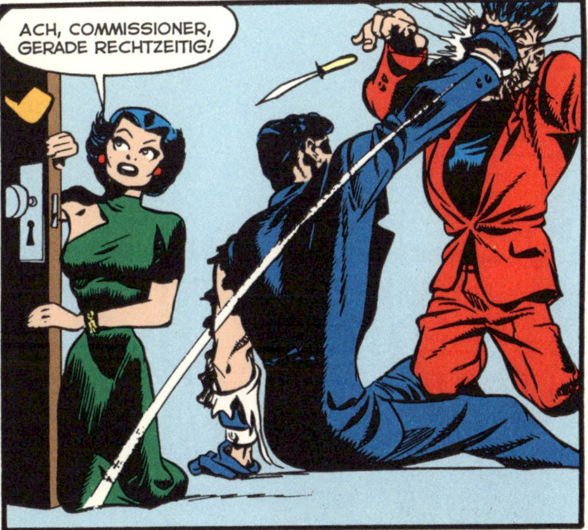

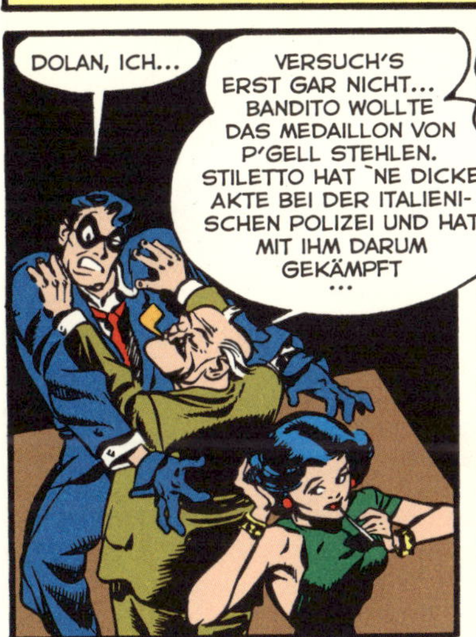

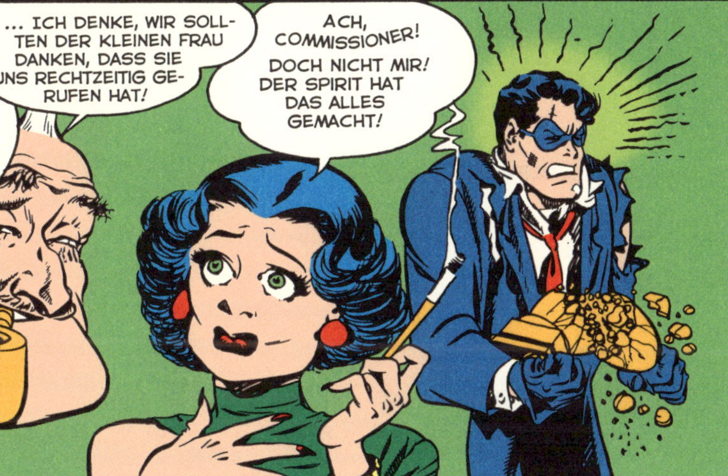

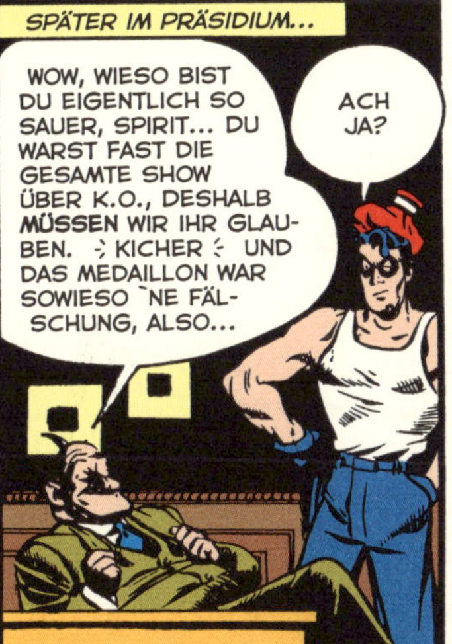

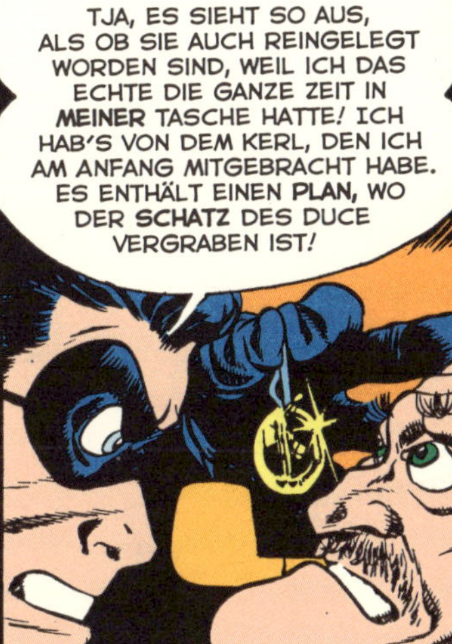

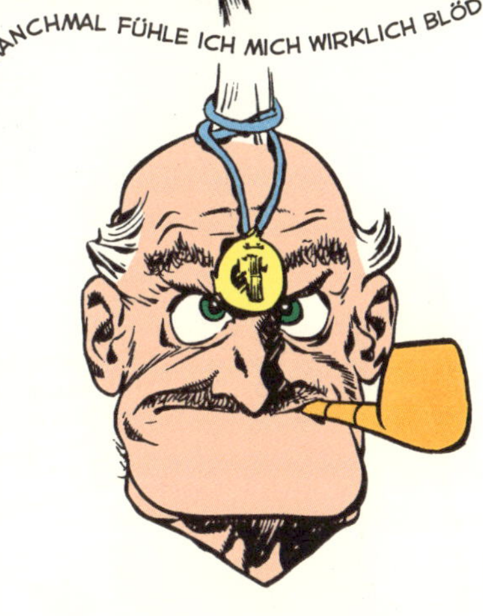

NÄCHSTE WOCHE: THE Spirit IM ZIRKUS

SEHT, WIE DER GROSSE SPIRIT FLIEGT

MIT UNÜBERTROFFE-NER GRAZIE UND... UUPS

... OH, WIEDER DANEBEN... TJA, SCHAUEN SIE NÄCHS-TE WOCHE MAL REIN... WAMM

DER ZIRKUS DES VERBRECHENS

1. Juni 1947

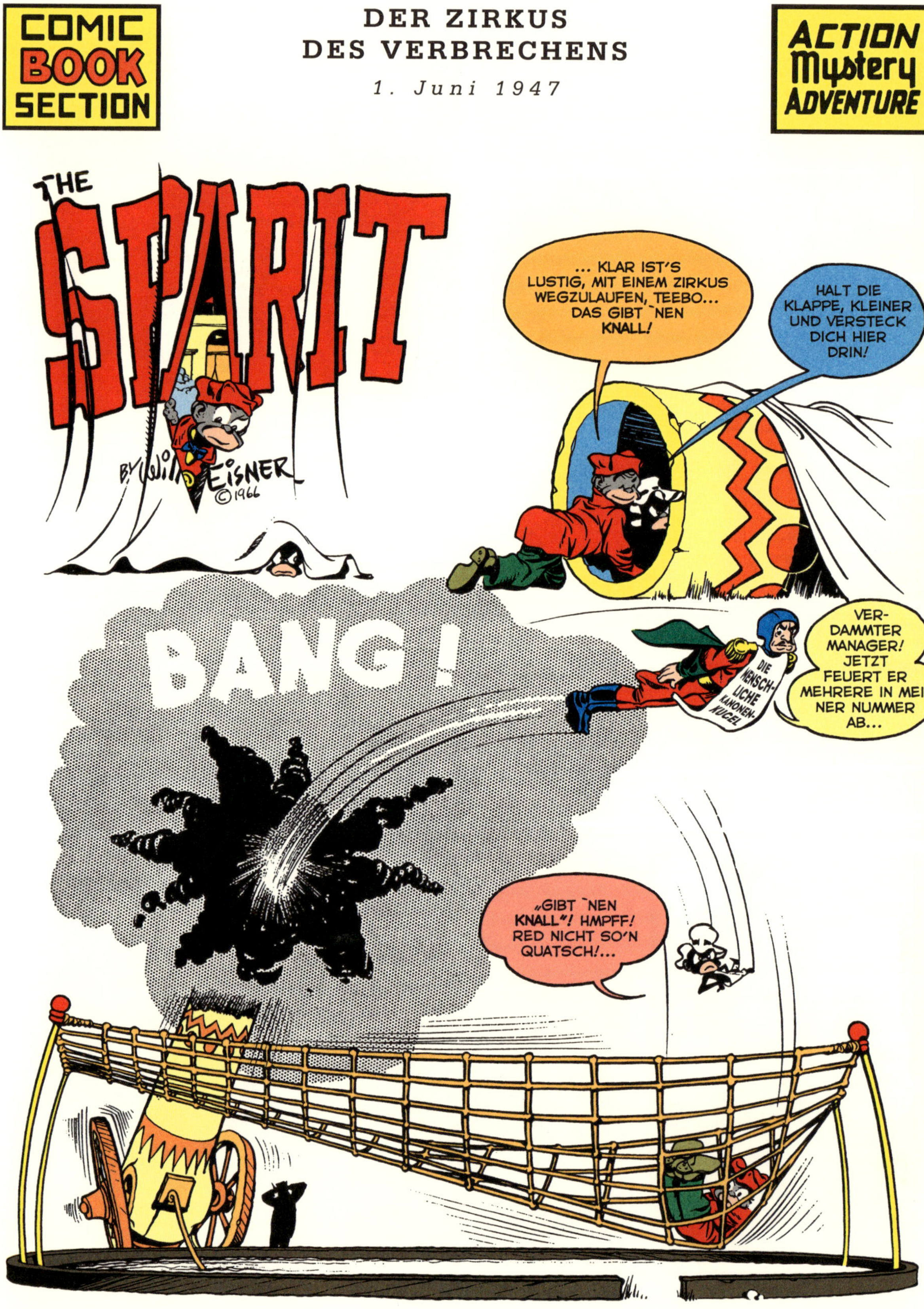

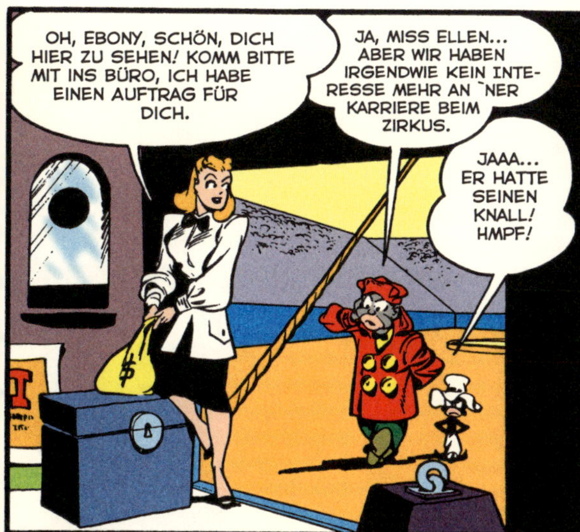
OH, EBONY, SCHÖN, DICH HIER ZU SEHEN! KOMM BITTE MIT INS BÜRO, ICH HABE EINEN AUFTRAG FÜR DICH.
JA, MISS ELLEN... ABER WIR HABEN IRGENDWIE KEIN INTERESSE MEHR AN 'NER KARRIERE BEIM ZIRKUS.
JAAA... ER HATTE SEINEN KNALL! HMPF!

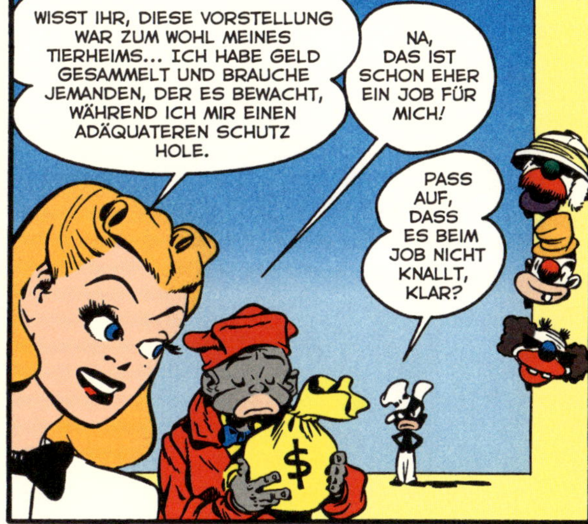
WISST IHR, DIESE VORSTELLUNG WAR ZUM WOHL MEINES TIERHEIMS... ICH HABE GELD GESAMMELT UND BRAUCHE JEMANDEN, DER ES BEWACHT, WÄHREND ICH MIR EINEN ADÄQUATEREN SCHUTZ HOLE.
NA, DAS IST SCHON EHER EIN JOB FÜR MICH!
PASS AUF, DASS ES BEIM JOB NICHT KNALLT, KLAR?

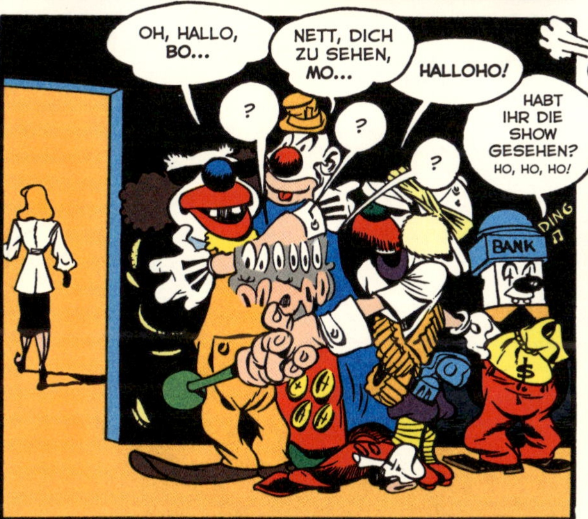
OH, HALLO, BO...
NETT, DICH ZU SEHEN, MO...
HALLOHO!
?
?
?
HABT IHR DIE SHOW GESEHEN? HO, HO, HO!
BANK
DING

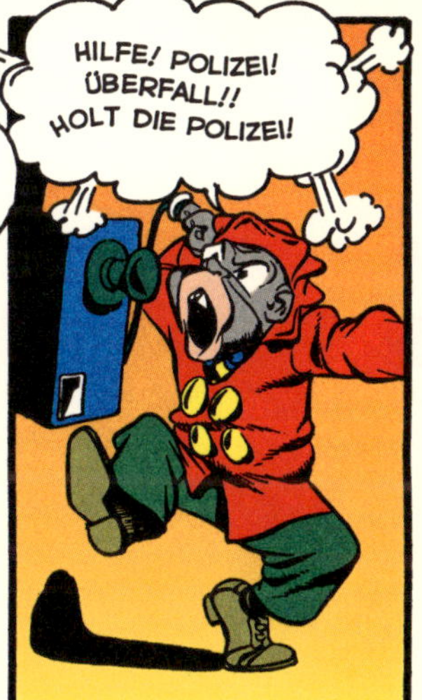
HILFE! POLIZEI! ÜBERFALL!! HOLT DIE POLIZEI!

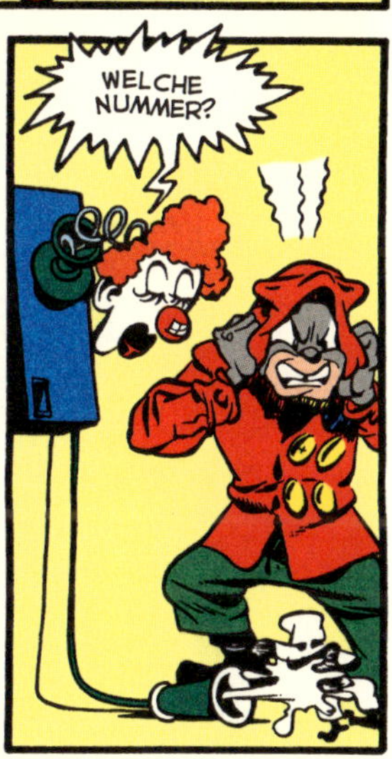
WELCHE NUMMER?

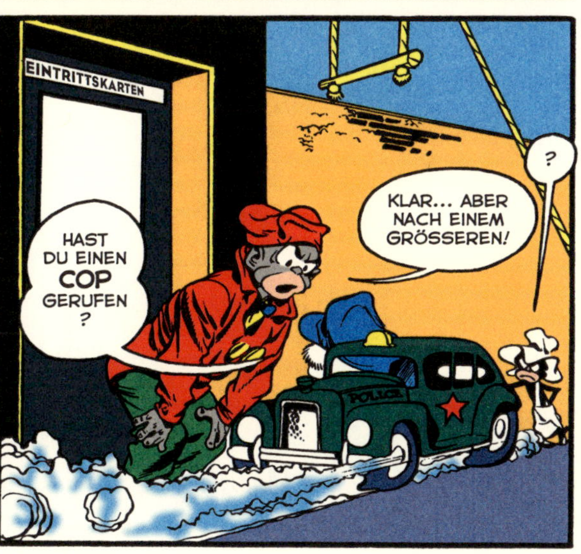
EINTRITTSKARTEN
HAST DU EINEN COP GERUFEN?
KLAR... ABER NACH EINEM GRÖSSEREN!
?
POLICE

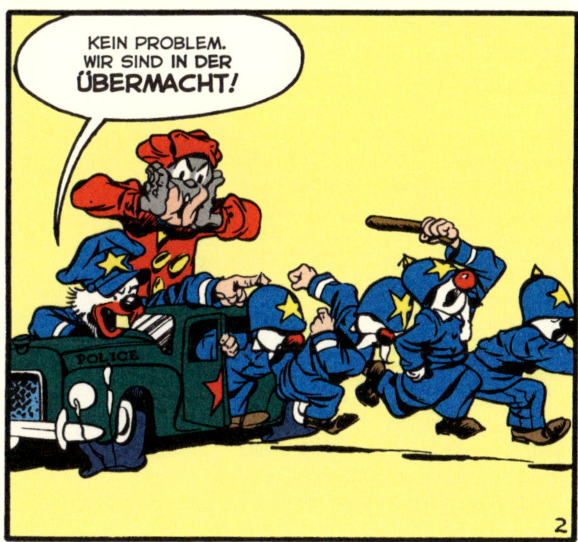
KEIN PROBLEM. WIR SIND IN DER ÜBERMACHT!
POLICE
2

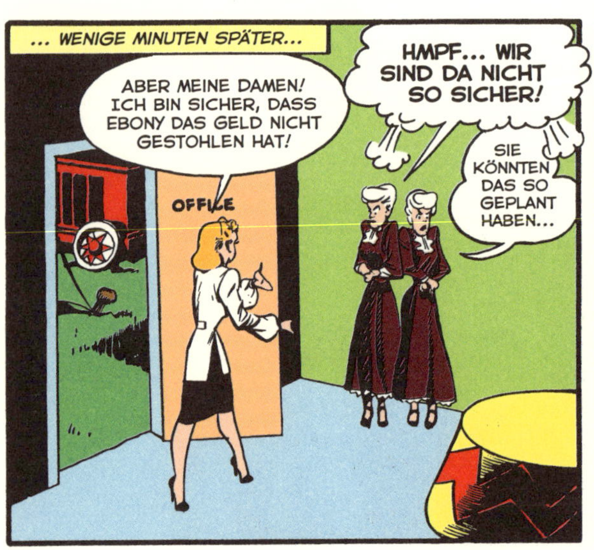
... WENIGE MINUTEN SPÄTER...
ABER MEINE DAMEN! ICH BIN SICHER, DASS EBONY DAS GELD NICHT GESTOHLEN HAT!
HMPF... WIR SIND DA NICHT SO SICHER!
SIE KÖNNTEN DAS SO GEPLANT HABEN...
OFFICE

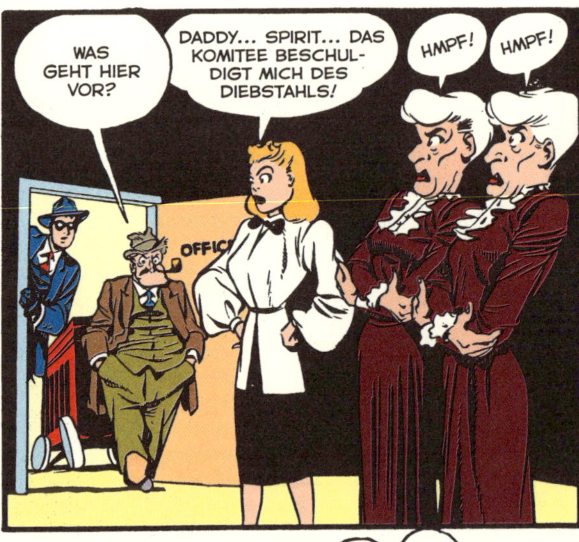
WAS GEHT HIER VOR?
DADDY... SPIRIT... DAS KOMITEE BESCHULDIGT MICH DES DIEBSTAHLS!
HMPF!
HMPF!

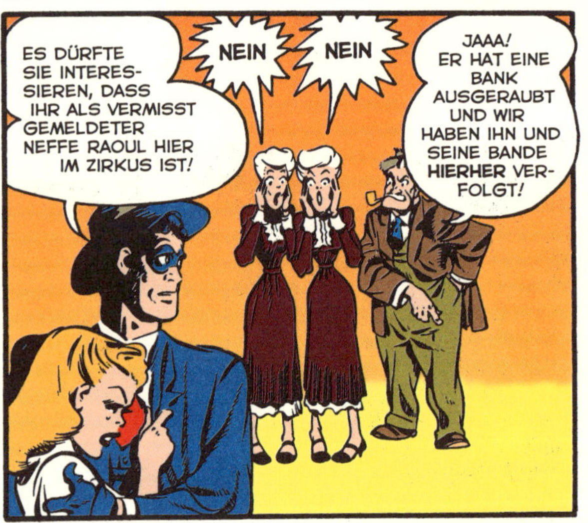
ES DÜRFTE SIE INTERESSIEREN, DASS IHR ALS VERMISST GEMELDETER NEFFE RAOUL HIER IM ZIRKUS IST!
NEIN
NEIN
JAAA! ER HAT EINE BANK AUSGERAUBT UND WIR HABEN IHN UND SEINE BANDE HIERHER VERFOLGT!

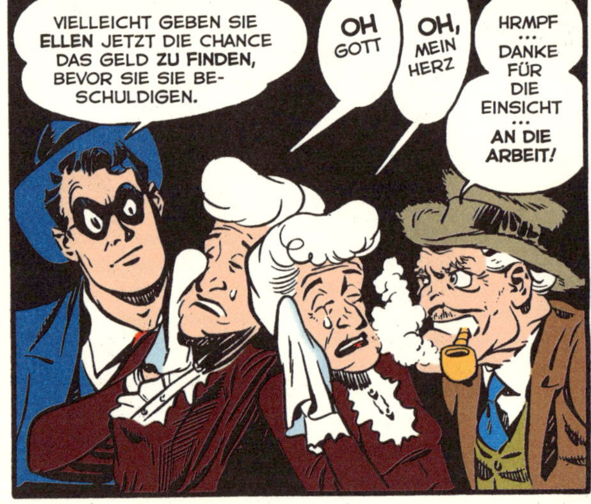
VIELLEICHT GEBEN SIE ELLEN JETZT DIE CHANCE DAS GELD ZU FINDEN, BEVOR SIE SIE BESCHULDIGEN.
OH GOTT
OH, MEIN HERZ
HRMPF ... DANKE FÜR DIE EINSICHT ... AN DIE ARBEIT!

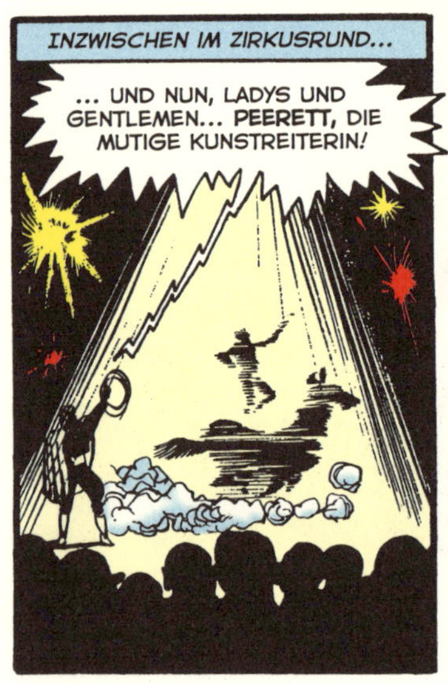
INZWISCHEN IM ZIRKUSRUND...
... UND NUN, LADYS UND GENTLEMEN... PEERETT, DIE MUTIGE KUNSTREITERIN!

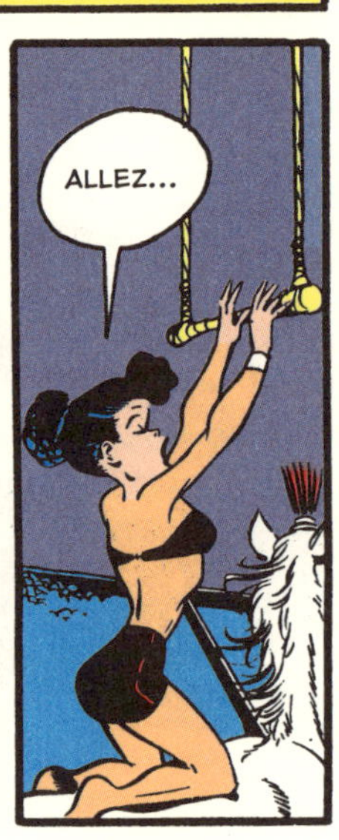
ALLEZ...

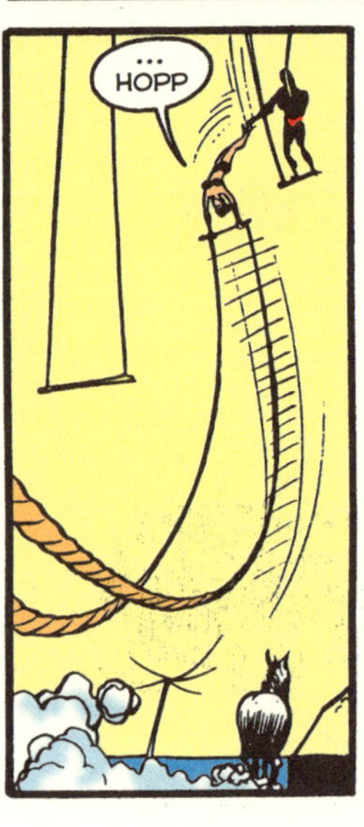
... HOPP

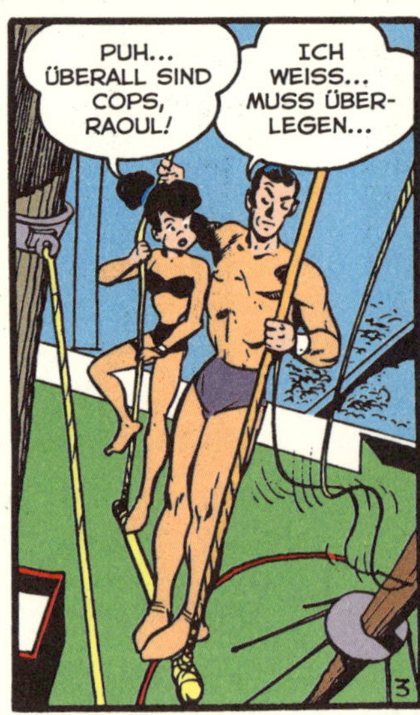
PUH... ÜBERALL SIND COPS, RAOUL!
ICH WEISS... MUSS ÜBERLEGEN...
3

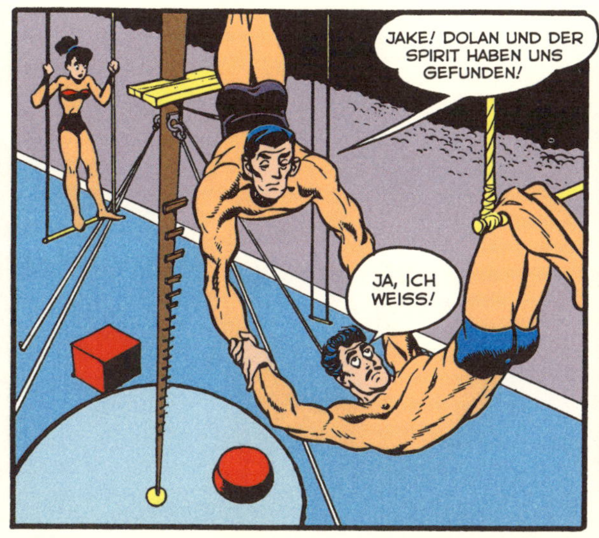
JAKE! DOLAN UND DER SPIRIT HABEN UNS GEFUNDEN!
JA, ICH WEISS!

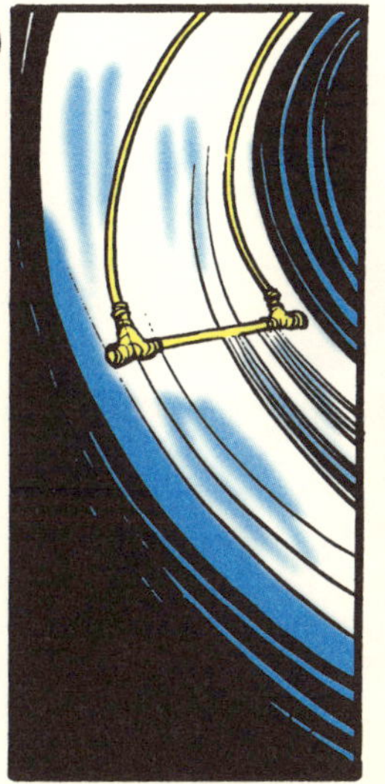

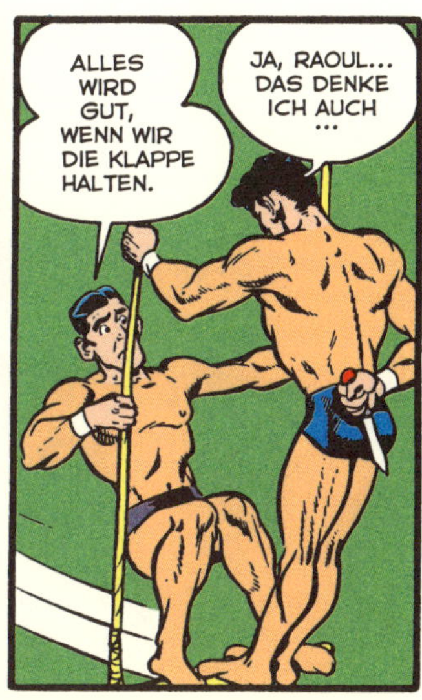
ALLES WIRD GUT, WENN WIR DIE KLAPPE HALTEN.
JA, RAOUL... DAS DENKE ICH AUCH ...

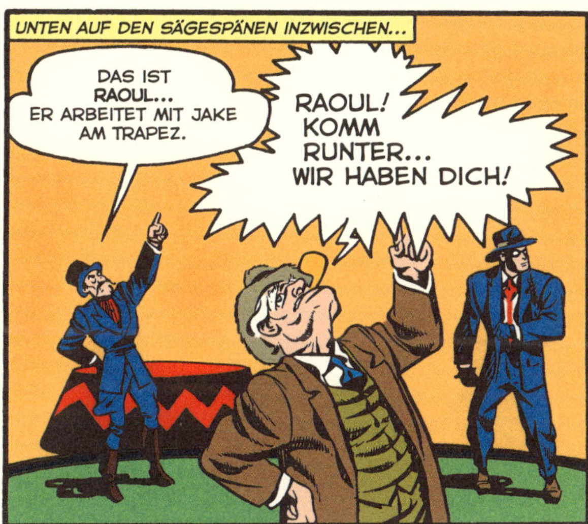
UNTEN AUF DEN SÄGESPÄNEN INZWISCHEN...
DAS IST RAOUL... ER ARBEITET MIT JAKE AM TRAPEZ.
RAOUL! KOMM RUNTER... WIR HABEN DICH!

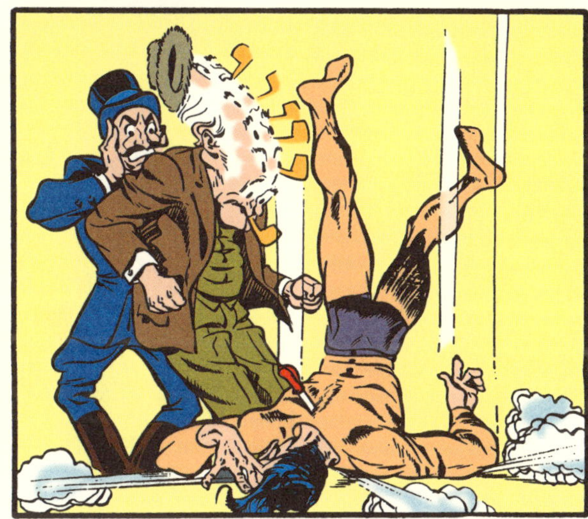

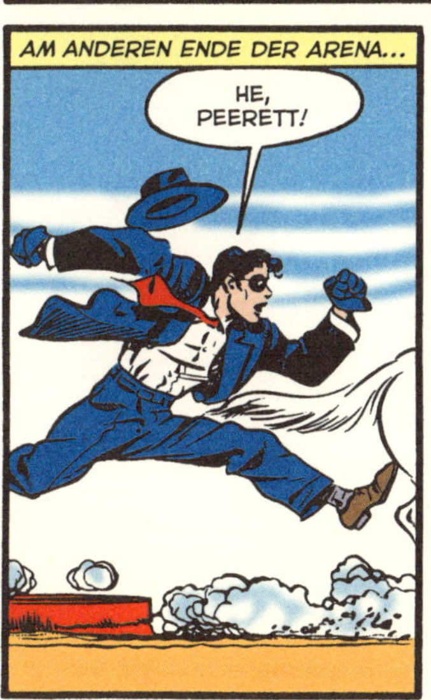
AM ANDEREN ENDE DER ARENA...
HE, PEERETT!

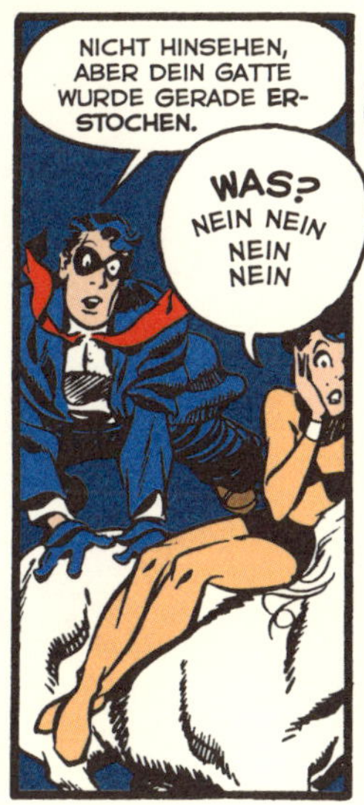
NICHT HINSEHEN, ABER DEIN GATTE WURDE GERADE ERSTOCHEN.
WAS? NEIN NEIN NEIN NEIN

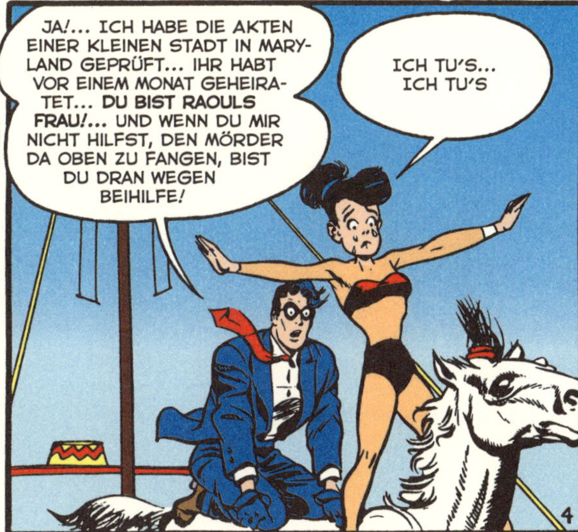
JA!... ICH HABE DIE AKTEN EINER KLEINEN STADT IN MARYLAND GEPRÜFT... IHR HABT VOR EINEM MONAT GEHEIRATET... DU BIST RAOULS FRAU!... UND WENN DU MIR NICHT HILFST, DEN MÖRDER DA OBEN ZU FANGEN, BIST DU DRAN WEGEN BEIHILFE!
ICH TU'S... ICH TU'S
4

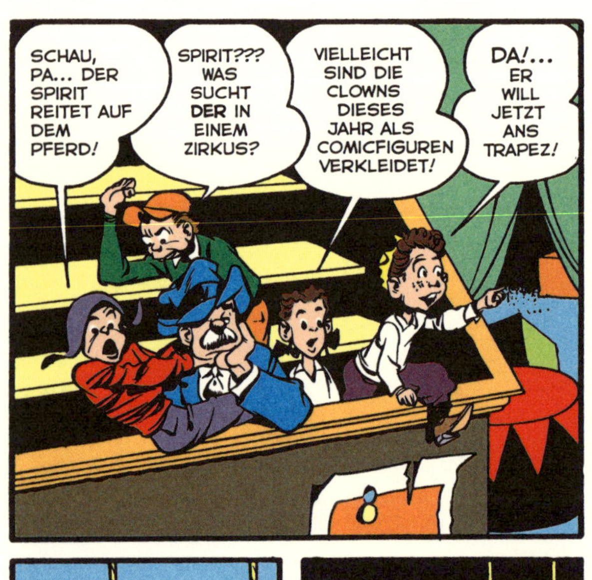
SCHAU, PA... DER SPIRIT REITET AUF DEM PFERD!
SPIRIT??? WAS SUCHT DER IN EINEM ZIRKUS?
VIELLEICHT SIND DIE CLOWNS DIESES JAHR ALS COMICFIGUREN VERKLEIDET!
DA!... ER WILL JETZT ANS TRAPEZ!

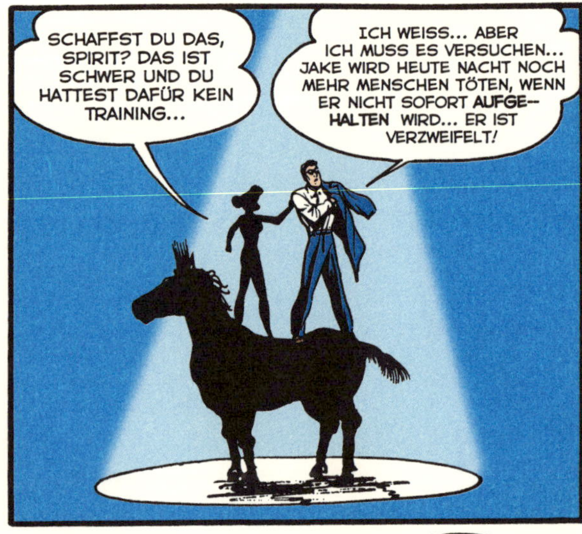
SCHAFFST DU DAS, SPIRIT? DAS IST SCHWER UND DU HATTEST DAFÜR KEIN TRAINING...
ICH WEISS... ABER ICH MUSS ES VERSUCHEN... JAKE WIRD HEUTE NACHT NOCH MEHR MENSCHEN TÖTEN, WENN ER NICHT SOFORT AUFGEHALTEN WIRD... ER IST VERZWEIFELT!

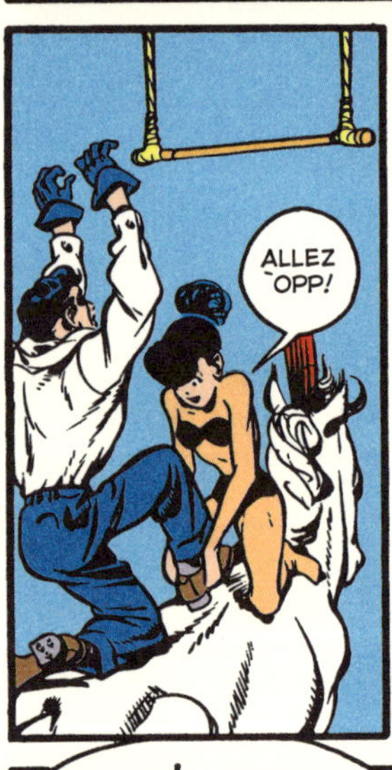
ALLEZ OPP!

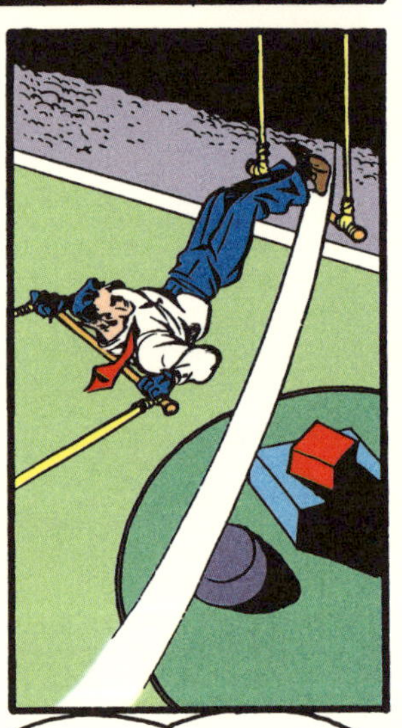

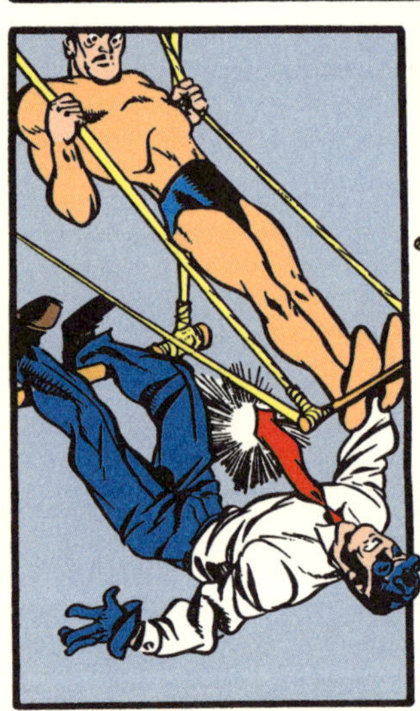

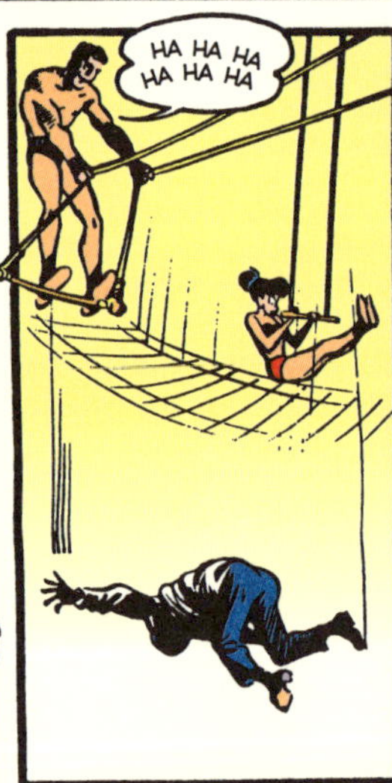
HA HA HA HA HA HA

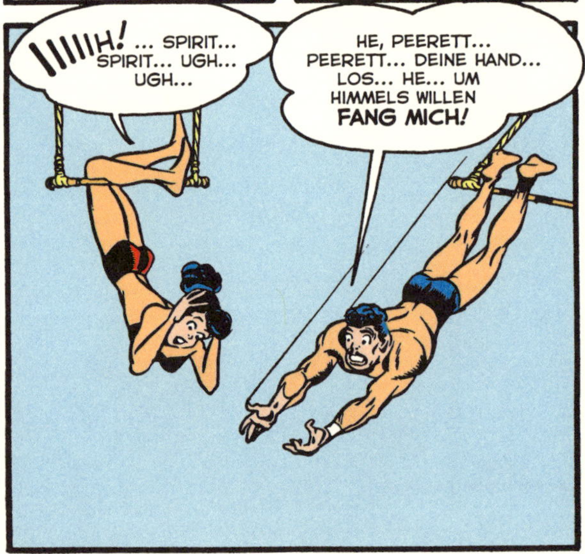
IIIIIH! ... SPIRIT... SPIRIT... UGH... UGH...
HE, PEERETT... PEERETT... DEINE HAND... LOS... HE... UM HIMMELS WILLEN FANG MICH!

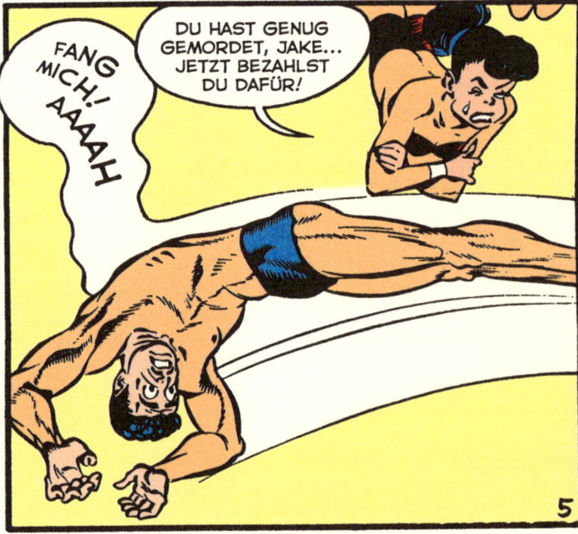
FANG MICH! AAAAH
DU HAST GENUG GEMORDET, JAKE... JETZT BEZAHLST DU DAFÜR!
5

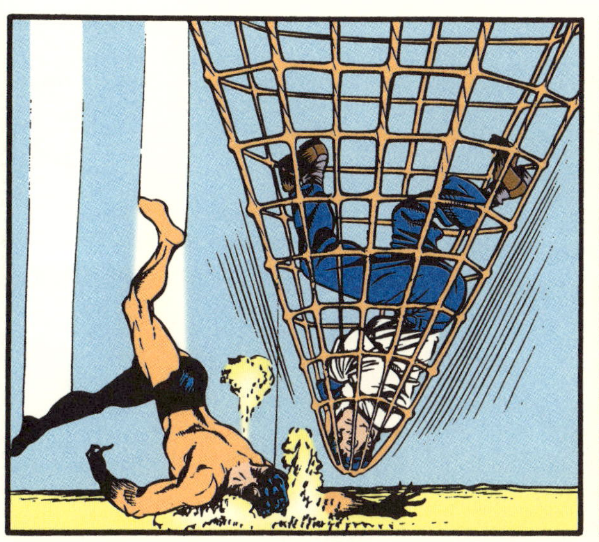

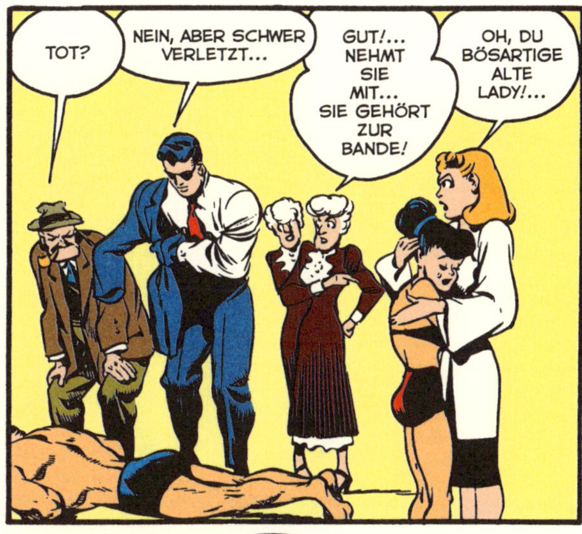
TOT?
NEIN, ABER SCHWER VERLETZT...
GUT!... NEHMT SIE MIT... SIE GEHÖRT ZUR BANDE!
OH, DU BÖSARTIGE ALTE LADY!...

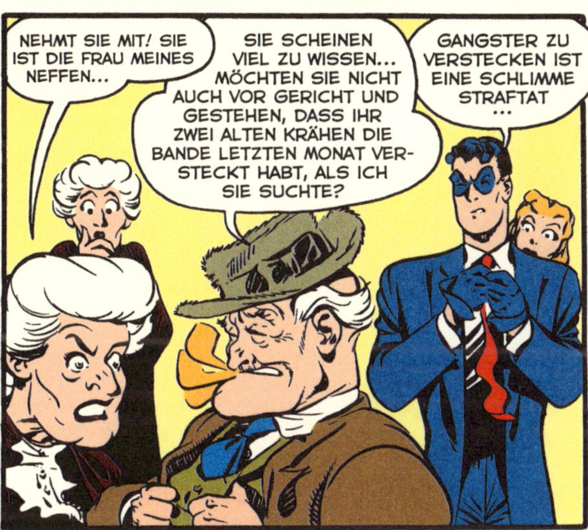
NEHMT SIE MIT! SIE IST DIE FRAU MEINES NEFFEN...
SIE SCHEINEN VIEL ZU WISSEN... MÖCHTEN SIE NICHT AUCH VOR GERICHT UND GESTEHEN, DASS IHR ZWEI ALTEN KRÄHEN DIE BANDE LETZTEN MONAT VERSTECKT HABT, ALS ICH SIE SUCHTE?
GANGSTER ZU VERSTECKEN IST EINE SCHLIMME STRAFTAT ...

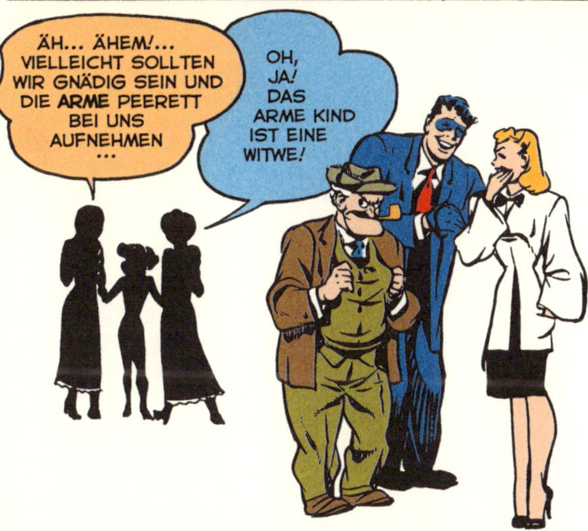
ÄH... ÄHEM!... VIELLEICHT SOLLTEN WIR GNÄDIG SEIN UND DIE ARME PEERETT BEI UNS AUFNEHMEN ...
OH, JA! DAS ARME KIND IST EINE WITWE!

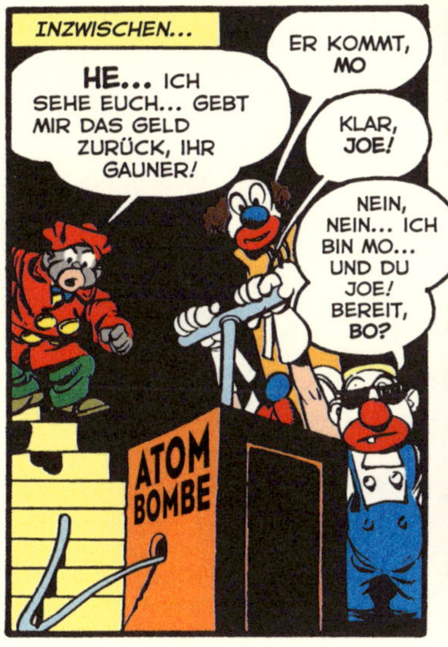
INZWISCHEN...
HE... ICH SEHE EUCH... GEBT MIR DAS GELD ZURÜCK, IHR GAUNER!
ER KOMMT, MO
KLAR, JOE!
NEIN, NEIN... ICH BIN MO... UND DU JOE! BEREIT, BO?
ATOM BOMBE

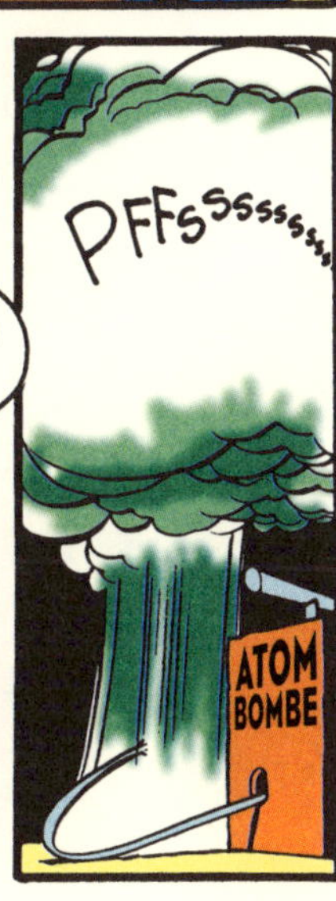
PFFSSSSSSSS
ATOM BOMBE

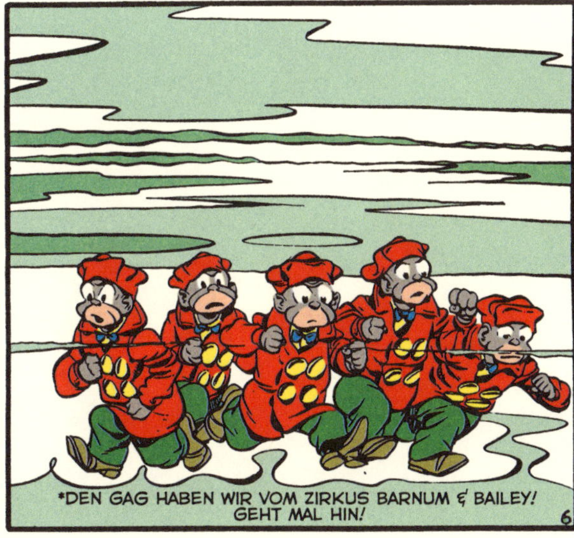
*DEN GAG HABEN WIR VOM ZIRKUS BARNUM & BAILEY! GEHT MAL HIN!
6

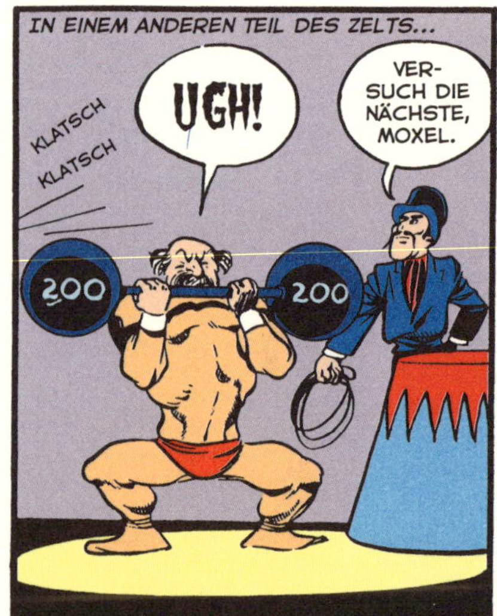
IN EINEM ANDEREN TEIL DES ZELTS...
UGH!
VER-
SUCH DIE
NÄCHSTE,
MOXEL.
KLATSCH
KLATSCH
200
200

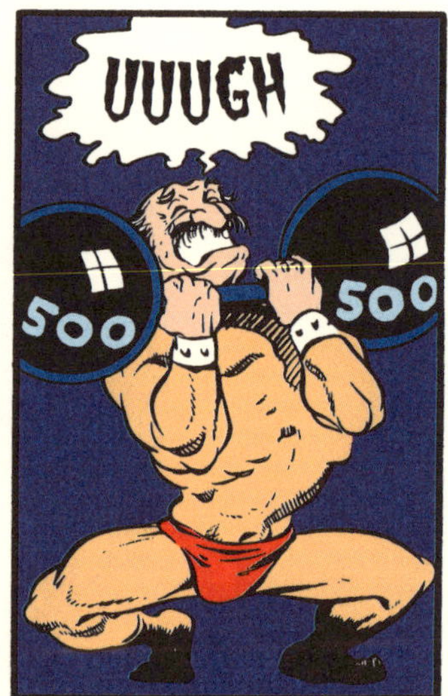
UUUGH
500
500

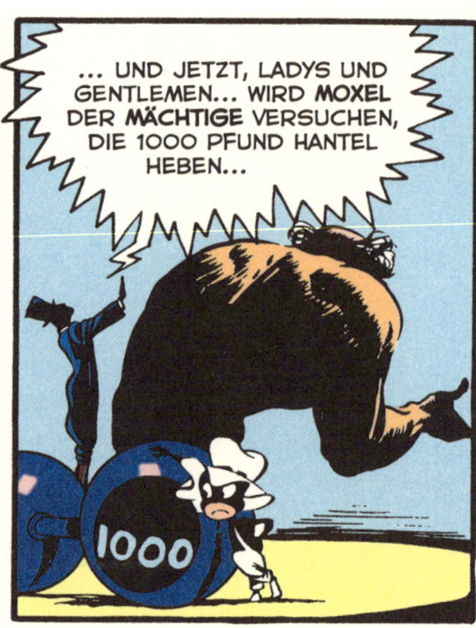
... UND JETZT, LADYS UND
GENTLEMEN... WIRD **MOXEL**
DER **MÄCHTIGE** VERSUCHEN,
DIE 1000 PFUND HANTEL
HEBEN...
1000

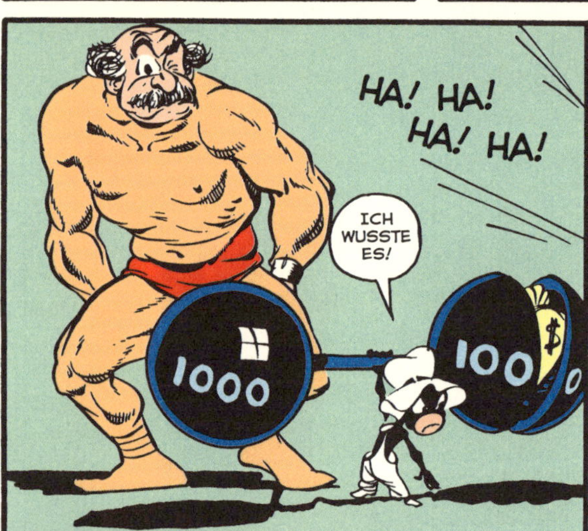
HA! HA!
HA! HA!
ICH
WUSSTE
ES!
1000
100

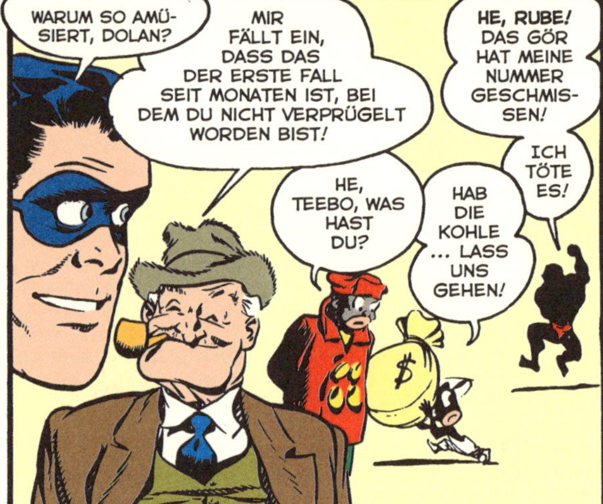
WARUM SO AMÜ-
SIERT, DOLAN?
MIR
FÄLLT EIN,
DASS DAS
DER ERSTE FALL
SEIT MONATEN IST, BEI
DEM DU NICHT VERPRÜGELT
WORDEN BIST!
HE, RUBE!
DAS GÖR
HAT MEINE
NUMMER
GESCHMIS-
SEN!
ICH
TÖTE
ES!
HE,
TEEBO, WAS
HAST
DU?
HAB
DIE
KOHLE
... LASS
UNS
GEHEN!

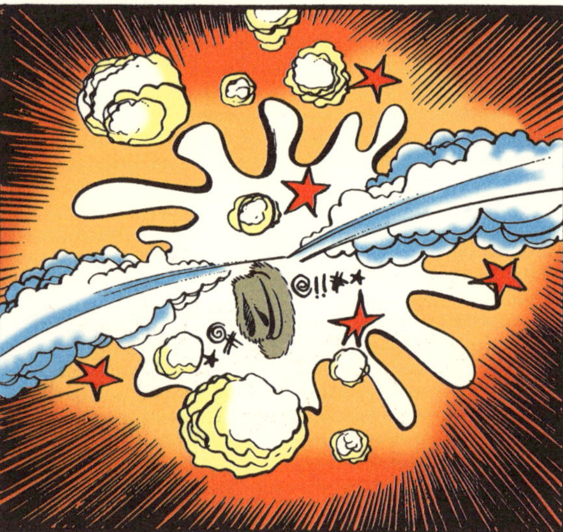
@!!*★

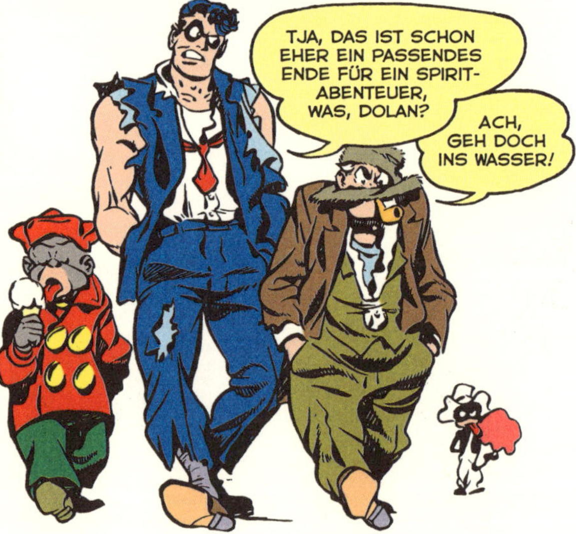
TJA, DAS IST SCHON
EHER EIN PASSENDES
ENDE FÜR EIN SPIRIT-
ABENTEUER,
WAS, DOLAN?
ACH,
GEH DOCH
INS WASSER!

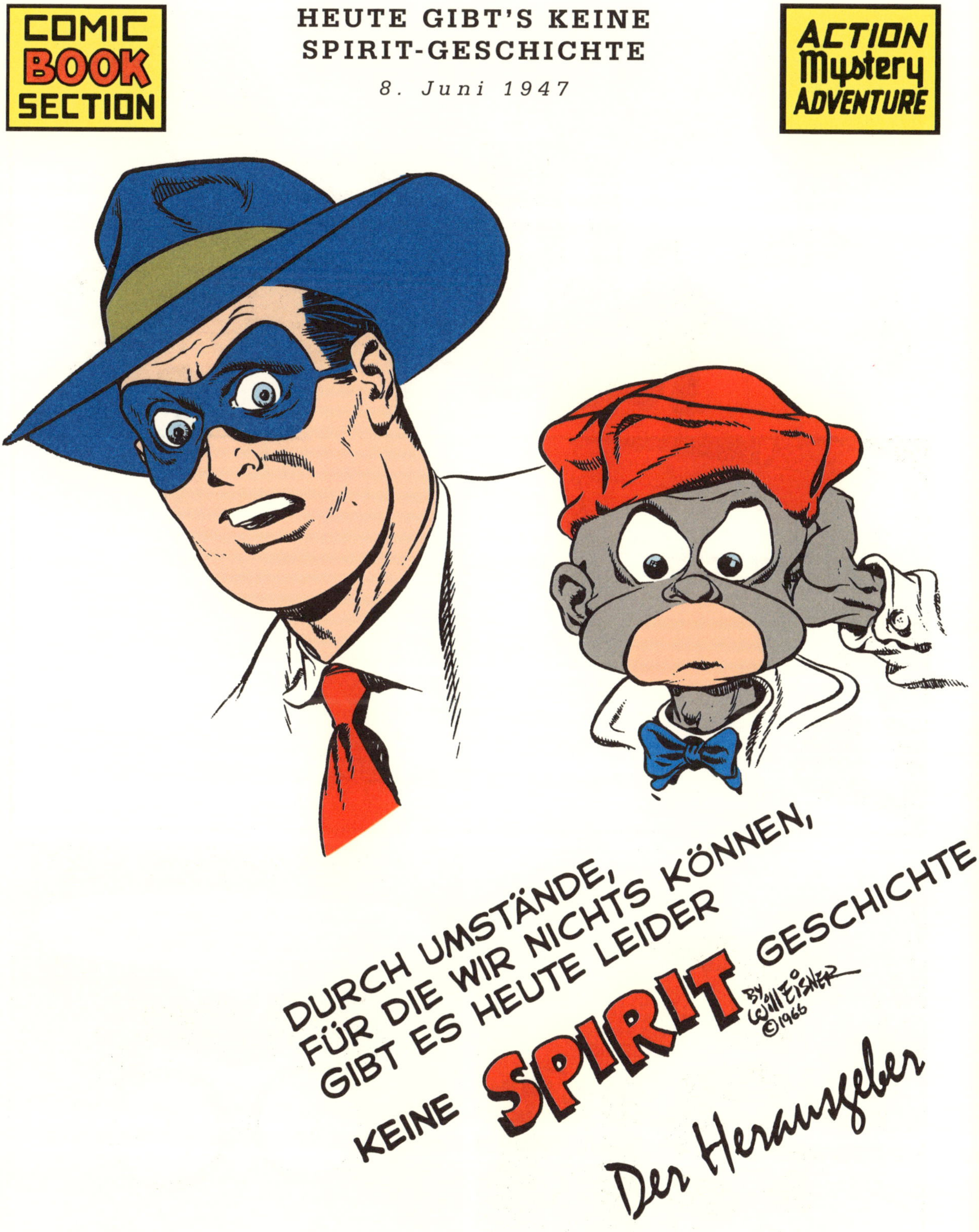

HEUTE GIBT'S KEINE SPIRIT-GESCHICHTE

8. Juni 1947

DURCH UMSTÄNDE,
FÜR DIE WIR NICHTS KÖNNEN,
GIBT ES HEUTE LEIDER
KEINE SPIRIT GESCHICHTE

BY WILL EISNER ©1966

Der Herausgeber

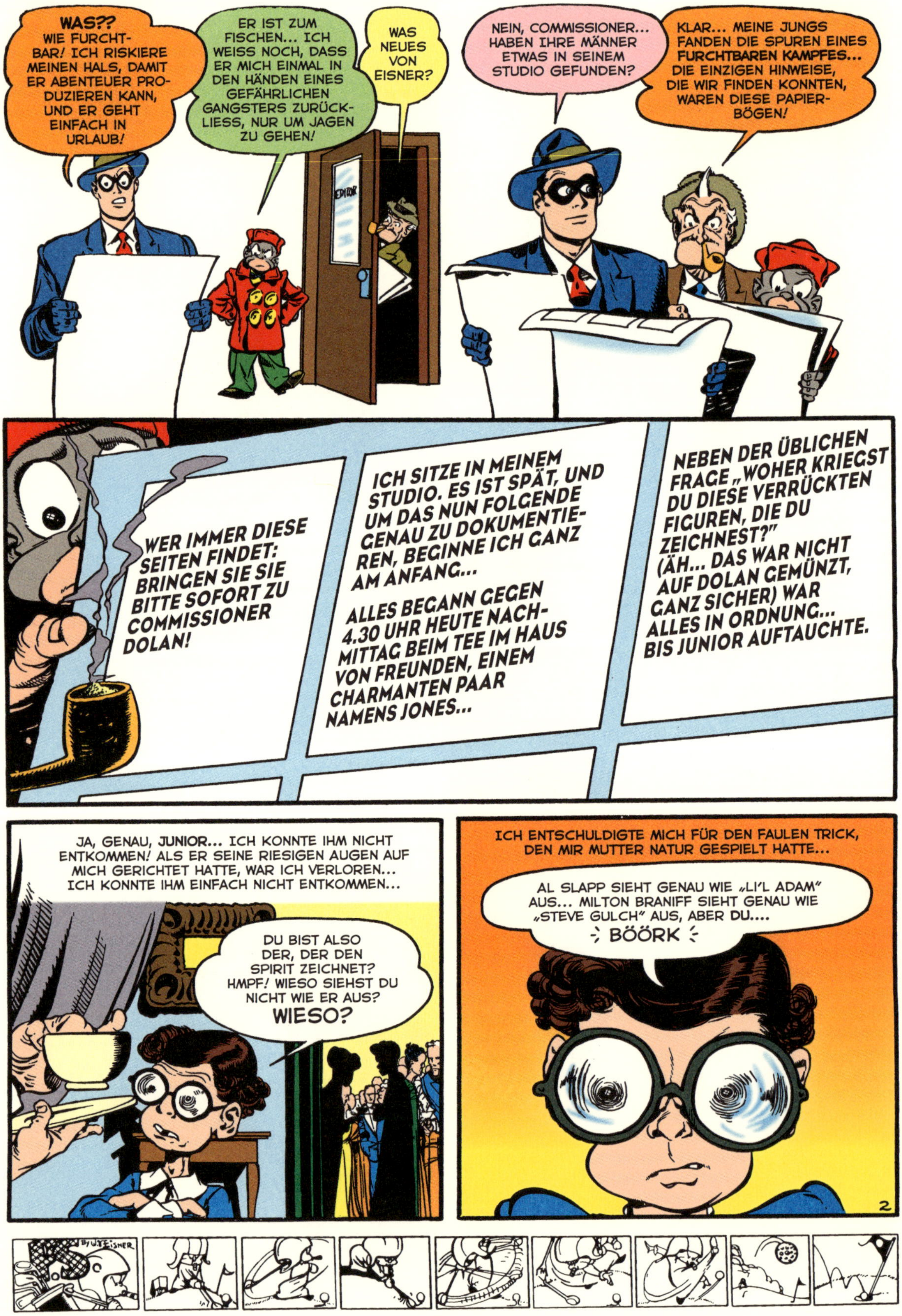

WAS?? WIE FURCHTBAR! ICH RISKIERE MEINEN HALS, DAMIT ER ABENTEUER PRODUZIEREN KANN, UND ER GEHT EINFACH IN URLAUB!

ER IST ZUM FISCHEN... ICH WEISS NOCH, DASS ER MICH EINMAL IN DEN HÄNDEN EINES GEFÄHRLICHEN GANGSTERS ZURÜCKLIESS, NUR UM JAGEN ZU GEHEN!

WAS NEUES VON EISNER?

NEIN, COMMISSIONER... HABEN IHRE MÄNNER ETWAS IN SEINEM STUDIO GEFUNDEN?

KLAR... MEINE JUNGS FANDEN DIE SPUREN EINES **FURCHTBAREN KAMPFES...** DIE EINZIGEN HINWEISE, DIE WIR FINDEN KONNTEN, WAREN DIESE PAPIERBÖGEN!

WER IMMER DIESE SEITEN FINDET: BRINGEN SIE SIE BITTE SOFORT ZU COMMISSIONER DOLAN!

ICH SITZE IN MEINEM STUDIO. ES IST SPÄT, UND UM DAS NUN FOLGENDE GENAU ZU DOKUMENTIEREN, BEGINNE ICH GANZ AM ANFANG...

ALLES BEGANN GEGEN 4.30 UHR HEUTE NACHMITTAG BEIM TEE IM HAUS VON FREUNDEN, EINEM CHARMANTEN PAAR NAMENS JONES...

NEBEN DER ÜBLICHEN FRAGE „WOHER KRIEGST DU DIESE VERRÜCKTEN FIGUREN, DIE DU ZEICHNEST?" (ÄH... DAS WAR NICHT AUF DOLAN GEMÜNZT, GANZ SICHER) WAR ALLES IN ORDNUNG... BIS JUNIOR AUFTAUCHTE.

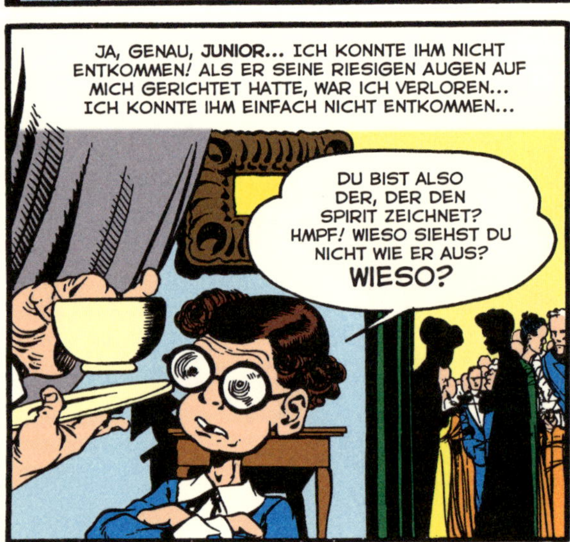

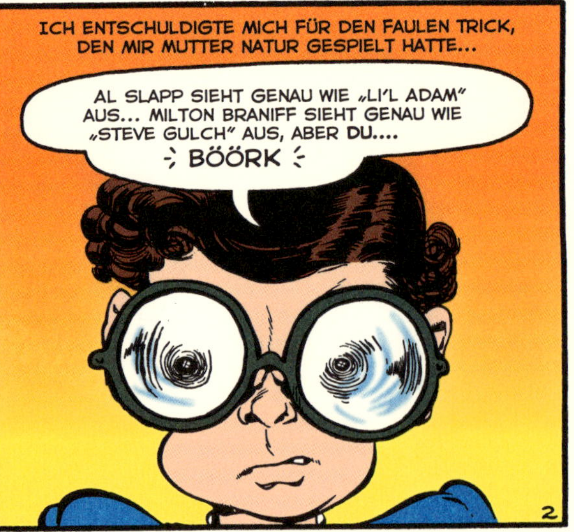

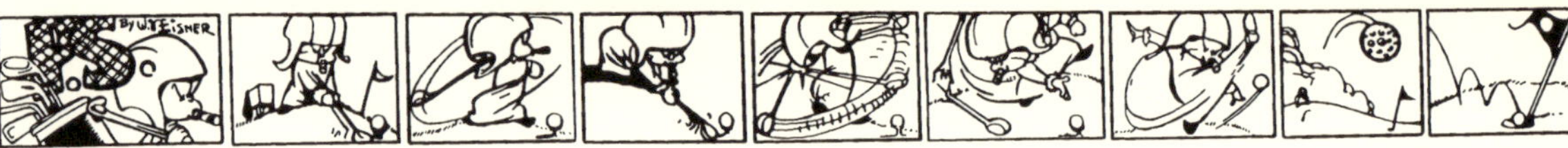

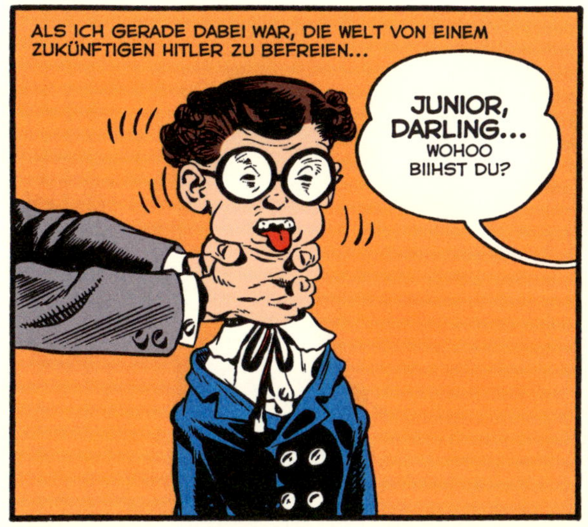
ALS ICH GERADE DABEI WAR, DIE WELT VON EINEM ZUKÜNFTIGEN HITLER ZU BEFREIEN...
JUNIOR, DARLING... WOHOO BIIHST DU?

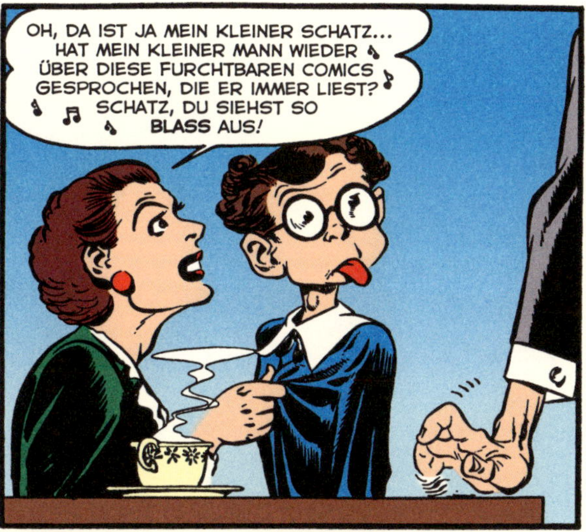
OH, DA IST JA MEIN KLEINER SCHATZ... HAT MEIN KLEINER MANN WIEDER ÜBER DIESE FURCHTBAREN COMICS GESPROCHEN, DIE ER IMMER LIEST? SCHATZ, DU SIEHST SO BLASS AUS!

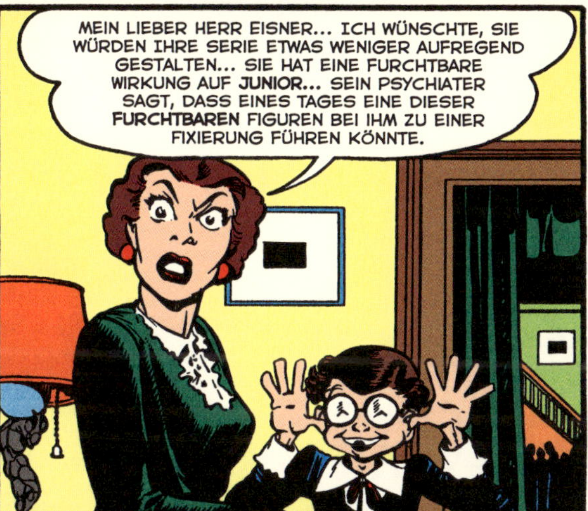
MEIN LIEBER HERR EISNER... ICH WÜNSCHTE, SIE WÜRDEN IHRE SERIE ETWAS WENIGER AUFREGEND GESTALTEN... SIE HAT EINE FURCHTBARE WIRKUNG AUF JUNIOR... SEIN PSYCHIATER SAGT, DASS EINES TAGES EINE DIESER FURCHTBAREN FIGUREN BEI IHM ZU EINER FIXIERUNG FÜHREN KÖNNTE.

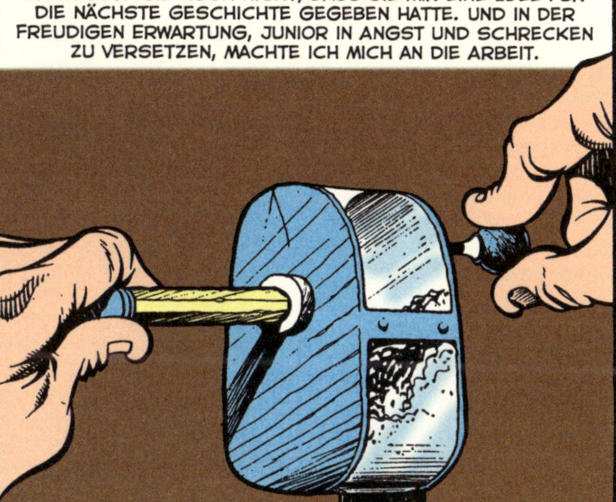
DA WUSSTE SIE NOCH NICHT, DASS SIE MIR EINE IDEE FÜR DIE NÄCHSTE GESCHICHTE GEGEBEN HATTE. UND IN DER FREUDIGEN ERWARTUNG, JUNIOR IN ANGST UND SCHRECKEN ZU VERSETZEN, MACHTE ICH MICH AN DIE ARBEIT.

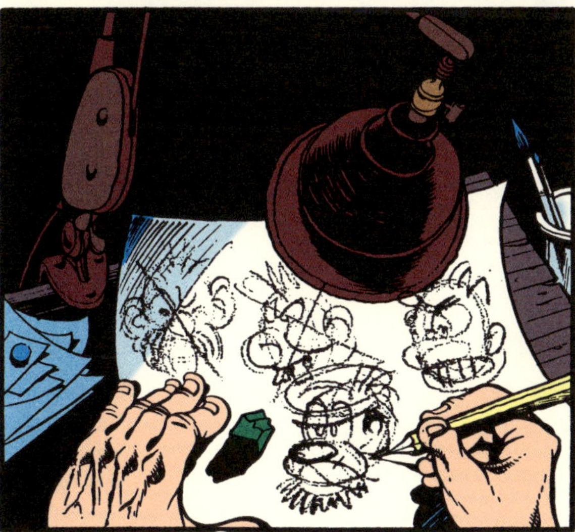

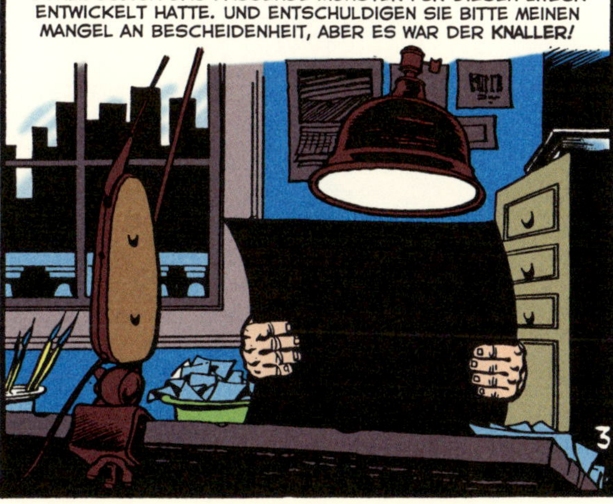
ICH ARBEITETE BIS NACH DEM ABENDESSEN, SKIZZIERTE UND RADIERTE, SKIZZIERTE UND RADIERTE, BIS ICH SCHLIESSLICH DAS PASSENDE MONSTER FÜR DIESEN ZWECK ENTWICKELT HATTE. UND ENTSCHULDIGEN SIE BITTE MEINEN MANGEL AN BESCHEIDENHEIT, ABER ES WAR DER KNALLER!
3

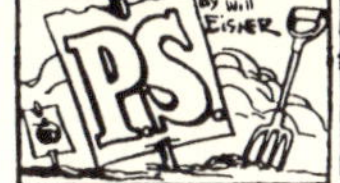
P.S.
By Will Eisner

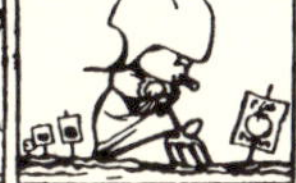

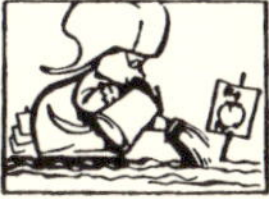

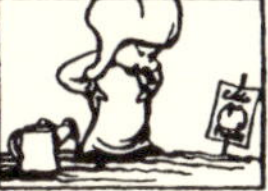

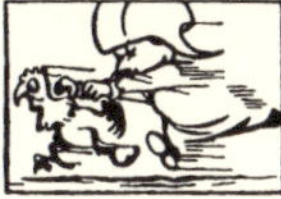

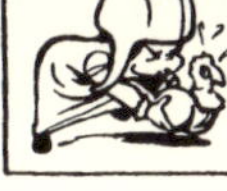

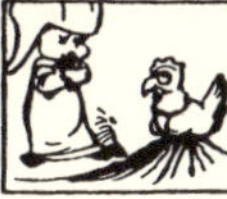

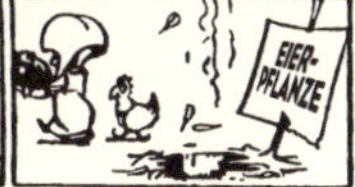
EIER-PFLANZE

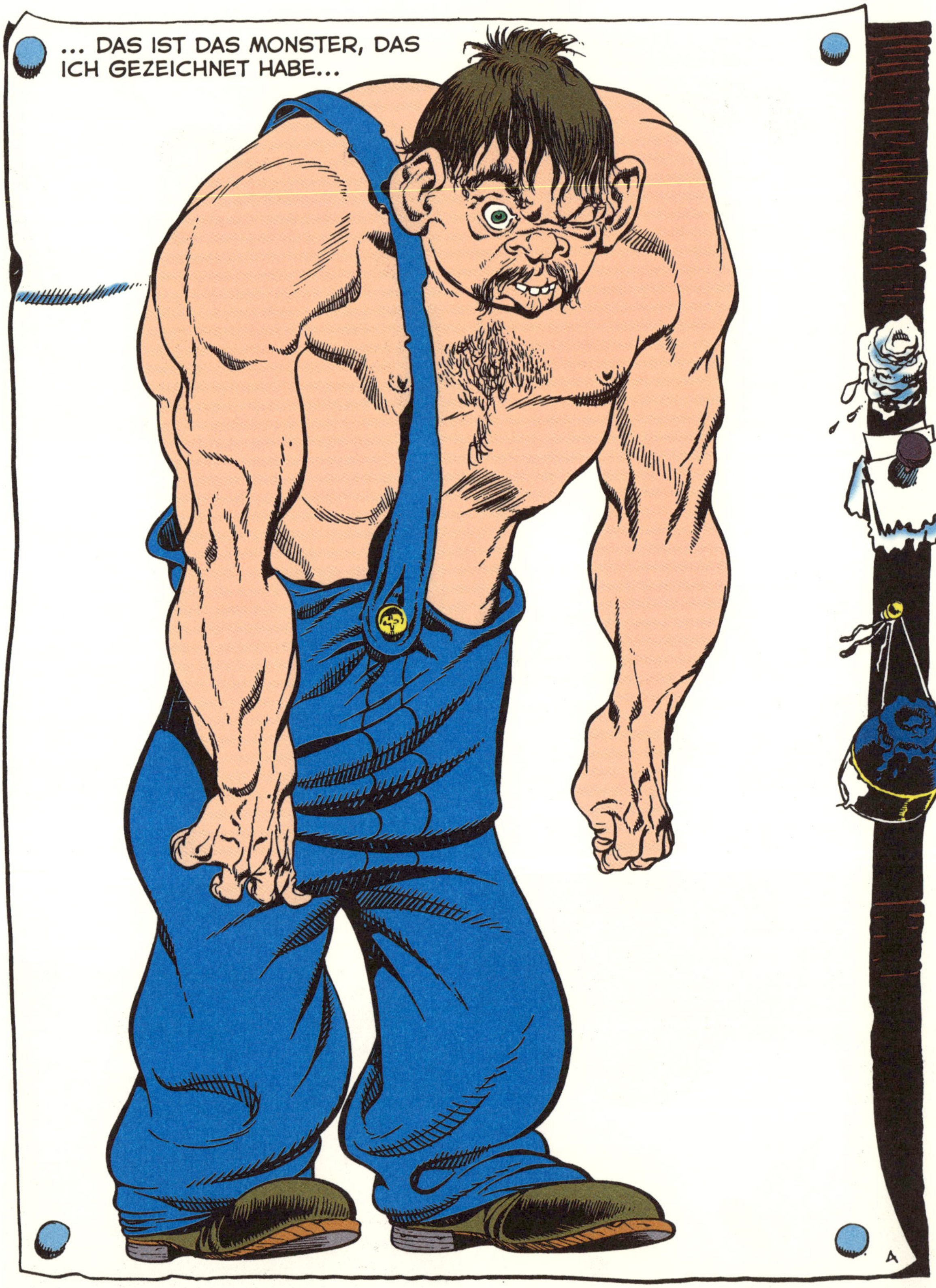

... DAS IST DAS MONSTER, DAS ICH GEZEICHNET HABE...

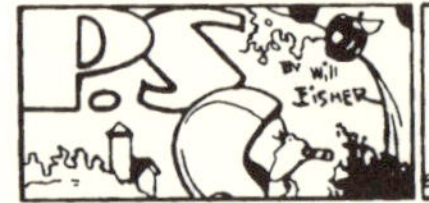

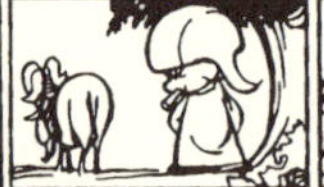
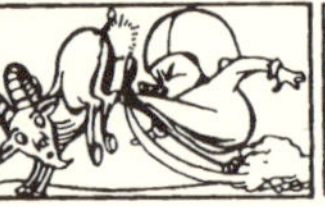
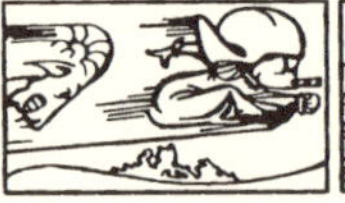
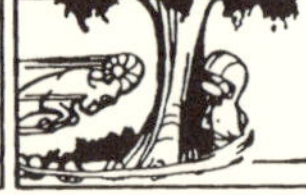
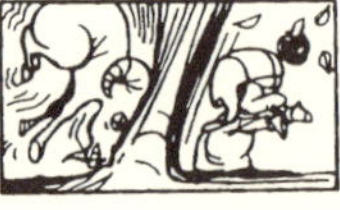
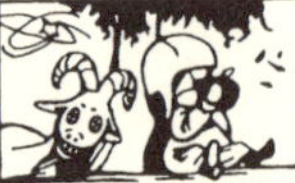

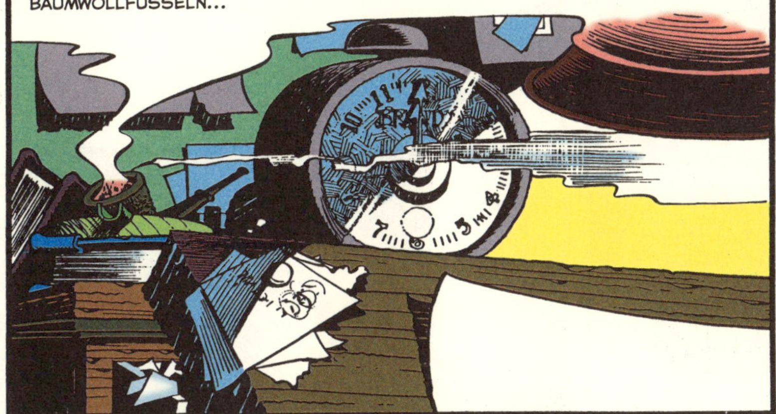
DIE ANSTRENGUNG HATTE MICH SELTSAM MÜDE GEMACHT... ICH SCHLIEF EIN. ALS ICH AUFWACHTE, WAR ES NACH **MITTERNACHT...** ICH WAR UM STUNDEN IN VERZUG... ICH BEGANN SOFORT ZU ARBEITEN...UMGEBEN VON EINER GESPENSTISCHEN STILLE, DIE DAS STUDIO ERFÜLLTE WIE EINE TONNE BAUMWOLLFUSSELN...

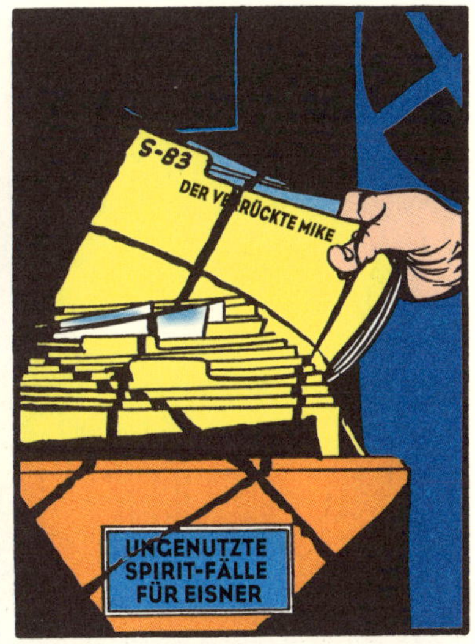
S-83
DER VERRÜCKTE MIKE
UNGENUTZTE SPIRIT-FÄLLE FÜR EISNER

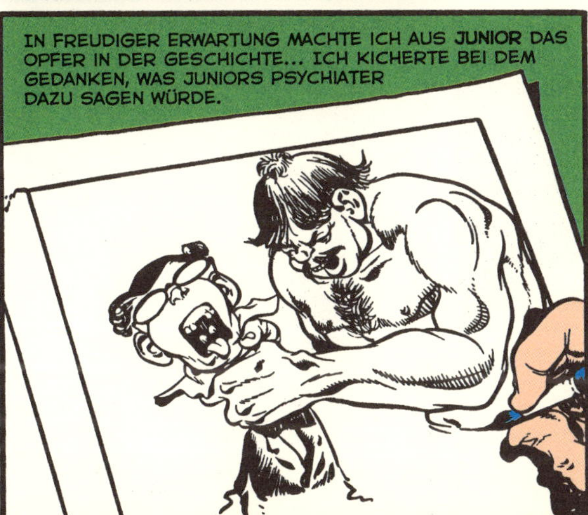
IN FREUDIGER ERWARTUNG MACHTE ICH AUS **JUNIOR** DAS OPFER IN DER GESCHICHTE... ICH KICHERTE BEI DEM GEDANKEN, WAS JUNIORS PSYCHIATER DAZU SAGEN WÜRDE.

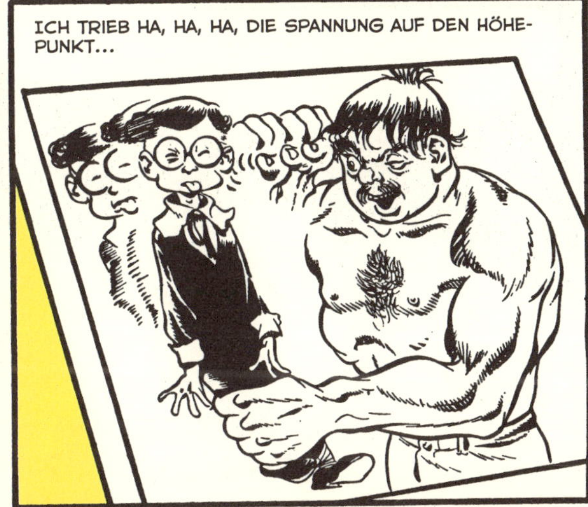
ICH TRIEB HA, HA, HA, DIE SPANNUNG AUF DEN HÖHEPUNKT...

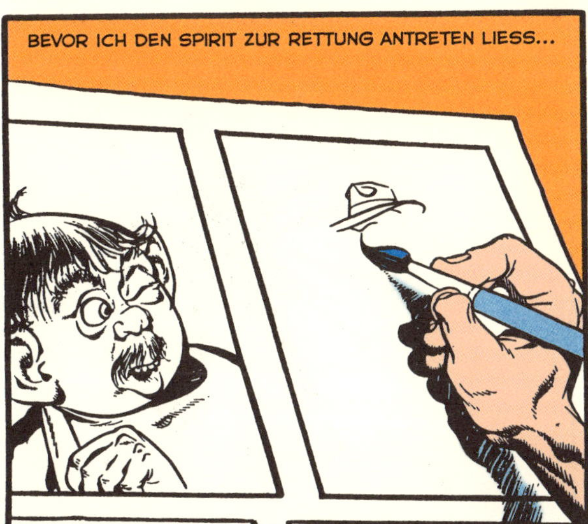
BEVOR ICH DEN SPIRIT ZUR RETTUNG ANTRETEN LIESS...

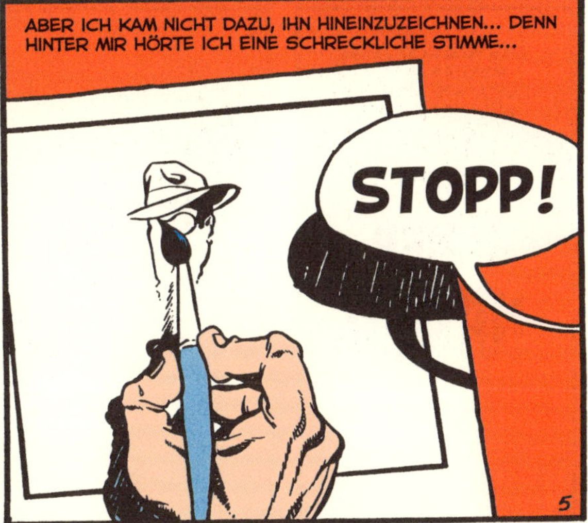
ABER ICH KAM NICHT DAZU, IHN HINEINZUZEICHNEN... DENN HINTER MIR HÖRTE ICH EINE SCHRECKLICHE STIMME...
STOPP!
5

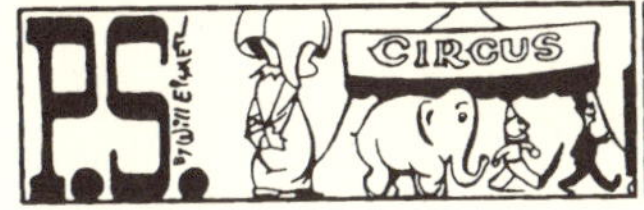
P.S.
CIRCUS

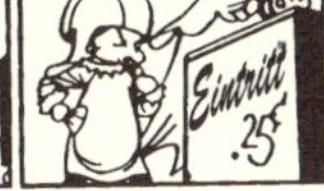
Eintritt 25¢

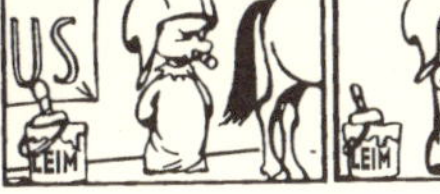
LEIM

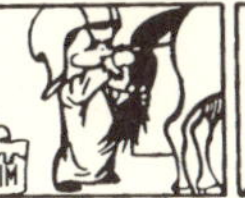
LEIM

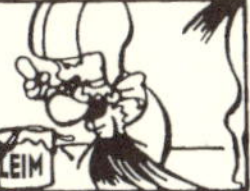
LEIM

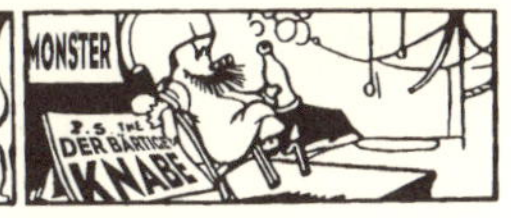
MONSTER
DER BÄRTIGE KNABE

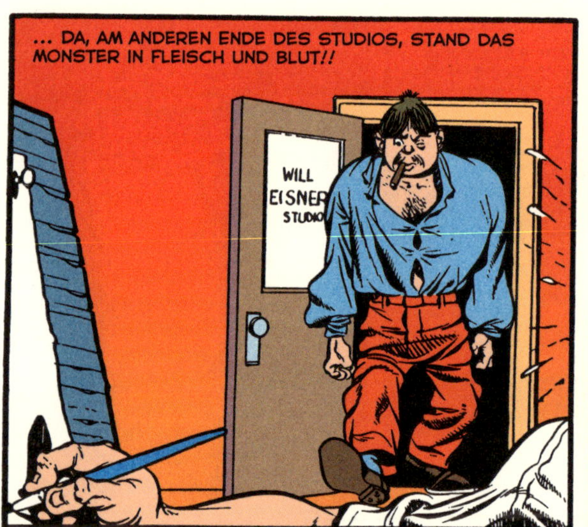

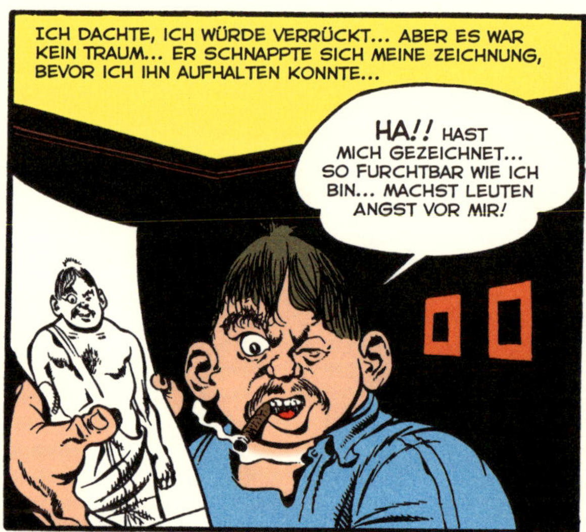

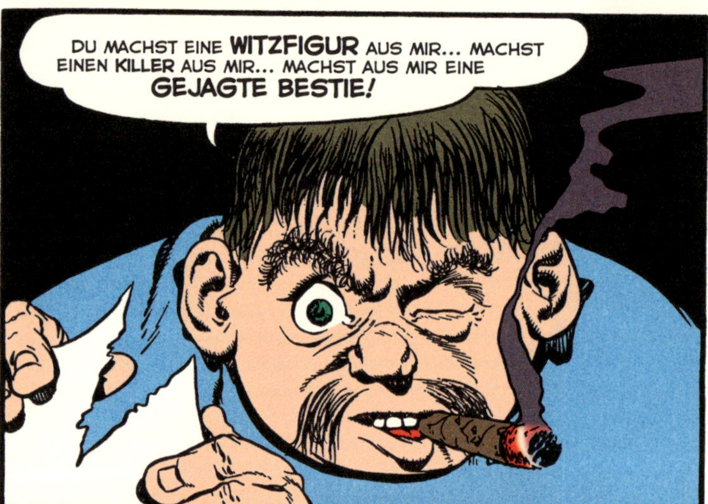

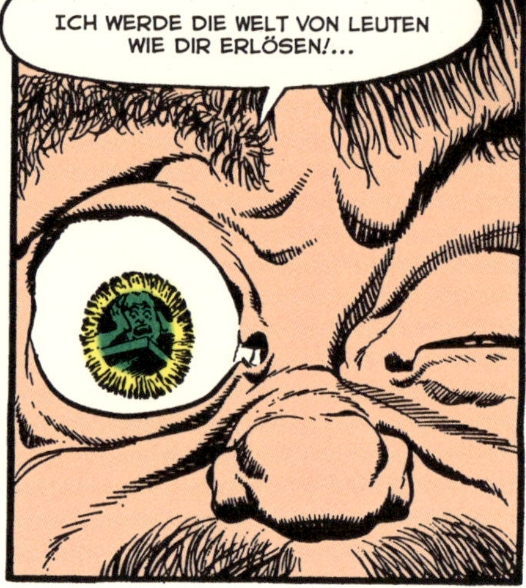

DAS WAR VOR ZEHN MINUTEN... ICH VERSUCHTE ALLES, ES IHM AUSZUREDEN ABER ER KOMMT NÄHER

IMMER NÄHER

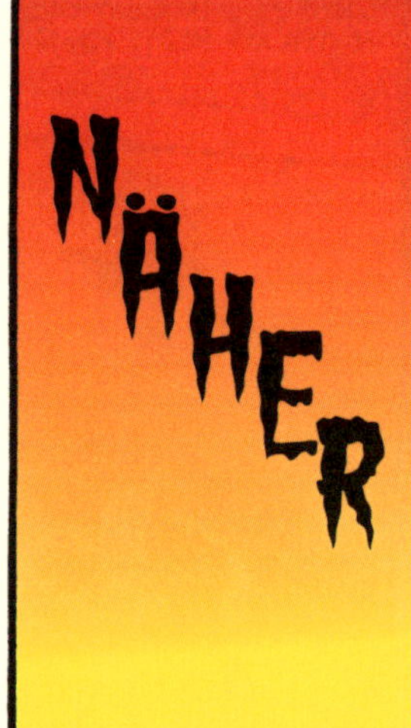

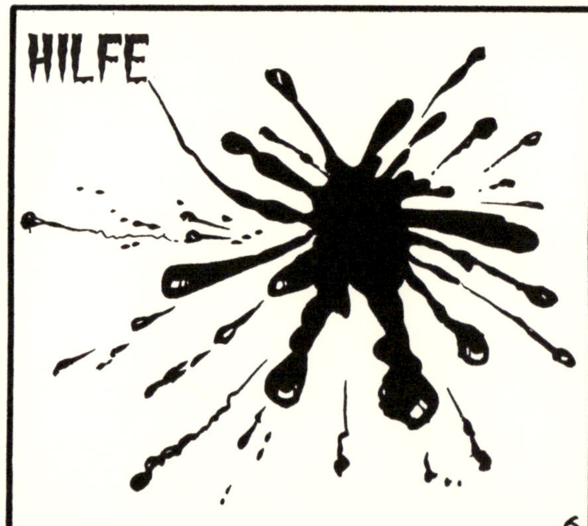

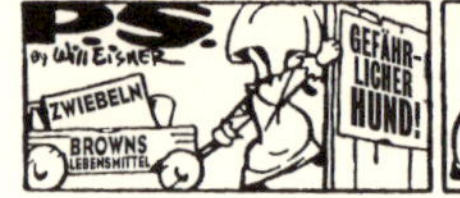

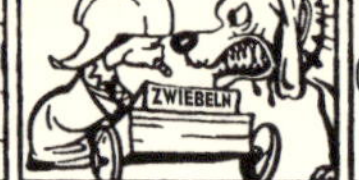

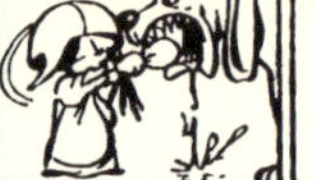

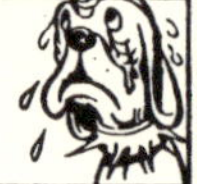

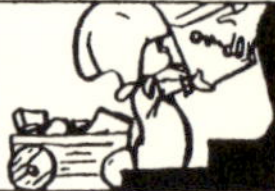

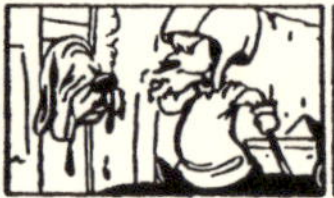

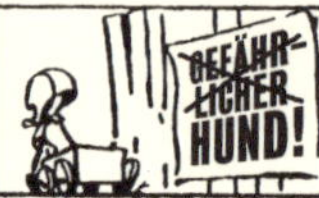

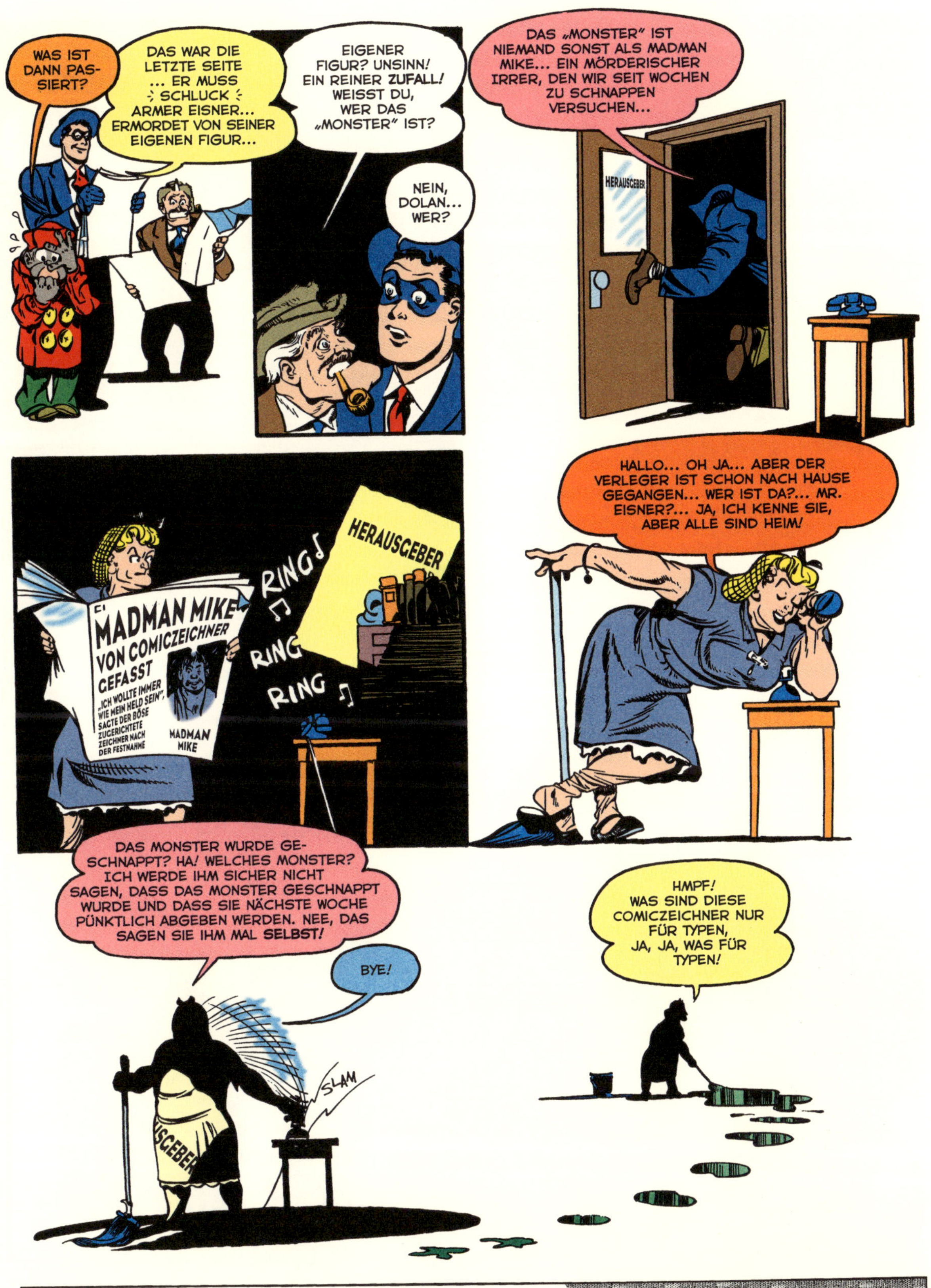

NÄCHSTE WOCHE: DER SPIRIT FÜHRT SIE IN DIE WÜSTE IN „SCHWARZES GOLD".

SCHWARZES GOLD

15. Juni 1947

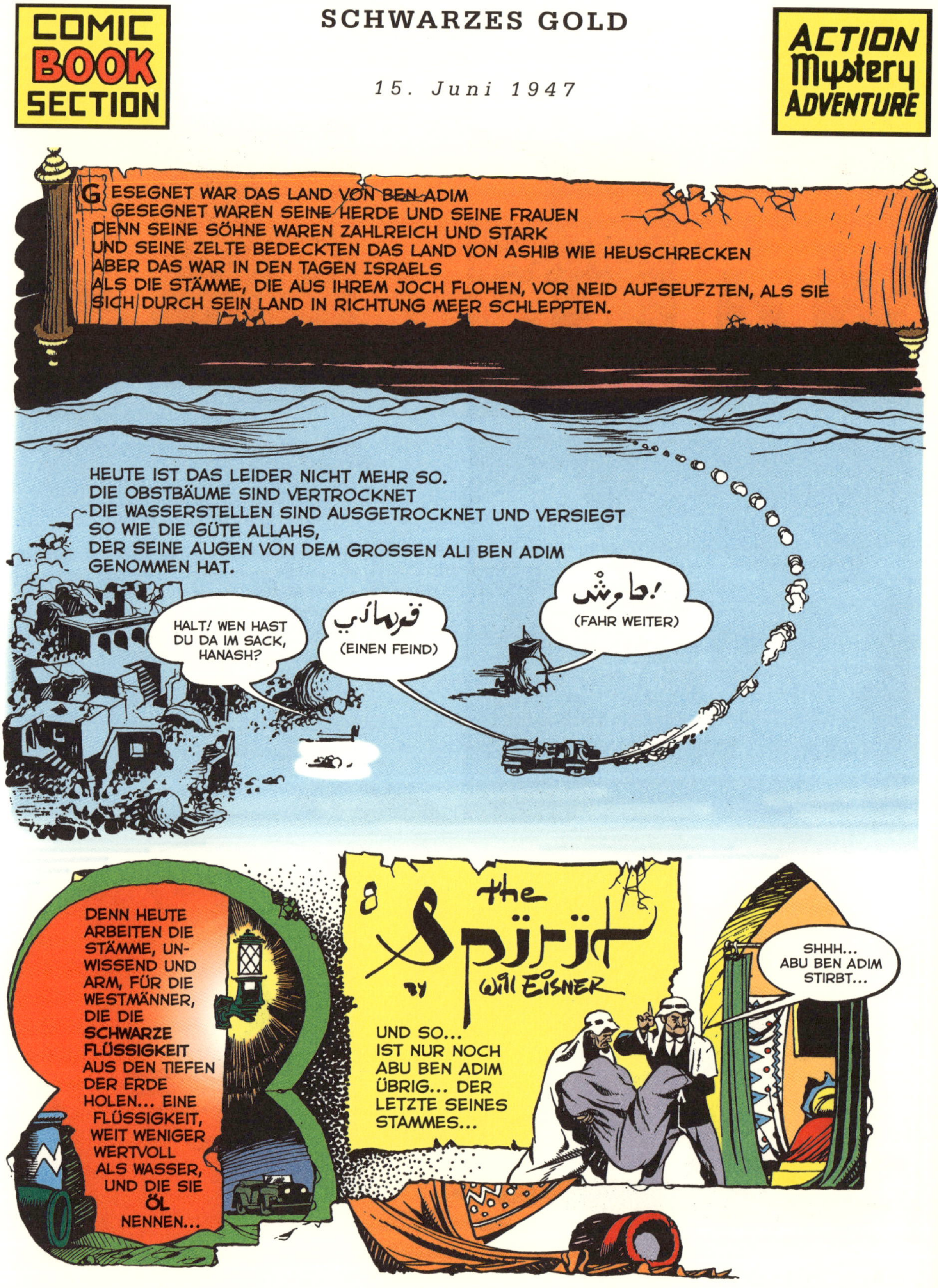

GESEGNET WAR DAS LAND VON BEN ADIM
GESEGNET WAREN SEINE HERDE UND SEINE FRAUEN
DENN SEINE SÖHNE WAREN ZAHLREICH UND STARK
UND SEINE ZELTE BEDECKTEN DAS LAND VON ASHIB WIE HEUSCHRECKEN
ABER DAS WAR IN DEN TAGEN ISRAELS
ALS DIE STÄMME, DIE AUS IHREM JOCH FLOHEN, VOR NEID AUFSEUFZTEN, ALS SIE SICH DURCH SEIN LAND IN RICHTUNG MEER SCHLEPPTEN.

HEUTE IST DAS LEIDER NICHT MEHR SO.
DIE OBSTBÄUME SIND VERTROCKNET
DIE WASSERSTELLEN SIND AUSGETROCKNET UND VERSIEGT
SO WIE DIE GÜTE ALLAHS,
DER SEINE AUGEN VON DEM GROSSEN ALI BEN ADIM GENOMMEN HAT.

HALT! WEN HAST DU DA IM SACK, HANASH?

(EINEN FEIND)

(FAHR WEITER)

DENN HEUTE ARBEITEN DIE STÄMME, UNWISSEND UND ARM, FÜR DIE WESTMÄNNER, DIE DIE **SCHWARZE FLÜSSIGKEIT** AUS DEN TIEFEN DER ERDE HOLEN... EINE FLÜSSIGKEIT, WEIT WENIGER WERTVOLL ALS WASSER, UND DIE SIE **ÖL** NENNEN...

the Spirit by Will Eisner

UND SO... IST NUR NOCH ABU BEN ADIM ÜBRIG... DER LETZTE SEINES STAMMES...

SHHH... ABU BEN ADIM STIRBT...

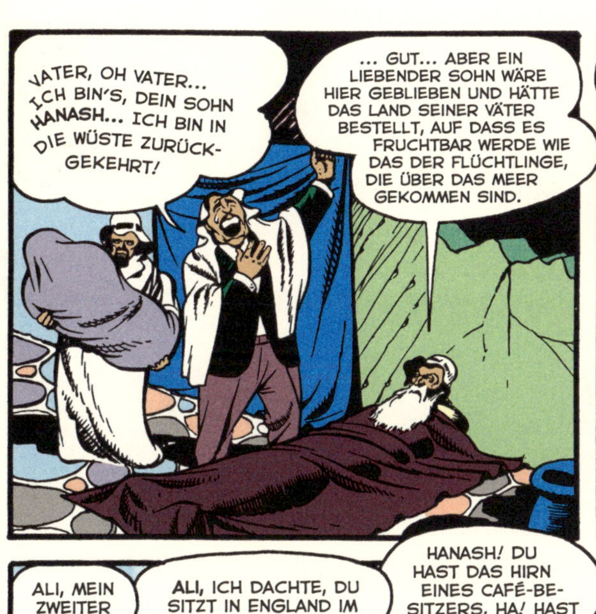
VATER, OH VATER... ICH BIN'S, DEIN SOHN HANASH... ICH BIN IN DIE WÜSTE ZURÜCKGEKEHRT!
... GUT... ABER EIN LIEBENDER SOHN WÄRE HIER GEBLIEBEN UND HÄTTE DAS LAND SEINER VÄTER BESTELLT, AUF DASS ES FRUCHTBAR WERDE WIE DAS DER FLÜCHTLINGE, DIE ÜBER DAS MEER GEKOMMEN SIND.

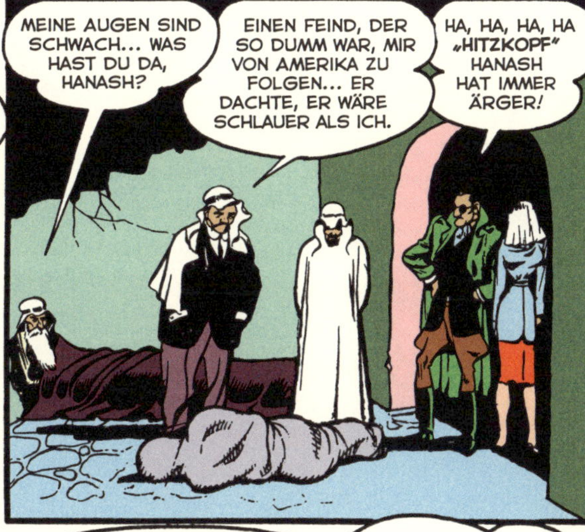
MEINE AUGEN SIND SCHWACH... WAS HAST DU DA, HANASH?
EINEN FEIND, DER SO DUMM WAR, MIR VON AMERIKA ZU FOLGEN... ER DACHTE, ER WÄRE SCHLAUER ALS ICH.
HA, HA, HA, HA „HITZKOPF" HANASH HAT IMMER ÄRGER!

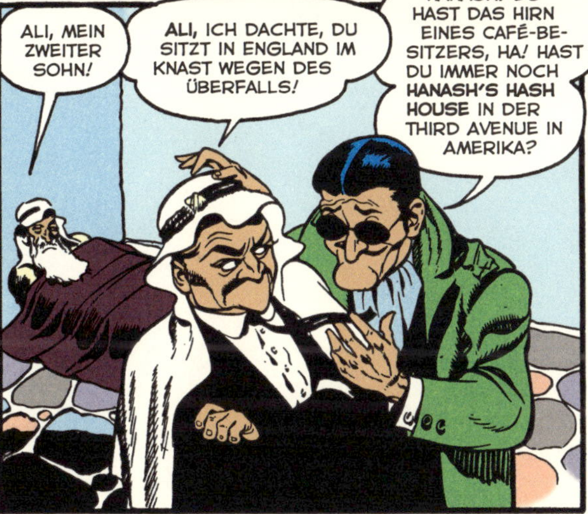
ALI, MEIN ZWEITER SOHN!
ALI, ICH DACHTE, DU SITZT IN ENGLAND IM KNAST WEGEN DES ÜBERFALLS!
HANASH! DU HAST DAS HIRN EINES CAFÉ-BESITZERS, HA! HAST DU IMMER NOCH HANASH'S HASH HOUSE IN DER THIRD AVENUE IN AMERIKA?

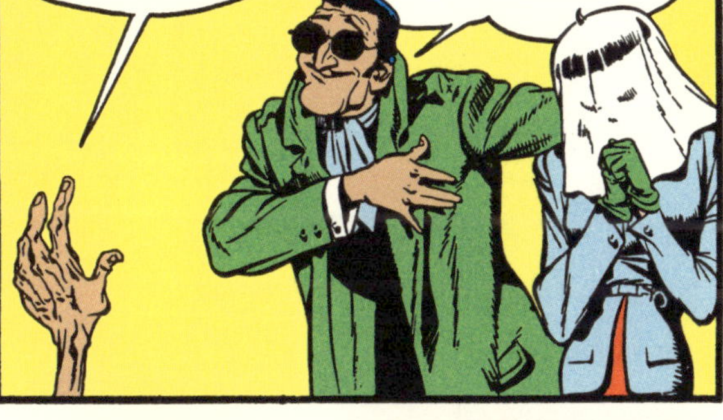
MEINE SÖHNE... MEINE SÖHNE... GRÄMT ES EUCH NICHT, DASS EUER VATER IN ARMUT STIRBT? DASS MEINE LÄNDEREIEN UNFRUCHTBAR SIND UND ICH MEINEN KINDERN NICHTS VERERBEN KANN?...
OH, VATER... ICH RESPEKTIERE DICH NICHTSDESTOTROTZ!! FÜR MICH UND MEINE ARME FRAU ERBITTE ICH NUR DEIN UNFRUCHTBARES LAND!

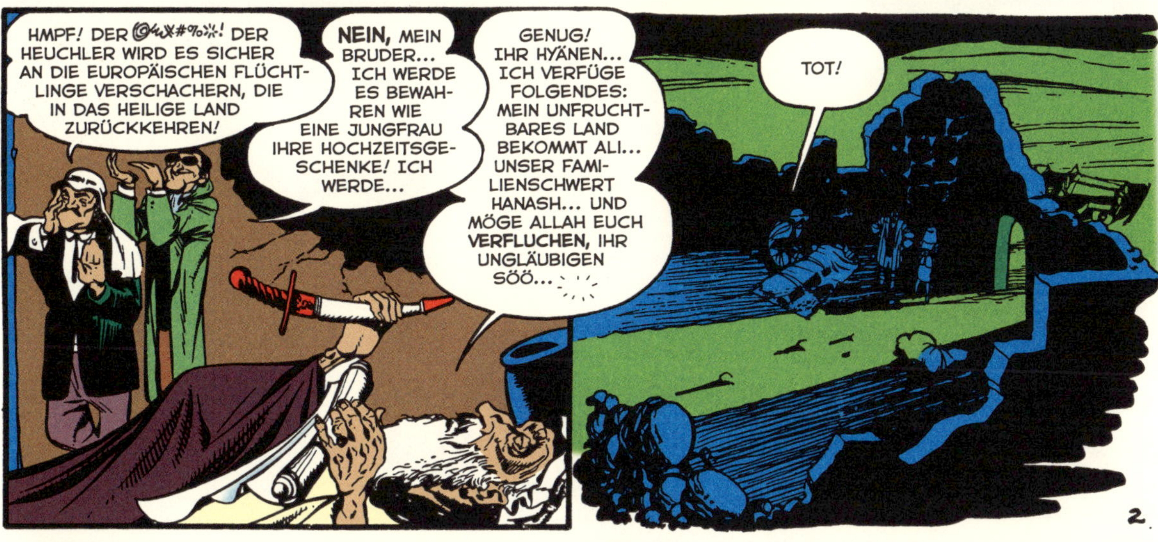
HMPF! DER @¼✗#%☆! DER HEUCHLER WIRD ES SICHER AN DIE EUROPÄISCHEN FLÜCHTLINGE VERSCHACHERN, DIE IN DAS HEILIGE LAND ZURÜCKKEHREN!
NEIN, MEIN BRUDER... ICH WERDE ES BEWAHREN WIE EINE JUNGFRAU IHRE HOCHZEITSGESCHENKE! ICH WERDE...
GENUG! IHR HYÄNEN... ICH VERFÜGE FOLGENDES: MEIN UNFRUCHTBARES LAND BEKOMMT ALI... UNSER FAMILIENSCHWERT HANASH... UND MÖGE ALLAH EUCH VERFLUCHEN, IHR UNGLÄUBIGEN SÖÖ...
TOT!
2.

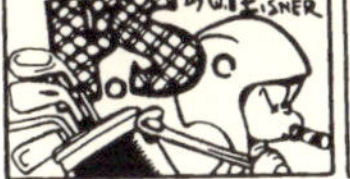
By W. Eisner
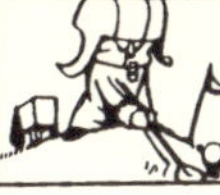
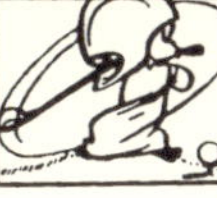
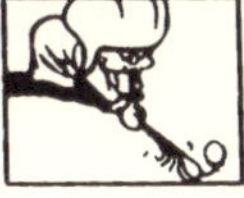
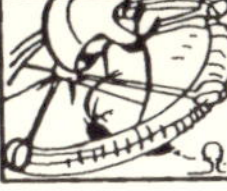
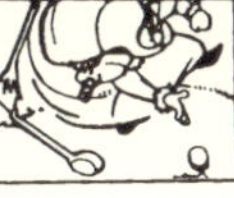
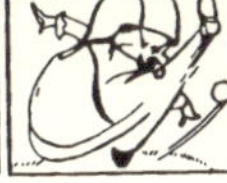
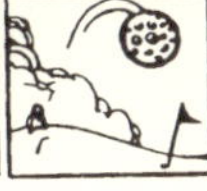
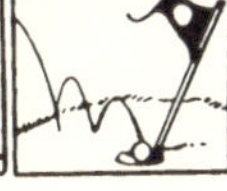

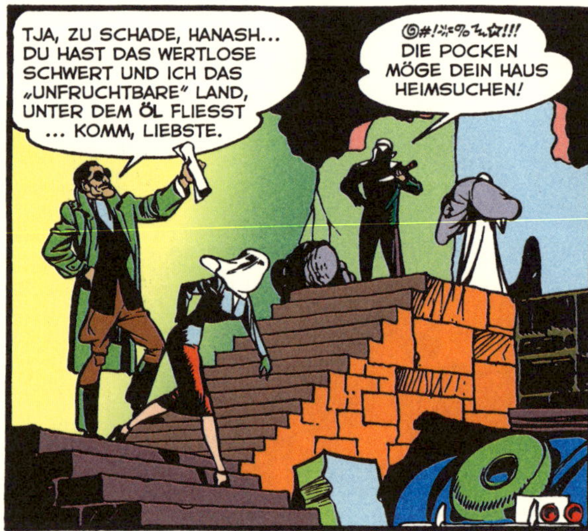
TJA, ZU SCHADE, HANASH... DU HAST DAS WERTLOSE SCHWERT UND ICH DAS „UNFRUCHTBARE" LAND, UNTER DEM ÖL FLIESST ... KOMM, LIEBSTE.
DIE POCKEN MÖGE DEIN HAUS HEIMSUCHEN!

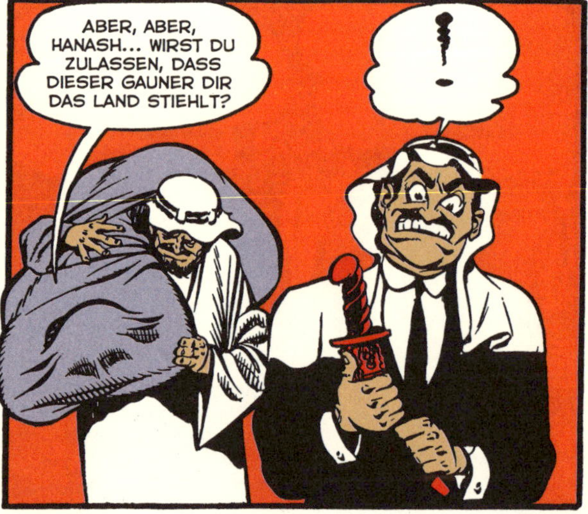
ABER, ABER, HANASH... WIRST DU ZULASSEN, DASS DIESER GAUNER DIR DAS LAND STIEHLT?
!

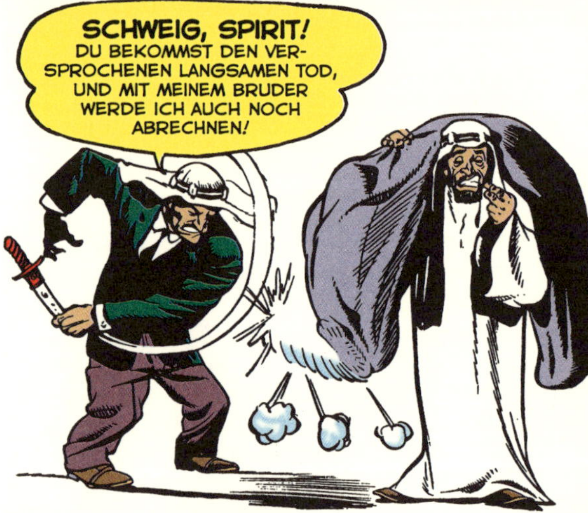
SCHWEIG, SPIRIT! DU BEKOMMST DEN VERSPROCHENEN LANGSAMEN TOD, UND MIT MEINEM BRUDER WERDE ICH AUCH NOCH ABRECHNEN!

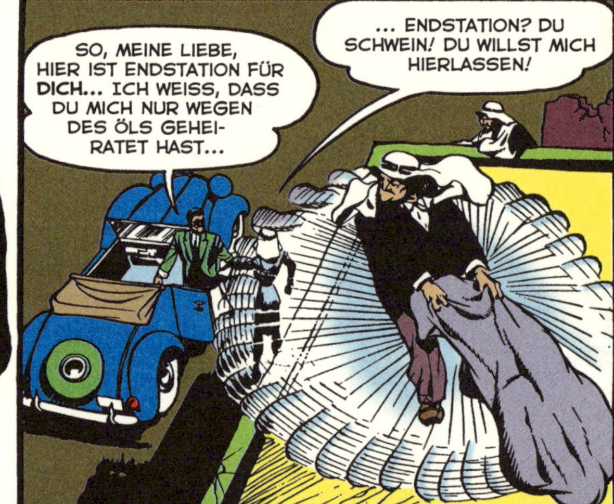
SO, MEINE LIEBE, HIER IST ENDSTATION FÜR DICH... ICH WEISS, DASS DU MICH NUR WEGEN DES ÖLS GEHEIRATET HAST...
... ENDSTATION? DU SCHWEIN! DU WILLST MICH HIERLASSEN!

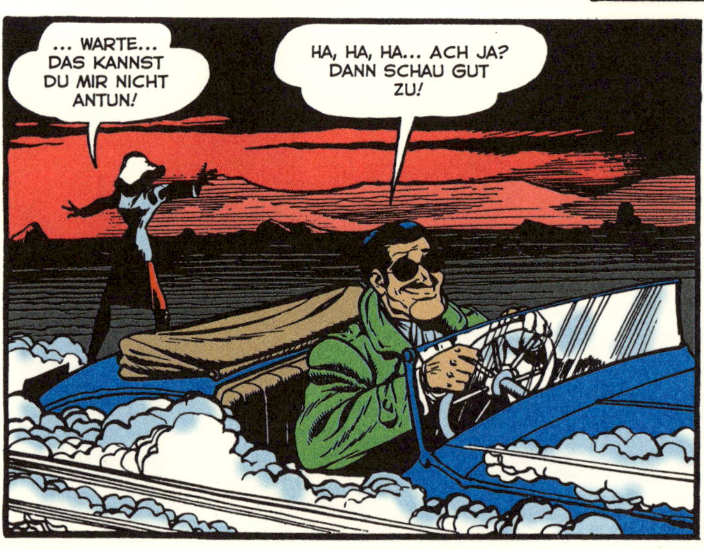
... WARTE... DAS KANNST DU MIR NICHT ANTUN!
HA, HA, HA... ACH JA? DANN SCHAU GUT ZU!

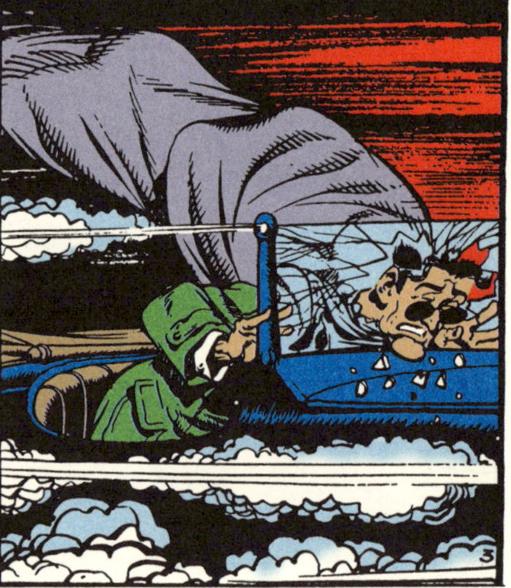

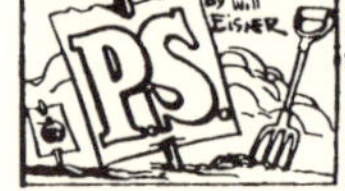
P.S.
by Will Eisner

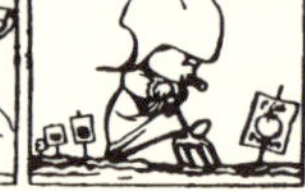

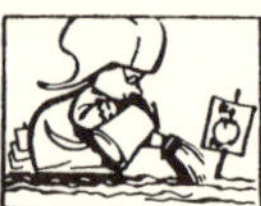

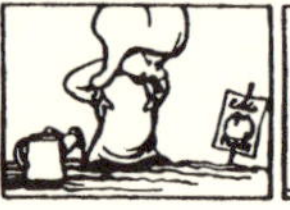

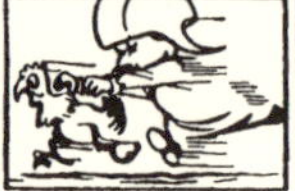

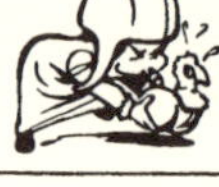

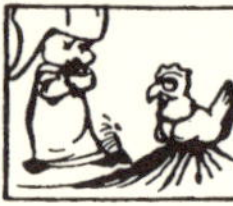

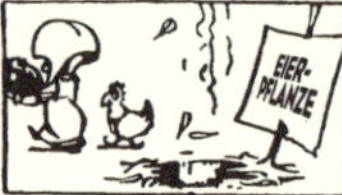
EIER-PFLANZE

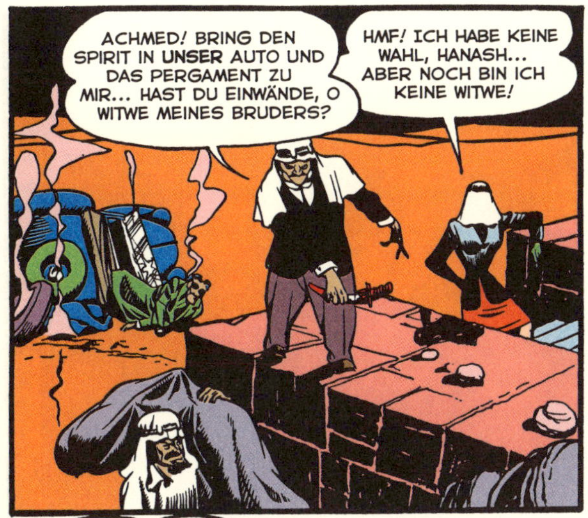
ACHMED! BRING DEN SPIRIT IN UNSER AUTO UND DAS PERGAMENT ZU MIR... HAST DU EINWÄNDE, O WITWE MEINES BRUDERS?
HMF! ICH HABE KEINE WAHL, HANASH... ABER NOCH BIN ICH KEINE WITWE!

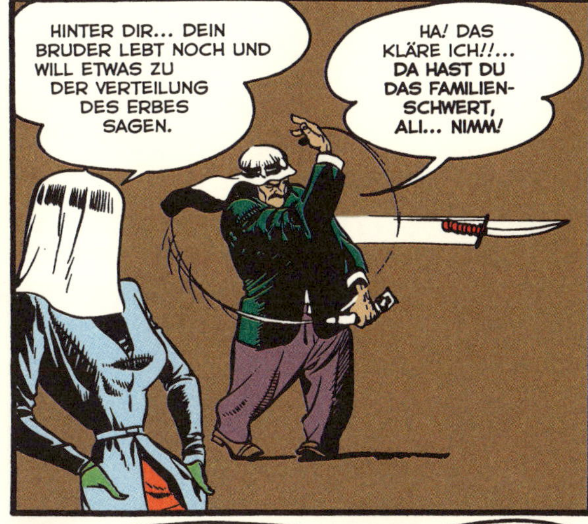
HINTER DIR... DEIN BRUDER LEBT NOCH UND WILL ETWAS ZU DER VERTEILUNG DES ERBES SAGEN.
HA! DAS KLÄRE ICH!!... DA HAST DU DAS FAMILIEN-SCHWERT, ALI... NIMM!

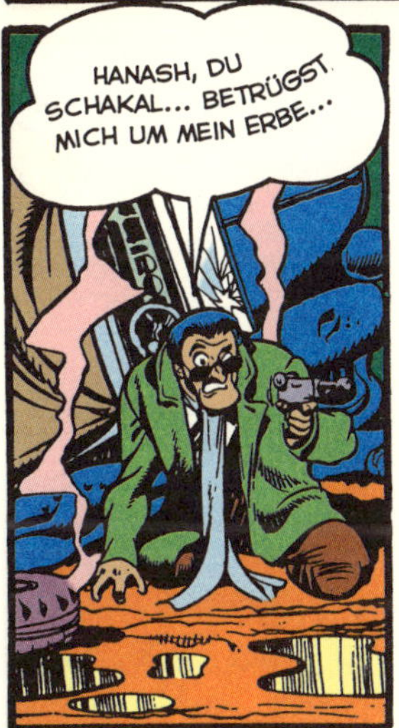
HANASH, DU SCHAKAL... BETRÜGST MICH UM MEIN ERBE...

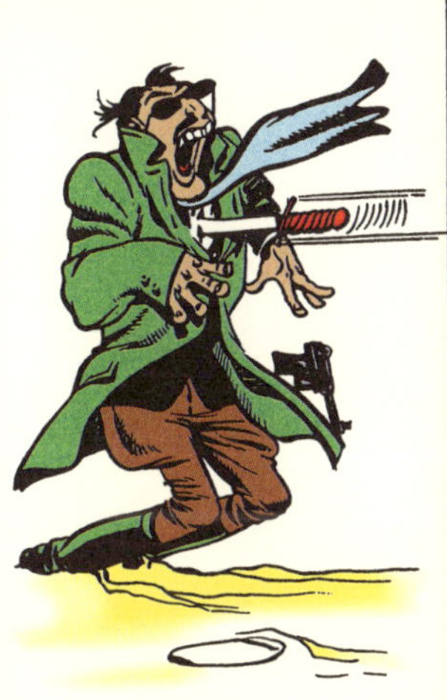

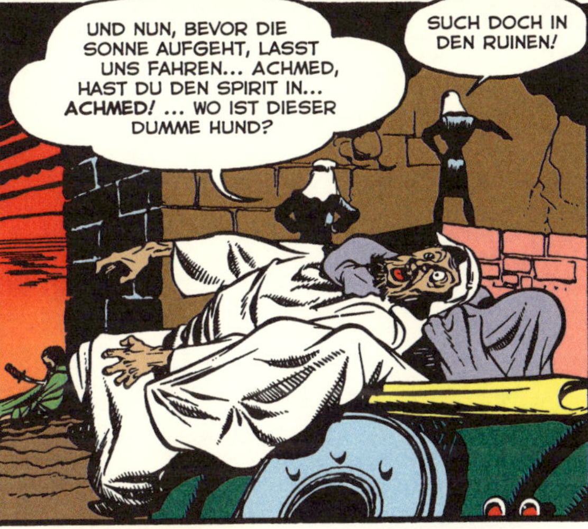
UND NUN, BEVOR DIE SONNE AUFGEHT, LASST UNS FAHREN... ACHMED, HAST DU DEN SPIRIT IN... ACHMED! ... WO IST DIESER DUMME HUND?
SUCH DOCH IN DEN RUINEN!

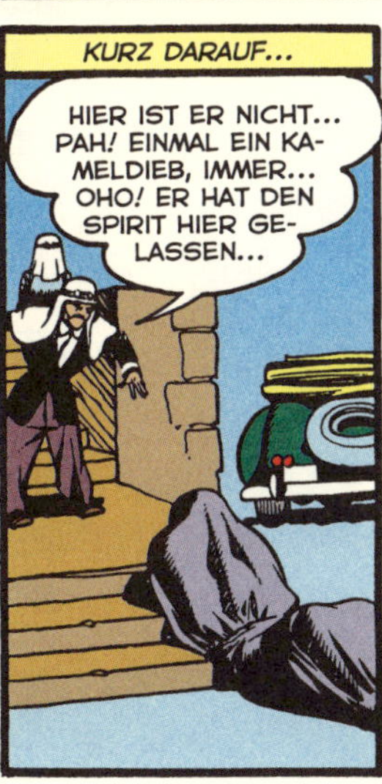
KURZ DARAUF...
HIER IST ER NICHT... PAH! EINMAL EIN KA-MELDIEB, IMMER... OHO! ER HAT DEN SPIRIT HIER GE-LASSEN...

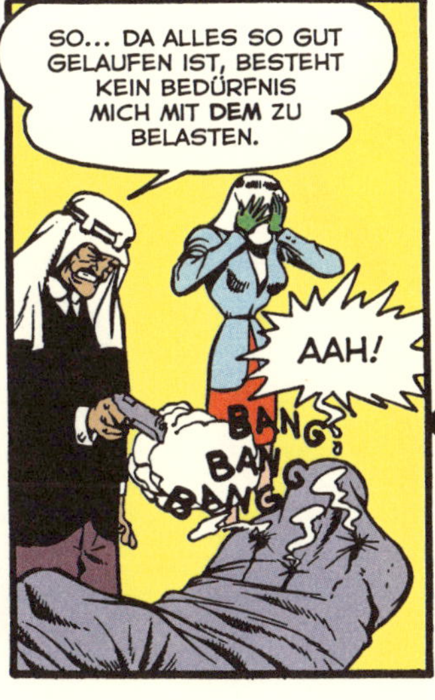
SO... DA ALLES SO GUT GELAUFEN IST, BESTEHT KEIN BEDÜRFNIS MICH MIT DEM ZU BELASTEN.
AAH!
BANG BANG BANG

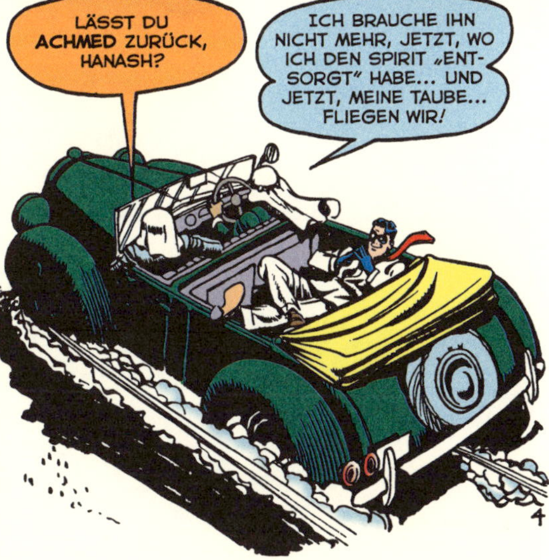
LÄSST DU ACHMED ZURÜCK, HANASH?
ICH BRAUCHE IHN NICHT MEHR, JETZT, WO ICH DEN SPIRIT „ENT-SORGT" HABE... UND JETZT, MEINE TAUBE... FLIEGEN WIR!
4

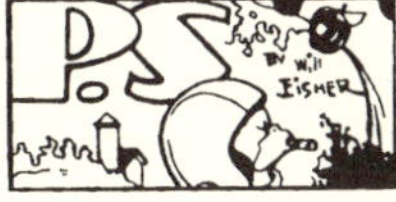
P.S.
BY WILL EISNER
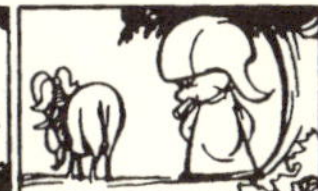
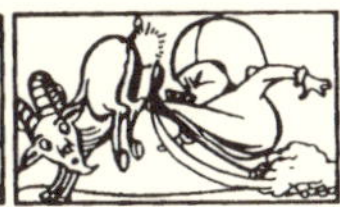
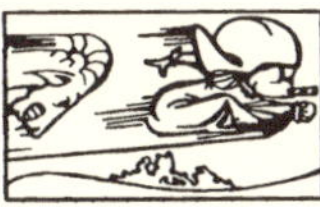
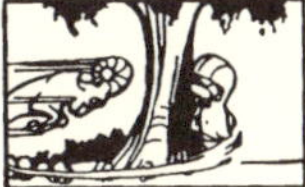
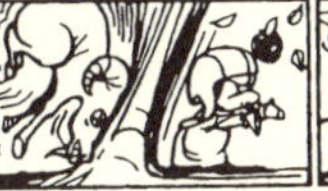
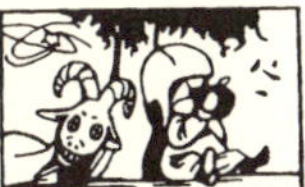

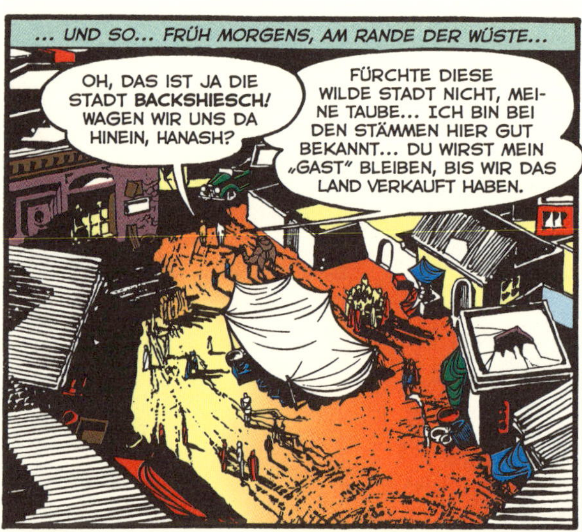

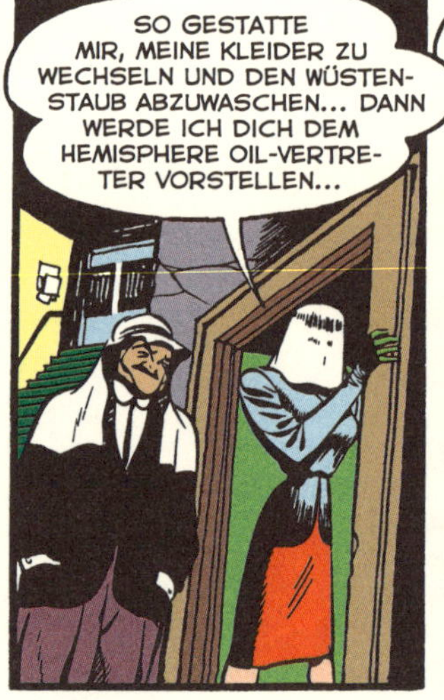

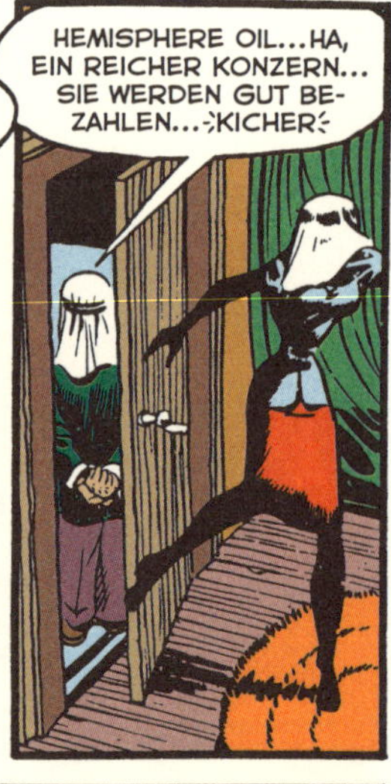

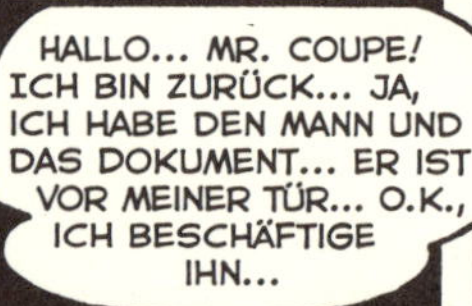

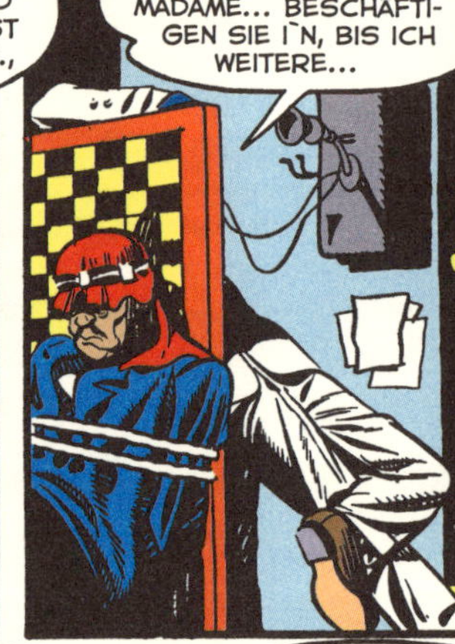

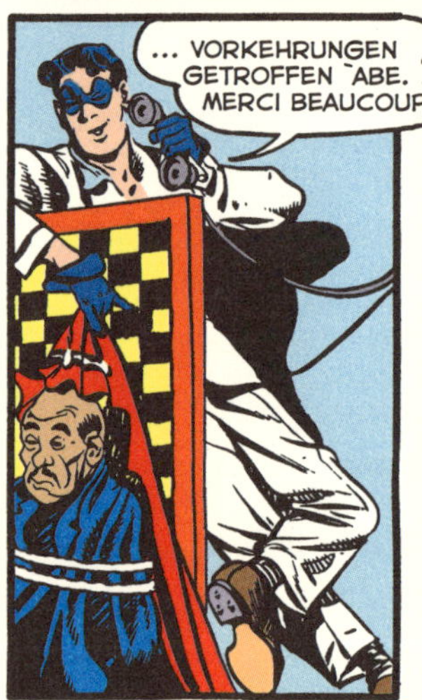

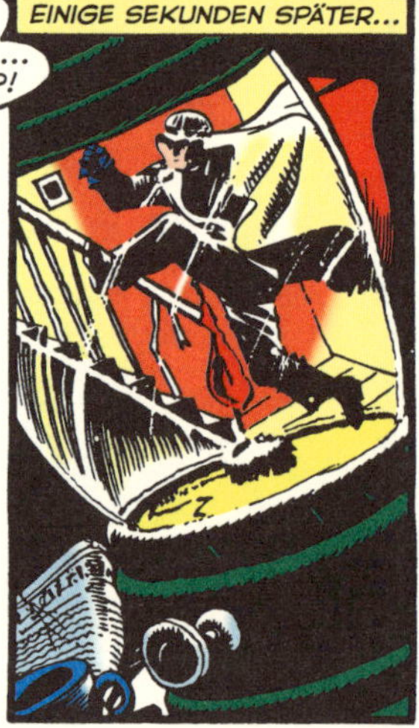

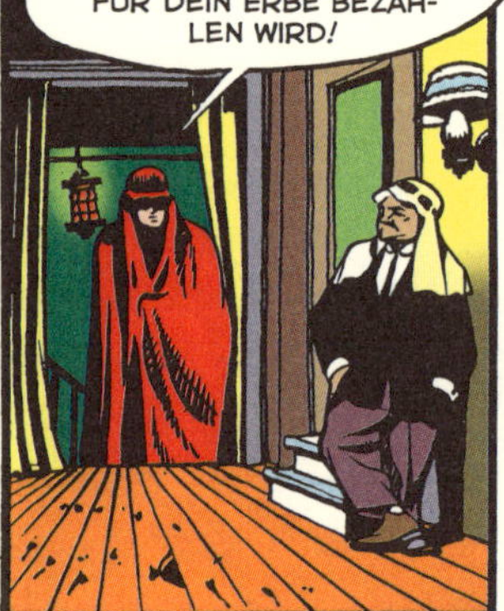

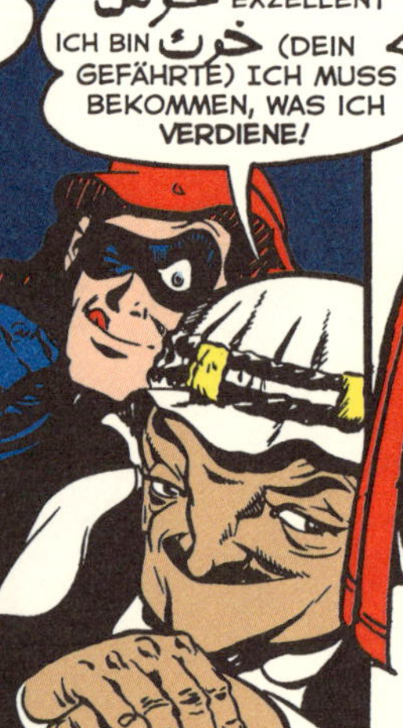

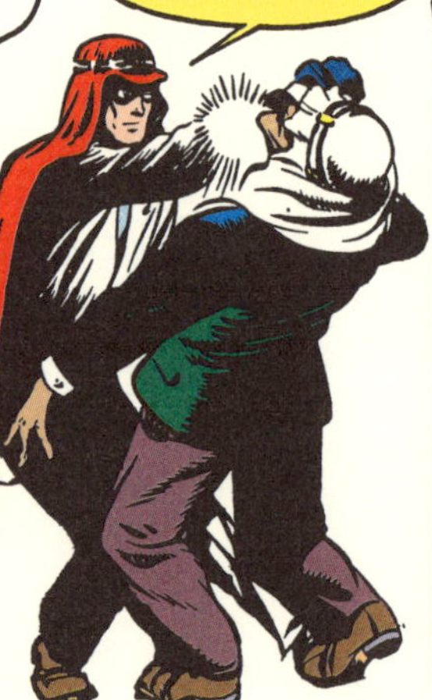

IST DAS DER BETTLER, DEN WIR DURCH GANZ ARABIEN GEJAGT HABEN, SPIRIT?

JA... PASS GUT AUF IHN AUF!

POLIC
DEP
BRITISH CONSTAB

5

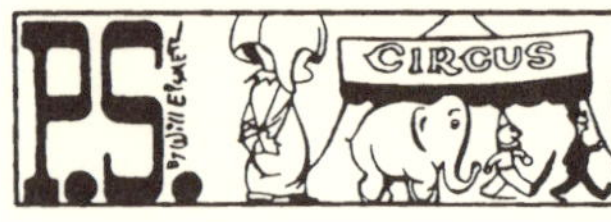

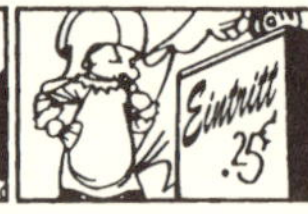

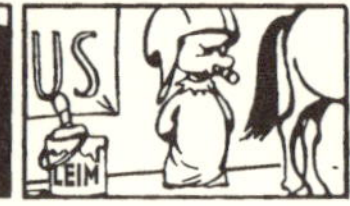

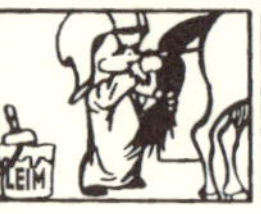

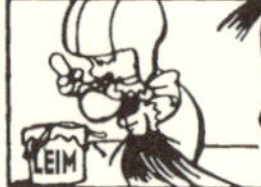

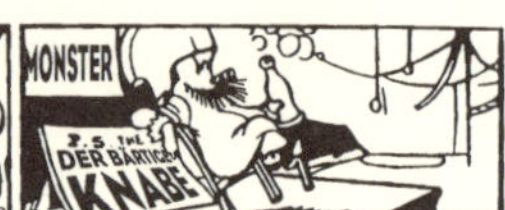

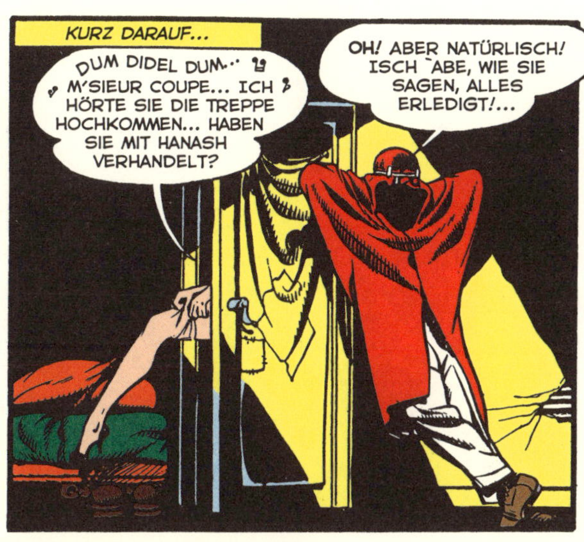
KURZ DARAUF...
DUM DIDEL DUM... M'SIEUR COUPE... ICH HÖRTE SIE DIE TREPPE HOCHKOMMEN... HABEN SIE MIT HANASH VERHANDELT?
OH! ABER NATÜRLISCH! ISCH ˋABE, WIE SIE SAGEN, ALLES ERLEDIGT!...

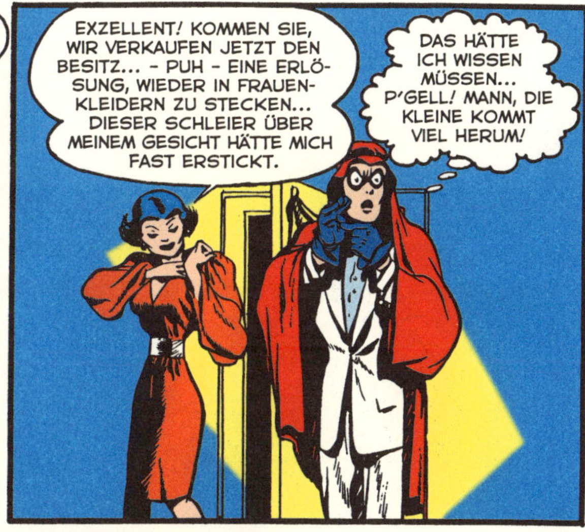
EXZELLENT! KOMMEN SIE, WIR VERKAUFEN JETZT DEN BESITZ... - PUH - EINE ERLÖSUNG, WIEDER IN FRAUENKLEIDERN ZU STECKEN... DIESER SCHLEIER ÜBER MEINEM GESICHT HÄTTE MICH FAST ERSTICKT.
DAS HÄTTE ICH WISSEN MÜSSEN... P'GELL! MANN, DIE KLEINE KOMMT VIEL HERUM!

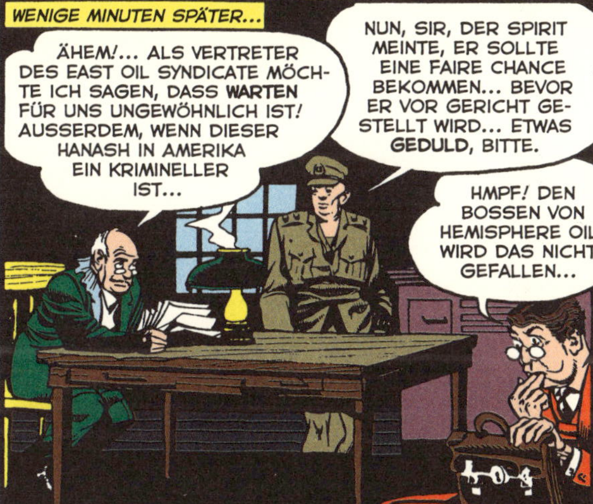
WENIGE MINUTEN SPÄTER...
ÄHEM!... ALS VERTRETER DES EAST OIL SYNDICATE MÖCHTE ICH SAGEN, DASS **WARTEN** FÜR UNS UNGEWÖHNLICH IST! AUSSERDEM, WENN DIESER HANASH IN AMERIKA EIN KRIMINELLER IST...
NUN, SIR, DER SPIRIT MEINTE, ER SOLLTE EINE FAIRE CHANCE BEKOMMEN... BEVOR ER VOR GERICHT GESTELLT WIRD... ETWAS **GEDULD**, BITTE.
HMPF! DEN BOSSEN VON HEMISPHERE OIL WIRD DAS NICHT GEFALLEN...

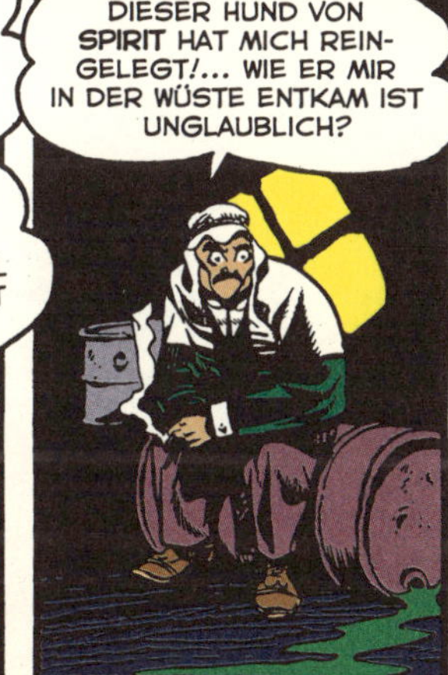
INZWISCHEN...
DIESER HUND VON **SPIRIT** HAT MICH REINGELEGT!... WIE ER MIR IN DER WÜSTE ENTKAM IST UNGLAUBLICH?

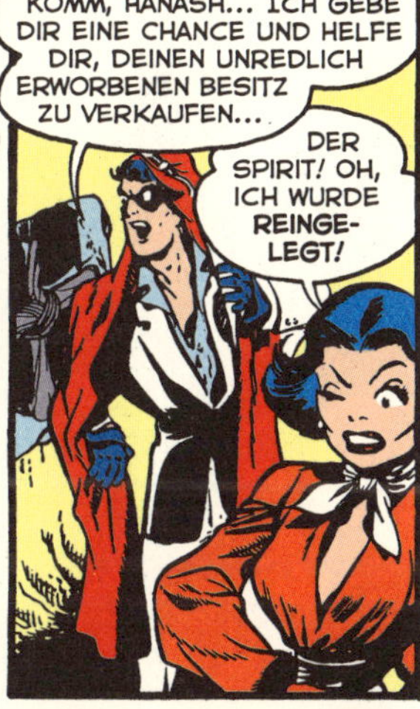
KOMM, HANASH... ICH GEBE DIR EINE CHANCE UND HELFE DIR, DEINEN UNREDLICH ERWORBENEN BESITZ ZU VERKAUFEN...
DER SPIRIT! OH, ICH WURDE **REINGELEGT!**

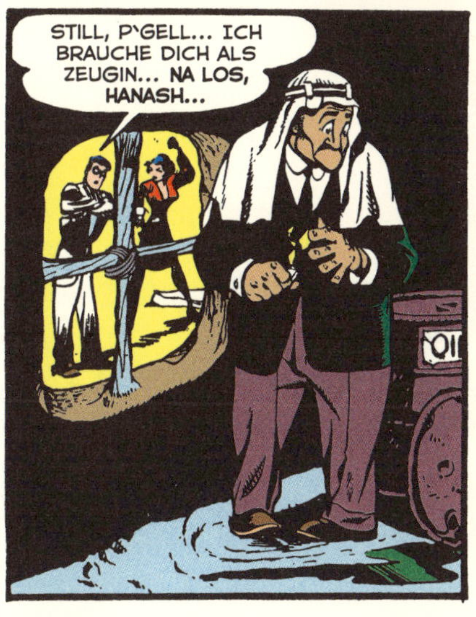
STILL, P'GELL... ICH BRAUCHE DICH ALS ZEUGIN... **NA LOS, HANASH...**

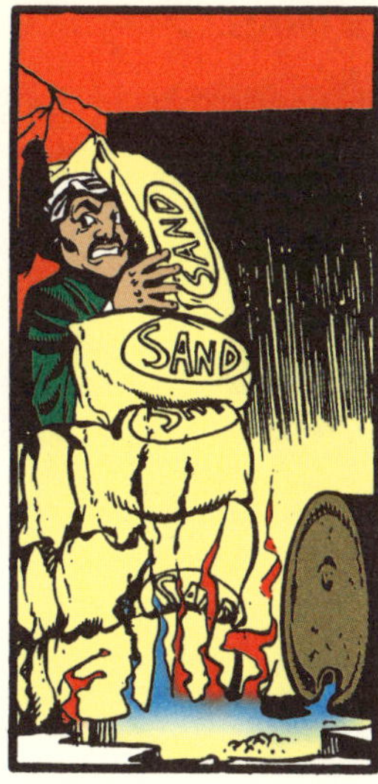
SAND
SAND

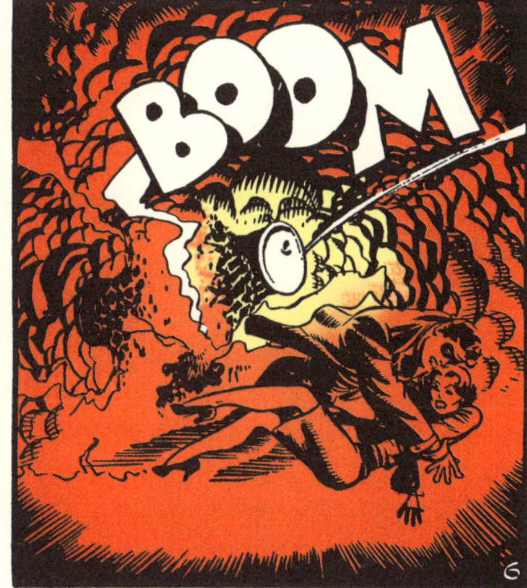
BOOM
6

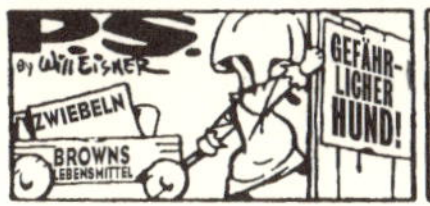
P.S. by Will Eisner
GEFÄHRLICHER HUND!
ZWIEBELN
BROWNS LEBENSMITTEL

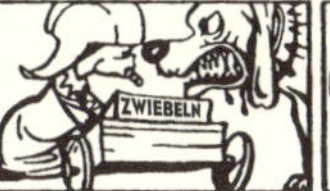
ZWIEBELN

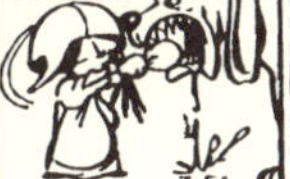

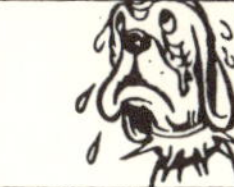

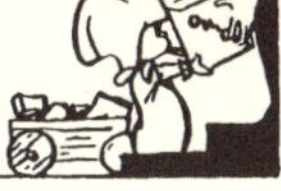

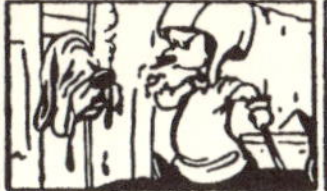

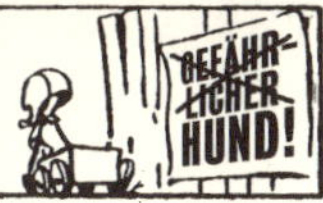
GEFÄHRLICHER HUND!

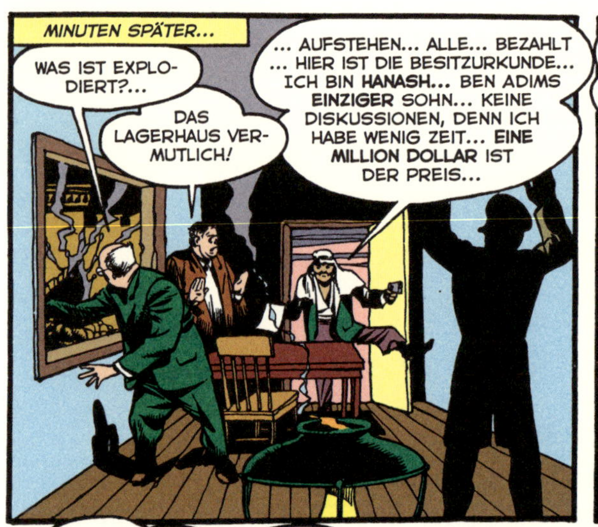

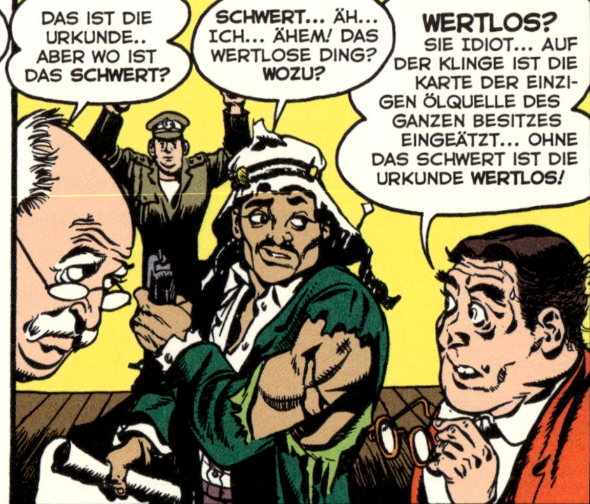

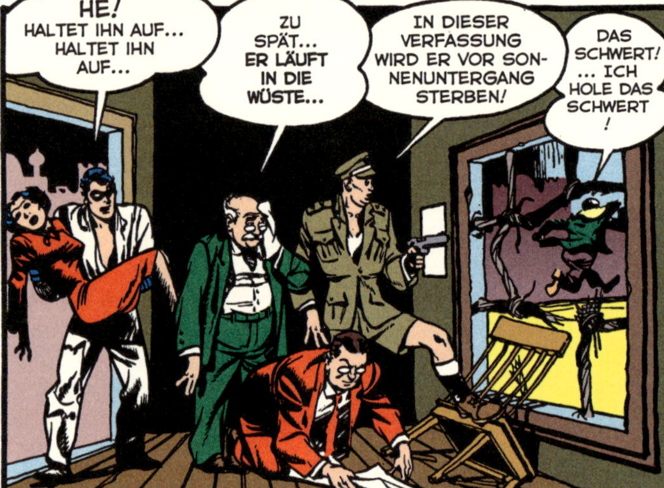

... SO WIRD DIE GESCHICHTE VON DEN FAKIREN IN BACKSHIESCH (FÜR EINEN 5-DOLLAR-SCHEIN NATÜRLICH) ERZÄHLT. HANASH WURDE AM NÄCHSTEN TAG VOM SPIRIT GEFUNDEN... TOD DURCH ERSCHÖPFUNG IN DEM HEISSEN SAND SÜDLICH DER STADT... MIT GLASIGEN AUGEN... ALLAHS FLUCH WAR ÜBER IHN GEKOMMEN... BEN ADIMS SCHWERT WAR FÜR IMMER VERLOREN...

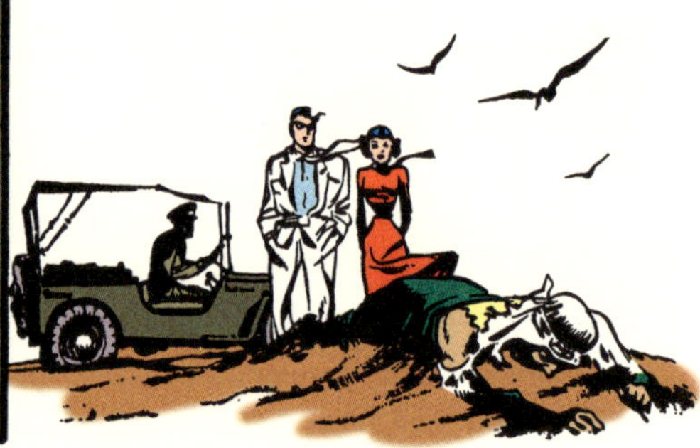

ABER MOMENT!...DA IST NOCH ETWAS...*

... NOMADEN IN DER UNFRUCHTBAREN WÜSTE ERZÄHLEN, DASS **IRGENDWO** AUF BEN ADIMS LAND ALI, DER ERSTGEBORENE, LIEGE, DER SICH MIT DEM SCHWERT IN SEINEM LEIB VIELE MEILEN AUF DER SUCHE NACH WASSER WEITERGESCHLEPPT HABE... SCHLIESSLICH HABE ER EIN WINZIGES LOCH GEFUNDEN, IN DEM EINE FLÜSSIGKEIT GEPLÄTSCHERT SEI. DIESES HABE ER DANN VERZWEIFELT UND AUF ALLEN VIEREN ERREICHT UND DAVON GETRUNKEN, NUR UM HERAUSZUFINDEN, DASS ES ... ÖL ... WAR.

... UND DORT IST ER DANN GESTORBEN....

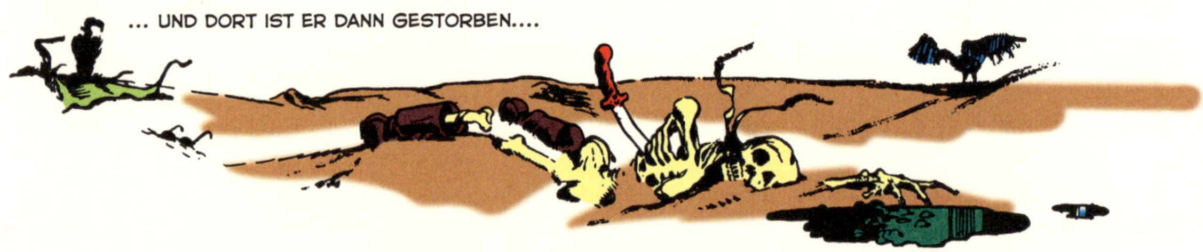

* DIESE INFORMATION HABEN WIR FÜR ALL JENE ÖLFIRMEN VERÖFFENTLICHT, DIE IMMER NOCH AUF DIE SUCHE NACH BEN ADIMS SCHWERT GEHEN WOLLEN. SOLLTE DIESE INFORMATION ZUM ERFOLG FÜHREN, WÄREN WIR NATÜRLICH (NA KLAR) DANKBAR FÜR EINE KLEINE ANERKENNUNG... NATÜRLICH IN BAR.

NÄCHSTE WOCHE... „DIE RUINE"

EIN HAUS WIRD VON DER POLIZEI GERÄUMT UND MITTENDRIN LIEGT... EINE LEICHE? NEIN... ZWEI!! DAZU GIBT'S EINE STORY UM FOLTER, DIE 30 JAHRE GEDAUERT HAT!

DIE HANGLY HOLLYER RUINE

22. Juni 1947

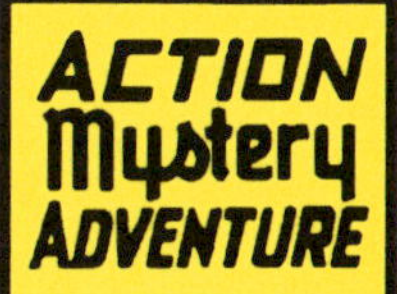

ES WAR AN EINEM FRÜHLINGSTAG VOR NICHT ALLZU LANGER ZEIT... DIE MÄCHTIGEN NATIONEN DER WELT STECKTEN IN EINER DIESER KRISEN, DIE UNS FAST IN EINEN NEUEN KRIEG GETRIEBEN HÄTTEN... JA, KRIEG HING BEDROHLICH ÜBER UNS UND DIE MÄNNER MIT GUTEM WILLEN ZITTERTEN VOR SPANNUNG, ALS SIE DIE POLITISCHEN VORGÄNGE VERFOLGTEN...

ABER NICHT IN CENTRAL CITY!

DA SCHERTE SICH KEINER DARUM!

ALLE WAREN ZU BESCHÄFTIGT ZUZUSEHEN, WIE DOLAN UND SEINE COPS DAS ALTE **HANGLY HOLLYER-HAUS** AUSRÄUMTEN, WÄHREND SIE ÜBER DAS GEHEIMNIS DES ALTEN HAUSES SPEKULIERTEN...

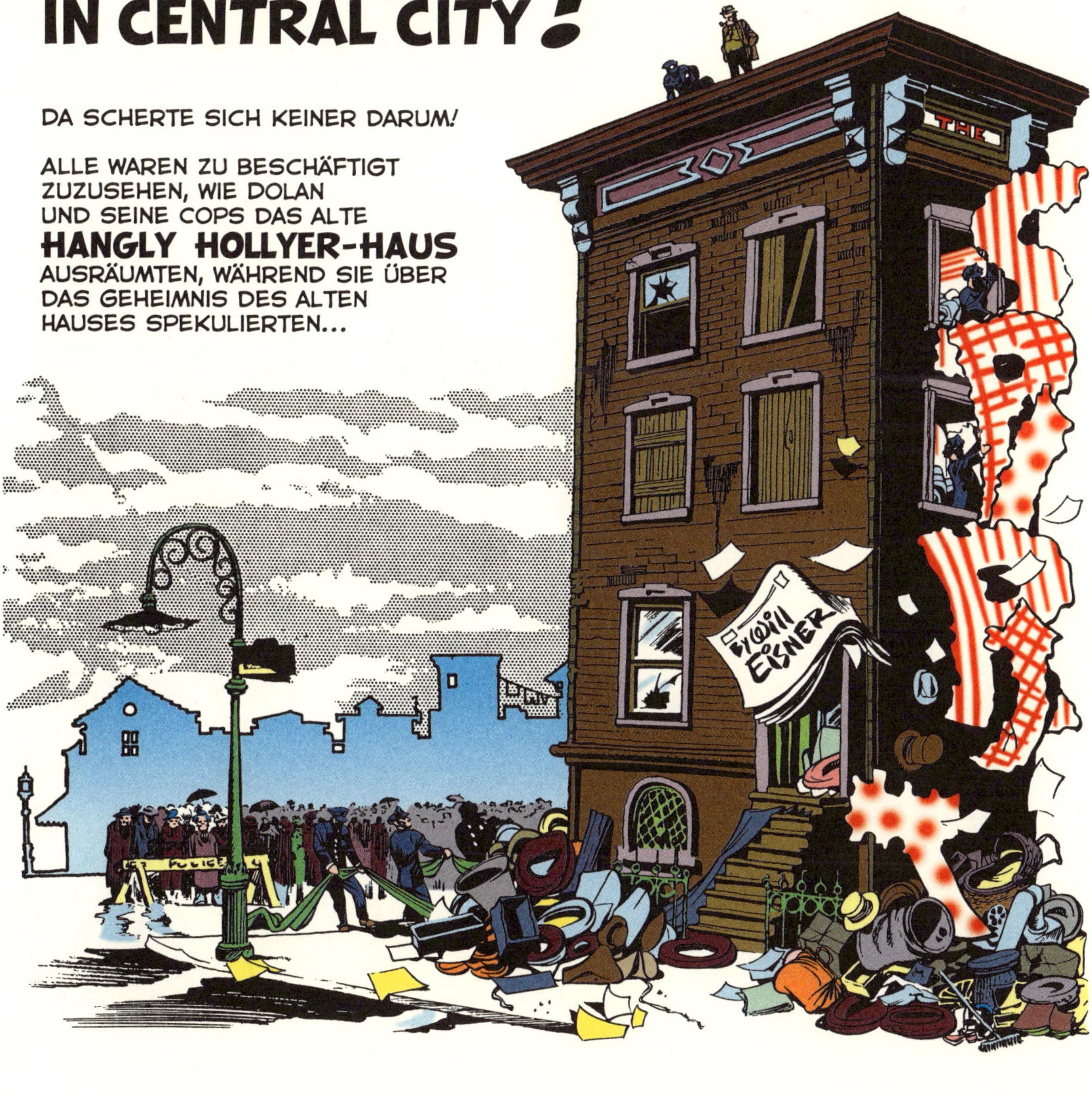

THE

by Will Eisner

POLICE

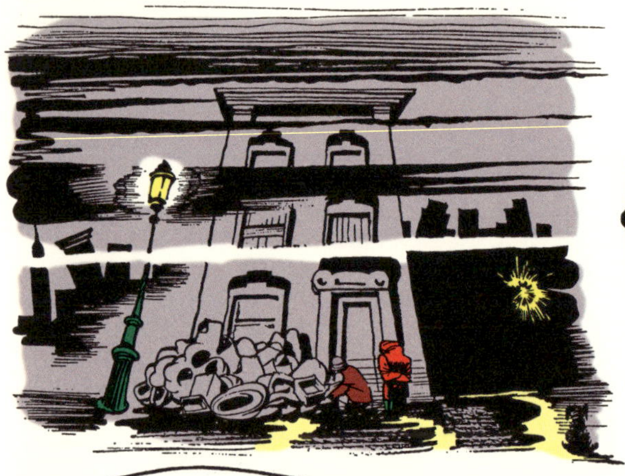
DEN GANZEN NACHMITTAG STELLTE DIE POLIZEI DAS GANZE HOLLYER-HAUS AUF DEN KOPF... AM ABEND LANGWEILTEN SICH DIE LEUTE UND GINGEN... WAS ZURÜCK BLIEB WAR EIN HAUFEN MÜLL, ZWEI JUNGS, EIN HUND UND...

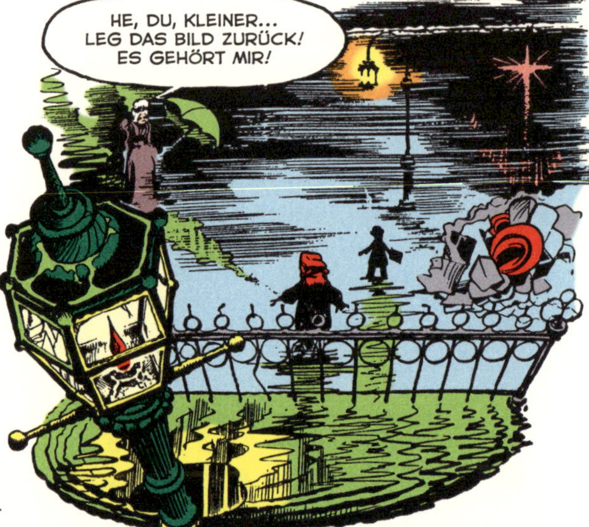
HE, DU, KLEINER... LEG DAS BILD ZURÜCK! ES GEHÖRT MIR!

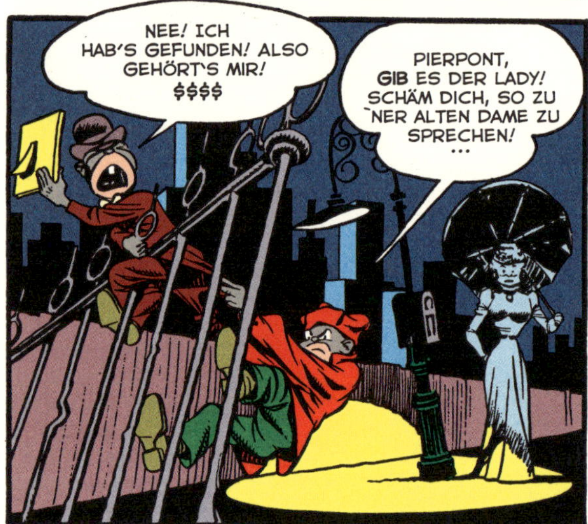
NEE! ICH HAB'S GEFUNDEN! ALSO GEHÖRT'S MIR! $$$$
PIERPONT, **GIB** ES DER LADY! SCHÄM DICH, SO ZU 'NER ALTEN DAME ZU SPRECHEN! ...

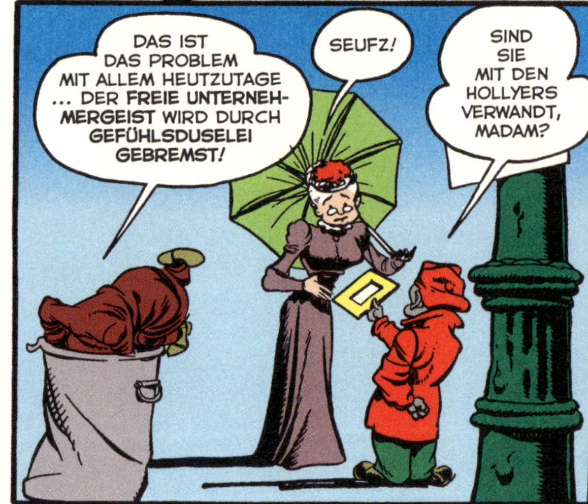
DAS IST DAS PROBLEM MIT ALLEM HEUTZUTAGE ... DER **FREIE UNTERNEHMERGEIST** WIRD DURCH **GEFÜHLSDUSELEI GEBREMST!**
SEUFZ!
SIND SIE MIT DEN HOLLYERS VERWANDT, MADAM?

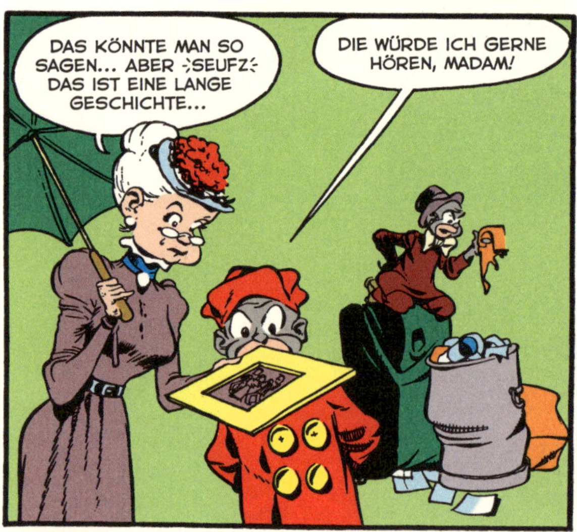
DAS KÖNNTE MAN SO SAGEN... ABER -SEUFZ- DAS IST EINE LANGE GESCHICHTE...
DIE WÜRDE ICH GERNE HÖREN, MADAM!

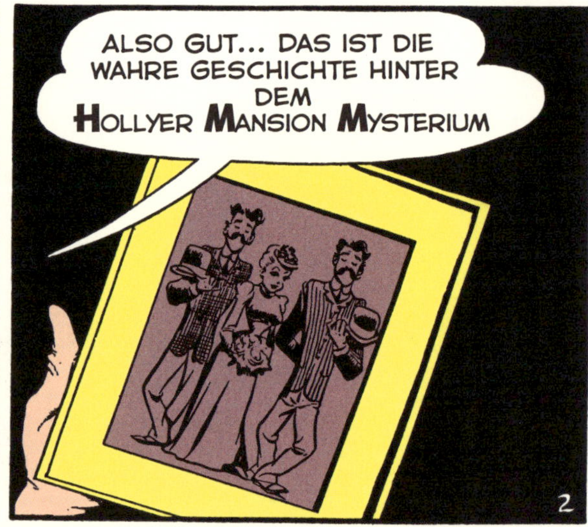
ALSO GUT... DAS IST DIE WAHRE GESCHICHTE HINTER DEM HOLLYER MANSION MYSTERIUM
2

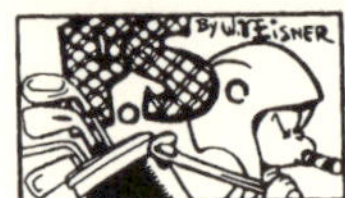
BY W. EISNER
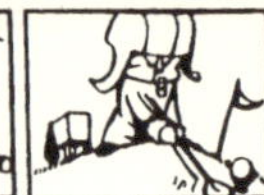
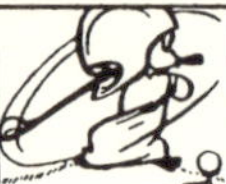
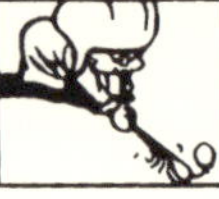
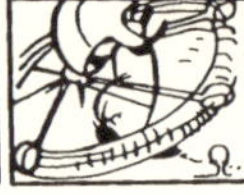
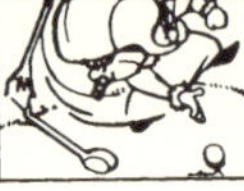
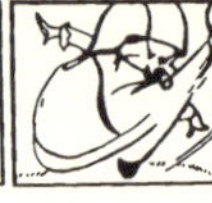
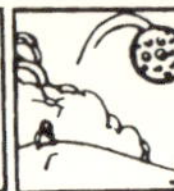
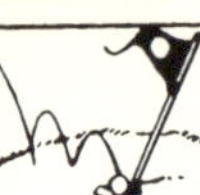

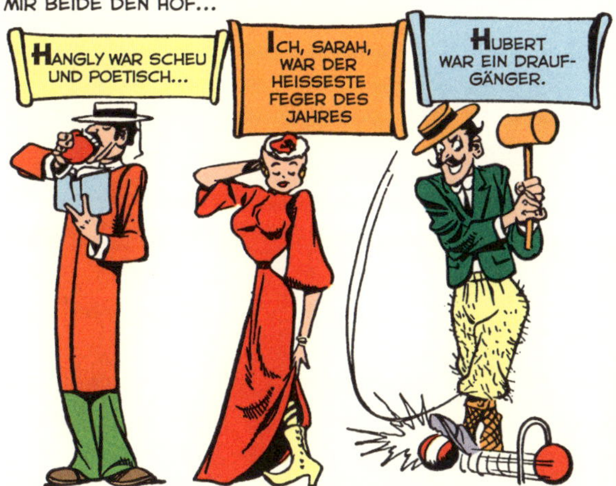
SIE BEGINNT AN DEM TAG, ALS DAS BILD AUFGENOMMEN WURDE… ALSO IM JAHR 1909… HANGLY UND HUBERT MACHTEN MIR BEIDE DEN HOF…
HANGLY WAR SCHEU UND POETISCH…
ICH, SARAH, WAR DER HEISSESTE FEGER DES JAHRES
HUBERT WAR EIN DRAUFGÄNGER.

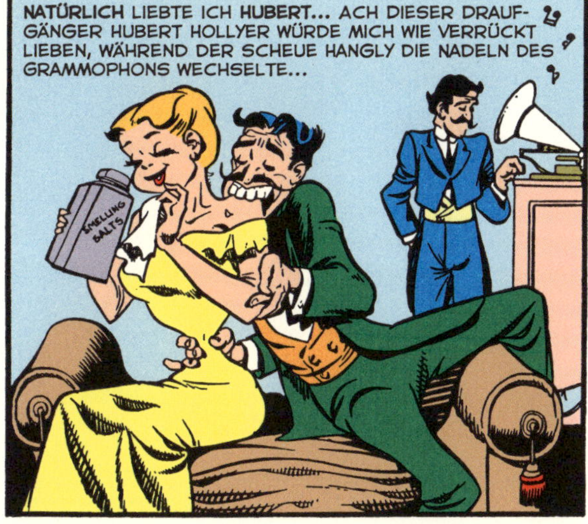
NATÜRLICH LIEBTE ICH HUBERT… ACH DIESER DRAUFGÄNGER HUBERT HOLLYER WÜRDE MICH WIE VERRÜCKT LIEBEN, WÄHREND DER SCHEUE HANGLY DIE NADELN DES GRAMMOPHONS WECHSELTE…
SMELLING SALTS

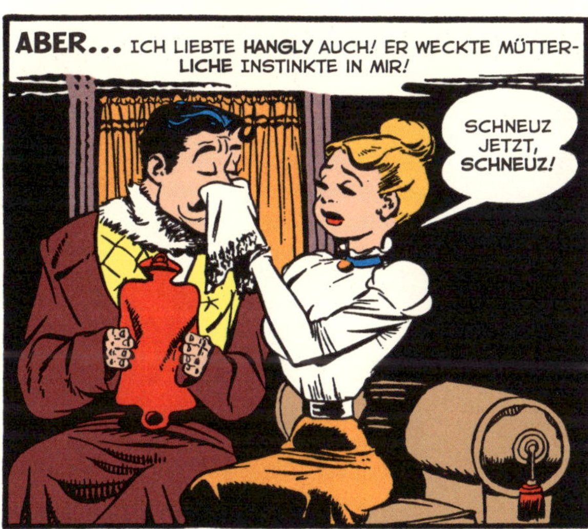
ABER… ICH LIEBTE HANGLY AUCH! ER WECKTE MÜTTERLICHE INSTINKTE IN MIR!
SCHNEUZ JETZT, SCHNEUZ!

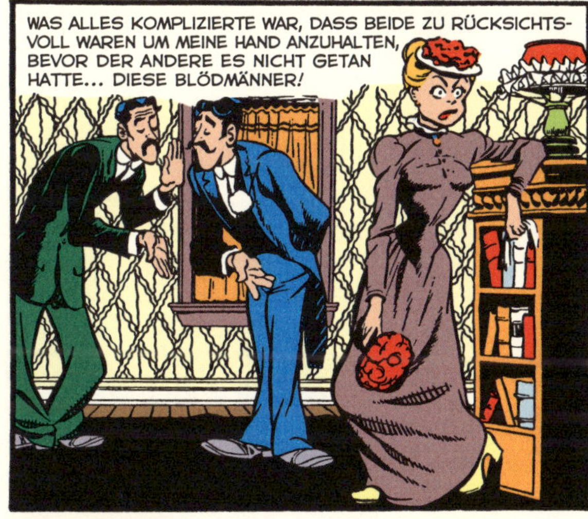
WAS ALLES KOMPLIZIERTE WAR, DASS BEIDE ZU RÜCKSICHTSVOLL WAREN UM MEINE HAND ANZUHALTEN, BEVOR DER ANDERE ES NICHT GETAN HATTE… DIESE BLÖDMÄNNER!

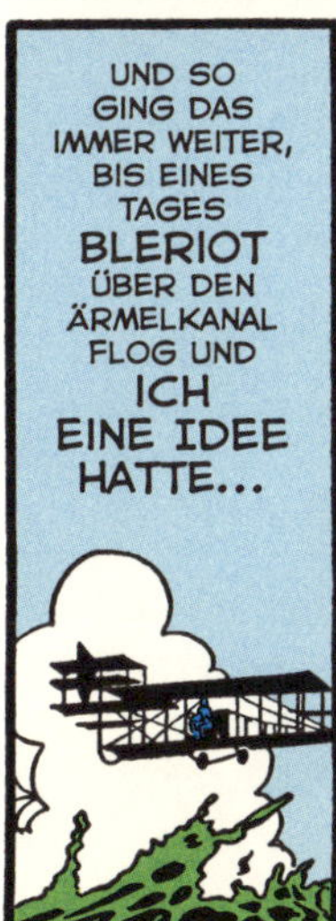
UND SO GING DAS IMMER WEITER, BIS EINES TAGES BLERIOT ÜBER DEN ÄRMELKANAL FLOG UND ICH EINE IDEE HATTE…

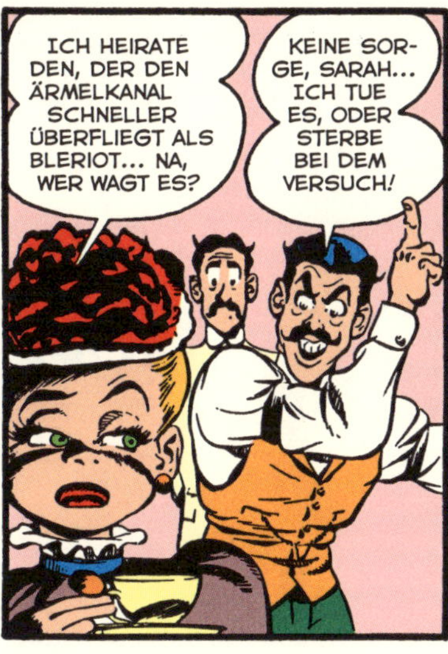
ICH HEIRATE DEN, DER DEN ÄRMELKANAL SCHNELLER ÜBERFLIEGT ALS BLERIOT… NA, WER WAGT ES?
KEINE SORGE, SARAH… ICH TUE ES, ODER STERBE BEI DEM VERSUCH!

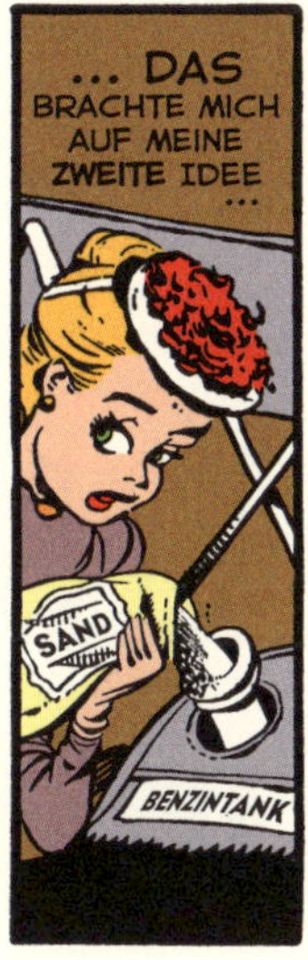
… DAS BRACHTE MICH AUF MEINE ZWEITE IDEE …
SAND
BENZINTANK

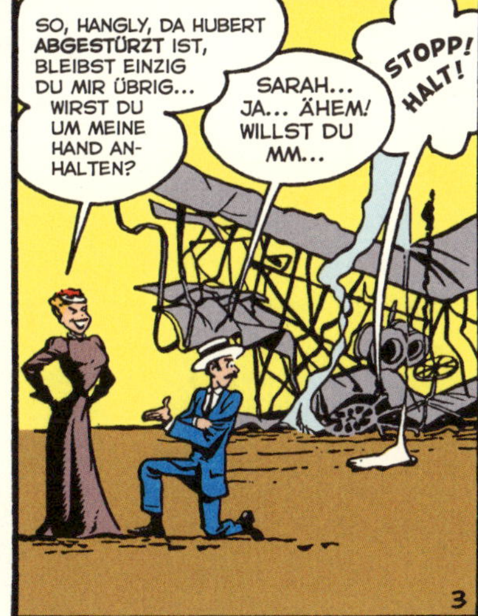
SO, HANGLY, DA HUBERT ABGESTÜRZT IST, BLEIBST EINZIG DU MIR ÜBRIG… WIRST DU UM MEINE HAND ANHALTEN?
SARAH… JA… ÄHEM! WILLST DU MM…
STOPP! HALT!
3

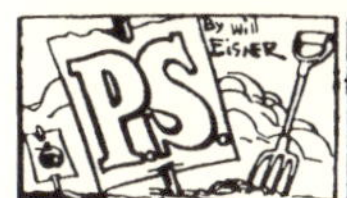
P.S.
By Will Eisner

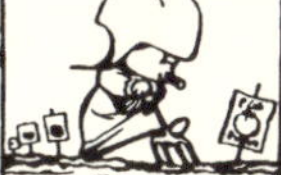

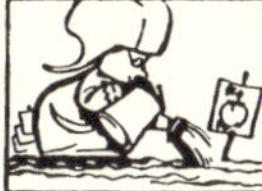

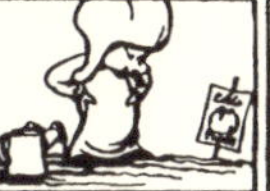

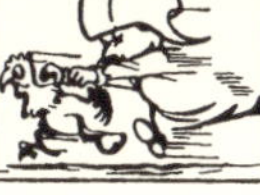

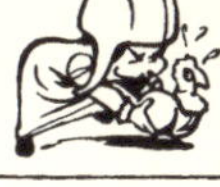

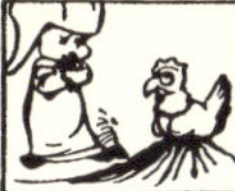

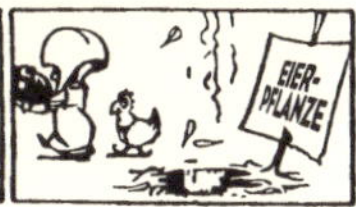
EIER-PFLANZE

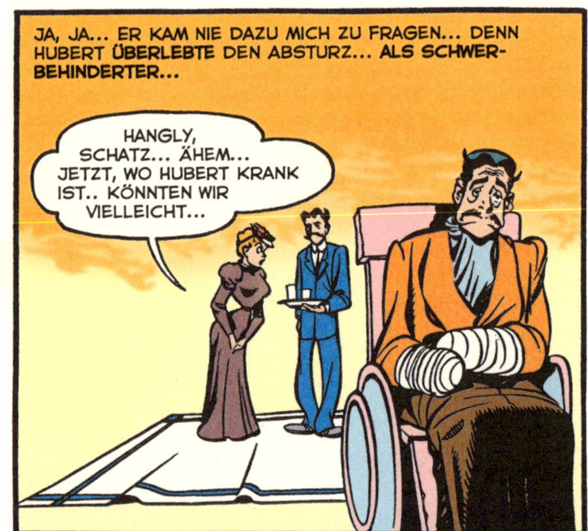
JA, JA... ER KAM NIE DAZU MICH ZU FRAGEN... DENN HUBERT ÜBERLEBTE DEN ABSTURZ... ALS SCHWERBEHINDERTER...
HANGLY, SCHATZ... ÄHEM... JETZT, WO HUBERT KRANK IST.. KÖNNTEN WIR VIELLEICHT...

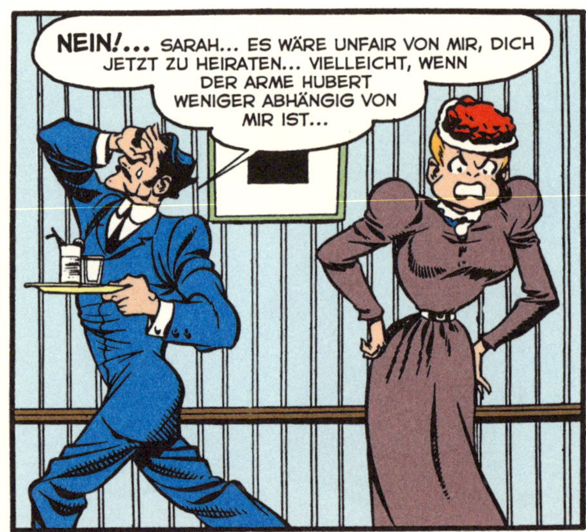
NEIN!... SARAH... ES WÄRE UNFAIR VON MIR, DICH JETZT ZU HEIRATEN... VIELLEICHT, WENN DER ARME HUBERT WENIGER ABHÄNGIG VON MIR IST...

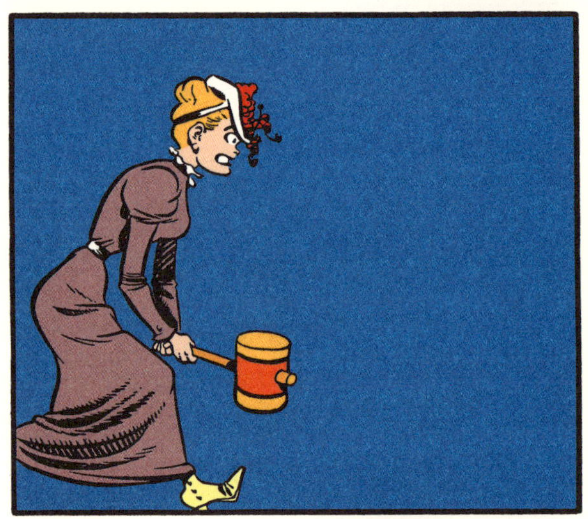

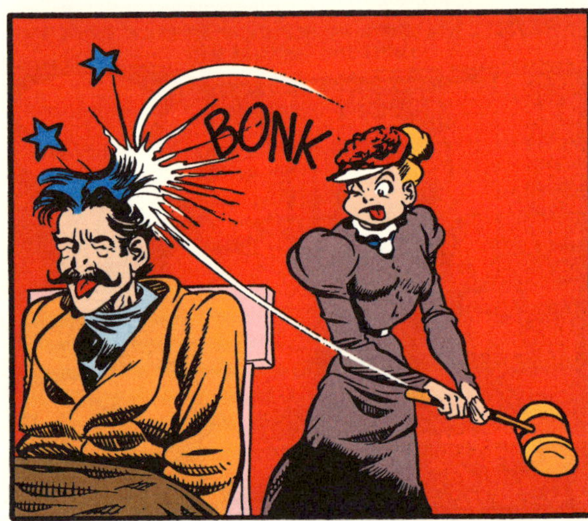
BONK

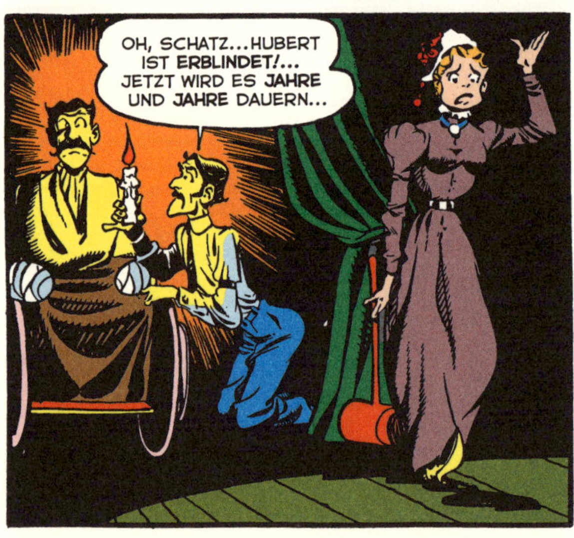
OH, SCHATZ...HUBERT IST ERBLINDET!... JETZT WIRD ES JAHRE UND JAHRE DAUERN...

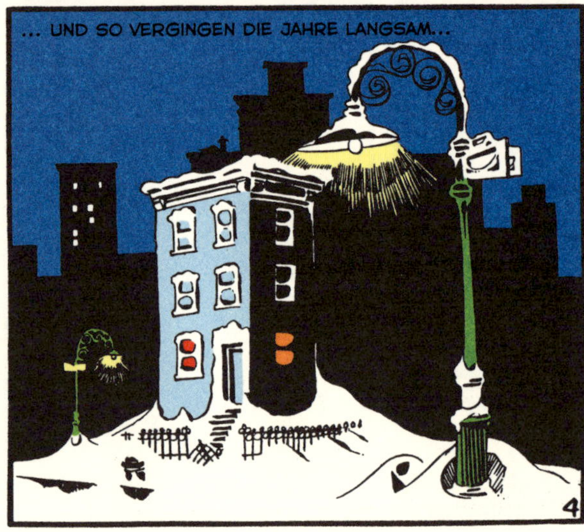
... UND SO VERGINGEN DIE JAHRE LANGSAM...
4

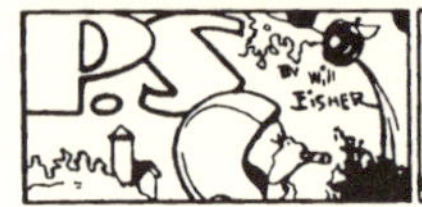
P.S.
by Will Eisner

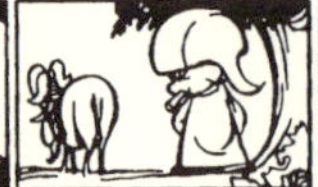

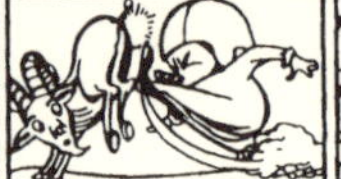

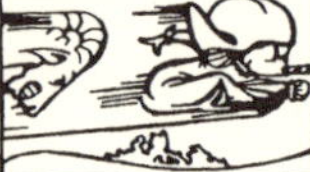

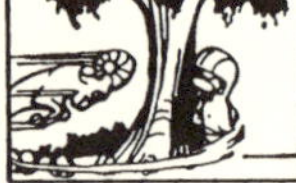

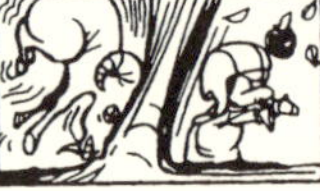

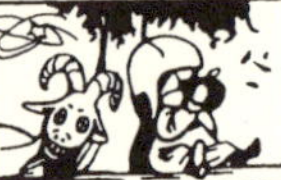

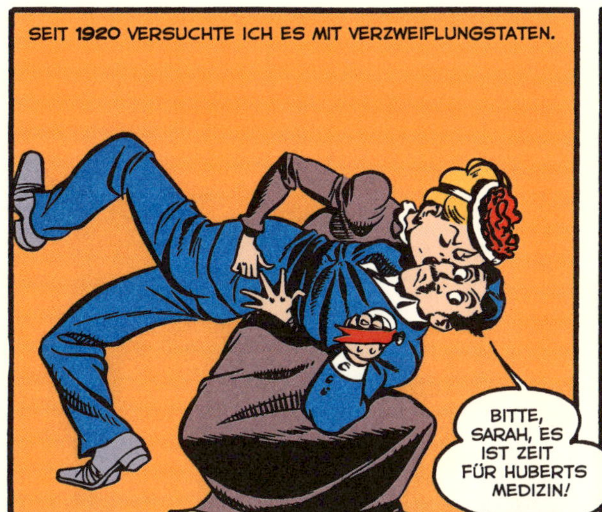
SEIT 1920 VERSUCHTE ICH ES MIT VERZWEIFLUNGSTATEN.
BITTE, SARAH, ES IST ZEIT FÜR HUBERTS MEDIZIN!

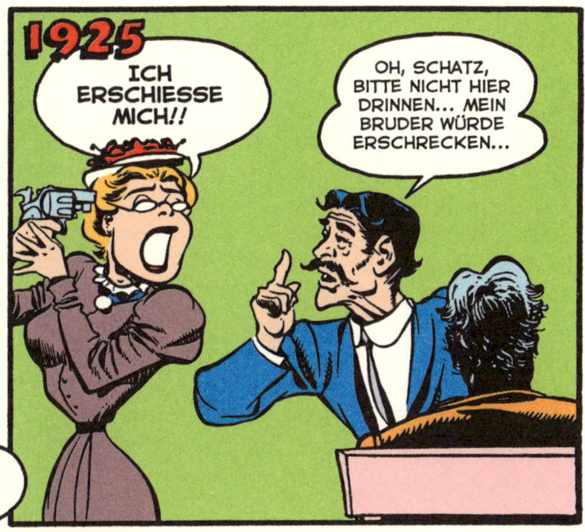
1925
ICH ERSCHIESSE MICH!!
OH, SCHATZ, BITTE NICHT HIER DRINNEN... MEIN BRUDER WÜRDE ERSCHRECKEN...

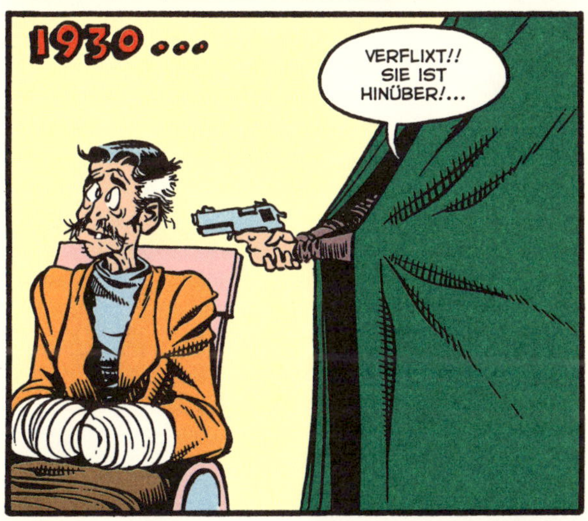
1930...
VERFLIXT!! SIE IST HINÜBER!...

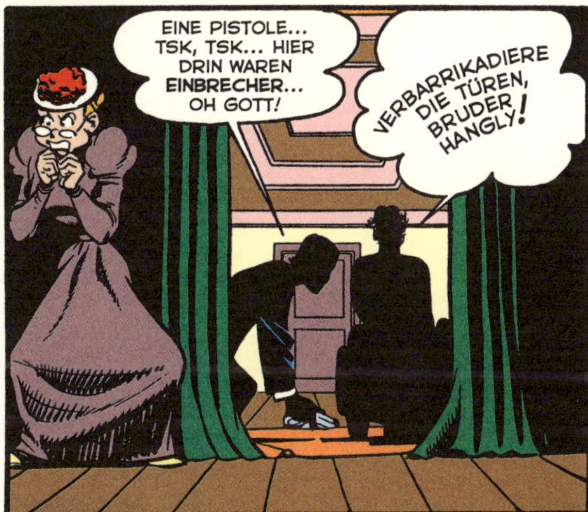
EINE PISTOLE... TSK, TSK... HIER DRIN WAREN EINBRECHER... OH GOTT!
VERBARRIKADIERE DIE TÜREN, BRUDER HANGLY!

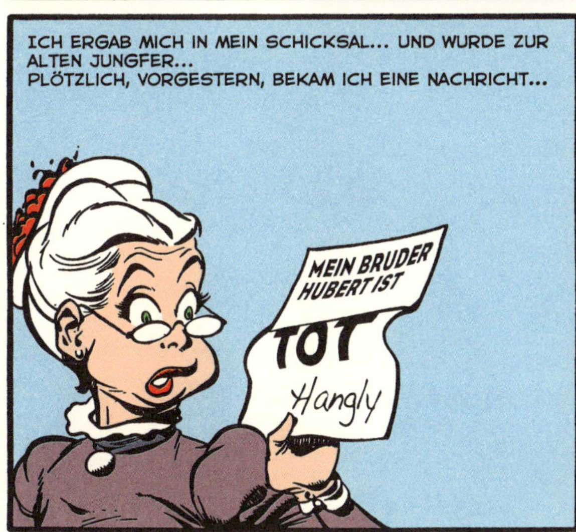
ICH ERGAB MICH IN MEIN SCHICKSAL... UND WURDE ZUR ALTEN JUNGFER...
PLÖTZLICH, VORGESTERN, BEKAM ICH EINE NACHRICHT...
MEIN BRUDER HUBERT IST
TOT
Hangly

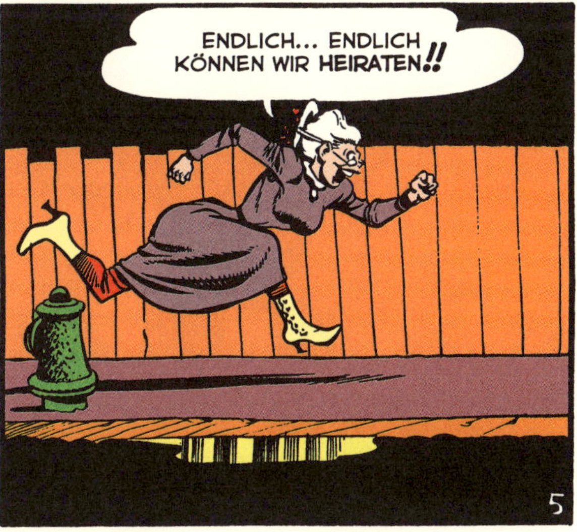
ENDLICH... ENDLICH KÖNNEN WIR HEIRATEN!!
5

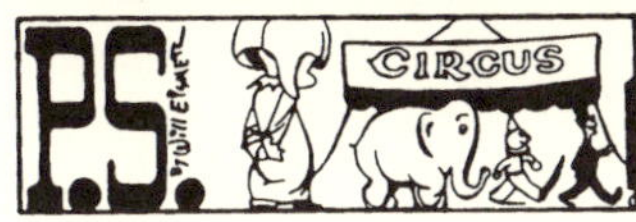
P.S.
CIRCUS

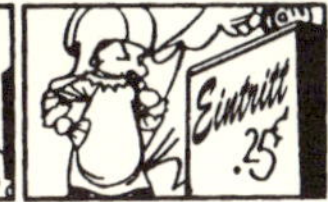
Eintritt 25¢

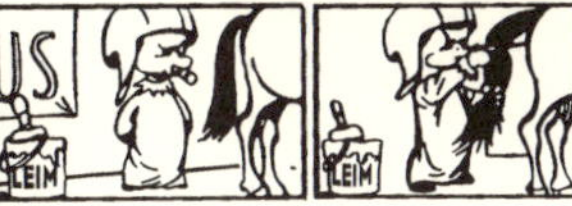
U.S.
LEIM

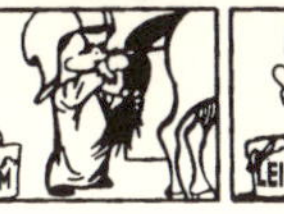
LEIM

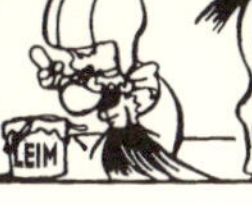
LEIM

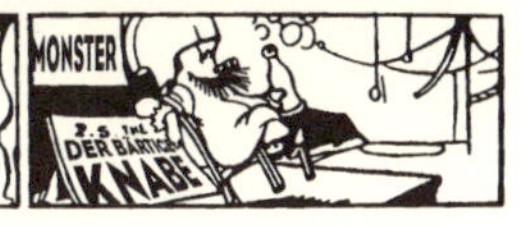
MONSTER
P.S. THE
DER BÄRTIGE
KNABE

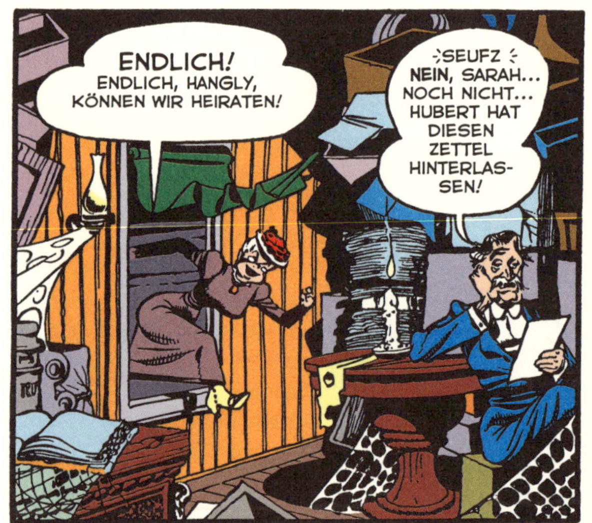
ENDLICH! ENDLICH, HANGLY, KÖNNEN WIR HEIRATEN!
SEUFZ NEIN, SARAH... NOCH NICHT... HUBERT HAT DIESEN ZETTEL HINTERLASSEN!

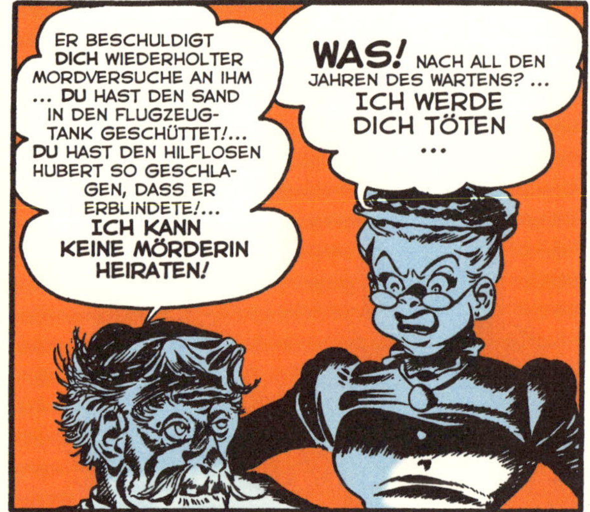
ER BESCHULDIGT DICH WIEDERHOLTER MORDVERSUCHE AN IHM ... DU HAST DEN SAND IN DEN FLUGZEUG-TANK GESCHÜTTET!... DU HAST DEN HILFLOSEN HUBERT SO GESCHLAGEN, DASS ER ERBLINDETE!... ICH KANN KEINE MÖRDERIN HEIRATEN!
WAS! NACH ALL DEN JAHREN DES WARTENS? ... ICH WERDE DICH TÖTEN ...

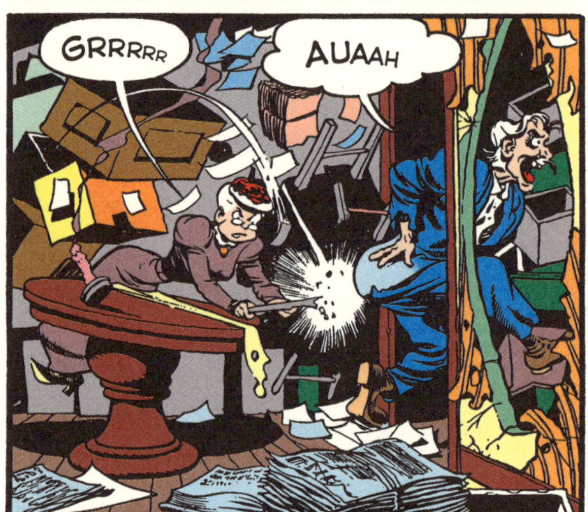
GRRRRR
AUAAH

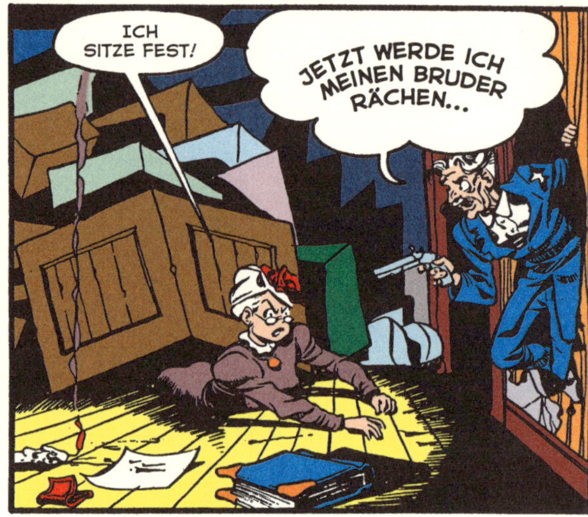
ICH SITZE FEST!
JETZT WERDE ICH MEINEN BRUDER RÄCHEN...

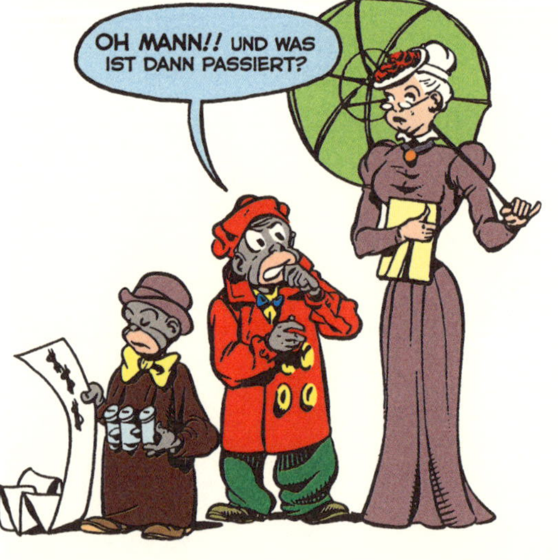
OH MANN!! UND WAS IST DANN PASSIERT?

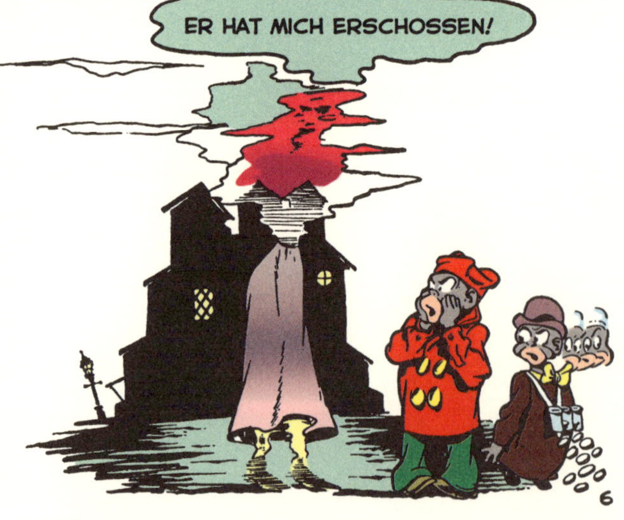
ER HAT MICH ERSCHOSSEN!
6

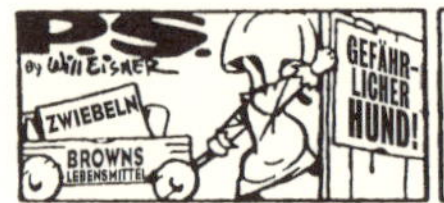
P.S.
By Will Eisner
ZWIEBELN
BROWNS LEBENSMITTEL
GEFÄHRLICHER HUND!

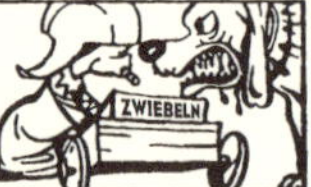
ZWIEBELN

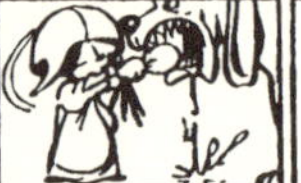

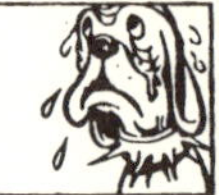

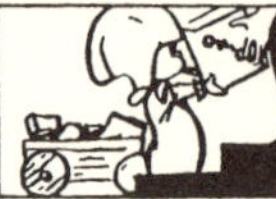

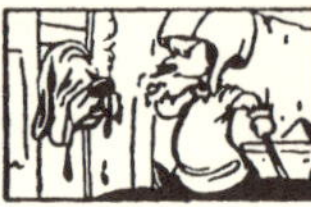

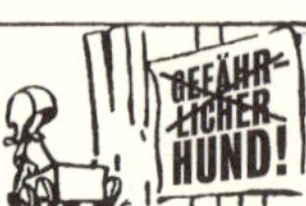
GEFÄHRLICHER HUND!

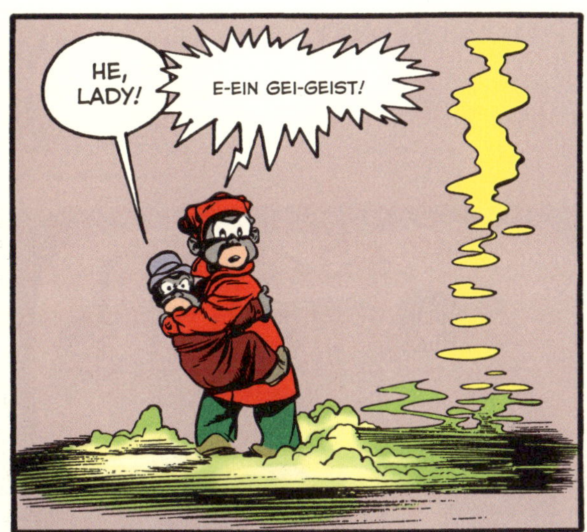

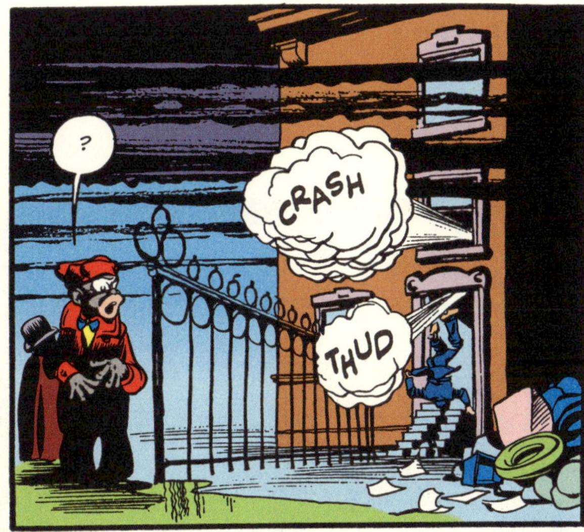

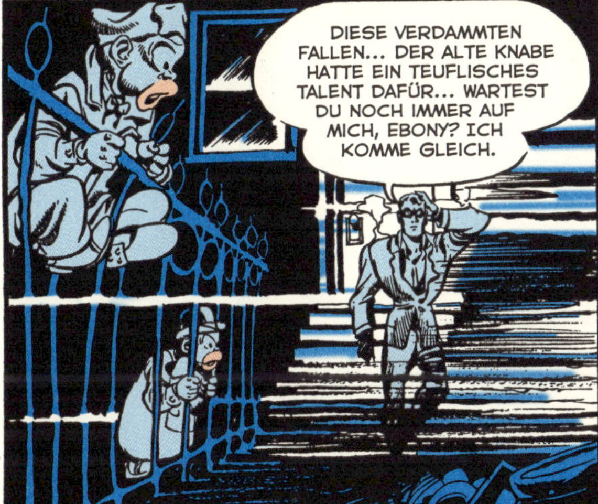

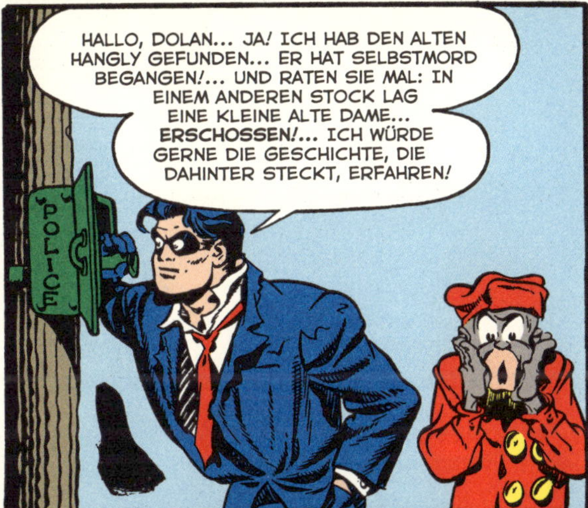

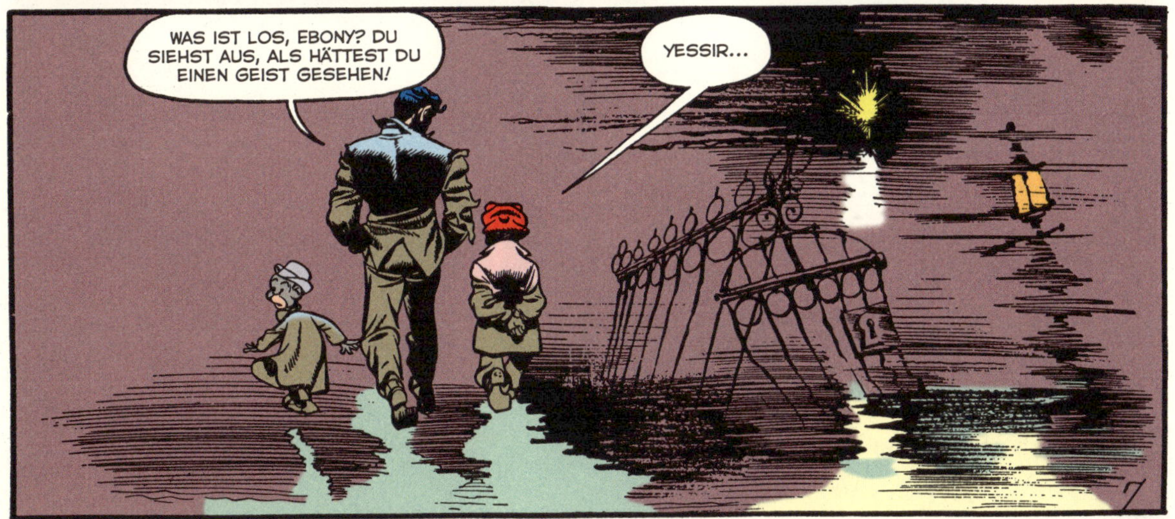

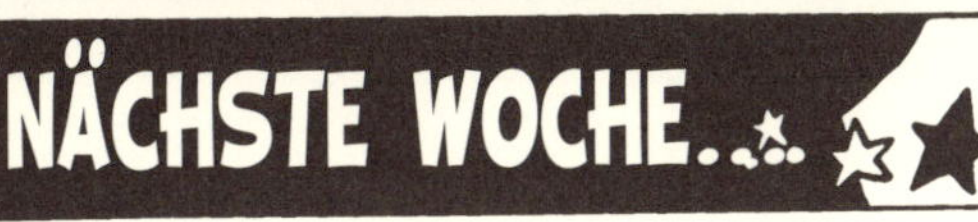

DAS MANAGEMENT HAT KEINE KOSTEN GESCHEUT, UM DEM SPIRIT EINEN GASTSTAR ZU ENGAGIEREN: DEN BEKANNTEN BARITON ROBERT MERRILL VON DER METROPOLITAN OPERA.

DER WHIFFENPOOF-SONG

29. Juni 1947

The SPIRIT

WILDWOOD CEMETERY

ZOOM

WANTED

P.D.

P.D.

BY WILL EISNER

GESCHAFFT! JUHUU! ICH HAB'S GESCHAFFT!

PUFF

PUFF

PUFF

ICH HAB AN MR. **ROBERT MERRILL** GESCHRIEBEN, DEN STAR DER METROPOLITAN OPERA, UND IHN GEFRAGT, OB ER MEIN LIED **„EVERY LITTLE BUG"** SINGT, WENN ER HIER IN CENTRAL CITY AUFTRITT... TJA ÄHEM ER HAT ZURÜCKGESCHRIEBEN UND **JA** GESAGT!

WIRKLICH??... TOLL... ABER WAS HAT DAS MIT MIR ZU TUN?

GEFÄNGNIS

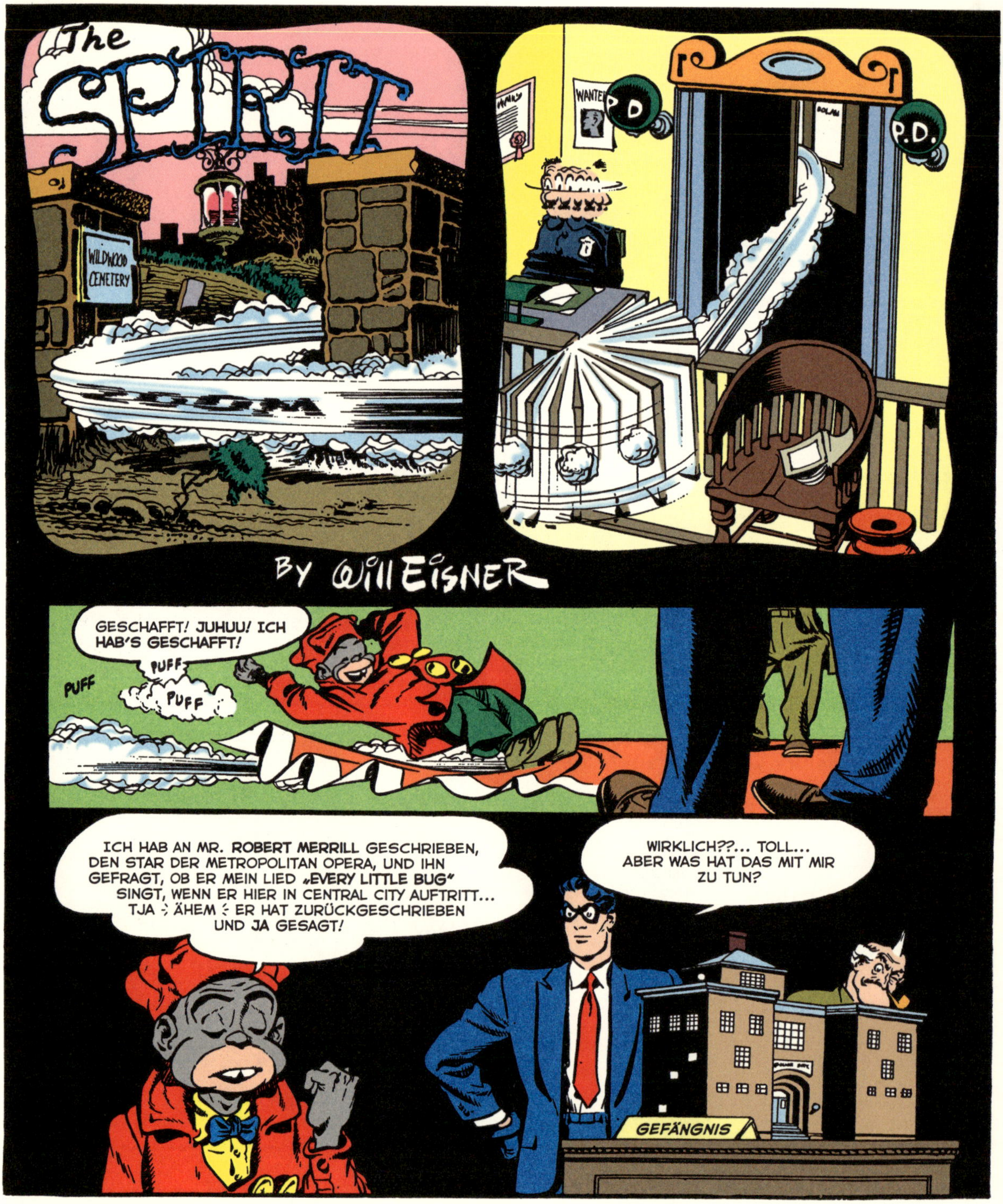

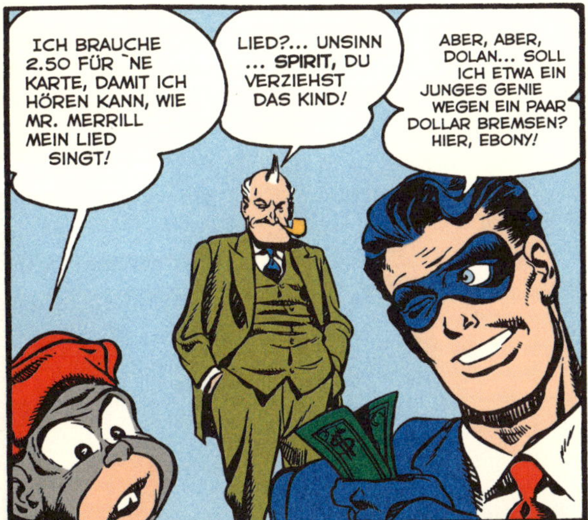
ICH BRAUCHE 2.50 FÜR 'NE KARTE, DAMIT ICH HÖREN KANN, WIE MR. MERRILL MEIN LIED SINGT!
LIED?... UNSINN ... SPIRIT, DU VERZIEHST DAS KIND!
ABER, ABER, DOLAN... SOLL ICH ETWA EIN JUNGES GENIE WEGEN EIN PAAR DOLLAR BREMSEN? HIER, EBONY!

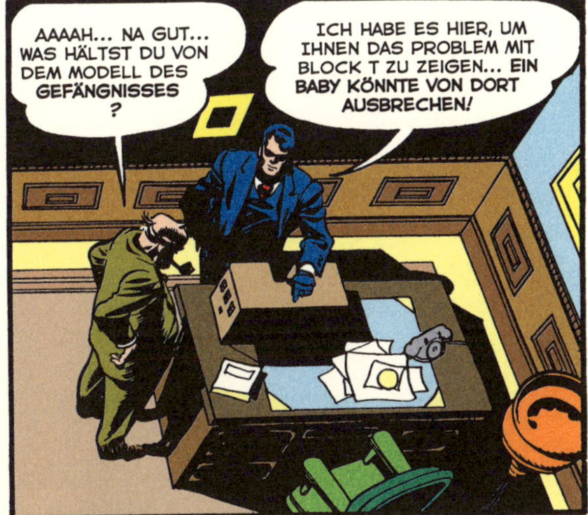
AAAAH... NA GUT... WAS HÄLTST DU VON DEM MODELL DES GEFÄNGNISSES ?
ICH HABE ES HIER, UM IHNEN DAS PROBLEM MIT BLOCK T ZU ZEIGEN... EIN BABY KÖNNTE VON DORT AUSBRECHEN!

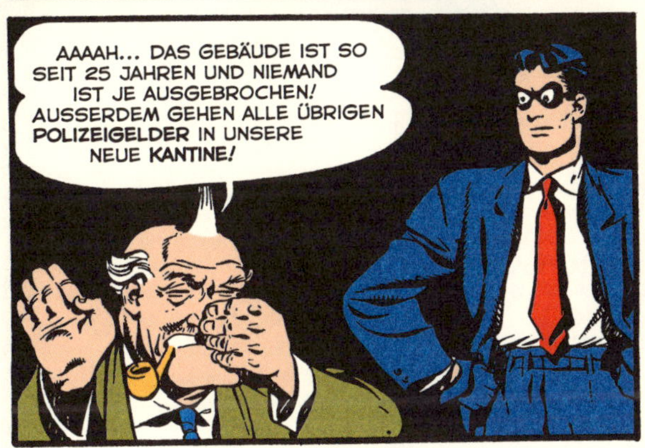
AAAAH... DAS GEBÄUDE IST SO SEIT 25 JAHREN UND NIEMAND IST JE AUSGEBROCHEN! AUSSERDEM GEHEN ALLE ÜBRIGEN POLIZEIGELDER IN UNSERE NEUE KANTINE!
O.K., SIE ALTER, DICKKÖPFIGER PLATTFUSS... ICH HAB'S IHNEN GESAGT UND WERDE KEINEN FINGER RÜHREN, FALLS JEMAND AUSBRICHT!

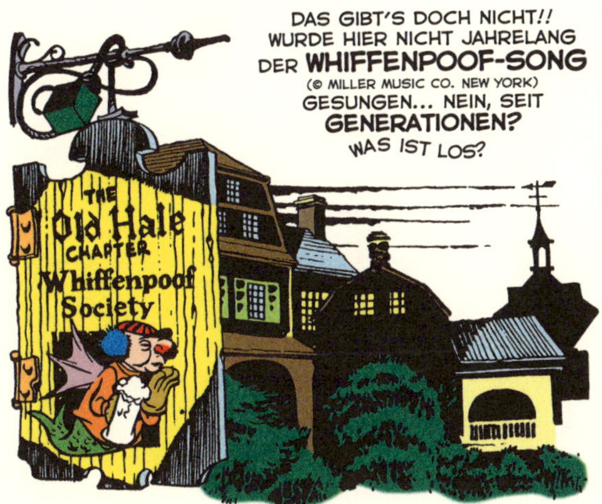
INZWISCHEN AUF DEM ALTEN, VERLASSENEN UNIVERSITÄTS-GELÄNDE VON IVY HALE...
ACH, LIEBES ALTES HALE, VON DEINEN SPIELFELDERN KOMMEN ! ABER MOMENT... HÖRT IHR WAS?
NEE... IN MORRIS' ALTER KNEIPE, DIE WIR SO GELIEBT HABEN ... IST'S TOTENSTILL!
DAS GIBT'S DOCH NICHT!! WURDE HIER NICHT JAHRELANG DER WHIFFENPOOF-SONG (© MILLER MUSIC CO. NEW YORK) GESUNGEN... NEIN, SEIT GENERATIONEN? WAS IST LOS?
THE Old Hale CHAPTER Whiffenpoof Society

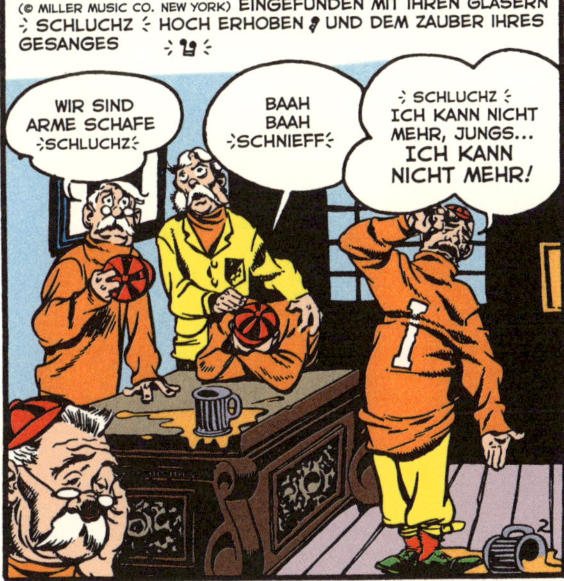
ES IST WAHR... HIER HABEN SICH DIE WIFFENPOOFS (© MILLER MUSIC CO. NEW YORK) EINGEFUNDEN MIT IHREN GLÄSERN SCHLUCHZ HOCH ERHOBEN UND DEM ZAUBER IHRES GESANGES
WIR SIND ARME SCHAFE SCHLUCHZ
BAAH BAAH SCHNIEFF
SCHLUCHZ ICH KANN NICHT MEHR, JUNGS... ICH KANN NICHT MEHR!

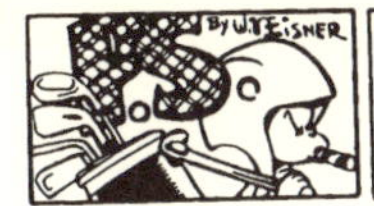
BY WILL EISNER
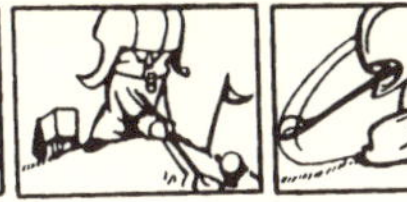
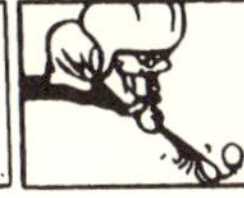
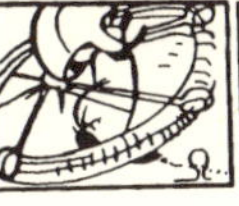
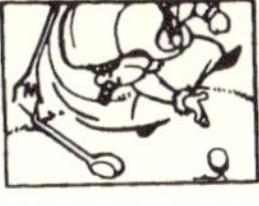
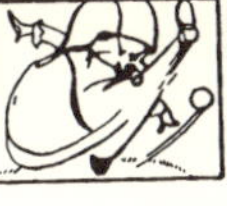
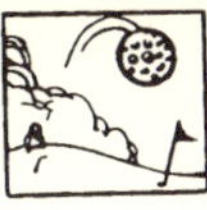
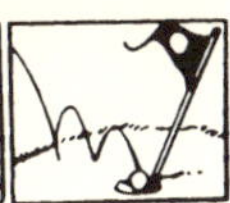

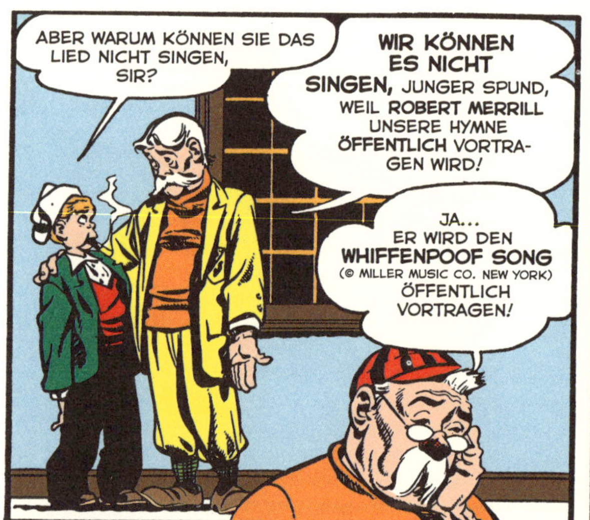
ABER WARUM KÖNNEN SIE DAS LIED NICHT SINGEN, SIR?
WIR KÖNNEN ES NICHT SINGEN, JUNGER SPUND, WEIL ROBERT MERRILL UNSERE HYMNE ÖFFENTLICH VORTRAGEN WIRD!
JA... ER WIRD DEN WHIFFENPOOF SONG
(© MILLER MUSIC CO. NEW YORK)
ÖFFENTLICH VORTRAGEN!

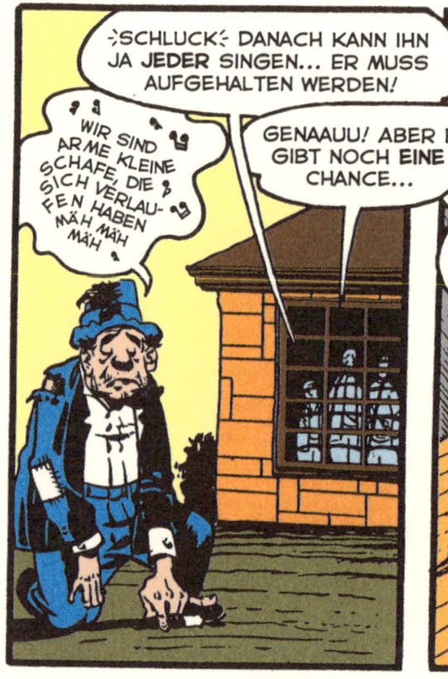
SCHLUCK DANACH KANN IHN JA JEDER SINGEN... ER MUSS AUFGEHALTEN WERDEN!
WIR SIND ARME KLEINE SCHAFE, DIE SICH VERLAUFEN HABEN MÄH MÄH MÄH
GENAAUU! ABER ES GIBT NOCH EINE CHANCE...

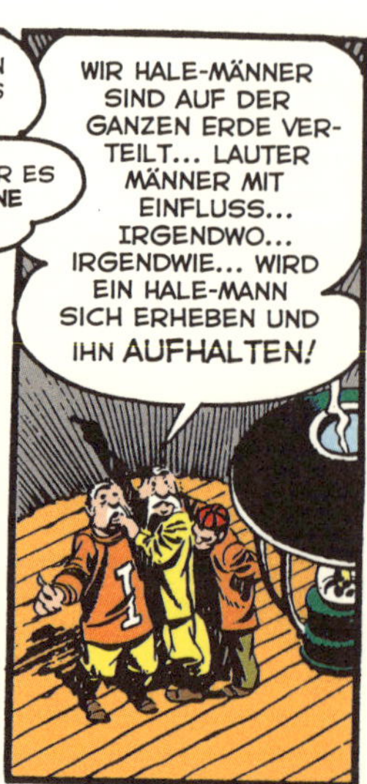
WIR HALE-MÄNNER SIND AUF DER GANZEN ERDE VERTEILT... LAUTER MÄNNER MIT EINFLUSS... IRGENDWO... IRGENDWIE... WIRD EIN HALE-MANN SICH ERHEBEN UND IHN AUFHALTEN!

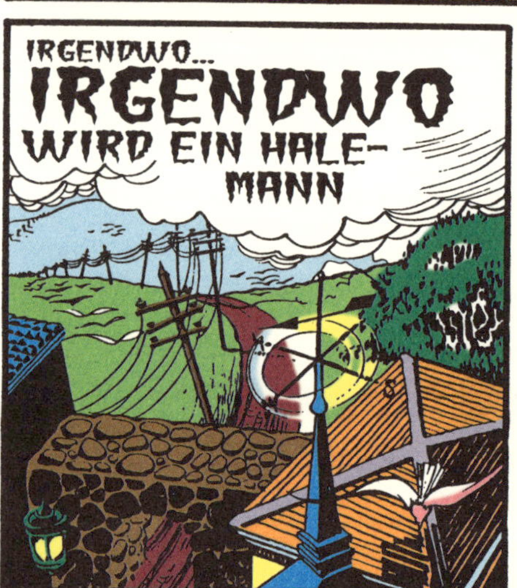
IRGENDWO...
IRGENDWO
WIRD EIN HALE-MANN

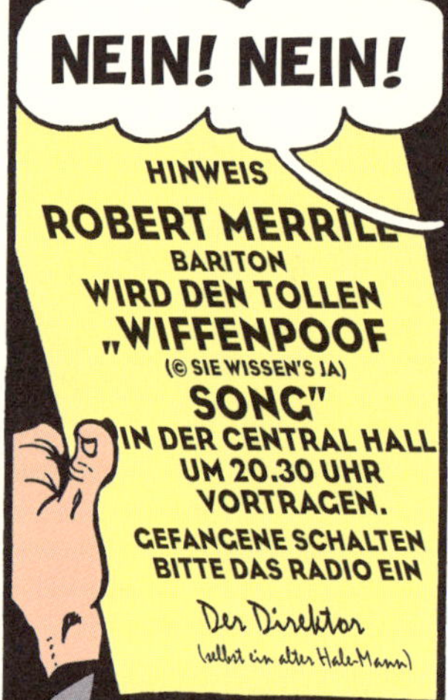
NEIN! NEIN!
HINWEIS
ROBERT MERRILL
BARITON
WIRD DEN TOLLEN
„WIFFENPOOF
(© SIE WISSEN'S JA)
SONG"
IN DER CENTRAL HALL
UM 20.30 UHR
VORTRAGEN.
GEFANGENE SCHALTEN BITTE DAS RADIO EIN
Der Direktor
(selbst ein alter Hale-Mann)

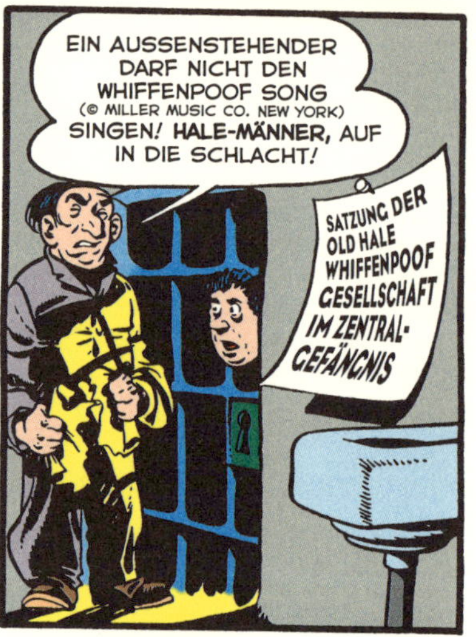
EIN AUSSENSTEHENDER DARF NICHT DEN WHIFFENPOOF SONG
(© MILLER MUSIC CO. NEW YORK)
SINGEN! HALE-MÄNNER, AUF IN DIE SCHLACHT!
SATZUNG DER OLD HALE WHIFFENPOOF GESELLSCHAFT IM ZENTRAL-GEFÄNGNIS

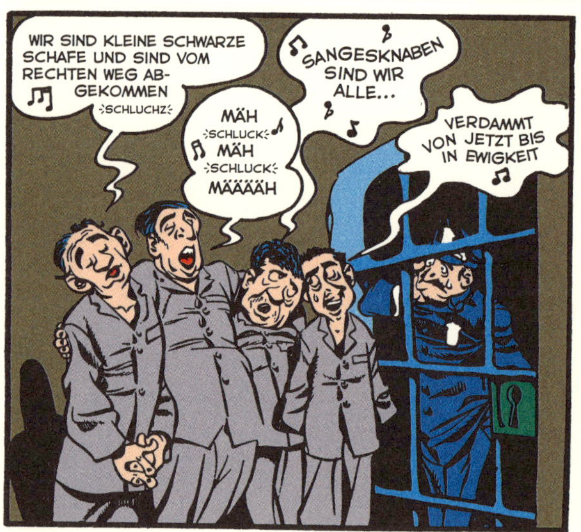
WIR SIND KLEINE SCHWARZE SCHAFE UND SIND VOM RECHTEN WEG ABGEKOMMEN
SCHLUCHZ
MÄH SCHLUCK MÄH SCHLUCK MÄÄÄÄH
SANGESKNABEN SIND WIR ALLE...
VERDAMMT VON JETZT BIS IN EWIGKEIT

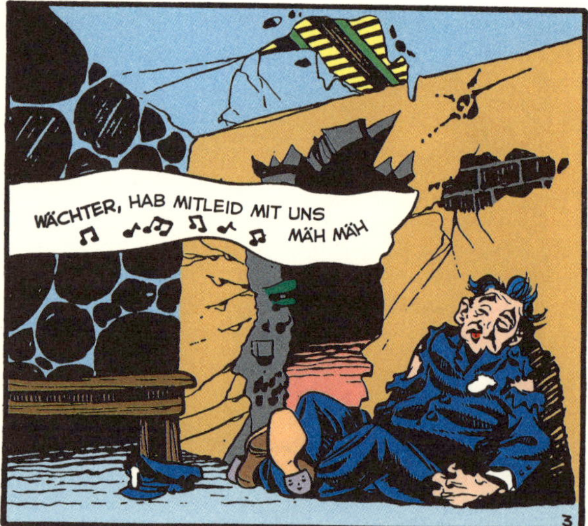
WÄCHTER, HAB MITLEID MIT UNS MÄH MÄH
3

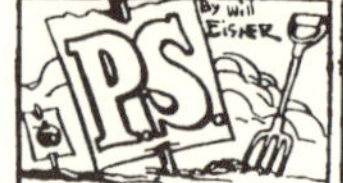
PS
By Will Eisner
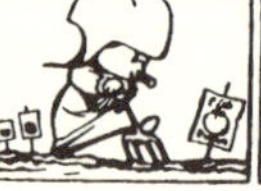
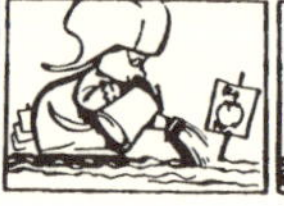
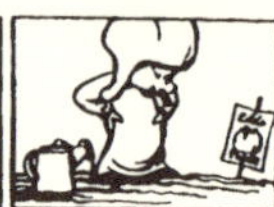
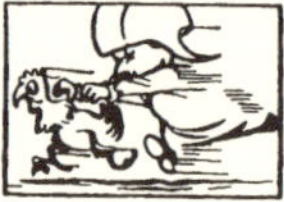
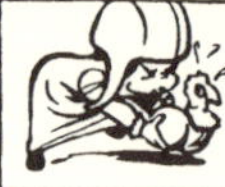
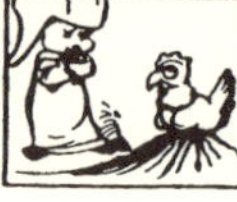
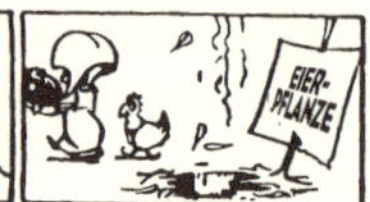
EIER-PFLANZE

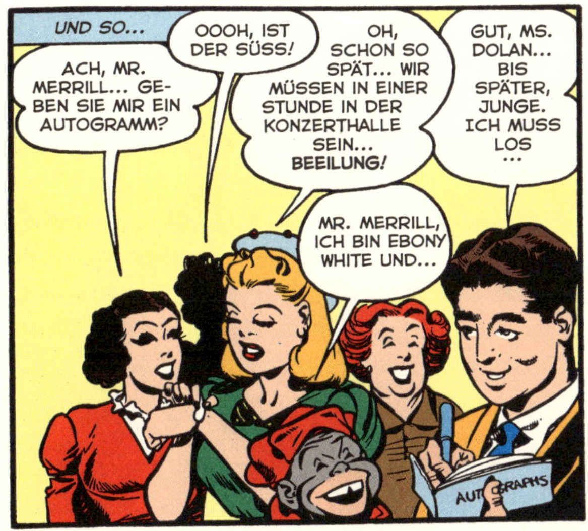
UND SO...
ACH, MR. MERRILL... GEBEN SIE MIR EIN AUTOGRAMM?
OOOH, IST DER SÜSS!
OH, SCHON SO SPÄT... WIR MÜSSEN IN EINER STUNDE IN DER KONZERTHALLE SEIN... BEEILUNG!
GUT, MS. DOLAN... BIS SPÄTER, JUNGE. ICH MUSS LOS ...
MR. MERRILL, ICH BIN EBONY WHITE UND...
AUTOGRAPHS

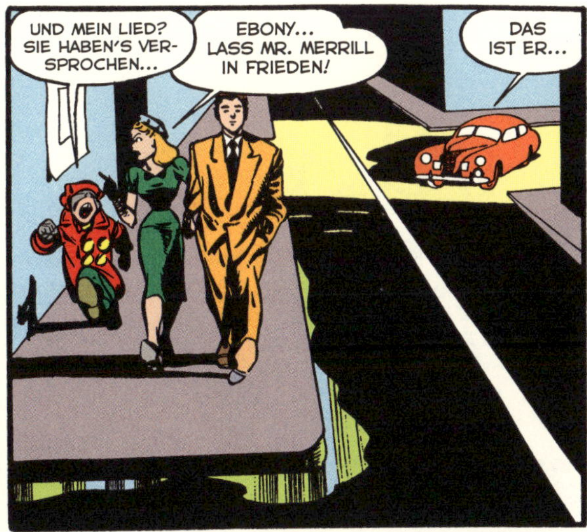
UND MEIN LIED? SIE HABEN'S VERSPROCHEN...
EBONY... LASS MR. MERRILL IN FRIEDEN!
DAS IST ER...

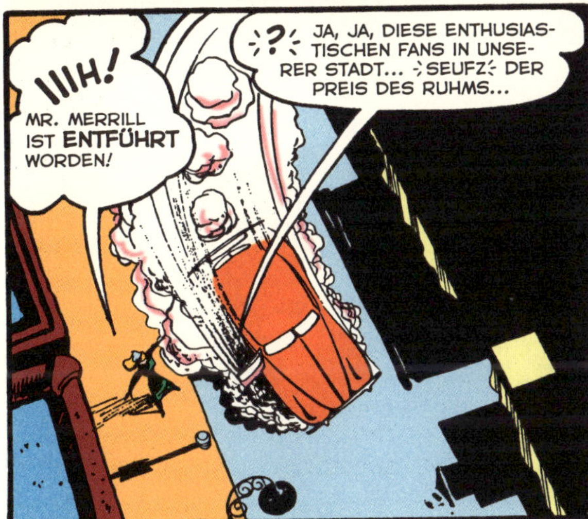
IIIH! MR. MERRILL IST ENTFÜHRT WORDEN!
?! JA, JA, DIESE ENTHUSIASTISCHEN FANS IN UNSERER STADT... SEUFZ DER PREIS DES RUHMS...

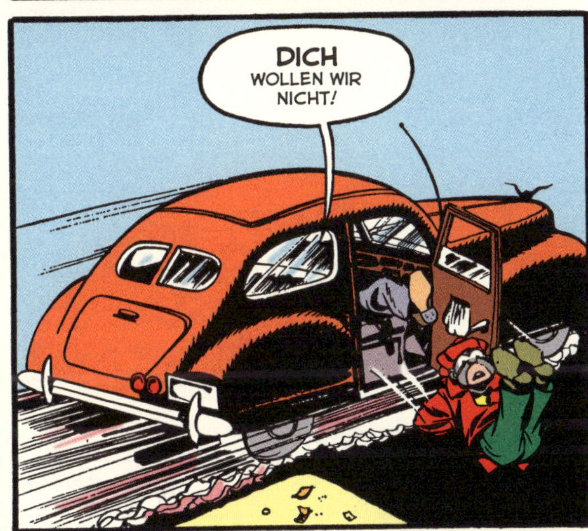
DICH WOLLEN WIR NICHT!

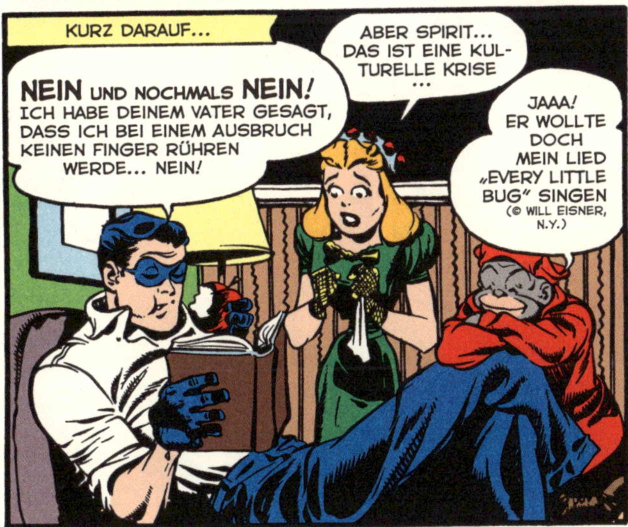
KURZ DARAUF...
NEIN UND NOCHMALS NEIN! ICH HABE DEINEM VATER GESAGT, DASS ICH BEI EINEM AUSBRUCH KEINEN FINGER RÜHREN WERDE... NEIN!
ABER SPIRIT... DAS IST EINE KULTURELLE KRISE ...
JAAA! ER WOLLTE DOCH MEIN LIED „EVERY LITTLE BUG" SINGEN (© WILL EISNER, N.Y.)

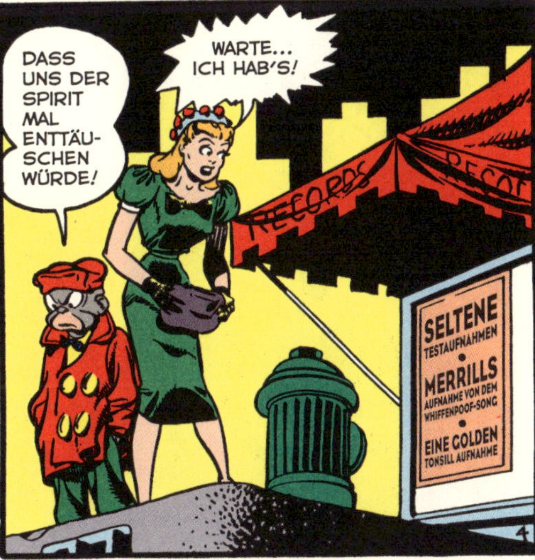
DASS UNS DER SPIRIT MAL ENTTÄUSCHEN WÜRDE!
WARTE... ICH HAB'S!
RECORDS
SELTENE TESTAUFNAHMEN
MERRILLS AUFNAHME VON DEM WHIFFENPOOF-SONG
EINE GOLDEN TONSILL AUFNAHME
4

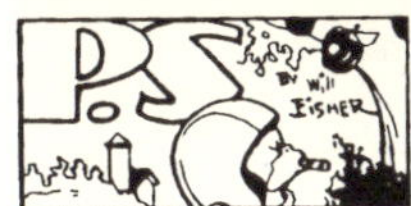
P.S. BY WILL EISNER
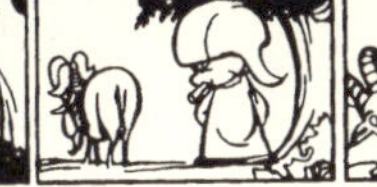
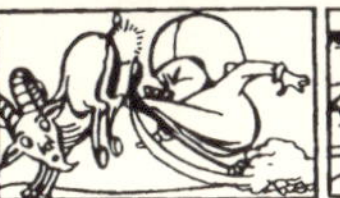
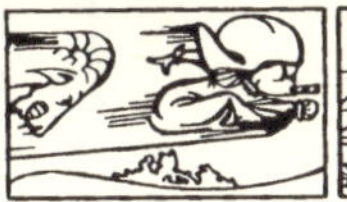
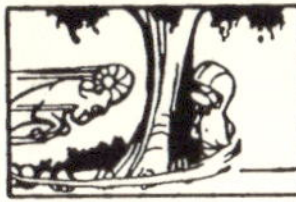
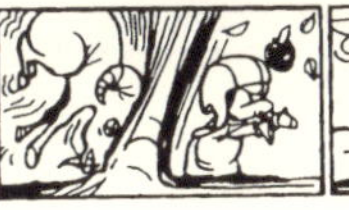
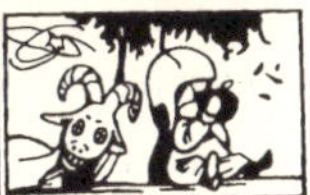

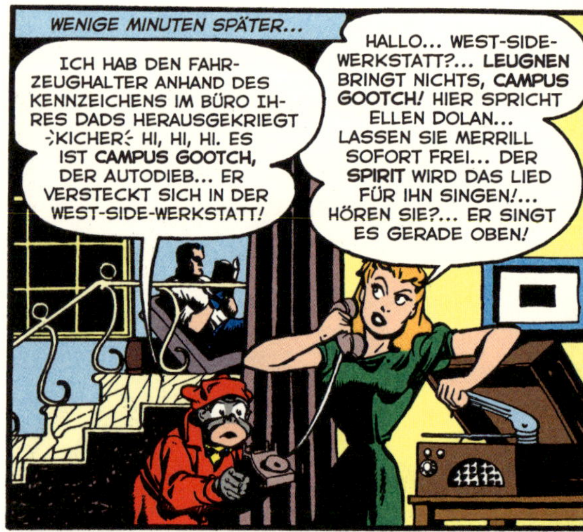
WENIGE MINUTEN SPÄTER...
ICH HAB DEN FAHRZEUGHALTER ANHAND DES KENNZEICHENS IM BÜRO IHRES DADS HERAUSGEKRIEGT ⁘KICHER⁘ HI, HI, HI. ES IST CAMPUS GOOTCH, DER AUTODIEB... ER VERSTECKT SICH IN DER WEST-SIDE-WERKSTATT!
HALLO... WEST-SIDE-WERKSTATT?... LEUGNEN BRINGT NICHTS, CAMPUS GOOTCH! HIER SPRICHT ELLEN DOLAN... LASSEN SIE MERRILL SOFORT FREI... DER SPIRIT WIRD DAS LIED FÜR IHN SINGEN!... HÖREN SIE?... ER SINGT ES GERADE OBEN!

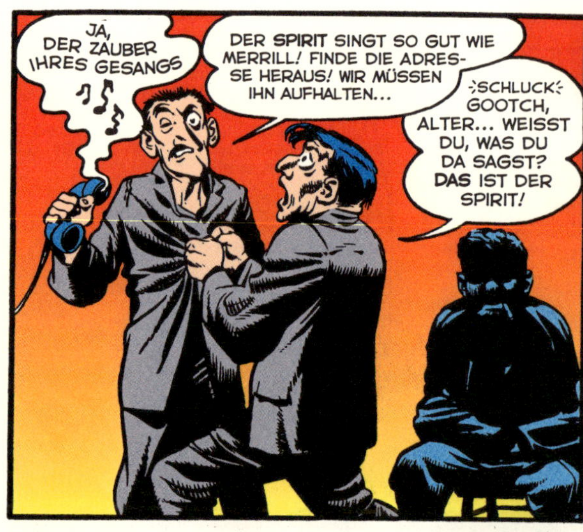
JA, DER ZAUBER IHRES GESANGS
DER SPIRIT SINGT SO GUT WIE MERRILL! FINDE DIE ADRESSE HERAUS! WIR MÜSSEN IHN AUFHALTEN...
⁘SCHLUCK⁘ GOOTCH, ALTER... WEISST DU, WAS DU DA SAGST? DAS IST DER SPIRIT!

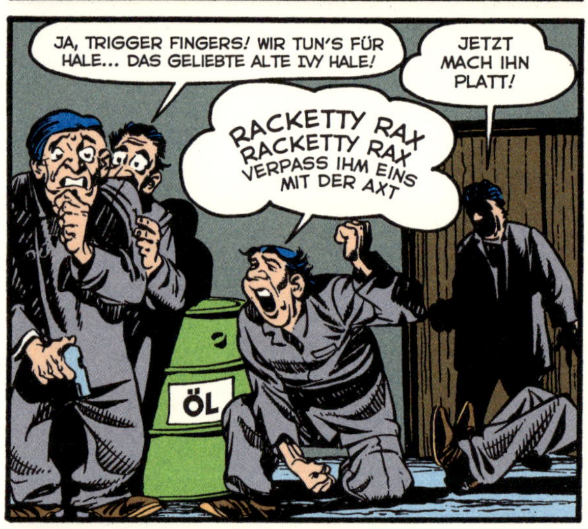
JA, TRIGGER FINGERS! WIR TUN'S FÜR HALE... DAS GELIEBTE ALTE IVY HALE!
JETZT MACH IHN PLATT!
RACKETTY RAX RACKETTY RAX VERPASS IHM EINS MIT DER AXT
ÖL

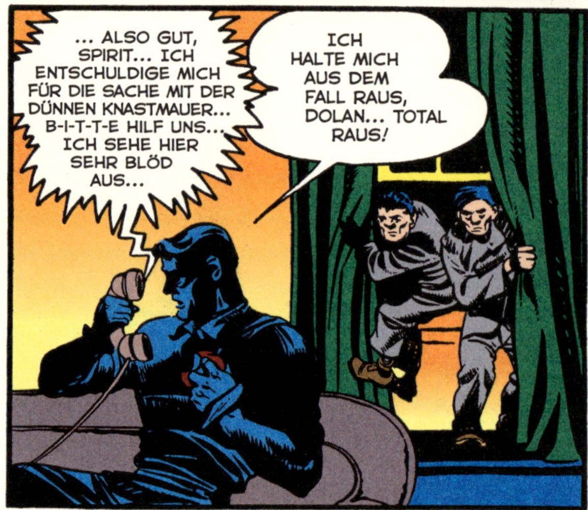
... ALSO GUT, SPIRIT... ICH ENTSCHULDIGE MICH FÜR DIE SACHE MIT DER DÜNNEN KNASTMAUER... B-I-T-T-E HILF UNS... ICH SEHE HIER SEHR BLÖD AUS...
ICH HALTE MICH AUS DEM FALL RAUS, DOLAN... TOTAL RAUS!

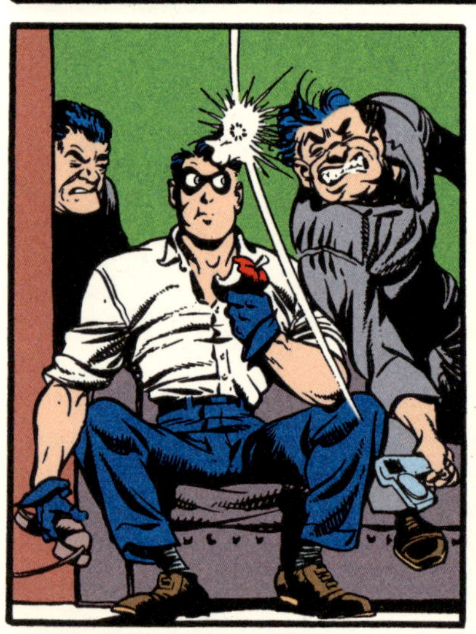

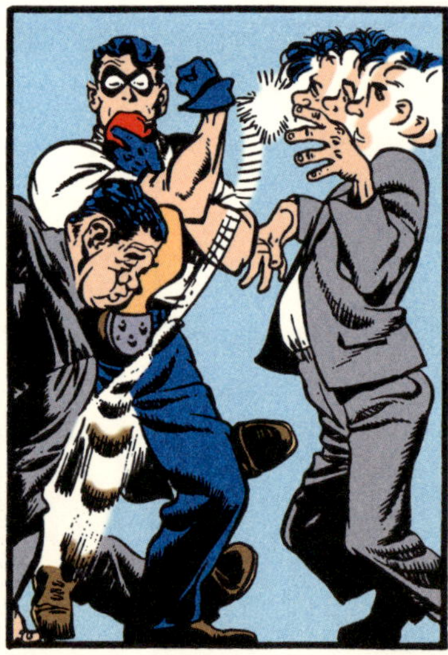

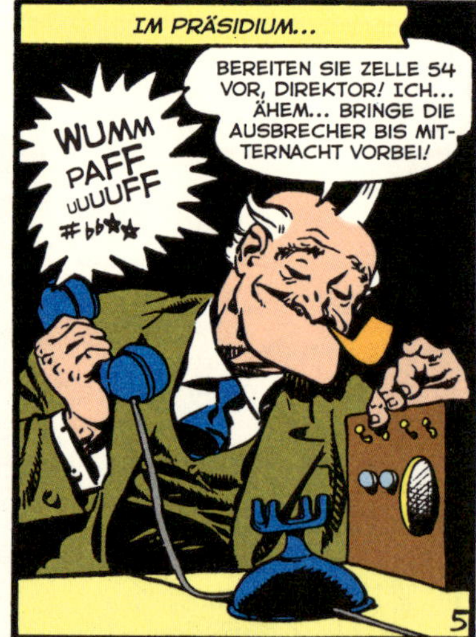
IM PRÄSIDIUM...
BEREITEN SIE ZELLE 54 VOR, DIREKTOR! ICH... ÄHEM... BRINGE DIE AUSBRECHER BIS MITTERNACHT VORBEI!
WUMM PAFF UUUUFF
5

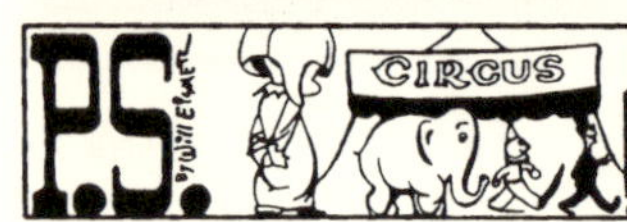
P.S.
CIRCUS

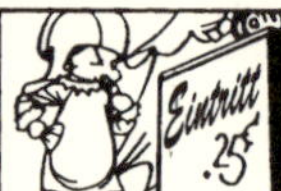
Eintritt 25¢

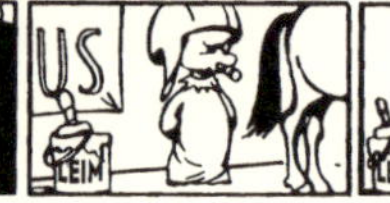
US
LEIM

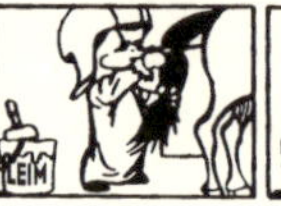
LEIM

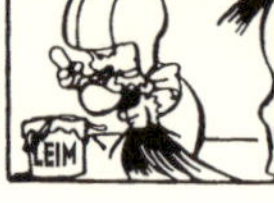
LEIM

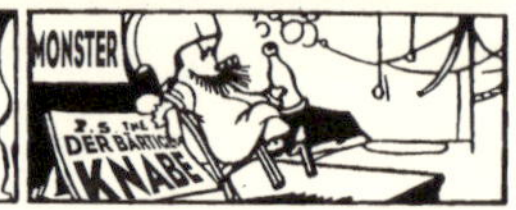
MONSTER
DER BÄRTIGE KNABE

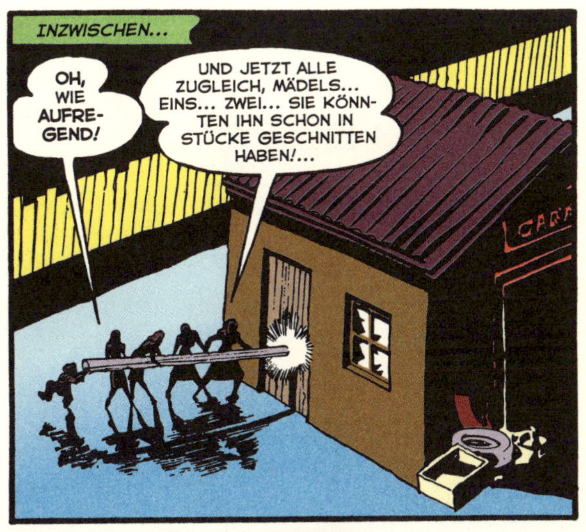
INZWISCHEN...
OH, WIE AUFREGEND!
UND JETZT ALLE ZUGLEICH, MÄDELS... EINS... ZWEI... SIE KÖNNTEN IHN SCHON IN STÜCKE GESCHNITTEN HABEN!...

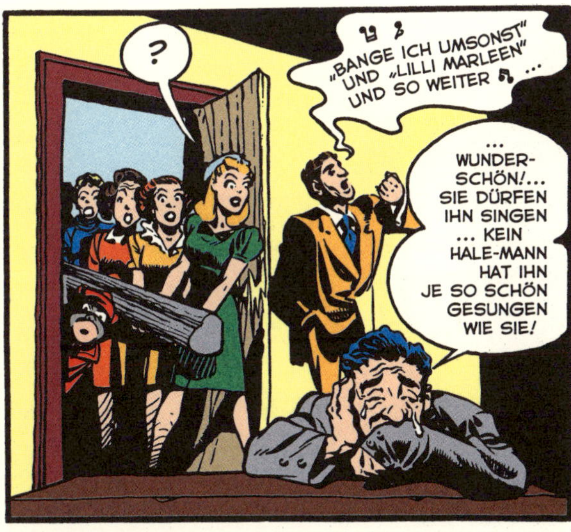
?
„BANGE ICH UMSONST" UND „LILLI MARLEEN" UND SO WEITER ...
... WUNDERSCHÖN!... SIE DÜRFEN IHN SINGEN ... KEIN HALE-MANN HAT IHN JE SO SCHÖN GESUNGEN WIE SIE!

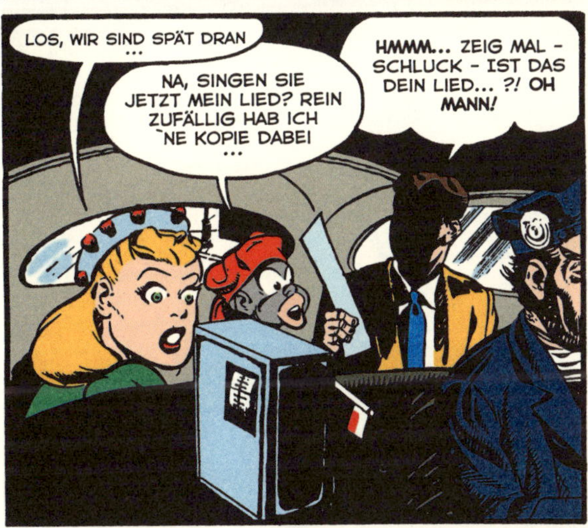
LOS, WIR SIND SPÄT DRAN ...
NA, SINGEN SIE JETZT MEIN LIED? REIN ZUFÄLLIG HAB ICH 'NE KOPIE DABEI ...
HMMM... ZEIG MAL - SCHLUCK - IST DAS DEIN LIED... ?! OH MANN!

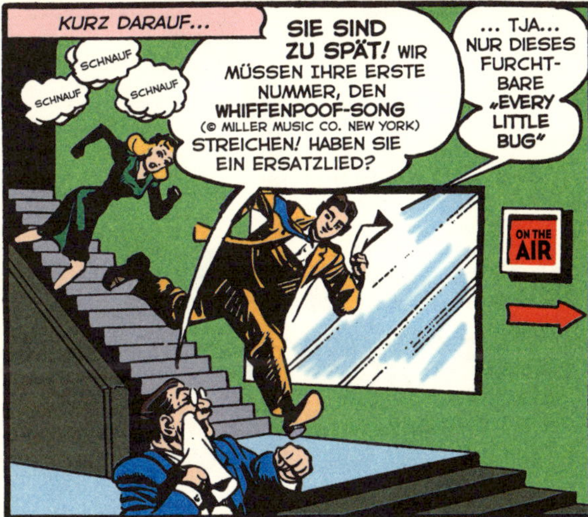
KURZ DARAUF...
SCHNAUF
SCHNAUF
SCHNAUF
SIE SIND ZU SPÄT! WIR MÜSSEN IHRE ERSTE NUMMER, DEN WHIFFENPOOF-SONG (© MILLER MUSIC CO. NEW YORK) STREICHEN! HABEN SIE EIN ERSATZLIED?
... TJA... NUR DIESES FURCHTBARE „EVERY LITTLE BUG"
ON THE AIR

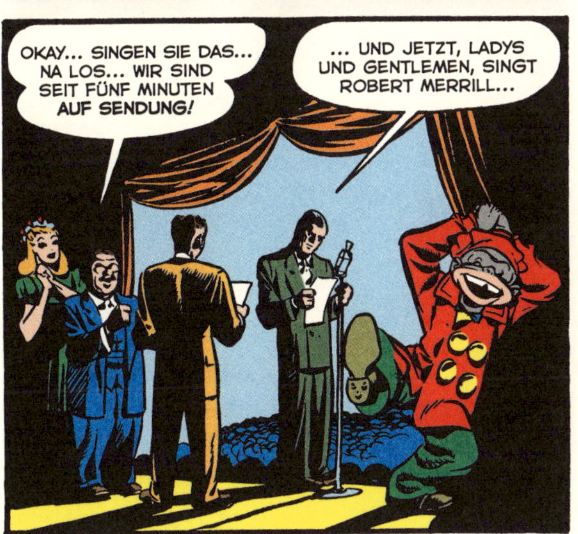
OKAY... SINGEN SIE DAS... NA LOS... WIR SIND SEIT FÜNF MINUTEN AUF SENDUNG!
... UND JETZT, LADYS UND GENTLEMEN, SINGT ROBERT MERRILL...

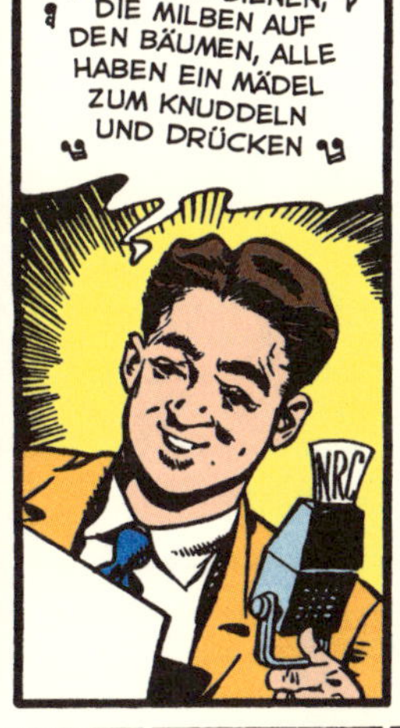
... ACH, DIE VÖGEL UND DIE BIENEN, DIE MILBEN AUF DEN BÄUMEN, ALLE HABEN EIN MÄDEL ZUM KNUDDELN UND DRÜCKEN

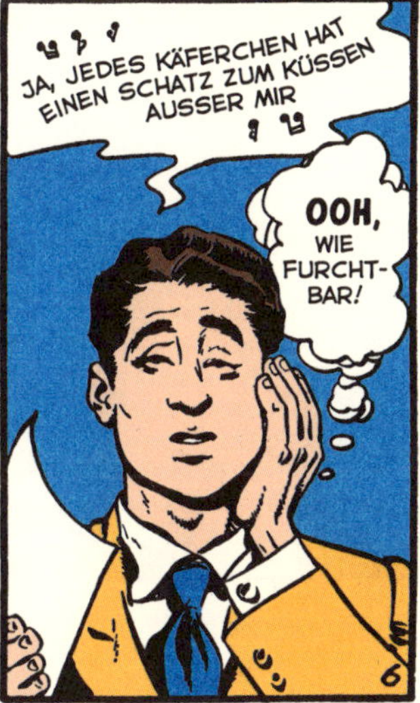
JA, JEDES KÄFERCHEN HAT EINEN SCHATZ ZUM KÜSSEN AUSSER MIR
OOH, WIE FURCHTBAR!

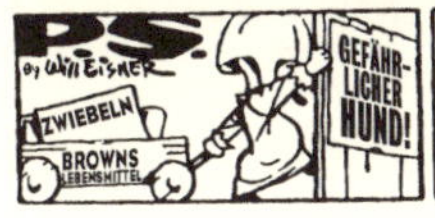
P.S.
by Will Eisner
GEFÄHRLICHER HUND!
ZWIEBELN
BROWNS
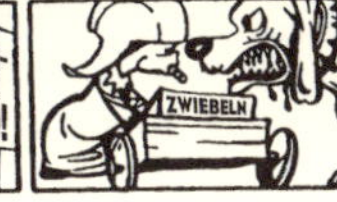
ZWIEBELN
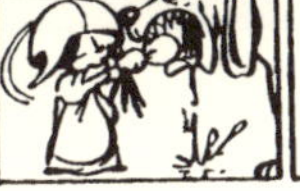
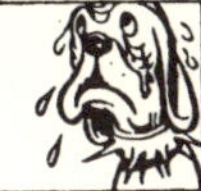
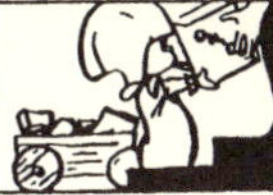
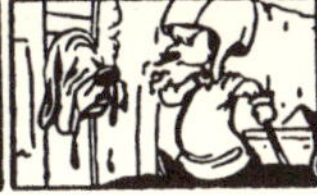
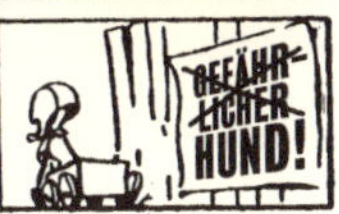
GEFÄHRLICHER HUND!

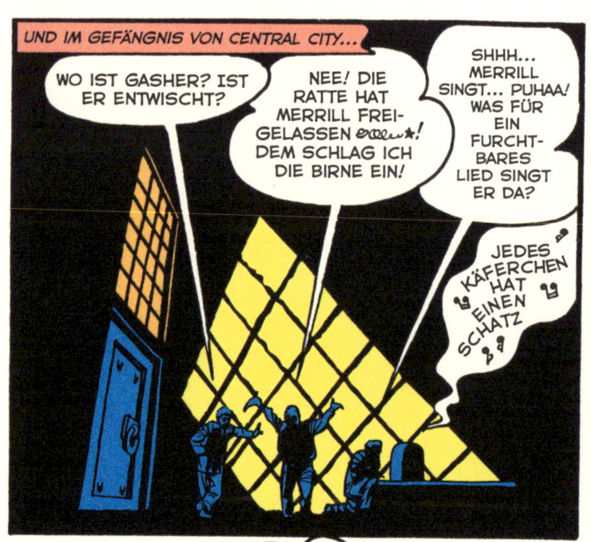

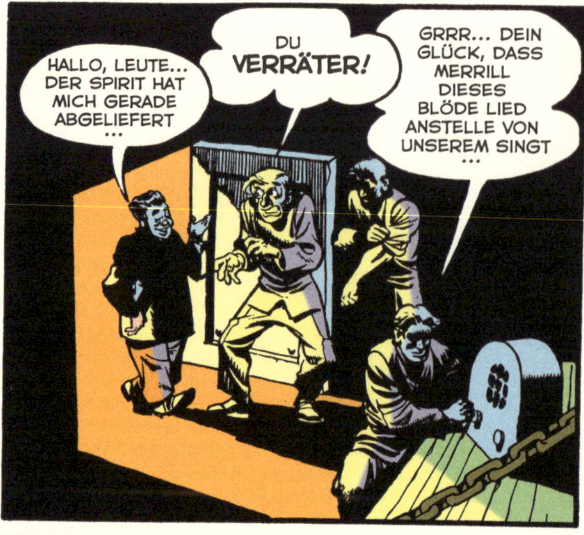

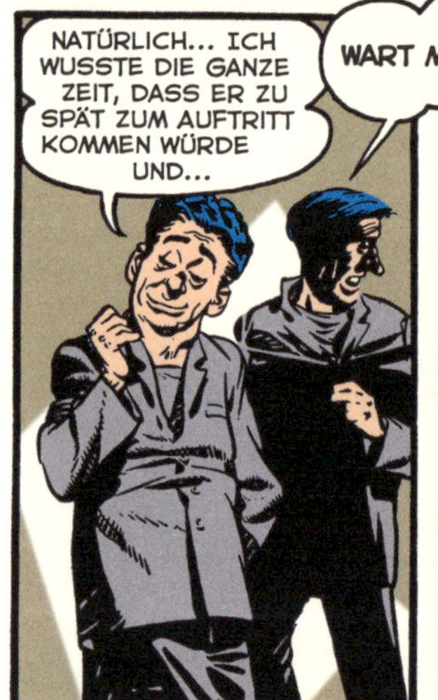

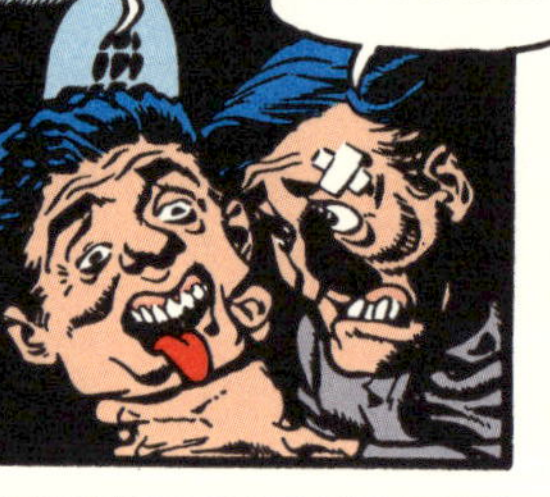

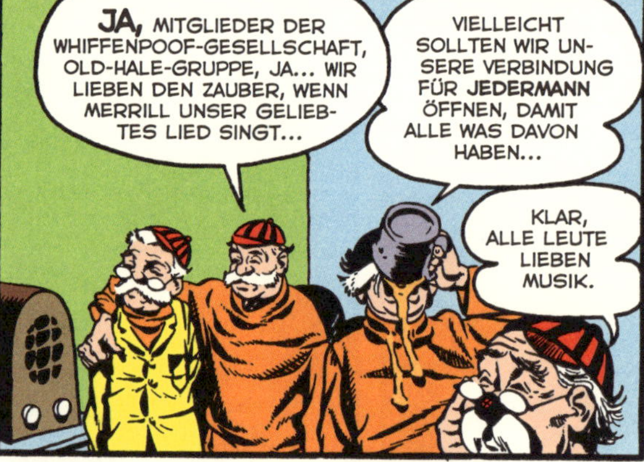

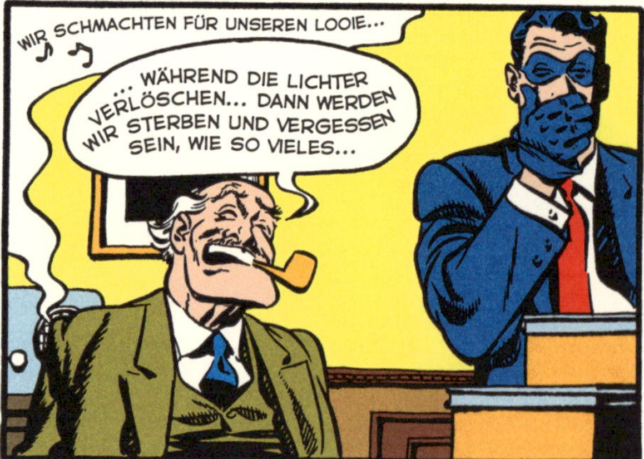

NÄCHSTE WOCHE: DIE UNGLAUBLICHE GESCHICHTE VON EINEM MANN...

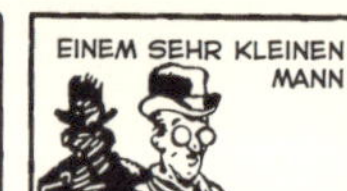

MIT EINER KLITZE-KLEINEN IDEE, WAS DAS GRÖSSTE AUF DER WELT IST

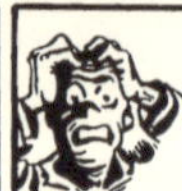

ABER ER HAT ES VERGESSEN... VERPASSEN SIE NICHT DEN SPIRIT IN „DER VERLORENE GEDANKE"